“十二五”江苏省高等学校重点教材（编号：2014-2-018）

JIXIE SHEJI YU YINGYONG ANLIHUA JIAOCHENG

机械设计与应用案例化教程

主　编　蒋新萍　程　畅
副主编　戴有华
主　审　纪永超

高等教育出版社·北京

内容提要

本书是“十二五”江苏省高等学校重点教材，经江苏省教育厅组织专家审定。

本书以工作过程为导向，以真实案例为载体，结合机械设计基础课程实践教学中机械装备设计的方法与步骤及职业院校的学情，介绍了常用机械零部件及机构的一般设计与选用方法。

全书分为四个项目，即常用机构的工作情况分析与设计、机械传动系统的工作情况分析与设计、常用机械连接的设计与选用和传动系统典型零部件的设计与选用，共包括13个教学任务。与本书配套使用的教学资源可通过书末的“教学资源索取单”提供的方式获得。

本书可作为高等职业院校制造大类专业相关课程的教材，也可作为企业有关技术人员的培训教材和自学参考用书。

图书在版编目(CIP)数据

机械设计与应用案例化教程 / 蒋新萍，程畅主编. —北京：高等教育出版社，2015.6(2024.8重印)
ISBN 978-7-04-042351-8

Ⅰ.①机… Ⅱ.①蒋… ②程… Ⅲ.①机械设计—高等职业教育—教材 Ⅳ.①TH122

中国版本图书馆CIP数据核字(2015)第129936号

策划编辑 张尕琳 王威 **责任编辑** 王威 **封面设计** 张文豪 **责任印制** 高忠富

出版发行 高等教育出版社
社址 北京市西城区德外大街4号
邮政编码 100120
印刷 上海盛通时代印刷有限公司
开本 787mm×1092mm 1/16
印张 20.25
字数 503千字
购书热线 010-58581118
咨询电话 400-810-0598
网址 http://www.hep.edu.cn
http://www.hep.com.cn
网上订购 http://www.hepmall.com.cn
http://www.hepmall.com
http://www.hepmall.cn
版次 2015年6月第1版
印次 2024年8月第4次印刷
定价 38.00元

物料号 42351-A0

前　　言

本书是“十二五”江苏省高等学校重点教材(编号：2014－2－018)。

随着高等职业教育教学改革的不断深入，相应的课程改革也在深入进行，并积累了一定的经验，取得了一定的成果。各院校的一线教育工作者一直在探索适应课程改革的新型教材。本书编者通过企业调研、与任课教师访谈、对就业学生的回访，分析了机械设计及相关岗位所需的知识与技能，并调研分析了现行不同版本的机械设计基础类教材，结合编者的企业设计经验和教学经验及职业院校学生的特点，编写了这本适用于项目任务驱动式教学模式的教材，希望能帮助学生有的放矢地学习，增强学习的积极性和主动性。

本书基于学生在一般机械装置设计过程中对知识、技能的基本需求及设计的一般规律与方法，围绕常见的典型机械零部件及机构，设置了 4 个项目，共包括 13 个教学任务。其中作为教学载体的实例均是企业中常见的、有代表性的机构或零部件。本书的编写具有以下特点：

1. 突出情境式教学

通过 4 个项目，以 13 个典型机构或零部件为案例，介绍了常用机构、机械传动系统、常用机械连接、传动系统典型零部件的设计与选用等内容，使学生了解与掌握通用机械零件的特点、结构、标准，熟悉常用通用机械零件设计与选用的基本方法，初步具有设计通用机械零件的基本能力，初步具有运用标准、规范、手册、图册和查阅有关技术资料的基本能力。每个项目采用任务驱动模式编写，引导学生掌握所学知识，加强实践操作能力。在实施任务的过程中渗透理论知识的讲授。

2. 创新内容呈现形式

采用“情境导向”的编写体例，每个教学任务依次按“任务描述”“任务目标”“知识准备”“任务分析”“任务实施”“任务总结”“知识拓展”及“思考与练习”栏目进行编写，打破传统机械设计基础类教材知识点按学科体系设计的方式，突出以“任务驱动”为主导的教学理念，以真实案例为教学载体，将“知识准备”中的知识、技能有机融入教学任务之中。“知识拓展”的内容便于学生拓展知识面。最后设置了“思考与练习”，以供学生加强练习之用。

3. 教学实施方便灵活

“知识拓展”部分主要拓展了理论力学与材料力学方面的知识及同类产品设计方面的知识，教师教学可根据不同专业要求、不同学时进行选择，同时也方便学生阅读。

本书中带“★”的内容可根据需要进行选用。建议本书的学时为 60～90 学时，下表中列出了 72 学时的分配情况，仅作参考。

序号	授课内容	学时分配	
		讲课	实践
项目一	任务 1　雨伞支撑机构的运动简图绘制与运动确定性分析	4	2
	任务 2　缝纫机脚踏机构的识别与设计	4	
	任务 3　绕线机凸轮机构的设计	4	
项目二	任务 1　输送机带传动的设计	6	
	任务 2　输送机减速器齿轮传动的设计	12	4
	任务 3　水泥胶砂搅拌机蜗杆传动的设计	4	
	任务 4　车床变速器齿轮系的分析与计算	4	
项目三	任务 1　输送机齿轮减速器输出端联轴器的选用	4	
	任务 2　输送机齿轮减速器输出端凸缘联轴器螺栓组的选用	4	
	任务 3　输送机齿轮减速器键连接的选用	4	
	任务 4　绕线机凸轮机构回复弹簧的设计	4	
项目四	任务 1　输送机齿轮减速器滚动轴承的选用	4	2
	任务 2　输送机齿轮减速器输出轴的设计	6	
合　计		64	8

本书配有“十四五”江苏省职业教育第二批在线精品课程《机械设计基础》(课程平台为中国大学 MOOC，课程网址为：icourse 163. org/course/CZILI-1207058810?tid＝1472036446)，可以注册获取相关教学资源。

本书由常州工业职业技术学院蒋新萍、程畅担任主编，江苏农林职业技术学院戴有华担任副主编。全书由江苏信息职业技术学院纪永超主审。其中，项目一的任务 1 由许朝山编写；项目一的任务 2、任务 3，项目二的任务 1、任务 2 由程畅编写；项目二的任务 3、任务 4，项目四的任务 1、任务 2 由蒋新萍编写；项目三任务 1 由江苏信息职业技术学院陈红英编写；项目三任务 2 由常州机电职业技术学院辛岚编写；项目三任务 3 由江苏信息职业技术学院邓宇锋编写；项目三任务 4 由江苏信息职业技术学院章云云编写。沈孝君、王兴芳、王鑫铝老师为此书提供过不少资料和建议，在此表示衷心的感谢。

由于编者水平有限，谬误欠妥之处在所难免，恳请读者批评指正。

编　者

2015 年 5 月

目　　录

项目一　常用机构的工作情况分析与设计

任务1　雨伞支撑机构的运动简图绘制与运动确定性分析

【任务描述】

生活中我们离不开雨伞，雨伞是一种遮阳或遮蔽雨、雪的工具，由支撑机构和伞面两部分组成，伞面一般用油纸、油布或塑料布等做成。雨伞的收拢与撑开是由其支撑机构完成的。雨伞的支撑机构主要由伞柱、下盘、上盘、串盘丝、伞骨、铆钉等组成，其中伞骨分为长骨和短骨。

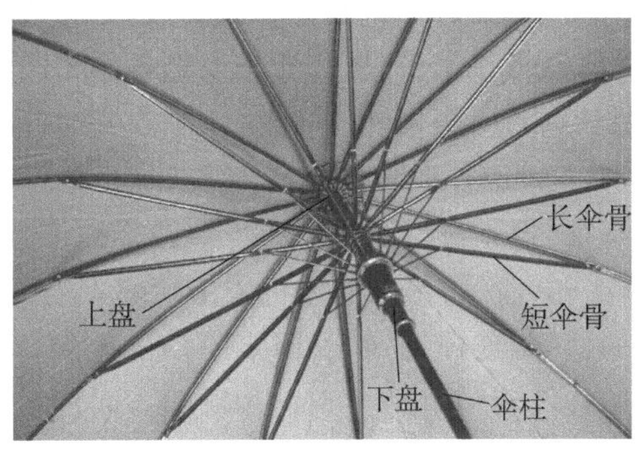

图 1-1-1　雨伞

已知某型号的雨伞（图 1-1-1）无折叠功能，伞柱高度为 2 250 mm，长骨长度为 1 500 mm（900 mm＋600 mm），短骨长度为 750 mm，试绘制出雨伞支撑机构的机构运动简图，并判定是否具有确定的运动，为什么？

【任务目标】

【知识】

◎ 机械、机器、机构、构件与零件等的基本概念。

◎ 运动副的类型及表示方法。

◎ 绘制机构运动简图的方法。

◎ 平面机构自由度的计算及运动确定性分析。

【技能】

◎ 掌握绘制常用平面机构运动简图的方法，了解机构示意图。

◎ 能够计算一般平面机构的自由度，并判定机构是否具有确定的运动。

【素质】

◎ 树立责任感、使命感，培养集体主义精神。

【知识准备】

一、基本概念

1. 机械

机械是指机器与机构的总称，原指“巧妙的设计”。凡是能完成一定机械运动（如转动、往复运动等）、能帮人们降低工作难度或省力的工具装置都是机械，如螺丝刀、钳子、剪刀等简单工具是机械，汽车、坦克、机床等复杂的装备也是机械。在现代社会中，人们把这些最简单的、没有动力源的机械称为工具或器械，而把复杂的、具有动力源的机械称为机器。

2. 机器与机构

从结构和运动的观点来看，机构和机器并无区别，泛称为机械。机器是人们根据使用要求而设计的一种执行机械运动的装置，是用来变换或传递能量、物料与信息，以代替或减轻人们的体力和脑力劳动的一种装置。例如内燃机把热能变换为机械能；发电机把机械能变换为电能；起重机传递物料；金属切削机床变换物料外形；计算机变换和传递信息，这些装置都是机器。任何机器都是为实现某种功能而制造的。尽管机器种类繁多，形式和用途也各不相同，但就其结构和用途来说，它们都有三个共同的特征：① 机器由若干实物（构件）组成；② 各实物（构件）间具有确定的机械运动；③ 机器能减轻或替代人类劳动，完成有用的机械功或转化机械能，变换或传递能量与物料、信息。

机构具有机器的前两个特征，但不具有第三个特征。在不讨论做机械功或能量转换问题时，机器便可视为机构。如图 1-1-2 所示，单缸内燃机中由活塞 1、连杆 2、曲轴 3 与气缸体 8 组成的四杆机构。其中可以运动的活塞、连杆、曲轴和固定不动的气缸体构成曲柄滑块机构，该机构将活塞的往复运动变为曲柄的连续转动。凸轮 6(6′)、顶杆 7(7′)和气缸体 8 构成凸轮机构，该机

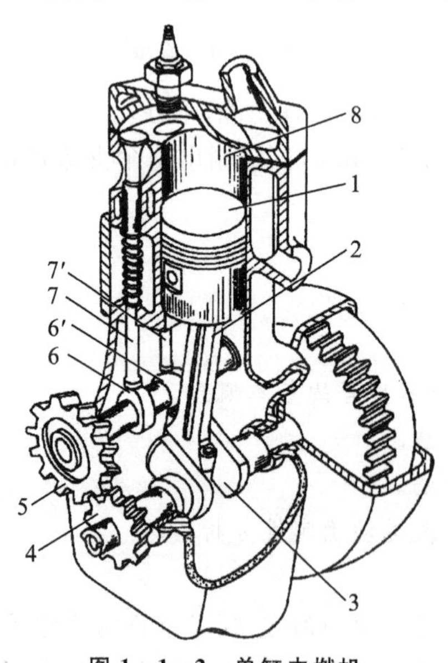

图 1-1-2　单缸内燃机

1—活塞；2—连杆；3—曲轴；4—主动齿轮；5—从动齿轮；
6(6′)—凸轮；7(7′)—顶杆；8—气缸体

构将凸轮的连续转动变为顶杆有规律的间歇移动。齿轮 4 和 5 以及气缸体 8 构成齿轮机构，该机构使曲轴的转速和凸轮轴的转速保持一定的比值。因此所谓机构，是能变换或传递运动与动力的、用可动连接组合而成，而且有一个构件被固定的构件系统。

3. 构件与零件

构件是组成机构的相互间作确定相对运动的各个实物。构件可以是一个零件（制造单元），也可以是由若干个零件组成的。单缸内燃机（图 1－1－2）中的连杆 2 就是由连杆体 1、螺栓 2、螺母 3 和连杆盖 4 等零件组成的构件，如图 1－1－3 所示。由此可见，构件是机构中运动的单元，零件是机构中不可拆开制造的单元，如螺栓、键、销、轴、齿轮、凸轮等。

零件可分为两类：一类是通用零件，指一般机械中普遍使用的零件，如螺栓、螺母、垫圈等；另一类是专用零件，指仅在特定类型机器中使用的零件，如活塞、曲轴等。

一般来说，机器是由机构组成的，机构是由构件组成的，构件是由零件组成的。

4. 机器的组成

从机器的组成来看，一台机器主要是由以下四个部分（图 1－1－4），即动力部分、传动部分、执行部分和控制部分组成的。

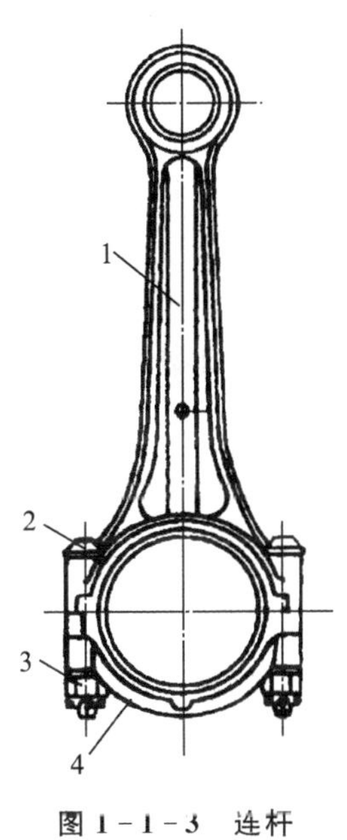

图 1－1－3　连杆

1—连杆体；2—螺栓；3—螺母；4—连杆盖

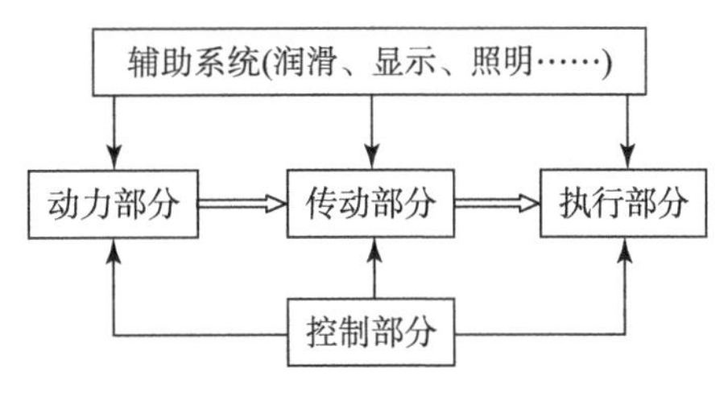

图 1－1－4　机器组成

动力部分为机器工作提供动力源。动力部分的作用是将各种形态的能量转变为机械能。人力和畜力是机器最早的动力源，后来人们使用水力和风力作为机器的动力源。工业革命后，蒸汽机（包括汽轮机）成为驱动机器工作的动力部分。现代的机器一般使用电动机或内燃机将电能或热能转变为机械能作为其动力。

执行部分是机器完成预定工作任务的部分。一部机器可能有一个执行部分或多个执行部分。例如压路机只有压辊一个执行部分，而桥式起重机有三个执行部分：卷筒和吊钩部分执行上下吊放重物的任务，小车行走部分执行横向移动重物的任务，大车行走部分执行纵向移动重物的任务。

传动部分把机器动力部分所提供的运动形式、运动参数和动力参数，转变为执行部分所需要的运动形式、运动参数和动力参数的中间装置。例如把旋转运动变为直线运动，把连续运动变为间歇运动，把高转速变为低转速，把小转矩变为大转矩等。

控制部分（或称操纵部分）用来控制机器的其他基本部分，使操纵者能随时实现或终止各自预定的功能。如离合器、制动器、电动机开关等。

二、机构运动简图的绘制

机器中普遍使用的机构称常用机构，如平面连杆机构、凸轮机构、间歇运动机构等。如果所有构件都在同一平面或相互平行的平面内运动，那么这样的机构称为平面机构，否则称为空间机构。

实际的机器或机构比较复杂，构件的外形和构造也各式各样。在进行机构的运动分析时，为了简化问题，往往撇开与机构运动无关的一些因素（例如构件的形状、组成构件的零件数目和运动副的具体构造等），仅用简单线条和规定符号表示构件和运动副，并按一定比例定出各运动副的相对位置，绘制出能反映机构各构件间相对运动关系的简单图形，称为机构运动简图。

1. 构件和运动副

（1）构件及其分类

组成机构的构件可分为三类。现以揽面机构为例来说明构件的分类。如图 1-1-5 所示，当原动件 1 在电动机的带动下转动时，从动件 3 作往复摆动，揽面棒 2 上的 E 点处模仿人手揽面，同时由于容器 5 绕 z 轴转动，从而将面粉搅拌均匀。

① 机架（又称固定构件）。机架是机构中固定不动的构件，用以支承其他活动构件。在一个机构中，只有一个机架，其余都是活动构件。图 1-1-5 中，构件 4 是机架，它支承着活动构件 1 和 3。

② 原动件。原动件是按给定的运动规律独立运动的构件。图 1-1-5 中，活动构件 1 是由电动机直接驱动的，所以它是原动件。

③ 从动件。从动件是机构中随原动件运动的其他活动构件。图 1-1-5 中，构件 2 和 3 是从动件，它们随原动件 1 运动。

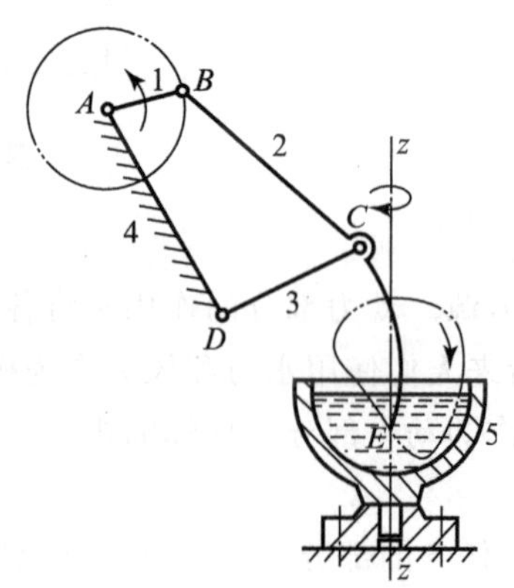

图 1-1-5 揽面机构

1—原动件；2—揽面棒；3—从动件；4—机架；5—容器

(2) 运动副及其分类

机构中的各构件是以一定方式彼此连接的。这种连接与焊接、铆接之类的固定连接不同,它既要对构件的运动加以限制,又允许彼此连接的两构件之间具有一定的相对运动。这种直接接触的两个构件间的可动连接称为运动副。两构件间的相对运动在同一个平面内或相平行的平面内时,构成平面运动副。平面运动副按两构件接触的特性可分为低副和高副两类。

① 低副。两个作平面运动的构件通过面与面接触而构成的运动副称为低副。作平面运动的低副按两个构件相对运动特性又可分为转动副和移动副,如图 1-1-6 所示。

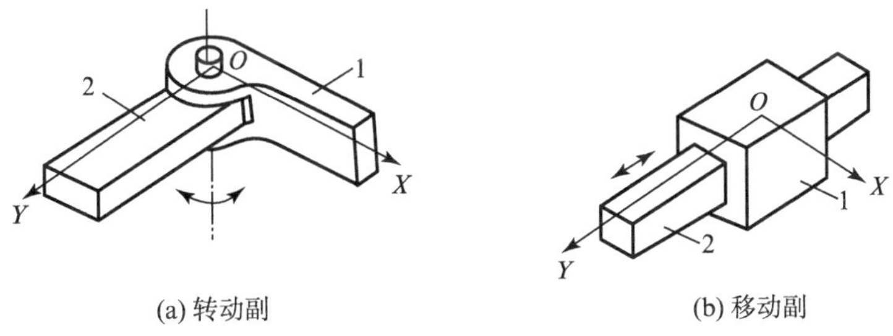

(a) 转动副　　(b) 移动副

图 1-1-6 平面低副

若两构件只能作相对转动,如图 1-1-6a 所示,这种运动副称为转动副,也称铰链。若两构件中有一个为固定构件,则称为固定铰链;若两构件均为活动构件,则称为活动铰链。

典型的转动副结构如图 1-1-7 所示。滑动轴承式转动副如图 1-1-7a、b 所示,构件 1 与销轴 3 固连(图 1-1-7a 所示为靠轴端螺栓压紧,图 1-1-7b 所示为靠过盈配合),构件 2 绕销轴 3 转动。滚动轴承式转动副如图 1-1-7c 所示。

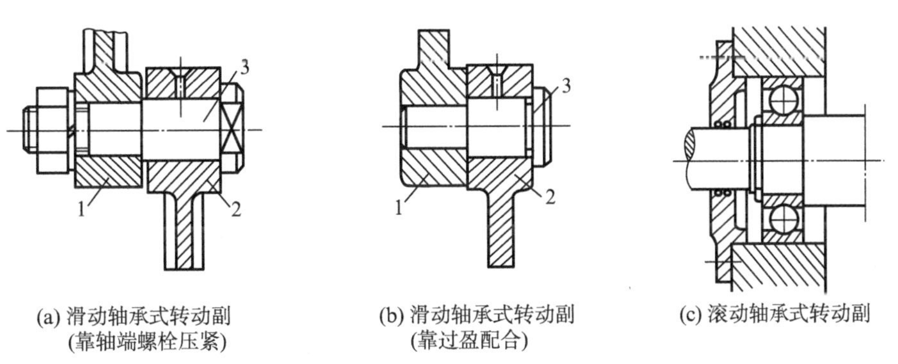

(a) 滑动轴承式转动副(靠轴端螺栓压紧)　　(b) 滑动轴承式转动副(靠过盈配合)　　(c) 滚动轴承式转动副

图 1-1-7 转动副结构

1、2—构件;3—销轴

若两构件只能作相对移动,如图 1-1-6b 所示,这种运动副称为移动副。

移动副的结构比较复杂,两构件间的接触面有平面、棱柱面和圆柱面等,如图 1-1-8 所示。如图 1-1-8a 所示为常见的平面移动副;如图 1-1-8b 所示为轮毂可沿轴线滑移的圆柱面移动副;如图 1-1-8c 所示左侧为平面、右侧为棱柱面的移动副,常作为机床的导轨;如图 1-1-8d 所示为滚动导轨式移动副,不易磨损。

(a) 平面移动副

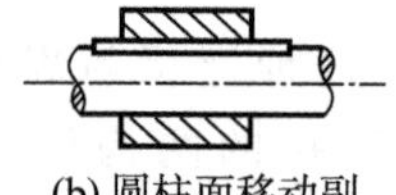

(b) 圆柱面移动副

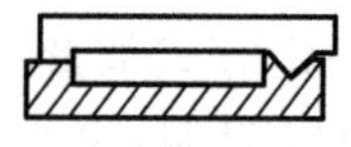

(c) 左侧为平面、右侧为棱柱面的移动副

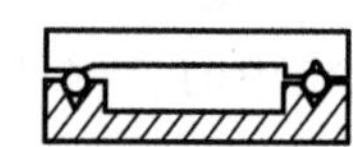

(d) 滚动导轨式移动副

图 1-1-8 移动副结构

② 高副。两个作平面运动的构件通过点或线接触而构成的运动副称为高副。如图 1-1-9a 所示,轮齿与轮齿的啮合为线接触。如图 1-1-9b 所示,凸轮 1 与推杆 2 为点接触。所以两者均属平面高副。

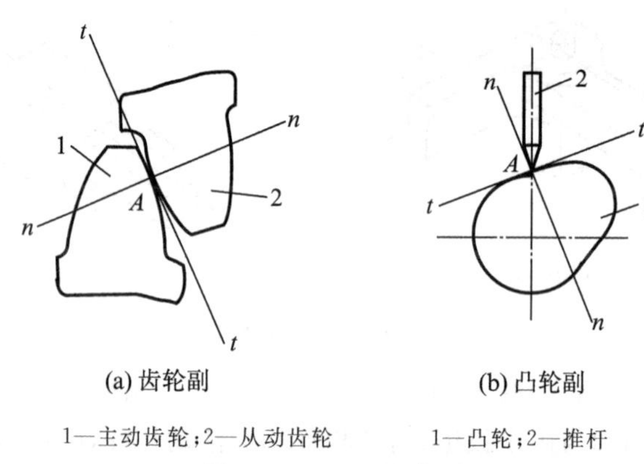

(a) 齿轮副 1—主动齿轮;2—从动齿轮

(b) 凸轮副 1—凸轮;2—推杆

图 1-1-9 平面高副

低副和高副各有优缺点。低副是面接触,表面接触应力较小,润滑比较方便,不易磨损,制造也较容易,但能实现的相对运动数目有限,适用于载荷较大和运动不很复杂的场合。高副是点或线接触,表面接触应力较大,润滑条件较差,较易磨损,制造也较麻烦,一般适用于载荷不太大和运动比较复杂的场合。

2. 构件与运动副的表示方法

(1) 构件的表示方法

杆、轴类构件或一般构件可用线条表示,如图 1-1-10a 所示。机架用添加阴影的方式表示,如图 1-1-10b 所示。其他构件按国家标准《机械制图 机构运动简图用图形符号》(GB/T 4460—2013)规定画法表示。

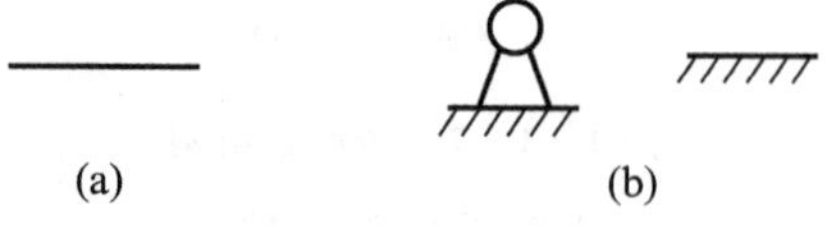

(a) (b)

图 1-1-10 构件的表示方法

(2) 运动副的表示方法

两构件组成转动副的表示方法如图 1-1-11 所示,用圆圈表示转动副,其圆心代表相对转动轴线。如图 1-1-11a 所示,组成转动副的两个构件都是活动构件。如图 1-1-11b 所示,组成转动副的两个构件中有一个为机架(机架为加了阴影线的构件)。

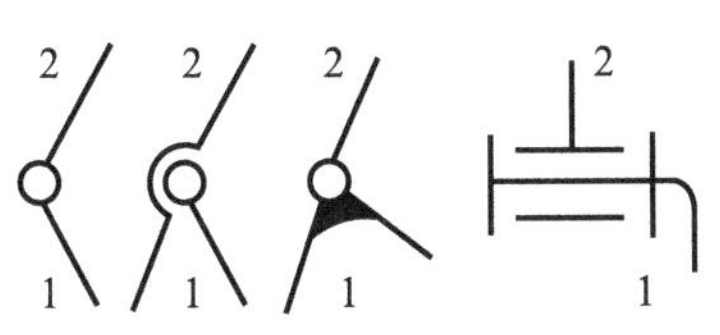

(a) 两个构件都是活动构件

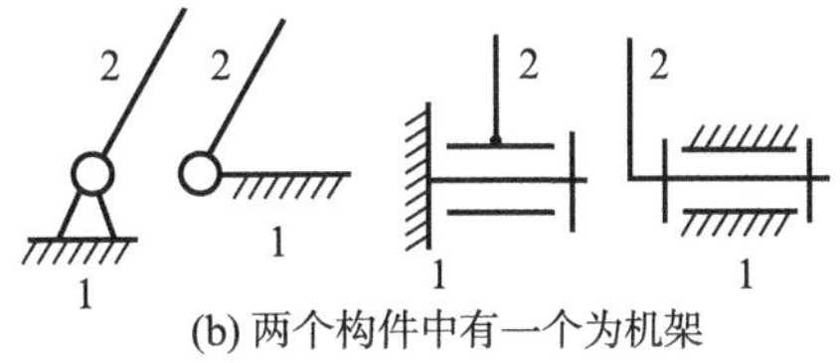

(b) 两个构件中有一个为机架

图 1-1-11　转动副的表示方法

两构件组成移动副的表示方法如图 1-1-12 所示。移动副的导路必须与相对运动方向一致，移动副表示方法的特点是可选择任一构件画成长方形（滑块）。

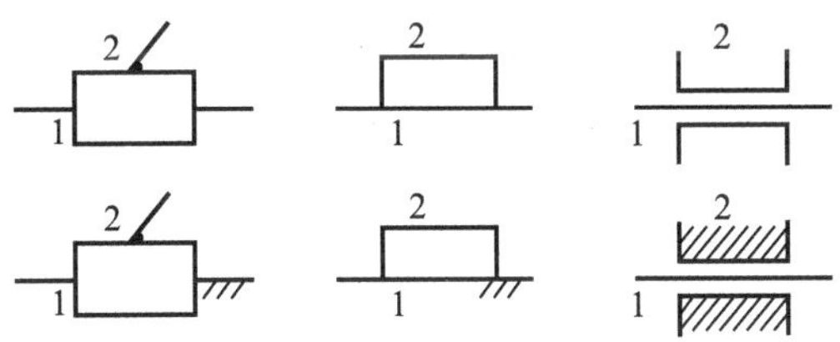

图 1-1-12　移动副的表示方法

两构件组成高副的表示方法如图 1-1-13 所示。应当画出两构件的轮廓曲线。

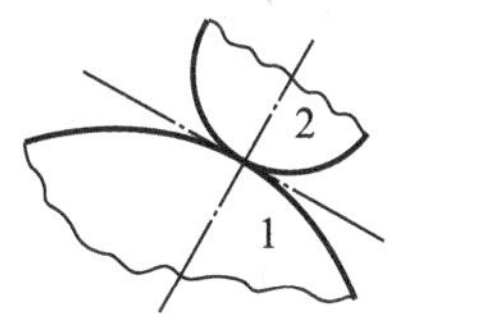

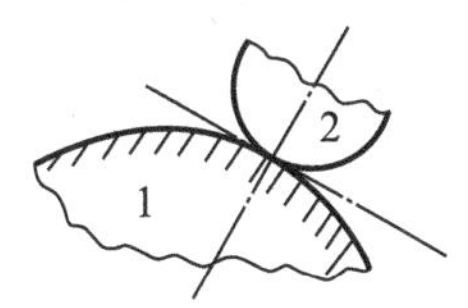

图 1-1-13　高副的表示方法

（3）含运动副构件的表示方法

一个构件具有两个低副称为两副构件，两副构件的表示方法如图 1-1-14 所示。图 1-1-14a、e 表示一个构件具有两个转动副，图 1-1-14a 中构件的转动副在两端，图 1-1-14e 中构件的转动副一个在下端，一个在中间。图 1-1-14b、c 表示一个构件既有转动副又有移动副（图中的点画线表示移动副的导路），图 1-1-14b 中转动副在滑块上，图 1-1-14c 中转动副则处于滑块的下方。图 1-1-14d 表示一个构件具有两个移动副。

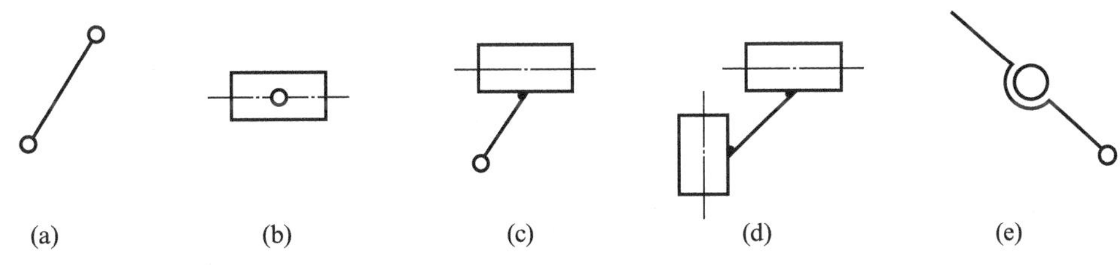

图 1-1-14　两副构件的表示方法

一个构件具有三个低副称为三副构件，三副构件的表示方法如图 1-1-15 所示。图 1-1-15a、c、d、e 表示一个构件具有三个转动副。图 1-1-15b、f 表示一个构件具有两个转动副、一个移动副。

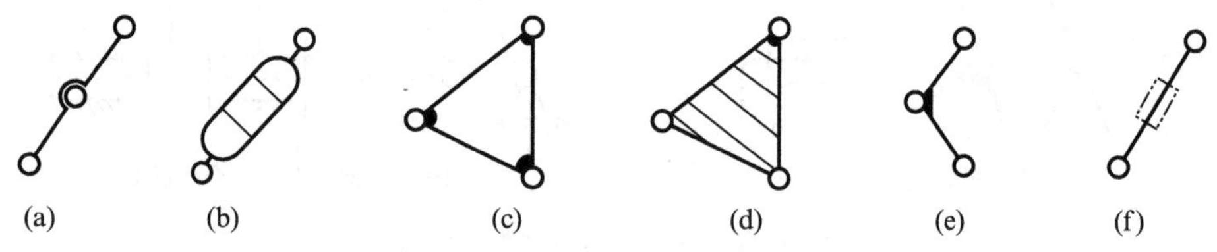

图 1-1-15 三副构件的表示方法

3. 机构运动简图的绘制

机构运动简图不仅能清楚地表达机构的结构组成，而且还能准确地反映与原机构完全相同的运动特性。它是对已有机构进行分析和设计新机构的重要工具。

以缝纫机(图 1-1-16)为例，说明从机器实物或机器装配图出发绘制平面机构运动简图的一般方法和步骤。

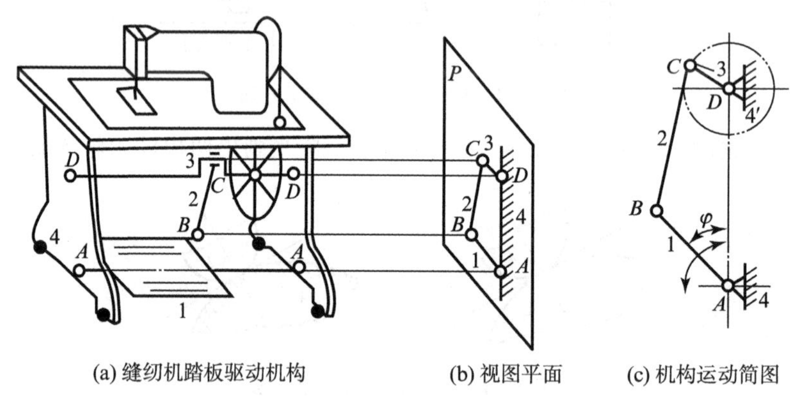

图 1-1-16 缝纫机踏板驱动机构运动简图的绘制

1—踏脚板；2—连杆；3—曲轴；4—机架

(1) 分析机构运动，找出原动件、工作构件和机架

一般情况下，驱动机构的外力所作用的构件为原动件，直接执行生产任务或最后输出运动的构件为工作构件，固定构件为机架。缝纫机踏板驱动机构如图 1-1-16a 所示，踏脚板 1 由人直接驱动，所以是原动件。按运动顺序可知，其余的活动构件(连杆 2 和曲轴 3)为工作构件，固定构件 4 为机架。

(2) 确定运动副的类型和数量

机架 4 与脚踏板 1 构成转动副 A；脚踏板 1 与连杆 2 构成转动副 B；连杆 2 与曲轴 3 构成转动副 C；曲轴 3 与机架 4 构成转动副 D。因此，机构中共有四个转动副。

(3) 选定视图平面

在绘制机构运动简图时，一般选多数构件所在的运动平面为视图平面。现选取与构件运动平面相平行的平面 P 作为绘制机构运动简图的视图平面，如图 1-1-16b 所示。

(4) 选择适当的比例尺，绘制机构运动简图

一般根据图纸和实际机构的大小，以能清晰地表示各构件大小和合理布置机构在图纸上的位置来选定长度比例尺 μ_l，即

$$\mu_l=\frac{\text{实际构件的长度(mm)}}{\text{图示构件的长度(mm)}}$$

量出运动尺寸 l_{AB}、l_{BC}、l_{CD} 和 l_{DA}，并计算各运动尺寸的图示长度为

$$AB=\frac{l_{AB}}{\mu_l},\ BC=\frac{l_{BC}}{\mu_l},\ CD=\frac{l_{CD}}{\mu_l},\ DA=\frac{l_{DA}}{\mu_l}$$

根据两转动副 A 和 D 间的距离，可先确定 A 和 D 点。根据 AB 和 φ 角(φ 角可任取)可确定 B 点。以 B 点为圆心、BC 为半径作弧，再以 D 为圆心，DC 为半径作弧；两弧交于 C，连接 BC 和 DC。用规定的符号画出各构件和转动副，在构件上标出 1、2、3 和 4(或 4′，相同构件在不同地方标注，可在编号右上角加不同撇号以示区别)，在机架上画出剖面线，在原动件上标注箭头，便得到如图 1-1-16c 所示的机构运动简图。

工程上还有一种各运动副间的相对位置不严格按比例绘制的简图，称为机构示意图。它仅表示机构的组合方式，不能用作定量分析机构运动的依据。图 1-1-17 所示为带式输送机机构示意图，电动机 1 固定在机架上，小带轮 2 装在电动机外伸轴上，减速器输入轴 5 左端装大带轮 4，并与机架(滚动轴承)组成转动副，输入轴 5 为齿轮轴，右端齿轮 6 与齿轮 8 组成高副；中间轴 7 为齿轮轴，左端齿轮 9 与齿轮 10 组成高副，右端装齿轮 8，并与机架(滚动轴承)组成转动副；输出轴 11 左端装齿轮 10，右端装联轴器 12 与工作机 13 卷筒主轴相连，并与机架(滚动轴承)组成转动副。

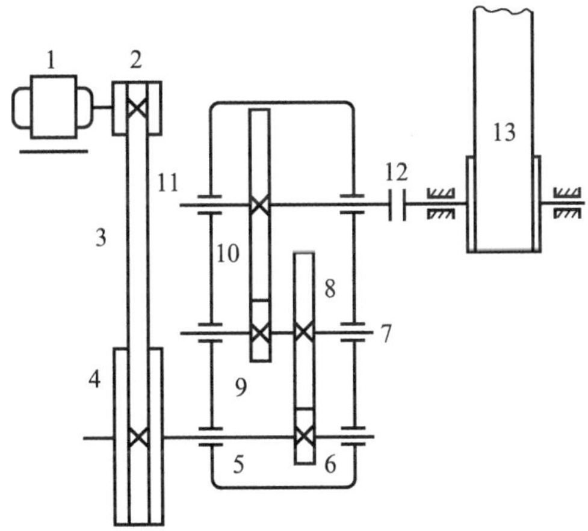

图 1-1-17　带式输送机机构示意图

1—电动机；2—小带轮；3—带；4—大带轮；5—输入轴；6、8、9、10—齿轮；7—中间轴；11—输出轴；12—联轴器；13—工作机

三、机构的运动确定性分析

1. 平面机构自由度计算

一个构件未与其他构件连接之前，处于孤立或自由状态，可称为自由构件。一个作平面运动的自由构件具有 3 个自由度，当自由构件两两之间相互连接构成运动副后，就引入了约束。如图 1-1-6a 所示的转动副约束了沿 X、Y 轴方向的 2 个移动自由度，只保留 1 个相对转动的自由度。

如图 1－1－6b 所示的移动副约束了沿 X 轴方向的移动和在 XOY 平面内的相对转动 2 个自由度，只保留沿 Y 轴方向移动的自由度。因此，一个低副引入 2 个约束，使构件减少了 2 个自由度。高副(如图 1－1－9 所示)约束了沿接触处公法线 $n—n$ 方向移动的自由度，保留绕接触处的转动和沿接触处公切线 $t—t$ 方向移动的 2 个自由度。因此，每个高副引入 1 个约束，使构件丧失 1 个自由度。

平面机构的自由度应与机构中的活动构件数目、各构件所组成的运动副类型和各类运动副的数目有关。如前所述，一个作平面运动的自由构件具有 3 个自由度，若平面机构中有 n 个活动构件，在未用运动副连接之前，则共有 $3n$ 个自由度。当两构件组成运动副后，因为直接接触而使相对独立运动受到限制，其自由度随之减少。对独立运动所加的限制称为约束。约束数目等于被其限制的自由度。每构成一个低副，就引入 2 个约束，限制 2 个自由度，只剩 1 个自由度(转动或移动)；每构成一个高副，就引入 1 个约束，限制 1 个自由度(沿接触点法线的移动)，还剩 2 个自由度。当用 P_L 个低副和 P_H 个高副连接组成机构后，共引入($2P_L+P_H$)个约束。因此，平面机构自由度 F 的计算公式为

$$F=3n-2P_L-P_H \tag{1-1-1}$$

2. 机构具有确定运动的条件

机构的自由度就是机构所具有的独立运动的参数。机构中只有原动件能作独立运动，从动件只能随之运动。原动件一般与机架相连，所以每个原动件只能有一个独立运动。如图 1－1－18a 所示，原动件 AB 与机架以转动副相连，则只能绕 A 转动；如图 1－1－18b 所示，原动件滑块与机架组成移动副，滑块则只能沿导路直线移动。因此，要使机构具有确定的运动，原动件数目 W 应等于机构的自由度 F。若机构中原动件的数目多于机构的自由度，将导致机构中最薄弱构件的损坏；若机构中原动件的数目少于机构的自由度，将导致机构的运动不确定，机构首先沿阻力最小的方向运动。

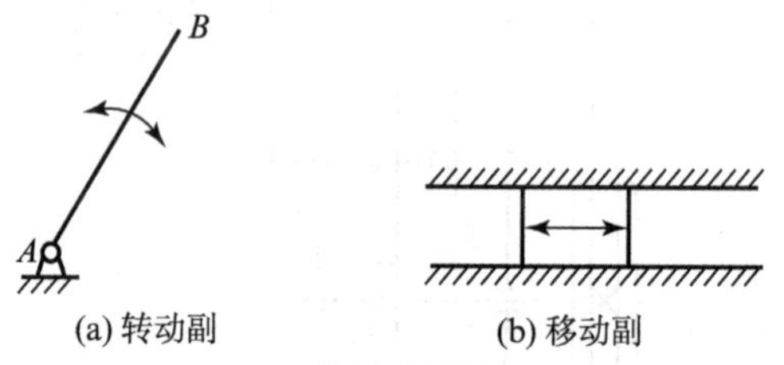

图 1－1－18　原动件

铰链四杆机构如图 1－1－19 所示，该机构中有 3 个活动构件，$n=3$；低副数 $P_L=4$；没有高副，则 $P_H=0$。根据式(1－1－1)得机构的自由度为

$$F=3n-2P_L-P_H=3\times3-2\times4-0=1$$

设图中 ϕ_1 为原动件 1 的位置角，当给定一个 ϕ_1 值时，从动件 2、3 便随之有一个确定的对应位置，这说明此时机构具有确定的相对运动。若令机构中构件 1 和 3 同时为原动件，则因这两种独立运动不能同时满足，使机构内部的运动发生矛盾而导致机构中最薄弱的构件或运动副遭到破坏。因此，机构中原动件数目不能多于自由度。

铰链五杆机构如图 1－1－20 所示，该机构中有 4 个活动构件 $n=4$；低副数 P_L-5；没有高副，

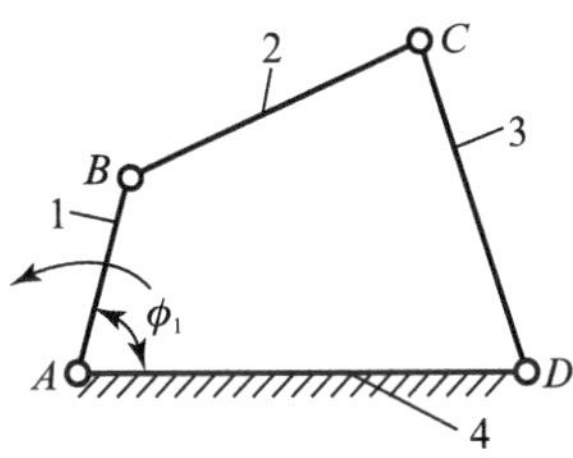

图 1－1－19　铰链四杆机构

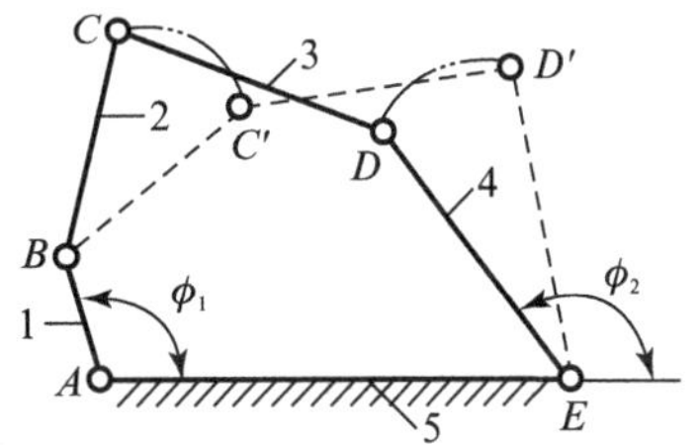

图 1－1－20　铰链五杆机构

则 $P_H=0$。根据式(1－1－1)得机构的自由度为

$$F=3n-2P_L-P_H=3\times4-2\times5-0=2$$

当给定位置角 ϕ_1 和 ϕ_2，即构件 1 和 4 同时为原动件时，则其余构件的运动就随之确定，即机构具有确定的运动。如果只有构件 1 为原动件，则对任一位置 ϕ_1，其余活动构件可以处于图中实线位置，也可以处于虚线位置或其他位置，即从动件位置不能确定。因此，当机构原动件数目少于机构的自由度时，会出现机构运动不确定的现象。

显然，机构能够运动，其自由度必须大于零。如果机构的自由度 $F\leqslant0$，则这些构件组合为刚性结构而不能运动。如图 1－1－21a 所示，三个构件用 3 个转动副相连，取一构件为机架，其自由度 $F=3\times2-2\times3-0=0$，显然这是一个静定桁架。如图 1－1－21b 所示，4 个构件用 5 个转动副相连，取一构件为机架，其自由度 $F=3\times3-2\times5-0=-1$，这说明约束过多，则成为超静定桁架。

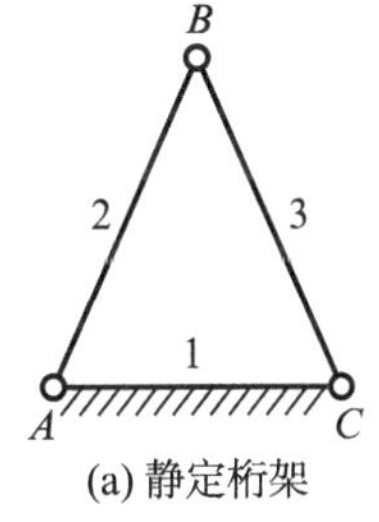

(a) 静定桁架

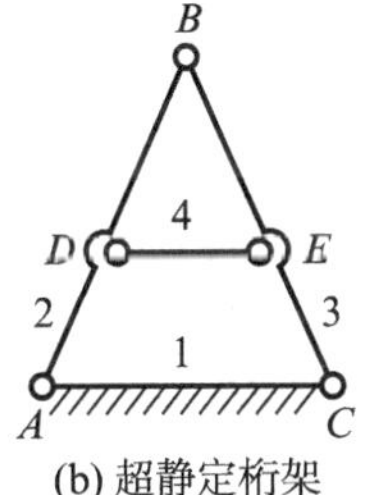

(b) 超静定桁架

图 1－1－21　桁架

综上所述可知，**机构具有确定运动的条件是：机构的自由度必须大于零，且机构的原动件数目必须等于机构的自由度**。

3. 复合铰链、局部自由度和虚约束

在计算平面机构自由度时，应注意下列三种特殊情况：复合铰链、局部自由度和虚约束。

(1) 复合铰链

由三个或三个以上构件组成的转动副称为复合铰链。如图 1－1－22 所示，直线运动构件的相对长度为：$AF=FE$、$AD=AB$、$BC=CD=DE=EB$，当构件 FE 摇动时，C 点的轨迹为垂直于 AF 的直线，所以该机构称为直线运动机构。该机构在 A、B、D、E 四点分别为由 3 个构件组成的轴线重合的 2 个转动副。由 m 个构件(包括机架)所组成的复合铰链，应有$(m-1)$个转动副。计算机构自由度时，应注意识别复合铰链，以免算错运动副数目。该机构的自由度应为

$$F=3n-2P_L-P_H=3\times7-2\times10-0=1$$

（2）局部自由度

机构中与原动件和从动件的运动传递无关的构件的独立的自由度，称为局部自由度或多余自由度。计算机构自由度时，应将局部自由度除去不计。一滚子从动件凸轮机构如图1-1-23a所示，主动凸轮1转动时，从动件3在导路中作往复直线运功，显然该机构的自由度为1。但采用式(1-1-1)计算时，由于$n=3, P_L=3, P_H=1$，则机构的自由度为

$$F=3n-2P_L-P_H=3\times3-2\times3-1=2$$

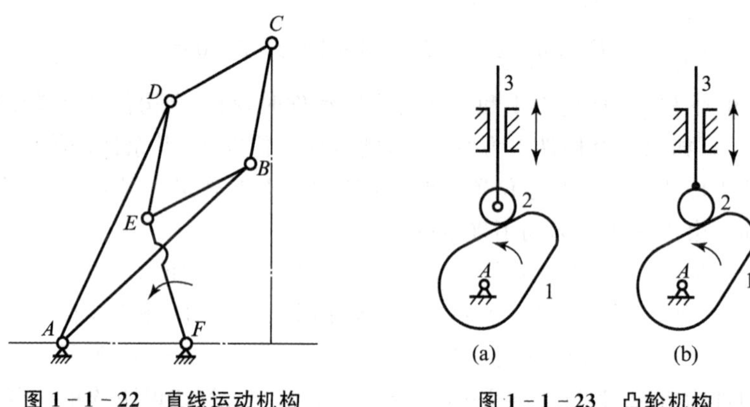

图1-1-22 直线运动机构

图1-1-23 凸轮机构

1—主动凸轮；2—滚子；3—从动件

所得计算结果与实际不符，这是因为滚子2绕铰接中心点如何转动以及是否转动，完全不影响从动件3的输出运动。可见，滚子转动是多余的局部自由度。在计算机构自由度时，可假想把滚子2与从动件3焊接在一起，如图1-1-23b所示。把滚子的局部自由度除去不计，这样该机构中$n=2, P_L=2, P_H=1$，其机构自由度为

$$F=3n-2P_L-P_H=3\times2-2\times2-1=1$$

计算结果与实际相符。局部自由度虽然不影响输出与输入的运动关系，但可使高副接触处的滑动摩擦变为滚动摩擦，从而减少接触处的摩擦阻力和磨损。

（3）虚约束

在机构中由多余运动副或构件引入的约束对机构运动起重复限制作用，称为虚约束或消极约束。计算机构自由度时，应将虚约束除去不计。自卸式卡车的翻斗机构如图1-1-24a所示，其中活塞4为原动件，油缸3可以绕定轴C转动。当油缸中充入压力油时，推动活塞上移，使与活塞固连为一体的活塞杆向外伸出，从而推动车斗1绕B点转动，实现自动卸料。在计算此机构的自由度时，往往会误认为活塞与油缸壁、活塞杆与油缸盖分别组成两个移动副，实际上活塞与活塞杆是同一个构件，油缸壁与油缸盖也是同一个构件，每两个构件之间只能组成一个有效的运动副，因此该机构存在多余运动副。其机构自由度为

$$F=3n-2P_L-P_H=3\times3-2\times4-0=1$$

如图1-1-24b所示的机车车轮联动机构中，无论构件5和转动副E、F是否存在，对机构的

运动都不发生影响，即构件 5 和转动副 E、F 引入的是虚约束，起重复限制运动的作用，在计算机车车轮联动机构的自由度时应除去不计，即

$$F=3n-2P_L-P_H=3\times3-2\times4-0=1$$

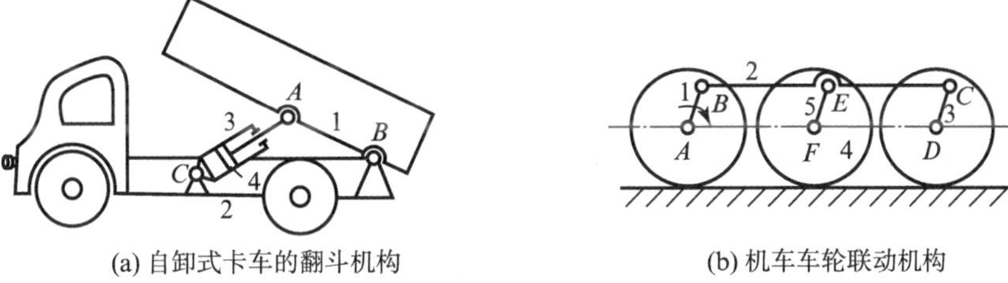

(a) 自卸式卡车的翻斗机构　　(b) 机车车轮联动机构

1—车斗；2—车底架；3—油缸；4—活塞

图 1-1-24　虚约束

虚约束虽然不能影响机构的运动，但可提高构件的刚性、改善受力状况以及使机构具有稳定的运动，因此在结构设计中被广泛使用。但必须注意：虚约束的存在对制造和安装精度要求较高，当不能满足几何条件时，引入的虚约束就是真约束，机构将不能运动。因此，在设计时应慎重。

【任务分析】

本任务主要检验对机构运动简图绘制相关知识的掌握程度。首先要确定机构中各构件的类别，分清机构中的机架、原动件及从动件，确定各构件是以怎样的运动副相连接的、各运动副的表示方法是怎样的，最后按照机构运动简图的绘制步骤进行绘制。

【任务实施】

(1) 分析机构的具体组成

雨伞支撑部分主要由伞柱、下盘、上盘、串盘丝、短骨、长骨、铆钉等组成。如图 1-1-1 所示，伞柱一般与底座(人手)连成一体，是机架(构件 1)，下盘是主动件(滑块 2)，其余构件是从动件。

(2) 确定运动副的类型及数量

下盘(滑块)在伞柱上移动形成移动副，下盘和短骨通过串盘丝连接形成转动副，上盘固定在伞柱最上面，上盘和长骨通过串盘丝连接形成转动副，短骨与长骨通过铆钉连接形成转动副，因此该雨伞有 3 个转动动副和 1 个移动副。

(3) 选择合适的视图平面和比例尺

雨伞支撑部分的结构是重复的，选择张开状态作为视图平面，按照构件实际尺寸和图纸幅面，短骨长度 $l_{AC}=750$ mm，绘在图上的长度 $AC=25$ mm，按下式确定比例尺。

$$\mu_l=\frac{\text{实际尺寸(mm)}}{\text{图样尺寸(mm)}}$$

$$\mu_l=\frac{750\text{ mm}}{25\text{ mm}}=30$$

(4) 测量各个运动副的相对位置尺寸

根据任务描述可知：伞柱高度为 2 250 mm，长骨长度为 1 500 mm，其中上盘到铆钉的长度为 900 mm，短骨长度为 750 mm。

(5) 绘制机构运动简图

按比例尺用规定的符号和线条绘制雨伞支撑部分机构运动简图，如图 1-1-25 所示。

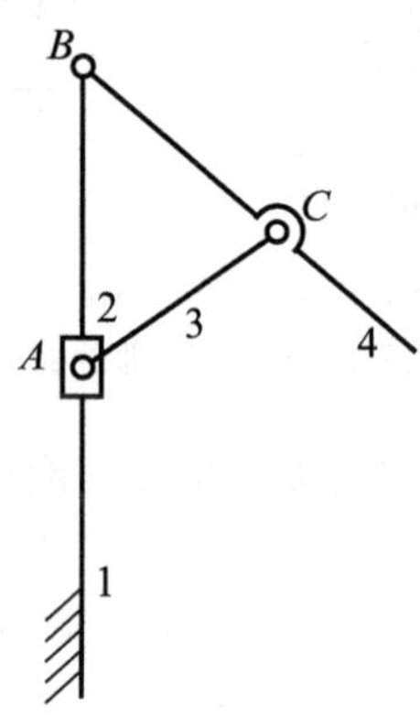

图 1-1-25　雨伞支撑部分机构运动简图

1—伞柱；2—下盘；3—短骨；4—长骨

(6) 计算雨伞支撑机构的自由度

雨伞支撑机构中有 3 个活动构件，4 个低副(3 个转动副、1 个移动副)，没有高副，自由度为：$F=3n-2P_L-P_H=3\times3-2\times4-0=1$。

(7) 雨伞支撑机构运动确定性分析

由于 $F=W>0$，即机构的自由度与原动件数目相等，且自由度大于零，所以雨伞支撑机构具有确定的运动。

【任务总结】

本任务介绍了机械、机器、机构、构件和零件等概念，分析了平面机构运动副及其类型、平面机构的运动简图及其绘制方法、平面机构自由度的计算等。通过本任务的学习，能够掌握运动副的分类情况及平面机构运动简图的绘制方法，掌握平面机构自由度的计算方法，能够判断平面机构是否具有确定的相对运动，并具有识读和绘制机构运动简图的能力。

(1) 机械、机器、机构、构件和零件等概念。

(2) 机器的组成：动力部分、传动部分、执行部分和控制部分。

(3) 运动副分类：低副和高副。低副的种类：① 转动副；② 移动副。

(4) 运动简图的绘制步骤：① 确定机架、原动件和从动件；② 确定运动副的类型和数目；③ 选定视图平面；④ 选择适当的比例尺，按照各运动副间的距离和相对位置，以规定的线条和符号绘出机构运动简图。

(5) 平面机构的自由度计算：$F=3n-2P_L-P_H$。

计算平面机构的自由度时的特殊情况：① 复合铰链；② 局部自由度；③ 虚约束。

(6) 机构具有确定运动的条件：$F=W>0$。

【知识拓展】

复合铰链与虚约束的其他形式★

1. 复合铰链的常见场合

复合铰链的形式多种多样，表 1-1-1 中罗列了几种复合铰链的常见场合。

表 1-1-1　复合铰链的常见场合

图示	运动副类型	图示	运动副类型
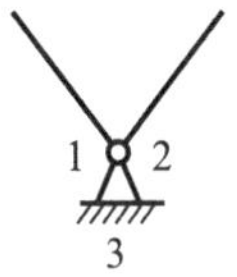 1 2 3	杆 1、2 与机架 3 形成两个转动副	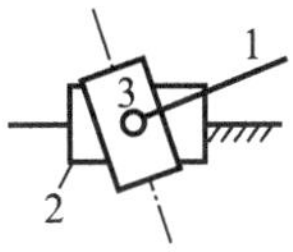 1 2 3	杆 1、滑块 2 与滑块 3 形成两个转动副
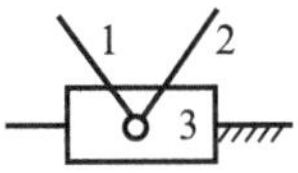 1 2 3	杆 1、2 与滑块 3 形成两个转动副	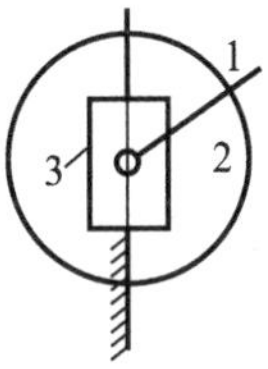 1 2 3	杆 1、滑块 3 与齿轮 2 形成两个转动副
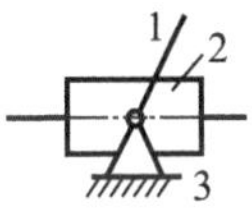 1 2 3	杆 1、滑块 2 与机架 3 形成两个转动副	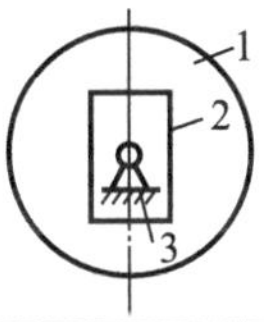 1 2 3	齿轮 1、滑块 2 与机架 3 形成两个转动副

2. 虚约束的常见场合

平面机构中的虚约束常发生在下列情况中。

(1) 两构件间形成多个具有相同作用的运动副，分别有下列三种情况：

① 两构件形成多个轴线重合的转动副，如图 1-1-26a 所示，轮轴 1 与机架 2 在 A、B 两处组成了两个转动副，从运动关系看，只有一个转动副起约束作用，其余各处的引入约束均为虚约束，计算机构自由度时应按一个转动副计算。

② 两构件组成多个移动方向一致的移动副，如图 1-1-26b 所示，构件 1 与机架 2 组成了 A、B、C 三个导路平行的移动副，计算机构自由度时应按一个移动副计算。

③ 两构件组成多处接触点公法线重合的高副，如图 1-1-26c 所示，凸轮 1 与推杆 2 在 A、B 两处接触，同样应只考虑一处高副，其余为虚约束。

(2) 两构件上连接点的运动轨迹互相重合。如图 1-1-24b 所示，计算中应将产生虚约束的构件及运动副一起除去不计。

(3) 机构中存在不起作用的对称部分。如图 1-1-27b 所示的行星齿轮系，为使受力均匀，安装三个相同的行星轮对称布置。从运动关系看，只需一个行星轮 2 就能满足运动要

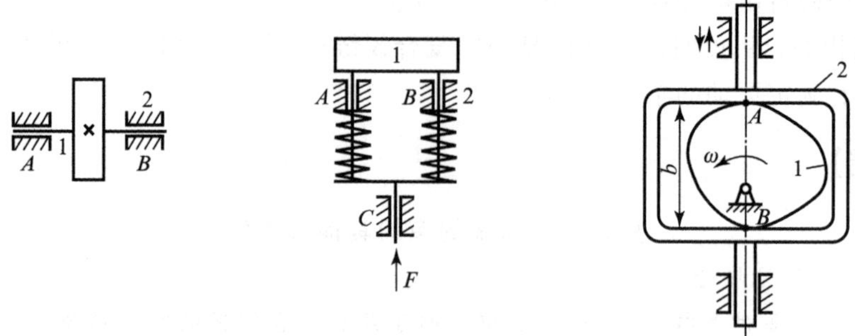

(a) 轴线重合引入的虚约束 (b) 移动方向一致引入的虚约束 (c) 接触点公法线重合引入的虚约束

图 1-1-26 两构件组成多个运动副引入的虚约束

求，如图 1-1-27a 所示，其余行星轮及其所引入的高副均为虚约束，应除去不计。该机构的自由度为

$$F=3n-2P_{L}-P_{H}=3\times3-2\times3-2=1$$

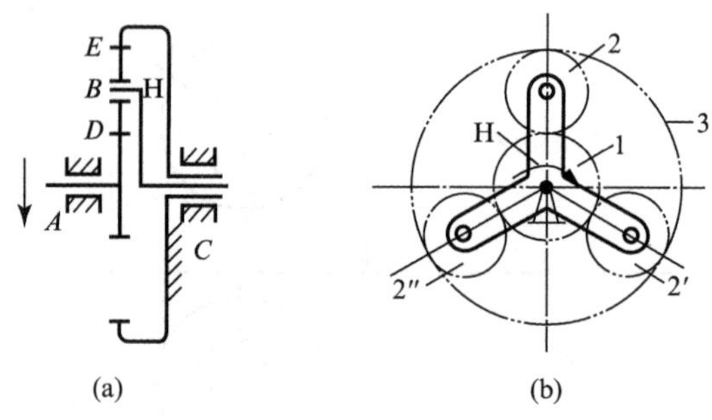

(a) (b)

1—太阳轮；2(2′、2″)—行星轮；3—内齿圈

图 1-1-27 对称结构引入的虚约束

3. 虚约束的作用

(1) 改善构件的受力情况，如多个行星轮。

(2) 增加机构的刚度，如轴与轴承、机床导轨。

(3) 使机构运动顺利，避免运动不确定，如机车车轮联动机构。

【思考与练习】

1. 什么是机器？什么是机构？机器与机构的区别是什么？
2. 什么是构件？什么是零件？构件和零件的区别是什么？
3. 机器由哪几大部分组成？各组成部分的作用是什么？
4. 什么是通用零件？什么是专用零件？试举例说明。
5. 什么是机架？什么是原动件和从动件？
6. 什么是运动副？什么是低副和高副？
7. 什么是机构的运动简图？从实际机器出发绘制机构运动简图的步骤有哪些？什么是机

构示意图？

8. 什么是自由度？什么是约束？约束数目和自由度的关系如何？平面低副和平面高副各有几个约束？

9. 在计算平面机构自由度时应注意哪些事项？

10. 机构具有确定运动的条件是什么？

11. 什么是复合铰链、局部自由度和虚约束？

12. 试绘制如图 1-1-28 所示单缸内燃机的机构运动简图。已知 $l_{AB}=75$ mm，$l_{BC}=300$ mm。

13. 试指出如图 1-1-29 所示筛料机机构运动简图中的复合铰链、局部自由度和虚约束，并计算机构的自由度（图中画有箭头的构件为原动件），判定机构是否具有确定的运动？

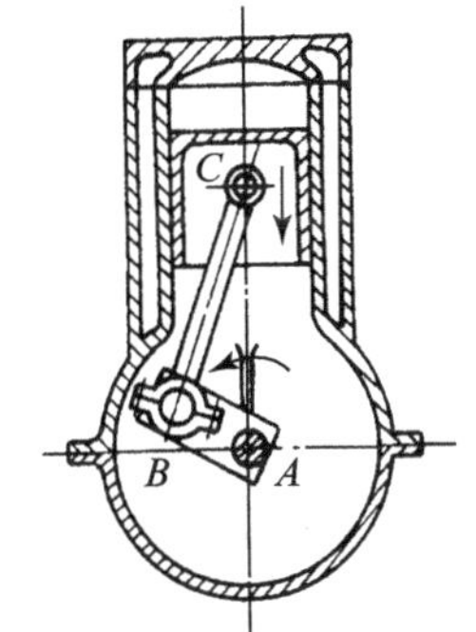

图 1-1-28　单缸内燃机

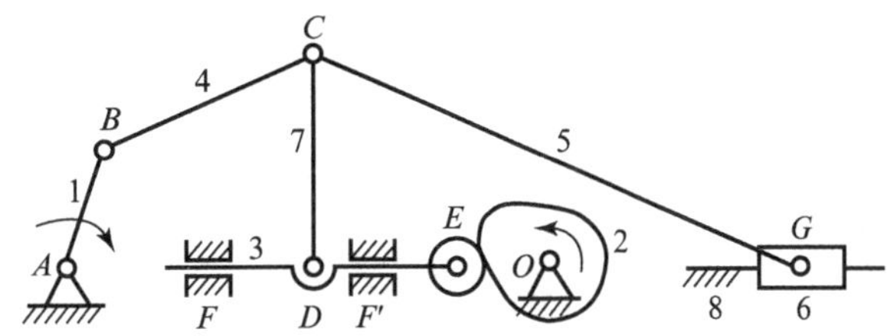

图 1-1-29　筛料机机构运动简图

14. 试指出如图 1-1-30 所示各机构运动简图中的复合铰链、局部自由度和虚约束，并计算机构的自由度（图中画有箭头的构件为原动件），判定机构是否具有确定的运动？

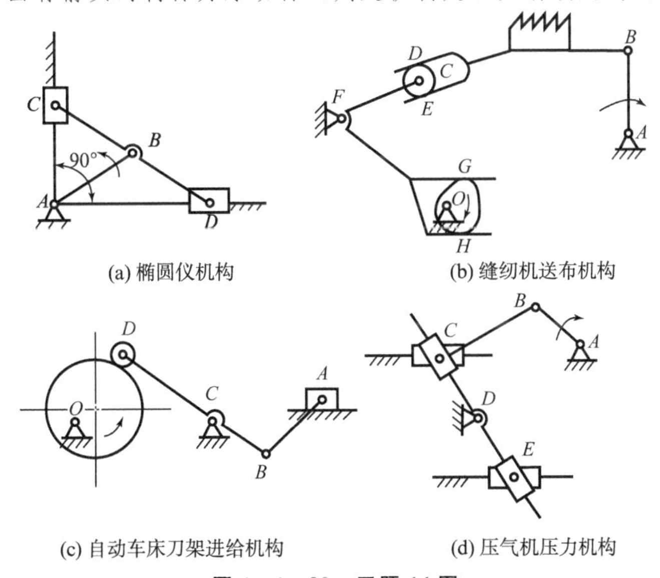

图 1-1-30　习题 14 图

任务2　缝纫机脚踏机构的识别与设计

【任务描述】

一般家庭用脚踏缝纫机(如图 1-2-1 所示)都由机头、机座、传动和附件四部分组成。缝纫机的传动部分由机架、手摇器或电动机等部件构成。机架是机器的支柱,支承着台板和脚踏板。使用时操作者踩动脚踏板,通过曲柄带动皮带轮的旋转,又通过皮带带动机头旋转。如图1-2-1b所示为家庭用脚踏缝纫机机构简图,它是由机架 4、踏板 3、连杆 2、曲轴及大带轮 1、小带轮 5、传动带 6 以及带动缝纫机针 8 运动的机头 7 中的其他机构组成的。

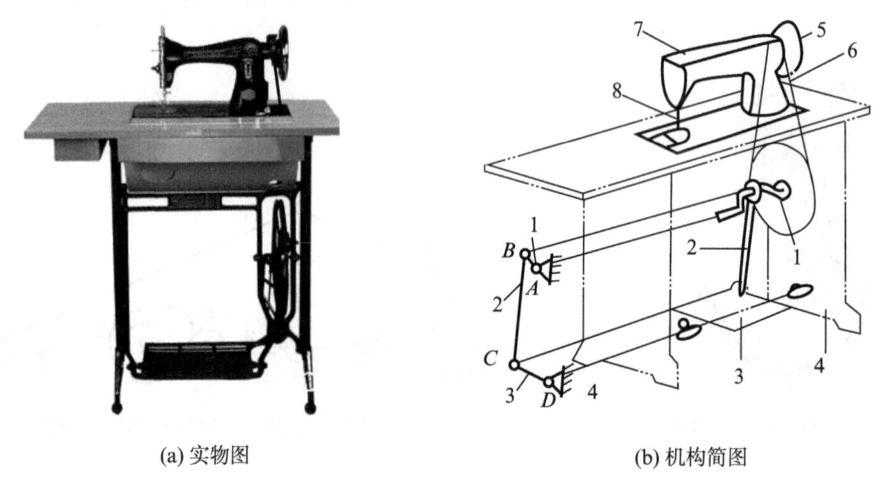

(a) 实物图　　(b) 机构简图

图 1-2-1　家庭用脚踏缝纫机

1—曲轴及大带轮;2—连杆;3—踏板;4—机架;5—小带轮;6—传动带;7—机头;8—缝纫机针

缝纫机脚踏机构的工作原理是通过将脚踏在踏板上摆动带动大带轮驱动缝纫机运动。试判定这种脚踏机构属于平面四杆机构中的哪种类型?当你踩缝纫机踏板时,由于操作不当,遇到过踩不动或使缝纫机飞轮反转的情况吗?踩缝纫机之前,要用手转动小带轮,稍有动力,此时踩踏板才能踩动,这是为什么呢?

如图 1-2-1b 所示,已知踏板 CD 在水平位置上下各摆20°,摇杆的行程速度变化系数 $K=1.2$,且 $l_{CD}=250$ mm、$l_{AD}=300$ mm,试用图解法设计曲轴和连杆的长度 l_{AB}、l_{BC}。

【任务目标】

【知识】

◎ 平面四杆机构的基本类型及其演化形式与应用。

◎ 平面四杆机构基本类型的判定方法。

◎ 平面四杆机构的基本特性。

◎ 应用图解法设计四杆机构的几种方法。

【技能】

◎ 掌握平面四杆机构的基本类型及其演化形式的主要特点，学会判别工业上应用平面四杆机构的机器中执行和控制部分的基本形式。

◎ 掌握曲柄摇杆机构、双曲柄机构、双摇杆机构三种基本类型的判定方法。

◎ 掌握平面四杆机构表现出的急回特性、传力特性（压力角、传动角、死点位置）等基本特性，能在今后的设计中利用这些特性。

◎ 能够根据四杆机构的工作要求和给定的运动条件，运用图解法初步估算机构运动简图尺寸参数并设计此四杆机构。

【素质】

◎ 引导学生建立文化自信，激发爱国热情，培养学生精益求精的工匠精神。

【知识准备】

平面连杆机构由若干个刚性构件通过转动副或移动副连接而成，也称平面低副机构，这些构件的相对运动均在同一平面或相互平行的平面内。平面连杆机构的构件形状多样，但大多数是杆状，故常把平面连杆机构中的构件称为“杆”。由四个构件组成的平面连杆机构称为平面四杆机构，简称四杆机构；由五个构件连接而成的简称为五杆机构；由五个以上构件连接而成的简称为多杆机构。平面四杆机构是构成和研究多杆机构的基础，应用也最为广泛。

平面连杆机构结构简单、工作可靠，能实现多种运动规律和运动轨迹的要求，接触压强小，便于润滑，磨损轻。因此，平面连杆机构常与机械的工作部分相连，起执行和控制作用，广泛用于机床、轻工机械、农业机械、矿山机械、汽车和各种仪表中。

一、平面四杆机构的基本形式及应用

平面四杆机构种类繁多，其中可以包含一个或多个转动副和移动副。全部用转动副相连的平面四杆机构称为铰链四杆机构，是四杆机构中最常见和最基础的类型，如图 1-2-2 所示。

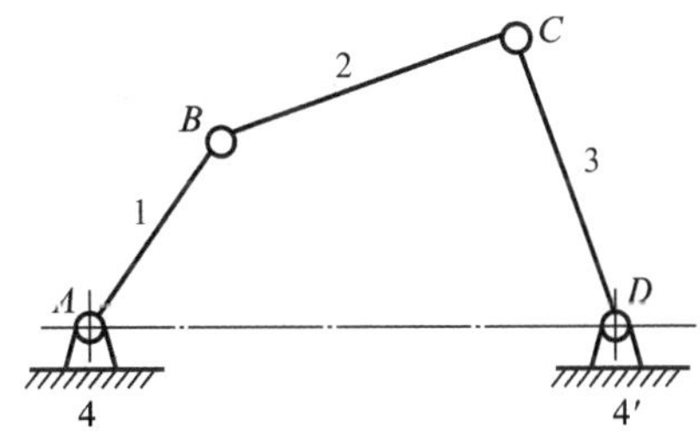

图 1-2-2　铰链四杆机构

铰链四杆机构的主要组成部分如下。

① 机架：机构中固定不动的构件，如杆 AD。

② 连架杆：与机架相连的构件，如杆 AB 和 CD。

③ 连杆：不与机架直接相连、与机架相对的构件，如杆 BC。

④ 摇杆：在连架杆中，只能在一定角度内（小于360°）作往复摆动的杆件称为摇杆。

⑤ 曲柄：在连架杆中，能绕机架上的转动副中心 A 或 D 作整周回转的杆件称为曲柄。

根据两连架杆中曲柄(或摇杆)的数目,铰链四杆机构可分为曲柄摇杆机构、双曲柄机构和双摇杆机构三种基本类型。

1. 曲柄摇杆机构

在铰链四杆机构中,两连架杆中一个为曲柄,另一个是摇杆,则此四杆机构称为曲柄摇杆机构(如图 1-2-3 所示)。通常曲柄作为主动件,可以将曲柄的连续转动转化为从动摇杆的往复摆动,而连杆则作平面复杂运动。

如图 1-2-4 所示,调整雷达天线俯仰角的搜索机构为曲柄摇杆机构。曲柄 1 缓慢地匀速转动,通过连杆 2 使摇杆 3 在一定角度范围内摆动,从而调整天线俯仰角的大小,扩大雷达的搜索范围。

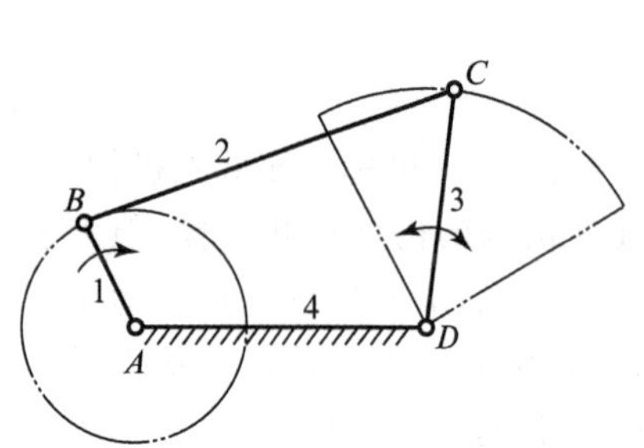

图 1-2-3 曲柄摇杆机构

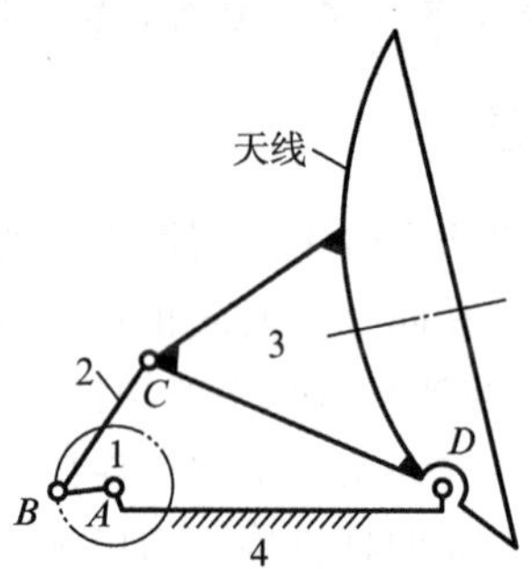

图 1-2-4 调整雷达天线俯仰角的搜索机构

1—曲柄;2—连杆;3—摇杆;4—机架

曲柄摇杆机构的例子还有很多,如飞剪机构(图 1-2-5)、搅面机构(图 1-1-5)、抽油机驱动机构(图 1-2-6)、雨刮器驱动机构(图 1-2-7)等。

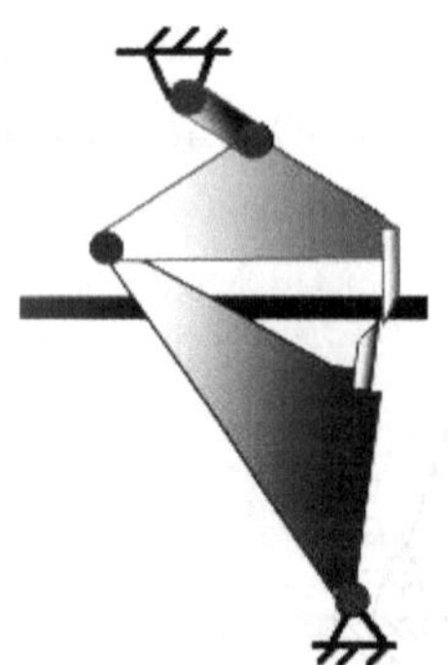

图 1-2-5 飞剪机构

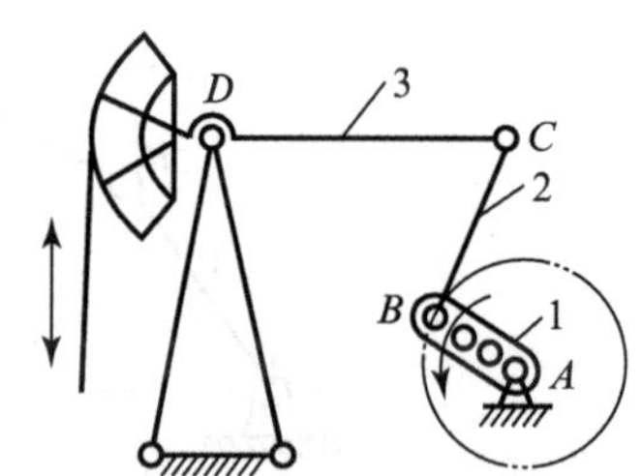

图 1-2-6 抽油机驱动机构

1—曲柄;2—连杆;3—游梁(摇杆)

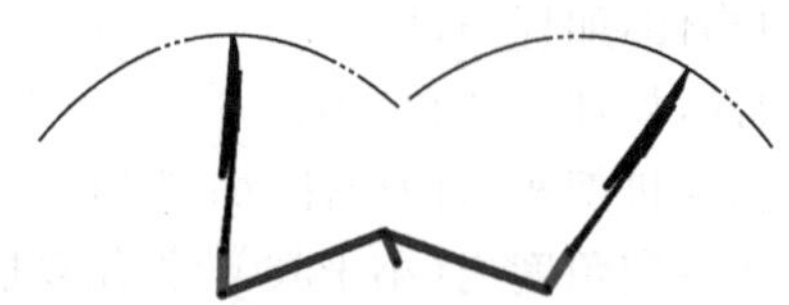

图 1-2-7 雨刮器驱动机构

若以摇杆为原动件时，可将摇杆的摆动转变为曲柄的整周转动。如图 1-2-8 所示的脚踏砂轮机构，如图 1-2-1b 所示的缝纫机脚踏机构也是曲柄摇杆机构的应用。

2. 双曲柄机构

在铰链四杆机构中，如果两个连架杆都是曲柄，则该机构为双曲柄机构。双曲柄机构中，通常主动曲柄作匀速转动，从动曲柄作同向变速转动。

惯性筛机构如图 1-2-9 所示，当主动曲柄 AB 转动时，带动连杆 BC 移动和从动曲柄 CD 转动，再通过连杆 CE 带动滑块 E（筛）作水平往复运动。该机构由双曲柄机构添加了一个连杆 CE 和一个滑块 E 所组成。

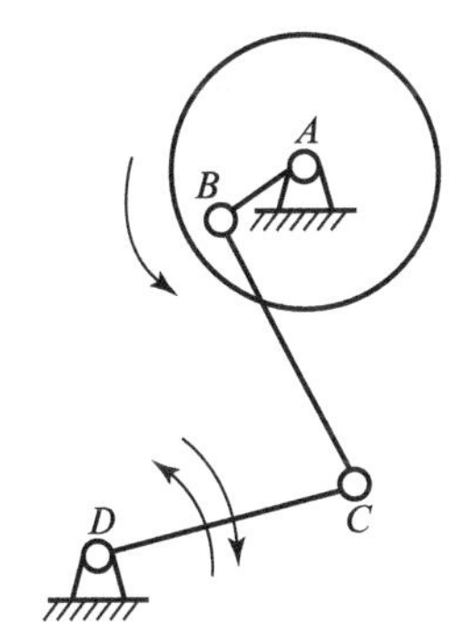

图 1-2-8　脚踏砂轮机构

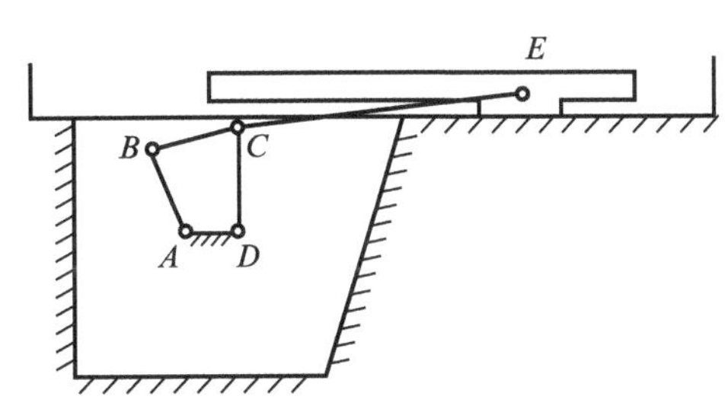

图 1-2-9　惯性筛机构

在双曲柄机构中，若相对的两杆长度分别相等（即两曲柄长度相等、机架与连杆长度相等），则称为平行双曲柄机构或平行四边形机构；若两曲柄的转向相同，则称为正平行四边形机构（图 1-2-10）。该机构的从动曲柄与主动曲柄转速相同，连杆作平动，常用于多个平行轴间的传动，如多头铣、多头钻等机械加工装置，以及车座斗升降机构（图 1-2-11）。

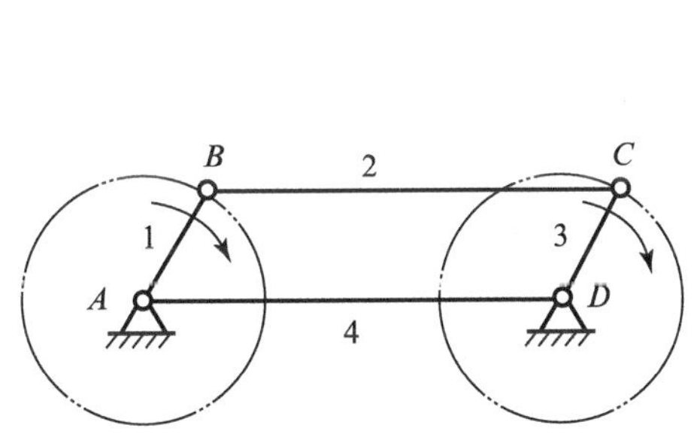

图 1-2-10　正平行四边形机构

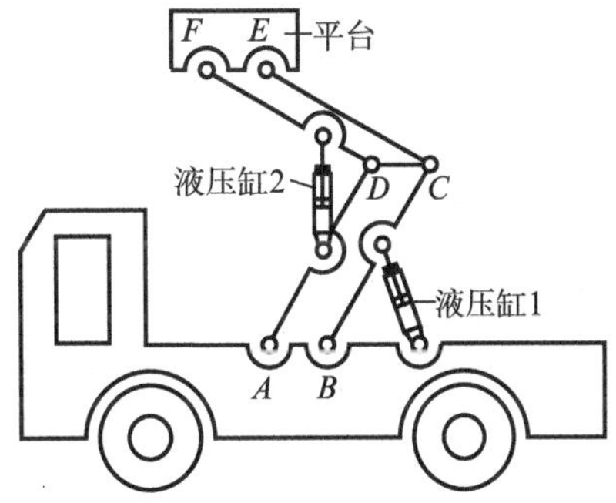

图 1-2-11　车座斗升降机构

连杆与机架的长度相等、两曲柄长度相等但转向相反的双曲柄机构，称为逆平行四边形机构（图 1-2-12）。该机构的从动曲柄作变速转动，连杆作平面运动。车门启闭机构是逆平行四边形机构的应用实例，如图 1-2-13 所示，它利用逆平行四边形机构运动时，两曲柄转向相反的特性，使两扇车门朝相反的方向转动，达到两扇门同时开启或关闭的目的。

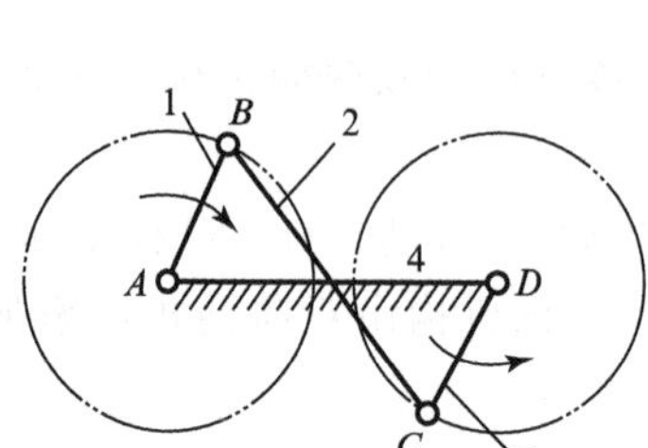

图 1-2-12 逆平行四边形机构

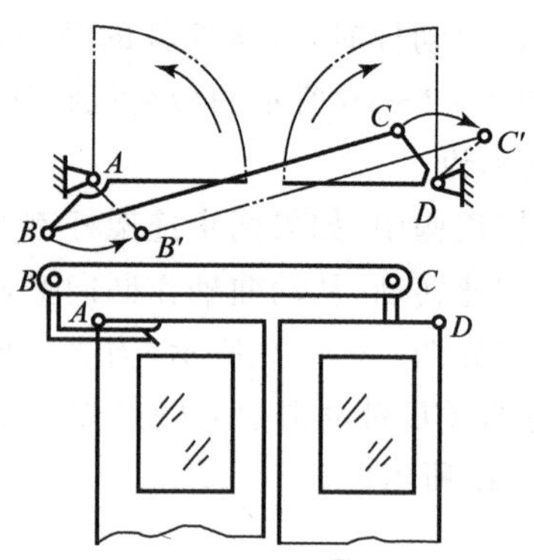

图 1-2-13 车门启闭机构

3. 双摇杆机构

若铰链四杆机构的两个连架杆都是摇杆，则该机构为双摇杆机构。它可将主动摇杆的往复摆动，经连杆变为从动摇杆的往复摆动。一般情况下，两摇杆的摆角不等，常用于操纵机构、仪表机构等。

港口起重机变幅机构如图 1-2-14 所示，当杆 CD 摆动时，连杆 CB 上悬挂重物的点 E 在近似水平直线上移动，可实现货物的水平移动，以减少功率消耗。风扇摇头机构如图 1-2-15 所示，电动机安装在摇杆 4 上，铰链 A 处装有一个与连杆 1 固接在一起的蜗轮。电动机转动时，电动机轴上的蜗杆带动蜗轮迫使连杆 1 绕 A 点作整周转动，从而使连架杆 2 和 4 作往复摆动，达到风扇摇头的目的。

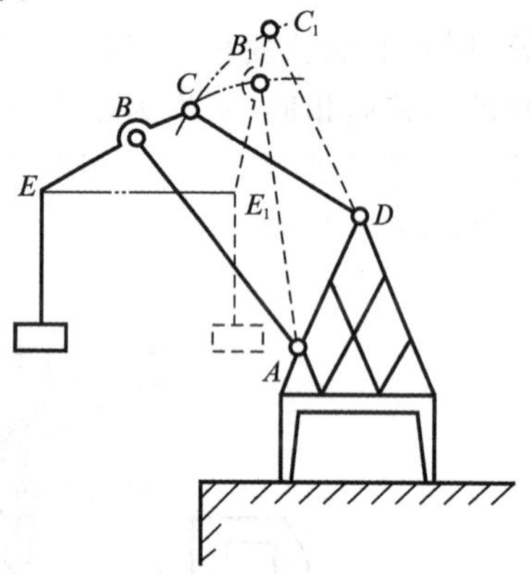

图 1-2-14 港口起重机变幅机构

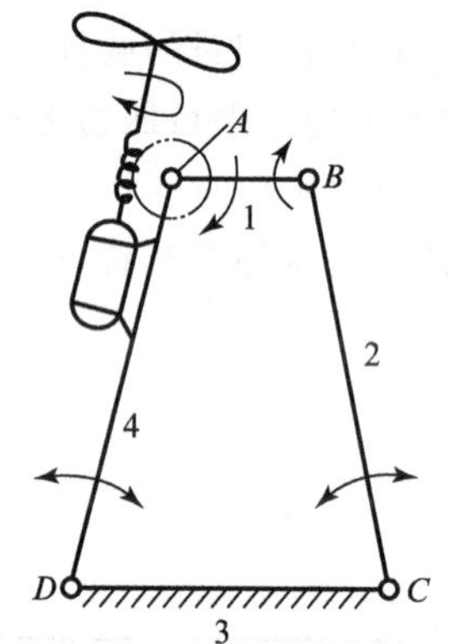

图 1-2-15 风扇摇头机构

1—连杆；2、4—摇杆；3—机架

二、平面四杆机构的演化形式

平面四杆机构的各种类型之间存在着一定的内在联系，它们可以通过构件形状和运动尺寸的改变、运动副的转换及机架置换等方式相互演变。这些演化方式也是机构创新设计的常用方法之一。演化机构中广泛采用滑块四杆机构，其常用形式有曲柄滑块机构、偏心轮机构、导杆机构、曲柄摇块机构和定块机构等。

(1) 曲柄滑块机构

改变已有机构上构件的形状以及主要构件的尺寸，可以获得一系列具有特殊特性的机构。如图 1-2-16a 所示，在曲柄摇杆机构中，杆 1 为曲柄，杆 3 为摇杆。若把杆 4 做成环形槽，槽的

中心在 D 点，而把杆 3 做成弧形滑块，与环形槽相配合（图 1－2－16b）。当杆 3 的长度趋于无穷大时，C 点的轨迹将从圆弧演变为直线（图 1－2－16c）。摇杆 3 转化为沿直线导路 m—m 移动的滑块，成为如图 1－2－16d 所示的曲柄滑块机构，其中构件 3 与机架 4 用移动副相连、又与连杆 2 用转动副相连，称为滑块。曲柄滑块机构是由曲柄、连杆、滑块和机架组成的机构。

曲柄转动中心至导路的垂直距离 e，称为偏距。若 $e=0$，如图 1－2－17a 所示，称为对心曲柄滑块机构；若 $e\neq 0$，如图 1－2－17b 所示，称为偏置曲柄滑块机构。H 为滑块行程，对于对心曲柄滑块机构 $H=2l_{AB}$。保证 AB 杆成为曲柄的条件是：$l_{AB}+e\leqslant l_{BC}$。

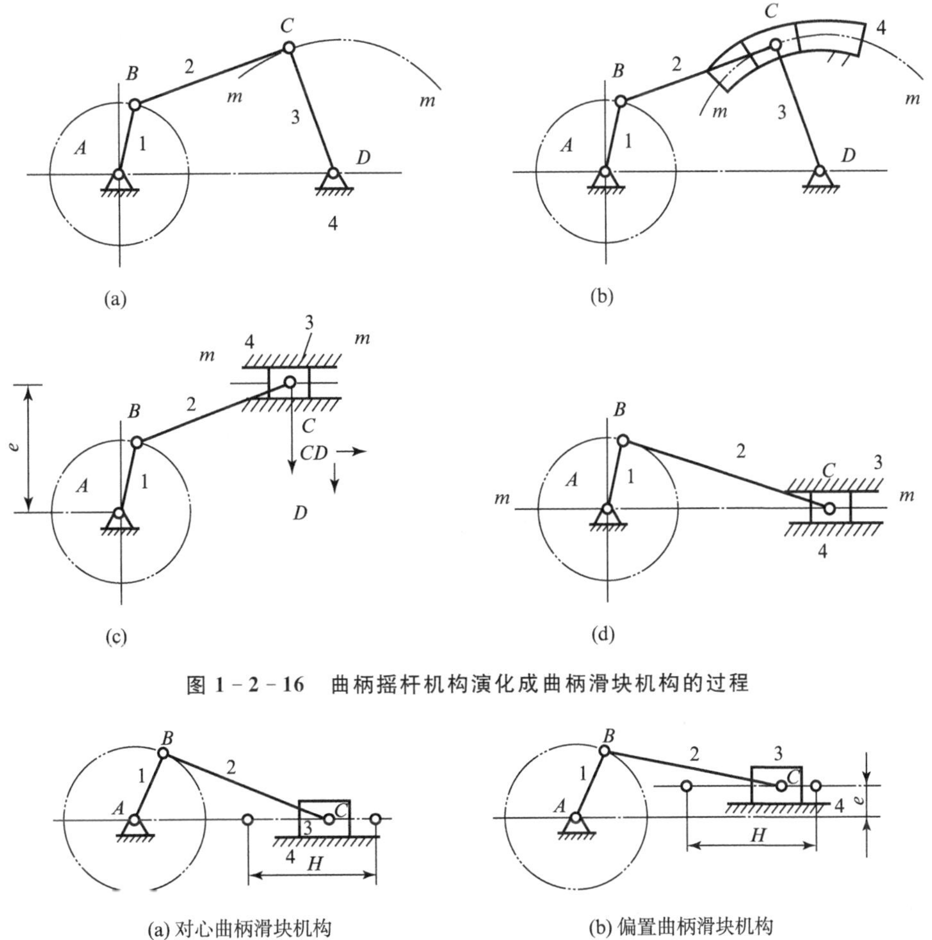

图 1－2－16　曲柄摇杆机构演化成曲柄滑块机构的过程

(a) 对心曲柄滑块机构　(b) 偏置曲柄滑块机构

图 1－2－17　曲柄滑块机构

曲柄滑块机构可将主动滑块的往复直线运动，经连杆转换为从动曲柄的连续转动；也可将主动曲柄的连续转动，经连杆转变为从动滑块的往复直线运动。曲柄滑块机构在机械工程中应用得比较广泛。例如活塞式内燃机、蒸汽机、空气压缩机以及冲床等的主要机构都是曲柄滑块机构。冲压机床上的曲柄滑块机构如图 1－2－18 所示，它由齿轮驱动曲轴转动，使滑块作往复直线运动来冲压工件。如图 1－2－19 所示为内燃机中的曲柄滑块机构，活塞作往复直线运动经连杆驱动曲轴转动，从而带动其他机构运动。

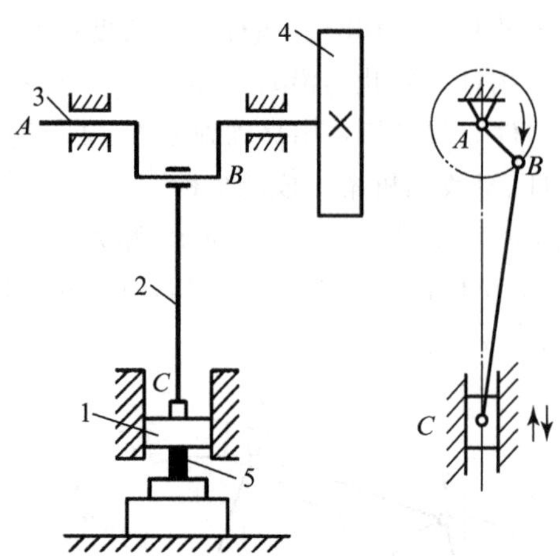

图 1-2-18 冲压机床上的曲柄滑块机构

1—滑块；2—连杆；3—曲轴；4—齿轮；5—工件

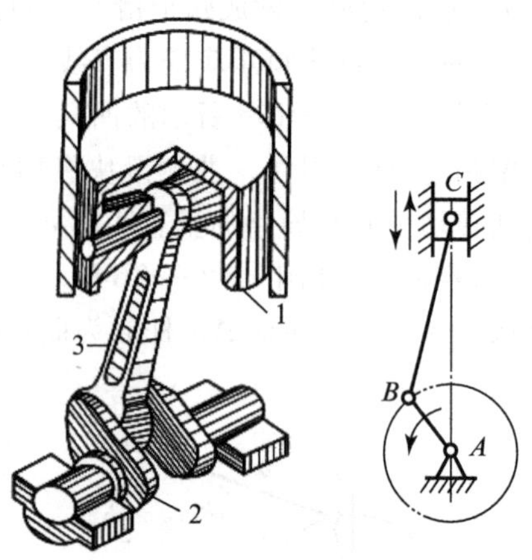

图 1-2-19 内燃机中的曲柄滑块机构

1—活塞；2—曲轴；3—连杆

(2) 偏心轮机构

对于图 1-2-17a 中的对心曲柄滑块机构，当曲柄很短时，可将转动副 B 的尺寸扩大到超过曲柄长度，则曲柄演化成几何中心 B 不与转动中心 A 重合的圆盘，该圆盘称为偏心轮（如图 1-2-20c 所示），含有偏心轮的机构称为偏心轮机构。

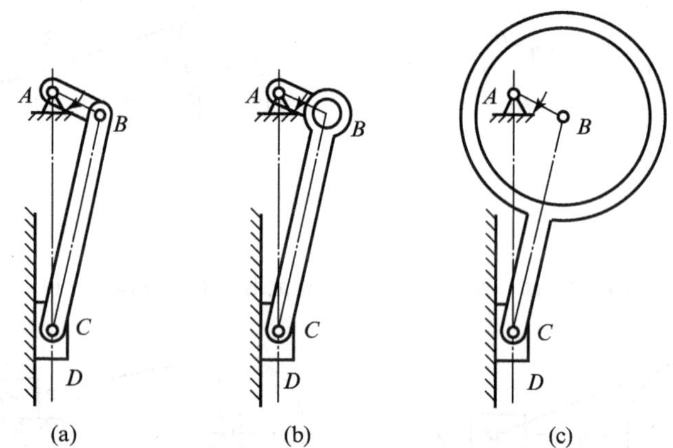

图 1-2-20 曲柄滑块机构演化成偏心轮机构的过程

偏心轮机构被认为是由曲柄滑块机构中转动副 B 的半径扩大，使其超过曲柄的长度演化而成的。它的运动特性与曲柄滑块机构完全相同，这种结构由于增大了转动副的尺寸，提高了偏心轴的强度和刚度，并使结构简化和便于安装，故多用于承受较大冲击载荷的机械中，如剪床、压力机和破碎机等。

(3) 导杆机构

选择运动链中不同构件作为机架以获得不同机构，即为机构的演化。如果将图 1-2-17 所示对心曲柄滑块机构的曲柄 1 作为机架，则曲柄滑块机构就演化为导杆机构，通常取杆 2 作为原动件，杆 4 对滑块 3 的运动起导向作用，称为导杆。滑块 3 相对导杆滑动并一起绕 A 点转动。

导杆机构有两种形式：当 $l_1 \leqslant l_2$ 时，杆 2 和导杆 4 均能绕机架作整周转动，称为曲柄转动导杆机构，如图 1-2-21a 所示；当 $l_1 > l_2$ 时，杆 2 能作整周转动，而导杆 4 只能在某一角度内摆动，称为曲柄摆动导杆机构，如图 1-2-21b 所示。

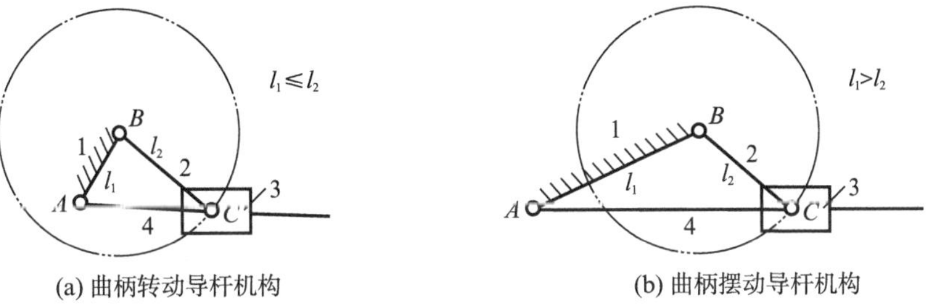

(a) 曲柄转动导杆机构　　(b) 曲柄摆动导杆机构

图 1-2-21　导杆机构

导杆机构的传动性能很好，常用于简易刨床、牛头刨床、插床和送料装置等机器中。简易刨床的主机构如图 1-2-22 所示，ABC 部分为转动导杆机构；牛头刨床的主运动机构如图 1-2-23 所示，ABC 部分为摆动导杆机构。

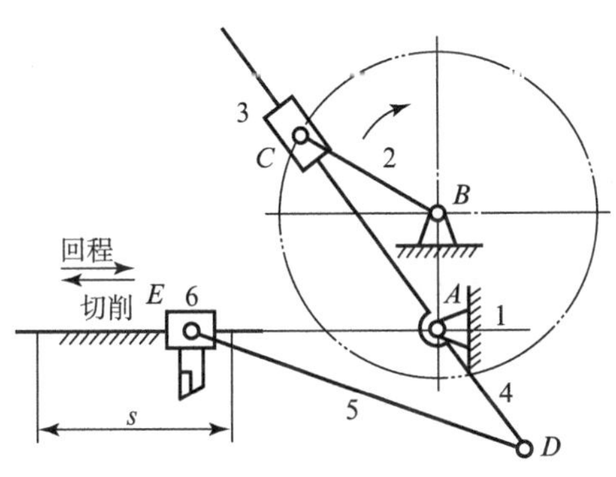

图 1-2-22　简易刨床的主机构

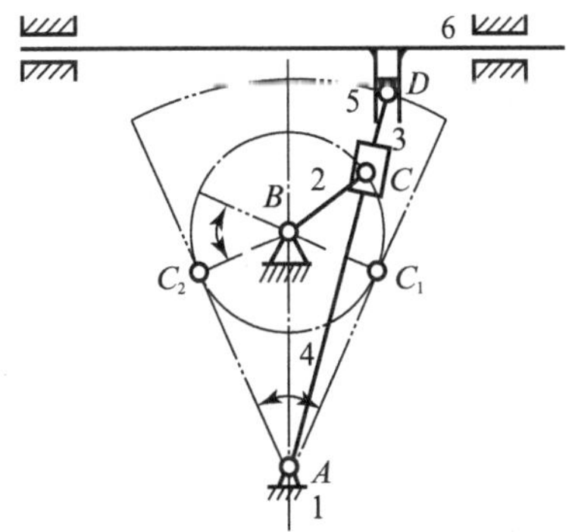

图 1-2-23　牛头刨床的主运动机构

(4) 曲柄摇块机构

如果将图 1-2-17 所示对心曲柄滑块机构中的连杆 BC 作为机架，则演化为曲柄摇块机构(图 1-2-24)。构件 1 可作整周转动，滑块 3 只能绕中心 C 摇摆。这种机构常用于摆缸原动机和气、液压驱动装置中，应用实例自动货车翻斗机构如图 1-2-25 所示，当油缸 3 中压力油推动活塞 4 运动时，车斗 1 绕 B 点转动，达到自动卸车的目的。

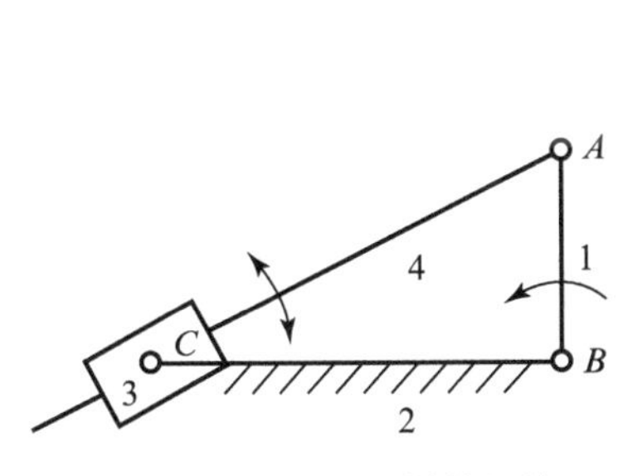

图 1-2-24　曲柄摇块机构

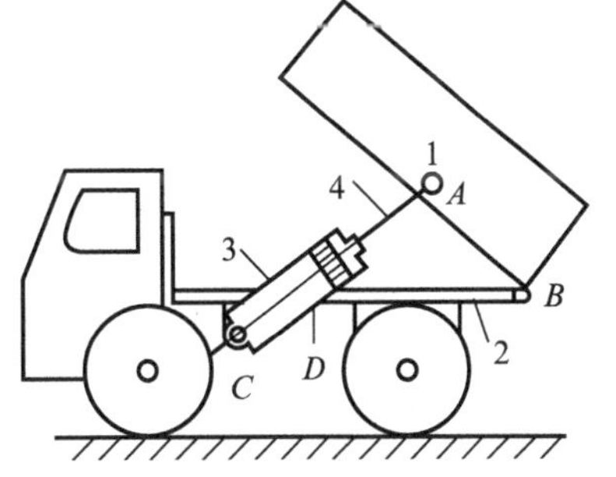

图 1-2-25　自动货车翻斗机构

1—车斗；2—车底架；3—油缸；4—活塞

(5) 定块机构

如果将图 1-2-17 所示对心曲柄滑块机构中的滑块 3 作为机架，*BC* 杆成为绕铰链 *C* 摆动的摇杆，*AC* 杆成为滑块作往复移动，则曲柄滑块机构就演化为如图 1-2-26 所示的定块机构，这种机构常用于抽油泵和手摇抽水唧筒(图 1-2-27)。定块机构又称摇杆滑块机构、移动导杆机构。

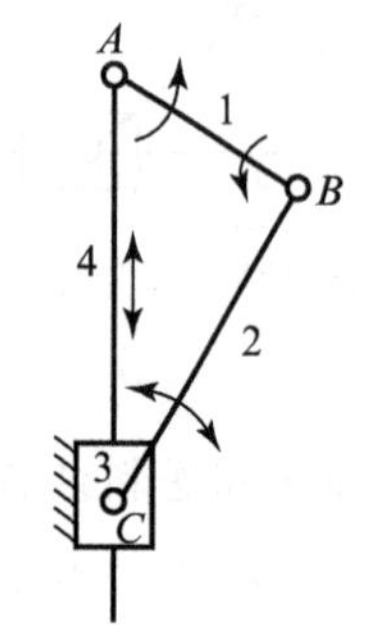

图 1-2-26　定块机构

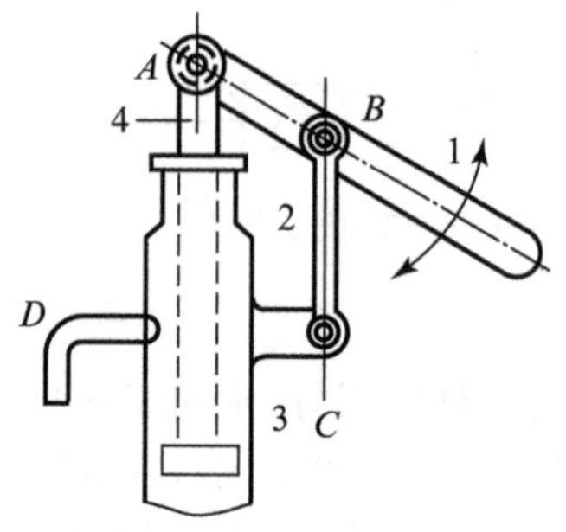

图 1-2-27　手摇抽水唧筒

(6) 铰链四杆机构基本类型的判定

在铰链四杆机构中，通常需要判断是否存在能够作整周回转运动的曲柄。有的机构具有一个或多个曲柄，有的机构则没有曲柄存在。连架杆是否为曲柄，与各构件之间的相对尺寸有关，通过它们的几何关系可推导出曲柄存在的条件，若以下两个条件同时满足时，则存在曲柄：

① 最长杆与最短杆长度之和，小于或等于其余两杆长度之和(简称杆长和条件)。

② 连架杆与机架两者之一为最短杆(简称最短杆条件)。

当杆长和条件成立时，铰链四杆机构的形式取决于最短杆。以最短杆作连架杆，则为曲柄摇杆机构；以最短杆作机架，则为双曲柄机构；以最短杆作连杆，则为双摇杆机构。

若杆长和条件不成立时，无论取何杆为机架时均无曲柄存在，铰链四杆机构为双摇杆机构。

例 1-2-1　如图 1-2-28 所示，机构的尺寸满足杆长和条件，且 *AB* 为最短杆。试分析当取不同构件为机架时各得到什么机构？

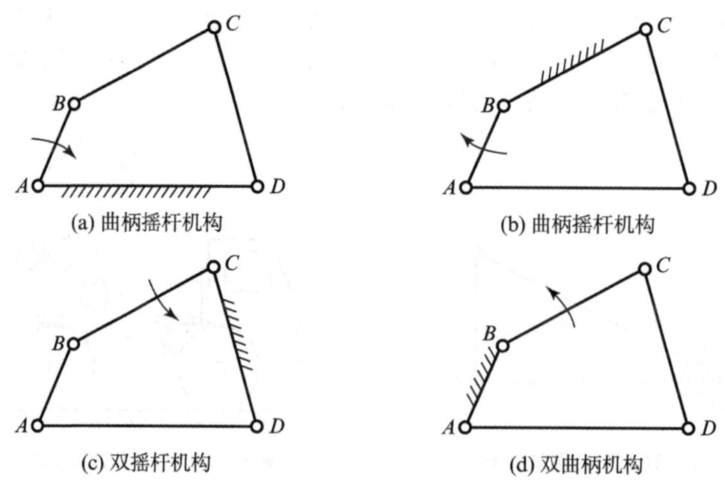

图 1-2-28　机构的判定(1)

解：根据最短杆条件可知，图 1－2－28a、b 中，最短杆为连架杆，均为曲柄摇杆机构；图 1－2－28c 中，最短杆为连杆，为双摇杆机构；图 1－2－28d 中，最短杆为机架，为双曲柄机构。

例 1－2－2　已知各构件尺寸如图 1－2－29 所示，若分别以构件 AB、BC、CD、DA 为机架，相应得到什么机构？

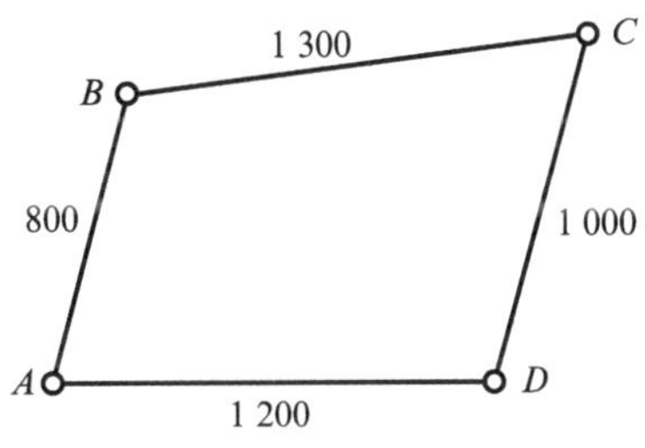

图 1－2－29　机构的判定(2)

解：AB 为最短杆，BC 为最长杆，满足杆长和条件：$l_{AB}+l_{BC}=(800+1\ 300)\mathrm{mm}=2\ 100\ \mathrm{mm}<l_{CD}+l_{AD}=2\ 200\ \mathrm{mm}$，

若以 AB 为机架，因最短杆为机架，两连架杆均为曲柄，所以得到双曲柄机构；

若以 BC 或 DA 为机架，因最短杆为连架杆，且为曲柄，所以得到曲柄摇杆机构；

若以 CD 为机架，因最短杆为连杆，不满足最短杆条件，无曲柄，所以得到双摇杆机构。

三、平面四杆机构的基本特性

平面四杆机构工作时，由于构件的长度不同以及各构件的用途不同，其形式具有多样性，同时机构也表现出一些重要的特性，掌握这些特性有利于更好地使用这些机构。

1. 急回特性

对于牛头刨床、插床等单向工作的机械，要求工作行程速度慢而均匀以提高加工质量，空回行程(返程)要求速度快，以缩短非工作时间，提高工作效率，某些平面四杆机构能实现这一要求，例如图 1－2－30 所示的机构。

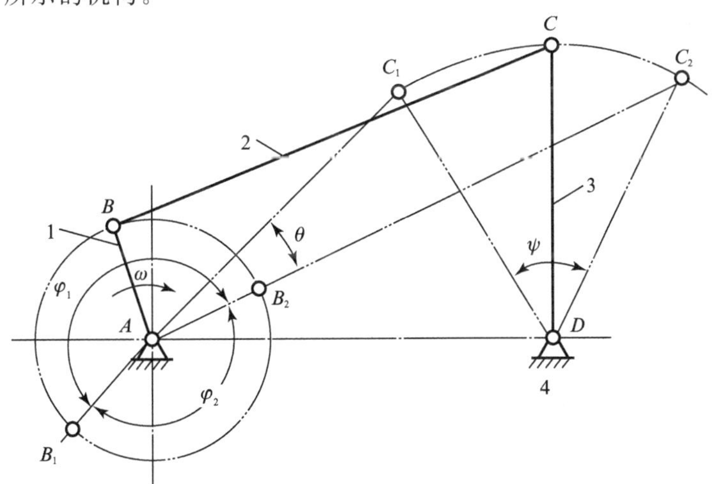

图 1－2－30　急回特性

图 1－2－30 所示曲柄摇杆机构中，设曲柄 AB 为主动件，以等角速度 ω 作顺时针转动；摇杆 CD 为从动件，向右摆动为工作行程，向左摆动为返程。当曲柄转至 AB_1 时，连杆位于 B_1C_1，与曲柄重叠共线，摇杆处于左极限位置 C_1D；当曲柄由 AB_1 转过 φ_1 角到达 AB_2 时，连杆位于 B_2C_2，与曲柄的延长线共线，摇杆则向右摆动 ψ 角，到达右极限位置 C_2D，完成了工作行程。由此可知：曲柄工作行程所转过的角度为 $\varphi_1=180°+\theta$，所用时间为 $t_1=\varphi_1/\omega=(180°+\theta)/\omega$，此时，摇杆从 C_1D 摆到 C_2D，摆角为 ψ，则摇杆 C 点的平均速度为 $v_1=\widehat{C_1C_2}/t_1$。同理，曲柄返程所转过的角度为 $\varphi_2=180°-\theta$，所用时间为 $t_2=\varphi_2/\omega=(180°-\theta)/\omega$，此时，摇杆从 C_2D 摆到 C_1D，摆角为 ψ，摇杆 C 点的平均速度为 $v_2=\widehat{C_2C_1}/t_2$。显然，$v_2>v_1$。这种当主动件等速转动时，从动件作往复运动，其返程中的平均速度大于工作行程中的平均速度，这种特性称为急回特性。

急回特性的程度，用 v_2 与 v_1 的比值 K 来表示，K 称为行程速度变化系数，即

$$K=\frac{v_2}{v_1}=\frac{t_1}{t_2}=\frac{\varphi_1}{\varphi_2}=\frac{180°+\theta}{180°-\theta} \tag{1-2-1}$$

或

$$\theta=180°\frac{K-1}{K+1} \tag{1-2-2}$$

可见，行程速度变化系数与 θ 有关。θ 是从动件摇杆处于两极限位置时，相应的曲柄位置线所夹的锐角，称为极位夹角。$\theta>0°$，则 $K>1$，机构具有急回特性；$\theta=0°$，则 $K=1$，机构无急回特性。θ 越大，急回特性越明显，但同时机构的传动平稳性下降。通常取 $K=1.2\sim2.0$。

对于对心曲柄滑块机构，因为 $\theta=0°$，所以无急回特性；而对于偏置曲柄滑块机构（图 1－2－31）和摆动导杆机构（图 1－2－32），由于不可能出现 $\theta=0°$ 的情况，所以恒具有急回特性。必须注意的是：当要求机构具有急回特性时，必须是曲柄为主动件。

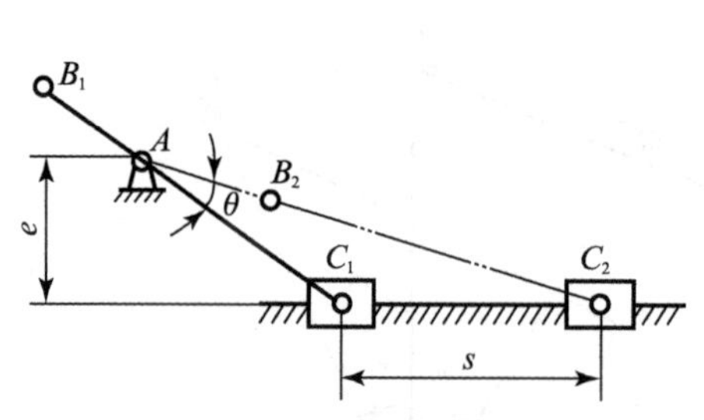

图 1－2－31　偏置曲柄滑块机构

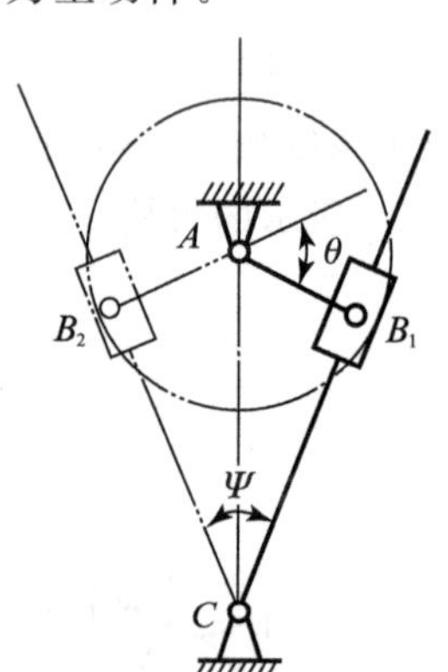

图 1－2－32　摆动导杆机构

2. 传力特性

在生产实际中，不仅要求铰链四杆机构能实现预期的运动规律，而且还希望机构具有较好的传力性能，以提高机械的效率。下面以曲柄摇杆机构为例说明平面四杆机构的传力特性。

（1）压力角和传动角

曲柄摇杆机构中，若不计摩擦力、重力和惯性力，以曲柄 AB 为原动件，摇杆 CD 为从动件，

则通过二力杆 BC 作用于从动件 CD 上的驱动力 F 如图 1-2-33 所示。力 F 可分解为沿 C 点速度 v_C 方向的分力 F_t 和垂直于 v_C 方向的分力 F_n，其中 $F_t=F\cos\alpha$，$F_n=F\sin\alpha$。F_t 是使从动件转动的有效分力，F_n 是仅对转动副 C 产生附加径向压力的有害分力。

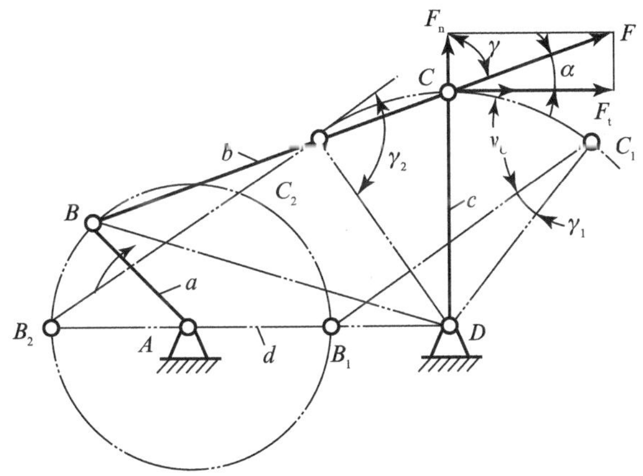

图 1-2-33　曲柄摇杆机构的压力角与传动角

显然，F_t、F_n 的大小与角度 α 有关，α 越小，F_t 越大，F_n 就越小，对机构传动越有利。因此，α 是衡量机构传力性能的重要指标，称为压力角。机构压力角是指在不计摩擦力、重力、惯性力的条件下，机构中从动件上受力方向与力作用点的速度方向之间所夹的锐角，用 α 表示。

为了保证机构传力性能良好，设计时须规定最大压力角 α_{max}。对于一般机械，α_{max} 通常取在 40°～50°之间。

在实际应用中，为了度量方便，常以压力角 α 的余角 $\gamma=90°-\alpha$ 来判断连杆机构的传力性能。γ 称为传动角，是连杆和从动件所夹的锐角。显然，压力角 α 越小，传动角 γ 就越大，机构传力性能越好；反之，压力角 α 越大，传动角 γ 就越小，转动副中的压力增大，磨损加剧，传动效率越低。因此，压力角不能太大或传动角不能太小，规定工作行程中的最小传动角 γ_{min}（如图 1-2-33 所示中的 γ_1）在40°～50°之间。在机构运转过程中，传动角 γ 是变化的，为了保证机构能正常工作，常取 γ_{min} 大于或等于许用传动角[γ]，[γ]的选取与传递功率、运转速度、制造精度和运动副中的摩擦等因素有关。对于一般传动，可取[γ]=40°；而大功率传动时，可取[γ]=50°。

（2）死点位置

如图 1-2-34 所示，若曲柄摇杆机构以摇杆为主动件，而曲柄为从动件，当机构处于图中双点画线所示的两个位置之一时，由于摇杆处于极限位置，连杆与曲柄共线，摇杆经连杆传递到曲柄上的作用力刚好通过曲柄回转中心，此时，$\alpha=90°$，$\gamma=0°$，主动件 CD 通过连杆作用于从动件 AB 上的力恰好通过其回转中心，有效驱动力矩为零，所以构件 AB 将不能转动，出现"顶死"现象，机构的这种位置称为死点位置。

对于传动机构而言，死点的存在是不利的，它使机构处于"卡死"或运动不确定状态。必须采取适当的措施使机构能顺利通过死点位置。通过死点位置的方法有两种：

① 在从动件上安装飞轮，利用飞轮的惯性，如缝纫机的大带轮兼有飞轮作用。

② 利用机构的错位排列，可将机构的死点错开，如机车车轮两侧的平行四边形联动机构起始位置错开一定角度，保持确定运动。

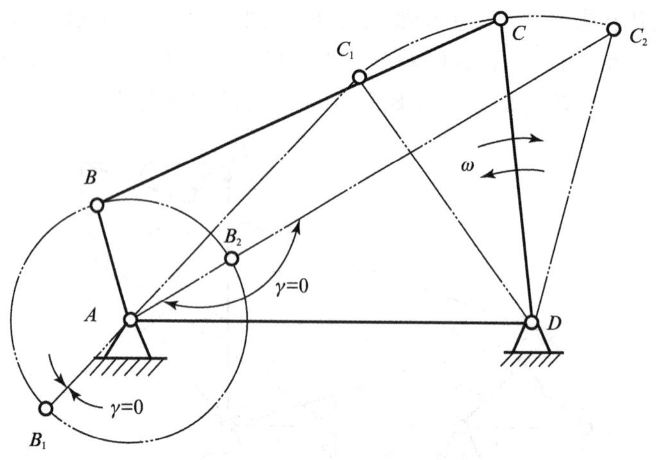

图 1-2-34 曲柄摇杆机构的死点位置

在工程实际中，也有许多场合需要利用死点位置来实现某种功能。如图 1-2-35 所示的钻床用工件夹紧机构中，当工件被夹紧时，连杆 2 与连架杆 3 成一直线，即机构处于死点位置。此时外力 F 撤销后，工件对机构的反作用力 F_N 不论多大，由于通过连杆 2 使杆 3 运动的力总是沿着 BCD 方向，有效驱动力矩为零，因而不可能使杆 3 摆动，工件上保持了较大的夹紧力。只有在手柄上施加一个向上的力时才能松开工件，可使机构脱离死点位置而松开工件。图 1-2-36 所示为飞机起落架打开位置的机构简图，此时连杆 BC 和从动件 CD 位于同一直线上，因此机构处于死点位置。飞机着陆时，飞机着陆轮承受很大的地面反力也不会使从动件 CD 转动，保持稳固的支承状态，可以保证飞机的安全着陆。

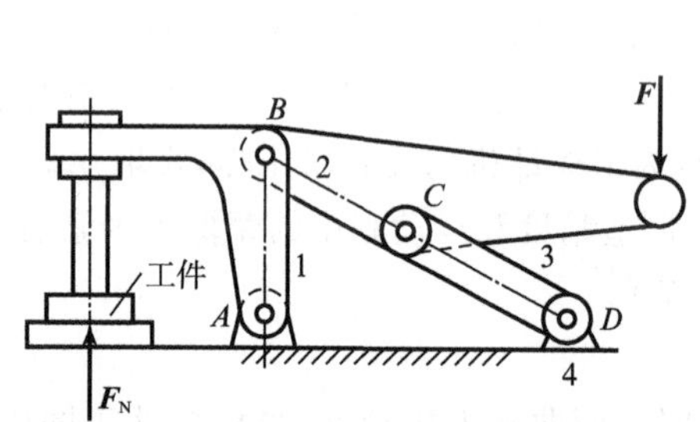

图 1-2-35 钻床用工件夹紧机构

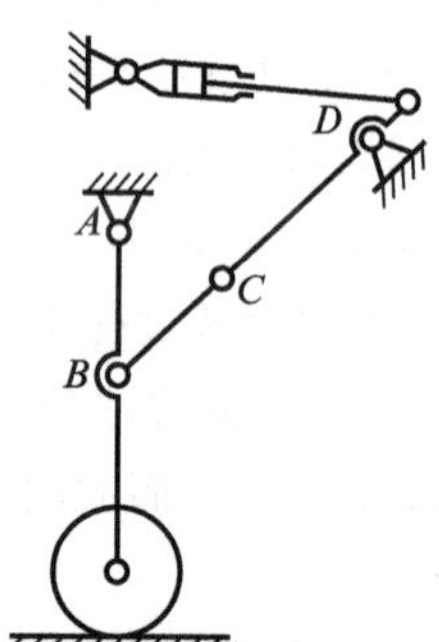

图 1-2-36 飞机起落架打开位置的机构简图

四、平面四杆机构的设计

平面四杆机构中的运动副都是低副，接触压力小，不易磨损且易于加工。四杆机构中作复杂运动的连杆能够实现较复杂的运动规律，因此在各类设备中应用广泛。

平面四杆机构运动设计主要是根据机构的工作要求和给定的运动条件，确定机构运动简图尺寸参数。

设计一般可归纳为两类问题：

① 实现给定从动件的运动规律，如要求满足给定的行程速度变化系数 K 以实现预期的急回

特性或实现连杆的几个预期的位置要求。

② 实现给定的运动轨迹，如要求连杆上的某点具有特定的运动轨迹，例如起重机中吊钩的轨迹即为一水平直线。

平面四杆机构运动的设计方法有图解法、实验法和解析法。图解法和实验法简单直观，能快速获得理想的设计方案，但精度不高，用于一般要求的设计；解析法精度高，可结合计算机进行辅助设计。这里主要介绍图解法。

（1）按给定的行程速度变化系数 K 设计四杆机构

设计条件：在四杆机构（如曲柄摇杆机构）中，已知行程速度变化系数 K、摇杆的长度 l_{CD} 及摆角 ψ，试设计该四杆机构。

设计步骤如下所述。

① 根据公式计算出极位夹角

$$\theta=180^\circ\frac{K-1}{K+1}$$

② 选择作图比例尺 μ_l，任意选取一点作为转动副 D 的位置，按照给定摇杆长度 l_{CD} 及摆角 ψ 作出摇杆的两个极限位置 C_1D 和 C_2D，如图 1－2－37 所示。

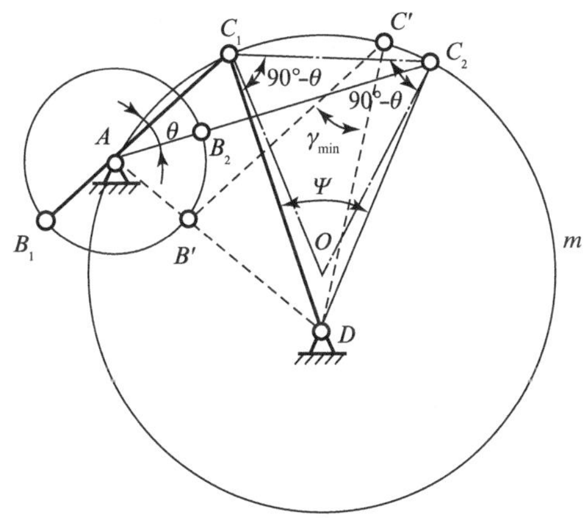

图 1－2－37　按给定的行程速度变化系数 K 设计曲柄摇杆机构运动简图

③ 连接 C_1、C_2 两点，作 $\angle C_1C_2O=\angle C_2C_1O=90^\circ-\theta$ 的两条直线，使其相交于 O 点，则 $\angle C_1OC_2=2\theta$；以 O 为圆心，OC_1 为半径作辅助圆 m，由于同一圆弧上圆周角是圆心角的一半，在此圆周上任取一点 A 作为曲柄的回转中心，连 AC_1、AC_2，则 $\angle C_1AC_2=\theta$，满足行程速度变化系数 K 的要求。

④ 确定 A 点位置后，根据极限位置曲柄与连杆共线原理，故有 $AC_1=B_1C_1-AB_1$、$AC_2=B_2C_2+AB_2$，其中 $BC=B_1C_1=B_2C_2$、$AB=AB_1=AB_2$，由此可求得

$$AB=\frac{AC_2-AC_1}{2}\qquad BC=\frac{AC_2+AC_1}{2}$$

因此曲柄、连杆、机架的实际长度分别为：$l_{AB}=\mu_l\cdot AB$、$l_{BC}=\mu_l\cdot BC$、$l_{AD}=\mu_l\cdot AD$。

注意：由于 A 点任选，所以可得无穷多解。实际工作中，当附加某些辅助条件，如给定机架

长度 l_{AD} 或最小传动角 γ_{min} 等，即可确定 A 点位置，使其具有确定解。

例 1-2-3 精压机中冲压机构采用曲柄滑块机构，上模作左右往复直线运动，具有快速、等速工作进给和快速返回的特性。行程速度变化系数 $K=1.5$，上模行程 $H=200$ mm，偏距 $e=100$ mm，用图解法设计此曲柄滑块机构。

解： 设计步骤如下。

求出极位夹角：$\theta=180°\dfrac{K-1}{K+1}=180°\times\dfrac{1.5-1}{1.5+1}=36°$。

选取比例尺 $\mu_l=5$(mm/mm)，$\mu_\delta=6$(°/mm)，画出线段 $C_1C_2=H/\mu_l$。

由 C_2 点作 $\angle C_1C_2M=90°-\theta=90°-36°=54°$ 的斜线，它与 C_1C_2 的垂线 C_1N 交于点 P。

以 C_2P 为直径作圆，固定铰链 A 点即在此圆上。

作与 C_1C_2 平行的直线，使该直线到 C_1C_2 线的距离为偏距 e/μ_l，则此直线与圆的交点即为曲柄转轴 A 点的位置。

连接 AC_1、AC_2，则曲柄 $AB=(AC_2-AC_1)/2$。在 AC_2 上截取 $AB_2=AB=(AC_2-AC_1)/2$，则得到 B_2 点。以 A 为圆心，AB 长为半径画圆，C_1A 延长与圆交点为 B_1 点。

AB_2C_2（或 AB_1C_1）即为所设计的曲柄滑块机构，如图 1-2-38 所示。

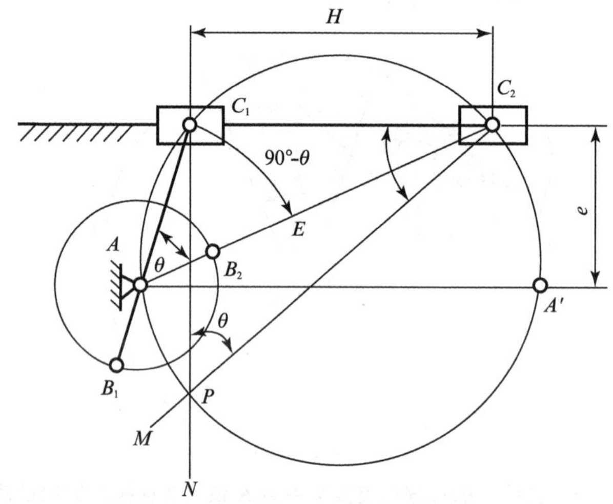

图 1-2-38 按给定的行程速度变化系数 K 设计曲柄滑块机构运动简图

(2) 按连杆的预定位置设计四杆机构

设计条件：已知铰链四杆机构中连杆的长度 l_{BC} 及三个预定位置 B_1C_1、B_2C_2、B_3C_3，要求确定四杆机构的其余构件尺寸。

分析：问题的关键是确定两连架杆与机架组成转动副的中心 A、D。由于连杆在依次占据预定位置的过程中，B、C 点的轨迹为圆弧，此圆弧的圆心为连架杆与机架组成转动副的中心。故图解法的实质是已知圆弧上三点，求圆心，如图 1-2-39 所示。

设计步骤如下。

① 选择适当的作图比例尺 μ_l，绘出连杆三个预定位置：B_1C_1、B_2C_2、B_3C_3。

② 求铰链点 A、D。连接 B_1B_2 和 B_2B_3，分别作 B_1B_2 和 B_2B_3 的中垂线 b_{12} 和 b_{23}，交点即为铰链 A 的中心，同理可得铰链 D 的中心。

③ 连接 AB_3、C_3D、AD，则 AB_3C_3D 即为所求的铰链四杆机构。各构件实际长度分别为：$l_{AB}=\mu_l \cdot AB_3$、$l_{CD}=\mu_l \cdot C_3D$、$l_{AD}=\mu_l \cdot AD$。

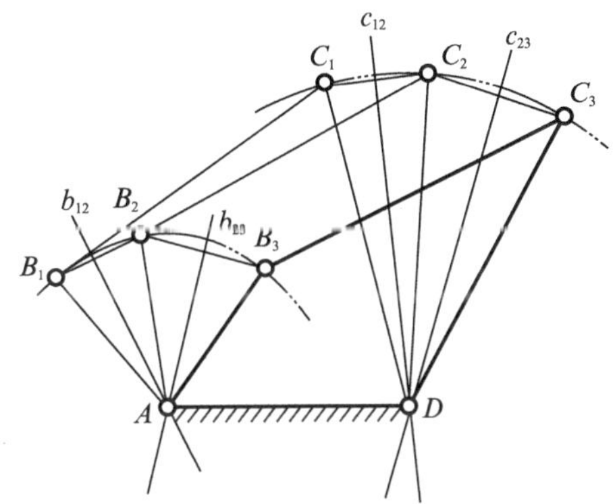

图 1-2-39　按连杆的预定位置设计曲柄摇杆机构运动简图

【任务分析】

本任务主要是要求弄清平面四杆机构的主要类型有哪些，各类型的工作特性是怎样的。了解缝纫机脚踏板驱动机构的工作原理，根据其工作运动简图，参照各类型的工作特性，判断机构的类型。操作缝纫机过程中常碰到踩不动踏板的情况，这是涉及平面机构的基本特性——死点位置及通过死点位置的方法等相关知识。

当已知缝纫机脚踏板驱动机构运动简图中的一些参数，求另外一些未知参数时，可归结为：根据机构的工作要求（给定的行程速度变化系数 K）和给定的运动条件（踏板 CD 在水平位置上下各摆动20°），确定机构运动简图尺寸参数（曲柄和连杆的长度）。可根据【知识准备】中“按给定的行程速度变化系数 K 设计四杆机构”的基本步骤，利用图解法（最好利用 CAD 技术）作图并计算。

【任务实施】

在缝纫机脚踏板驱动机构（图 1-2-1）中，当踏板作往复摆动时，通过连杆带动固连在曲轴上的大带轮转动，再通过带传动驱动缝纫机工作。根据所学的绘制平面机构运动简图的基本知识，绘制出脚踏板驱动机构的运动简图（图 1-2-1b）。该驱动机构属于平面铰链四杆机构中的曲柄摇杆机构，其中踏板作小于360°的往复摆动，为曲柄摇杆机构中的摇杆，曲轴绕大带轮的转动副中心作整周回转，为曲柄摇杆机构中的曲柄；该机构以踏板（摇杆）为主动件，曲轴（曲柄）为从动件。当踩缝纫机踏板时，由于操作不当，常遇到过踩不动或使缝纫机飞轮反转的情况，这是因为缝纫机是以摇杆为主动件驱动，当摇杆 CD 往复摆动至极限位置（图 1-2-34）时，A、B、C 在一条直线位置上，即死点位置，当连杆与曲柄处于共线位置时，不管在主动件上作用多大的驱动力，都不能在从动件上产生有效分力。所以在踩缝纫机踏板之前，要用手转动机头上的小带轮，使之稍有动力，此时踩踏板才能踩动。一般情况下，在从动件上安装飞轮，利用飞轮的惯性通过死点位置，缝纫机的大带轮兼有飞轮作用。

根据任务描述可知，设计实质是确定铰链中心 A 的位置，并确定曲柄和连杆的长度 l_{AB}、l_{BC}。设计基本步骤如下。

(1) 根据公式计算出极位夹角

$$\theta=180°\frac{K-1}{K+1}=180°\times\frac{1.2-1}{1.2+1}=16.4°$$

(2) 选取比例尺 $\mu_l=5(\text{mm/mm})$，$\mu_\delta=5(°/\text{mm})$，任意选取一点作为转动副 D 的位置，按照给定踏板(摇杆)长度 $CD=250\ \text{mm}/\mu_l$ 及摆角 $\psi=20°+20°=40°/\mu_\delta$ 画出摇杆的两个极限位置 C_1D 和 C_2D，如图 1-2-40 所示。

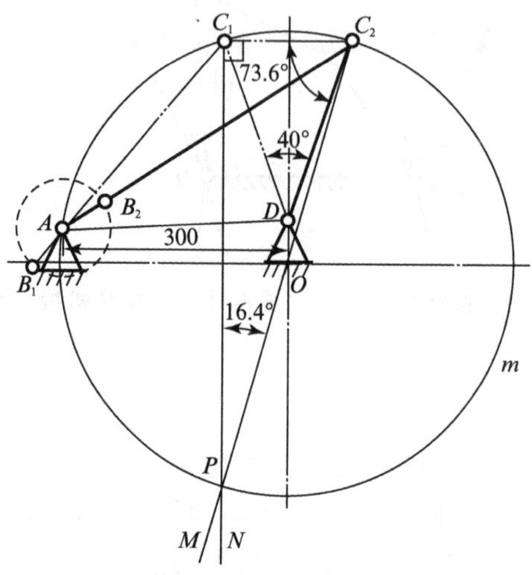

图 1-2-40 用图解法求踏板机构中曲柄和连杆的长度简图

(3) 连接 C_1、C_2 两点，并过 C_1 点作直线 C_1N 垂直于 C_1C_2；作$\angle C_1C_2M=90°-\theta=73.6°$，$C_1N$ 和 C_2M 交于 P 点，则$\angle C_1PC_2=\theta=16.4°$；在直线段 C_2P 上截取 $C_2P/2$ 得点 O，以 O 点为圆点、OP 为半径，画圆 m；以 D 为圆心，画半径为 $l_{AD}=300\ \text{mm}$ 的圆，交圆 m 上一点 A，A 为铰链中心。

(4) 确定 A 点位置后，根据极限位置上曲柄与连杆共线原理，故有 $AC_1=B_1C_1-AB_1$、$AC_2=B_2C_2+AB_2$，由于 $BC=B_1C_1=B_2C_2$，$AB=AB_1=AB_2$，由此可求得

$$AB=\frac{AC_2-AC_1}{2} \qquad BC=\frac{AC_2+AC_1}{2}$$

因此，曲柄、连杆的实际长度分别为：$l_{AB}=\mu_l\cdot AB=65\ \text{mm}$，$l_{BC}=\mu_l\cdot BC=392.5\ \text{mm}$。

【任务总结】

本任务分析了平面连杆机构，特别是四杆机构的类型、工作原理、工作特性和应用情况，分析了平面四杆机构的设计方法和设计步骤。通过本任务的学习，能够设计和分析实际工作中所用到的平面四杆机构。

(1) 铰链四杆机构类型：曲柄摇杆机构、双曲柄机构以及双摇杆机构。

(2) 铰链四杆机构基本类型的判别：① 用曲柄存在条件判断是否存在曲柄；② 若不存在曲柄，为双摇杆机构；③ 若存在曲柄，则分两种情况：机架为最短杆，是双曲柄机构；与机架相邻的杆为最短杆，是曲柄摇杆机构。

(3) 平面四杆机构的工作特性：① 急回特性；② 压力角和传动角；③ 死点位置。

（4）平面四杆机构的设计：设计一般可归纳为两类问题：① 实现给定从动件的运动规律，如要求满足给定的行程速度变化系数以实现预期的急回特性或实现连杆的几个预期位置；② 实现给定的运动轨迹，如要求连杆上的某点具有特定的运动规律。

【知识拓展】

构件静力学基础与平面汇交力系

一、构件静力学基础

静力学研究受力系作用处于平衡状态的物体系统。力系是指作用在同一物体或同一物体系统上的一组力；物体的平衡状态一般是指物体相对于地面静止或作匀速直线运动的状态。

1. 力的基本概念

（1）力的定义

力是物体之间的相互机械作用，这种作用将使物体的运动状态或形状和尺寸发生变化。力使物体运动状态的改变称为外效应，力使物体形状和尺寸的改变称为内效应。

（2）力的三要素及表示法

力对物体的作用效应取决于力的三要素，即力的大小、力的方向和力的作用点。改变三要素中的任何一个要素，力对物体的作用效应也将随之改变。

由于力是一个既有大小又有方向的量，故称为矢量。通常用一段有向线段来表示，线段的长度按一定比例表示力的大小；线段箭头的方向表示力的方向；线段的始端 A 或末端 B（图 1－2－41）表示力的作用点；此线段的延伸称为力的作用线。通常用 $\boldsymbol{F}$（黑体字母）代表力矢，以 F（非黑体字）代表力的大小。力的单位为 N（牛顿）或 kN（千牛）。

2. 静力学公理

（1）二力平衡公理

作用在刚体上的两个力平衡的必要与充分条件是：此两力必须等值、反向、共线。这里讲的刚体是指在受力状态下保持其几何形状和尺寸不变的物体。事实上，现实生活中绝对的刚体是不存在的，刚体只是人们为了简化对物体受力分析的过程而作的一种科学抽象。在对物体进行静力学分析时，通常假定物体为刚体。如图 1－2－42a 所示，物体置于水平面上，受到重力 G 和水平面上的作用力 F_N 作用而处于平衡状态，这两个力必须等值、反向、共线。如图 1－2－42b 所示，若作用于刚体上的两个共线力 $\boldsymbol{F}_A$ 和 $\boldsymbol{F}_B$ 等值、反向、共线，即 $\boldsymbol{F}_A=-\boldsymbol{F}_B$，则该刚体必处于平衡状态。

$\boldsymbol{F}_A$ 和 $\boldsymbol{F}_B$ 称为作用在同一物体上的一对平衡力。“二力平衡公理”是最简单也是最基本的公理，是研究物体在受力复杂情况下平衡条件的基础。

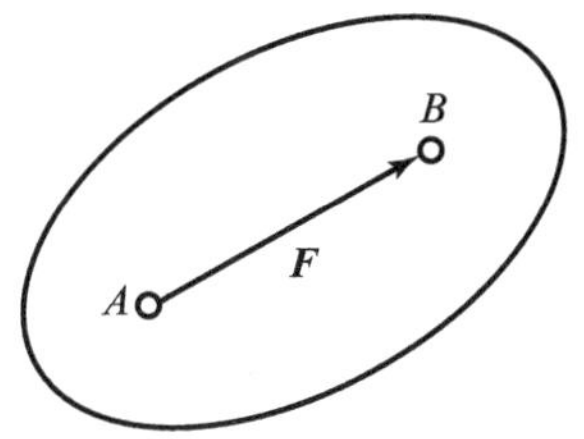

图 1－2－41　力的表示方法

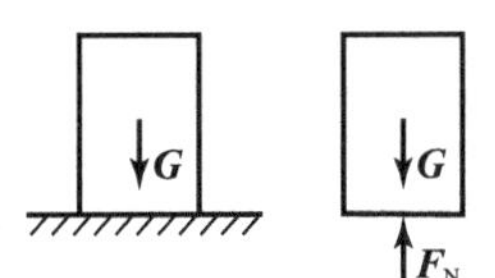

(a) 水平面上的重物受力情况

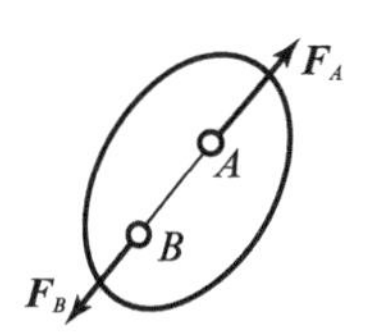

(b) 二力平衡受力情况

图 1－2－42　二力平衡公理

当一个构件不计自重和摩擦力，只受两个力作用而处于平衡时，一般称为二力构件，若二力构件的形状为杆状，则称之为二力杆。工程实际中一些构件的重力比它所承受的载荷小很多，可以忽略不计，若它们只受两个外力作用而平衡，则可简化为二力构件。

如图 1-2-43a 所示托架中，杆 AB 不计自重，在 A 端和 B 端分别受到力 $\boldsymbol{F}_A$、$\boldsymbol{F}_B$ 的作用而处于平衡，此两个力必过这两个力的作用点 A、B 的连线；如图 1-2-43b 所示的三铰拱桥结构中，不计拱桥自重时，在力 F 的作用下，BC 受 $\boldsymbol{F}_B$、$\boldsymbol{F}_C$ 作用处于平衡，则这两个力必过两个力的作用点 B、C 的连线，如图 1-2-43c 所示。

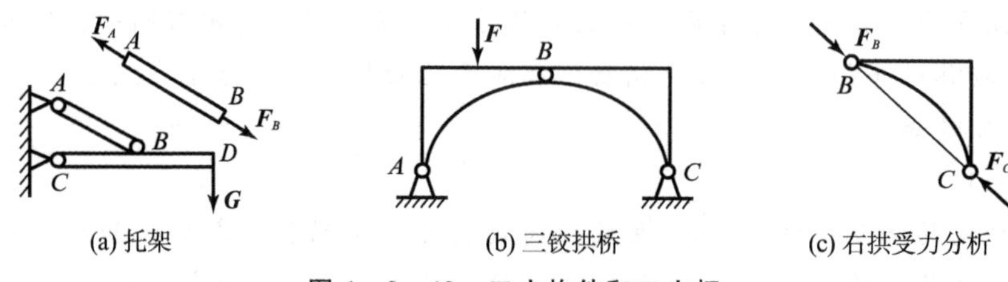

图 1-2-43　二力构件和二力杆

(2) 加减平衡力系公理

在一个已知力系上加上或减去一个平衡力系，不改变原力系对刚体的作用效应，称为加减平衡力系公理。

由加减平衡力系公理可导出**力的可传性原理：作用于刚体上某点的力，可沿其作用线滑移到该刚体上的任何位置而不会改变原力对刚体的作用效应。**

如图 1-2-44 所示的小车，A 点的作用力 $\boldsymbol{F}_A$ 和 B 点的作用力 $\boldsymbol{F}_B$ 对小车的作用效应完全相同。由此原理可知：力对刚体的作用效应与力的作用点在作用线上的位置无关，即力的三要素也可为：力的大小、方向、作用线。必须指出，力的可传性原理只适用于刚体。

(3) 力的平行四边形法则

作用于物体上同一点的两个力，可以合成为一个合力，合力也作用于该点，其大小和方向可用此两力为邻边所构成的平行四边形的对角线来表示，即力的平行四边形法则。如图 1-2-45 所示两根绳悬挂重物，拉力 $\boldsymbol{F}_R$ 是两根绳上拉力 $\boldsymbol{F}_1$、$\boldsymbol{F}_2$ 的合力，其运算也应按矢量运算法则进行，其矢量合成式为 $\boldsymbol{F}_R=\boldsymbol{F}_1+\boldsymbol{F}_2$。根据二力平衡公理，合力 $\boldsymbol{F}_R$ 应与重力 $\boldsymbol{G}$ 在同一直线上，大小相等，方向相反。

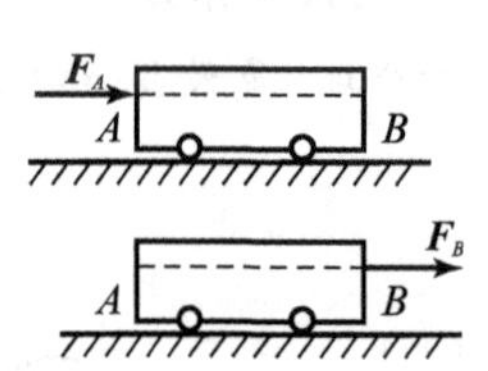

图 1-2-44　力的可传性

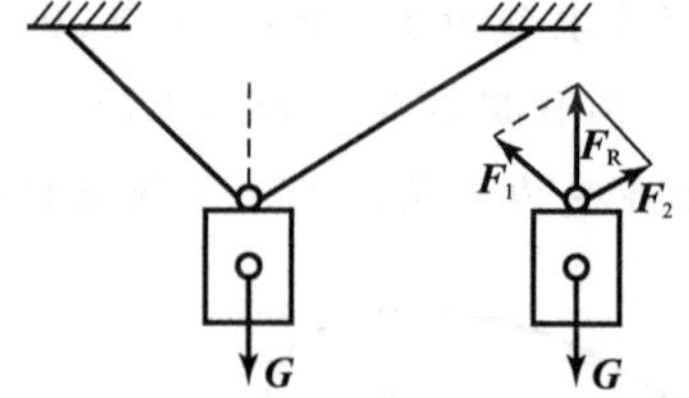

图 1-2-45　力的平行四边形法则

一个力也可以分解为两个分力，分解也按力的平行四边形法则来进行。如图 1-2-45 所示，拉力 $\boldsymbol{F}_1$、$\boldsymbol{F}_2$ 是力 $\boldsymbol{F}_R$ 的两个分力。显然，由已知力为对角线可作无穷多个平行四边形，故必须附加一定的条件，才可能得到确切的结果。附加的条件可能为：① 规定两个分力的方向；② 规定其中一个分力的大小和方向。

(4) 作用力与反作用力定理

两物体间的作用力与反作用力，总是大小相等、方向相反，沿同一作用线，分别同时作用于两个相互作用的物体上，称为作用力与反作用力定理。

该定理说明了力总是成对出现的。应用作用力与反作用力定理时注意区别它与二力平衡的两个力是不同的，作用力与反作用力分别作用在两个相互作用的物体上，二力平衡的两个力是作用在同一个物体上的。

3. 约束与约束力

力学分析中通常把物体分为两类：一类是自由体，即它们的运动不受任何其他物体的限制，如空中飞行的飞机、人造卫星、炮弹等；另一类是非自由体，即它们的运动要受其他物体的限制，如机场跑道上的飞机、电机轴承上的转轴、建筑物柱子上的屋架、起重机钢索下悬挂的重物等。对非自由体某些运动起限制作用的其他物体称为约束，例如上述的机场跑道、电机轴承、建筑物柱子、起重机钢索等就是约束。约束作用于非自由体的力称为约束力，约束力的方向总是与该约束所能限制的运动方向相反，其作用点在约束力与被约束物体的接触处。

另外，力学分析中又把作用在物体上的力分为两类：一类是主动力，也就是能主动引起物体运动或使物体有运动趋势的力，主动力包括载荷、弹簧力、电磁力、水压力、风压力等；另一类是被动力，作用于物体的约束力属于被动力，它不会主动地引起物体运动或使它具有运动趋势。如图 1-2-46 所示，同样的绳子对重物的拉力 $\boldsymbol{F}_T$，在图 1-2-46a 中它是约束力，而在图 1-2-46b 中它是主动力。

工程上实际的约束类型是多种多样的。不同类型的约束，有不同特征的约束力，下面介绍几种较典型的约束类型及其相应约束力的表示法。

(1) 柔性约束

柔性约束是指由柔软且不计自重的绳子、传动带、链条等对物体所构成的约束，绳子、传动带、链条等一般可简化为柔索。柔性约束限制物体沿柔索伸长方向运动，所以柔索约束力的方向总是沿柔索中心线且背离被约束物体的运动方向或运动趋向的。在柔索十分软但又不可伸长的情况下，柔索约束力对物体的作用只能是拉力，通常用符号 $\boldsymbol{F}_T$ 表示，如图 1-2-46a、图 1-2-47 所示。

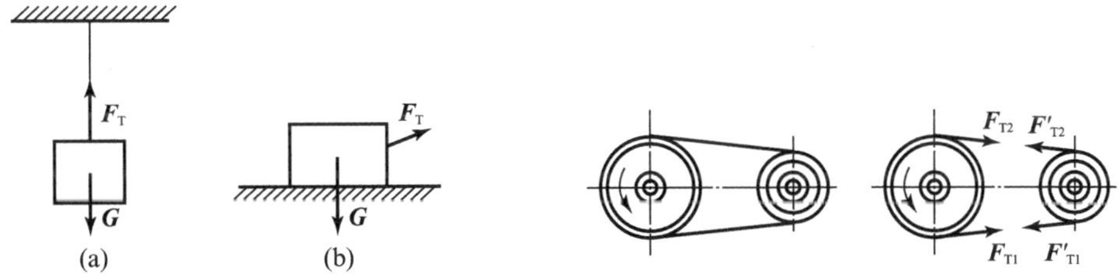

图 1-2-46　主动力与约束力　　图 1-2-47　平带传动约束力

(2) 光滑面约束

在不计摩擦阻力的情况下，不能限制物体沿接触点处公切面任何方向的运动，而只能限制物体沿接触点处公法线方向的运动，称为光滑面约束。这类约束对物体的约束力作用于接触点处，沿接触点处的公法线，并指向被约束物体，它对物体的作用只能是压力。因此，这类约束力又称法向反力，通常用符号 $\boldsymbol{F}_N$ 表示。机械工程中光滑面约束的例子有许多，如变速箱中的齿轮(图 1-2-48)、凸轮与推杆(图 1-2-49)、轴承中的滚珠与钢圈、机床导轨、夹具中的 V 形铁等。

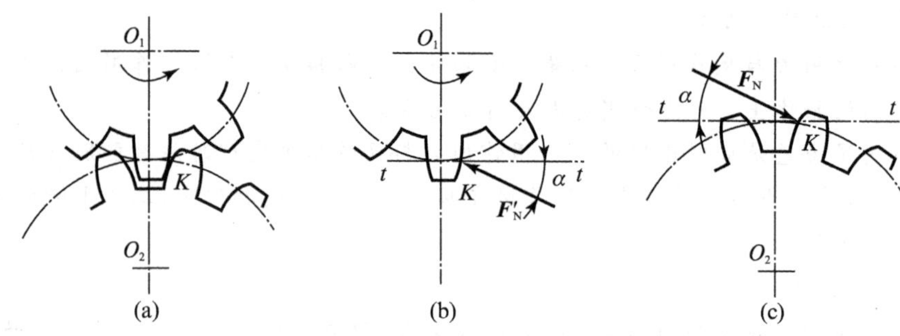

图 1-2-48 变速箱中的齿轮受力图

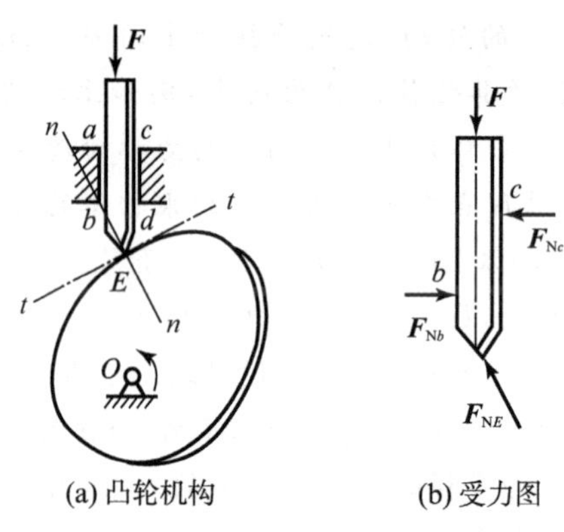

图 1-2-49 凸轮与推杆受力图

(3) 光滑铰链约束

两物体分别钻有直径相同的圆柱形孔,用一圆柱形销钉连接起来,在不计销钉与销钉孔之间的摩擦时,即构成光滑铰链约束。在机构运动简图中,光滑圆柱形铰链通常用一个小圆圈表示。

如图 1-2-50a 中,用销子 C 连接的两个构件中一个是固定件,称为支座(构件 B),销子固定于支座上,另一构件 A 可绕销子的中心旋转,这种方式称为固定铰链;而图 1-2-50b 中,支座上的滚子可任意左右移动,这种方式称为活动铰链。固定铰链约束力的方向随转动零件所处位置的变化而变化,通常可用两个相互垂直的分力 F_x、F_y 表示,约束力的作用线必定通过铰链的中心;活动铰链在不计摩擦力的条件下,支座只能限制构件沿支撑面垂直方向(法向)的运动,而不能限制切线方向的运动,故活动铰链支座的约束力必定通过铰链中心,并与支撑面相垂直。用一对滚动轴承连接的轴可简化为一端用固定铰链连接,另一端用活动铰链连接。

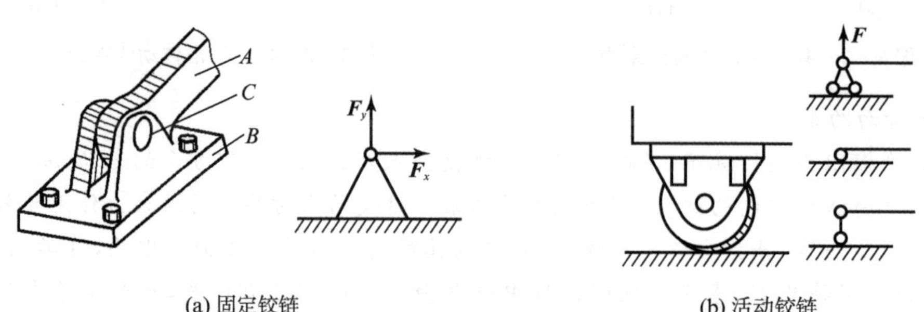

图 1-2-50 光滑铰链约束

(4) 固定端约束

固定端支座又称插入端支座，是工程中较为常见的一种约束，如固定在刀架上的刀具(图 1-2-51)、固定在车床卡盘上的工件、嵌入墙的雨篷等。固定端支座约束不仅限制物体沿空间任何方向移动，而且也限制物体绕其固定端沿空间任何方位转动，也就是说被约束物体的约束端是完全固定不动的。所以除存在互相垂直的约束力外，还存在一个阻止其转动的力偶矩。如图 1-2-51 中的固定端支座 B 的约束力可用简化了的两个正交分力 $\boldsymbol{F}_x$、$\boldsymbol{F}_y$ 和力矩为 $\boldsymbol{M}$ 的力偶表示。力矩与力偶的知识在后面任务中讲解。

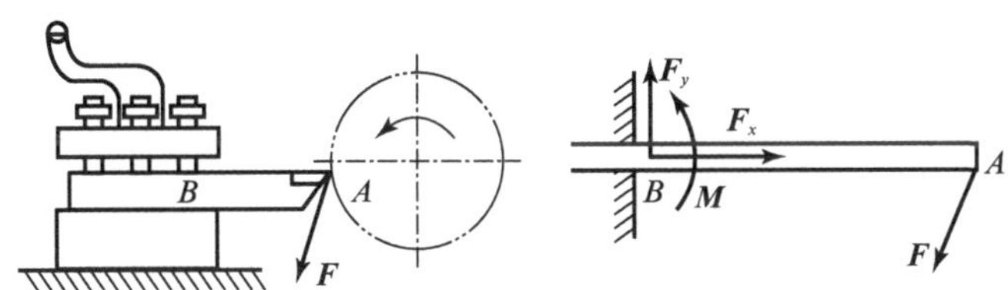

图 1-2-51 固定端约束力的表示方法

4. 受力分析与受力图

在工程实际中，为了了解未知的约束力，需要根据已知的主动力，应用主动力和约束力之间的平衡条件来进行求解。为此，首先要对物体进行受力分析，即弄清它受到哪些力的作用，以及这些力的作用位置和方向。为了清晰地显示出物体的受力情况，就要把进行受力分析的物体从与它有联系的周围物体中分离出来，单独画出它的简明图形，这一过程简称为取分离体或取研究对象。然后再把作用在分离体上的全部主动力和约束力都画出来，由此所得到的表示物体受力情况的简明图形，称为受力图。画物体的受力图是解决力学问题的第一步，也是关键的一步。在画受力图时，一定要注意分析所取分离体所受力的特点，注意分离体与相邻物体间作用力与反作用力的关系，注意每一个力矢的正确表示等等。画受力图时通常应遵循的步骤如下：

① 确定研究对象，取分离体。

② 在分离体上画出作用于分离体的全部主动力。

③ 在分离体图上的每一个解除约束的地方，画出相应的约束力。

例 1-2-4 重量为 G 的均匀直杆 AB，其 B 端靠在光滑铅垂墙的顶角处，A 端放在光滑的水平地面上，在 D 点处用一水平绳索拉住，如图 1-2-52a 所示。试画出杆 AB 的受力图。

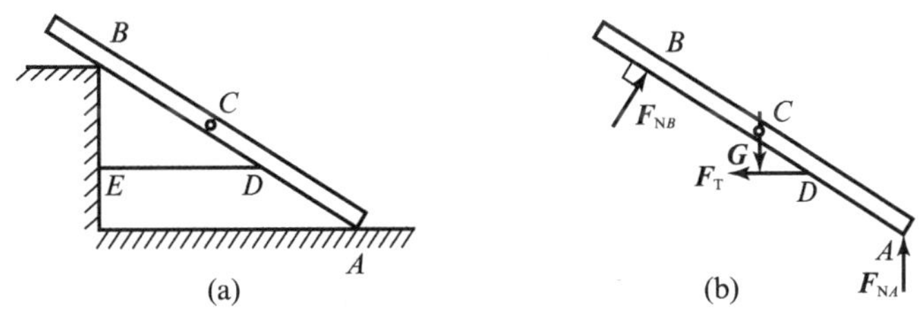

图 1-2-52 直杆受力图

解：(1) 取杆 AB 为研究对象，将它从周围与它有联系的物体中分离出来，画出其分离体图，如图 1-2-52b 所示。

(2) 在杆 AB 的点 C 处画出已知的主动力 $\boldsymbol{G}$。

(3) 杆 AB 在 A、B 处为光滑面约束，分别画出沿法线指向杆 AB 在 A、B 处为光滑面约束力 $\boldsymbol{F}_{NA}$、$\boldsymbol{F}_{NB}$。在杆 D 处，沿绳索画出水平力 $\boldsymbol{F}_T$，背离杆 AB 指向 E，如图 1-2-52b 所示，此即杆 AB 的受力图。

二、平面汇交力系

按照力系中各力的作用线是否在同一平面内分类，可分为平面力系和空间力系两类。在平面力系中，按照各力作用线是否相交于一点，分为平面汇交力系和平面一般力系（也称平面任意力系）；在同一平面内，由若干个力偶所组成的力偶系称为平面力偶系。静力学的主要问题是研究力系的合成与平衡问题，研究基本方法有两种：几何法与解析法。几何法即作图法，解析法即投影法。

1. 平面汇交力系合成的几何法

(1) 两汇交力合成的力的三角形法则

设力 $\boldsymbol{F}_1$ 与 $\boldsymbol{F}_2$ 作用于刚体上的 A 点，以 $\boldsymbol{F}_1$、$\boldsymbol{F}_2$ 为邻边作平行四边形，其对角线即为它们的合力 $\boldsymbol{F}_R$，并记作 $\boldsymbol{F}_R=\boldsymbol{F}_1+\boldsymbol{F}_2$，如图 1-2-53a 所示。

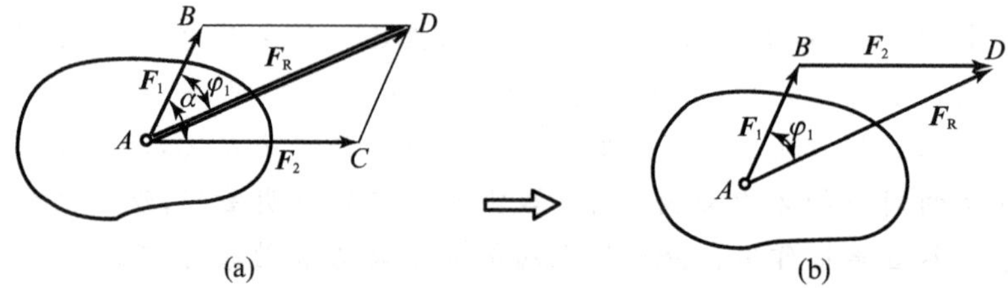

图 1-2-53 力的三角形法则

为简便起见，作图时可省略 AC 与 DC，直接将 $\boldsymbol{F}_2$ 连在 $\boldsymbol{F}_1$ 的末端 B，通过 $\triangle ABD$ 即可求得合力 $\boldsymbol{F}_R$，如图 1-2-53b 所示。此方法就称为两汇交力合成的力的三角形法则。

(2) 多个汇交力合成的力的多边形法则

设在刚体某平面上有一汇交力系 $\boldsymbol{F}_1$、$\boldsymbol{F}_2$、…、$\boldsymbol{F}_n$ 的作用，力系作用线汇交于 O 点，其合力 $\boldsymbol{F}_R$ 即可连续使用力的三角形法则求得。其矢量表达式为

$$\boldsymbol{F}_R=\boldsymbol{F}_1+\boldsymbol{F}_2+\cdots+\boldsymbol{F}_n=\sum_{i=1}^{n}\boldsymbol{F}_i \tag{1-2-3}$$

如图 1-2-54 所示，为求合力 $\boldsymbol{F}_R$，只需将各力 $\boldsymbol{F}_1$、$\boldsymbol{F}_2$、$\boldsymbol{F}_3$、$\boldsymbol{F}_4$ 首尾相接，形成一条折线，最后连接封闭边，从首力 $\boldsymbol{F}_1$ 的始端向末力 $\boldsymbol{F}_4$ 的终端所形成的矢量，即为合力 $\boldsymbol{F}_R$ 的大小和方向，此方法称为力的多边形法则。

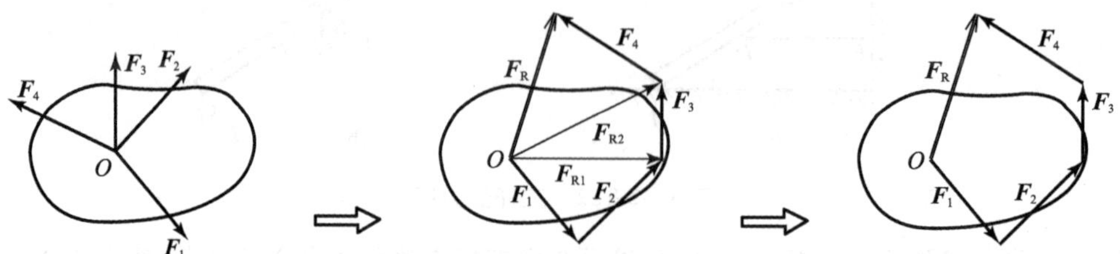

图 1-2-54 力的多边形法则

综上所述，平面汇交力系合成的一般结果为一合力 $\boldsymbol{F}_R$，合力 $\boldsymbol{F}_R$ 为力系中各力的矢量和，其作用点仍为各力的汇交点，且合力 $\boldsymbol{F}_R$ 的大小和方向与各力合成的顺序无关。

2. 平面汇交力系的平衡

由汇交力系的合成几何法可知，汇交力系对刚体的作用与一力（力系的合力）等效，若合力为零，则该力系为平衡力系。因此**平面汇交力系的必要充分条件是：力系的合力等于零，或力系的矢量和等于零，并且则此力系所组成的力多边形必自行封闭。**即

$$\boldsymbol{F}=\boldsymbol{F}_1+\boldsymbol{F}_2+\boldsymbol{F}_3+\cdots+\boldsymbol{F}_n=0 \tag{1-2-4}$$

3. 平面汇交力系合成与平衡的解析法

解析法是力的投影法，是利用平面汇交力系在直角坐标轴上的投影来求力系合力的一种方法。

(1) 力在直角坐标轴上的投影

设刚体的 A 点有一作用力 $\boldsymbol{F}$，在 $\boldsymbol{F}$ 的平面内取直角坐标系 xOy，从力的两端 A 和 B 分别向 x、y 轴作垂线，得线段 ab 和 a_1b_1，如图 1－2－55 所示。线段 ab 和 a_1b_1 分别为力 $\boldsymbol{F}$ 在 x、y 轴上投影的大小，分别以 F_x、F_y 来表示。

力的投影是代数量，其正负规定如下：若从 a 到 b（或 a_1 到 b_1）的指向与坐标轴一致时，投影值为正，反之为负。如图 1－2－55a 中的 F_x、F_y 均为正值，如图 1－2－55b 中的 F_x、F_y 均为负值。

若已知力 $\boldsymbol{F}$ 的大小、它与 x 轴所夹锐角 α，则由图 1－2－55 可知

$$\left.\begin{aligned}F_x&=\pm F\cos\alpha\\F_y&=\pm F\sin\alpha\end{aligned}\right\} \tag{1-2-5}$$

反之，若已知力 $\boldsymbol{F}$ 在 x、y 轴上投影 F_x、F_y，则由图 1－2－55 中的几何关系，可得

$$\left.\begin{aligned}F&=\sqrt{F_x^2+F_y^2}\\\tan\alpha&=|F_y/F_x|\end{aligned}\right\} \tag{1-2-6}$$

力 $\boldsymbol{F}$ 的指向由 F_x、F_y 的正负号确定。

如果把力 $\boldsymbol{F}$ 沿两直角坐标轴分解，可得到两正交分力 $\boldsymbol{F}_x$、$\boldsymbol{F}_y$，其大小与力 $\boldsymbol{F}$ 在相应坐标轴上的投影的绝对值相等。必须注意，力的投影与分力是不同的，投影是代数量，而分力是矢量，两者不可混淆。

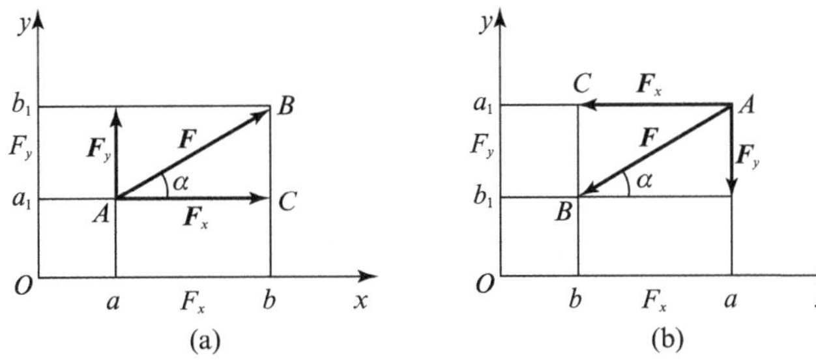

图 1－2－55　力在坐标轴上投影

(2) 合力投影定理

设在刚体上有一平面汇交力系 $\boldsymbol{F}_1$、$\boldsymbol{F}_2$、$\boldsymbol{F}_3$，由力的多边形法则可知其合力为 $\boldsymbol{F}$，如图 1-2-56 所示。取坐标系 xOy，将合力 $\boldsymbol{F}_R$ 及力系中的各力 $\boldsymbol{F}_1$、$\boldsymbol{F}_2$、$\boldsymbol{F}_3$ 向 x 轴投影(如图 1-2-56b 所示)，由图可得 $ad=ab+bc-cd$。即

$$\left.\begin{aligned}F_{Rx}&=F_{1x}+F_{2x}+F_{3x}\\F_{Ry}&=F_{1y}+F_{2y}+F_{3y}\end{aligned}\right\}\tag{1-2-7}$$

显然，式(1-2-7)可以推广到由 n 个力 $\boldsymbol{F}_1$、$\boldsymbol{F}_2$、…、$\boldsymbol{F}_n$ 组成的平面汇交力系，得出

$$\left.\begin{aligned}F_{Rx}&=F_{1x}+F_{2x}+\cdots+F_{nx}=\sum F_x\\F_{Ry}&=F_{1y}+F_{2y}+\cdots+F_{ny}=\sum F_y\end{aligned}\right\}\tag{1-2-8}$$

可知，合力在任一坐标轴上的投影，等于各分力在同一坐标轴上投影的代数和，称为合力投影定理。合力大小和方向为

$$\left.\begin{aligned}\sum F&=\sqrt{\sum F_x^2+\sum F_y^2}\\\tan\alpha&=\left|\sum F_y/\sum F_x\right|\end{aligned}\right\}\tag{1-2-9}$$

α 为合力 $\boldsymbol{F}$ 与 x 轴所夹锐角，合力 $\boldsymbol{F}$ 的指向由$\sum F_x$、$\sum F_y$ 的正负号判定。

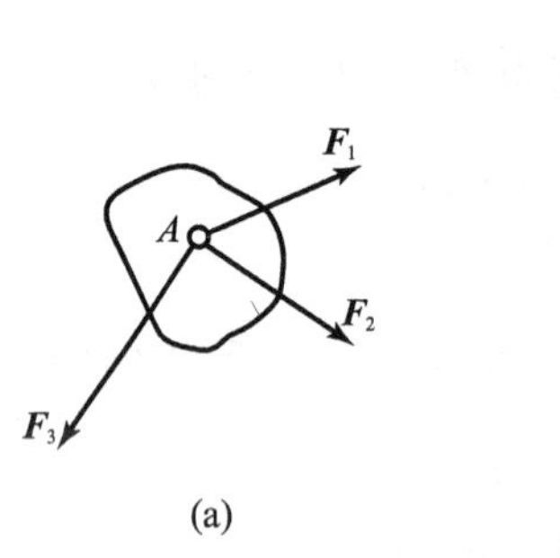

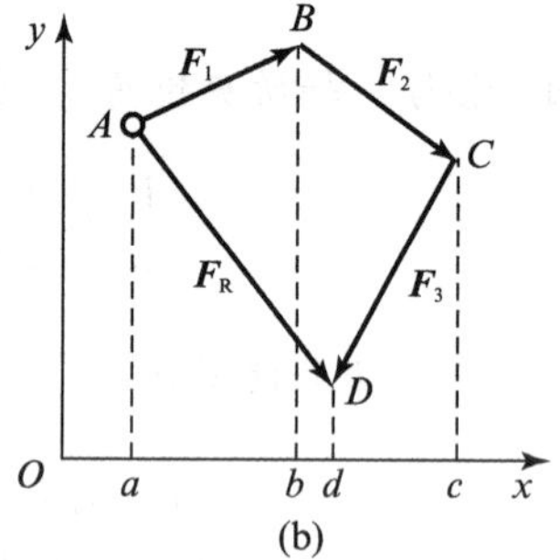

图 1-2-56 合力投影定理

(3) 平面汇交力系平衡的解析条件

平面汇交力系平衡时，得

$$\left.\begin{aligned}\sum F_x&=0\\\sum F_y&=0\end{aligned}\right\}\tag{1-2-10}$$

因此，平面汇交力系平衡的解析条件是各力在 x 轴和 y 轴上投影的代数和分别等于零。式(1-2-10)称为平面汇交力系的平衡方程。

用解析法求解平衡问题时，未知力的指向可先假设，若计算结果为正值，则表示所假设力的指向与实际相同；若为负值，表示所假设力的指向与实际指向相反。

【思考与练习】

1. 铰链四杆机构的基本形式有哪几种？各自的运动特性是什么？

2. 在对心曲柄滑块机构的基础上，通过以不同的构件为机架，可以得到哪些含有一个移动副的四杆机构？

3. 在四杆机构中满足什么条件可能组成曲柄摇杆机构、双曲柄机构和双摇杆机构？

4. 什么是“死点”？在什么情况下发生？“死点”与“自锁”有何区别？

5. 什么是连杆机构的急回特性？什么是极位夹角？二者有何联系？

6. 观察折叠式桌椅等日常生活用具，画出机构运动简图，指出属于哪种平面连杆机构？

7. 机构的压力角和传动角是确定值还是变化值？它们对机构的传力性能有何影响？如何控制这种影响？

8. 某个四杆机构如图 1－2－57 所示，各杆尺寸如图所示，问：(1) 该机构属何种类型？(2) 写出 AB、BC、CD、DA 四杆的名称。

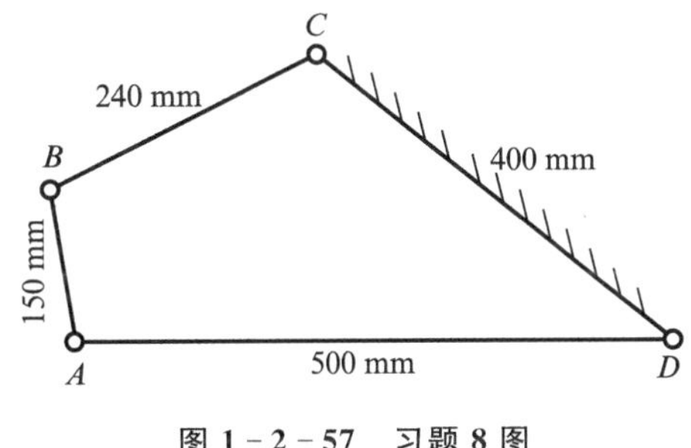

图 1－2－57　习题 8 图

9. 标注机构在如图 1－2－58 所示位置时的压力角和传动角。

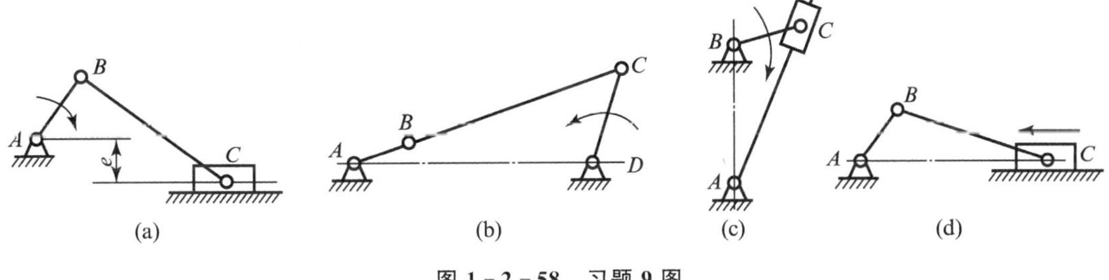

图 1－2－58　习题 9 图

10. 设计一个曲柄滑块机构。已知滑块的行程 $H=50$ mm，偏距 $e=16$ mm，行程速度变化系数 $K-1.2$，求曲柄和连杆的长度。

11. 设计一个曲柄摇杆机构。已知摇杆长度 $l_{CD}=80$ mm，摆角 $\psi=40°$，行程速度变化系数 $K=1.2$，且要求摇杆 CD 的一个极限位置与机架 AD 间的夹角 $\angle CDA=90°$，试用图解法确定其余三杆的长度。

任务 3　绕线机凸轮机构的设计

【任务描述】

绕线机是把线状的物体缠绕到特定的工件上的设备，通常用于铜线缠绕。图 1－3－1 所示为绕线机，电机通过一对啮合齿轮带动绕线轴 3 转动，同时也带动凸轮 1 缓慢地转动，通过凸轮轮廓与从动件摆杆 2 尖顶 B 之间的作用，驱使从动件匀速往复摆动，因而使线均匀地缠绕在轴上。

已知：摆杆摆角为 40°左右，凸轮的轴径约为 30 mm，绕线幅度为 200 mm，试设计此凸轮机构。

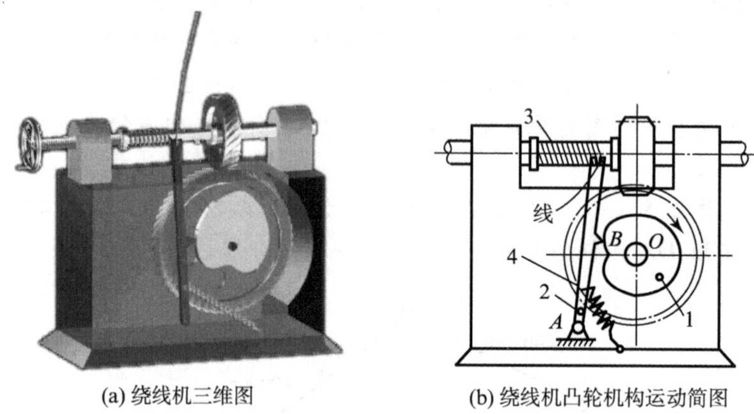

(a) 绕线机三维图　　(b) 绕线机凸轮机构运动简图

图 1-3-1　绕线机

1—凸轮；2—摆杆；3—绕线轴；4—回复弹簧

【任务目标】

【知识】

◎ 凸轮机构的组成、类型及其应用。

◎ 凸轮机构的运动循环、基本参数和运动参数。

◎ 凸轮机构从动件的常用运动规律。

◎ 盘形凸轮轮廓设计原理及常用方法。

◎ 凸轮机构的基本结构参数的确定。

◎ 凸轮机构的结构及材料的选用。

◎ 凸轮机构的一般设计方法与步骤。

【技能】

◎ 能够根据工程实际合理选用凸轮机构的类型。

◎ 能根据凸轮机构的形式、凸轮的转向、凸轮基圆半径大小及从动件的运动规律，运用图解法设计凸轮轮廓曲线。

◎ 掌握凸轮机构设计的常用方法与步骤。

【素质】

◎ 培养学生文化自信，树立正确的人生观、世界观。

【知识准备】

由于低副机构一般只能近似地实现给定的运动规律，因此，当从动件的位移、速度和加速度必须严格按照预定的规律运动时，需要应用高副机构中的凸轮机构来实现。在机械装置中，尤其是在自动控制机械中，凸轮机构的应用极为广泛。

如图 1-3-2 所示，凸轮机构主要由凸轮 1、从动件 2 和机架 3 三个基本构件及锁合装置(如弹簧等)组成的高副机构。凸轮能将凸轮的连续转动或移动转换为从动件的移动或摆动。

与连杆机构相比，凸轮机构能准确地实现给定的从动件运动规律，运动构件少，结构简单、紧凑，但是凸轮与从动件之间为点或线接触，极容易被磨损。因此，凸轮机构常用于传力不大的自动、半自动机械的控制机构中，此外，凸轮轮廓的加工比较困难。

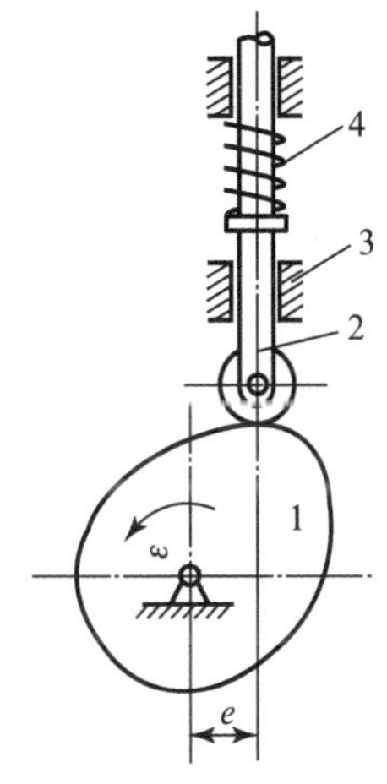

图 1-3-2　凸轮机构

1—凸轮；2—从动件；3—机架；4—弹簧

一、凸轮机构的类型

1. 按照凸轮形状分类

(1) 盘形式

如图 1-3-3a 所示，凸轮 1 是一个绕固定轴转动并且具有向径变化的盘形零件。当凸轮转动时，凸轮与从动件 2 在同一平面内运动。该凸轮是凸轮中最基本的形式，结构简单，应用最广。

(2) 移动式

如图 1-3-3b 所示，它可看成是回转中心趋于无穷远处的盘形凸轮的一部分。与盘形凸轮不同的是，移动凸轮 1 呈板状，相对机架 3 作直线移动。

在盘形式和移动式两种凸轮机构中，凸轮 1 与从动件 2 之间的相对运动均为平面运动，故又统称为平面凸轮机构。

(3) 圆柱式

如图 1-3-3c 所示，它是一个在外圆柱表面或圆柱端面上具有曲线轮廓(或凹槽)的圆柱状构件。圆柱凸轮 1 可认为是由移动凸轮卷绕在圆柱外表面形成的。该凸轮机构与从动件 2 之间的相对运动是空间运动，故属于空间凸轮机构。

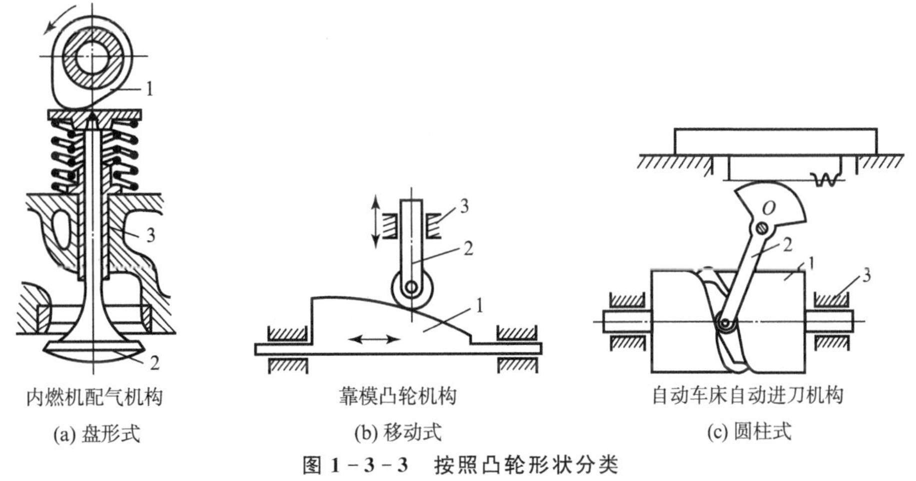

图 1-3-3　按照凸轮形状分类

1—凸轮；2—从动件；3—机架

2. 按照从动件形状分类

(1) 尖顶式

如图 1-3-4a 所示，从动件 2 的尖端能够与任意复杂的凸轮 1 轮廓保持接触，从而可以实现任意预期的运动规律，结构简单，但尖端与凸轮间为点接触，易磨损，故只适用于低速和传力不大的场合。

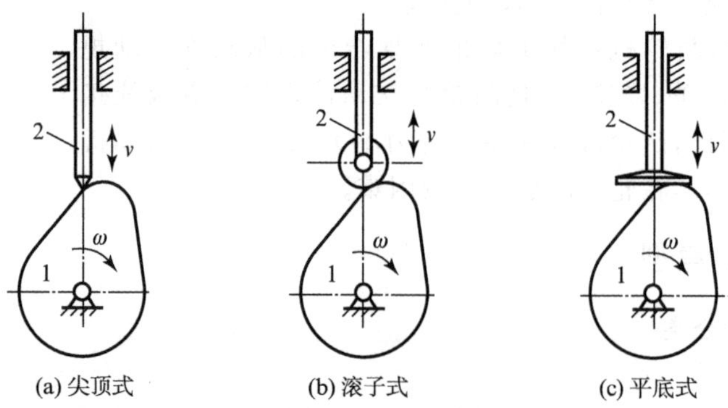

图 1-3-4　按照从动件形状分类

1—凸轮；2—从动件

(2) 滚子式

如图 1-3-4b 所示，为减小摩擦磨损，在从动件 2 端部安装一个小滚轮，把从动件 2 与凸轮 1 之间的滑动摩擦变成滚动摩擦，耐磨损，故可用于传递较大动力的场合，是推杆最常用的形式。

(3) 平底式

如图 1-3-4c 所示，从动件 2 与凸轮 1 轮廓之间为线接触，压力角小，传动效率较高，而且平底推杆与凸轮接触处易形成油膜，润滑状况好，故常用于高速场合。其缺点是与之配合的凸轮轮廓必须全部为外凸形状。

3. 按照从动件运动形式分类

(1) 直动式

如图 1-3-5a 所示，从动件相对机架的运动形式是作往复直线运动。若推杆的轴线通过凸轮的回转轴，则称其为对心直动推杆，否则称其为偏置直动推杆。

(2) 摆动式

如图 1-3-5b 所示，从动件相对机架的运动形式是作往复摆动运动。

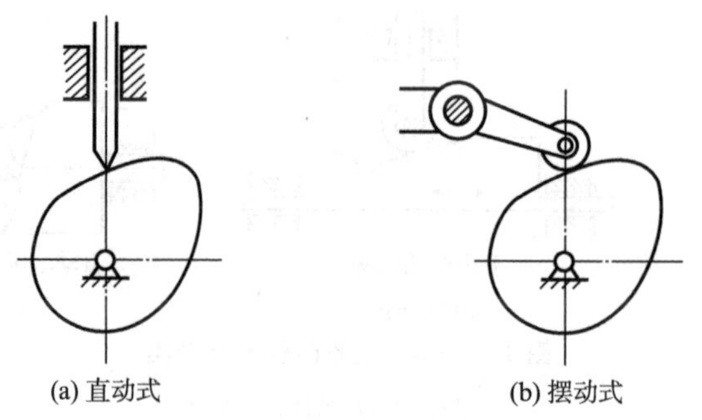

图 1-3-5　按照从动件运动形式分类

4. 按凸轮与从动件保持接触的方式分类

凸轮机构是一种高副机构，它与低副机构不同，需要采取一定的措施来保持凸轮与从动件的接触，这种保持接触的方式称为封闭（锁合）。常见的封闭方式有以下两种。

（1）力封闭式

利用从动件的重量、弹簧力或其他外力使从动件与凸轮保持接触，如图 1-3-3a 所示。

（2）几何封闭式

依靠凸轮和从动件所构成高副的特殊几何形状，使其彼此始终保持接触。常用的几何封闭式有四种，如图 1-3-6 所示。

① 沟槽式。依靠凸轮上的沟槽使从动件与凸轮保持接触，如图 1-3-3c、图 1-3-6a 所示。这种封闭方式简单，但增加了凸轮的尺寸和重量。

② 等宽式。如图 1-3-6b 所示，从动件做成框架形状，凸轮轮廓线上任意两条平行切线间的距离等于从动件框架内边的宽度，因此使凸轮轮廓与平底始终保持接触。这种凸轮只能在转角 180°内根据给定运动规律按平底从动件来设计轮廓线，其余 180°必须按照等宽原则确定轮廓线，而不能用来设计轮廓线，因此从动件运动规律的选择受到一定限制。

③ 等径式。如图 1-3-6c 所示，在一个凸轮上对称安装两个带滚子 2 的移动式从动件，其中心线通过凸轮转动中心，凸轮 1 与这两个滚子同时保持接触。这种凸轮理论轮廓线上两异向半径之和恒等于两滚子的中心距离 d，这样不管凸轮转到任何角度，这两个从动件的滚子中心距都是一个定值，相当于"等径"概念，因此等径凸轮只能在 180°范围内设计轮廓线，其余部分的凸轮轮廓线需要按等径原则确定而不能用来设计轮廓线。

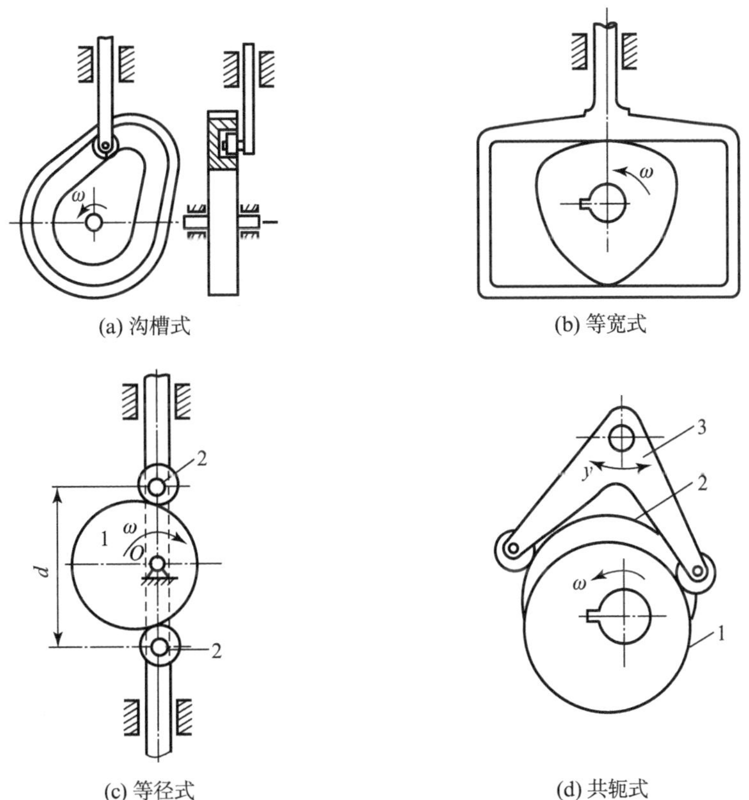

(a) 沟槽式　(b) 等宽式

(c) 等径式　(d) 共轭式

图 1-3-6　按凸轮与从动件保持接触的方式分类

④ 共轭式。如图1-3-6d所示，用两个固定在一起的盘形凸轮分别与同一个从动件上的两个滚子接触，形成结构封闭。其中一个凸轮（主凸轮）驱使从动件向某一方向运动，而另一个凸轮（回凸轮）驱使从动件反向运动。主凸轮轮廓线可在360°范围内按给定运动规律设计，而回凸轮轮廓线必须根据主凸轮轮廓线和从动件的位置确定。共轭凸轮可用于高精度传动。

由上述内容可见，凸轮机构主要用于转换运动形式，它可将凸轮的连续转动或移动转换为从动件的连续或间歇的往复移动或摆动。只要适当地设计凸轮的轮廓曲线，便可使从动件获得任意预定的运动规律。

二、凸轮机构的运动特性分析

1. 运动循环、基本参数和运动参数

(1) 凸轮机构的运动循环过程

对心尖顶移动从动件盘形凸轮机构如图1-3-7b所示，在图示位置时，从动件处于上升的最低位置，也是从动件离凸轮轴心最近的位置，其尖顶与凸轮在B_0点接触。当凸轮以等角速度ω逆时针方向转动时，从动件将依次与凸轮轮廓各点接触，从动件的位移s也将按照如图1-3-7a所示的曲线变化。当凸轮转过一个Φ_s'角度时，凸轮轮廓上的基圆弧$\overset{\frown}{B_0B}$与从动件依次接触，此时，由于该段基圆弧上各点的向径大小不变，从动件在最低位置不动（从动件的位移没有变化）；当凸轮转过角度Φ时，从动件被凸轮推动，随着凸轮轮廓$\overset{\frown}{BD}$曲线段上各点向径的逐渐增大，从动件从最低位置B点开始，逐渐被推到离凸轮轴心最远的位置，即从动件上升到最高位置D点；当凸轮继续转过角度Φ_s时，圆弧$\overset{\frown}{DD_0}$与从动件尖顶接触，由于圆弧$\overset{\frown}{DD_0}$上各点向径大小不变，从动件在离凸轮轴心最远位置处静止不动；凸轮再继续转过Φ'角度时，从动件在封闭力的作用下，沿向径渐减的凸轮轮廓$\overset{\frown}{D_0B_0}$曲线段下降到最低位置。当凸轮继续回转时，从动件将重复以上“停—升—停—降”的运动循环。

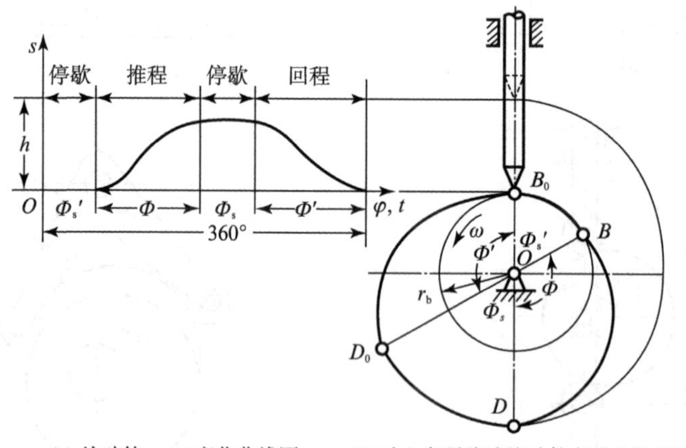

(a) 从动件s-$\varphi(t)$变化曲线图　(b) 对心尖顶移动从动件盘形凸轮机构

图1-3-7 凸轮机构的运动循环

(2) 基本参数和运动参数

在凸轮回转运动过程中涉及以下基本参数和运动参数（图1-3-7）：

① 基圆和基圆半径。基圆是以凸轮轴心为圆心、轮廓最小向径 r_b 为半径的理论轮廓圆，其中 r_b 为基圆半径。

② 近休止程和近休止角。当凸轮从 B_0 开始回转，基圆弧$\widehat{B_0B}$与从动件依次接触，从动件在距回转中心最近的位置停留不动，这一过程称为近休止程（近停程）。与从动件近休止程相对应的凸轮转角称为近休止角（近停程角），用 Φ_s' 表示。

③ 远休止程和远休止角。凸轮继续转过$\widehat{DD_0}$圆弧，从动件在离凸轮轴心最远位置处静止不动的这一过程称为远休止程（远停程）。与从动件远休程相对应的凸轮转角称为远休止角（远停程角），用 Φ_s 表示。

④ 推程和推程角。随着凸轮的转动，在向径渐增的$\widehat{BD}$段凸轮轮廓作用下，从动件从最低位置 B 点开始，逐渐被推到离凸轮轴心最远的位置 D 点，从动件的这一运动过程称为推程。与从动件推程相对应的凸轮转角称为推程角，用 Φ 表示。

⑤ 回程和回程角。随着凸轮继续转动，从动件在封闭力的作用下，沿凸轮轮廓$\widehat{D_0B_0}$段下降到最低位置的过程称为回程。与从动件回程相对应的凸轮转角称为回程角，用 Φ' 表示。

⑥ 行程。从动件在推程或回程中径向移动的最大距离称为行程，用 h 表示。

⑦ 偏距。偏距是凸轮回转中心与从动件导路间的偏置距离，用 e 表示，如图 1－3－2 所示。

⑧ 位移线图。描述从动件的位移 s 与凸轮转角 φ（或时间 t）之间关系的图形称为位移线图，如图 1－3－7a所示。

2. 从动件（推杆）的常用运动规律

凸轮机构中，从动件的运动规律是由凸轮轮廓曲线决定的，轮廓曲线确定的凸轮能够驱动从动件按照一定规律运动；反之，从动件的不同运动规律，要求凸轮具有不同的轮廓曲线。因此，凸轮机构的设计，一般是根据工作要求选择或设计从动件的运动规律，再根据从动件的运动规律设计凸轮的轮廓曲线。所以了解和掌握从动件的常用运动规律便于凸轮机构的设计。

从动件的位移 s、速度 v 和加速度 a 随凸轮转角 φ（或时间 t）的变化规律称为从动件运动规律。从动件的常用运动规律有：等速运动规律、等加速等减速（抛物线）运动规律、余弦加速度（简谐）运动规律、正弦加速度（摆线）运动规律等。

（1）等速运动规律

按此运动规律运行时，从动件在推程或回程中的运动速度保持不变。图 1－3－8 所示为等速运动规律的位移、速度、加速度线图。由该线图可知：速度线图为一水平直线，速度为常数，加速度线图中加速度为零；但在运动始、末点处速度突变，理论加速度趋于无穷大，因此推杆将产生非常大的惯性力，致使机构产生极大的冲击，称为刚性冲击，因此等速运动规律只适用于低速、轻载场合。

（2）等加速等减速运动规律

按此运动规律运行时，从动件在推程或回程中的运动加速度绝对值保持不变，推程时前半程用等加速运动规律、后半程用等减速运动规律，其加速和减速的绝对值相等。由于其推程位移线图由两段抛物线构成，故等加速等减速运动规律又称为抛物线运动规律。图 1－3－9 所示为等加速等减速运动规律的位移、速度、加速度线图。由该线图可知：在运动始、中、末三点加速度发生有限突变，致使机构产生柔性冲击，因此等加速等减速运动规律适用于中速、轻载场合。

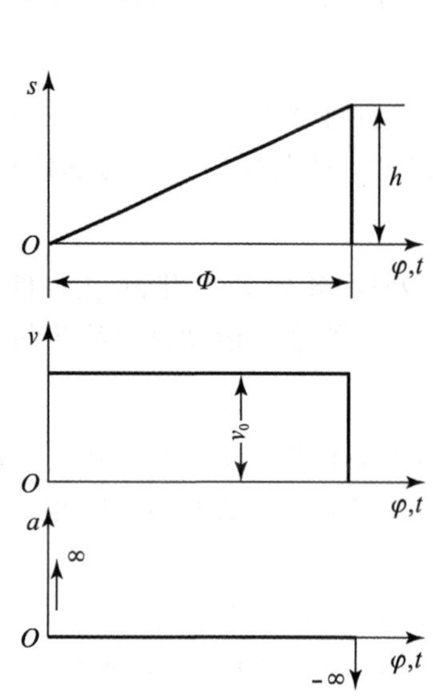

图 1-3-8 等速运动规律的位移、速度、加速度线图

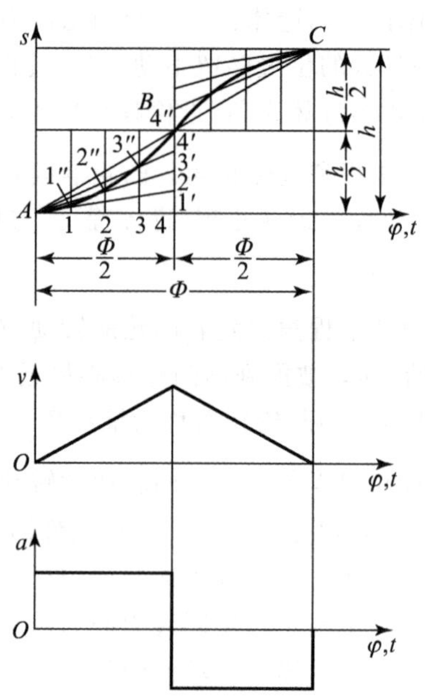

图 1-3-9 等加速等减速运动规律的位移、速度、加速度线图

(3) 余弦加速度(简谐)运动规律

在图 1-3-10 所示的余弦加速度运动规律的位移、速度、加速度线图中，余弦加速度运动规律的加速度运动曲线为$\frac{1}{2}$周期的余弦曲线，位移曲线为简谐运动曲线，所以此运动规律又称简谐运动规律。

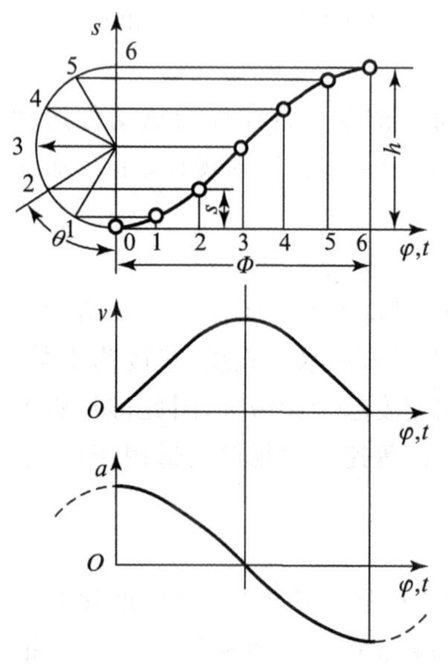

图 1-3-10 余弦加速度运动规律的位移、速度、加速度线图

推程中，从动件加速度曲线为连续的余弦曲线，但在运动的始、末点，其加速度发生有限突变，致使机构产生柔性冲击，因此适用于中速、中载场合。但当加速度曲线保持连续(如图 1-3-10 所示的虚线)时，加速度曲线变成连续曲线，避免了柔性冲击，此时可用于高速场合。

随着生产技术的进步，工程中所采用的从动件运动规律越来越多，如正弦加速度运动规律(又称摆线运动规律)、复杂多项式运动规律及组合型运动规律等，其中正弦加速度运动规律的加速度曲线是连续的，既无刚性冲击也无柔性冲击，可用于高速场合。设计凸轮机构时，应根据机器的工作要求，选择合适的运动规律。

(4) 从动件运动规律的选择

① 当只要求从动件实现一定的工作行程，而对其运动

规律无特殊要求时，应考虑所选的运动规律使凸轮机构具有较好的动力特性和便于加工。对于用于低速、轻载场合的凸轮机构，可主要从凸轮轮廓线便于加工考虑来选择运动规律，因为这时其动力特性不是主要的；而对于用于高速、轻载场合的凸轮机构，则应首先从使凸轮机构具有良好的动力特性考虑来选择运动规律，以避免产生过大的冲击。

② 对从动件的运动规律有特殊要求，而凸轮转速又不高时，应首先从满足工作需要出发来选择从动件的运动规律，其次考虑其动力特性和是否便于加工。例如，如图 1－3－3c 所示的自动车床自动进刀机构的凸轮机构，为了使被加工的零件具有较好的表面质量，同时使机床载荷稳定，一般要求刀具进刀时作等速运动。在设计这一凸轮机构时，对应于进刀过程，从动件的运动规律应选取等速运动规律。但考虑到全推程等速运动规律在运动起始和终止位置处有刚性冲击，动力特性较差，可在这两处作适当改进，以保证在满足刀具等速进刀的前提下，又具有较好的动力特性。

③ 当机器的工作过程对从动件的运动规律有特殊要求，而凸轮的运转速度又较高时，应兼顾两者来选择从动件的运动规律。一般可考虑将不同形式的常用运动规律恰当地组合起来，形成从动件完整的组合运动线图。

三、凸轮机构的设计

1．盘形凸轮轮廓设计

根据工作条件要求，选定了凸轮机构的型式、凸轮转向、凸轮的基圆半径和从动件的运动规律后，就可以进行凸轮轮廓曲线的设计。凸轮轮廓曲线的设计有图解法和解析法。图解法简单、直观，但精度有限，因此图解法用于低速或精度要求不高的场合。解析法精度较高，适用于高速或要求较高的场合。下面介绍凸轮轮廓设计的基本原理和几种常见的凸轮轮廓的绘制方法。

（1）凸轮轮廓设计的基本原理——反转法原理

凸轮机构工作时，通常凸轮是运动的，在设计凸轮轮廓曲线时，却需要凸轮与图面相对静止。为此，可应用“反转法”的原理来作图，如图 1－3－11 所示。

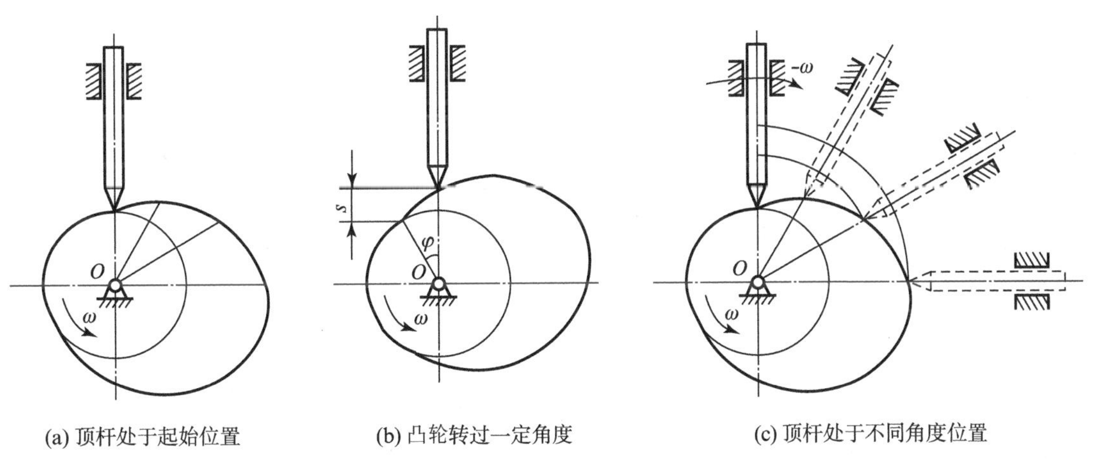

(a) 顶杆处于起始位置　(b) 凸轮转过一定角度　(c) 顶杆处于不同角度位置

图 1－3－11　反转法

一对心直动式尖顶从动件盘形凸轮机构如图 1－3－11a 所示，凸轮的轮廓曲线已按预定的从动件运动规律设计。当凸轮以角速度 ω 绕轴心 O 等速转动时，推动从动件运动，从动件的尖顶沿凸轮轮廓曲线相对其导路按预定的运动规律移动，如图 1-3-11b 所示为凸轮回转 φ 角时，推杆上升至位移 s 的瞬时位置。现设想给整个凸轮机构加上一个公共角速度 $-\omega_1$，根据相对运动原理，凸轮和从动件之间的相对运动关系并不发生改变，但此时凸轮将静止不动，而从动件则一方面和机架一起以角速度 $-\omega$ 绕轴心 O 转动，另一方面又在导路中按预定的规律作往复移动。由于从动件尖顶始终与凸轮轮廓相接触，显然，从动件在这种复合运动中，其尖顶的运动轨迹即凸轮轮廓曲线，如图 1-3-11c 所示。这种以相对运动原理设计凸轮轮廓曲线的方法称为"反转法"。

（2）使用图解法设计凸轮轮廓曲线

当从动件的运动规律已经选定并作出位移曲线后，各种平面凸轮的轮廓曲线都可以用图解法求出，其原理是"反转法"。

① 对心直动式尖顶从动件盘形凸轮轮廓的设计。

已知从动件的位移运动规律如图 1-3-12a 所示，凸轮的基圆半径为 r_b，凸轮以等角速度 ω 逆时针方向回转，试设计凸轮的轮廓曲线。

根据反转法，具体设计步骤如下。

- 选取适当的比例尺，按给定的从动件运动规律的位移线图 $s-\varphi(t)$（图 1-3-12a），将推程角 Φ 及回程角 Φ' 分成若干等份（图中为四等份），并自各点作垂线与位移曲线交于 $1'$、$2'$、…、$8'$。
- 以半径 r_b 作基圆（图中细圆线所示）。再以从动件最低（起始）位置 B_0 起沿 $-\omega$ 方向量取角度 Φ，Φ_s，Φ' 及 Φ'_s，并将 Φ、Φ' 各分成若干等份（与如图 1-3-12a 所示相对应），再自圆心 O 引一系列径向线 $O1$、$O2$、$O3$、…。各径向线即代表凸轮在各转角处从动件导路依次所占有的位置。

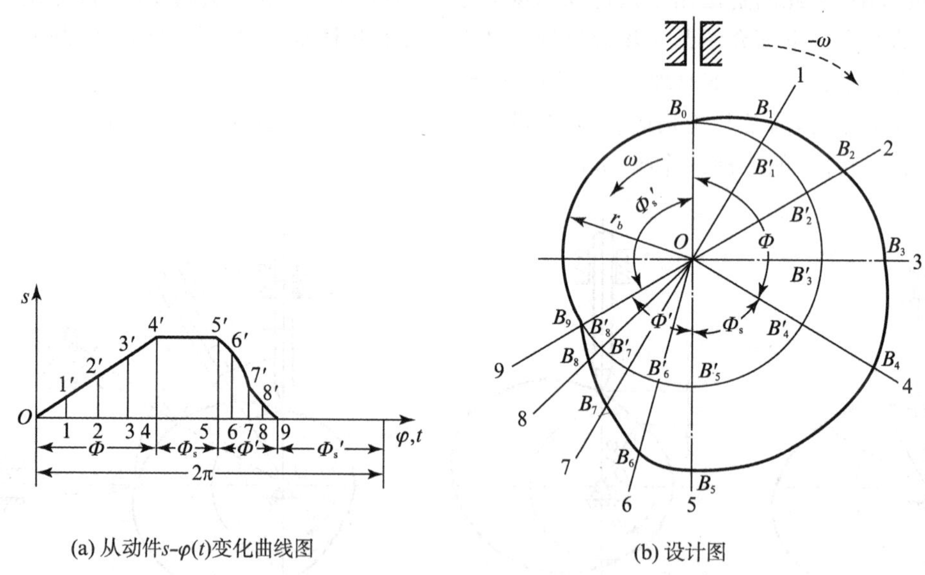

(a) 从动件s-$\varphi(t)$变化曲线图

(b) 设计图

图 1-3-12 对心直动式尖顶从动件盘形凸轮轮廓的设计

- 自各径向线与基圆的交点 B'_1、B'_2、B'_3…向外量取各个位移量 $B'_1B_1=11'$、$B'_2B_2=22'$、$B'_3B_3=33'$、…，得 B_1、B_2、B_3…等点，这些点就是反转后从动件尖顶的一系列位置。
- 将 B_0、B_1、B_2、B_3、B_4、…、B_9 各点连成光滑曲线（图中 B_4、B_5 间和 B_9、B_0 间均为以 O 为圆

心的圆弧），即得所求的凸轮轮廓曲线，如图 1－3－12b 所示。

② 对心直动式滚子从动件盘形凸轮轮廓的设计。

对心直动式滚子从动件盘形凸轮轮廓的设计方法基本与上述对心直动式尖顶从动件盘形凸轮轮廓的设计相同，如图 1－3－13 所示，具体设计如下。

● 将滚子中心看作尖顶从动件的尖顶，按照上述尖顶从动件轮廓曲线的设计方法作出曲线 β_0，这条曲线即反转过程中滚子中心的运动轨迹，称为凸轮的“理论轮廓曲线”。该曲线所用的基圆半径 r_b 是理论轮廓的基圆半径。

● 以理论轮廓曲线上各点为圆心，以滚子半径 r_T 为半径，作一系列滚子圆，并作这些滚子圆的内包络线 β，则 β 即为凸轮的“实际轮廓曲线”。可以看出，实际轮廓曲线与理论轮廓曲线是法向等距曲线，其法向距离为滚子半径 r_T。若同时作滚子圆的外包络线，则内、外包络线就形成了沟槽凸轮的轮廓曲线。

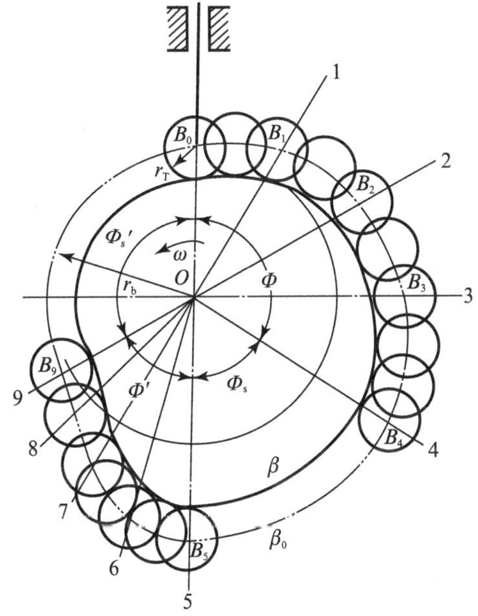

图 1－3－13　对心直动式滚子从动件盘形凸轮轮廓的设计

③ 对心直动式平底从动件盘形凸轮轮廓的设计。

对心直动式平底从动件盘形凸轮轮廓的设计方法与前面类似，具体分以下两步进行。

● 将平底与导路中心线的交点 B_0 看作尖顶从动件的尖顶，按前述方法绘制出凸轮轮廓，此凸轮轮廓曲线称为理论轮廓曲线，如图 1－3－14 所示。

● 在凸轮理论轮廓曲线上各点作出一系列从动件平底位置线（平底与从动件杆身相垂直），再作这一系列平底位置线的内包络线，该包络线（图示粗实线）即为所求的凸轮实际轮廓曲线。

④ 偏置直动式尖顶从动件盘形凸轮轮廓的设计。

在凸轮机构中有时要求从动件导路轴线不通过凸轮回转轴心，或为了获得较小的机构尺寸等原因，需采用偏置从动件盘形凸轮机构。若偏距为 e，基圆半径为 r_b，凸轮以角速度 ω 顺时针转动，从动件位移线图如图 1－3－15a 所示，该凸轮轮廓曲线设计方法如下。

● 以与位移线图相同的比例尺作出偏距圆（e 为半径）和基圆，过偏距圆上任一点作偏距圆

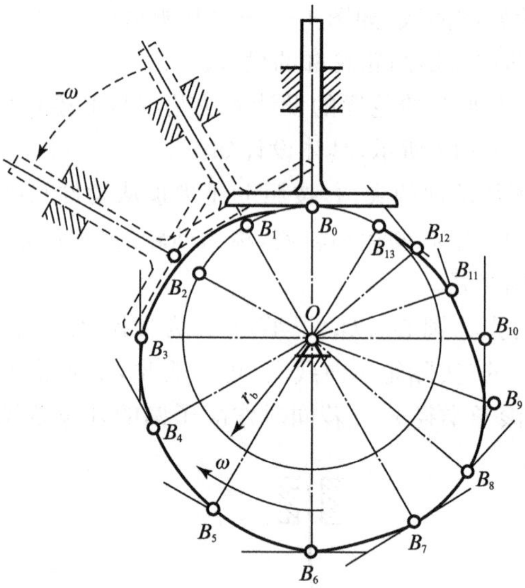

图 1-3-14 对心直动式平底从动件盘形凸轮轮廓的设计

的切线，该切线即为从动件导路，并与基圆相交于 B_0 点，B_0 为从动件顶尖的起始位置。

● 从 OB_0 开始按 $-\omega$ 方向在基圆上画出各运动角 $\Phi=180°$、$\Phi_s=30°$、$\Phi'=90°$ 及 $\Phi_s'=60°$，并将 Φ、Φ' 各分成若干等份，与如图 1-3-15a 所示相对应，得各均分点 C_1、C_2、C_3、…。

● 过各均分点 C_1、C_2、C_3、…向偏距圆作切线，该切线即为从动件反转后的导路线。

● 在各导路线上，从基圆上的 C_1、C_2、C_3、…开始向外量取相应的位移量 $C_1B_1=11'$、$C_2B_2=22'$、$C_3B_3=33'$、…，得 B_1、B_2、B_3、…等点。

● 将 B_0、B_1、B_2、B_3、B_4、…、B_9 各点连成光滑曲线，即得所求的凸轮轮廓曲线，如图 1-3-15b 所示。

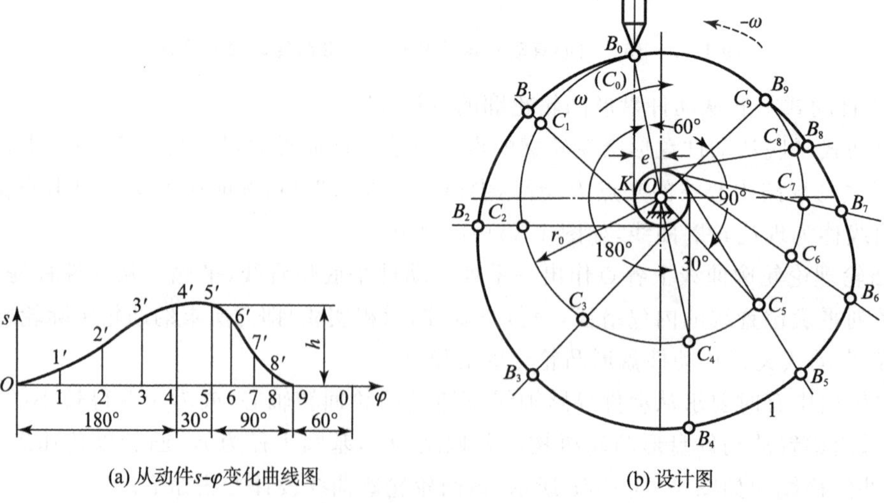

(a) 从动件s-φ变化曲线图 (b) 设计图

图 1-3-15 偏置直动式尖顶从动件盘形凸轮轮廓的设计

2. 凸轮机构基本结构参数的确定

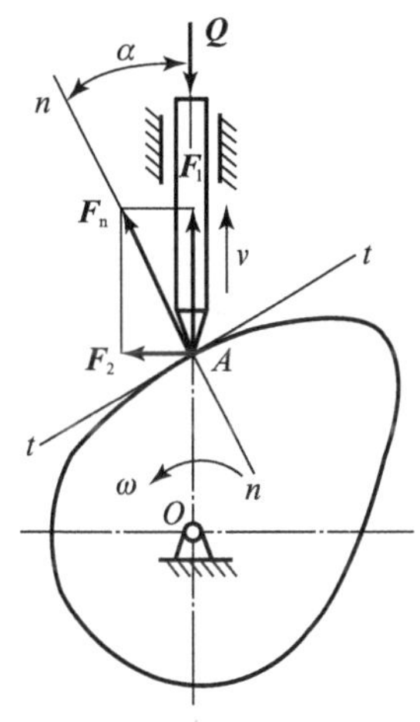

图 1-3-16 凸轮机构的受力分析

设计凸轮机构时，不但要保证从动件准确地实现预定的运动规律，同时还要求凸轮机构结构紧凑、传力性能好等。因此，在设计时应确定凸轮机构的基本结构参数。

(1) 压力角与传力性能

如图 1-3-16 所示，$\boldsymbol{Q}$ 为作用在从动件上的载荷，$\boldsymbol{F}_n$ 为凸轮作用在从动件上的推动力，不计摩擦时，力 $\boldsymbol{F}_n$ 作用线沿着接触点法线方向。将 $\boldsymbol{F}_n$ 分解成两个分力，一个为沿着从动件运动方向的分力 $\boldsymbol{F}_1$，另一个为垂直于运动方向的分力 $\boldsymbol{F}_2$，即

$$\left.\begin{aligned}F_1&=F_n\cos\alpha\\F_2&=F_n\sin\alpha\end{aligned}\right\}\qquad(1-3-1)$$

α 即压力角，是凸轮机构从动件在接触点所受的力 $\boldsymbol{F}_n$ 的方向与该点速度 v 方向所夹的锐角，压力角是影响凸轮机构受力情况的一个重要参数。由于凸轮机构在工作过程中，从动件与凸轮轮廓的接触点是变化的，各接触点处的公法线方向不同，使得作用力 $\boldsymbol{F}_n$ 的方向也不同，因此，凸轮轮廓上各点处的压力角是不同的。

显然，$\boldsymbol{F}_1$ 为有效分力，可以克服载荷推动从动件运动；$\boldsymbol{F}_2$ 为有害分力，使导路受压、摩擦阻力增大、磨损加剧。同时由式(1-3-1)可知，压力角 α 越小，有效分力 $\boldsymbol{F}_1$ 越大，有害分力 $\boldsymbol{F}_2$ 越小，传力性能越好；反之，传力性能越差。当压力角 α 增加到某一数值时，有害分力所引起的摩擦阻力将大于有效分力 $\boldsymbol{F}_1$，这时无论凸轮给从动件的作用力有多大，都不能推动从动件运动，即机构将发生自锁。因此，在设计凸轮机构时，应使最大压力角 α_{max} 不超过某一许用压力角 $[\alpha]$，即

$$\alpha_{max}\leqslant[\alpha]\qquad(1-3-2)$$

根据工程实践的经验，一般推程阶段许用压力角 $[\alpha]$ 的推荐值为：

移动从动件，$[\alpha]=30°\sim40°$；摆动从动件，$[\alpha]=45°\sim50°$。

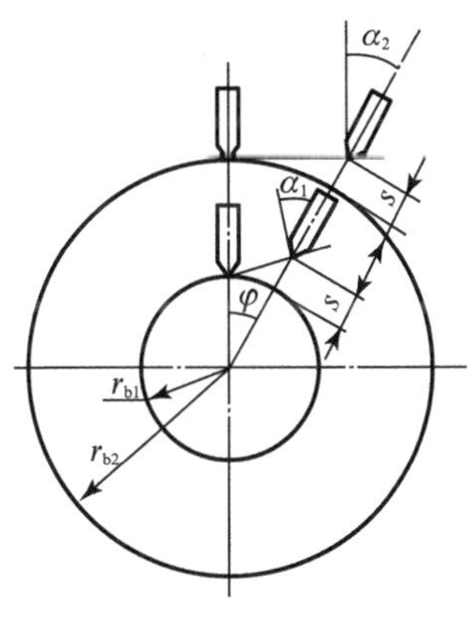

图 1-3-17 基圆半径对压力角的影响

回程时，由于通常受力较小且一般无自锁问题，故通常取 $[\alpha]=70°\sim80°$。

最大压力角 α_{max} 通常出现在推程起点、轮廓曲线最陡处和速度最大处。

(2) 基圆半径 r_b 的确定

设计凸轮轮廓时，首先必须选定基圆半径，而基圆半径的大小会影响压力角的大小。在相同运动规律下，基圆半径越小，压力角越大；反之，基圆半径越大，压力角越小。两个具有相同运动规律而基圆半径不同的凸轮如图 1-3-17 所示，当凸轮转过相同的角度 φ 时，从动件有相同的位移 s，基圆半径小的凸轮机构紧凑，但压力角 α_1 较大，传力性能稍差；而基圆半径大的凸轮机构尺

寸较大,但压力角 α_2 较小,传力性能较好。因此实际设计时要权衡压力角 α 与基圆半径 r_b 二者的关系。

综上所述,在选取基圆半径时,应综合考虑下列几个方面。

① 在保证 $\alpha_{max} \leqslant [\alpha]$ 的前提下,应尽可能选用较小的基圆半径,以满足结构紧凑的要求。

② 为了满足凸轮结构及制造的要求,基圆半径 r_b 必须大于凸轮轴的半径 r_s,即 $r_b > r_s$。

③ 为了避免从动件运动失真,必须使凸轮实际轮廓曲线的最小曲率半径 ρ_{amin} 大于 0,通常规定 $\rho_{amin} > 1 \sim 5$ mm。

一般来说,凸轮的基圆半径可先按下面经验公式(1-3-3)来初选,然后根据上述条件①和③来进行校核,直至满足上述 3 个条件为止。

$$r_b = (1.6 \sim 2.0) r_s \tag{1-3-3}$$

(3) 滚子半径 r_T 的选择

滚子从动件有摩擦及磨损小的优点,若仅从强度和耐磨性考虑,滚子的半径宜大些,但滚子的半径 r_T 受到凸轮轮廓曲线曲率半径的限制。当凸轮理论轮廓确定后,实际轮廓的大小与滚子的大小直接相关,r_T 越大,实际轮廓就越小,则凸轮机构尺寸和重量越小,但 r_T 太大时,会出现从动件不能准确地实现预期的运动规律。设理论轮廓曲线的最小曲率半径为 ρ_{min},实际轮廓曲线的曲率半径为 ρ_a,在凸轮轮廓曲线外凸时 $\rho_a = \rho_{min} - r_T$,如图 1-3-18 所示。

当 $\rho_{min} > r_T$ 时,如图 1-3-18a 所示,$\rho_a > 0$,实际轮廓为光滑曲线;当 $\rho_{min} = r_T$ 时,如图 1-3-18b 所示,$\rho_a = 0$,实际轮廓出现尖点,这种尖点轮廓极易被磨损,从而改变从动件预定的运动规律;当 $\rho_{min} < r_T$ 时,如图 1-3-18c 所示,$\rho_a < 0$,实际轮廓曲线出现相交,实际加工时交点以外部分被刀具切掉,使这部分运动规律不能实现,这种失掉其真实运动规律的现象称为"运动失真"。

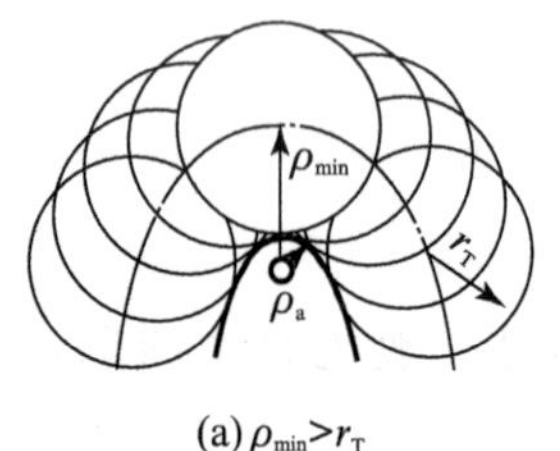

(a) $\rho_{min} > r_T$

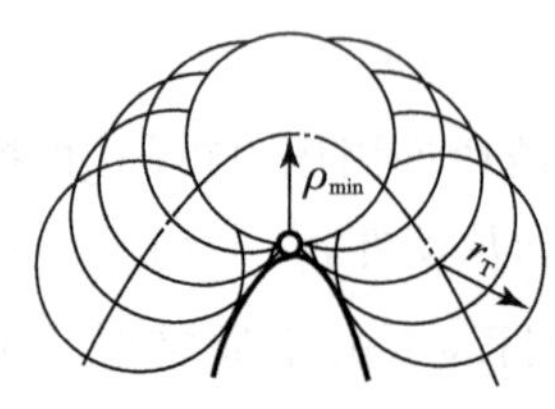

(b) $\rho_{min} = r_T$

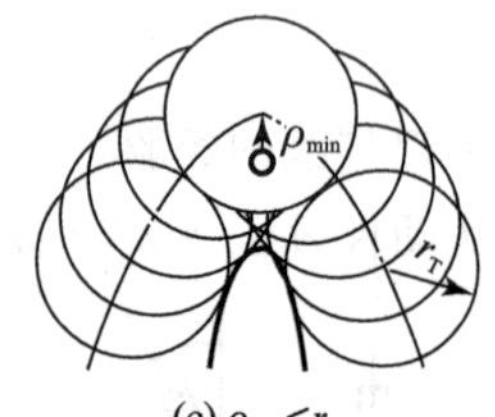

(c) $\rho_{min} < r_T$

图 1-3-18 滚子半径的选择

因此,为了保证滚子从动件的运动不失真,就必须使滚子半径 r_T 小于凸轮理论轮廓的最小曲率半径 ρ_{min},设计时通常取

$$r_T \leqslant 0.8 \rho_{min} \tag{1-3-4}$$

3. 凸轮机构的材料和结构

(1) 凸轮和从动件的材料

凸轮机构属于高副机构,且承受冲击载荷,一般要求凸轮和从动件端部材料具有足够的抗疲劳强度和耐磨性。凸轮和从动件端部常用材料及热处理方法见表 1-3-1。

表 1-3-1　凸轮和从动件端部常用材料及热处理方法

工作场合	凸轮		从动件	
	材料	热处理	材料	热处理
低速、轻载	40,45,50	调质 220～260 HBW	45	表面淬火 40～45 HRC
	HT200,HT250,HT300	170～250 HBW		
	QT500-1.5,QT500-2	190～270 HBW	尼龙	
中速、轻载	45	表面淬火 40～45 HRC		
	45,40Cr	表面高频淬火 52～58 HRC	20Cr	渗碳淬火,渗碳层深 0.8～1 mm,55～60 HRC
	15,20,20Cr,20CrMn	渗碳淬火,渗碳层深 0.8～1.5 mm,56～62 HRC		
高速、重载或靠模凸轮	40Cr	高频淬火,表面 56～60 HRC,芯部 45～50 HRC	T8 T10 T12	淬火 58～62 HRC
	38CrMoAl,35CrAl	氮化,表面硬度 60～67 HRC		

注：对一般中等尺寸的凸轮机构，$n \leqslant 100$ r/min，为低速；100 r/min $< n \leqslant 200$ r/min，为中速；$n > 200$ r/min，为高速。

(2) 凸轮和从动件的结构

① 凸轮的结构。若凸轮尺寸很小，且与轴的尺寸接近时，可将凸轮与轴制成一体，称为凸轮轴，如图 1-3-19 所示。若凸轮尺寸较大时，则应将凸轮与轴分开制造，然后再装配在一起使用。装配时，凸轮与轴应有一定的相对位置要求，为此可在凸轮上刻出标志，以作为加工和装配的依据。凸轮在轴上的几种固定形式如图 1-3-20 所示。

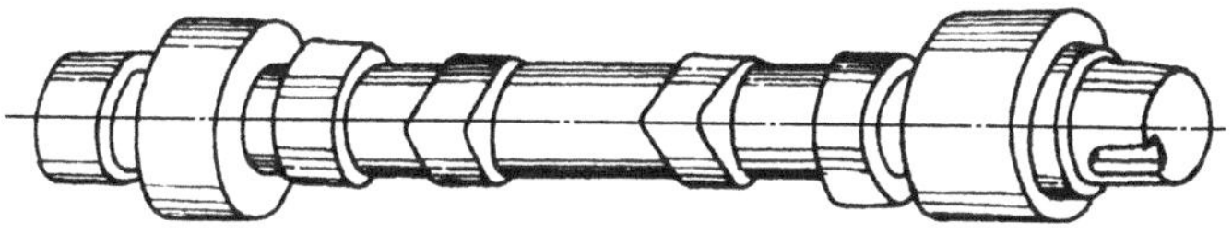

图 1-3-19　凸轮轴

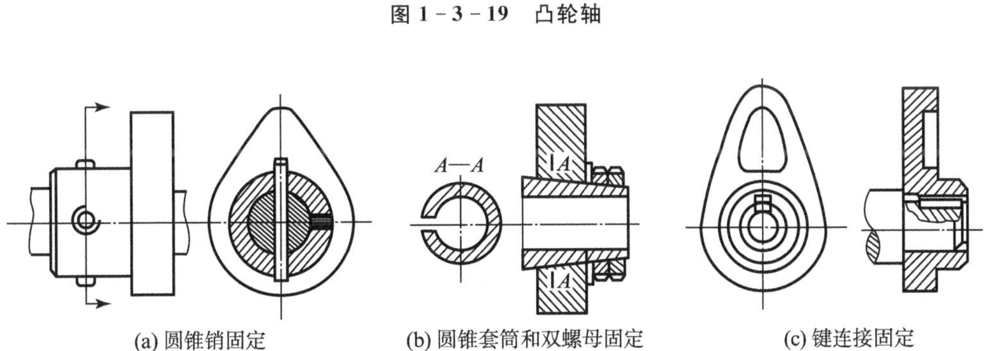

(a) 圆锥销固定　(b) 圆锥套筒和双螺母固定　(c) 键连接固定

图 1-3-20　凸轮在轴上的几种固定形式

② 从动件的结构。为了减少摩擦，从动件的端部常采用滚子的形式，常见的滚子结构如图1-3-21所示。

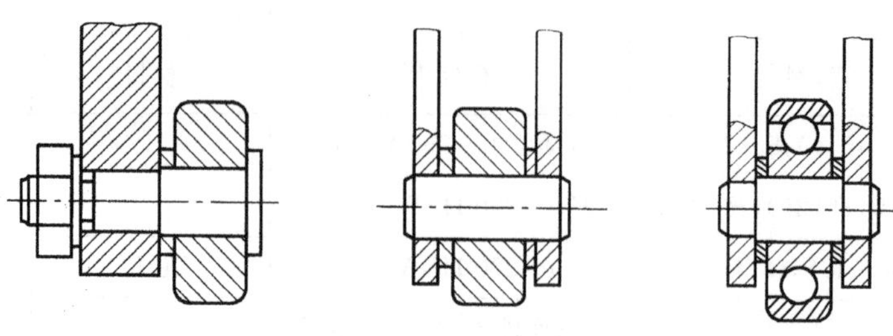

图 1-3-21 常见的滚子结构

4. 凸轮机构设计的一般步骤

① 选择凸轮机构类型。即确定凸轮的形式，推杆的形状、推杆的运动形式，以及维持推杆与凸轮始终保持接触的方式等。

② 拟定运动规律。即根据工程应用对推杆行程和运动特性的要求，确定推杆的位移、速度(或加速度)的变化规律。

③ 确定凸轮机构的基本参数。如推杆行程、运动角、基圆半径、推杆偏距、滚子半径、推杆长度等。

④ 设计凸轮的轮廓曲线。这是凸轮机构设计最主要的内容。

⑤ 设计凸轮机构的结构。即设计凸轮及推杆的结构、绘制机构的装配图和零件图。

【任务分析】

任务描述中绕线机的凸轮机构主要起均匀导线的作用，送线部分载荷不大，设计要求一般，只要能完成自动送线即可，结构简单且容易加工的盘形凸轮机构即可满足使用要求；再根据摆杆均匀导线的运动特点拟定运动规律，根据设计参数确定凸轮机构基本结构参数、绘制凸轮轮廓曲线；最后设计凸轮的结构、绘制凸轮机构的装配图和凸轮设计图(本任务只解决凸轮设计图)

【任务实施】

绕线机的凸轮机构设计步骤如下。

(1) 根据工作要求选定凸轮机构的类型

由任务分析可知，凸轮绕线机主要起均匀导线的作用，送线部分载荷不大，设计要求一般，只要能完成自动送线即可，故选用结构简单、加工工艺性较好的盘形凸轮。

(2) 推杆运动规律的拟定

为了使摆杆能导线均匀，摆杆左右摆动导线时作等速运动，设计时可选用等速运动规律，如图1-3-22b所示。

(3) 合理确定结构尺寸

为使摆杆导线稳定可靠，拟摆杆摆角为40°，根据绕线机工作时要求绕线幅度为200 mm。可计算摆杆总长：$A_0E=\dfrac{\dfrac{200}{2}}{\sin\left(\dfrac{40^\circ}{2}\right)}\text{mm}=\dfrac{100}{0.342}\text{mm}=292.4\text{ mm}$。

若设计时置尖顶于摆杆的中间位置，则摆杆 $A_0B_0 \approx \frac{A_0E}{2}=\frac{292.4}{2}=146.2$ mm，取摆杆 $A_0B_0=146$ mm。摆杆 A_0B_0 角位移线图中最大角位移 $\beta_{max}=50°$。

绕线机安装凸轮的轴径约为 30 mm，根据 $r_b=(1.6 \sim 2.0)r_s$，初选基圆半径 $r_b=60$ mm。根据最大角位移 50°、基圆半径 60 mm 和尖顶的尺寸，选取摆动从动件的摆动中心到凸轮回转中心的距离 A_0O 为 182 mm。

(4) 使用图解法设计凸轮轮廓曲线

① 按 1∶1 比例绘制凸轮角位移线图，如图 1-3-22b 所示。最大角位移 $\beta_{max}=50°$，推程角 $\Phi=180°$、远休止角 $\Phi_s=0$、回程角 $\Phi'=180°$、近休止角 $\Phi_s'=0$。

② 将角位移线图分为 16 等份，分别作 φ 轴的垂线，垂线与角位移线相交得线段11′、22′、33′、…，这些线段分别表示从动件摆杆相应摆动位置时的角位移量。

③ 按 1∶1 比例，以 O 点为圆心、$r_b=60$ mm 为半径画出基圆。根据凸轮顺时针转向及反转法原理，从基圆的 B_0 开始按 $-\omega$ 逆时针方向将基圆等分成 16 份。

④ 以 O 为圆心，以长度 $A_0O=182$ mm 为半径作出从动件摆杆中心 A 所在的圆 M；再以基圆上的 16 个等分点为圆心，以从动件摆杆长度 $A_0B_0=146$ mm 为半径画圆弧与圆 M 相交（交点为从动件摆杆中心的位置），得 A_0、A_1、A_2、…各点。

⑤ 按照从动件摆动方向，以从动件初始位置 $A_1 1$、$A_2 2$、$A_3 3$、…线段分别作出摆角，使摆角依次等于角位移线图中的11′、22′、33′、…，得到 1′、2′、3′、…各点。

⑥ 将得到的 1′、2′、3′、…各点依次连接成一条光滑曲线（图示粗实线），此曲线即为所求的凸轮轮廓线，如图 1-3-22a 所示。

(5) 绘制凸轮工作简图

绕线机盘形凸轮工作简图如图 1-3-23 所示。

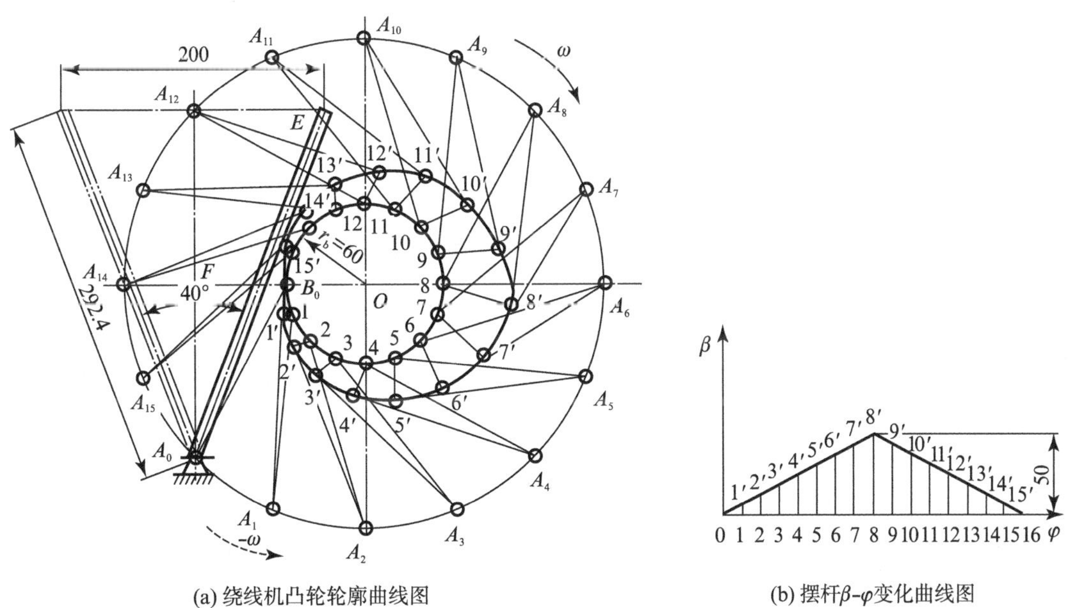

(a) 绕线机凸轮轮廓曲线图

(b) 摆杆β-φ变化曲线图

图 1-3-22　绕线机凸轮轮廓曲线的设计

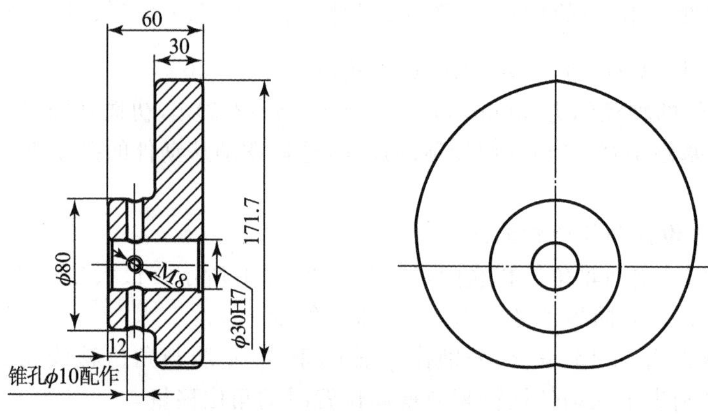

图 1-3-23 绕线机盘形凸轮设计图

【任务总结】

本任务分析了凸轮机构的类型、工作特性和应用情况，以及盘形凸轮机构的设计方法和设计步骤。通过本任务的学习，学生能在实际的设计工作中掌握凸轮机构设计选用的知识和技能，通过对凸轮机构设计过程的思考，培养学生的创新思维能力。

(1) 凸轮机构从动件的常用运动规律：① 等速运动规律；② 等加速等减速运动规律；③ 余弦加速度运动规律。

(2) 凸轮轮廓曲线的设计及设计中的问题：滚子半径的选择、基圆半径的选择、凸轮机构压力角及传力特性。

(3) 凸轮机构设计基本步骤：① 选择凸轮机构类型；② 拟定运动规律；③ 确定凸轮机构的基本参数；④ 设计凸轮的轮廓曲线；⑤ 设计凸轮机构的结构；⑥ 绘制凸轮机构设计图。

【知识拓展】

棘轮机构和槽轮机构

一、棘轮机构★

在机械中，除前面讨论过的平面连杆机构、凸轮机构外，还经常会用到间歇运动机构等类型繁多、功能各异的机构。

生产实际中有时要求某些构件做周期性时动时停的间歇运动，实现这种运动的机构称为间歇运动机构，用于把主动件的连续运动变为从动件的间歇运动。如自动机床中的刀架转位和进给运动、自动化生产线中的输送运动、牛头刨床的横向进给运动等都是间歇性的。棘轮机构是一种最重要的间歇运动机构。

1. 棘轮机构的组成和特点

典型的啮合棘轮机构如图 1-3-24 所示，它主要由主动件驱动棘爪、从动件棘轮、止回棘爪、摇杆和机架组成。其中图 1-3-24a 所示为外棘轮机构，图 1-3-24b 所示为内棘轮机构。

棘轮机构有以下特点：

① 棘轮上的齿大多做在棘轮的外缘上，构成外接棘轮机构；若做在棘轮的内缘上，则构成内

接棘轮机构。

② 棘轮用键连接在机构的传动轴上，而摇杆则空套(摇杆与轴通过轴承而不是键连接)在主传动轴上，驱动棘爪与摇杆用转动副相连接。如图 1-3-24a 所示。

③ 当摇杆逆时针方向摆动时，驱动棘爪借助弹簧或自重插入棘轮齿槽内，使棘轮转过一定角度。

④ 当摇杆顺时针方向摆动时，止回棘爪阻止棘轮顺时针转动，驱动棘轮在棘爪齿背上滑过，而棘轮静止不动，从而摇杆作连续的往复摆动，而棘轮作单向间歇转动。

⑤ 棘轮机构的结构简单，制造方便，运动可靠，而且棘轮轴每次转过角度的大小可以在较大的范围内调节。其缺点是工作时有较大的冲击和噪声，而且运动精度较差，所以棘轮机构常用于速度较低和载荷不大的场合。

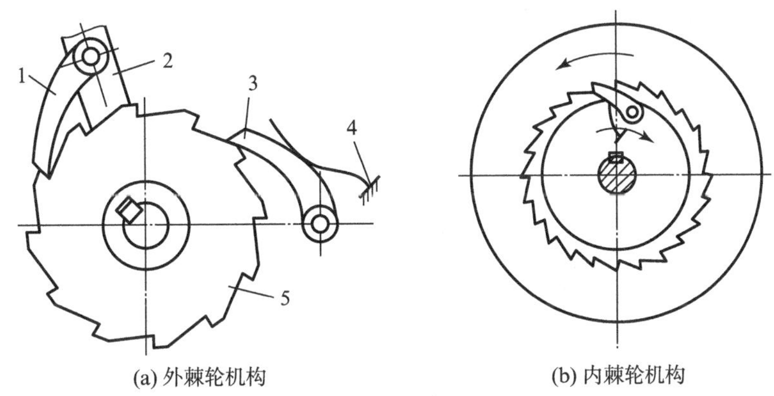

(a) 外棘轮机构　　(b) 内棘轮机构

图 1-3-24　棘轮机构

1—驱动棘爪；2—摇杆；3—止回棘爪；4—机架；5—棘轮

2. 棘轮机构的类型及应用

按结构分类，棘轮机构可分为：齿式棘轮机构和摩擦式棘轮机构。

(1) 齿式棘轮机构

齿式棘轮机构如图 1-3-24 所示，均是靠棘爪与棘轮轮齿之间的作用实现间歇运动的。其特点是结构简单紧凑，运动可靠，转角准确，并可在一定范围内有级调节(棘轮转角为相邻两齿所夹圆心角倍数)；但噪声、冲击和磨损较大，故不宜用于高速场合。

(2) 摩擦式棘轮机构

摩擦式棘轮机构如图 1-3-25 所示。以两个偏心楔块 2、4 代替齿式棘轮机构中的驱动棘爪和止回棘爪，以摩擦轮 3 代替棘轮，杆 1 摆动时，靠偏心楔块与摩擦轮之间的摩擦力来实现周期性的间歇运动。其特点是可无级调节摩擦轮的转角，运动平稳，无噪声；但会出现打滑现象，使得转角精度不高，适用于低速、轻载的场合。

按啮合方式分类，棘轮机构可以分为主动棘爪或楔块安装在从动件外部的外啮合式(图 1-3-24a)，安装在从动棘轮内部的内啮合式(图 1-3-24b)。外啮合式应用广泛，内啮合式结构紧凑，外形尺寸小。

按照从动件的运动方向分类，棘轮机构可以分为单向式(图 1-3-24)和双向式(图 1-3-26)。在双向式棘轮结构中，棘轮 3 沿逆时针方向作间歇转动；当棘爪 2 转动到双点画

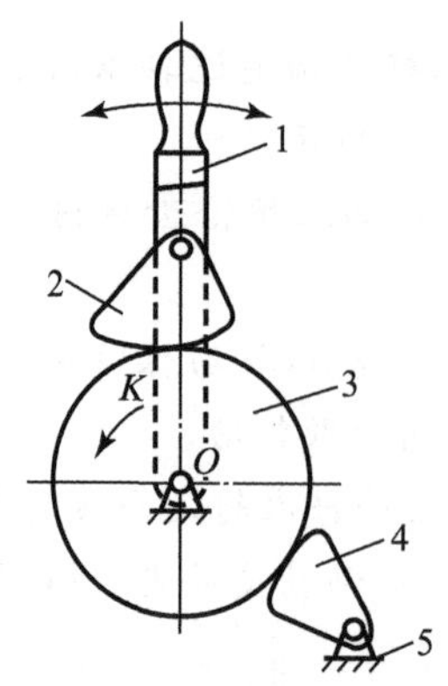

图 1-3-25 摩擦式棘轮机构

1—杆;2、4—偏心楔块;3—摩擦轮;5—机架

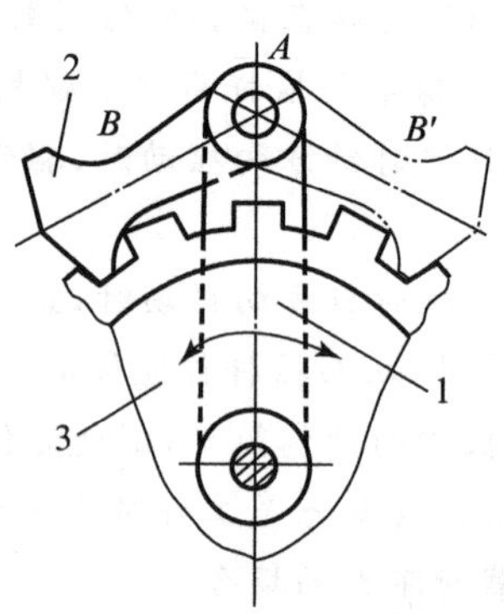

图 1-3-26 双向式棘轮机构

1—杆;2—棘爪;3—棘轮

线位置时,棘轮 3 沿顺时针方向作间歇转动。双向式棘轮一般采用对称齿形。

棘轮机构广泛应用于各种机床和自动机的进给机构、转位机构当中。牛头刨床工作台的横向进给机构如图 1-3-27 所示,此机构的工作原理是通过齿轮 1、2,曲柄摇杆机构(2—齿轮,3—连杆,4—摇杆),棘轮机构(4—摇杆,5—棘轮,7—棘爪)使与棘轮固连的丝杠 6 作间歇转动,从而使牛头刨床的工作台实现横向间歇进给。起重设备中的棘轮止动器如图 1-3-28 所示,当提升重物时,棘轮逆时针转动,棘爪在棘轮齿背上滑过;当需使重物停在某一高度时,棘爪及时插入棘轮相应的齿中间,阻止棘轮在重力 W 作用下转动。

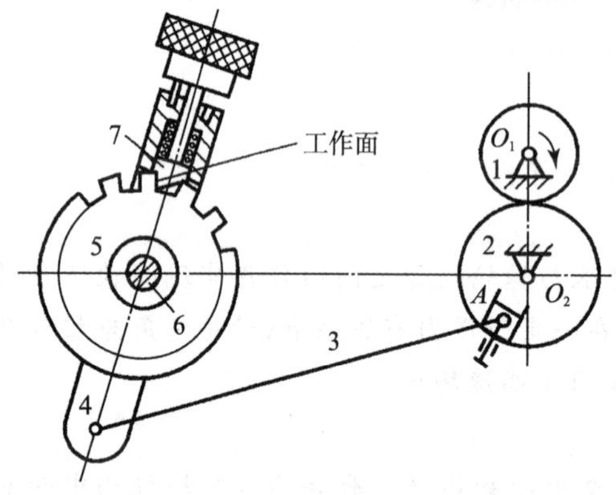

图 1-3-27 牛头刨床工作台的横向进给机构

1、2—齿轮;3—连杆;4—摇杆;5—棘轮;6—丝杠;7—棘爪

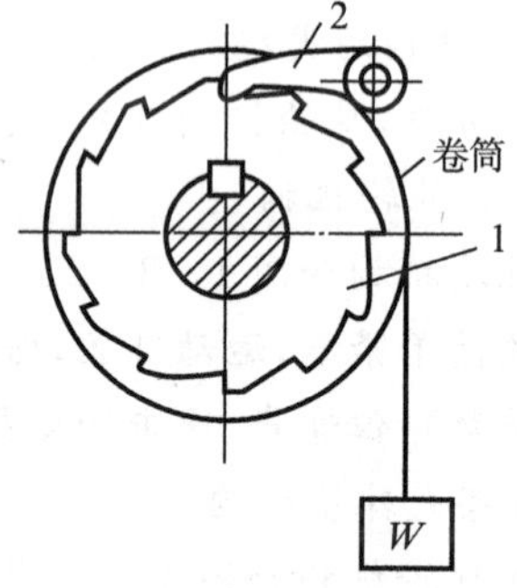

图 1-3-28 起重设备中的棘轮止动器

1—棘轮;2—棘爪

3. 棘轮的主要参数

(1) 棘轮齿数 z

棘轮齿数 z 可根据所要求的棘轮最小转角 $\delta_{\min}$ 来确定,即 $\delta_{\min} \geqslant 2\pi/z$,则

$$z \geqslant \frac{2\pi}{\delta_{\min}} \tag{1-3-5}$$

一般轻载时，齿数 z 可取大些，最多达 250 齿；载荷较大时，齿数 z 应取小些，通常取 8～25 齿。

(2) 棘轮齿距 P

棘轮齿距 P 是棘轮相邻两齿齿顶圆上对应点之间的弧长(mm)。

(3) 棘轮模数 m

与齿轮类似，棘轮也以模数 m 来衡量棘齿的大小，即

$$m=\frac{P}{\pi} \tag{1-3-6}$$

常用标准模数有：1 mm、1.5 mm、2 mm、2.5 mm、3 mm、4 mm、5 mm、6 mm、8 mm、10 mm等。

(4) 棘轮齿面倾角 φ

棘轮齿面与径向线所夹的角称为齿面倾角 φ。为使棘爪在推动棘轮的过程中始终紧触齿面且能顺利滑向齿根，棘轮齿面倾角 φ 必须大于棘爪与棘轮间的磨擦角 ρ，一般 $\varphi\approx20°$。

确定参数 z 和 m 后，棘轮机构和其他几何尺寸的计算可参见相关机械设计手册。

二、槽轮机构★

槽轮机构如图 1-3-29 所示，由主动拨盘、从动槽轮和机架组成。

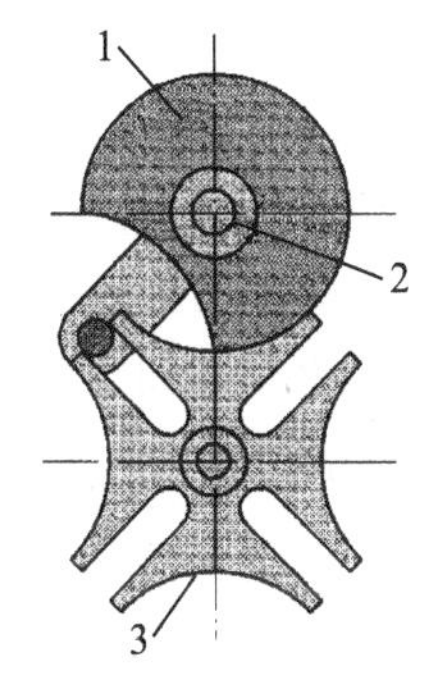

图 1-3-29　槽轮机构

1—主动拨盘；2—机架；3—从动槽轮

1. 槽轮机构的工作原理

如图 1-3-30 所示，一个典型的单圆销式外啮合槽轮机构由具有圆柱销的主动拨轮 1，具有径向槽的槽轮 2 及机架组成。主动拨轮 1 以 ω_1 作逆时针等速连续转动。当圆销 A 未进入槽轮的径向槽时，槽轮上的内凹锁住弧$\widehat{efg}$被拨轮的外凸锁住弧锁住，槽轮静止不动；当圆销 A 开始进入径向槽时(图 1-3-30a)，其内外锁住弧开始失去锁住作用，槽轮 2 在圆销 A 的拨动下沿 ω_2 方向转动；当拨轮转到圆销 A 开始脱离径向槽时(图 1-3-30b)，槽轮因另一锁住弧又被拨轮的外凸锁住弧锁住而静止不动。就这样，当主动拨轮沿逆时针方向以 ω_1 作等速连续转动时，槽轮 2 沿顺时针方向作周期性的单向间歇运动。

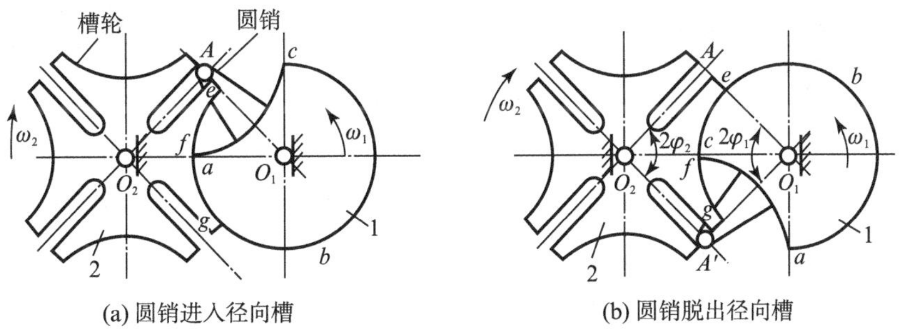

图 1-3-30　单圆销式外啮合槽轮机构

1—主动拨轮；2—槽轮

2. 槽轮机构的类型、特点及应用

常用的槽轮机构有外槽轮机构和内槽轮机构两种形式，用于传递平行轴间的间歇运动。外槽轮机构主、从动轮转向相反，如图 1-3-30 所示；内槽轮机构主、从动轮转向相同，如图 1-3-31 所示。与外槽轮机构相比，内槽轮机构传动较平稳，停歇时间短，结构更紧凑。

另外，根据拨轮上圆销数目的多少，还可以分成单圆销式（图 1-3-30）、双圆销式（图 1-3-32）等形式。双圆销式外啮合槽轮机构的拨轮转一周，槽轮被拨动两次。

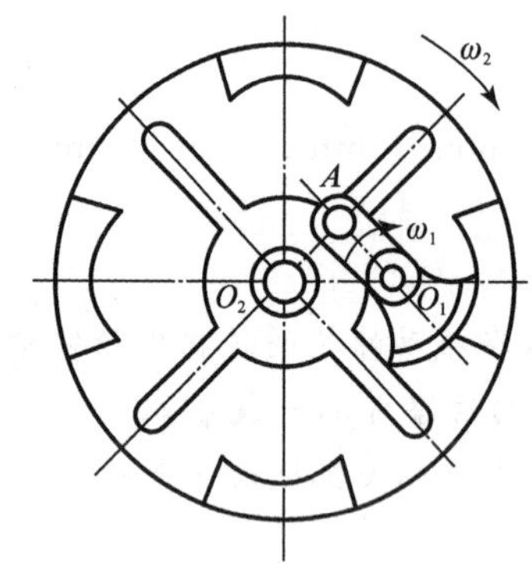

图 1-3-31　单圆销式内啮合槽轮机构

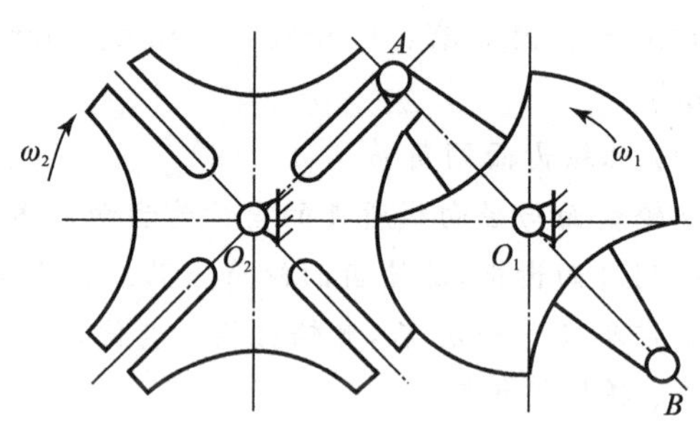

图 1-3-32　双圆销式外啮合槽轮机构

槽轮机构结构简单，制造方便，工作可靠，机械效率高，而且转位迅速平稳，因此在自动机械中应用广泛。但其转角不能调节，转角不能太小，而且在起动和停止的瞬间有冲击，转速越高、槽数越少，冲击就越剧烈，所以不宜用于高速场合。

槽轮机构一般用于转速不太高的自动机械或仪器仪表中。电影放映机的卷片机构如图 1-3-33 所示，拨盘转一周，槽轮转过$\frac{1}{4}$周，胶片移动一个画面，并停留一定时间。拨盘连续转动，槽轮带动胶片重复间歇运动，利用人眼的视觉暂留特性，使人感觉看到的是连续的画面。六角车床刀架的转位机构如图 1-3-34 所示。槽轮有 6 个径向槽，与之相联的刀架 3 上可装 6 把刀具，拨轮 1 每转一周，驱动槽轮转过 360°/6=60°，刀架也随之转过 60°，从而将下一工序的刀具转到工作位置。

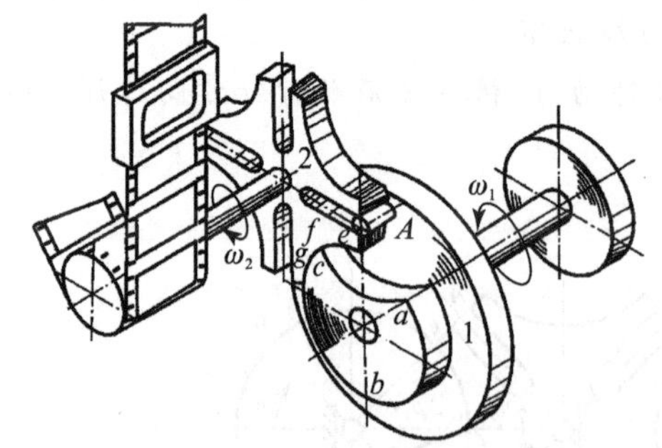

图 1-3-33　电影放映机的卷片机构

1—主动拨轮；2—槽轮

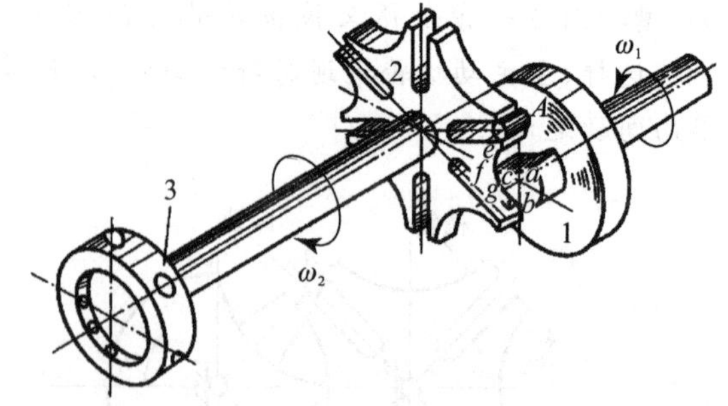

图 1-3-34　六角车床刀架的转位机构

1—主动拨轮；2—槽轮；3—刀架

3. 槽轮机构的主要参数和几何尺寸

(1) 槽数 z 和圆销数 k

在图 1-3-30b 所示的外槽轮机构中，为了避免圆销 A 与径向槽发生刚性冲击，在圆销进入和退出径向槽的瞬间，径向槽的中心线应与圆销此时的瞬时速度方向一致，即必须使 $O_1A \perp O_2A$，$O_1A' \perp O_2A'$，由此可得在四边形 O_1AO_2A' 中，$2\varphi_1 + 2\varphi_2 = \pi$。

由图中可知，$2\varphi_1$ 为圆销从进槽到出槽所转过的圆心角，$2\varphi_2$ 为槽轮在这段时间内相应转过的角度，则有

$$\left.\begin{aligned} 2\varphi_2 &= \frac{2\pi}{z} \\ 2\varphi_1 &= \pi - 2\varphi_2 = \pi - \frac{2\pi}{z} \end{aligned}\right\} \tag{1-3-7}$$

在图 1-3-30 所示的外槽轮机构中，主动拨轮 1 等速回转一周，从动槽轮完成一次动停运动。把槽轮完成一次动停运动称为一个工作循环，所用时间称为工作循环时间，用 T 表示。设一个工作循环中，槽轮的运动时间为 t_d，则把 t_d 与 T 之比称为槽轮机构的运动系数，用 τ 表示，即

$$\tau = \frac{t_d}{T} \tag{1-3-8}$$

图 1-3-30 所示外槽轮机构的运动系数 τ 为

$$\tau = \frac{t_d}{T} = \frac{\dfrac{2\varphi_1}{\omega_1}}{\dfrac{2\pi}{\omega_1}} = \frac{2\varphi_1}{2\pi} = \frac{\pi - \dfrac{2\pi}{z}}{2\pi} = \frac{z-2}{2z} \tag{1-3-9}$$

要实现间歇运动，必须使 $0 < \tau < 1$，则有如下结论：

① 由 $\tau > 0$，即 $\frac{z-2}{2z} > 0$，可得 $z \geqslant 3$；

② 由 $\tau = \frac{z-2}{2z}$，得 $\tau < \frac{1}{2}$，即槽轮在一个工作循环时间内，运动时间总是小于静止时间，而且 z 越少，τ 亦越小，则 t_d 就越小。槽轮运动时，其所带动的机械处于辅助时间，槽轮的静止时间 t_j 处于机械的工艺时间，所以，从提高生产率的角度考虑，希望 z 取得小些。

若要使拨轮转一圈，槽轮转动 n 次，或欲使 $\tau \geqslant \frac{1}{2}$，则可在拨轮上安装多个圆销。设在拨轮上均匀分布了 k 个圆销，且各圆销分布在以 O_1 为圆心的同一圆周上，则有

$$\tau = k \cdot \frac{z-2}{2z} \tag{1-3-10}$$

由于 $\tau < 1$，即 $k \cdot \frac{z-2}{2z} < 1$，则有

$$k < \frac{2z}{z-2} \tag{1-3-11}$$

在图 1-3-32 所示的双圆销式外啮合槽轮机构中，$\tau = k \cdot \frac{z-2}{2z} = \frac{1}{2}$，即在一个工作循环时间内，槽轮的运动时间与静止时间相等。

根据式(1-3-11)可得圆销数 k 与槽数 z 的关系：$z=3$ 时，$k=1\sim5$；$z=4\sim5$ 时，$k=1\sim3$；$z\geqslant6$ 时，$k=1\sim2$。可根据工作要求的不同加以选择。

(2) 槽轮机构的几何尺寸

根据工作要求选取槽轮槽数 z 和圆销数 k，再根据机构的载荷和结构选取中心距 a，然后算出槽轮机构其他的几何尺寸，参见相关机械设计手册。

【思考与练习】

1. 在直动滚子推杆盘形凸轮机构中，若凸轮实际廓线保持不变，而增大或减小滚子半径，推杆运动规律是否发生变化？

2. 有一滚子推杆盘形凸轮机构，在使用中发现推杆滚子的直径偏小，欲改用较大的滚子，问是否可行？

3. 在直动滚子推杆盘形凸轮机构的设计中，采用偏置推杆的主要目的是什么？偏置方向如何选取？

4. 对于如图 1-3-35 所示的凸轮机构，要求：(1) 写出此凸轮机构的完整名称；(2) 画出凸轮的基圆；(3) 标出凸轮的合理转向；(4) 画出推杆从升程开始到图示位置的位移 s，相应的凸轮转角 δ，B 点的压力角 α；(5) 画出推杆的行程 H。

5. 在如图 1-3-36 所示的凸轮机构中，推杆的起始点为 C 点，试：(1) 标出从 C 点接触到 D 点接触，凸轮转过的角度 φ 及推杆走过的位移 s；(2) 标出在 D 点接触时机构的压力角 α。

6. 设计如图 1-3-37 所示的偏置直动滚子推杆盘形凸轮机构，已知凸轮以等角速度顺时针方向转动，偏距 $e=10$ mm，凸轮基圆半径 $r_b=40$ mm，推杆推程 $h=30$ mm，滚子半径 $r_T=10$ mm，推程角 $\delta_0=150°$，远休止角 $\delta_s=30°$，回程角 $\delta_0'=120°$，近休止角 $\delta_s'=60°$。推杆在推程中作等加速等减速运动，在回程中作等速运动。试用作图法设计凸轮机构的凸轮轮廓线。

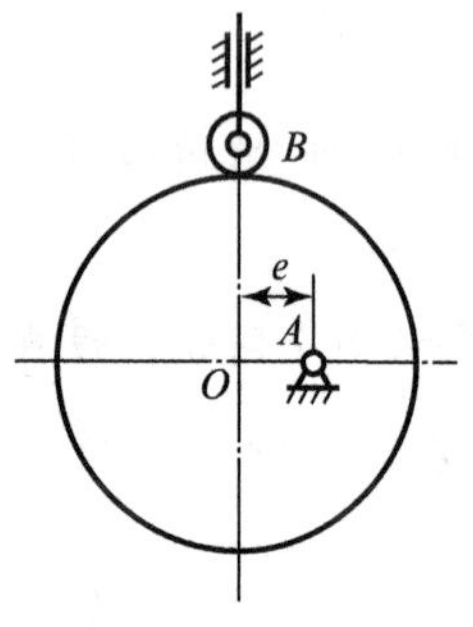

图 1-3-35 习题 4 图

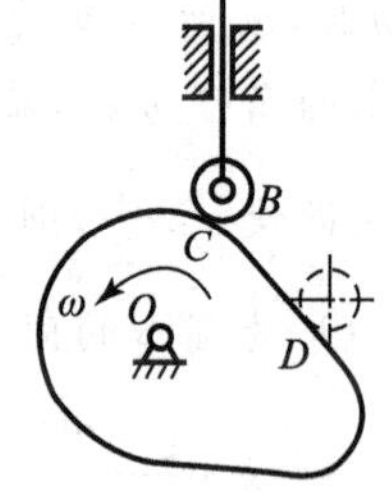

图 1-3-36 习题 5 图

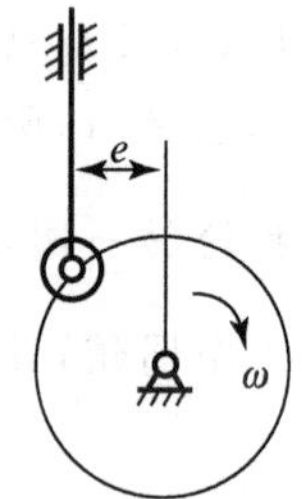

图 1-3-37 习题 6 图

项目二　机械传动系统的工作情况分析与设计

任务1　输送机带传动的设计

【任务描述】

带式输送机又称胶带输送机、皮带输送机，广泛应用于家电、电子、电器、机械等各行各业物件的组装、检测、调试、包装及运输等，是一种摩擦驱动以连续方式运输物料的机械。主要由机架、输送带、托辊、滚筒、张紧装置、传动装置等组成。

带式输送机传动装置如图 2-1-1 所示，其基本工作原理是：在电动机 1 的驱动下，通过带传动装置 2(小带轮、V 带及大带轮)将运动和动力传递给齿轮减速器 3 输入轴，并通过减速器将原动机的高速、低转矩变为低速、高转矩传递给工作机滚筒 5 和输送带 6。

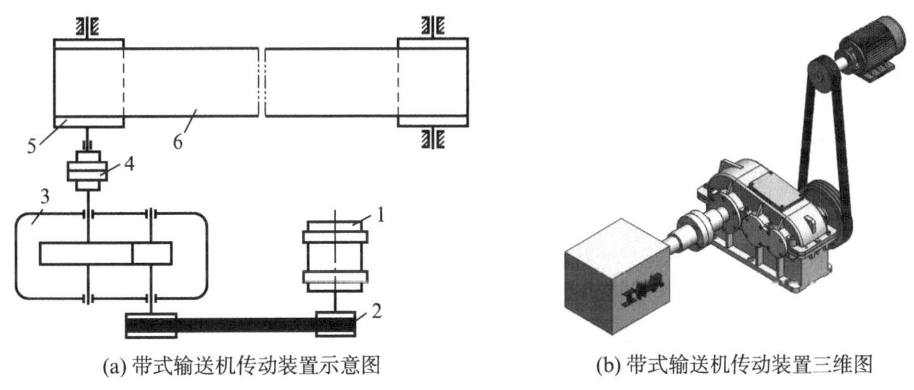

(a) 带式输送机传动装置示意图　(b) 带式输送机传动装置三维图

图 2-1-1　带式输送机传动装置

1—电动机；2—带传动装置；3—减速器；4—联轴器；5—滚筒；6—输送带

本学习任务主要解决带传动装置中典型零件 V 带及带轮的设计与选用。已知：电动机型号为 Y132S1-2，额定功率 $P_{ed}=5.5$ kW，满载转速 $n=2\,900$ r/min，齿轮减速器输入轴转速的设计要求为 $n_2=1\,450$ r/min，运输装置工作时有轻度冲击，每天工作 10～16 h。根据带传动相关知识选用合适的带型及带轮，并进行相关参数的设计计算，绘制大、小带轮设计图。

【任务目标】

【知识】

◎ 带传动的类型、特点及其应用。

◎ 带传动工作原理及运动特性。

◎ 带传动工作情况分析。

◎ 普通 V 带、V 带轮的结构、材料与标记。

◎ 普通 V 带传动的失效形式及设计计算方法。

◎ 带传动的张紧、使用和维护。

【技能】

◎ 了解带传动的类型、特点及其应用场合，熟悉摩擦型带传动的运动特性。

◎ 熟悉普通 V 带的结构、截面尺寸及标记方法。

◎ 掌握普通 V 带传动的设计计算方法和基本步骤。

◎ 能够正确进行普通 V 带轮的材料选择与结构设计。

◎ 了解带传动有关国家标准及行业标准，熟练查选带传动设计时所需的各类图表及参数。

【素质】

◎ 培养学生保密意识和法律意识。

【知识准备】

采用可适当变形的元件作为连接件以实现预定功能的传动称之为挠性传动。带传动和链传动都是挠性传动，两者的区别是其环形挠性曳引元件的不同，它们利用中间挠性件（带或链）把主动轴的运动和动力传给从动轴，从而传递转矩和改变转速。

一、带传动的类型及特点

带传动是一种常用的机械传动装置，其组成如图 2-1-2 所示，它由主动带轮 1、从动带轮 2 和环形挠性元件 3 组成，借助环形挠性元件与带轮之间的摩擦或啮合，将主动轮 1 的运动传给从动轮 2。

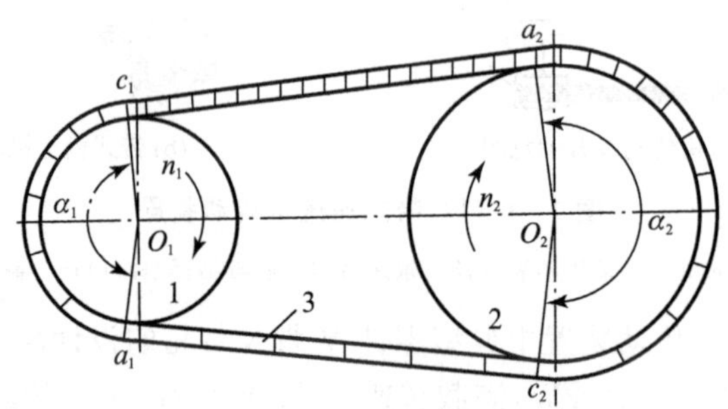

图 2-1-2 带传动的组成

1—主动带轮；2—从动带轮；3—环形挠性元件

1. 带传动的类型

根据工作原理不同，带传动可分为摩擦型带传动和啮合型带传动两类。

（1）摩擦型带传动

摩擦型带传动是依靠带与带轮之间的摩擦力传递运动和动力的。摩擦型带传动按带的横截面形状不同可分为下列四种，如图 2-1-3 所示。

① 平带是由多层胶帆布带构成的，其横截面形状为扁平矩形，内表面与轮缘接触处为工作

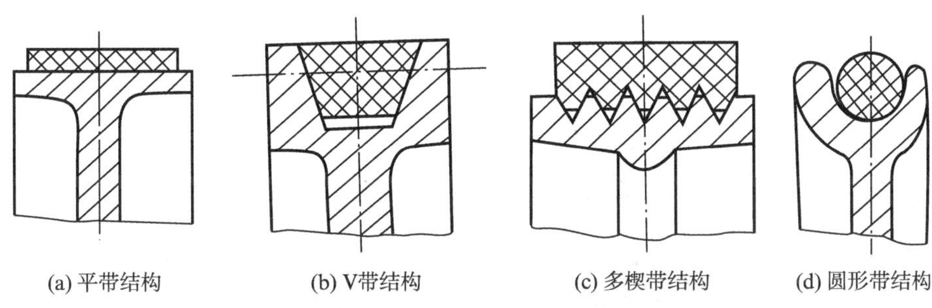

(a) 平带结构　(b) V带结构　(c) 多楔带结构　(d) 圆形带结构

图 2-1-3　摩擦型带传动

面。平带传动结构简单，主要用于两轴平行、转向相同、距离较远的传动，平带结构如图 2-1-3a 所示。

② V 带的横截面为梯形，工作时与轮槽相接触的两侧面为工作面，V 带与底槽不接触。由于轮槽的楔形效应，在相同条件下，V 带传动的摩擦力约为平带传动的 3 倍，故能传递较大的功率，V 带传动在带类传动中应用最为广泛，通常是数根并用，V 带结构如图 2-1-3b 所示。V 带的截面尺寸和基准长度均有国家标准。

③ 多楔带截面相当于平带与多根 V 带的组合，兼有平带弯曲应力小和 V 带摩擦力大的优点，可避免多根 V 带长度误差引起传力不均的缺点。多楔带传动一般用于高速钻床、高精度磨床、纺织机械中，多楔带结构如图 2-1-3c 所示。

④ 圆形带横截面为圆形，如图 2-1-3d 所示。圆形带常用皮革或棉绳制成，多用于缝纫机、录音机等小功率机械。

(2) 啮合型带传动

啮合型带传动有同步带传动和齿孔带传动两种类型。

① 同步带传动工作时，依靠带工作面上的齿与带轮上的齿相互啮合来传递运动和动力。同步带传动具有传递功率大、传动比准确等优点，多用于数控机床等要求传动平稳、传动精度较高的场合，同步带传动如图 2-1-4 所示。

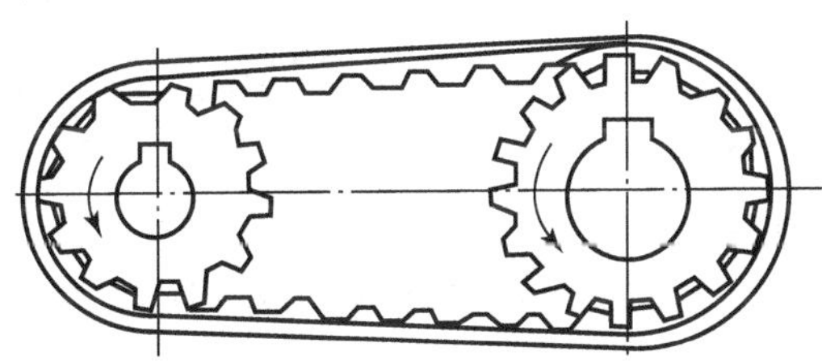

图 2-1-4　同步带传动

② 齿孔带传动工作时，带上的孔与轮上的齿相互啮合，以传递运动和动力，齿孔带传动如图 2-1-5 所示。其兼有带传动和齿传动的特点，主要应用于要求传动比准确、功率较大、线速度较高的场合。如放映机、打印机采用的是齿孔带传动，被输送的胶片和纸张就是齿孔带。

2. 带传动的特点

工业上摩擦型带传动应用较为普遍，本任务讲解的主要是摩擦型带传动。

摩擦型带传动的优点：带富有弹性，能缓和冲击，吸收振动，故传动平稳、噪声小；过载时，带

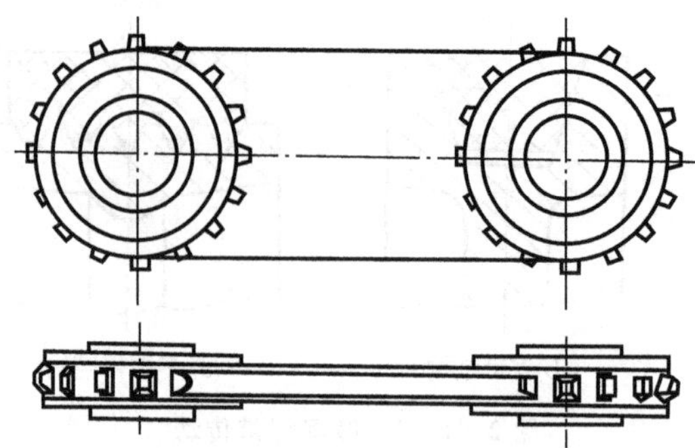

图 2-1-5 齿孔带传动

会在带轮上产生打滑，具有过载保护作用；结构简单，制造成本低，且便于安装和维护，适宜用于两轴中心距较大的场合。

摩擦型带传动的缺点：带与带轮间存在弹性滑动，不能保证传动比恒定不变；传动带必须张紧在带轮上，对轴和轴承的压力较大；一般外廓尺寸较大，传动效率低（一般为 0.94～0.96）；不适用于高温、易爆及有腐蚀性介质的场合。

摩擦型带传动多用于以下场合：中、小功率传动（通常不大于 100 kW）；原动机输出轴的第一级传动（工作速度一般为 5～25 m/s）；传动比（$i \leqslant 12$）要求不十分准确的机械。

二、带传动工作情况分析

1. 带传动的受力分析

安装传动带时，带必须张紧，即以一定的初拉力紧套在两个带轮上，这时传动带中的拉力相等，都为初拉力 $\boldsymbol{F}_0$，如图 2-1-6a 所示。

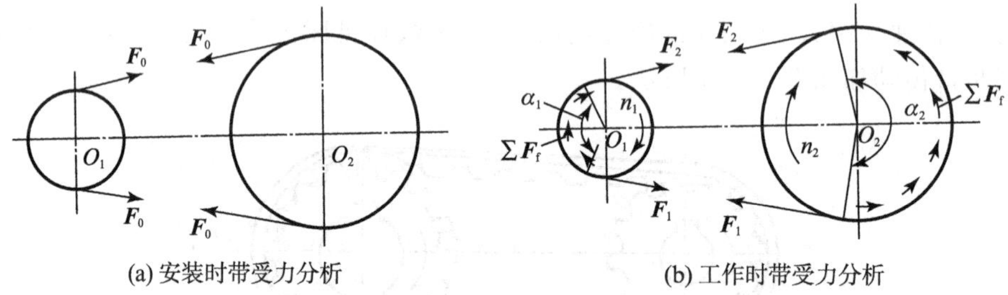

图 2-1-6 带传动的受力分析

带传动正常工作时，主动轮 1 以转速 n_1 转动，通过带与带轮接触面间产生的摩擦力驱动从动轮以转速 n_2 转动，此时带两边的拉力不再相等，带绕入主动轮的一边被进一步拉紧，拉力由 F_0 增大到 F_1，这一边称为紧边；另一边则被放松，拉力由 F_0 降到 F_2，这一边称为松边，如图 2-1-6b 所示。带两边拉力之差称为有效拉力，以 F 表示，即

$$\left.\begin{aligned} F &= F_1 - F_2 = \sum F_f \\ F_1 + F_2 &= 2F_0 \end{aligned}\right\} \tag{2-1-1}$$

有效拉力 F 等于任一带轮接触弧上的摩擦力 F_f 总和。作用在主动轮带上的摩擦力方向与主动轮转向相同，作用在从动轮带上的摩擦力方向与从动轮的转向相反，如图 2-1-6b 所示。

当带传递的功率为 P 时，有效圆周力 F(N)、带速 v(m/s)和带传递功率 P(kW)之间的关系为

$$P = \frac{Fv}{1\,000} \tag{2-1-2}$$

由式(2-1-2)可知，当带速一定时，传递的功率越大，则有效拉力越大，所需带与轮面间的摩擦力也越大。

2. 带传动的应力分析

带在工作过程中，会产生三种应力，如图 2-1-7 所示。

(1) 拉应力

带的紧边拉应力 σ_1(MPa)及松边拉应力 σ_2(MPa)计算公式

$$\left.\begin{aligned}\sigma_1 &= \frac{F_1}{A}\\ \sigma_2 &= \frac{F_2}{A}\end{aligned}\right\} \tag{2-1-3}$$

式中，F_1、F_2 分别为紧边和松边的拉力，N；A 为带的截面面积，mm^2。

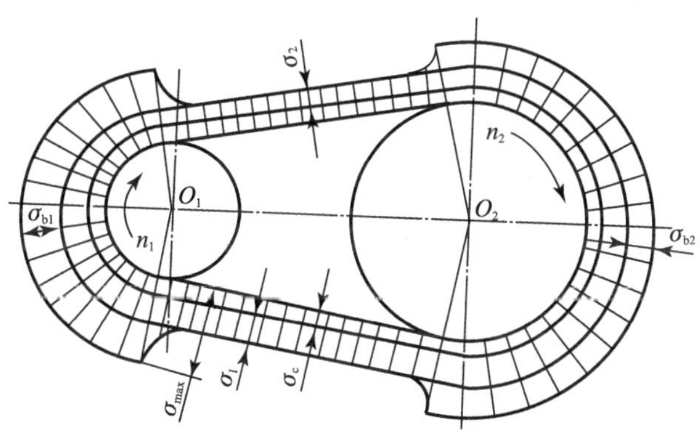

图 2-1-7　带传动的应力分布

(2) 离心拉应力

带在绕过带轮时作圆周运动，由于本身质量而产生离心力，并在带中引起离心拉应力 σ_c，离心拉应力作用于传动带的全长上，且各处大小相等。σ_c 计算公式为

$$\sigma_c = \frac{F}{A} = \frac{qv^2}{A} \tag{2-1-4}$$

式中，σ_c 为离心力产生的拉应力，MPa；q 为每米带长的质量，kg/m；v 为带速，m/s。

(3) 弯曲应力

带在绕过带轮时，因弯曲而产生弯曲应力 σ_b。V 带外层处的弯曲应力最大。由材料力学公式可得

$$\sigma_b = 2Eh_a/d_d \qquad (2-1-5)$$

在带高度一定的情况下，带轮直径愈小，带的弯曲应力愈大。因此，带绕在小带轮上时的弯曲应力 σ_{b1} 大于绕在大带轮上时的弯曲应力 σ_{b2}，其中

$$\left.\begin{aligned}\sigma_{b1} &= 2Eh_a/d_{d1}\\ \sigma_{b2} &= 2Eh_a/d_{d2}\end{aligned}\right\} \qquad (2-1-6)$$

式中，σ_{b1}、σ_{b2} 分别为小带轮和大带轮上的弯曲应力，MPa；E 为带的弹性模量，MPa；h_a 为带的最外层到节面的距离，mm；d_{d1}、d_{d2} 分别为小带轮和大带轮基准直径，mm。

由上式可知，h_a 越大，d_d 越小，带的弯曲应力 σ_b 就越大。如果带传动的两个带轮直径不同，则带绕上小带轮时弯曲应力比较大。为了防止弯曲应力过大，对每种型号的 V 带都规定了相应的最小带轮基准直径 d_{dmin}。

带工作时，传动带中各截面的应力分布如图 2－1－7 所示，最大应力 σ_{max} 发生在紧边绕入主动轮处，其值为

$$\sigma_{max} = \sigma_1 + \sigma_c + \sigma_{b1} \qquad (2-1-7)$$

由上述分析可知，带运行时，作用在带上某点的应力，是随它所处位置不同而变化的，所以带是在变应力下工作的，当应力循环次数达到一定数值后，带将产生疲劳破坏。

三、带传动的运动特性分析

1. 弹性滑动

带是弹性体，在拉力作用下会产生弹性伸长，弹性伸长量随拉力的增减而增减。带传动在工作过程中，紧边和松边的拉力不等，如图 2－1－8 所示。当带在 A_1 点绕上主动轮时，带的速度和主动轮的圆周速度是相等的。但在带自 A_1 点转到 B_1 点的过程中，所受拉力由 F_1 逐渐降到 F_2，弹性伸长量也要相应减小。这样带在主动轮上一面随带轮前进，一面向后收缩，因此带的速度低于主动轮的圆周速度，造成两者之间发生相对滑动。在从动轮上，情况正好相反，即带的速度大于从动轮的圆周速度，两者之间也发生相对滑动。这种由于带的弹性变形而引起的带与带轮之间的滑动，称为弹性滑动。

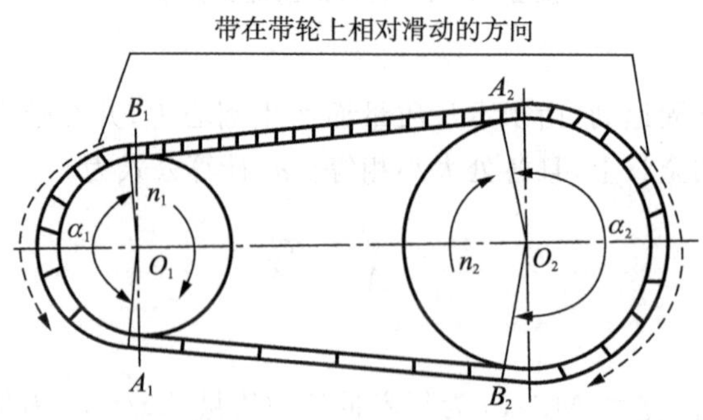

图 2－1－8　带的运动特性

在摩擦型带传动中，是通过弹性带的拉力差来传递载荷的，因而弹性滑动是带传动正常工作时固有的特性，是不可避免的。

由于弹性滑动的存在，导致从动轮的圆周速度 v_2 低于主动轮的圆周速度 v_1，即产生了速度损失，这种速度损失还随外载荷的变化而变化，这就使得带传动不能保证准确的传动比。通常以相对滑动率 ε 表示速度损失的程度

$$\varepsilon=\frac{v_1-v_2}{v_1}\times100\% \tag{2-1-8}$$

所以，带的传动比表示为

$$i_{12}=\frac{n_1}{n_2}=\frac{d_{d2}}{d_{d1}(1-\varepsilon)} \tag{2-1-9}$$

式中，d_{d1}、d_{d2} 为主、从带轮的基准直径，mm；n_1、n_2 为主、从带轮的转速，r/min。

2. 打滑

弹性滑动是带传动正常工作时固有的特性，但并不是全部接触弧上都发生弹性滑动。接触弧分为有相对滑动（滑动弧）和无相对滑动（静弧）两部分，随着载荷的增加，滑动弧逐渐变大而静弧逐渐减小，到静弧等于零时，即弹性滑动扩大到整个接触弧时，带传动的有效圆周力达到最大值，若载荷再进一步增大，则带和带轮间将发生打滑。当带传动出现打滑时，就不能正常工作，传动失效。所以带传动在正常工作中应该避免出现打滑，即所需传递的圆周力不能大于最大有效圆周力 F_{max}。打滑首先发生在小带轮上。

弹性滑动和打滑是既有区别又有联系的两种完全不同的物理现象。从现象上看，弹性滑动是带在带轮的局部接触弧面上发生的微量相对滑动；打滑则是带在带轮的全部接触弧上发生的显著相对滑动。从本质上看，弹性滑动是由于带本身的弹性和带传动两边的拉力差引起的，只要传递圆周力，两边就必须出现拉力差，故弹性滑动是不可以避免的。打滑是当带传递的工作载荷超过了带与带轮之间摩擦力的极限值时，带与带轮之间发生的剧烈相对滑动，故在工作中可以而且应该避免。打滑是弹性滑动从量变到质变的飞跃。在传动突然超载时，打滑可以起到过载保护作用，避免其他零件发生损坏，但应尽快采取措施克服，以免带磨损发热使带损坏。

四、V 带和带轮

1. 普通 V 带的结构、截面尺寸及标记

普通 V 带都制成无接头的环形，其横截面由顶胶、抗拉体、底胶和包布构成，如图 2-1-9 所示。

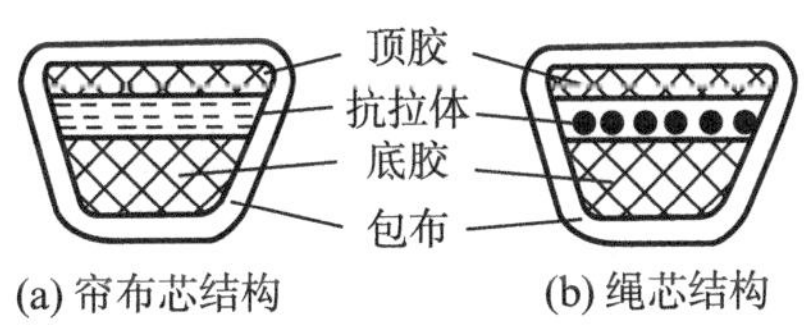

图 2-1-9　普通 V 带结构

抗拉体是承受载荷的主体，分为帘布芯结构和绳芯结构两种。帘布芯结构抗拉强度高，一般用途的 V 带多采用这种结构。绳芯结构比较柔软，弯曲疲劳强度较好，但拉伸强度低，常用于载荷不大、直径较小的带轮和转速较高的场合。

按国家标准 GB/T 11544—2012 规定，普通 V 带按截面尺寸大小分为 Y、Z、A、B、C、D、E 七种型号，见表 2-1-1。

表 2-1-1 普通 V 带截面基本尺寸

型号	Y	Z	A	B	C	D	E
b/mm	6	10	13	17	22	32	38
b_p/mm	5.3	8.5	11	14	19	27	32
h/mm	4	6	8	11	14	19	25
$\alpha=40°$							
q/(kg/m)	0.02	0.06	0.10	0.17	0.30	0.62	0.9

注：表中尺寸参数 b 为顶宽；b_p 为节宽；h 为高度；α 为楔角；q 为每米带的质量。

V 带在规定张紧力下弯绕在带轮上时外层受拉伸变长，内层受压缩变短，两层之间存在一长度不变的中性层，沿中性层形成的面称为节面，节面的宽度称为节宽 b_p，见表 2-1-1。节面的周长为带的基准长度 L_d，见表 2-1-2。V 带与带轮配合安装时，与节宽 b_p 相对应的带轮直径称为基准直径 d_d，如图 2-1-10 所示。

表 2-1-2 普通 V 带的基准长度系列及长度修正系数(摘自 GB/T 13575.1—2022)

基准长度 L_d/mm	长度修正系数 K_L						
	Y	Z	A	B	C	D	E
200	0.81						
240	0.82						
250	0.84						
280	0.87						
315	0.89						
355	0.92						
400	0.93	0.87					
450	1.00	0.89					
500	1.02	0.91					
560		0.94					
630		0.96	0.81				
710		0.99	0.83				
800		1.00	0.85				
900		1.03	0.87	0.82			
1 000		1.06	0.89	0.84			
1 120		1.08	0.91	0.86			
1 250		1.11	0.93	0.88			
1 400		1.14	0.96	0.90			

（续表）

基准长度 L_d/mm	长度修正系数 K_L						
	Y	Z	A	B	C	D	E
1 600		1.16	0.99	0.92	0.83		
1 800		1.18	1.01	0.95	0.86		
2 000			1.03	0.98	0.88		
2 240			1.06	1.00	0.91		
2 500			1.09	1.03	0.93		
2 800			1.11	1.05	0.95	0.83	
3 150			1.13	1.07	0.97	0.86	
3 550			1.17	1.09	0.99	0.89	
4 000			1.19	1.13	1.02	0.91	

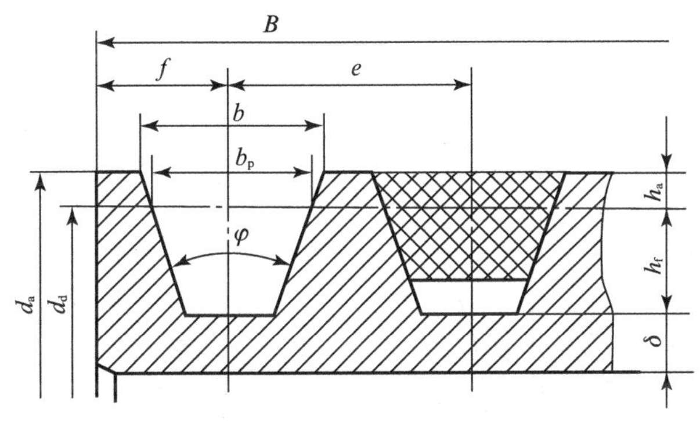

图 2－1－10　普通 V 带轮的轮槽尺寸

普通 V 带的标记型号为：截型 基准长度 标准号。例如：基准长度为 2 000 mm 的 B 型普通 V 带标记为“B－2000　GB/T 11544—2012”，带的标记压印在带的外表面上，以便使用识别。

2. 普通 V 带轮材料、结构设计及标记

带轮材料常采用灰铸铁、钢、铝合金或工程塑料，其中灰铸铁应用最广。当带速 $v<25$ m/s 时使用的牌号为 HT150；$v=25\sim30$ m/s 时使用的牌号为 HT200；速度更高的带轮，多采用钢或铝合金；传递小功率时可用铸铝或塑料，以减轻带轮重量。

带轮通常由三部分组成：轮缘（用以安装传动带）、轮毂（与轴连接）、轮辐或腹板（连接轮缘和轮毂）。根据轮辐结构不同，分为实心式、腹板式、孔板式、轮辐式，如图 2－1－11 所示。

① 实心轮用于尺寸较小的带轮：$d\leqslant(2.5\sim3)d_S$（d 为带轮基准直径，d_S 为带轮轴孔直径）或 $d<150$ mm，带轮结构为 S 型实心式，如图 2－1－11a 所示。

② 腹板轮用于中小尺寸的带轮：150 mm$\leqslant d\leqslant$450 mm，带轮结构为 P 型腹板式，如图 2－1－11b 所示。

③ 孔板轮用于尺寸较大的带轮：$(d_r-d_h)\geqslant100$ mm，带轮结构为 H 型孔板式，如图 2－1－11c 所示。

④ 椭圆轮辐轮用于尺寸大的带轮：$d>450$ mm，带轮结构为 E 型轮辐式，如图 2-1-11d 所示。

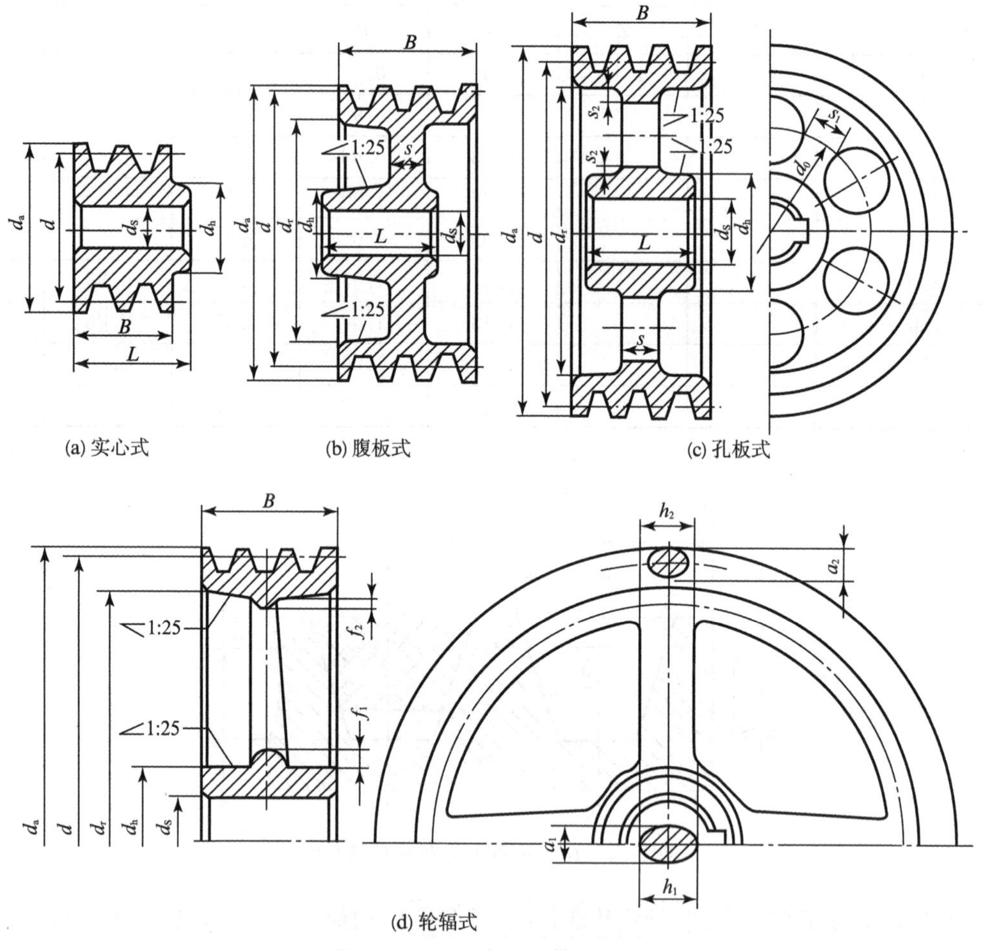

图 2-1-11 普通 V 带轮结构

图中带轮相关结构尺寸的计算和确定可查相关机械零件设计手册

带轮结构设计包括：选择带轮的材料；根据带轮的基准直径选择带轮结构类型；根据 V 带的型号确定轮槽尺寸；根据经验公式(可查相关机械零件设计手册)确定结构尺寸；画出带轮设计图等。

带轮的标记格式为：[名称] [带轮槽型] [轮槽数×基准直径] [带轮结构型式代号] [标准编号]。例如：带轮 B3×280P-Ⅱ GB/T 10412—2002，含义为：B 型槽、3 轮槽、基准直径 280 mm、P-Ⅱ 型腹板式 V 带轮。

五、带传动的设计*

带传动的设计主要内容有：① 确定 V 带的型号、长度和根数；② 计算中心距；③ 设计带轮基准直径及结构尺寸。

1. 设计准则

由于带传动的主要失效形式是打滑和疲劳破坏，因此带传动的设计准则是：在保证带传动不打滑的条件下，使V带具有一定的疲劳强度和寿命。

2. 普通V带的设计方法与步骤

(1) 确定计算功率 P_c

计算功率 P_c 是根据传递的功率 P，并考虑到载荷性质和每天运转时间长短等因素的影响而确定的。即

$$P_c = K_A P \tag{2-1-10}$$

式中，P 为传递的额定功率（例如电动机的额定功率），kW；K_A 为工作情况系数，见表2-1-3。

表2-1-3　工作情况系数 K_A

载荷性质	工作机	空、轻载启动①			重载启动②		
		每天工作小时数/h			每天工作小时数/h		
		＜10	10～16	＞16	＜10	10～16	＞16
载荷变动最小	液体搅拌机、通风机和鼓风机（≤7.5 kW）、离心式水泵和压缩机、轻负荷输送机	1.0	1.1	1.2	1.1	1.2	1.3
载荷变动小	带式输送机（不均匀负荷）、通风机（＞7.5 kW）、旋转式水泵和压缩机（非离心式）、发电机、金属切削机床、印刷机、旋转筛、锯木机和木工机械	1.1	1.2	1.3	1.2	1.3	1.4
载荷变动较大	制砖机、斗式提升机、往复式水泵和压缩机、起重机、磨粉机、冲剪机床、橡胶机械、振动筛、纺织机械、重载输送机	1.2	1.3	1.4	1.4	1.5	1.6
载荷变动很大	破碎机（旋转式、颚式等）、磨碎机（球磨、棒磨、管磨）	1.3	1.4	1.5	1.5	1.6	1.8

① 空、轻载启动—电动机（交流启动、三角启动、直流并励）、四缸以上的内燃机、装有离心式离合器、液力联轴器的动力机；
② 重载启动—电动机（联机交流启动、直流复励或串励）、四缸以下的内燃机。

(2) 选择带型

根据计算功率 P_c 和小带轮转速 n_1，按普通V带选型图选择普通V带的型号，如图2-1-12所示。

(3) 确定大小带轮的基准直径 d_{d1} 和 d_{d2}

① 选取小带轮的基准直径 d_{d1}。

根据带型及 d_{dmin} 确定小带轮基准直径 d_{d1}，小带轮直径应符合标准系列，见表2-1-4。为了提高V带的疲劳寿命，应注意小带轮的直径不要选得过小，一般取 $d_{d1} \geqslant d_{dmin}$，若过小，则带的弯曲会因应力太大而导致带的寿命降低；反之，则带传动的外廓尺寸增大。

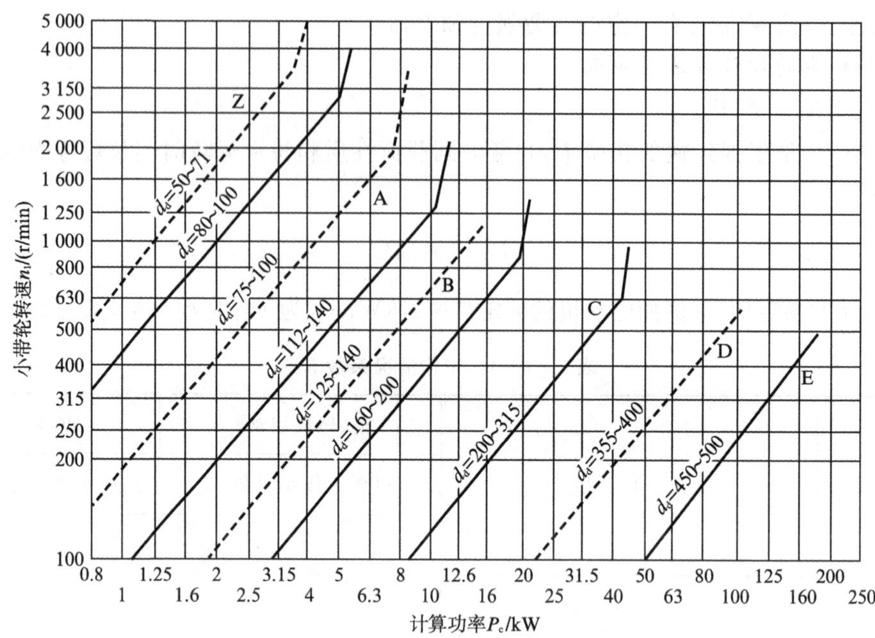

图 2-1-12　普通 V 带选型图(摘自 GB/T 13575.1—2022)

表 2-1-4　普通 V 带轮的最小基准直径及带轮基准直径系列(摘自 GB/T 10412—2002)

(单位：mm)

带型	Y	Z	A	B	C	D	E
d_{dmin}	20	50	75	125	200	355	500
推荐直径	≥28	≥71	≥100	≥140	≥200	≥355	≥500
常用 V 带轮基准直径系列		50，56，63，71，80，90，100，112，125，140，150，160，180，200，224，250，280，315，355，400，500	75，80，90，100，112，125，140，150，160，180，200，224，250，280，315，355，400，450，500，560	125，140，150，160，180，200，224，250，280，315，355，400，450，500，560，630，710，800	200，210，224，236，250，280，300，355，400，450，500，560，600，630，710，750，800，900，1 000		

② 选取大带轮基准直径 d_{d2}。

d_{d2} 按 $d_{d2}=id_{d1}$ 计算，并圆整为系列值(仅当传动比要求较精确时，才会考虑相对滑动率 ε)。

(4) 验算带的速度 v

带速验算公式为

$$v=\frac{\pi d_{d1}n_1}{60\times 1\ 000} \tag{2-1-11}$$

带速太高，则离心力大，带与带轮之间的正压力减小，从而减小带轮的摩擦，传动能力下降，传动中容易出现打滑现象，同时又降低了带的疲劳强度；带速太低，则传递的圆周力增大，降低带的寿命，从而使带的根数增多。一般应选择 $v=5\sim25$ m/s 为宜，当 $v=10\sim20$ m/s 时为最佳。设计时合理选取小带轮的基准直径 d_{d1}，使带速 v 在规定的范围内。

(5) 确定中心距 a 和 V 带基准长度 L_d

① 初定中心距 a_0 和带长 L_0。

中心距小则结构紧凑，但会使小带轮上包角减小，降低带传动的工作能力，同时由于中心距小，V 带的长度短，在一定速度下，单位时间内的应力循环次数增多，导致使用寿命降低，所以中心距不宜取得太小。但也不宜太大，太大除有相应的利弊外，速度较高时还易引起带的颤动。

对于 V 带传动一般可取

$$0.7(d_{d1}+d_{d2})\leqslant a_0\leqslant 2(d_{d1}+d_{d2}) \tag{2-1-12}$$

初选 a_0 后，V 带初算的基准长度 L_0 可根据式(2-1-13)计算。

$$L_0\approx 2a_0+\frac{\pi}{2}(d_{d1}+d_{d2})+\frac{(d_{d2}-d_{d1})^2}{4a_0} \tag{2-1-13}$$

② 确定中心距 a 和 V 带基准长度 L_d。

根据 V 带基准长度计算值 L_0，查表 2-1-2 选定带的基准长度 L_d，而传动的实际中心距 α 可按式(2-1-14)计算。

$$a=a_0+\frac{L_d-L_0}{2} \tag{2-1-14}$$

考虑安装、调整和补偿张紧力的需要，中心距应有一定的调节范围，即

$$\left.\begin{aligned}a_{\min}&=a-0.015L_d\\a_{\max}&=a+0.03\,L_d\end{aligned}\right\} \tag{2-1-15}$$

(6) 验算小带轮上的包角 α_1

小带轮上的包角 α_1 与传动比 i 有关，i 愈大，$(d_{d2}-d_{d1})$ 差值愈大，则 α_1 愈小。为使带传动有一定的工作能力，一般要求 $a_1\geqslant 120°$，传动比 i 小于 4。包角若过小，带轮和带接触面变小，摩擦力减小，容易发生打滑现象。当 $a_1<120°$ 时，可通过增大中心距、控制传动比或加张紧轮等措施进行改进。小带轮上的包角 α_1 按下式验算

$$\alpha_1=180°-\frac{d_{d2}-d_{d1}}{a}\times 57.3°\geqslant 120° \tag{2-1-16}$$

(7) 确定 V 带根数 z

根据计算功率 P_c，V 带根数 z 由下式确定

$$z\geqslant\frac{P_c}{[P_0]}=\frac{P_c}{(P_0+\Delta P)K_\alpha K_L} \tag{2-1-17}$$

式中　P_0——单根 V 带在保证不打滑并具有一定寿命时所能传递的功率，见表 2-1-5(表中只列出 A 型 V 带的功率，其他型号的 V 带见 GB/T 13575.1—2008)；

ΔP——功率增量(传动比 $i\neq 1$ 时，带在大带轮上的弯曲应力较小从而使 P_0 值有所提高)，见表 2-1-5；

K_α——包角系数(考虑不同包角对传动能力的影响)，见表 2-1-6；

K_L——长度系数(考虑不同带长对传动能力的影响)，见表 2-1-2。

表 2-1-5 A 型 V 带的额定功率(摘自 GB/T 13575.1—2022)

小带轮转速 n_1/(r/min)	小带轮基准直径 d_{d1}/mm								传动比 i									
	75	80	90	100	112	125	140	160	1.00～1.01	1.02～1.04	1.05～1.08	1.09～1.12	1.13～1.18	1.19～1.24	1.25～1.34	1.35～1.51	1.52～1.99	≥2
	单根 V 带基本额定功率 P_0/kW								传动比不等于 1 时额定功率的增量 ΔP/kW									
200	0.16	0.18	0.22	0.26	0.31	0.37	0.43	0.51	0.00	0.00	0.01	0.01	0.01	0.01	0.02	0.02	0.02	0.03
400	0.27	0.31	0.39	0.47	0.56	0.67	0.78	0.94	0.00	0.01	0.01	0.02	0.02	0.03	0.03	0.04	0.04	0.05
730	0.42	0.49	0.63	0.77	0.93	1.11	1.31	1.56	0.00	0.01	0.02	0.03	0.04	0.05	0.06	0.07	0.08	0.09
800	0.45	0.52	0.68	0.83	1.00	1.19	1.41	1.69	0.00	0.01	0.02	0.03	0.04	0.05	0.06	0.08	0.09	0.10
980	0.52	0.61	0.79	0.97	1.18	1.40	1.66	2.00	0.00	0.01	0.03	0.04	0.05	0.06	0.07	0.08	0.10	0.11
1 200	0.60	0.71	0.93	1.14	1.39	1.66	1.96	2.36	0.00	0.02	0.03	0.05	0.07	0.08	0.10	0.11	0.13	0.15
1 460	0.68	0.81	1.07	1.32	1.62	1.93	2.29	2.74	0.00	0.02	0.04	0.06	0.08	0.09	0.11	0.13	0.15	0.17
1 600	0.73	0.87	1.15	1.42	1.74	2.07	2.45	2.94	0.00	0.02	0.04	0.06	0.09	0.11	0.13	0.15	0.17	0.19
2 000	0.84	1.01	1.34	1.66	2.04	2.44	2.87	3.42	0.00	0.03	0.06	0.08	0.11	0.13	0.16	0.19	0.22	0.24
2 400	0.92	1.12	1.50	1.87	2.30	2.74	3.22	3.80	0.00	0.03	0.07	0.10	0.13	0.16	0.19	0.23	0.26	0.29
2 800	1.00	1.22	1.64	2.05	2.51	2.98	3.48	4.06	0.00	0.04	0.08	0.11	0.15	0.19	0.23	0.26	0.30	0.34
3 200	1.04	1.29	1.75	2.19	2.68	3.16	3.65	4.19	0.00	0.04	0.09	0.13	0.17	0.22	0.26	0.30	0.34	0.39
3 600	1.08	1.34	1.83	2.28	2.78	3.26	3.72	4.17	0.00	0.05	0.10	0.15	0.19	0.24	0.29	0.34	0.39	0.44
4 000	1.09	1.37	1.87	2.34	2.83	3.28	3.67	3.98	0.00	0.05	0.11	0.16	0.22	0.27	0.32	0.38	0.43	0.48
4 500	1.07	1.36	1.88	2.33	2.79	3.17	3.44	3.48	0.00	0.06	0.12	0.18	0.24	0.30	0.36	0.42	0.48	0.54
5 000	1.02	1.31	1.82	2.25	2.64	2.91	2.99	2.67	0.00	0.07	0.14	0.20	0.27	0.34	0.40	0.47	0.54	0.60
5 500	0.96	1.21	1.70	2.07	2.37	2.48	2.31	1.51	0.00	0.08	0.15	0.23	0.30	0.38	0.46	0.53	0.60	0.68
6 000	0.80	1.06	1.50	1.80	1.96	1.87	1.37	—	0.00	0.08	0.16	0.24	0.32	0.40	0.49	0.57	0.65	0.73

表 2-1-6 小带轮的包角系数 K_α

包角 α_1	180°	175°	170°	165°	160°	155°	150°	145°	140°	135°	130°	125°	120°	110°	100°	90°
K_α	1.00	0.99	0.98	0.96	0.95	0.93	0.92	0.91	0.89	0.88	0.86	0.84	0.82	0.78	0.74	0.69

注：为使每根 V 带受力比较均匀，所以根数不宜太多，通常应小于 4～5 根，A、B 型一般小于 4 根，否则应改选 V 带型号，重新设计。

(8) 普通 V 带轮的轮槽尺寸

普通 V 带轮的轮槽尺寸见表 2-1-7。

表 2-1-7　普通 V 带轮的轮槽尺寸(摘自 GB/T 10412—2022)　　(单位：mm)

项　目	符号	槽型						
		Y	Z	A	B	C	D	E
基准宽度	b_p	5.3	8.5	11.0	14.0	19.0	27.0	32.0
基准线上槽深	h_a	1.6	2.0	2.75	3.5	4.8	8.1	9.6
基准线下槽深	h_{fmin}	4.7	7.0	8.7	10.8	14.3	19.9	23.4
槽间距	e	8±0.3	12±0.3	15±0.3	19±0.4	25.5±0.5	37±0.6	44.5±0.7
第一槽对称面至端面的距离	f	7±1	8±1	10^{+2}_{-1}	12.5^{+2}_{-1}	17^{+2}_{-1}	23^{+3}_{-1}	29^{+4}_{-1}
最小轮缘厚	δ_{min}	5	5.5	6	7.5	10	12	15
带轮宽	B	$B=(z-1)e+2f$　z—轮槽数						
外径	d_a	$d_a=d_d+2h_a$						

(9) 确定单根 V 带的初拉力 F_0

初拉力 F_0 若过小，则带易在带轮上打滑，而若 F_0 过大，则轴承及轴受力较大。F_0 可由下式确定

$$F_0 = 500 \times \frac{P_c(2.5 - K_\alpha)}{K_\alpha z v} + qv^2 \qquad (2-1-18)$$

式中，P_c 为计算功率，kW；K_α 为包角系数(表 2-1-6)；z 为带根数；q 为每米带长的质量，kg/m(表 2-1-1)，v 为带速，m/s。

(10) 计算带对轴的压力 F_Q

为了进行轴和轴承的计算，须求出 V 带对轴的压力 F_Q，它等于 V 带紧边拉力 zF_1 与松边拉力 zF_2 的合力，如图 2-1-13 所示。

若不考虑两边的拉力差，可近似地按两边均为 zF_0 计算

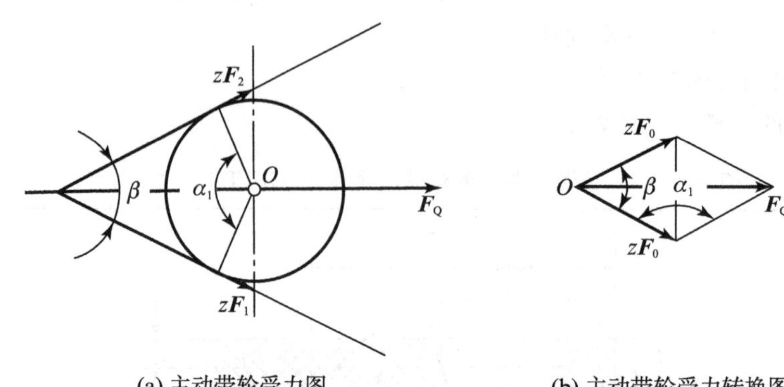

(a) 主动带轮受力图　　(b) 主动带轮受力转换图

图 2-1-13　带作用在轴上的压力

$$F_Q \approx 2zF_0\cos\frac{\beta}{2} = 2zF_0\sin\frac{\alpha_1}{2} \tag{2-1-19}$$

式中，F_0 为带传动初拉力，N；z 为带根数；α_1 为小带轮包角。

(11) 带轮的结构设计

根据带轮的基准直径选择带轮结构类型(S 型实心式、P 型腹板式、H 型孔板式、E 型轮辐式)；根据 V 带的截面型号、V 带根数、带轮基准直径等确定轮槽尺寸(如：轮缘宽 B、轮毂长 L，见表 2-1-7 及 GB/T 10412—2002)；根据结构尺寸经验公式(可查相关机械零件设计手册)确定其他结构尺寸；画出带轮设计图等。

【任务分析】

完成输送机带传动的设计任务，首先要对输送机传动装置进行总体分析，明确带传动在传动装置中的作用，掌握带传动的特点及应用，根据带式输送机的工作状况及选用的电动机型号和设计要求等进行设计。完成对 V 带传动的设计，需要掌握 V 带的结构、类型、基准长度和 V 带轮的材料、结构，合理选择 V 带传动的几何参数，根据所传递功率的大小，确定 V 带根数，验算 V 带带速和小带轮的包角，并计算作用在轴上的载荷，最后绘制大、小带轮设计图。

【任务实施】

根据任务描述的要求及相关知识的准备，本任务带传动的设计步骤如下。

(1) 确定计算功率 P_c

根据带式输送机传动装置设计要求，选择型号为 Y132S1-2 的三相异步电动机。Y132S1-2 型三相异步电动机功率 $P_{ed}=5.5$ kW、转速 $n=2\ 900$ r/min。已知运输装置工作时有轻度冲击，每天工作 10～16 h，查表 2-1-3 得 $K_A=1.2$，所以 $P_c=K_AP_{ed}=1.2\times5.5$ kW$=6.6$ kW(实际设计时，按电动机的输出功率 P_d 计算 P_c，其中 $P_{ed}\geqslant P_d$)。

(2) 选择带型

根据计算功率 P_c 和小带轮转速 n_1(电动机转速 n 等于小带轮转速 n_1，实际设计时，按电动机的满载转速 n_m 查表，其中 $n>n_m$)，查图 2-1-12，选择普通 V 带的型号为 A 型。

(3) 确定大小带轮的基准直径 d_{d1} 和 d_{d2}

① 选取小带轮的基准直径 d_{d1}。

根据带型 A 及 d_{dmin}，由图 2-1-12 和表 2-1-4，选取小带轮基准直径 $d_{d1}=125$ mm。

② 选取大带轮基准直径 d_{d2}。

本任务中传动比要求一般，d_{d2} 按 $d_{d2}=i_{12}d_{d1}$ 计算，带传动传动比 $i_{12}=\frac{n_1}{n_2}=\frac{2\,900}{1\,450}=2$，把 $i_{12}=2$、$d_{d1}=125$ mm 代入计算得：$d_{d2}=i_{12}d_{d1}=2\times125$ mm$=250$ mm，查表 2-1-4，可知 $d_{d2}=250$ mm，符合带轮基准直径系列。

(4) 验算带的速度 v

由式(2-1-11)式得：$v=\frac{\pi d_{d1}n_1}{60\times1\,000}=\frac{\pi\times125\times2\,900}{60\times1\,000}\text{m/s}=18.97\text{ m/s}$，故带速合适。

(5) 确定中心距 a 和 V 带基准长度 L_d

① 初定中心距 a_0 和带长 L_0。

由式(2-1-12)初定中心距 a_0。

代入数值计算：$0.7\times(125+250)\leqslant a_0\leqslant2\times(125+250)$，得：$262.5\leqslant a_0\leqslant750$。

初步确定中心距 $a_0=600$ mm。

初选 a_0 后，由式(2-1-13)计算 L_0

$$L_0=\left[2\times600+\frac{\pi}{2}(125+250)+\frac{(250-125)^2}{4\times600}\right]\text{mm}=1\,795\text{ mm}$$

② 确定中心距 a 和 V 带基准长度 L_d。

根据 $L_0=1\,795$ mm，查表 2-1-2 可得 $L_d=1\,800$ mm。

由式(2-1-14)计算带的实际中心距

$$a=\left(600+\frac{1\,800-1\,795}{2}\right)\text{mm}=602.5\text{ mm}$$

由式(2-1-15)得中心距的变动范围

$$a_{min}=a-0.015L_d=(602.5-0.015\times1\,800)\text{ mm}=575.5\text{ mm}$$
$$a_{max}=a+0.03L_d=(602.5+0.03\times1\,800)\text{ mm}=656.5\text{ mm}$$

(6) 验算小带轮上的包角 α_1

由式(2-1-16)验算

$$\alpha_1=180^\circ-\frac{250-125}{602.5}\times57.3^\circ=168^\circ\geqslant120^\circ\text{，合适。}$$

(7) 确定 V 带根数 z

查表 2-1-5 得 $P_0=2.98$ kW，$\Delta P=0.34$ kW；查表 2-1-6 得 $K_\alpha=0.98$；查表 2-1-2 得 $K_L=1.01$。将各系数代入式(2-1-17)

$$z\geqslant\frac{P_c}{(P_0+\Delta P)K_\alpha K_L}=\frac{6.6}{(2.98+0.34)\times0.98\times1.01}=2.008$$

取 $z=3$ 根。

(8) 确定单根 V 带的初拉力 F_0

由上述查表及计算结果得 $P_c=6.6$ kW，$K_\alpha=0.98$，$z=3$，$v=18.97$ m/s；查表 2-1-1 得 $q=0.1$ kg/m。将各值代入式(2-1-18)得

$$F_0=500\times\frac{P_c(2.5-K_\alpha)}{K_\alpha zv}+qv^2=\left[500\times\frac{6.6\times(2.5-0.98)}{0.98\times3\times18.97}+0.1\times18.97^2\right]\text{N}=125.9\text{ N}$$

(9) 计算带对轴的压力 F_Q

将 $F_0=125.9$ N，$z=3$，$\alpha_1=168°$代入(2-1-19)得

$$F_Q\approx2zF_0\sin\frac{\alpha_1}{2}=2\times3\times125.9\times\sin\left(\frac{168°}{2}\right)\text{N}=751.2\text{ N}$$

(10) 普通 V 带轮材料选择与结构设计

① 选择带轮材料。

因为带速为 $v=18.97$ m/s，小于 25 m/s，所以大、小带轮材料均选择 HT150。

② 根据带轮基准直径 d_d 选择带轮结构类型。

因为 $d_{d1}=125$ mm、$d_{d2}=250$ mm，因此小带轮选用图 2-1-11a 所示 S 型实心式结构、大带轮选用图 2-1-11b 所示 P 型腹板式结构。

③ 确定带轮几何尺寸。

因为 V 带型号为 A 型，查表 2-1-7 可知

$$b_p=11\text{ mm};h_a=2.75\text{ mm};h_{f\min}=8.7\text{ mm}(\text{取 }h_f=9.5\text{ mm});$$
$$f=10\text{ mm};e=15\text{ mm};\delta_{\min}=6\text{ mm}(\text{取 }\delta=7\text{ mm});$$
$$B=(z-1)e+2f=((3-1)\times15+2\times10)\text{mm}=50\text{ mm}。$$

由 Y132S1-2 三相异步电动机查相关手册可知：轴伸直径 $D=38$ mm，轴伸长度 $E=80$ mm。故小带轮孔径 $d_0=38$ mm。

小带轮外径 $d_a=d_d+2h_a=(125+2\times2.75)\text{mm}=130.5$ mm。

小带轮轮毂直径 $d_1=(1.8\sim2)d_0=(1.8\sim2)\times38\text{ mm}=(68.4\sim76)\text{mm}$，取 70 mm(查相关机械零件设计手册)。

小带轮轮毂长度 $L=(1.5\sim2)d_0=(1.5\sim2)\times38\text{ mm}=(57\sim76)\text{mm}$，取 70 mm(查相关机械零件设计手册)。

由输入轴结构尺寸可知：与大带轮配合的轴径为 32 mm(参见项目四任务 2)。故大带轮孔径 $d_0=32$ mm。

大带轮外径 $d_a=d_d+2h_a=(250+2\times2.75)\text{mm}=255.5$ mm。

大带轮轮毂直径 $d_1=(1.8\sim2)d_0=(1.8\sim2)\times32\text{ mm}=(57.6\sim64)\text{mm}$，取 60 mm。

大带轮轮毂长度 $L=(1.5\sim2)d_0=(1.5\sim2)\times32\text{ mm}=(48\sim64)\text{mm}$，取 55 mm。

辐板厚度 $S=(0.2\sim0.3)B=(0.2\sim0.3)\times50\text{ mm}=(10\sim15)\text{mm}$，取 14 mm。

大小带轮与轴连接键型号为键 C10×8(查电动机手册及参见项目三任务 3)，查相关标准或机械设计手册可知大小带轮轮毂键槽深度同为 $t_2=3.3$ mm。

④ 绘制带轮零件设计图(图 2－1－14～图 2－1－15)。

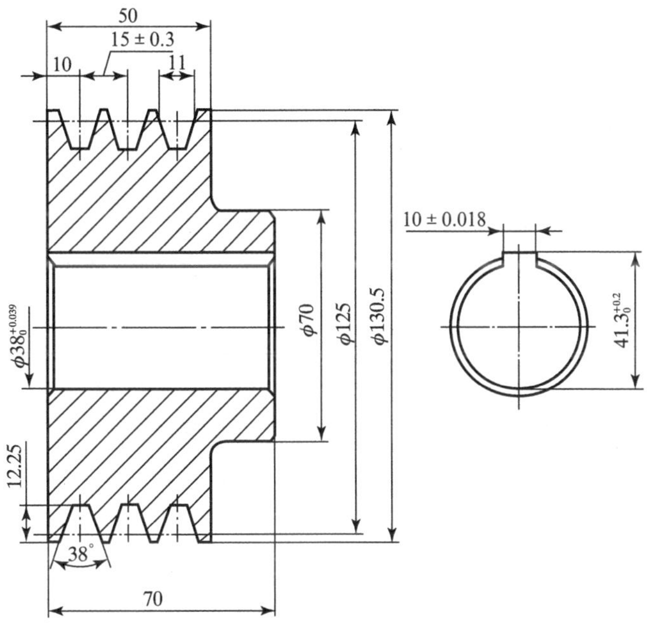

图 2－1－14　小带轮设计图

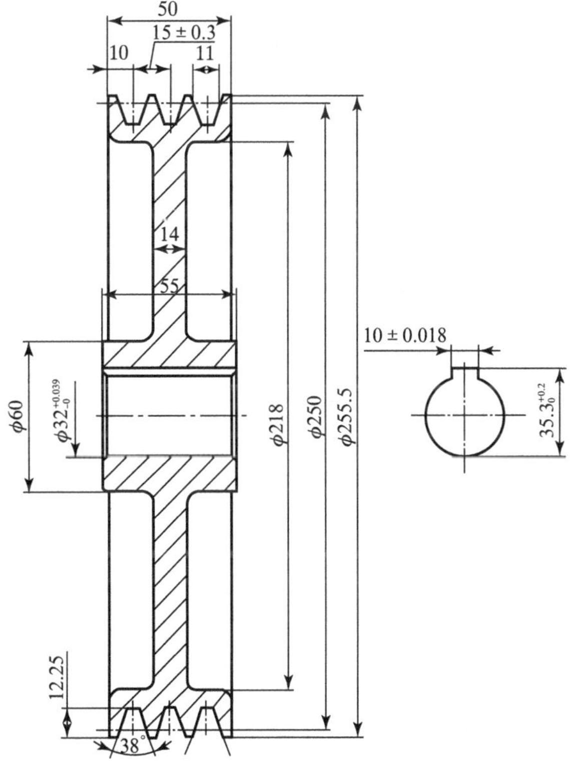

图 2－1－15　大带轮设计图

【任务总结】

本任务分析了带传动的工作原理、特点和应用、维护方法、带传动的设计方法。帮助学生在真实的设计工作中掌握带传动设计与选用的知识和技能，通过对带传动设计过程的思考，培养学生的创新思维能力。

（1）带传动的类型和特点：带传动类型分为摩擦型带传动和啮合型带传动。摩擦型带传动按带的横截面形状还可分为平带、V带、多楔带和圆形带传动。带传动的特点是结构简单，制造、安装和维护较方便，成本低廉；适用于两轴中心距较大的场合；能缓冲吸振，传动平稳，噪声小；具有过载保护作用；传动比 i 不准确，传动效率较低。

（2）带传动的工作情况分析：① 带的传动能力与带的初拉力 F_0、小带轮包角 α 有关。适当增大 F_0、α 可提高带的传动能力；② 带传动工作时横截面上产生拉应力、离心拉应力和弯曲应力，带在变应力作用下，会产生疲劳破坏；③ 弹性滑动和打滑现象：弹性滑动和打滑现象是两个不同的概念，弹性滑动是因带两边所受到的拉力差使带两边的弹性变形不等造成的，是带传动正常工作时不可避免的固有特性，不影响带的正常工作；打滑是因过载所致，使传动失效，同时也加剧了带的磨损，应尽量避免。

（3）带传动的设计步骤：① 确定计算功率；② 选择V带型号；③ 确定大小带轮基准直径；④ 确定带的基准长度和中心距；⑤ 确定带的根数；⑥ 验算小带轮上的包角；⑦ 确定V带根数；⑧ 确定单根V带的初拉力；⑨ 计算带对轴的压力；⑩ 带轮材料选择与结构设计，并绘制带轮设计图。

（4）带传动的张紧、安装和维护。

【知识拓展】

内力与应力

1. 内力的概念

构件工作时承受的载荷、自重和约束力都称为构件上的外力。构件在外力作用下产生变形，即构件内部材料微粒之间的相对位置发生了改变，它们相互之间的作用力也发生了变化。这种由外力作用而引起的构件内部的相互作用力，称为内力。

构件横截面上的内力随外力和变形的增加而增大，但内力的增大是有限的，若超过某一限度，构件就不能正常工作甚至被破坏。为了保证构件在外力作用下安全可靠地工作，必须弄清其内力的分布规律，因此对各种基本变形的研究都是首先从内力分析着手的。

2. 截面法

分析各类杆件发生基本变形时的横截面上的内力通常采用截面法，截面法的步骤如下：

（1）截：沿欲求内力的截面处，假想地用一个截面把构件截为两段。

（2）取：任取右段或左段为研究对象，一般取受力情况较简单的部分。

（3）代：在截面上用内力代替弃去部分对所取部分的作用。

（4）列：列平衡方程：$\sum F=0$，求出截面上内力的大小。

截面法是求内力最基本的方法。必须注意的是，应用截面法求内力，截面不能选在外力作用点处的截面上。

3. 轴力与轴力图

一受拉杆力学模型如图 2-1-16a 所示，杆件受外力 $\boldsymbol{F}$ 作用，为了确定其 $m—m$ 截面上的内力，可用截面 $m—m$ 将杆假想地截开，任意地取左段为研究对象，画出分离体的受力图，用分布内力的合力 $\boldsymbol{F}_N$ 来代替右段对左段的作用，如图 2-1-16b 所示。由于 $\boldsymbol{F}_N$ 与 $\boldsymbol{F}_N'$ 是一对作用力与反作用力，它们必等值、反向和共线，并分别作用在左段和右段上，所以都表示 $m—m$ 截面上的内力，如图 2-1-16c 所示。因外力 F 沿轴线作用，故 $\boldsymbol{F}_N$ 也必在轴线重合，因此称其为轴力。拉杆的轴力 $\boldsymbol{F}_N$ 的方向与横截面的外法线方向一致，规定为正；压杆的轴力 $\boldsymbol{F}_N'$ 指向截面，规定为负。通常未知轴力均按正向假设。

从截面法求轴力可以看出：两外力作用点之间各个横截面上的轴力都相等。为了能够形象直观地表示出各横截面轴力大小的分布情况，用平行于杆件轴线的坐标表示各横截面的位置，用垂直于杆件轴线的坐标表示横截面上轴力的大小，给出轴力 $\boldsymbol{F}_N$ 随截面坐标 x 的变化曲线，称为轴力图，如图 2-1-16d 所示。

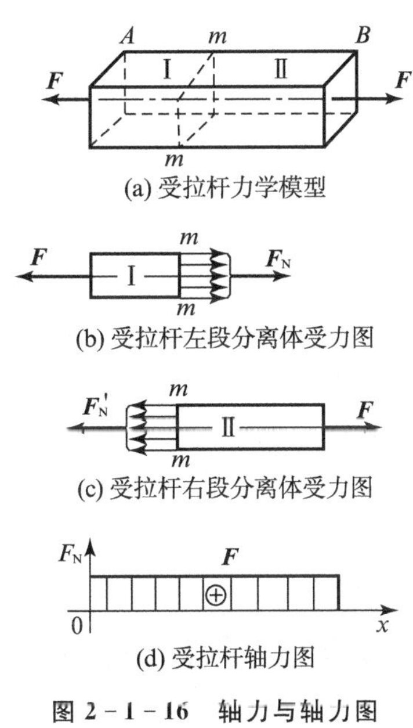

图 2-1-16　轴力与轴力图

4. 拉(压)杆横截面上的应力

确定了轴力以后，还不能解决杆件的强度问题。例如，用同一材料制成的横截面积不同的两杆，在相同的拉力作用下，虽然两杆横截面上的轴力相同，但随着拉力的增大，横截面积小的杆件必然先被拉断。这说明杆的强度不仅与轴力的大小有关，还与横截面积的大小有关，即取决于内力在横截面上分布的密集程度。所以把内力在截面上的密集程度称为应力。其中：垂直于截面的应力称为正应力，以 σ 表示；平行于截面的应力称为切应力，以 τ 表示。应力的单位是 Pa(帕)，$1\ \text{Pa}=1\ \text{N/m}^2$。在工程实际中，常用 MPa(兆帕)和 GPa(吉帕)，其关系为 $1\ \text{MPa}=1\ \text{N/mm}^2=10^6\ \text{Pa}$，$1\ \text{GPa}=10^9\ \text{Pa}$。

通过实验可知，杆件在变形过程中横截面始终保持为平面。材料沿轴向产生的伸长量相同，由于材料是均匀连续的，横截面上各点处纵向纤维的变形相同，受力也相同（即轴力在截面上是均匀分布的），且方向垂直于横截面（即杆件横截面只有正应力 σ，且正应力在横截面上均匀分布），其计算式为

$$\sigma = \frac{F_N}{A}$$

式中，F_N 为横截面上的轴力，N；A 为杆横截面面积，m^2。

【思考与练习】

1. 普通 V 带的横截面形状有几类？
2. 打滑首先发生在哪个带轮上？为什么？
3. 当小带轮为主动轮时，最大应力发生在何处？
4. 带传动的带速、中心距过大或过小对传动有何不利？一般取为多少？
5. 影响带传动传动能力的参数主要有哪些？
6. 带传动的主要失效形式是什么？
7. 带传动的初拉力对工作任务有何影响？紧边拉力和松边拉力的大小取决于什么？它们之间有何关系？
8. 已知 V 带传递的实际功率 $P=7$ kW，带速 $v=10$ m/s，紧边拉力是松边拉力的 2 倍，试求有效圆周力和紧边拉力 F_1 的值。
9. 某个带式输送机采用普通 V 带传动，每天工作小于 10 小时，主动轴转速 $n_1=1\ 480$ r/min，从动轴转速 $n_2=600$ r/min，传递的最大功率 $P=1.5$ kW。求带轮基准直径 d_1、d_2，带基准长度 L_d 和初拉力 F_0。
10. 设计一破碎机装置用普通 V 带传动。已知电动机型号为 Y132S－4，电动机额定功率 $P_{ed}=5.5$ kW，转速 $n_1=1\ 400$ r/min，传动比 $i=2$，两班制工作，希望中心距不超过 600 mm。要求绘制大带轮的设计图（该轮轴孔直径 $d=35$ mm）。

任务 2　输送机减速器齿轮传动的设计

【任务描述】

齿轮减速器是机械行业常用的机械传动装置，它能将原动机高速、低转矩通过几级齿轮传动变为低速、高转矩传递给工作机，满足工作机的工作要求。齿轮减速器由上下箱体、主要传动零件齿轮、轴、滚动轴承等组成，图 2－2－1 所示为带式输送机二级齿轮减速器。

已知：中间轴 5 输入功率 $P_2=4.87$ kW，转速 $n_2=315.2$ r/min，第二级齿轮传动比 $i_{23}=3.5$；运转载荷平稳，空载起动；单向连续运行，试设计此减速器第二级齿轮传动，并绘制齿轮设计图。

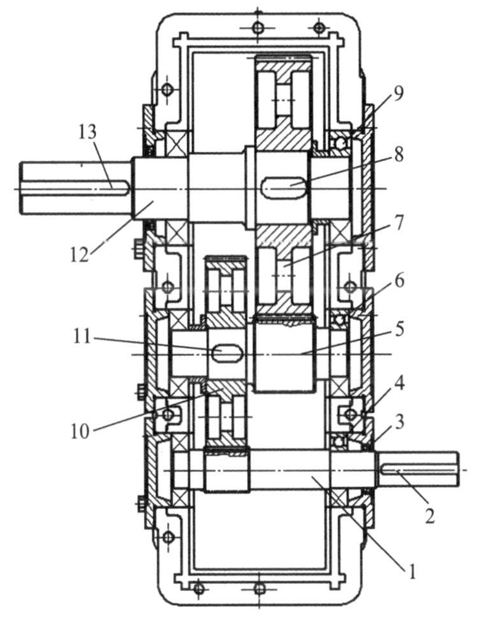

(a) 结构图

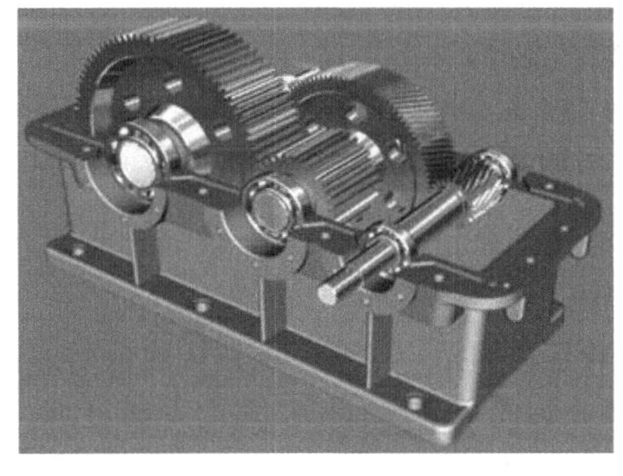

(b) 立体图

图 2-2-1 带式输送机二级齿轮减速器

1—输入轴;2、8、11、13—平键;3—毡圈油封;4、6、9—滚动轴承;
5—中间轴;7—大齿轮;10—小齿轮;12—输出轴

【任务目标】

【知识】

◎ 齿轮传动的特点、类型及其应用场合。

◎ 渐开线标准直齿圆柱齿轮基本参数与几何尺寸的计算。

◎ 渐开线标准直齿圆柱齿轮的啮合传动特性、正确啮合与连续传动的条件。

◎ 标准直齿圆柱齿轮传动的失效形式。

◎ 标准直齿圆柱齿轮常用的材料及其选用方法。

◎ 标准直齿圆柱齿轮传动的强度计算。

◎ 标准直齿圆柱齿轮传动设计参数的选择。

◎ 标准直齿圆柱齿轮的结构类型和选用方法。

◎ 标准直齿圆柱齿轮传动的设计方法与步骤。

◎ 齿轮传动装置的润滑。

【技能】

◎ 掌握齿轮传动的类型、标准直齿圆柱齿轮基本参数及几何尺寸的计算方法。

◎ 掌握标准直齿圆柱齿轮传动的失效形式及设计准则。

◎ 掌握闭式齿轮传动设计强度设计公式的使用方法,正确计算小齿轮模数与分度圆直径。

◎ 能够根据齿轮传动工作情况,正确选定齿轮材料及热处理工艺。

◎ 能够正确选择标准直齿圆柱齿轮的基本参数。

◎ 能够根据设计计算出的齿轮分度圆直径大小，选用合适的齿轮结构类型。

◎ 掌握标准直齿圆柱齿轮的设计方法与计算步骤。

◎ 了解齿轮传动有关标准，熟练运用（查选）齿轮传动设计时所需的各类图表。

◎ 掌握齿轮传动装置的润滑方式。

【素质】

◎ 树立正确世界观、人生观，培养工匠精神。

【知识准备】

一、齿轮传动

齿轮传动是精密机械、仪器仪表和自动控制装置等现代机器中最重要，也是应用最广泛的一种传动形式。

齿轮传动用于传递空间任意轴之间的运动和动力。随着科学技术水平的不断提高及生产的发展，现在齿轮传动已有了很大的发展，传动类型多，精度高，已在工程上得到了广泛应用。

1. 齿轮传动的特点

齿轮传动的优点：瞬间传动比稳定；传动效率高、工作可靠、工作寿命长（可达 10～20 年）；传递的功率和速度范围广（传递功率可达几千瓦，圆周速度可到 300 m/s 以上）；一般齿轮传动的外廓尺寸小，结构紧凑，维护简便。

齿轮传动的缺点：齿轮的制造工艺要求（需要专用设备）和安装精度高，因而成本也高；不适用于两轴中心距较大的场合；由于齿数是整数，故齿轮传动的速比系列是有级的，而不是无级的；低精度的齿轮传动时振动和噪声大。

2. 齿轮的类型

按齿线形状分类，齿轮可分为直齿轮（齿线与齿轮轴线平行）、斜齿轮（齿线与齿轮轴线不平行）、人字齿轮（齿线与齿轮轴线不平行，并呈“人”状）。

按齿廓曲线分类，齿轮可分为曲线齿轮（齿线为曲线）、渐开线齿轮（齿廓曲线为渐开线，应用最广泛）、摆线齿轮（齿廓曲线为摆线，用于计时仪器等）、圆弧齿轮（齿廓曲线为圆弧线，用于特重载场合）。

按齿面硬度分类，齿轮可分为软齿面齿轮（齿面硬度≤350 HBW）和硬齿面齿轮（齿面硬度＞350 HBW）。

3. 齿轮传动的类型

（1）按轴的布置方式分类

按轴的布置方式分类，齿轮传动可分为平行轴齿轮传动（圆柱齿轮传动，如图 2-2-2a 所示）、相交轴齿轮传动（锥齿轮传动，如图 2-2-2b 所示）、交错轴齿轮传动（图 2-2-2c）。

（2）按工作条件分类

按工作条件分类，齿轮传动可分为开式齿轮传动、半开式齿轮传动、闭式齿轮传动。

开式齿轮传动：齿轮完全外露，易落入灰砂和杂物，润滑差，轮齿易磨损，适用于低速及要求不高的场合，如水泥搅拌机、卷扬机；

半开式齿轮传动：齿轮浸入油池中，装有防护罩，但不密封，用于农业机械、建筑机械及简单

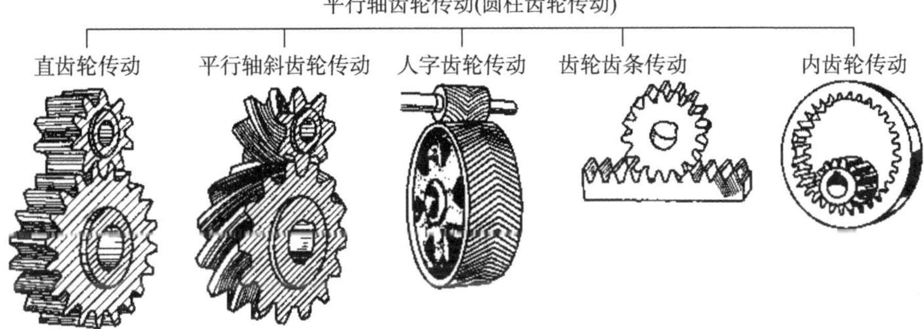

(a) 平行轴齿轮传动(圆柱齿轮传动)

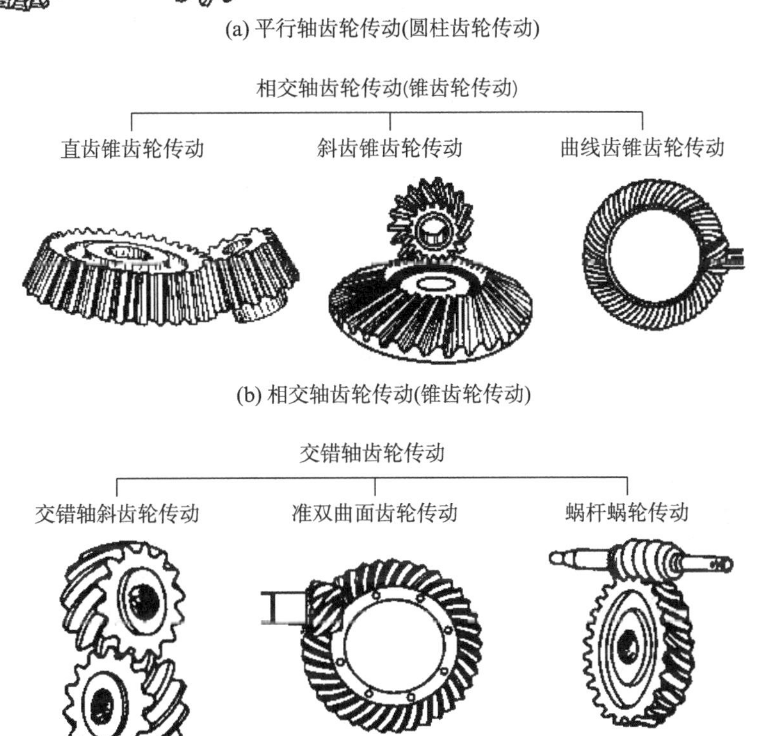

(b) 相交轴齿轮传动(锥齿轮传动)

(c) 交错轴齿轮传动

图 2-2-2 齿轮传动的类型

机械设备，如车床交换齿轮架等；

闭式齿轮传动：齿轮和轴承完全封闭在箱体内，润滑条件好，啮合精度高，用于汽车、机床及航空发动机等齿轮传动中，应用广泛。

(3) 按使用情况分类

按使用情况分类，齿轮传动可分为动力齿轮传动(以动力传输为主，常用作高速重载或低速重载传动)和传动齿轮传动(以传递运动准确为主，一般为轻载高精度传动)。

二、渐开线

能保证齿轮传动比准确的齿廓有多种，考虑到齿轮啮合性能、加工工艺、互换使用等因素，目前最常用的是渐开线齿廓。

1. 渐开线的形成

如图 2-2-3 所示，当平面上一直线 n—n 沿着半径为 r_b 的圆作纯滚动时，该直线上任意一点 K 的轨迹 AK，称为该圆的渐开线。该圆称为渐开线的基圆，r_b 称为基圆半径，而直线 n—n 称为渐开线的发生线。线段 OK 称为渐开线的向径，以 r_K 表示；角 θ_K 称为渐开线在 K 点展角；角 α_K 称为渐开线在 K 点的压力角。

2. 渐开线的特性

根据渐开线的形成原理可知，渐开线具有以下特性。

① 发生线在基圆上滚过的线段之长 KB，等于基圆上被滚过的相应的一段弧长 $\overset{\frown}{AB}$。

② 渐开线上任一点 K 的法线必与基圆相切；反之，基圆的切线必为渐开线上某点的法线。如图 2-2-3 所示，切点 B 是渐开线上 K 点的曲率中心，线段 KB 是渐开线在 K 点的曲率半径和 K 点的法线。

由此可知，渐开线上，K 点离基圆愈远，其曲率半径愈大，渐开线平直；反之，K 点离基圆愈近，其曲率半径愈小，渐开线弯曲长度愈大；当 K 点与基圆上的 A 点重合时，其曲率半径为零。

③ 渐开线的形状取决于基圆的大小。显然，同一基圆的渐开线形状是完全相同的，基圆越小，渐开线越弯曲；基圆越大，渐开线越平直；当基圆为无穷大时，其渐开线变成垂直于 KB 的直线，如图 2-2-4 所示，齿条式的齿廓就是这种直线齿廓。

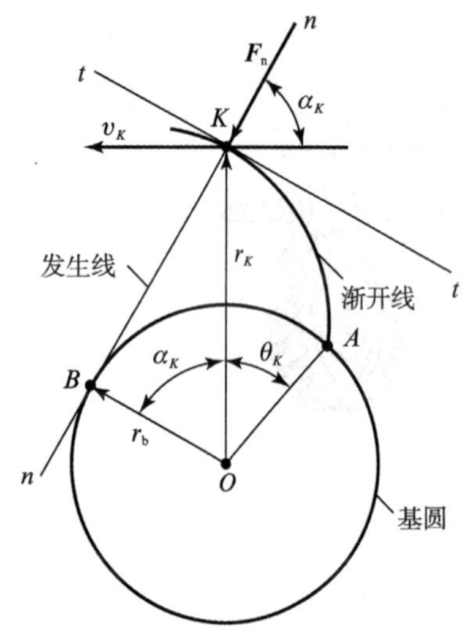

图 2-2-3 渐开线的形成及渐开线齿廓

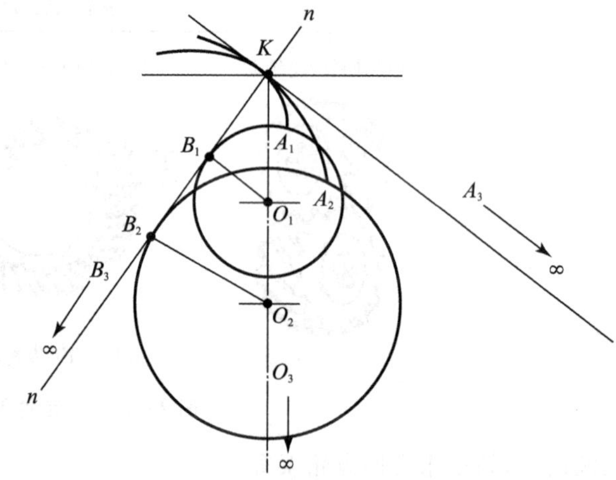

图 2-2-4 渐开线的形状与基圆半径的关系

④ 渐开线上各点的压力角是不等的。渐开线齿廓在啮合点 K 所受的法向力 F_n（K 点法线方向）与齿轮转动时 K 点（绝对）速度 v_K 所夹的锐角 α_K，称为渐开线上 K 点的压力角。如图 2-2-3 所示，在 $\triangle KOB$ 中，$\angle KOB=\alpha_K$，故

$$\cos\alpha_K=\frac{r_b}{r_K} \tag{2-2-1}$$

式中，r_b 为基圆半径；r_K 为渐开线上任意一点 K 的向径。

由式(2-2-1)可以看出，渐开线上压力角 α_K 是随向径 r_K 的变化而变化的，因此，基圆上的压力角 $\alpha_K=0°$，渐开线上离基圆越远的点，其压力角 α_K 越大，如图 2-2-5 所示。

⑤ 基圆内无渐开线。

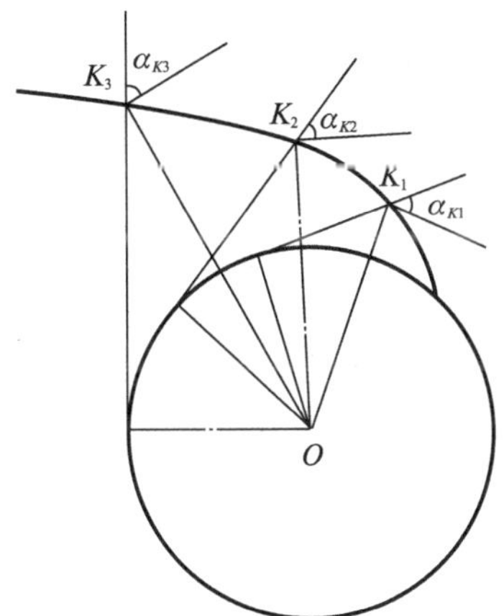

图 2-2-5　渐开线上不同的压力角

三、渐开线标准直齿圆柱齿轮的基本参数和几何尺寸

1. 渐开线标准直齿圆柱齿轮的结构

如图 2-2-6 所示为渐开线标准直齿圆柱齿轮的结构，其各部分的名称与符号如下。

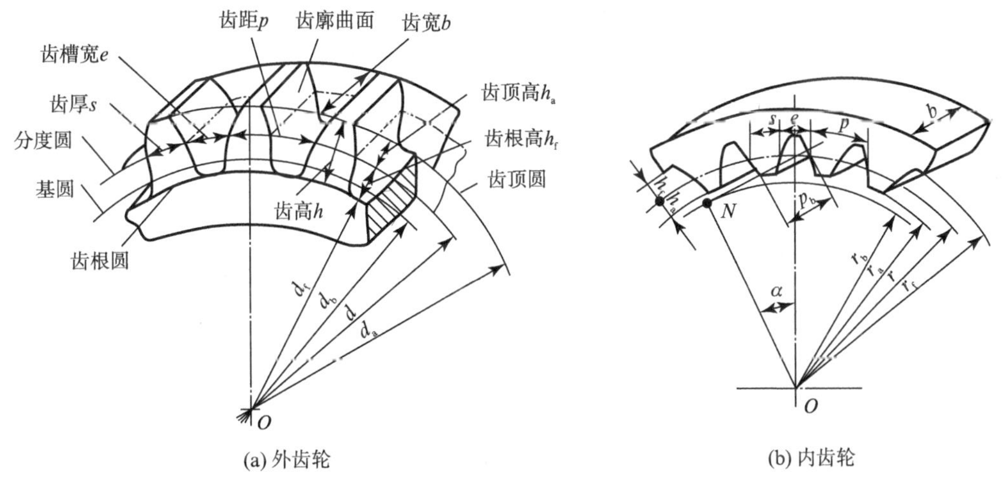

图 2-2-6　渐开线标准直齿圆柱齿轮的结构

(1) 齿

齿轮上均匀分布的参与啮合的凸起部分称为齿，每一个齿都具有同一基圆上展出的对称分布的渐开线齿廓，如图 2-2-6 所示。

(2) 齿顶圆

过齿轮各齿顶端所作的圆称为齿顶圆，其直径和半径分别以 d_a 和 r_a 表示。

(3) 齿根圆

过齿轮各齿根底部所作的圆称为齿根圆，其直径和半径分别以 d_f 和 r_f 表示。

(4) 齿槽宽、齿厚和齿距

齿轮上相邻轮齿之间的空间，称为齿槽；在半径 r_K 上的任意圆周上，齿槽的两侧齿廓之间的圆弧长称该圆周上的齿槽宽，以 e_K 表示；一个齿轮的两侧齿廓之间的弧长称为该圆周上的齿厚，以 s_K 表示；而相邻两齿轮同侧齿廓间的弧长，称为该圆周上的齿距，以 p_K 表示。显然，$p_K=s_K+e_K$。

(5) 分度圆

在齿轮上作为尺寸计算基准的圆称为分度圆，如图 2-2-6 所示，其直径和半径分别记为 d 和 r。该圆上的所有尺寸和参数符号都不带下标。

(6) 齿顶高、齿根高、齿高

齿顶圆与分度圆之间的径向距离称为齿顶高，以 h_a 表示；齿根圆与分度圆之间的径向距离称为齿根高，以 h_f 表示；齿顶圆与齿根圆之间的径向距离称为齿高，以 h 表示。显然 $h=h_a+h_f$。

(7) 基圆、基圆齿距

形成渐开线齿轮齿廓的圆称为该齿轮的基圆，其直径和半径分别用 d_b 和 r_b 表示；基圆上的齿距称为基圆齿距，以 p_b 表示(图 2-2-6b)。相邻两轮齿同侧齿廓之间的法向距离称为法向齿距，以 p_n 表示。由渐开线性质可知，渐开线齿轮的基圆齿距和法向齿距相等 $p_b=p_n$，但通常法向齿距不用 p_n，而是以基圆齿距 p_b 表示。

(8) 齿宽

齿轮的有齿部位沿分度圆柱面的直母线方向度量的宽度称为齿宽，以 b 表示。

2. 渐开线标准直齿圆柱齿轮的基本参数

渐开线标准直齿圆柱齿轮有 5 个基本参数：齿数 z、模数 m、压力角 α、齿顶高系数 h_a^* 和顶隙系数 c^*。上述参数除齿数 z 外，均已标准化。

(1) 齿数

在齿轮整个圆周上轮齿的总数称为齿数，以 z 表示。

(2) 模数

由上述内容可知，分度圆是齿轮各部分尺寸计算的基准，显然，其周长 $L=\pi d=zp$，于是

$$d=z\frac{p}{\pi}$$

由此可知，一个齿数为 z 的齿轮，只要其齿距 p 一定，就可以求出其分度圆的直径 d。但是，式中的 π 为无理数，给齿轮的尺寸计算、制造和检验带来不便。为此，人为地将比值 $\frac{p}{\pi}$ 规定为一个有理数列，如 1、2、2.5、3、4、…，并称之为模数，以 m 表示，其单位为 mm。即

$$m=\frac{p}{\pi} \tag{2-2-2}$$

因此，分度圆直径为

$$d=mz \tag{2-2-3}$$

模数 m 是决定齿轮几何尺寸的一个基本参数，在齿数一定的条件下，齿轮的直径与模数成正比，模数越大，则齿轮与轮齿的尺寸越大，轮齿的抗弯曲能力也越强。图 2-2-7 所示为齿数相同而模数不同的齿形及分度圆直径相同而模数、齿数不同的齿形。

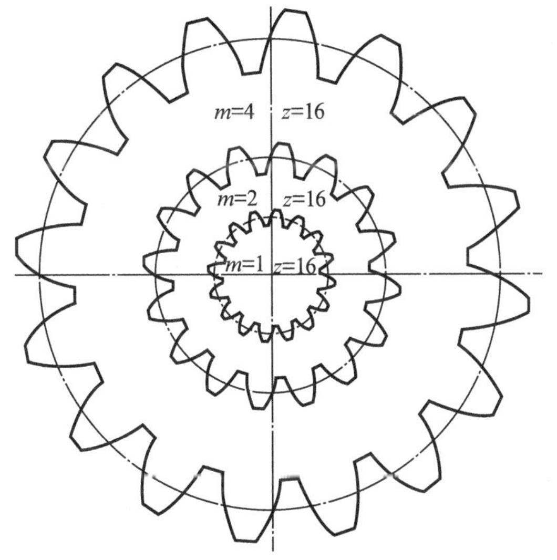

(a) 齿数相同而模数不同的齿形

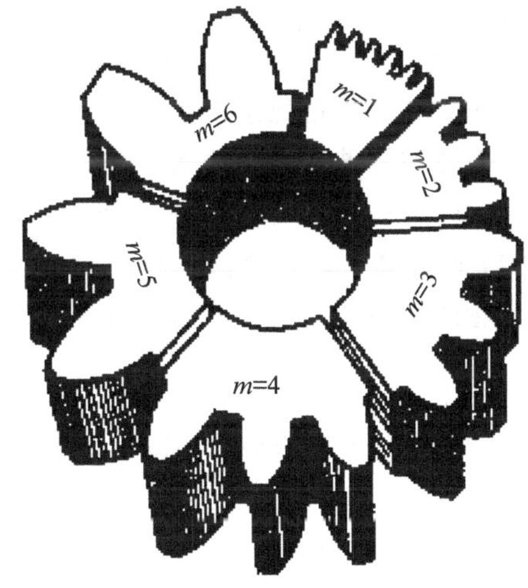

(b) 分度圆直径相同而模数、齿数不同的齿形

图 2-2-7　模数对齿轮及轮齿尺寸的影响

为了便于设计、制造、检验和互换使用，齿轮的模数已标准化。我国国家标准 GB/T 1357—2008《渐开线圆柱齿轮模数》规定的标准值第一系列见表 2-2-1，优先选择第一系列，第二系列参见国家标准。对于传递动力的齿轮模数一般取 $m \geqslant 1.5$ mm。

习惯上把模数系列划分为三段：0.1～0.9 mm 称为小模数(常用于精密机械和仪器)；1～10 mm称为中等模数；10 mm 以上的称为大模数。

表 2-2-1　渐开线圆柱齿轮模数(第一系列)　(单位：mm)

0.1	0.12	0.15	0.2	0.25	0.3	0.4	0.5	0.6	0.8
1	1.25	1.5	2	2.5	3	4	5	6	8
10	12	16	20	25	32	40	50		

(3) 压力角

通常所说的压力角是指分度圆上的压力角，用 α 表示。显然，由式(2-2-1)可知

$$\cos\alpha = \frac{r_b}{r}$$

或

$$r_b = r\cos\alpha = \frac{mz\cos\alpha}{2} \qquad (2-2-4)$$

由式(2-2-4)可知，即使分度圆大小相同的齿轮，如果压力角 α 不同，则其齿廓渐开线的基圆半径大小就不同，故其渐开线齿廓的形状也就不同。所以，压力角是决定渐开线齿廓形状的一个基本参数，压力角 α 又称为齿形角。

同样，为了齿轮的设计、制造、检验及互换方便，规定分度圆上的压力角只取标准值，称为标准压力角。我国国家标准(GB/T 1356—2001、GB/T 2362—1990)和国际标准化组织标准(ISO R53)等都规定了标准压力角为20°。

在模数和压力角规定了标准值之后，可以给分度圆下一个确切的定义，**分度圆就是齿轮上具有标准模数和标准压力角的圆**。

由式(2-2-3)、式(2-2-4)可知：齿轮的大小及渐开线齿轮形状都与齿数有关。

(4) 齿顶高系数和顶隙系数

齿轮的齿顶高是用模数的倍数表示的，标准齿顶高为

$$h_a = h_a^* m \tag{2-2-5}$$

一对齿轮相互啮合时，还应使一齿轮的齿顶圆与另一齿轮的齿根圆之间，留有一定的间隙，称为顶隙，用 c 表示，如图 2-2-8 所示，顶隙可以防止啮合齿轮彼此之间的齿顶与齿槽底相抵触，还有利于润滑剂的驻留。顶隙沿径向测量，也是用模数的倍数表示的，标准顶隙为

$$c = c^* m \tag{2-2-6}$$

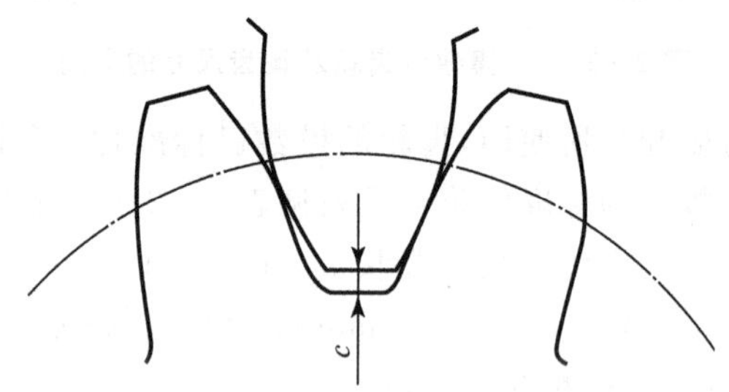

图 2-2-8 渐开线圆柱齿轮顶隙

上述式(2-2-5)及式(2-2-6)中的系数 h_a^* 称为齿顶高系数，c^* 称为顶隙系数，h_a^* 和 c^* 都已标准化，见表 2-2-2。

表 2-2-2 圆柱齿轮标准齿顶高系数和顶隙系数

参数名称	参数代号	正常齿制		短齿制
		$m \geqslant 1$ mm	$m < 1$ mm	
齿顶高系数	h_a^*	1	1	0.8
顶隙系数	c^*	0.25	0.35	0.3

注：本表摘自国家标准 GB/T 1356—2001($m \geqslant 1$ mm)和 GB/T 2362—1990($m < 1$ mm)。

显然，标准齿轮齿根高 h_f 和齿高 h 为

$$h_f = (h_a^* + c^*)m \tag{2-2-7}$$

$$h = h_a + h_f = (2h_a^* + c^*)m \tag{2-2-8}$$

3. 渐开线标准直齿圆柱齿轮的几何尺寸

渐开线标准直齿圆柱齿轮是指 m、α、h_a^*、c^* 均取标准值，具有标准的齿顶高和齿根高，且分度圆齿厚等于齿槽宽（$s=e=p/2$）的齿轮。否则，就是非标准齿轮。

渐开线标准直齿圆柱外齿轮的尺寸计算公式见表 2-2-3，内齿轮和齿条的几何尺寸计算，可查阅相关机械设计手册。

表 2-2-3　渐开线标准直齿圆柱外齿轮的尺寸计算公式

参数名称	参数符号	尺寸计算公式
模数	m	由强度计算确定（按标准模数选取）
齿顶高	h_a	$h_a=h_a^* m$
齿根高	h_f	$h_f=(h_a^*+c^*)m$
齿高	h	$h=h_a+h_f=(2h_a^*+c^*)m$
顶隙	c	$c=c^* m$
分度圆直径	d	$d=mz$
齿顶圆直径	d_a	$d_a=d+2h_a=m(z+2h_a^*)$
齿根圆直径	d_f	$d_f=d-2h_f=m[z-2(h_a^*+c^*)]$
基圆直径	d_b	$d_b=d\cos\alpha=mz\cos\alpha$
齿距	p	$p=\pi m$
基圆齿距及法向齿距	p_b	$p_b=p\cos\alpha=\pi m\cos\alpha$
齿厚	s	$s=p/2=\pi m/2$
槽宽	e	$e=p/2=\pi m/2$
齿宽	b	$b=\varphi_d d_1$（φ_d 为齿宽系数）
中心距	a	$a=r_1'+r_2'=r_1+r_2=m(z_1+z_2)/2$

四、渐开线标准直齿圆柱齿轮的啮合传动

1. 渐开线齿轮传动的啮合特性

以同一基圆上形成的两条反向渐开线作为齿廓的齿轮就是渐开线齿轮。根据以上分析，渐开线齿轮传动具有以下特性。

(1) 渐开线齿廓的啮合线 N_1N_2 是一条定直线

如图 2-2-9 所示，主动轮 1 以角速度 ω_1 绕 O_1 顺时针转动，推动从动轮 2 以角速度 ω_2 绕 O_2 逆时针转动。齿轮 1、2 的一对渐开线齿廓在任意点 K 相啮合，过 K 点作齿廓的公法线 N_1N_2，由渐开线的性质可知，公法线 N_1N_2 始终与两基圆相切，即 N_1N_2 也是两基圆的一条内公切线。当经过时间 Δt 后，主动齿轮和从动齿轮都转过相应的角度，其啮合点 K 必沿线 N_1N_2 向 N_2 方向移动。一对渐开线齿轮啮合时，各啮合点始终沿着两基圆的内公切线 N_1N_2 移动，N_1N_2

也就是啮合点的轨迹，称为啮合线。这样，N_1N_2 既是渐开线齿廓的公法线，又是两齿轮基圆的内公切线，也是一对渐开线齿廓的啮合线，同时 N_1N_2 既是正压力 F_n 的作用线，又与渐开线的发生线完全重合(如图 2-2-3 所示)，形成“五线合一”。一对相啮合的渐开线齿轮，它们的基圆大小和位置关系都是确定的，故 N_1N_2 是一条定直线。

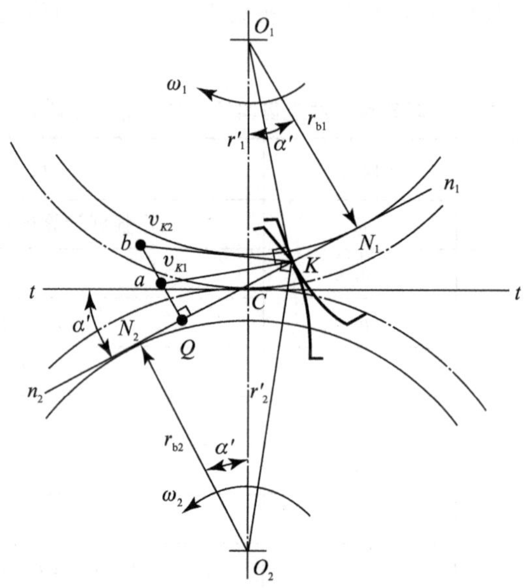

图 2-2-9 渐开线齿轮传动的啮合特性

(2) 传动比的恒定性

如图 2-2-9 所示，设一对渐开线齿轮齿廓在 K 点啮合，Ka 表示齿轮 1 在 K 点的速度 v_{K1}，显然 v_{K1} 与 O_1K 垂直；Kb 表示齿轮 2 在 K 点的速度 v_{K2}，显然 v_{K2} 与 O_2K 垂直。齿轮正确啮合时，两齿廓既不相互分离，也不相互嵌入，即 v_{K1} 和 v_{K2} 在公法线上的分速度相等，则有 ba 延长线应垂直于 N_1N_2，并交于 Q 点。

由 $\triangle O_1N_1K \backsim \triangle KQa$ 及 $\triangle O_2N_2K \backsim \triangle KQb$，可推得齿轮传动的瞬时传动比为

$$i_{12}=\frac{\omega_1}{\omega_2}=\frac{v_{K1}/O_1K}{v_{K2}/O_2K}=\frac{KQ/O_1N_1}{KQ/O_2N_2}=\frac{O_2N_2}{O_1N_1}=\frac{r_{b2}}{r_{b1}}=\text{常数} \tag{2-2-9}$$

由于两轮的基圆半径 r_{b1} 和 r_{b2} 均为定值，所以式(2-2-9)表明：一对渐开线齿轮的齿廓在任意点啮合时，其瞬时传动比为一常数，且与两齿轮基圆半径成反比，这是渐开线齿轮传动的一大优点。瞬时传动比为常数，能保证齿轮平稳地传递运动和载荷。否则，将引起机器的振动、冲击，影响机器的工作精度和寿命。

由图 2-2-9 可知，啮合线 N_1N_2 与两齿轮的中心连线 O_1O_2 交于一点 C，C 点称为节点。分别以 O_1 和 O_2 为圆心，过节点 C 作出两个相切的圆，称为节圆。节圆 1 半径 $r_1'=O_1C$，节圆 2 半径 $r_2'=O_2C$。由于 $\triangle O_1N_1C \backsim \triangle O_2N_2C$，则

$$i_{12}=\frac{\omega_1}{\omega_2}=\frac{r_{b2}}{r_{b1}}=\frac{r_2'}{r_1'}=\text{常数} \tag{2-2-10}$$

式(2-2-10)表示，渐开线齿轮传动时，两轮的传动比也与节圆半径成反比。同时说明渐开线齿廓满足齿廓啮合基本定律：**一对相互啮合的齿廓无论在任何位置啮合，其两轮的传动比恒等于连心线被齿廓接触点的公法线所分成的两段的反比**。满足齿廓啮合基本定律的一对齿廓称为共轭齿廓。渐开线齿廓是应用最广泛的共轭齿廓。

由式(2-2-10)可得 $\omega_1 r_1' = \omega_2 r_2'$，即 $v_{C1} = v_{C2}$，此式表明两节圆的圆周速度相等，并作纯滚动。

(3) 啮合角为常数

过节点 C 作两节圆的公切线 t—t，如图 2-2-9 所示。两渐开线齿轮啮合时，啮合线与公切线 t—t 之间所夹的锐角称为啮合角，以 α'表示。由几何关系可得

$$\cos\alpha' = \frac{r_{b1}}{r_1'} = \frac{r_{b2}}{r_2'} = \text{常数} \tag{2-2-11}$$

即啮合角等于节圆上的压力角。在齿轮传动过程中，其啮合线和啮合角始终不变，若不考虑齿面之间的摩擦，则正压力 F_n 始终沿其啮合点的公法线方向作用，这对于齿轮传动的平稳性是极为有利的。

(4) 中心距可分离性

由于相啮合的两齿轮已经加工成型，其基圆半径是不变的。所以由式(2-2-10)可知，一对渐开线齿轮安装时的实际中心距与设计中心距稍有差别时，也不会改变它们瞬时传动比，这个性质称为渐开线齿轮啮合时的中心距可分离性。这是渐开线齿轮传动的又一重要优点，对于渐开线齿轮的加工、安装和使用具有很大的实用价值。

2. *渐开线直齿圆柱齿轮的正确啮合条件*

渐开线齿轮传动是靠圆周上的轮齿依次啮合来实现的。如前所述，一对渐开线齿轮在啮合过程中，它们的齿廓啮合点都应在啮合线(即齿廓公法线)N_1N_2 上。因此，要使处于啮合线上的各对轮齿都能正确地进入啮合，显然两个齿轮的相邻两轮齿的同侧齿廓之间的法向齿距必须相等，如图 2-2-10 所示中的 ab 段。由渐开线性质可知，ab 既等于主动轮的基圆齿距 p_{b1}，又等于从动轮的基圆齿距 p_{b2}。而基圆齿距 p_b 与齿距 p 的关系，由表 2-2-3 可得

$$p_b = p\cos\alpha = \pi m\cos\alpha \tag{2-2-12}$$

两齿轮正确啮合，其基圆齿距必相等，即 $p_{b1}=p_{b2}$，于是有 $\pi m_1\cos\alpha_1 = \pi m_2\cos\alpha_2$。

因为齿轮分度圆上的模数和压力角均已标准化，故上式成立，须有

$$\left.\begin{aligned} m_1 = m_2 = m \\ \alpha_1 = \alpha_2 = \alpha \end{aligned}\right\} \tag{2-2-13}$$

因此，一对渐开线直齿圆柱齿轮能正确啮合的条件是：**两个齿轮的模数和压力角分别相等，并且等于标准值**。

至此，由式(2-2-9)、式(2-2-13)可推出工程中计算一对齿轮的传动比公式为

$$i_{12} = \frac{\omega_1}{\omega_2} = \frac{r_{b2}}{r_{b1}} = \frac{m_2 z_2 \cos\alpha_2/2}{m_1 z_1 \cos\alpha_1/2} = \frac{z_2}{z_1} \tag{2-2-14}$$

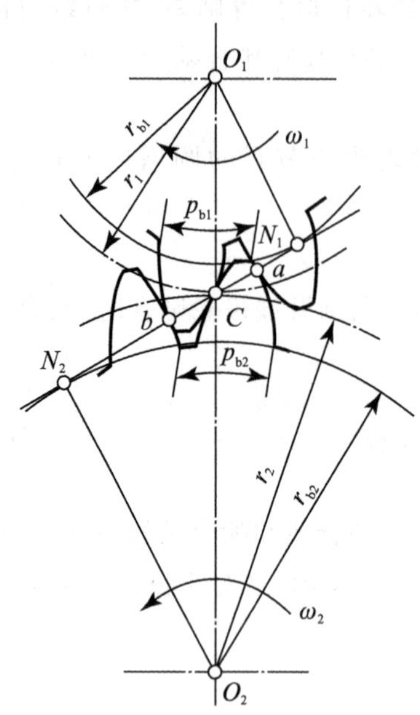

图 2-2-10 渐开线直齿圆柱齿轮的正确啮合条件

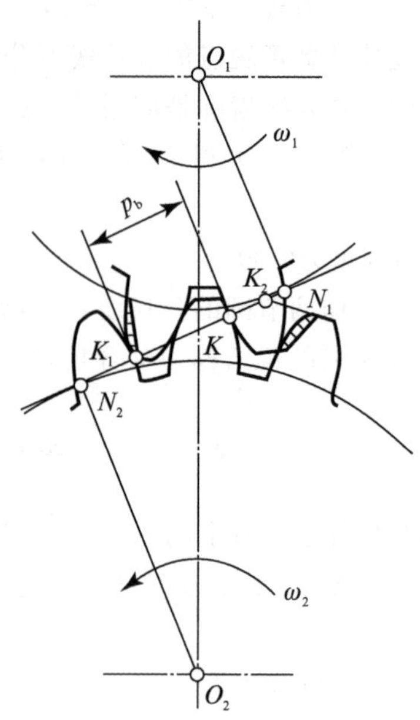

图 2-2-11 渐开线直齿圆柱齿轮的连续传动条件

3. 渐开线直齿圆柱齿轮的连续传动条件

如图 2-2-11 所示，齿轮 1 为主动轮，齿轮 2 为从动轮。首先是主动轮的齿根部分与从动轮的齿顶部分接触，一对轮齿的起始啮合点 K_2 为从动轮 2 的齿顶圆与啮合线 N_1N_2 的交点，而终止啮合点 K_1 为主动轮 1 的齿顶圆与啮合线的交点。线段 K_2K_1 称为齿轮的实际啮合线。若将两轮的齿顶圆加大，其啮合点 K_2、K_1 分别向 N_1、N_2 点靠近，因基圆内无渐开线，所以 K_2、K_1 点不可能超过 N_1、N_2 点，N_1N_2 称为理论啮合线。为了保证一对渐开线齿轮能够连续传动，前一对轮齿齿廓到达啮合终点 K_1 时，尚未脱离啮合时，后一对轮齿至少必须开始在 K 点啮合，此时线段 KK_1 恰好等于基圆齿距 p_b。所以，连续传动的条件为：**实际啮合线段 K_2K_1 大于或至少等于它的基圆(法向)齿距 p_b，即 $K_2K_1/p_b \geqslant 1$**。K_2K_1/p_b 的比值称为齿轮传动的重合度，用 ε 表示。则有

$$\varepsilon = \frac{K_2K_1}{p_b} \geqslant 1 \tag{2-2-15}$$

重合度 ε 可理解为一对齿轮传动过程中，相啮合的轮齿的平均对数，其值越大传动越平稳，每个轮齿受力也越小，因此重合度是衡量齿轮传动质量的重要指标之一。ε=1，表明始终只有一对齿轮在啮合；ε=2，表明始终有二对齿轮在啮合；ε=1.35，则表明有 35%的时间是两对齿轮在啮合，有 65%的时间是一对齿轮在啮合。标准齿轮恒有 $1<\varepsilon<2$。

但是，重合度值 ε 越大，也使得齿轮的制造和安装精度提高，成本增加。所以在生产实践中，一般的齿轮传动要求 ε=1.1～1.4 即可满足使用要求。

4. 渐开线齿轮传动标准安装中心距

如图 2-2-12 所示，假设没有齿侧间隙(实际齿侧间隙是由齿轮制造的负公差来控制的)，因标准齿轮在分度圆上的齿厚与槽宽相等，所以两轮的分度圆相切，且作纯滚动，这时两齿轮的节圆与分度圆重合 $\alpha'=\alpha$，这样的齿轮安装称为齿轮标准安装。此时，顶隙 c 为标准值，侧隙为零。

显然，在标准安装下，两齿轮之间的中心距为

$$a=r_1'+r_2'=r_1+r_2=\frac{m(z_1+z_2)}{2} \tag{2-2-16}$$

而顶隙为标准值，即

$$c=h_f-h_a=(h_a^*+c^*)m-h_a^*m=c^*m \tag{2-2-17}$$

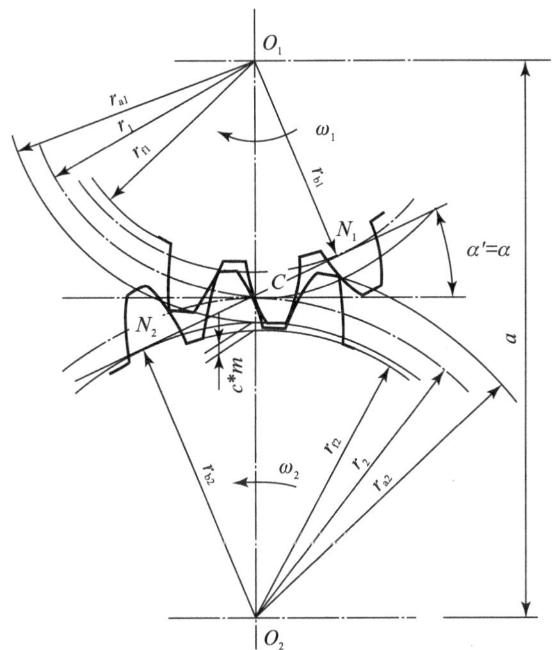

图 2-2-12　渐开线齿轮标准安装中心距

五、齿轮传动的失效形式

齿轮传动的失效主要是轮齿的失效。常见的轮齿失效形式有轮齿折断、齿面疲劳点蚀、齿面磨损、齿面胶合及齿面塑性变形五种形式。

1. 轮齿折断

轮齿折断是指齿轮的一个或多个轮齿整体或局部的折断，如图 2-2-13 所示。轮齿折断一般发生在齿根部分，按其原因又分为疲劳折断和过载折断。

齿轮工作时轮齿相当于一个悬臂梁。轮齿齿根部分受到的弯曲应力最大，此处尺寸和形状有急剧变化，且有加工时留下的刀痕，会引起应力集中。在交变应力的重复作用下，弯曲应力超过疲劳极限时，轮齿根部将产生疲劳裂纹，如图 2-2-14 所示。随着应力循环次数的增加，疲劳裂纹逐渐扩展，当弯曲应力超过材料的极限应力时，导致轮齿弯曲疲劳折断。

(a) 轮齿全齿折断　(b) 轮齿局部折断

图 2-2-13 轮齿折断

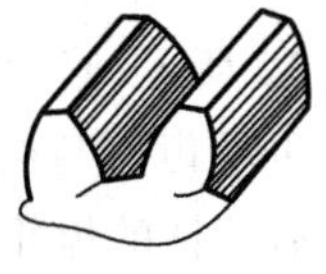

图 2-2-14 齿根疲劳裂纹

过载折断通常是由于瞬时意外过载或冲击载荷，使轮齿危险截面上的弯曲应力超过材料的极限应力而引起的。对于直齿圆柱齿轮，齿根裂纹一般从齿根沿轮齿齿向扩展，所以常发生轮齿全齿折断；对于齿宽较大的直齿圆柱齿轮，如果制造和安装不良，或者轴变形过大，局部受载严重时，也会发生轮齿局部折断。轮齿折断是闭式硬齿面钢齿轮和铸铁齿轮传动的主要失效形式。

提高轮齿抗折断能力的措施：增大齿根圆角半径，消除加工刀痕以降低齿根应力集中；增大轴及支承物的刚度以减轻局部过载的程度；对轮齿进行表面处理以提高齿面硬度。

2．齿面疲劳点蚀

一对轮齿啮合时，在理论上齿面之间是线接触，所以在接触线附近产生很大的接触应力，如图 2-2-15a 所示。由于变形接触应力的反复作用，接触应力的最大值超过了材料的接触疲劳极限应力值，随着应力循环次数的增加，便产生一些不规则的细微的疲劳裂纹，封闭在微裂纹中的润滑油在压力的作用下，产生楔挤的作用，使微裂纹逐渐扩展，随着应力循环次数的继续增大，最终导致齿面的金属微粒脱落下来，形成麻点状的小凹坑，这就是齿面疲劳点蚀。齿面疲劳点蚀使齿面的渐开线齿形遭到破坏，致使齿轮工作时产生强烈的振动和噪声，甚至不能工作。

齿面疲劳点蚀一般发生在闭式软齿面齿轮传动中，开式齿轮由于磨损严重，很少出现点蚀。为了防止齿面过早发生齿面疲劳点蚀，采取的主要措施有：提高齿面硬度；降低齿面粗糙度值；增大润滑油黏度。

3．齿面磨损

齿面磨损分为研磨磨损和磨粒磨损。研磨磨损是指轮齿在啮合过程中，齿面之间存在相对滑动，使齿面相互摩擦而磨损，这是渐开线齿轮传动不可避免的，其磨损量非常小。

磨粒磨损是由于金属微粒、沙粒、灰尘等进入轮齿齿面之间而产生的，齿面磨损严重，如图 2-2-16 所示。磨粒磨损将破坏齿面的渐开线齿形，使侧隙增大而引起传动不平稳，产生冲击和振动，严重时甚至因轮齿减荷过量而折断。

齿面磨损是开式传动的主要失效形式。显然，采用闭式传动，提高齿面硬度并降低表面粗糙度值，选择合适的润滑剂和润滑方式，并保持润滑剂的清洁等，都是防止或减轻齿轮传动轮齿齿面磨损的措施。

4．齿面胶合

齿面之间的润滑是靠油膜来实现的，形成油膜需要一定黏度的润滑油和一定的相对速度。齿轮传动在低速、重载的场合中，由于速度较低而无法形成润滑油膜，导致润滑失效；而在高速、重载的场合中，由于啮合区的局部温度升高，使润滑油的黏度降低从而使润滑油膜破裂，导致润滑失效。这两种情况都将使两轮齿齿面的金属之间的压力加大，同时在局部瞬时高温的作用下，两接触齿面金属被熔焊粘着，产生齿面胶合失效。产生胶合以后，在较软的齿面上的金属将被撕开，形成胶合沟（如图 2-2-17 所示），齿面的渐开线齿形被破坏，振动和噪声增大。

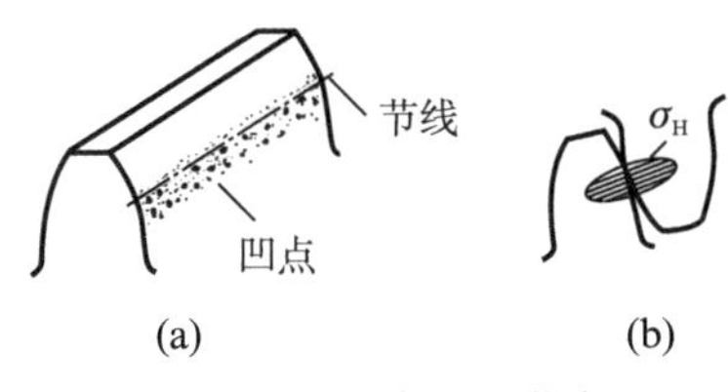

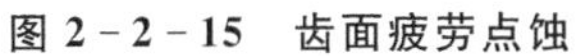

图 2-2-15　齿面疲劳点蚀

图 2-2-16　齿面磨损

采用黏度较大或抗胶合性能好的润滑油(如硫化油),提高齿面硬度以增强其抗胶合能力,选择抗胶合能力强的材料组合等,都可以提高齿面的抗胶合能力。

5. 齿面塑性变形

当齿轮轮齿材料硬度不足,而载荷(特别是冲击载荷)和摩擦力又较大时,轮齿在啮合过程中,在摩擦力的作用下,使齿面表层金属产生塑性流动,材料容易沿着摩擦力的方向产生塑性变形。由于主动轮的轮齿齿面上所受到的摩擦力背离节线,分别向齿顶及齿根作用,故产生塑性变形后,齿面上节线附近将出现凹沟;而从动轮的轮齿齿面上所受到的摩擦力分别由齿顶及齿根向节线作用,故产生塑性变形后,齿面上节线附近就产生凸棱。齿面塑性变形使齿面失去了原来的齿形,如图 2-2-18 所示。为了防止或减少齿面塑性变形,应当选用黏度较高的润滑油,适当提高齿面硬度,避免频繁启动和过载等。

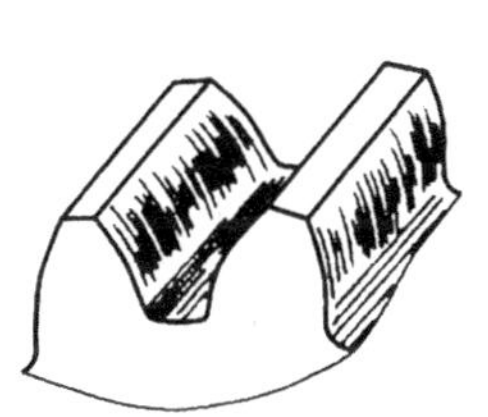

图 2-2-17　齿面胶合

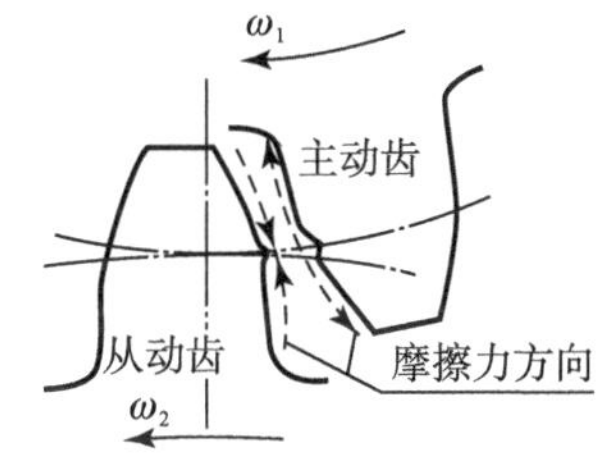

图 2-2-18　齿面塑性变形

六、齿轮的常用材料

1. 齿轮材料的基本要求

由轮齿的失效分析可知,工程上对齿轮材料提出的基本要求如下。

① 齿面有足够的硬度,可以抵抗齿面磨损、疲劳点蚀、齿面胶合及塑性变形等。

② 轮齿芯部有足够的强度和良好的韧性,以抵抗冲击载荷和防止轮齿齿根弯曲疲劳折断。

③ 有良好的加工工艺性能及热处理性能。

2. 齿轮的常用材料及选用

齿轮材料及热处理方式的选择,应考虑齿轮的工作条件、传动尺寸的要求、制造设备条件等。用热处理的方法可以提高材料的性能,尤其是提高硬度,从而提高材料的承载能力。按齿面硬度可以把钢制齿轮分为两类,即软齿面齿轮(齿面硬度≤350 HBW)和硬齿面齿轮(齿面硬度>350 HBW)。对于软齿面齿轮,由于小齿轮比大齿轮的齿数少,受载次数多,齿根又薄,故齿面磨损较大,疲劳强度较低。为了使大、小齿轮的工作寿命大致相等,在设计时,小齿轮应选用比大齿轮好一些的材料(一般情况下,同一齿轮传动装置中各级传动的小齿轮(或大齿轮)的材料应选用相同牌号，以减少材料品种和工艺要求)，同时小齿轮的齿面硬度应当比大齿轮高 30～50 HBW(或 3～5 HRC)。对于硬齿面齿轮，大、小齿轮不需要硬度差。软齿面的齿轮传动常用于中速、中载，以及对机构尺寸不加限制的场合；硬齿面的齿轮传动常用于高速、重载，以及要求结构紧凑的场合；如果传动比较大($i>5$)，亦可采用软齿面大齿轮和硬齿面小齿轮组合，此时齿面硬度差值更大，有利于大齿轮产生冷作硬化效应。

在一般齿轮传动设计中为满足上述要求，制造齿轮的材料主要是锻钢，也可用球墨铸铁、灰铸铁等。

齿轮的常用材料、力学性能及应用范围见表 2-2-4。

表 2-2-4 齿轮的常用材料、力学性能及应用范围

类别	材料牌号	热处理方式	硬度	接触疲劳强度 σ_{Hlim}/MPa	弯曲疲劳强度 σ_{FE}/MPa	主要特点及应用范围
优质碳素钢	45	正火	156～217 HBW	350～400	280～340	工艺简单易实现，适用于因条件限制不便调质的大齿轮及要求不高的齿轮，低速、轻载
		调质	197～286 HBW	550～620	410～480	适用于低速、中载的场合
		表面淬火	40～50 HRC	1 120～1 150	680～700	齿面承载能力高，可不磨齿，用于高速、中载或低速、重载的场合，承受较小冲击
合金钢	40Cr	调质	217～286 HBW	650～750	560～620	综合力学性能好，用于中速、中载的场合，耐冲击
		表面淬火	48～55 HRC	1 150～1 210	700～740	齿面较硬，可不磨齿，用于高速、中载或低速、重载的场合，耐冲击
	35SiMn	调质	207～286 HBW	650～760	550～610	同 40Cr
		表面淬火	40～50 HRC	1 130～1 150	690～700	同 40Cr
	40MnB	调质	241～286 HBW	680～760	580～610	同 40Cr
		表面淬火	45～55 HRC	1 130～1 210	690～720	同 40Cr
	20Cr	渗碳淬火后回火	56～62 HRC	1 500	850	齿面承载能力高，芯部韧性好，变形大，需磨齿，用于高速、中载的场合，耐大冲击
	20CrMnTi	渗碳淬火后回火	56～62 HRC	1 500	850	同 20Cr
铸钢	ZG310-570	正火	163～197 HBW	280～330	210～250	用于中速、中载的场合，大直径
	ZG340-640	正火	179～207 HBW	310～340	240～270	用于中速、中载的场合，大直径
	ZG35-SiMn	调质	241～269 HBW	590～640	500～520	用于中速、中载的场合，大直径，耐冲击
		表面淬火	45～53 HRC	1 130～1 190	690～720	用于中速、中载的场合，大直径，耐冲击

（续表）

类别	材料牌号	热处理方式	硬度	接触疲劳强度 σ_{Hlim} /MPa	弯曲疲劳强度 σ_{FE} /MPa	主要特点及应用范围
灰铸铁	HT300	时效	187～255 HBW	330～390	100～150	用于低速、轻载的场合
球墨铸铁	QT500－7	—	170～230 HBW	450～540	260～300	用于低速、轻载的场合
	QT600－3	—	190～270 HBW	490～580	280～310	用于低速、轻载的场合

注：表中 σ_{Hlim}、σ_{FE}数值，根据 GB/T 3480.2—2021、GB/T 3480.3—2021 提供的线图，依材料的硬度值查得，它适用于材质和热处理质量达到中等要求时。

七、标准直齿圆柱齿轮传动的相关计算

1．标准直齿圆柱齿轮轮齿的受力分析

为了便于计算，在齿轮传动的受力分析中，假设齿面之间的作用力作用于齿轮分度圆上。如图 2－2－19a 所示，T_1 为作用于主动轮上的驱动转矩，T_2 为作用于从动轮上的工作阻力矩。现忽略轮齿齿面间的摩擦力，作用于齿轮上的分布力可用作用于齿宽中点的集中力代替，两个齿轮齿面之间的作用力 F_n 沿其公法线 N_1N_2 方向，故称为法向力。法向力 F_n 可以分解为两个相互垂直的分力 F_t 和 F_r，如图 2－2－19b 所示，其中 F_t 沿分度圆的切线方向，称为分度圆上的圆周力，F_r 沿分度圆半径方向，称为径向力。

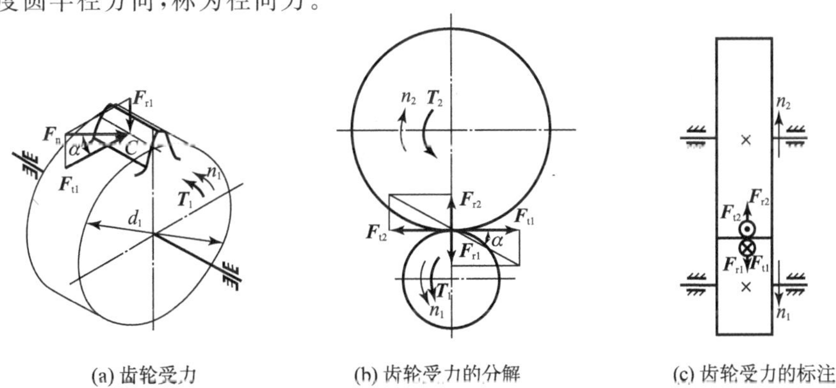

图 2－2－19　标准直齿圆柱齿轮传动的受力分析

主动轮 1 上作用的圆周力 $\boldsymbol{F}_{t1}$、径向力 $\boldsymbol{F}_{r1}$ 及法向力 $\boldsymbol{F}_{n1}$ 的大小分别如下：

$$F_{t1} = \frac{2T_1}{d_1} \tag{2-2-18}$$

$$F_{r1} = F_{t1}\tan\alpha \tag{2-2-19}$$

$$F_{n1} = \frac{F_{t1}}{\cos\alpha} \tag{2-2-20}$$

式中，d_1 为小齿轮的分度圆直径，mm；T_1 为作用于主动轮 1 上的扭动力矩，N·m。

如果已知传递的功率，则小齿轮上作用的转矩 T_1 可按下式计算

$$T_1 = 9\,550 \times \frac{P_1}{n_1} \tag{2-2-21}$$

式中，P_1 为齿轮所传递的功率，kW；n_1 为小齿轮的转速，r/min。

由于两直齿圆柱齿轮相啮合齿面之间的相互作用力大小相等，方向相反，故有

$$\left.\begin{aligned} \boldsymbol{F}_{t1} &= -\boldsymbol{F}_{t2} \\ \boldsymbol{F}_{r1} &= -\boldsymbol{F}_{r2} \\ \boldsymbol{F}_{n1} &= -\boldsymbol{F}_{n2} \end{aligned}\right\} \tag{2-2-22}$$

两个齿轮的受力方向是：主动轮所受到的圆周力的方向，与节点的圆周速度相反，而从动轮受到的圆周力则与节点的圆周速度方向相同；各齿轮所受到的径向力的方向始终指向各自的轮心。齿轮受力的标注如图 2-2-19c 所示。

2. 标准直齿圆柱齿轮传动的载荷计算

按式(2-2-21)计算的齿轮上的转矩 T_1 以及由此计算所得的载荷称为名义载荷。齿轮的实际工作条件比较复杂，因此设计齿轮传动时，还须考虑由于原动机和工作机载荷变化所产生的外部附加动载荷，以及由于齿轮、轴、轴承及支座等的制造误差、安装误差和弹性变形使载荷沿齿宽分布不均匀所产生的偏载荷。这样，齿轮传动的实际工作载荷与名义载荷有一定的差距。因此，应将名义载荷乘以载荷系数 K，修正为计算载荷。在设计齿轮传动时，应当按计算载荷进行计算。计算载荷按下式计算

$$T_{c1} = KT_1 \tag{2-2-23}$$

式中，K 为载荷系数，见表 2-2-5。

表 2-2-5　齿轮传动的载荷系数 K

动力机	工作机的载荷特性		
	工作平稳	中等冲击	较大冲击
电动机	1～1.2	1.2～1.6	1.6～1.8
多缸内燃机	1.2～1.6	1.6～1.8	1.9～2.1
单缸内燃机	1.6～1.8	1.8～2	2.2～2.4

注：圆周速度低、精度高于 6 级、齿宽系数小、轴承对称布置、轴的刚度较大、螺旋角较大时，取小值；反之取大值。

3. 标准直齿圆柱齿轮传动的强度计算

(1) 轮齿强度设计理论

齿轮传动在具体的工作条件下，必须有足够的强度，以保证齿轮在整个工作过程中不致失效，齿轮传动的设计计算必须针对齿轮传动某种失效形式进行。目前，工程实际应用的计算方法是：齿面按接触疲劳强度计算和齿根按弯曲疲劳强度计算。

① 齿面的接触疲劳强度计算。

为防止发生轮齿齿面点蚀失效，要进行齿面的接触疲劳强度计算，使齿面节线的最大接触应

力小于或等于齿轮的许用接触应力。

强度校核公式为

$$\sigma_H = Z_E Z_H \sqrt{\frac{2KT_1}{bd_1^2} \times \frac{u \pm 1}{u}} \leqslant [\sigma_H] \tag{2-2-24}$$

强度设计公式为

$$d_1 \geqslant \sqrt[3]{\frac{2KT_1}{\psi_d} \times \frac{u \pm 1}{u} \times \left(\frac{Z_E Z_H}{[\sigma_H]}\right)^2} \tag{2-2-25}$$

许用接触应力计算公式为

$$[\sigma_H] = \frac{\sigma_{Hlim}}{S_H} \tag{2-2-26}$$

式中　σ_H——齿面工作时的最大接触应力,MPa;

Z_E——弹性系数,其数值与材料有关,见表 2-2-6;

Z_H——区域系数,标准齿轮 $Z_H \approx 2.5$;

K——载荷系数,见表 2-2-5;

T_1——作用于主动轮 1 上的转矩,N·m;

$u \pm 1$——u 为大齿轮齿数与小齿轮齿数之比,“+”号用于外啮合,“-”用于内啮合;

b——齿轮工作宽度,mm;

d_1——小齿轮分度圆直径,mm;

$[\sigma_H]$——齿轮的许用接触应力,MPa,计算时取 $[\sigma_{H1}]$ 和 $[\sigma_{H2}]$ 两者中的较小值代入公式(2-2-24)进行运算,这样对于一对齿轮的强度才是安全的;

ψ_d——齿宽系数,$\psi_d = \frac{b}{d_1}$,其经验值见表 2-2-7;

σ_{Hlim}——试验齿轮接触疲劳强度极限,MPa,见表 2-2-4;

S_H——齿轮齿面接触疲劳安全系数,见表 2-2-8。

表 2-2-6　齿轮传动的弹性系数 Z_E　(单位:$\sqrt{\text{MPa}}$)

材料		小齿轮材料			
		钢	铸钢	球墨铸铁	灰铸铁
大齿轮材料	灰铸铁	162.0	161.4	156.6	143.7
	球墨铸铁	181.4	180.5	173.9	
	铸钢	188.9	188.0		
	钢	189.8			
	铸锡青铜	155.0			
	锡青铜	159.8			
	铸铝铁青铜	156.0			

表 2-2-7 齿轮齿宽系数 ψ_d

齿轮相对支承位置	工作齿面硬度	
	软齿面(≤350 HBW)	硬齿面(>350 HBW)
对称布置	0.8～1.4	0.4～0.9
非对称布置	0.6～1.2	0.3～0.6
悬臂布置	0.3～0.4	0.2～0.25
非金属材料齿轮	0.5～1.2	

注：1. 对于直齿圆柱齿轮取小值，对斜齿圆柱齿轮取大值。

2. 载荷稳定、轴刚性大时取大值，反之取小值。

表 2-2-8 最小安全系数

使用要求	S_{Hmin}	S_{Fmin}
低可靠度(失效概率 1/10)	0.85	1.00
一般可靠度(失效概率 1/100)	1.00～1.10	1.25
较高可靠度(失效概率 1/1 000)	1.25～1.30	1.60
高可靠度(失效概率 1/10 000)	1.50～1.60	2.00

② 齿根弯曲疲劳强度计算。

为防止发生齿根折断，要进行齿根的弯曲疲劳强度计算，使齿根处产生的最大弯曲应力小于或等于齿轮的许用弯曲应力。

强度校核公式为

$$\sigma_F = \frac{2KT_1}{bm^2 z_1} Y_F Y_S \leqslant [\sigma_F] \tag{2-2-27}$$

强度设计公式为

$$m \geqslant \sqrt[3]{\frac{2KT_1}{\psi_d \cdot z_1^2} \times \frac{Y_F Y_S}{[\sigma_F]}} \tag{2-2-28}$$

许用弯曲应力计算公式为

$$[\sigma_F] = \frac{\sigma_{FE}}{S_F} \tag{2-2-29}$$

式中 σ_F——轮齿齿根工作时的最大弯曲应力，MPa；

m——齿轮模数，计算后要圆整到标准值，见表 2-2-1；

z_1——小齿轮齿数，$z_1 \geqslant z_{min}$；

Y_F——齿形系数，见表 2-2-9；

Y_S——应力修正系数，见表 2-2-9；

$[\sigma_F]$——齿轮的许用弯曲应力，MPa；

σ_{FE}——试验齿轮弯曲疲劳强度极限，MPa，见表 2－2－4；

S_F——轮齿弯曲疲劳安全系数，见表 2－2－8。

表 2－2－9　渐开线标准外齿轮传动的齿形系数 Y_F 和应力修正系数 Y_S

$z(z_v)$	17	18	19	20	21	22	24	26	28	30	35
Y_F	2.97	2.91	2.85	2.80	2.76	2.72	2.65	2.60	2.55	2.52	2.45
Y_S	1.52	1.53	1.54	1.55	1.56	1.57	1.58	1.595	1.60	1.625	1.65
$z(z_v)$	40	45	50	60	70	80	90	100	150	200	∞
Y_F	2.40	2.35	2.32	2.28	2.24	2.22	2.20	2.18	2.14	2.12	2.06
Y_S	1.67	1.68	1.70	1.73	1.75	1.77	1.78	1.79	1.83	1.865	1.97

需要指出，对于一对齿轮传动来讲，两齿轮的齿数一般不会相等，齿形系数 Y_F 和应力修正系数 Y_S 也不相等；同时因两齿轮所选材料及热处理工艺一般并不相同，许用弯曲应力$[\sigma_{F1}]$和$[\sigma_{F2}]$也不一定相同，所以在使用式(2－2－27)校核齿轮齿根弯曲强度时，必须对两个齿轮分别进行校核。

还需要强调的是，在应用式(2－2－28)进行设计时，$\frac{Y_F Y_S}{[\sigma_F]}$是指一对齿轮中齿根弯曲强度较弱者，即将$\frac{Y_{F1}Y_{S1}}{[\sigma_{F1}]}$和$\frac{Y_{F2}Y_{S2}}{[\sigma_{F2}]}$中的较大者代入。这样计算的模数大些，能够满足两个齿轮齿根弯曲的要求。

(2) 齿轮传动设计准则

设计齿轮时，闭式或开式齿轮传动的强度计算公式使用方法见表 2－2－10。

表 2－2－10　强度计算公式使用方法

齿轮传动类型	失效形式	设计公式	校核公式
闭式软齿面	点蚀	按接触强度设计，比较许用接触应力$[\sigma_{H1}]$和$[\sigma_{H2}]$两者大小，取小值代入公式	按弯曲强度校核，两齿轮都校核，即 $\frac{\sigma_{F1}}{Y_{Fa1}Y_{Sa1}}=\frac{\sigma_{F2}}{Y_{Fa2}Y_{Sa2}}$
闭式硬齿面	折断	按弯曲强度设计，比较$\frac{Y_{Fa1}Y_{Sa1}}{\sigma_{F1}}$与$\frac{Y_{Fa2}Y_{Sa2}}{\sigma_{F2}}$大小，将大值代入设计公式	按接触强度校核，取$[\sigma_{H1}]$和$[\sigma_{H2}]$中小值代入公式
开式齿轮	折断、磨损	按弯曲强度设计	不用校核接触强度，但考虑磨损，模数 m 应增加 10%～15%

八、齿轮传动设计参数的选择

齿轮传动设计包括强度计算、几何尺寸计算和结构设计，设计参数的选择是齿轮传动强度设计中的关键，也是齿轮几何尺寸计算和齿轮结构设计的基础。设计参数选择得科学合理，则齿轮的承载能力可以得到充分发挥，保证传动的正常工作，并有足够的工作寿命。如果设计参数选择得不合理，轻则将导致齿轮传动过早失效；重则可能导致齿轮传动无法工作。这里简要介绍齿轮传动设计中主要参数选择的原则和范围。

1. 齿数和模数

齿轮的齿数 z_1 和 z_2 越多，齿轮传动的重合度 ε 越大，传动越平稳；当中心距 a 一定时，齿数增多则模数减少，但模数过小会影响轮齿齿根弯曲疲劳强度。因此，传递动力的齿轮，其模数和齿数选择的原则是：在保证齿根弯曲疲劳强度的条件下，选择“小模数多齿数”。

在初选模数时，可以依据经验公式估算。对于一般中、低速的齿轮传动，可取 $m=(0.01\sim0.02)a$。软齿面、载荷平稳时取较小值；硬齿面、冲击载荷时取较大值。

对于传动动力的齿轮，其模数一般不得小于 2 mm，只有特殊情况下才允许模数取 1.5 mm。

在以传递动力为主的闭式齿轮传动中，一般转速较高，为了提高传动的平稳性并减小切削量，在满足齿根弯曲强度要求的前提下，齿数越多越好，一般取 $z_1=20\sim40$；开式齿轮传动一般转速较低，齿面磨损会使轮齿的抗弯能力降低，为使轮齿不至过小，小齿轮齿数不宜选用过多，一般可取 $z_1=17\sim20$；而对于以传递运动为主的精密齿轮传动，最少齿数可以为 14，以获得紧凑的结构，但齿数过少，传动平稳性和啮合精度降低。因此，在一般情况下，最少齿数不得小于 12。为了使磨损均匀，齿数 z_1 和 z_2 最好互为质数。

2. 传动中心距

齿轮传动中心距 a 是在按齿面接触疲劳强度计算出 d_1，或按齿根弯曲疲劳强度计算出模数 m，并选定齿数 z_1 和 z_2 后计算得到的。中心距 a 应当圆整为 0 或 5 的整数，如果计算出的中心距末位不是为 0 或 5 的整数，可按公式 $a=m(z_1+z_2)/2$ 调整齿数或模数，但调整后的中心距 a 不得小于保证接触疲劳强度所需要的中心距。

3. 齿数比

齿数比 u 与传动比 i 的意义不同，齿数比是大齿轮齿数与小齿轮齿数之比，其值大于 1；而传动比是主动轮的转速与从动轮的转速之比，其大小等于从动轮的齿数与主动轮的齿数之比。显然，对于减速传动：$u=i$；而对于增速传动：$u=1/i$。

设计齿轮传动时，u 值不宜过大，以免因大齿轮的直径过大而使整个装置的尺寸过大。通常直齿圆柱齿轮传动取 $u\leqslant5$，斜齿圆柱齿轮传动取 $u\leqslant6$；当 $u>6$ 时宜采用多级传动。对于齿数比(传动比)要求不高的传动，调整齿数后允许齿数比(传动比)误差不超过 $\pm(3\%\sim5\%)$，在设计中常需要作多次试凑计算，才能得到满意的结果。

4. 齿宽系数和齿宽

由齿轮的强度计算公式可知，增大齿宽系数，可以减小齿轮直径和中心距，使齿轮传动结构紧凑并降低齿轮的圆周速度。但是，增大齿宽系数将使得齿宽增大，而齿宽越大，载荷沿齿宽分布的不均匀性就越严重，从而增大齿面接触疲劳应力或齿根弯曲疲劳应力。齿宽系数的选择取决于齿轮在轴上的位置，齿轮在轴上相对于轴承对称布置时，取大值；悬臂时取小值，见表 2-2-7。

对于机床变速箱中的齿轮，由于同一轴上齿轮较多，又有滑移齿轮，支承间距较大，且多为硬齿面齿轮，不利于跑合，故要求齿宽小一些，通常取 $\psi_d\leqslant8/z_1$。

对于减速器中的齿轮传动，常用的齿宽系数，是齿宽 b 与中心距 a 之比。轻型减速器 $\psi_a=0.2\sim0.4$，中型减速器 $\psi_a=0.4\sim0.6$，重型减速器 $\psi_a=0.8$。

为了便于安装和补偿轴向尺寸的变动，在减速器中，一般将小齿轮轮齿做得比大齿轮轮齿宽 5～10 mm，而将大齿轮的轮齿宽度做得与啮合宽度 b 相等。塑料齿轮与金属齿轮啮合时，通常将塑料齿轮做得窄一些。

九、齿轮的结构设计

要保证齿轮传动正常工作，并有足够的寿命，仅仅满足强度要求还不够，还必须设计出合理的齿轮结构，同时还必须保证相应的润滑条件。在传递大功率的齿轮传动设计中，还应当考虑齿轮传动的效率问题。

通过齿轮传动的强度计算，只能确定齿轮的主要参数，如模数、齿数、分度圆直径、齿顶圆直径、齿宽等，而齿圈、轮毂、轮辐等结构型式和尺寸大小等，通常都是由齿轮的结构设计来确定的。齿轮的结构设计与齿轮的几何尺寸、毛坯制造、材料、加工工艺方法、使用要求和经济性等因素有关。所以，在设计齿轮结构时，必须综合考虑上述各种因素。通常齿轮的结构型式和各部分的尺寸，主要根据经验和齿轮的加工工艺来确定，即先根据齿轮的直径和所选定的材料，选定合适的结构型式，然后再按照推荐的经验公式或数据（一般根据经验公式进行设计计算所得的计算值为非整数，应进行圆整，尽量采用优先数系中的数或个位数为“0”或“5”的数值，以便于设计、制造、装配与检验等），来确定齿轮各部分的尺寸，最后完成结构设计。齿轮的结构型式大致分为如下几种。

（1）齿轮轴

对于直径很小的钢质齿轮，如果从齿根（锥齿轮小端的齿根）到键槽的距离 x 很小，如图 2-2-21 所示；或 $d<1.8d_s$（d 为齿轮分度圆直径，d_s 为轴的直径），此时应当将齿轮与轴制成一个整体，称为齿轮轴，如图 2-2-20 所示。齿轮轴的刚性很大，但轴必须与齿轮用同一种材料制造，材料成本较高，而且轴和齿轮其中之一损坏时，二者将同时报废，会造成浪费。一般圆柱齿轮 $x\leqslant2.5m$（m 为法面模数）或锥齿轮 $x\leqslant1.6m$（m 为大端模数）时，就应当设计成齿轮轴。

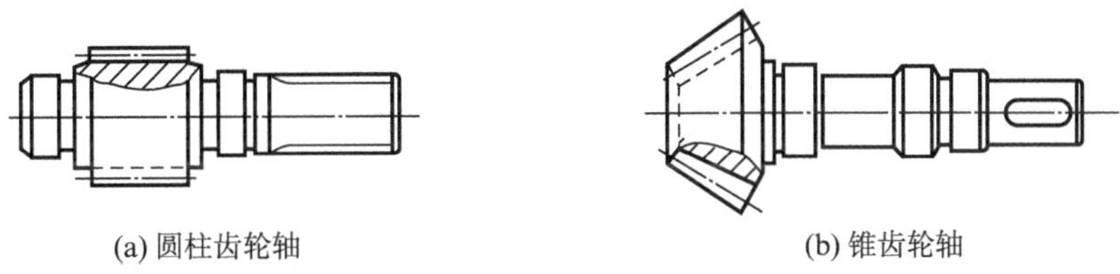

(a) 圆柱齿轮轴　　(b) 锥齿轮轴

图 2-2-20　齿轮轴

（2）实心式齿轮

当 $x>2.5m$（圆柱齿轮）或 $x>1.6m$（锥齿轮），且齿顶圆直径 $d_a\leqslant200$ mm 时，可采用实心式齿轮，如图 2-2-21 所示。实心式齿轮常采用锻造方法制造毛坯。

（3）辐板式齿轮

当齿轮的齿顶直径为 200 mm$<d_a<$500 mm 时，常采用辐板式结构，以减轻重量、节约材料，如图 2-2-22 和图 2-2-23 所示。这种尺寸的齿轮大都采用锻造方法制造毛坯，对于要求不高的齿轮也可采用铸造方法制造毛坯。圆锥齿轮齿顶直径 $d_a>400$ mm 时，也可以铸造成带加强筋的辐板式圆锥齿轮，如图 2-2-24 所示。

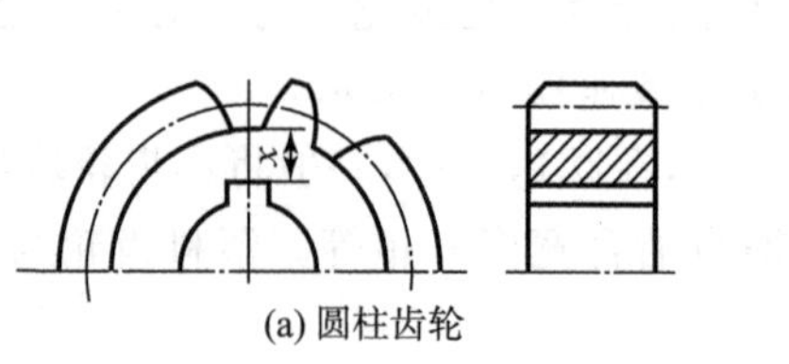

图 2-2-21 实心式齿轮

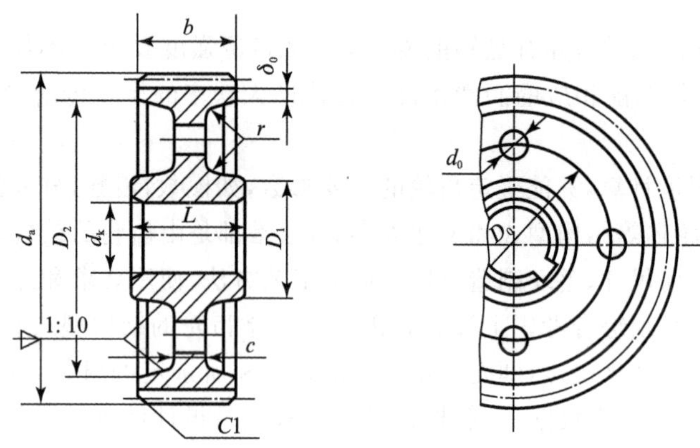

图 2-2-22 辐板式圆柱齿轮

$D_1=1.6d_k$；$L=(1.2\sim1.5)d_k$；$L>b$；$\delta_0=(2.5\sim4)m_n$ 且 $\delta_0\geqslant8\sim10$ mm；$n=0.5m_n$；$r=0.5c$；$c=(0.2\sim0.3)b$；$D_0=0.5(D_1+D_2)$；$d_0=0.25(D_2-D_1)$

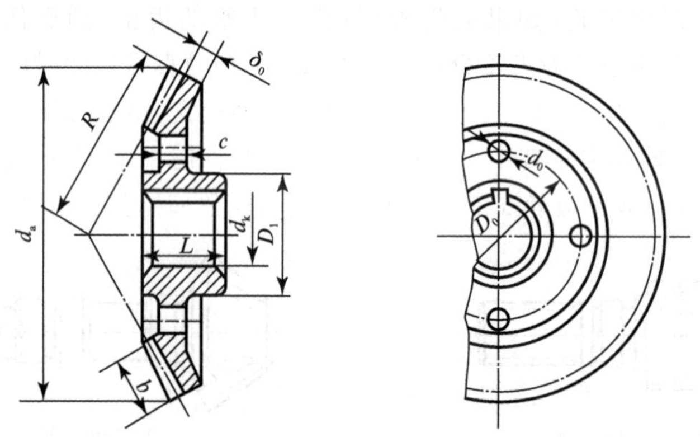

图 2-2-23 辐板式锥齿轮

$D_1=1.6d_k$；$L=(1\sim1.2)d_k$；$\delta_0=(3\sim4)m$ 且 $\delta_0\geqslant10$ mm；$c=(0.1\sim0.17)R$；D_0 和 d_0 按结构确定

(4) 轮辐式齿轮

对于圆柱齿轮齿顶圆直径 $d_a>500$ mm，由于锻造困难，可采用铸造的方法制造毛坯，如图 2-2-25 所示。圆柱齿轮可铸造成轮辐式结构。

(5) 组合式齿轮

当齿轮尺寸很大($d_a>600$ mm)时，为了节约贵重金属材料，也可采用组合式结构，即齿圈用贵重金属材料制造，而轮芯(轮辐和轮毂)用其他材料(如铸铜或铸铁)制造，再将齿圈用过盈配合镶套在轮芯上，并在它们的接缝处加装紧固螺钉固定，即所谓镶套齿轮，如图 2-2-26 所示。

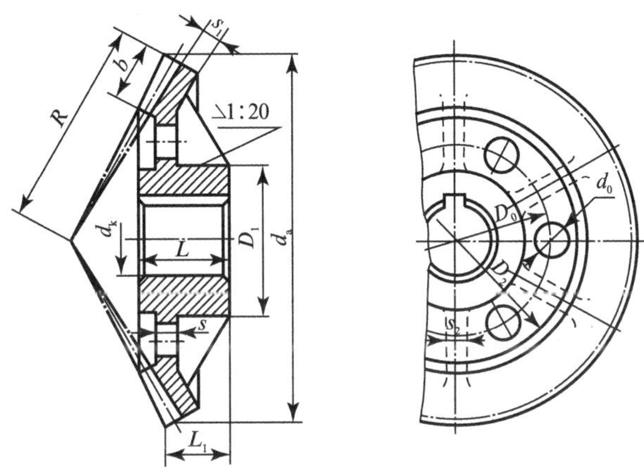

图 2-2-24　带加强筋的辐板式锥齿轮

$D_1 = 1.6d_k$；D_2 由结构确定；$D_0 = 0.5(D_1 + D_2)$；$d_0 = 0.25(D_2 - D_1)$；$s = 3m$，但不小于 10 mm；$s_1 = 0.2b$，但不小于 10 mm；$L = (1 \sim 1.2)d_k$；L_1 按结构确定

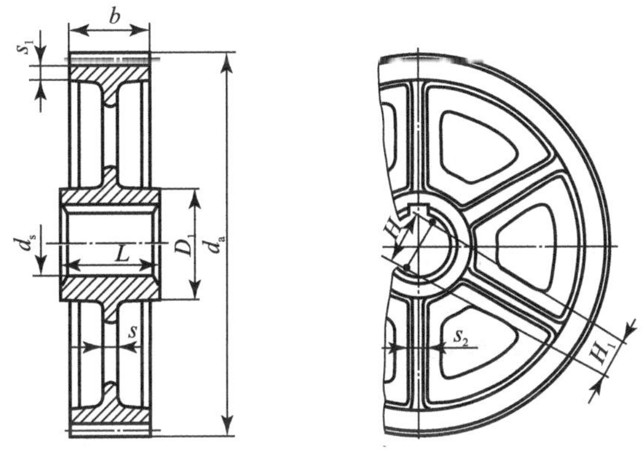

图 2-2-25　轮辐式圆柱齿轮

$D_1 = (1.6 \sim 1.8)d_k$；$L = (1.2 \sim 1.5)d_k$；$H = 0.8d_s$；$H_1 = 0.8H$；$s = 0.2H$；$s_1 = 5m_n$，但不小于 10 mm；$s_2 = H/6$，但不小于 10 mm

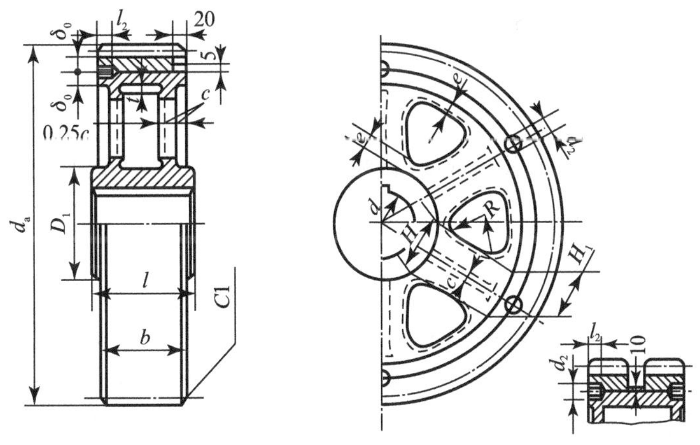

图 2-2-26　镶套齿轮

对于 $d_a>1\,000$ mm、$b>240$ mm 的大型齿轮还可以采用焊接的方法制造毛坯，称为焊接齿轮，需要时可以查阅相关机械设计手册。

十、标准直齿圆柱齿轮传动的设计

标准直齿圆柱齿轮的设计方法与步骤如下。

(1) 选定齿轮材料、确定热处理工艺及齿轮精度等级。

(2) 计算确定许用应力。

(3) 确定设计准则，按齿面接触疲劳强度设计（设计计算公式）。

(4) 确定设计计算公式中的相关参数。

① 计算转矩 T_1；

② 确定载荷系数 K、弹性系数 Z_E、区域系数 Z_H；

③ 确定齿宽系数 ψ_d 和齿数，并验算传动比误差；

④ 按齿面接触疲劳强度计算 d_1。

(5) 确定基本参数。

① 计算并确定模数（圆整为国家标准规定的标准值）；

② 确定齿宽 b；

③ 计算分度圆直径 d_1（须精确计算至小数点后三位小数）。

(6) 校核齿根弯曲疲劳强度。

① 确定齿形系数 Y_F 和应力修正系数 Y_s；

② 分别校核两齿轮齿根弯曲疲劳强度。

(7) 计算齿轮圆周速度，验证精度选择是否合适。

(8) 计算齿轮的几何尺寸。

(9) 确定齿轮的结构尺寸。

(10) 绘制齿轮零件设计图。

十一、齿轮传动装置的润滑*

齿轮传动时对轮齿进行润滑，可以减少齿面间的摩擦和磨损，缓蚀和降低噪声，提高传动效率和延长齿轮寿命，所以，润滑对齿轮传动是非常重要的。

1. 润滑方式

闭式齿轮传动的润滑方式有浸油润滑和喷油润滑两种，一般可根据齿轮的圆周速度进行选择。

(1) 浸油润滑

当齿轮的圆周速度 $v\leqslant 12$ m/s 时，通常采用浸油润滑方式，如图 2-2-27 所示。浸入油中的深度约一个齿高，但不小于 10 mm，浸油过深会增大运动阻力并使油温升高。注意浸油齿轮的齿顶距离油箱底面距离一般为 30～50 mm，以免搅起箱底的杂质，如图 2-2-27a 所示。在多级齿轮传动中，可采用带油轮将油带到未浸入油池内的齿轮齿面上，如图 2-2-27b 所示，同时将油甩到齿轮箱壁上散热，有利于冷却。

(2) 喷油润滑

当齿轮的圆周速度 $v>12$ m/s 时，由于圆周速度大，齿轮搅油剧烈，且因离心力较大，会使粘附在齿廓面上的油被甩掉，因此不宜采用浸油润滑，可采用喷油润滑。喷油润滑是用油泵将具有一定压力的润滑油经喷嘴喷到齿面上，如图 2－2－28 所示。

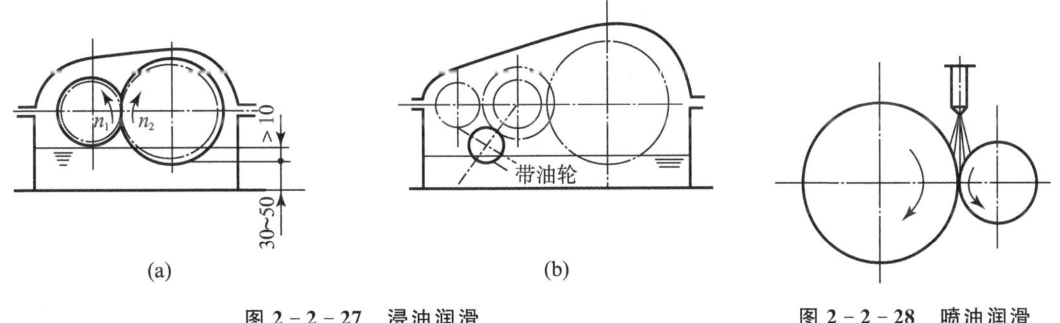

图 2－2－27　浸油润滑　　　图 2－2－28　喷油润滑

对于开式齿轮传动的润滑，由于传动速度较低，通常采用人工定期加油润滑方式。

2. 润滑剂的选择

齿轮传动的润滑剂多采用润滑油。通常根据齿轮材料和圆周速度选取油的黏度，并由选定的黏度再确定润滑油的牌号(参见有关机械设计手册)。润滑油的运动黏度(40℃)见表 2－2－11。

表 2－2－11　润滑油的运动黏度(40℃)　　(单位：$10^{-6}\text{m}^2\cdot\text{s}^{-1}$)

齿轮材料	强度极限 σ_b/MPa	圆周速度 v/(m/s)						
		<0.5	0.5～1	<1～2.5	<2.5～5	<5～12.5	<12.5～25	>25
塑料、青铜、铸铁	—	320	220	150	100	68	46	—
钢	450～1 000	460	320	220	150	100	68	46
	1 000～1 250	460	460	320	220	150	100	68
渗碳或表面淬火钢	1 250～1 580	1 000	460	460	320	220	150	100

注：对于多级齿轮传动，应根据各级传动圆周速度的平均值来选取润滑油的黏度。

【任务分析】

本任务中，输送机所用的减速器为一般机械，载荷平稳，故可采用小齿轮为硬齿面，大齿轮为软齿面的组合，即为软、硬齿面组合的闭式齿轮传动，并采用标准齿轮传动。带式输送机允许传动比误差不超过±5%。其设计准则为：按照轮齿齿面接触疲劳强度进行设计，确定齿轮的主要参数，再用齿根弯曲疲劳强度条件进行强度校核，最后计算齿轮的几何尺寸，确定齿轮结构型式；根据结构型式在相关机械设计手册中查找相配合的电动机轴头设计尺寸，确定齿轮其他结构尺寸，绘制齿轮零件设计图。

【任务实施】

参照标准直齿圆柱齿轮传动的设计方法与步骤，本任务齿轮传动设计的基本步骤如下所述。

1. 选定齿轮材料、确定热处理工艺及齿轮精度等级

该齿轮传动无特殊要求，大、小齿轮均选 45 钢，小齿轮表面淬火；大齿轮调质处理。齿轮传动精度要求不高，故选 8 级精度。

查表 2－2－4，小齿轮 45 钢，表面淬火，40～50 HRC；大齿轮 45 钢，调质 197～286 HBW。

2. 计算确定许用应力

① 查表 2－2－4，小齿轮接触疲劳强度极限 $\sigma_{Hlim1}=1\ 120\sim1\ 150$ MPa，弯曲疲劳强度极限 $\sigma_{FE1}=680\sim700$ MPa；大齿轮接触疲劳强度极限 $\sigma_{Hlim2}=550\sim620$ MPa，弯曲疲劳强度极限 $\sigma_{FE2}=410\sim480$ MPa。取：

$$\sigma_{Hlim1}=1\ 130\ \text{MPa}\qquad \sigma_{FE1}=690\ \text{MPa}\qquad \sigma_{Hlim2}=580\ \text{MPa}\qquad \sigma_{FE2}=450\ \text{MPa}$$

② 计算许用接触应力 $[\sigma_H]$ 及许用弯曲应力 $[\sigma_F]$：查表 2－2－8，取齿面接触疲劳安全系数 $S_H=1.1$，齿根弯曲疲劳安全系数 $S_F=1.25$。即

小齿轮：

$$[\sigma_{H1}]=\frac{\sigma_{Hlim1}}{1.1}=\frac{1\ 130}{1.1}\text{MPa}=1\ 027\ \text{MPa}$$

$$[\sigma_{F1}]=\frac{\sigma_{FE1}}{1.25}=\frac{690}{1.25}\text{MPa}=552\ \text{MPa}$$

大齿轮：

$$[\sigma_{H2}]=\frac{\sigma_{Hlim2}}{1.1}=\frac{580}{1.1}\text{MPa}=527\ \text{MPa}$$

$$[\sigma_{F2}]=\frac{\sigma_{FE2}}{1.25}=\frac{450}{1.25}\text{MPa}=360\ \text{MPa}$$

3. 确定设计准则

闭式齿轮传动、软齿面，按齿面接触疲劳强度进行设计计算，按齿根弯曲疲劳强度校核。

4. 确定设计计算公式中的相关参数

① 小齿轮传递的转矩 T_1

$$T_1=9\ 550\times\frac{P_1}{n_1}\times10^3=9\ 550\times\frac{4.87}{315.2}\times10^3\ \text{N}\cdot\text{mm}=147\ 552\ \text{N}\cdot\text{mm}$$

② 载荷系数 K

查表 2－2－5，载荷平稳，K 值为 1.0～1.2，取

$$K=1.1$$

③ 弹性系数 Z_E

查表 2－2－6，得

$$Z_E=189.8\sqrt{\text{MPa}}$$

④ 区域系数 Z_H

标准齿轮，取

$$Z_H\approx2.5$$

⑤ 齿宽系数 ψ_d

查表 2-2-7，非对称布置，$\psi_d=0.6\sim1.2$，取

$$\psi_d=1$$

⑥ 齿数比 u

减速传动，$u=i=3.5$，取

$$u=3.5$$

⑦ 计算实际齿数比 u_{sj}

依据经验值 $z_1=24\sim40$，取 $z_1=28$，则有：

$$z_2=uz_1=3.5\times28=98\text{，取 } z_2=99$$

实际齿数比

$$u_{sj}=\frac{z_2}{z_1}=\frac{99}{28}=3.54$$

⑧ 传动比误差 Δi

$$\Delta i=\frac{|i-u_{sj}|}{i}=\frac{|3.5-3.54|}{3.5}=0.01=1\%$$

$\Delta i=1\%$，符合 $\Delta i\leqslant5\%$要求。

⑨ 按齿面接触疲劳强度计算 d_1

$$d_1\geqslant\sqrt[3]{\frac{2KT_1}{\psi_d}\times\frac{u\pm1}{u}\times\left(\frac{Z_EZ_H}{[\sigma_H]}\right)^2}=$$

$$\sqrt[3]{\frac{2\times1.1\times147\,552}{1}\times\frac{3.54+1}{3.54}\times\left(\frac{189.8\times2.5}{527}\right)^2}\text{ mm}=69.62\text{ mm}$$

须取$[\sigma_{H1}]$和$[\sigma_{H2}]$值小者代入公式计算，公式中 u 以实际齿数比代入，得

$$d_1\geqslant69.62\text{ mm}$$

5. 确定基本参数

① 模数 m

$$m=\frac{d_1}{z_1}=\frac{69.62}{28}\text{mm}=2.49\text{ mm，圆整为标准值，取 } m=2.5\text{ mm}$$

② 齿宽 b

$$b=\psi_dd_1=\psi_dmz_1=1\times2.5\times28\text{ mm}=70\text{ mm}$$

③ 小齿轮齿宽 b_1

$$b_1=b=70\text{ mm}$$

④ 大齿轮齿宽 b_2

$$b_2=b_1-(5\sim10)\text{mm}=(70-(5\sim10))\text{mm}=60\sim65\text{ mm，取 } b_1=60\text{ mm}$$

⑤ 小齿轮分度圆直径

$$d_1 = mz_1 = 2.5 \times 28\ \text{mm} = 70\ \text{mm}$$

6. 校核计算齿根弯曲疲劳强度

① 确定齿形系数 Y_F 和应力修正系数 Y_S

查表 2-2-9（如表中无所对应的齿数，需用插入法求 Y_F 或 Y_S）

$$Y_{F1} = 2.55; Y_{F2} = 2.18$$

$$Y_{S1} = 1.6; Y_{S2} = 1.79$$

② 小齿轮齿根弯曲疲劳强度校核 σ_{F1}

$$\sigma_{F1} = \frac{2KT_1}{bm^2 z_1} Y_{F1} Y_{S1} = \frac{2 \times 1.1 \times 147\ 552}{70 \times 2.5^2 \times 28} \times 2.55 \times 1.6\ \text{MPa} = 108.1\ \text{MPa}$$

$$\sigma_{F1} = 108.1\ \text{MPa} < [\sigma_{F1}]，\text{安全。}$$

③ 大齿轮齿根弯曲疲劳强度校核 σ_{F2}

$$\sigma_{F_2} = \frac{Y_{F2} Y_{S2}}{Y_{F1} Y_{S1}} \sigma_{F1} = \frac{2.18 \times 1.79}{2.55 \times 1.6} \times 100.9\ \text{MPa} = 96.5\ \text{MPa}$$

$$\sigma_{F2} = 96.5\ \text{MPa} < [\sigma_{F2}]，\text{安全。}$$

7. 计算齿轮圆周速度，验证精度选择是否合适

$$v = \frac{\pi d_1 n_1}{60 \times 1\ 000} = \frac{\pi \times 70 \times 315.2}{60 \times 1\ 000}\ \text{m/s} = 1.16\ \text{m/s}$$

查表 2-2-12，8 级精度齿轮圆周速度 $v \leqslant 5$ m/s，$v = 1.16$ m/s < 5 m/s，符合要求。

8. 计算齿轮的几何尺寸

① 小齿轮齿顶圆直径 d_{a1}

$$d_{a1} = d_1 + 2mh_a^* = (70 + 2 \times 2.5 \times 1)\text{mm} = 75\ \text{mm}$$

② 小齿轮齿根圆直径 d_{f1}

$$d_{f1} = d_1 - 2(h_a^* + c^*)m = [70 - 2 \times (1 + 0.25) \times 2.5]\text{mm} = 63.75\ \text{mm}$$

③ 大齿轮分度圆直径 d_2

$$d_2 = mz_2 = 2.5 \times 100\ \text{mm} = 250\ \text{mm}$$

④ 大齿轮齿顶圆直径 d_{a2}

$$d_{a2} = d_2 + 2mh_a^* = (250 + 2 \times 2.5 \times 1)\text{mm} = 255\ \text{mm}$$

⑤ 大齿轮齿根圆直径 d_{f2}

$$d_{f2} = d_2 - 2(h_a^* + c^*)m = [250 - 2 \times (1 + 0.25) \times 2.5]\ \text{mm} = 243.75\ \text{mm}$$

⑥ 中心距 a

$$a = \frac{m}{2}(z_1 + z_2) = \frac{2.5}{2} \times (28 + 100)\text{mm} = 160\ \text{mm}$$

9. 确定齿轮的结构尺寸

小齿轮齿根圆 $d_{f1}=63.75\ \text{mm}$，齿轮处轴径 $d=58\ \text{mm}$，轮毂键槽深 4.3 mm，则齿根圆至键槽底的距离为 $\left(\dfrac{63.75-58}{2}-4.3\right)\text{mm}=-1.425\ \text{mm}<2.5\ \text{m}$，由于 $d<1.8\ d_s$，结构选定齿轮轴，锻造毛坯。

大齿轮齿顶圆符合 $200\ \text{mm}<d_a<500\ \text{mm}$，结构选定辐板式齿轮，锻造毛坯。

10. 绘制齿轮零件设计图

依据齿轮各项参数及尺寸绘制齿轮轴及大齿轮零件设计图，如图 2-2-29、图 2-2-30 所示。

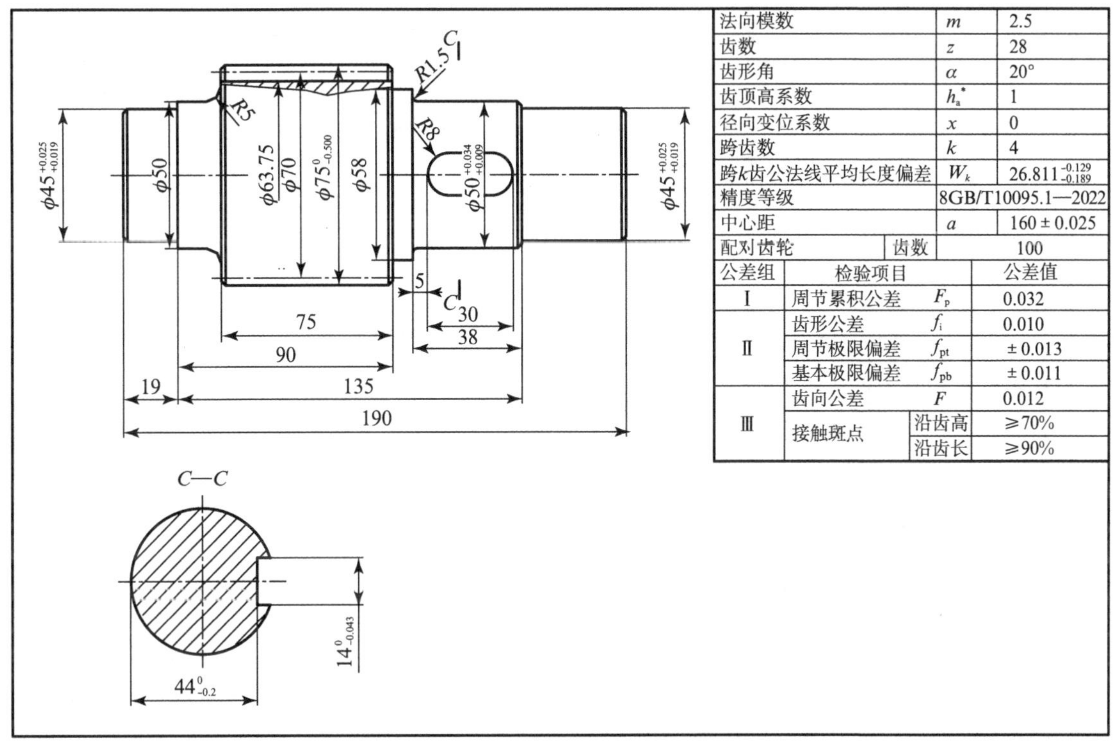

法向模数		m	2.5
齿数		z	28
齿形角		α	20°
齿顶高系数		h_a^*	1
径向变位系数		x	0
跨齿数		k	4
跨k齿公法线平均长度偏差		W_k	$26.811^{-0.129}_{-0.189}$
精度等级		8GB/T10095.1—2022	
中心距		a	160±0.025
配对齿轮		齿数	100
公差组	检验项目		公差值
Ⅰ	周节累积公差	F_p	0.032
Ⅱ	齿形公差	f_i	0.010
	周节极限偏差	f_{pt}	±0.013
	基本极限偏差	f_{pb}	±0.011
Ⅲ	齿向公差	F	0.012
	接触斑点	沿齿高	≥70%
		沿齿长	≥90%

图 2-2-29　齿轮轴零件设计图

【任务总结】

本任务分析了齿轮传动的工作原理、特点和应用，齿轮传动的啮合特性，齿轮传动的几何尺寸计算，齿轮传动的设计方法。学生可以在实际的设计工作中掌握齿轮传动设计选用的知识和技能，通过对齿轮传动设计过程的思考，培养学生的创新思维能力。

(1) 齿轮传动的特点：① 两齿轮瞬时传动比恒定；② 适用的功率、速度和尺寸范围大；③ 传动效率高，使用寿命长；④ 结构紧凑；⑤ 不适用于远距离传动；⑥ 制造和安装要求较高，成本较高。

(2) 渐开线的性质：① 发生线沿基圆滚过的长度，等于基圆上被滚过的圆弧长；② 发生线是基圆的切线，也是渐开线在 K 点的法线；③ 渐开线上各点的曲率半径不等；④ 渐开线的形状取

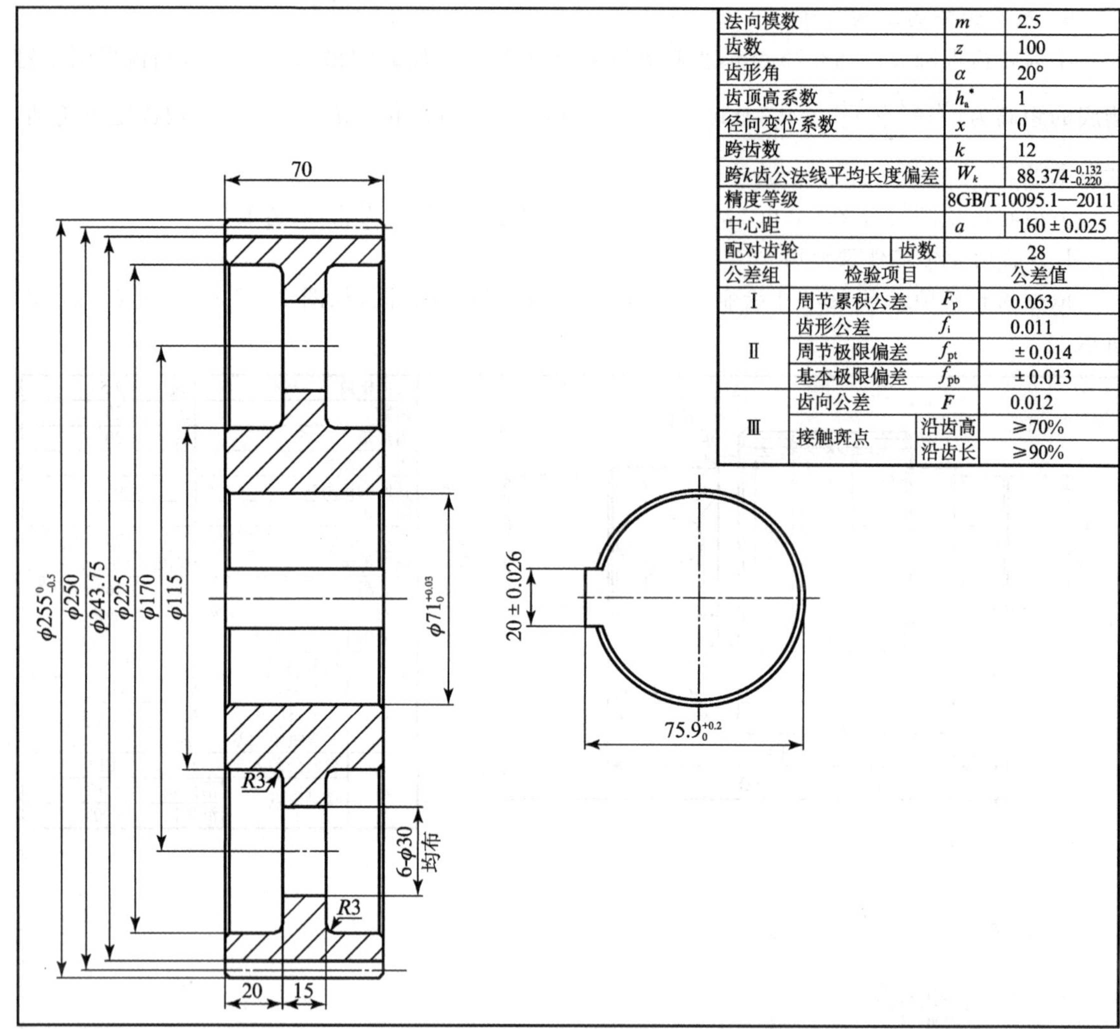

法向模数		m	2.5
齿数		z	100
齿形角		α	20°
齿顶高系数		h_a^*	1
径向变位系数		x	0
跨齿数		k	12
跨k齿公法线平均长度偏差		W_k	$88.374^{-0.132}_{-0.220}$
精度等级		8GB/T10095.1—2011	
中心距		a	160±0.025
配对齿轮	齿数	28	

公差组	检验项目		公差值
Ⅰ	周节累积公差	F_p	0.063
Ⅱ	齿形公差	f_i	0.011
	周节极限偏差	f_{pt}	±0.014
	基本极限偏差	f_{pb}	±0.013
Ⅲ	齿向公差	F	0.012
	接触斑点	沿齿高	≥70%
		沿齿长	≥90%

图 2-2-30 圆柱齿轮零件设计图

决于基圆的大小；⑤ 基圆内无渐开线。

(3) 渐开线标准直齿圆柱齿轮参数和几何尺寸计算。

(4) 渐开线齿轮的正确啮合条件：两齿轮的模数和压力角分别相等。

(5) 齿轮连续传动条件：重合度 $\varepsilon=\dfrac{K_2K_1}{P_b}\geqslant 1$。

(6) 齿轮传动的失效形式和设计准则。

① 失效形式：轮齿折断、齿面点蚀、齿面磨损、齿面胶合和齿面塑性变形。

② 设计准则：

闭式软齿面齿轮(齿面硬度≤350 HBW)，按齿面接触疲劳强度设计，确定齿轮的主要参数和尺寸，再按齿根弯曲疲劳强度进行校核；

闭式硬齿面齿轮(齿面硬度>350 HBW)，按齿根弯曲疲劳强度设计，确定模数和尺寸，然后按齿面接触疲劳强度进行校核；

开式齿轮传动，按齿根弯曲疲劳强度进行设计计算，确定齿轮的模数。考虑磨损因素，再将模数增大 10%～20%，无需校核齿面接触疲劳强度。

(7) 齿轮传动的设计步骤。① 根据工作条件，明确设计要求；② 分析失效形式，确定设计准则；③ 选择材料，计算许用应力；④ 确定参数，初定齿数 z_1、z_2，齿宽系数 ψ_d 等；⑤ 进行齿面接触疲劳强度或齿根弯曲疲劳强度设计计算，求出满足强度要求的参数计算值；⑥ 进行齿面接触疲劳强度或齿根弯曲疲劳强度校核；⑦ 齿轮结构设计；⑧ 绘制齿轮设计图。

【知识拓展】

一、齿轮传动的精度★

1. 齿轮精度等级

齿轮精度是指单个齿轮的精确程度，是与齿轮加工误差相对应的概念。齿轮副的精度是指一对齿轮安装后，影响传动性能方面的精确程度。国家标准 GB/T 10095.1—2022 对圆柱齿轮的精度规定了 13 个精度等级，即 0～12 级。第 0 级的精度最高，第 12 级的精度最低。按照误差特性及齿轮对传动性能的影响，将齿轮的各项公差分成三组。

(1) 传递运动的准确性(运动精度)

指传递运动的准确程度。要求齿轮在一周范围内最大转角误差不超过允许的限度。其相应的公差定为第Ⅰ组。

(2) 传动的平稳性(平稳性精度)

指齿轮传动的平稳程度，冲击、振动及噪声的大小。要求齿轮在一周内瞬时传动比的变化不超过工作要求的允许范围。其相应的公差定为第Ⅱ组。

(3) 载荷分布的均匀性(接触精度)

指啮合齿面沿齿宽和齿高的实际接触程度。要求齿轮啮合时工作齿面接触良好，使齿面上的载荷分布均匀，减小齿面磨损，防止应力集中而造成轮齿折断。其相应的公差定为第Ⅲ组。

另外对齿轮副有齿侧间隙的合理性(配合精度)要求。齿轮副的侧隙是指齿轮传动过程中，一对轮齿的非工作面之间所形成的间隙。侧隙是齿轮副装配后自然形成的，它既不能太小，以便补偿制造与安装误差以及热变形，并满足正常润滑需要；也不能太大，防止经常需要正反转的齿轮副产生换向冲击和空程。

齿轮副中两个齿轮的精度等级一般相同，也允许不相同，具体依据传动用途、使用条件、传动功率、圆周速度及经济性等进行选择。

6 级是高精度等级，用于高速、重载、分度等要求高的齿轮传动，一般机械中常用 7～9 级(7 级属精密级、8 级属中等精度、9 级属低精度)，对精度要求不高的低速齿轮可使用 9～12 级。

2. 齿轮精度等级的确定

确定齿轮传动的精度等级，应根据传动的用途、使用条件、传递功率和圆周速度等来决定。确定齿轮精度等级的方法一般有计算法和类比法，目前通常采用类比法。类比法是指查阅类似机构的设计参数，根据已有的经验成果或一些参考手册来确定齿轮的精度的方法。齿轮传动荐用精度等级见表 2-2-12。

表 2-2-12 齿轮传动荐用精度等级

精度等级	圆周速度/(m/s)			应　用
	直齿圆柱齿轮	斜齿圆柱齿轮	直齿锥齿轮	
7 级	≤10	≤17	≤6	高速、中载，或中速、重载场合的齿轮传动，如标准系列减速器中的齿轮、汽车和机床的齿轮
8 级	≤5	≤10	≤3	机械制造中对精度无特殊要求的齿轮
9 级	≤3	≤3.5	≤2.5	低速及对精度要求低的齿轮

3. 齿轮精度等级在图样上的标注

当文件需叙述齿轮精度要求时，应注明 GB/T 10095.1—2022 或 GB/T 10095.2—2023，具体标注方法如下。

(1) 当齿轮的检验项目同为一个精度等级时，可标注精度等级和标准号。例如，齿轮的检验项目都为 8 级精度，标注为：8　GB/T 10095.1—2022 或 8　GB/T 10095.2—2023。

(2) 当齿轮的检验项目不是一个精度等级时，例如，齿廓总偏差 F_α 为 7 级，而单个齿距偏差 f_{pt}、齿距累计总偏差 F_p、螺旋线总偏差 F_β 均为 6 级时，标注为：7(F_α)、6(f_{pt}、F_p、F_β)　GB/T 10095.1—2022。

二、变位齿轮★

1. 标准齿轮的局限性

前面讨论的都是渐开线标准齿轮，它们设计计算简单，互换性好，但标准齿轮传动仍存在着一些局限性。

① 受根切限制，齿数不得少于 z_{min}，使传动结构不够紧凑。

② 不适用于安装中心距 a' 不等于标准中心距 a 的场合。当 $a'<a$ 时无法安装，当 $a'>a$ 时，虽然可以安装，但会因侧隙大而引起冲击、振动，影响齿轮传动的平稳性。

③ 一对标准齿轮传动时，小齿轮的齿根厚度小而啮合次数又较多，故小齿轮的强度较低，齿根部分磨损也较严重，因此小齿轮容易损坏，同时也限制了大齿轮的承载能力。

为了改善齿轮传动的性能，出现了变位齿轮。在机械设计、制造中采用变位齿轮并选择适当的变位系数，组成不同类型的变位齿轮传动，可有效解决上述问题。

2. 变位齿轮的概念与特性

用范成法切削标准齿轮时，刀具的中线与被切削齿轮的分度圆相切同时作纯滚动。如果被切削齿轮的齿数少于最少齿数，必然产生根切现象，如图 2-2-31 的虚线齿廓所示，此时刀具的齿顶线超过了齿轮坯的啮合极限点 N_1。为了避免发生根切，必须将刀具向远离齿轮坯中心的方向移动一段距离。

这种改变刀具与齿轮坯的相对位置(即刀具的分度线不与齿轮坯的分度圆相切)所加工出来的齿轮就是变位齿轮。以加工标准齿轮时刀具的位置为准，刀具所移动的距离称为变位量，如图 2-2-32 所示，用 xm 表示，其中 m 为模数，x 称为变位系数。规定当刀具远离齿轮坯中心时，即 $x>0$，称为正变位，加工出来的齿轮称为正变位齿轮，如图 2-2-32a 所示；当刀具靠近齿轮坯中心时，即 $x<0$，称为负变位，这样加工出来的齿轮称为负变位齿轮，如图 2-2-32b 所示；显然，当刀具不移动时，即 $x=0$ 时，所加工出来的齿轮就是标准齿轮，如图 2-2-32c 所示。

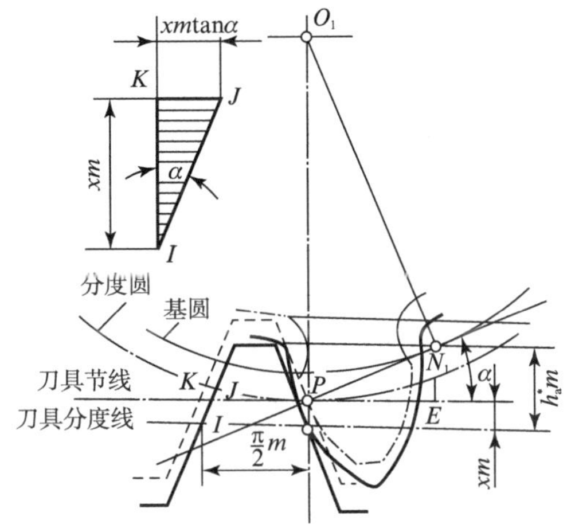

图 2－2－31　切制变位齿轮

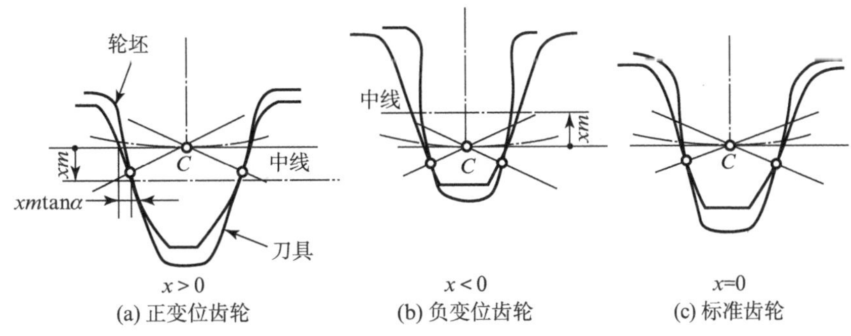

图 2－2－32　刀具切入轮坯不同位置及变位齿轮

加工变位齿轮时，齿轮的模数、压力角、齿数、分度圆、基圆等均与标准齿轮相同，所以变位齿轮的齿廓曲线与标准齿轮一样，都是渐开线，只是截取了不同的部位，如图 2－2－33 所示。正变位齿轮齿根部分的齿厚增大，提高了齿轮的抗弯曲度，但齿顶减薄；负变位齿轮则与其相反。

变位齿轮的分度圆齿厚、齿槽宽、齿顶高、齿根高、齿顶圆直径、齿根圆直径等尺寸都发生了变化，它们的计算公式请参阅相关机械设计手册。

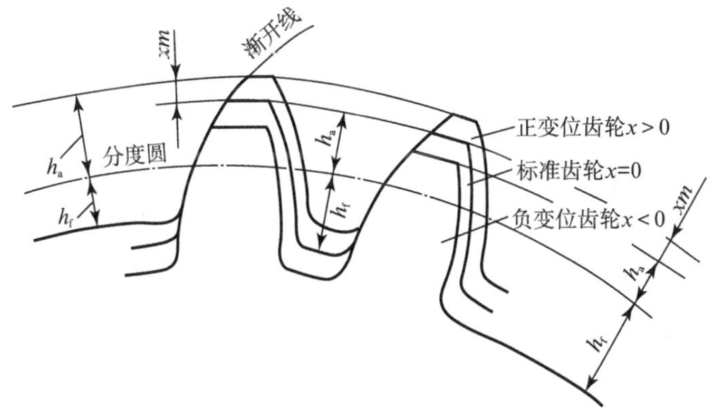

图 2－2－33　变位齿轮与标准齿轮齿廓的比较

三、力矩、力偶及平面力偶系

1. 力矩

在生产实践中，人们认识到力不仅能使物体移动，还能使物体转动，如图 2-2-34 所示，用扳手拧螺母时，扳手将连同螺母一起绕螺母的中心线转动，其转动效应不仅与作用力 **F** 的大小和方向有关，而且还与螺母转动中心 O 到力 **F** 作用线的垂直距离 d 有关。工程中以 F 与 d 的乘积及其转向来度量力使物体绕点 O 的转动效应，称之为力 **F** 对点 O 之矩，简称为力矩。力矩是代数量，其大小以符号 $M_O(F)$ 表示，即

$$M_O(F) = \pm Fd \qquad (2-2-30)$$

式中，点 O 称为矩心；d 称为力臂；正负号表示力矩在其作用平面上的转向，一般规定力 **F** 使物体绕矩心 O 逆时针方向转动为正，顺时针方向转动为负。力矩的单位是 N·m（牛·米）或 kN·m（千牛·米）。

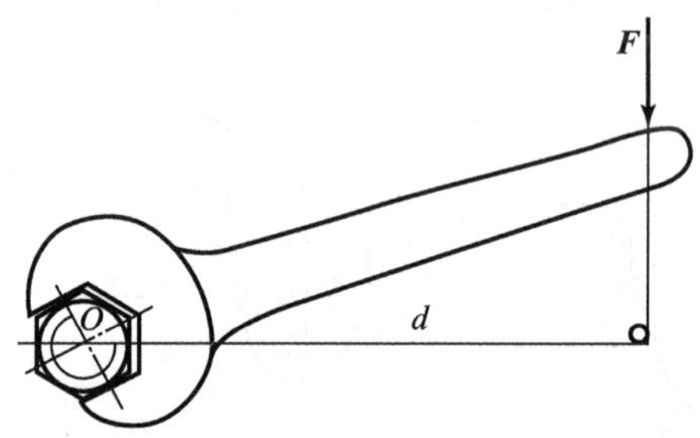

图 2-2-34 扳手

由力矩的定义和式(2-2-30)可知：

(1) 当力作用线通过矩心时，力臂值为零，力矩值也必定为零。

(2) 力沿其作用线滑移时，由于没有改变力、力臂的大小及力矩的转向，就不会改变力对点之矩的值。

2. 力偶

(1) 力偶的定义和力偶的三要素

在生产实践中，除了力矩可以使物体产生转动效应外，还可见到其他使物体转动的例子。例如司机用双手转动转向盘(图 2-2-35a)，钳工用丝锥攻螺纹(图 2-2-35b)。因此，把使物体产生转动效应的一对大小相等、方向相反、作用线平行的两个力称为力偶。

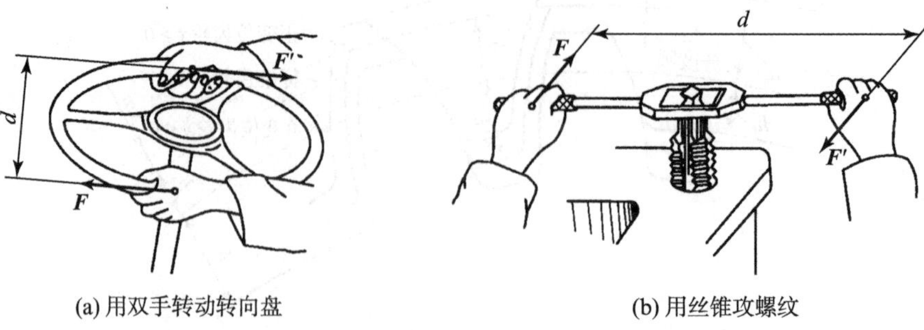

(a) 用双手转动转向盘　(b) 用丝锥攻螺纹

图 2-2-35 力偶

力偶是一个基本的物理量，力偶中的两个力既不能相互平衡，也不能合成为一个合力，它只能使物体产生转动效应。力偶中两个力作用线所决定的平面称为力偶的作用面，两个力作用线之间的距离 d 称为力偶臂，力偶使物体转动的方向称为力偶的转向。力偶对物体的转动效应，取决于力偶中的力与力偶臂的乘积，称为力偶矩，以符号 $M(F,F')$ 或 M 表示，即

$$M(F,F') = M = \pm Fd \tag{2-2-31}$$

力偶矩和力矩一样，是代数量，其正负号表示力偶的转向。通常规定，力偶使物体逆时针方向转动时，力偶矩为正；反之为负。力偶矩的单位是 N·m（牛·米）。

力偶矩的大小、力偶的转向、力偶作用面的方位称为力偶的三要素。三要素中的任何一个发生改变，力偶对物体的转动效应也就随之改变。

（2）力偶矩的计算

工程中力偶矩的计算在轴类零件中应用较多，作用于轴上的外力偶矩通常并不直接给出，而是给出轴的转速和传递的功率，它们的换算关系为

$$M = 9\,550\,\frac{P}{n} \tag{2-2-32}$$

式中，M 为外力偶矩，N·m；P 为轴传递的功率，kW；n 为轴的转速，r/min。

在确定外力偶的转向时应注意，输入功率所产生的外力偶为主动力偶，其转向与轴的转向相同，而从动轮的输出功率所产生的外力偶为阻力偶，其转向与轴的转向相反。

（3）力偶的性质

根据力偶的定义，力偶具有以下性质。

① 力偶无合力。由于力偶在任意坐标轴上的投影代数和为零，所以力偶无合力。力偶不能与一个力等效，也不能用一个力来平衡，力偶只能用力偶来平衡。力偶对物体的作用效应与一个力对物体的作用效应是不相同的。一个力对物体有移动和转动两种效应；而一个力偶对物体只有转动效应，没有移动效应。因此力与力偶不能相互替代，也不能相互平衡。

② 力偶与矩心的位置。力偶对其作用面内任意点的力矩恒等于此力偶的力偶矩，而与矩心的位置无关。如图 2-2-36 所示，一力偶矩 $M(F,F')=Fd$，对平面任意点 O 的力矩，用组成力偶的两个力分别对 O 点力矩的代数和度量，即

$$M_O(F') + M_O(F) = F(d+x) - Fx = Fd = M(F,F')$$

由此可见：**力偶对作用平面上任意点 O 的力矩，等于其力偶矩，与矩心到力作用线的距离 x 无关，即与矩心的位置无关。**

③ 力偶的等效定理。从力偶的上述性质可知，同一平面内的两个力偶，如果它们的力偶矩大小相等、转向相同，则此两力偶彼此等效，且可以相互替代，它们对同一刚体的作用相同，此即为力偶的等效性。

④ 推论。由力偶的等效性，可以推出力偶的以下等效代换特性。

a. 只要保持力偶矩的大小、转向不变，作用在刚体上的力偶可以在它的作用面内可任意转移位置，而不会改变它对刚体的转动效应；

b. 力偶在不改变其三要素的条件下，可以同时改变力偶中力的大小和力偶臂的长短，不会

改变力偶对刚体的转动效应。

由力偶的性质及其推论可见,力偶对刚体的转动效应完全取决于其三要素。因此,在表示平面力偶时,可以不标明力偶在平面上的具体位置以及组成力偶的力和力偶臂的大小,仅用一带箭头的弧线表示,并标出力偶矩的大小即可。力偶的几种等效代换表示法如图 2-2-37 所示。

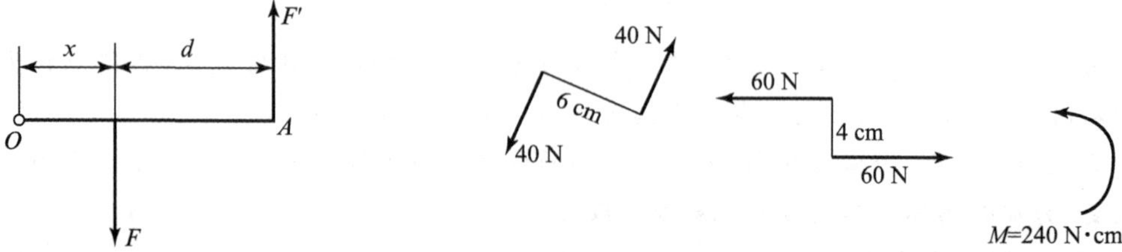

图 2-2-36 力偶矩与矩心的位置无关

图 2-2-37 力偶的几种等效代换表示法

(4) 力的平移定理

由力的可传性原理可知,刚体上的力可沿其作用线在刚体内任意移动,而不改变其对刚体的作用效应。但是,能否在不改变力的作用效应的前提下,将力平行移动到刚体上的任意点呢?如图 2-2-38 所示,力向作用线外任一点的平行移动过程中,欲将作用于刚体上 A 点的力 $\boldsymbol{F}$ 平行移动到刚体内任一点 O,可先在 O 点加上一对平衡力 $\boldsymbol{F}'$、$\boldsymbol{F}''$,并使 $F'=F''$,作用线与 $\boldsymbol{F}$ 的作用线平行。$\boldsymbol{F}$ 和 $\boldsymbol{F}''$ 为一等值、反向、不共线的平行力,组成了一个力偶,称为附加力偶,其力偶矩为

$$M(F,F'') = \pm Fd = M_O(F)$$

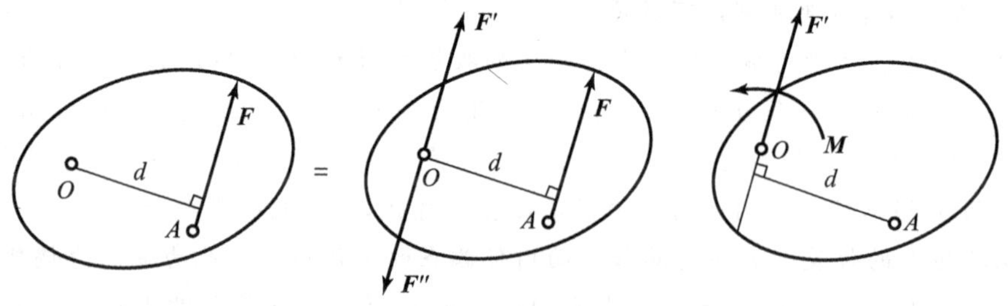

图 2-2-38 力的平移定理

上式表明,附加力偶矩等于原力 F 对平移点 O 的力矩。于是作用于 A 点的力 F 就与作用于平移点的力 F' 以及附加力偶矩 M 的共同作用等效。

由此可以得出:**作用于刚体上的力,可平移到刚体上的任一点,但必须附加一力偶,其附加力偶的力偶矩等于原力对平移点的力矩,这就是力的平移定理**。

3. 平面力偶系

作用于刚体上同一平面内的若干个力偶,称为平面力偶系。

(1) 平面力偶系的合力矩

由力偶的性质可知,力偶对刚体只产生转动效应,且转动效应的大小完全取决于力偶矩的大小和转向。因此,刚体内某一平面内受若干个力偶共同作用时,也只能使刚体产生转动效应。可以证明,平面力偶系对刚体的转动效应的大小等于各个力偶转动效应的总和,即平面力偶系的合成结果为一个合力偶,其合力偶矩等于各分力偶矩的代数和。合力偶矩用 M_R 表示,故平面力偶

系的合力偶矩为

$$M_R = M_1 + M_2 + \cdots + M_n = \sum_{i=1}^{n} M_i \tag{2-2-33}$$

（2）力偶系的平衡

力偶系平衡的充分必要条件是合力偶矩为零。即

$$\sum_{i=1}^{n} M_i = 0 \tag{2-2-34}$$

四、平面一般力系及空间力系

各力的作用线分布在同一平面内的任意位置，既不平行又不汇交于一点，这样的力系称为平面任意力系，也叫平面一般力系。摇臂式起重机、曲柄滑块机构等的受力情况都是平面一般力系的工程实例。

1. 力系的简化

力系的简化，就是把较复杂的力系用与其等效的较简单的力系代替。力系简化最常用的方法是把力系向一点简化，即根据力的平移定理，把力系中各力平行移动到同一点 O。点 O 称为力系的简化中心。这样，汇交于点 O 的各力构成一个汇交力系，而由于力的平移而产生的附加力偶与力系中原有的力偶共同组成一个力偶系。也就是说，原力系等效一个汇交力系加上一个力偶系。

连续应用力合成的平行四边形法则，组成汇交力系的各力最终可用一个力等效代替，用 $\boldsymbol{F}_R$ 代表。$\boldsymbol{F}_R$ 的作用线通过点 O，且根据主矢的定义（主矢不是力，仅是一个自由矢量，可在任意点画出），$\boldsymbol{F}_R$ 等于原力系的主矢，即

$$\boldsymbol{F}_R = \sum_{i=1}^{n} \boldsymbol{F}_i \tag{2-2-35}$$

对于力偶系，根据力偶的性质，其主矢显然为零，而对任一点的主矩等于各力系的力偶矩矢之和，即

$$\boldsymbol{M}_O = \sum_{i=1}^{n} \boldsymbol{M}_O(\boldsymbol{F}_i) + \sum_{j=1}^{n} \boldsymbol{M}_j \tag{2-2-36}$$

式中，$\boldsymbol{M}_O(\boldsymbol{F}_i)$ 为原力系中各力对简化中心的力矩，根据力的平移定理，即等于 $\boldsymbol{F}_i$ 平移到点 O 后产生的附加力偶的力偶矩矢；$\boldsymbol{M}_j$ 为原力系中各力偶的力偶矩矢。根据主矩的定义，$\boldsymbol{M}_O$ 等于原力系对点 O 的主矩。根据等效力系的定理，该力偶系可以用一个力偶等效代替，其力偶矩矢等于 $\boldsymbol{M}_O$。

综上所述可得：**平面力系向任一点简化，一般可得一个力和一个力偶，该力通过简化中心，大小和方向与力系的主矢相同；该力偶的力偶矩矢等于原力系对简化中心的主矩。**

2. 平面力系的平衡

平面一般力系向平面内任一点简化后得到主矢和主矩。主矢为零，相当于简化后的平面汇交力系处于平衡；主矩为零，相当于简化后的附加力偶系处于平衡。所以如果主矢和主矩均等于零，则平面一般力系必然平衡。因此，主矢和主矩均等于零是平面一般力系平衡的充分必要

条件。

根据平面汇交力系和平面力偶系平衡的条件，得到平面一般力系的平衡方程为

$$\left.\begin{aligned}\sum F_x &= 0\\ \sum F_y &= 0\\ \sum M_O(F) &= 0\end{aligned}\right\} \qquad (2-2-37)$$

应该指出，在建立平衡方程之前，坐标 x、y 可以根据计算简便的原则任意选取（但要标注在受力图上），矩心的位置也可以任意选定，不一定是坐标系的原点。通常可以选在两未知量的交点上，尽可能使一个方程中只包含一个未知量，以简化方程。

3. 空间力系

当力系中各力的作用线不在同一平面，而呈空间分布时，称为空间力系。如图 2-2-39 所示，车床主轴以 A、B 两轴承支承，轴上齿轮 C 与齿轮 O 啮合，主轴右端安装三爪卡盘，卡盘装夹工件 D，刀具切削工件。轴上 A、B、C、D 处的受力就是空间力系。空间力系可分为空间汇交力系、空间平行力系及空间一般力系。

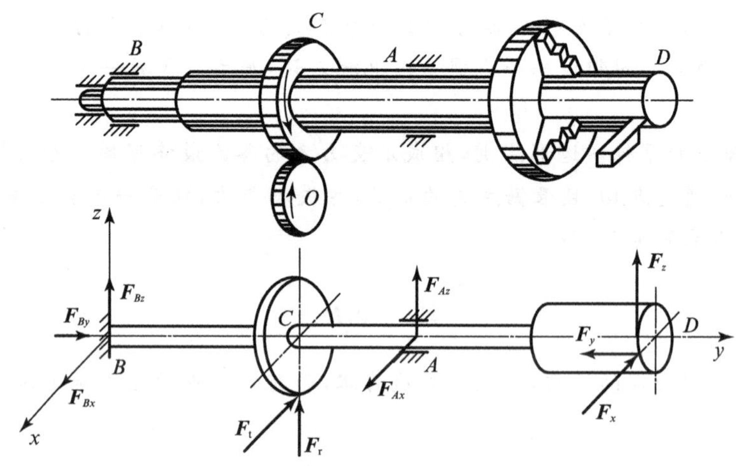

图 2-2-39 空间力系

(1) 力在空间直角坐标轴上的投影

在平面力系中，常将作用于物体上的某点的力向坐标轴 x、y 上投影。同理，在空间力系中，也可将作用于空间某一点的力向坐标轴 x、y、z 上投影，具体有下列两种情况。

① 直接投影。若一力 $\boldsymbol{F}$ 的作用线与 x、y、z 轴对应的夹角已经给定，如图 2-2-40a 所示，则可直接将力 $\boldsymbol{F}$ 向三个坐标轴投影，得

$$\left.\begin{aligned}F_x &= F\cos\alpha\\ F_y &= F\cos\beta\\ F_z &= F\cos\gamma\end{aligned}\right\} \qquad (2-2-38)$$

式中，α、β、γ 分别为力 $\boldsymbol{F}$ 与 x、y、z 三坐标轴间的夹角。

② 二次投影。当力 $\boldsymbol{F}$ 与 x、y 坐标轴间的夹角不易确定时，可先将力 $\boldsymbol{F}$ 投影到坐标平面 xOy 上，得一力 $\boldsymbol{F}_{xy}$，进一步再将 $\boldsymbol{F}_{xy}$ 向 x、y 轴上投影，如图 2-2-40b 所示。若 γ 为力 $\boldsymbol{F}$ 与 z 轴间夹角，φ 为 $\boldsymbol{F}_{xy}$ 与 x 轴间的夹角，则力 $\boldsymbol{F}$ 在三个坐标轴上的投影为

$$\left.\begin{aligned} F_x &= F_{xy}\cos\varphi = F\sin\gamma\cos\varphi \\ F_y &= F_{xy}\sin\varphi = F\sin\gamma\sin\varphi \\ F_z &= F\cos\gamma \end{aligned}\right\} \tag{2-2-39}$$

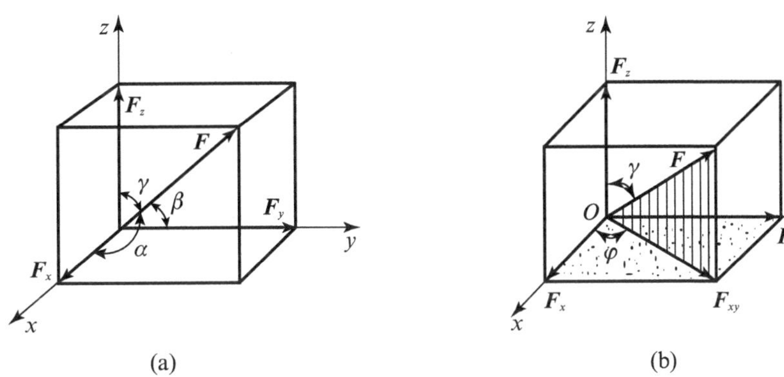

图 2-2-40　力在空间直角坐标轴上的投影

(2) 空间力系平衡的平面解法

① 空间力系平衡方程。某物体上作用有一个空间一般力系 $\boldsymbol{F}_1$、$\boldsymbol{F}_2$、...、$\boldsymbol{F}_n$。空间一般力系的平衡方程为

$$\left.\begin{aligned} &\sum F_x = 0,\ \sum F_y = 0,\ \sum F_z = 0 \\ &\sum M_x(F) = 0,\ \sum M_y(F) = 0,\ \sum M_z(F) = 0 \end{aligned}\right\} \tag{2-2-40}$$

空间一般力系平衡的充分必要条件为：各力在三个互相垂直坐标轴上投影的代数和以及各力对三个互相垂直坐标轴的力矩的代数和都必须分别等于零。利用这六个独立平衡方程式，可以求解六个未知量。

空间力系的特殊情况如下。

a. 空间汇交力系的平衡方程为

$$\sum F_x = 0,\quad \sum F_y = 0,\quad \sum F_z = 0 \tag{2-2-41}$$

b. 空间平行力系的平衡方程为

$$\sum F_z = 0,\quad \sum M_x(F) = 0,\quad \sum M_y(F) = 0 \tag{2-2-42}$$

② 空间力系的平面解法。空间力系平衡时，可以采用平面解法来解算空间问题，具体方法如下。

a. 将空间力系中的力分别投影到三个平面上。

b. 画出三个平面上构件的受力分析图,分别在三个平面上建立平面力系的平衡方程,求解未知量。

这种将空间问题转化为三个平面问题的研究方法,称为空间问题的平面解法。这种方法特别适用于受力较多的轴类构件的平衡问题。

五、标准斜齿圆柱齿轮传动★

1. 齿廓啮合特点

直齿圆柱齿轮啮合时,齿面的接触线均平行于齿轮轴线,如图 2-2-41a 所示,轮齿是沿整个齿宽同时进入啮合、同时脱离啮合的,载荷沿齿宽突然加上或卸掉。因此直齿轮传动的平稳性较差,容易产生冲击和噪声,不适合用于高速和重载的场合。

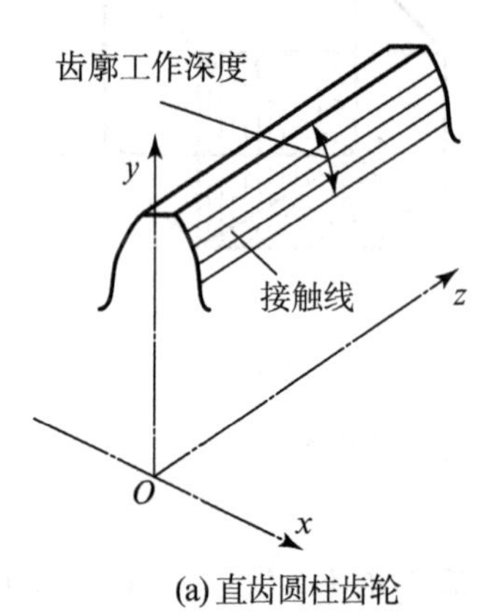

(a) 直齿圆柱齿轮

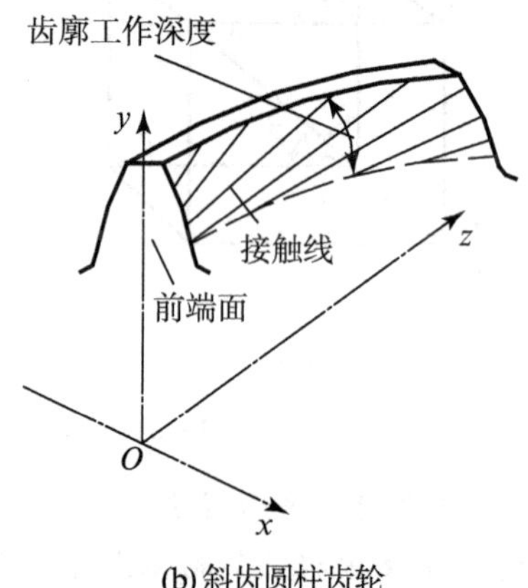

(b) 斜齿圆柱齿轮

图 2-2-41 齿面接触线

斜齿圆柱齿轮啮合时,齿面的接触线是倾斜于齿轮轴线的不等长线段,如图 2-2-41b 所示,其齿廓是逐渐进入啮合、逐渐脱离啮合的,齿廓接触线的长度由零逐渐增加,又逐渐缩短,直至脱离接触,因此斜齿圆柱齿轮传动时同时参与啮合的轮齿对数多,载荷也不是突然加上或卸下的,故斜齿圆柱齿轮传动工作平稳、承载能力大,常用于高速、重载的场合。

2. 基本参数和几何尺寸

斜齿圆柱齿轮有 6 个基本参数:齿数 z、螺旋角 β、模数 m_n、压力角 α_n、齿顶高系数 h_{an}^* 和顶隙系数 c_n^*。

为了分析方便,将斜齿圆柱齿轮沿分度圆柱面展开,如图 2-2-42 所示。在展开图上,齿轮的螺旋线变为直线,图中阴影部分为轮齿,空白部分为齿槽。因齿轮的轮齿为螺旋形,所以在垂直于齿轮轴线的端面(下标以 t 表示)和垂直于齿廓螺旋面的法面(下标以 n 表示)上有不同的参数(分别称为端面参数和法面参数)。斜齿圆柱齿轮的端面齿廓是标准的渐开线,但从其加工和受力角度看,斜齿圆柱齿轮的法面参数应为标准值,但法面并非渐开线。

(1) 螺旋角 β

螺旋角 β 是反映斜齿圆柱齿轮轮齿倾斜程度的参数。在斜齿圆柱齿轮分度圆柱展开平面上,如图 2-2-42 所示,分度圆和齿廓曲面的交线(即螺旋线)变为一斜直线,该线与齿轮的轴线所夹的锐角,称为螺旋角 β,β 越大,重合度越大,但啮合时产生的轴向力也越大,故常取 $\beta=8°\sim$

20°。根据螺旋线的方向不同，斜齿轮可为左旋斜齿圆柱齿轮和右旋斜齿圆柱齿轮，如图 2-2-42 所示。

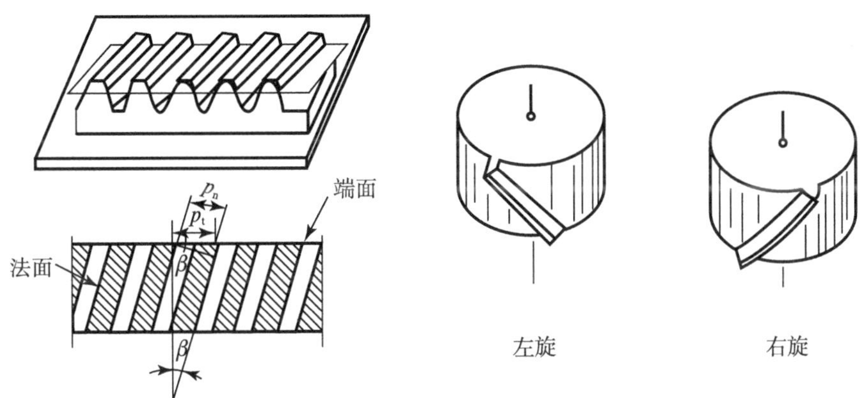

图 2-2-42　斜齿圆柱齿轮展开图

(2) 模数 m_n 和 m_t

如图 2-2-42 所示，法面齿距与端面齿距之间的关系为

$$p_n = p_t \cos\beta \tag{2-2-43}$$

由于 $p=\pi m$，根据模数的定义有

$$m_n = m_t \cos\beta \tag{2-2-44}$$

则 m_n 和 m_t 分别表示法面模数和端面模数，其中法面模数 m_n 规定为标准值，按表 2-2-1 选取。

(3) 压力角 α_n 和 α_t

斜齿圆柱齿轮在分度圆上的压力角也有法面压力角 α_n 和端面压力角 α_t 之分，两者关系为

$$\tan\alpha_n = \tan\alpha_t \cos\beta \tag{2-2-45}$$

其中规定，法面压力角 α_n 为标准值，$\alpha_n=20°$。

(4) 齿顶高系数及顶隙系数

$$h_{at}^* = h_{an}^* \cos\beta \tag{2-2-46}$$

$$c_t^* = c_n^* \cos\beta \tag{2-2-47}$$

其中 h_{an}^*、c_n^* 分别为法面齿顶高系数及法面顶隙系数，规定：法面齿顶高系数 h_{an}^* 取标准值，$h_{an}^*=1$；法面顶隙系数 c_n^* 取标准值，$c_n^*=0.25$。h_{at}^* 和 c_t^* 分别为端面齿顶高系数及端面顶隙系数。

(5) 几何尺寸计算

因一对斜齿圆柱齿轮传动在端面上相当于一对直齿圆柱齿轮传动，故可将直齿圆柱齿轮的几何尺寸计算公式用于斜齿圆柱齿轮的端面。其计算公式见表 2-2-13。

表 2-2-13 标准斜齿圆柱齿轮几何尺寸计算公式

参数名称	参数符号	尺寸计算公式
法面模数	m_n	由强度计算确定(按标准模数选取)
法面压力角	α_n	取标准值 $\alpha_n=20°$
齿数	z	$z_1 \geqslant z_{min}, z_2=iz_1$
当量齿数	z_v	$z_v=z/\cos^3\beta$,用于选择刀具和强度计算等
法面齿顶高系数	h_{an}^*	取标准值,$h_{an}^*=1$
法面顶隙系数	c_n^*	取标准值,$c_n^*=0.25$
分度圆柱螺旋角	β	一般取 $\beta=8°\sim20°$
端面模数	m_t	$m_t=\dfrac{m_n}{\cos\beta}$
分度圆直径	d	$d=m_t z=\dfrac{m_n z}{\cos\beta}$
齿顶高	h_a	$h_a=h_{an}^* m_n$
齿根高	h_f	$h_f=(h_{an}^*+c_n^*)m_n$
齿高	h	$h=h_a+h_f=(2h_{an}^*+c_n^*)m_n$
齿顶圆直径	d_a	$d_a=d+2h_a=d+2m_n$
齿根圆直径	d_f	$d_f=d-2h_f=d-2.5m_n$
中心距	a	$a=\dfrac{d_1+d_2}{2}=\dfrac{m_n(z_1+z_2)}{2\cos\beta}$

3. 正确啮合条件

斜齿圆柱齿轮在端面内的啮合相当于直齿轮的啮合,一对外啮合斜齿圆柱齿轮传动的正确啮合条件为:

① 两斜齿圆柱齿轮的法面模数相等;

② 两斜齿圆柱齿轮的法面压力角相等;

③ 两斜齿圆柱齿轮的螺旋角大小相等,方向相反(内啮合时方向相同)。即

$$\left.\begin{aligned} m_{n1} &= m_{n2} = m_n \\ \alpha_{n1} &= \alpha_{n2} = \alpha_n \\ \beta_1 &= -\beta_2 \end{aligned}\right\} \tag{2-2-48}$$

4. 受力分析

斜齿圆柱齿轮传动中主动轮的受力分析如图 2-2-43 所示，该右旋齿轮按逆时针方向转动，齿面间的摩擦系数忽略不计，为了便于分析计算，将分度圆柱上垂直指向齿面的法向力 $\boldsymbol{F}_n$ 集中作用于齿宽中点，并将法向力 $\boldsymbol{F}_n$ 分解为三个互相垂直的分力：(1) 与齿轮分度圆相切的圆周力 $\boldsymbol{F}_t$；(2) 沿齿轮直径方向的径向力 $\boldsymbol{F}_r$；(3) 沿齿轮轴线方向的轴向力 $\boldsymbol{F}_a$。

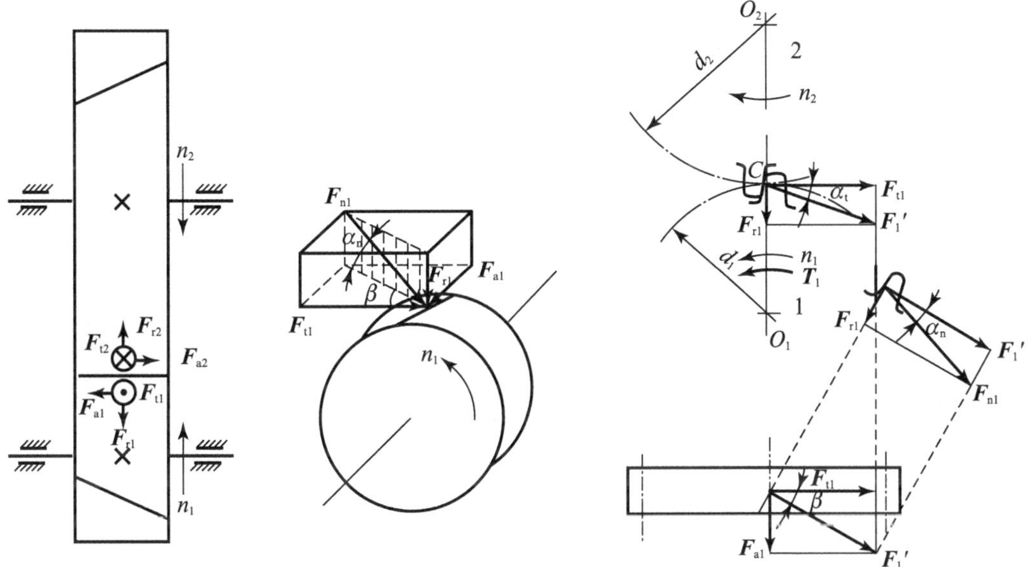

图 2-2-43　斜齿轮传动的受力分析

由图 2-2-43 可以推得

$$\left.\begin{aligned} F_{t1} &= \frac{2T_1}{d_1} \\ F_1' &= \frac{F_{t1}}{\cos\beta} \\ F_{a1} &= F_{t1}\tan\beta \\ F_{n1} &= \frac{F_1'}{\cos\alpha_n} = \frac{F_{t1}}{\cos\alpha_n\cos\beta} \\ F_{r1} &= F_1'\tan\alpha_n = F_{t1}\frac{\tan\alpha_n}{\cos\beta} \end{aligned}\right\} \tag{2-2-49}$$

作用在主动轮和从动轮上的各力，对应地数值相等、方向相反。

各力方向可按下列方法判定：

圆周力 $\boldsymbol{F}_t$：主动轮上与啮合点运动方向相反，在从动轮上与啮合点运动方向相同；

径向力 $\boldsymbol{F}_r$：在主动轮和从动轮上都从啮合点指向各自的轴心；

轴向力 $\boldsymbol{F}_a$：取决于齿轮转向和螺旋线方向，按照主动轮“右旋用右手(左旋用左手)、四指弯曲方向表示 n_1 转向、大拇指指向即为所受轴向力方向”的原则进行判断。

5. 斜齿圆柱齿轮的强度计算

斜齿圆柱齿轮传动的强度计算、分析与直齿轮相似，但由于斜齿圆柱齿轮有齿廓倾斜、重合度大、载荷作用位置变化等特点，因而其齿面接触疲劳强度和齿根弯曲疲劳强度均比直齿高。

(1) 齿面接触疲劳强度计算

对于渐开线标准斜齿圆柱齿轮传动，其齿面接触疲劳强度的校核公式和小齿轮分度圆直径的设计公式如下。

强度校核公式为

$$\sigma_H = Z_E Z_H Z_\beta \sqrt{\frac{2KT_1}{bd_1^2} \times \frac{u \pm 1}{u}} \leqslant [\sigma_H] \tag{2-2-50}$$

设计公式为

$$d_1 \geqslant \sqrt[3]{\frac{2KT_1}{\psi_d} \times \frac{u \pm 1}{u} \times \left(\frac{Z_E Z_H Z_\beta}{[\sigma_H]}\right)^2} \tag{2-2-51}$$

式中，Z_β 为螺旋角系数，$Z_\beta = \sqrt{\cos\beta}$；$Z_H$ 为区域系数，标准斜齿圆柱齿轮 $Z_H \approx 2.5$。其余符号的定义、单位及确定方法与直齿轮相同。

(2) 齿根弯曲疲劳强度计算

斜齿圆柱齿轮齿根弯曲疲劳强度的校核公式及齿轮法面模数的设计计算公式如下。

强度校核公式为

$$\sigma_F = \frac{2KT_1}{bd_1 m_n} Y_F Y_S \leqslant [\sigma_F] \tag{2-2-52}$$

设计公式为

$$m_n \geqslant \sqrt[3]{\frac{2KT_1 \cos^2\beta}{\psi_d z_1^2} \times \frac{Y_E Y_S}{[\sigma_F]}} \tag{2-2-53}$$

式中，除齿形系数 Y_F 和应力修正系数 Y_S 应按当量齿数 z_v 从表 2-2-9 中查取之外，其余符号的定义、单位及确定方法与直齿轮相同。

六、直齿锥齿轮传动★

1. 类型、特点和应用

按照轮齿方向，锥齿轮传动分为直齿、斜齿和曲线齿三种。直齿易于制造和安装，最为常用；斜齿已逐渐被曲线齿所代替；曲线齿比直齿重合度大，承载能力高，传动效率高，传动平稳，噪声小，在汽车、飞机等高速、重载场合得到了广泛应用。

这里主要讨论 $\Sigma = 90^\circ$ 的外啮合直齿锥齿轮传动。

直齿锥齿轮传动(伞齿轮传动)常用于传递两相交轴之间的运动和动力。两轴之间的交角Σ由传动要求确定,多为90°,如图2-2-44所示。

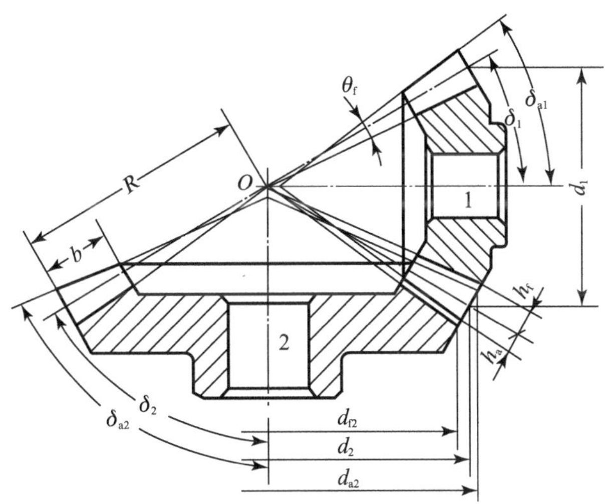

图2-2-44　直齿锥齿轮传动

2. 主要参数和几何尺寸

如图2-2-44所示,直齿锥齿轮的轮齿分布在圆锥面上,有基圆锥、分度圆锥、齿顶圆锥和齿根圆锥,轮齿从大端到小端逐渐缩小。为使测量和计算时有较高的精度,几何尺寸按大端计算,规定大端模数为标准值(表2-2-14),大端压力角为标准压力角20°,齿顶高系数$h_a^*=1$,顶隙系数$c^*=0.2$。

表2-2-14　直齿锥齿轮模数　　(单位: mm)

…	2	2.25	2.5	2.75	3	3.25	3.5	3.75	4	4.5	5	5.5	6	6.5
7	8	9	10	11	12	13	14	16	18	20	22	25	28	…

如图2-2-44所示,δ_1和δ_2分别为两直齿锥齿轮的分度圆锥角,$\Sigma=\delta_1+\delta_2=90°$;$d_1$和$d_2$分别为两直齿锥齿轮的分度圆直径。直齿锥齿轮传动的传动比为

$$i=\frac{n_1}{n_2}=\frac{z_2}{z_1}=\frac{d_2}{d_1}=\frac{\sin\delta_2}{\sin\delta_1}=\cot\delta_1=\tan\delta_2 \qquad (2-2-54)$$

如果已知传动比,就可由上式求出分度圆锥角δ_1和δ_2。

图2-2-44所示为目前常用的等顶隙锥齿轮传动,其特点是:分度圆锥与齿根圆锥的锥顶重合于两轴线交点O,而齿顶圆锥与相啮合的另一齿轮的齿根圆锥母线平行,有利于提高承载能力和储油润滑。

标准直齿锥齿轮的几何尺寸计算公式,见表2-2-15。

表 2-2-15 标准直齿锥齿轮的几何尺寸计算公式($\Sigma=90^\circ$)

参数名称	参数符号	尺寸计算公式
分锥角	δ	$\delta_1=\text{arccot}\,i,\delta_2=90^\circ-\delta_1$
分度圆直径	d	$d_1=mz_1,d_2=mz_2$
齿顶高	h_a	$h_a=h_a^* m,h_a^*=1$
齿根高	h_f	$h_f=(h_a^*+c^*)m,h_a^*=1,c^*=0.2$
齿高	h	$h=h_a+h_f=(2h_a^*+c^*)m=2.2m$
齿顶圆直径	d_a	$d_{a1}=d_1+2h_a\cos\delta_1,d_{a2}=d_2+2h_a\cos\delta_2$
齿根圆直径	d_f	$d_{f1}=d_1-2h_f\cos\delta_1,d_{f2}=d_2-2h_f\cos\delta_2$
锥距	R	$R=\frac{m}{2}\sqrt{z_1^2+z_2^2}=\frac{d_1}{2\sin\delta_1}=\frac{d_2}{2\sin\delta_2}$
齿宽	b	$b\leqslant R/3$(取整)
齿根角	θ_f	$\theta_f=\arctan(h_f/\text{R})$
顶锥角	δ_a	$\delta_{a1}=\delta_1+\theta_f,\delta_{a2}=\delta_2+\theta_f$
根锥角	δ_f	$\delta_{f1}=\delta_1-\theta_f,\delta_{f2}=\delta_2-\theta_f$

3. 正确啮合条件

直齿锥齿轮传动的正确啮合条件为:两个锥齿轮大端的模数和压力角分别相等,即

$$\left.\begin{aligned}m_1&=m_2=m\\\alpha_1&=\alpha_2=\alpha\end{aligned}\right\}\tag{2-2-55}$$

4. 受力分析

由于直齿锥齿轮的轮齿截面从大端到小端逐渐收缩,受力后各处弹性变形也不相同,因而载荷沿齿宽方向分布不均匀。但为简便起见,仍设法向力 $\boldsymbol{F}_n$ 沿齿宽均匀分布,并集中作用于齿宽中点处的法向平面内,如图 2-2-45 所示。法向力 $\boldsymbol{F}_n$ 分解为三个相互垂直的分力:与齿轮分度圆锥面相切的圆周力 $\boldsymbol{F}_t$、沿齿轮直径方向的径向力 $\boldsymbol{F}_r$、沿齿轮轴线方向的轴向力 $\boldsymbol{F}_a$。可以推得

$$\left.\begin{aligned}F_{t1}&=\frac{2T_1}{d_{m1}}\\F_{r1}&=F_{t1}\tan\alpha\cos\delta_1\\F_{a1}&=F_{t1}\tan\alpha\sin\delta_1\end{aligned}\right\}\tag{2-2-56}$$

式中 δ_1——小锥齿轮的节锥角(对标准锥齿轮为分度圆锥角),(°);

d_{m1}——小锥齿轮分度圆锥上齿宽 b 中点处的直径,mm,按式 $d_{m1}=d_1-b\sin\delta_1$ 计算。

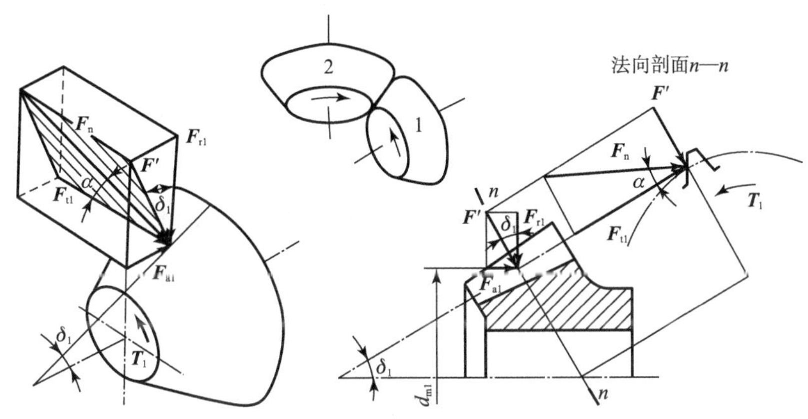

图 2-2-45　直齿锥齿轮传动的受力分析

作用在主动轮和从动轮上的各力中，F_{t1} 与 F_{t2}、F_{r1} 与 F_{a2}、F_{a1} 与 F_{r2} 数值相等，方向相反。各力方向可以按如下方法判定。

圆周力：在主动轮上与啮合点运动方向相反，在从动轮上与啮合点运动方向相同；

径向力：在主动轮上和从动轮上都从啮合点指向各自的轴心；

轴向力：在主动轮和从动轮上都从啮合点由小端指向各自的大端。

【思考与练习】

1. 按轴的安装位置分，齿轮传动有哪些类型？

2. 什么是开式、半开式、闭式齿轮传动？各有什么优缺点？

3. 渐开线是怎样形成的？有哪些性质？

4. 渐开线直齿圆柱齿轮有哪些主要参数？它们对齿轮传动有什么影响？

5. 什么是模数？模数的大小意味着什么？

6. 渐开线标准直齿圆柱齿轮正确啮合条件和连续传动条件各是什么？

7. 齿轮传动的失效形式有哪几类？一般在什么条件下发生？如何防止？

8. 常用齿轮材料有哪些？齿轮热处理工艺有哪几种？在齿轮传动设计中，对于轮齿轮来说为什么常使小齿轮齿面硬度高一些？

9. 齿轮传动的设计准则是什么？对于闭式齿轮传动和开式齿轮传动，如何选择设计计算公式？

10. 一对传动齿轮在工作时，大、小齿轮的齿根弯曲疲劳应力是否相等？它们的齿面接触疲劳应力是否相等？为什么？

11. 齿轮的结构有哪些型式？设计时如何确定齿轮结构型式？

12. 齿轮传动设计的齿数和模数的选择原则和范围如何？齿宽系数的大小对齿轮传动有什么影响？在圆柱齿轮减速器中为什么要将小齿轮做得宽一些？

13. 已知渐开线标准直齿圆柱齿轮的 $m=3$ mm，$z=27$，$\alpha=20°$，$h_a^*=1$，$c^*=0.25$，试计算该齿轮的主要几何尺寸。

14. 某机械传动中的一对渐开线标准直齿圆柱齿轮，小齿轮已损坏，测得 $a=165$ mm，大齿轮 $z_2=93$，$d_{f2}=271.5$ mm，现求小齿轮的齿数 z_1 和模数 m，以便加工小齿轮。

15. 某单级闭式直齿圆柱齿轮传动，已知大齿轮采用 45 钢正火，小齿轮采用 45 钢调质，齿轮齿数 $z_1=19$，$z_2=61$，模数 $m=3$ mm，齿宽 $b=36$ mm，齿轮双向转动工作，工作中有中等冲击。试计算该齿轮允许传递的转矩 T_{max}。

任务 3　水泥胶砂搅拌机蜗杆传动的设计

【任务描述】

水泥胶砂搅拌机如图 2-3-1 所示，搅拌机外形尺寸约为 600 mm×320 mm×660 mm，其工作原理是：电动机 1 通过套筒联轴器 2 将动力传给箱内的蜗杆 3，再经蜗轮 4 及一对齿轮 5 和 7 传给主轴 6 并减速。主轴带动偏心座 9 同步旋转，使固定在偏心座 9 上的搅拌叶 12 进行公转，公转速度约为(62±5)r/min；同时搅拌叶通过搅拌叶轴 11 上端的行星齿轮 10 围绕固定的内齿轮 8 完成自转运动，自转速度约为(140±5)r/min。

已知电动机选用 Y132M-4 型，额定功率为 7.5 kW，满载转速为 1 450 r/min，蜗杆传动比 $i=20$，工作载荷平稳，单向受载，润滑情况良好，载荷均匀，无冲击。试设计此蜗杆传动中的蜗杆、蜗轮，并绘制蜗杆、蜗轮设计图。

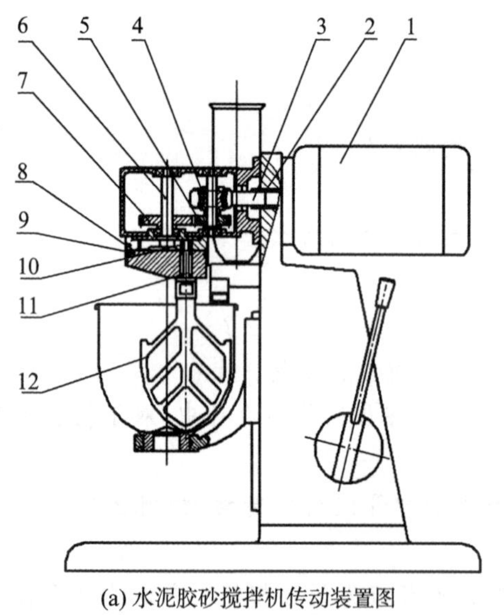

(a) 水泥胶砂搅拌机传动装置图

(b) 水泥胶砂搅拌机实物

图 2-3-1　水泥胶砂搅拌机

1—电动机；2—圆柱销套筒联轴器；3—蜗杆；4—蜗轮；5—小齿轮；6—主轴；
7—大齿轮；8—内齿轮；9—偏心座；10—行星齿轮；11—搅拌叶轴；12—搅拌叶

【任务目标】

【知识】

◎ 蜗杆传动的特点和类型。

◎ 蜗杆传动的主要参数及几何尺寸。

◎ 蜗杆传动的失效形式及计算准则。

◎ 蜗杆、蜗轮的材料选择。

◎ 蜗杆传动的强度计算。

◎ 蜗杆和蜗轮的结构选用。

◎ 蜗杆传动的润滑。

【技能】

◎ 了解蜗杆传动的特点和主要类型。

◎ 掌握普通圆柱蜗杆传动的主要参数及计算关系。

◎ 熟悉蜗杆传动的失效形式，根据计算准则能够对一般蜗杆传动的蜗杆、蜗轮进行选材，对蜗轮进行强度计算与校核。

◎ 能够根据工作条件及蜗杆传动参数计算关系式确定主要参数，并进行蜗杆、蜗轮结构及主要尺寸的设计。

◎ 了解蜗杆传动有关国家标准及行业标准，熟练运用（查选）蜗杆传动设计时所需的各类图表。

【素质】

◎ 培养勇于面对困难的勇气，激发学生正能量。

【知识准备】

蜗杆传动由蜗杆 1 和蜗轮 2 组成，如图 2-3-2 所示，常用于传递空间两交错轴之间的运动和动力。蜗杆机构可以看成是由斜齿轮机构演变而来的。一对斜齿轮若其中小齿轮的螺旋角 β_1 很大，齿数 z_1 特别少（一般 z_1 为 1～4），轴向尺寸又有足够的长度，则它的轮齿就可能绕圆柱一周以上，变成一个螺旋杆，这就是蜗杆；蜗杆与大齿轮的轴线交错成 90°时，将由线接触变成点接触。为了改善接触情况，将大齿轮分度圆柱上的直母线做成凹弧，圆弧与蜗杆轴同心。这样，大齿轮就部分地包住了蜗杆，这就是蜗轮。蜗杆传动具有传动比大、结构紧凑等优点，在各类机械，如机床、冶金、矿山、起重运输机械中得到了广泛应用。

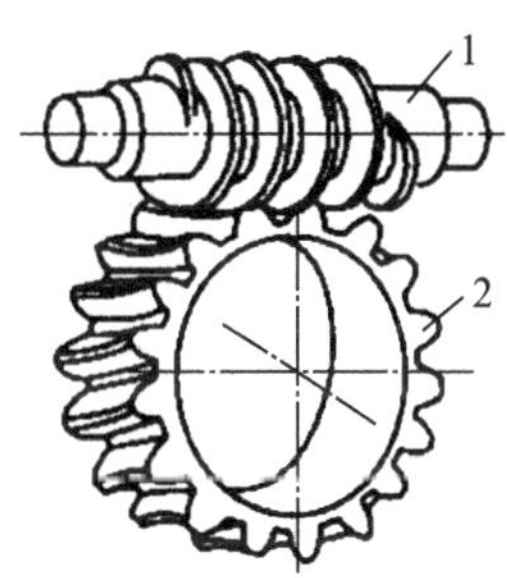

图 2-3-2　蜗杆传动

1—蜗杆；2—蜗轮

一、蜗杆传动

1. 蜗杆传动的特点

(1) 传动比大

在蜗杆传动中，通常蜗杆为主动件，蜗轮为从动件，传动比为蜗轮齿数与蜗杆线数之比，即 $i=n_1/n_2=z_2/z_1$，在动力传动中一般 $i=8\sim100$，在分度机构中传动比 i 可达 1 000，故蜗杆传动的传动比大，而且结构紧凑。

(2) 传动平稳

因为蜗杆是一个与梯形螺纹相同或相似的连续螺杆，所以与蜗轮的啮合也是连续的，使得传动平稳，噪声低。

(3) 能够自锁

当蜗杆分度圆柱上的螺旋导程角很小时，蜗杆传动具有自锁性（一般为单头蜗杆），即只能由蜗杆带动蜗轮，而蜗轮上无论作用力多大都无法推动蜗杆转动，因此蜗杆传动常用于起重机械中。

(4) 传动效率较低

普通圆柱蜗杆传动在啮合处有较大的相对滑动速度，因而发热量大，磨损较严重，传动效率低，在自锁时效率仅为 0.4～0.5。为了减摩耐磨，蜗轮齿圈部分常用减摩性能好的有色金属（如青铜）制造，成本较高。

2. 蜗杆传动的类型

按照蜗杆形状的不同，蜗杆传动可分为圆柱蜗杆传动（图 2-3-3a）、环面蜗杆传动（图 2-3-3b）、锥蜗杆传动（图 2-3-3c）三种类型。圆柱蜗杆加工方便；环面蜗杆承载能力强、传动效率高，但其制造和安装精度要求高，成本高。

圆柱蜗杆按螺旋齿面在相同剖面内的齿廓曲线形状不同，可分为：阿基米德蜗杆（ZA 蜗杆）、法面直廓蜗杆（ZN 蜗杆）、渐开线蜗杆（ZI 蜗杆）、锥面包络蜗杆（ZK 蜗杆）及圆弧蜗杆（ZC 蜗杆）5 种，其中应用最广的是阿基米德蜗杆传动。这种蜗杆在端面的齿形为阿基米德螺旋线，在轴面的齿形是一个标准齿条。其加工方法与车削梯形螺纹相似，工艺性好，加工最为简便，阿基米德蜗杆传动又称为普通圆柱蜗杆传动，本任务仅讨论这种传动。

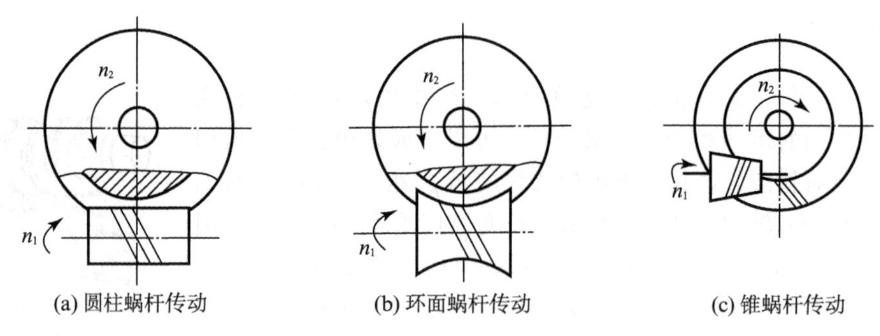

(a) 圆柱蜗杆传动　(b) 环面蜗杆传动　(c) 锥蜗杆传动

图 2-3-3　蜗杆传动的类型

二、普通圆柱蜗杆传动的主要参数及几何尺寸

普通圆柱蜗杆几何尺寸的设计与计算主要依据国家标准 GB/T 10087—2018 和 GB/T 10088—2018。

1. 蜗杆传动的主要参数

(1) 模数、压力角和正确啮合条件

通过蜗杆轴线并与蜗轮轴线垂直的平面称为中间平面，如图 2-3-4 所示，它对蜗杆为对称面，对蜗轮为端面。在中间平面上，蜗杆的齿廓为直线，蜗轮的齿廓为渐开线，故相当于齿条、齿轮传动。国家规定中间平面内的参数为标准值。压力角和模数是蜗杆传动中的重要参数。标准压力角 $\alpha=20°$，标准模数值见表 2-3-2。其正确啮合条件为：在中间平面，蜗杆与蜗轮的模数和压力角分别相等，即蜗杆的轴面模数 m_{a1} 应等于蜗轮的端面模数 m_{t2}；蜗杆轴面压力角 α_{a1} 应等于蜗轮端面压力角 α_{t2}，且均为标准值；当交错角为90°时，蜗杆的分度圆柱导程角 γ 应该等于蜗轮的螺旋角 β，且两角旋向相同。即

$$\left.\begin{aligned} m_{a1} &= m_{t2} = m \\ \alpha_{a1} &= \alpha_{t2} = a = 20^\circ \\ \gamma &= \beta \end{aligned}\right\} \qquad (2-3-1)$$

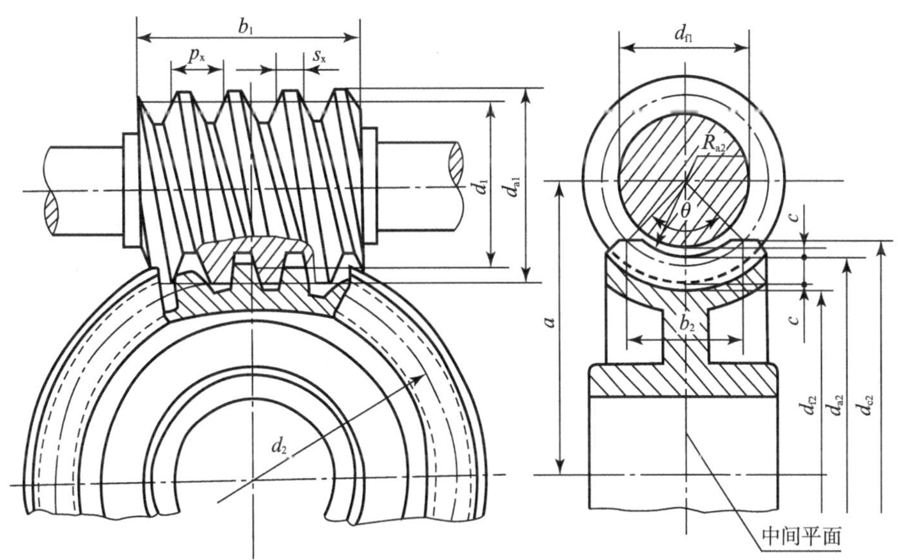

图 2-3-4　普通圆柱蜗杆传动的主要参数

(2) 蜗杆导程角

普通圆柱蜗杆分度圆柱螺旋线上任一点的切线与端面间所夹的锐角称为蜗杆分度圆柱导程角，简称蜗杆导程角，用 γ 表示，如图 2-3-5 所示。

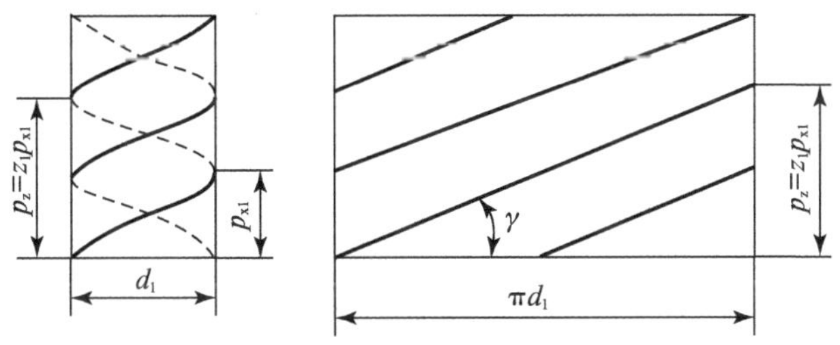

图 2-3-5　普通圆柱蜗杆导程角

蜗杆轴向齿距为 $p_{x1}=\pi m$，蜗杆导程为 $p_z=z_1p_{x1}$，蜗杆导程角为

$$\tan\gamma = \frac{p_z}{\pi d_1} = \frac{\pi m z_1}{\pi d_1} = \frac{z_1}{d_1/m} \qquad (2-3-2)$$

式中，z_1 为蜗杆头数，在 z_1 一定时，d_1/m 小，则 γ 大，可提高传动效率。

蜗杆导程角大时，传动效率高。要求效率高的传动常取 $\gamma=15^\circ\sim30^\circ$，采用多头螺杆；当 $\gamma\leqslant3^\circ30'$ 时，可实现反行程自锁，采用单头蜗杆($z_1=1$)。设计计算时可按表 2-3-1 推荐的范围初步选取。

表 2-3-1 蜗杆导程角 γ 的推荐范围

蜗杆头数 z_1	1	2	4	6
蜗杆导程角 γ	3°～8°	8°～16°	16°～30°	28°～33.5°

(3) 蜗杆分度圆直径 d_1

由式(2-3-2)可知,蜗杆分度圆直径 d_1 为

$$d_1 = \frac{mz_1}{\tan\gamma} \tag{2-3-3}$$

该式表明蜗杆分度圆直径 d_1 的大小取决于模数 m、蜗杆头数 z_1 及导程角 γ 三个参数,即使模数 m 相同,仍然会有许多直径不同的蜗杆,也就意味着对于每一种蜗杆直径,都得配备一把蜗轮滚刀,才能加工出与该蜗杆相啮合的蜗轮,这样很不经济。为了减少刀具数量,便于刀具标准化,GB/T 10088—2018 中将蜗杆分度圆直径 d_1 规定为标准值,制定了 d_1 的标准系列。蜗杆分度圆直径与模数的比值称为蜗杆直径系数,用 q 表示,即

$$q = d_1/m \tag{2-3-4}$$

模数一定时,q 值增大则蜗杆的直径 d_1 增大、刚度提高。因此,为保证蜗杆有足够的刚度,小模数蜗杆的 q 值一般较大,见表 2-3-2。

表 2-3-2 蜗杆基本参数及配置(摘自 GB/T 10085—2018)

m/mm	d_1/mm	z_1	q	m^2d_1/mm³	m/mm	d_1/mm	z_1	q	m^2d_1/mm³
1	18	1	18.000	18	6.3	63	1,2,4,6	10.000	2 500
1.25	20	1	16.000	31		112	1	17.778	4 445
	22.4	1	17.920	35	8	80	1,2,4,6	10.000	5 120
1.6	20	1,2,4	12.500	51		140	1	17.500	8 960
	28	1	17.500	72	10	90	1,2,4,6	9.000	9 000
2	22.4	1,2,4,6	11.200	90		160	1	16.000	16 000
	35.5	1	17.750	142	12.5	112	1,2,4	8.960	17 500
2.5	28	1,2,4,6	11.200	175		200	1	16.000	31 250
	45	1	18.000	281	16	140	1,2,4	8.750	35 840
3.15	35.5	1,2,4,6	11.270	352		250	1	15.625	64 000
	56	1	17.178	556	20	160	1,2,4	8.000	64 000
4	40	1,2,4,6	10.000	640		315	1	15.750	126 000
	71	1	17.750	1 136	25	200	1,2,4	8.000	125 000
5	50	1,2,4,6	10.000	1 250		400	1	16.000	250 000
	90	1	18.000	2 250					

(4) 传动比 i

当蜗杆主动运动时，为减速传动，传动比为

$$i=\frac{n_1}{n_2}=\frac{z_2}{z_1} \tag{2-3-5}$$

式中，n_1 为蜗杆转速，r/mm；n_2 为蜗轮转速，r/mm；z_1 为蜗杆头数；z_2 为蜗轮齿数。

一般圆柱蜗杆传动装置的传动比 i 按下列数值选取：5、7.5、10、12.5、15、20、25、30、40、50、60、70、80。其中，10、20、40 和 80 为基本传动比，应优先采用。

(5) 蜗杆头数和蜗轮齿数

蜗杆头数 z_1 推荐值为 1、2、4、6。当要求传动比大或传递转矩大时，z_1 取小值；要求反行程自锁时，z_1 取 1；当要求传动功率大、传动效率高、传动速度大时，z_1 取大值(称为多头蜗杆)，见表 2-3-3。

蜗轮齿数 $z_2=iz_1$，在动力传动中，为增加同时啮合的齿的对数，增加传动的平稳性，通常规定蜗轮齿数 z_2 不宜少于 28，一般取 $z_2=32\sim80$。z_2 过大，蜗轮尺寸越大，蜗杆轴就要加长，使轴的刚度降低，会导致模数过小而使齿根弯曲疲劳强度不足，z_2 一般不会超过 100。对于多头蜗杆，应尽量使 z_1 和 z_2 互为质数，有利于蜗轮齿面均匀磨损。z_1 和 z_2 的选择见表 2-3-3。

表 2-3-3　蜗杆头数 z_1、蜗轮齿数 z_2 推荐值

传动比 i	7～13	14～27	28～40	>40
蜗杆头数 z_1	4	2	2,1	1
蜗轮齿数 z_2	28～52	28～54	28～80	>40

2. 蜗杆传动的几何尺寸计算

普通圆柱蜗杆传动的主要参数和几何尺寸如图 2-3-4 所示，其计算公式见表 2-3-4。

为了便于组织生产，减少箱体尺寸规格，有利于标准化、系列化，GB/T 10085—2018 中一般蜗杆传动减速器装置的中心距 a(mm)推荐为：40、50、63、80、100、125、160、(180)、220、(225)、250、(280)、315、(335)、400、(450)、500，括号内的数字尽量不用。

表 2-3-4　轴交角 $\Sigma=90°$ 的普通圆柱蜗杆传动主要几何尺寸

名　称	符号	计算公式
齿顶高	h_a	$h_a=h_a^*m=m$，$h_a^*=1$
齿根高	h_f	$h_f=(h_a^*+c^*)m=1.2m$，$c^*=0.2$
齿高	h	$h=h_a+h_f=2.2m$
蜗杆分度圆直径	d_1	$d_1=mq$，取标准值，见表 3-3-2
蜗杆齿顶圆直径	d_{a1}	$d_{a1}=d_1+2h_a=d_1+2m=m(q+2)$
蜗杆齿根圆直径	d_{f1}	$d_{f1}=d_1-2h_f=d_1-2.4m=m(q-2.4)$

(续表)

名　称	符号	计算公式
顶隙	c	$c=0.2m$
蜗杆轴向齿距	p_{x1}	$p_{x1}=\pi m$
蜗杆螺纹部分长度	b_1	$z_1=1、2$，$b_1\geqslant(11+0.06z_2)m$；$z_1=4$，$b_1\geqslant(12.5+0.09z_2)m$
蜗杆分度圆柱的导程角	γ	$\gamma=\arctan(z_1/q)=\arctan(z_1 m/d_1)$
蜗轮的螺旋角	β	$\beta=\gamma$
蜗轮分度圆直径	d_2	$d_2=mz_2$
蜗轮咽喉母圆直径	d_{a2}	$d_{a2}=d_2+2h_a=m(z_2+2)$
蜗轮齿根圆直径	d_{f2}	$d_{f2}=d_2-2h_f=m(z_2-2.4)$
蜗轮外圆直径	d_{e2}	$d_{e2}=d_{a2}+1.5m$
蜗杆传动中心距	a	$a=(d_1+d_2)/2=m(q+z_2)/2$

三、蜗杆传动的失效形式和材料选用

1. 蜗杆传动失效形式及计算准则

蜗杆传动的失效形式与齿轮传动基本相同，有齿面胶合、齿面磨损、齿面疲劳点蚀和轮齿折断等。在闭式蜗杆传动中，由于蜗杆和蜗轮齿面间的相对滑动速度较大、效率低、发热量大，当润滑和散热不良时，齿面胶合为主要失效形式；在开式蜗杆传动和润滑油不清洁的闭式蜗杆传动中，齿面磨损是主要失效形式；若蜗轮齿数较多（$z_2>80$），偶尔也会出现轮齿的弯曲折断。由于蜗轮在材料的强度和结构方面均较蜗杆弱，所以失效多发生在蜗轮轮齿上，设计时只需要对蜗轮进行承载能力计算。对于蜗杆而言，主要应当控制蜗杆轴的变形。

由于目前对齿面胶合和齿面磨损的计算方法尚不成熟，通常仿照圆柱齿轮传动的设计计算方法，对蜗杆传动按齿面接触疲劳强度和蜗轮齿根弯曲疲劳强度进行条件性计算，在选择许用应力时，计入齿面胶合和齿面磨损的影响。

蜗杆传动强度计算准则为：闭式蜗杆传动按蜗轮轮齿的齿面接触疲劳强度计算蜗杆传动的主要参数和尺寸，再验算蜗轮轮齿齿根弯曲疲劳强度，由于闭式蜗杆传动散热条件差，还应进行热平衡核算；对于开式蜗杆传动，只按蜗轮齿根弯曲疲劳强度进行计算。

2. 蜗杆和蜗轮材料的选择

根据蜗杆传动失效形式可知，制造蜗杆副的组合材料不仅要有足够的强度，更重要的是应具有良好的跑合性、减摩性、耐磨性和抗胶合能力。实践表明，较理想的蜗杆副材料是青铜蜗轮齿圈匹配淬硬磨削的钢制蜗杆。

蜗杆一般用优质碳素结构钢或合金钢制造，蜗杆常用材料及应用见表 2-3-5。

表 2-3-5　蜗杆常用材料及应用

材料牌号	热处理	硬度	表面粗糙度/μm	应　用
45、35SiMn、40Cr、40CrNi、42SiMn、37SiMn2MoV、38SiMnMo、42CrMo	表面淬火，并磨削	45 HRC～55 HRC	0.8～1.6	中速、中载，一般传动
20、15Cr、20Cr、20CrMnTi、20MnVB、20SiMnVB、20CrMnMo、20CrNi	渗碳淬火，并磨削	56 HRC～62 HRC	0.8～1.6	高速、重载，重要传动
40、45	调质处理	220 HBW～300 HBW	6.3	低速、轻中载，不重要传动

蜗轮常用的材料为铸锡青铜或铝青铜、灰铸铁等，蜗轮常用材料及应用见表 2-3-6。

表 2-3-6　蜗轮常用材料及应用

材料	牌号	适用的滑动速度/(m/s)	特　性	应　用
铸锡青铜	ZCuSn10Pb1	≤25	耐磨性、跑合性、抗胶合能力、可加工性能均较好，但强度低，成本高	连续工作，高速、重载，重要传动
	ZCuSn5Pb5Zn5	≤12		速度较高的传动
铝青铜	ZCuAl10Fe3	≤10	耐冲击，强度较高，可加工性能好，抗胶合能力较差，价格较低	速度较低的重载传动
	ZCuAl10Fe3Mn2	≤10		
黄铜	ZCuZn38Mn2Pb2	≤10		速度较低、载荷稳定的轻、中载传动
灰铸铁	HT150 HT200 HT250	≤2	铸造性能、可加工性能好，价格低，抗点蚀和抗胶合能力强，抗弯强度低，冲击韧度低	低速、不重要的开式传动，蜗轮尺寸较大的传动，手动传动

四、普通圆柱蜗杆传动的强度计算★

1. 蜗杆传动的受力分析

(1) 蜗轮旋转方向的判定

蜗轮旋转方向，按照蜗杆螺旋线旋向和旋转方向，应用左右手定则判定。如图 2-3-6a 所示，当蜗杆螺旋线旋向为右旋时，则用右手四个手指的方向沿蜗杆旋转方向握起来，大拇指所指方向的相反方向即为蜗轮上啮合点的线速度方向，因此，蜗轮逆时针转动。当蜗杆螺旋线旋向为左旋时，则用左手按相同方法判定，如图 2-3-6b 所示。

(2) 轮齿上的作用力

蜗杆传动的受力与斜齿圆柱齿轮相似，如图 2-3-7 所示，若不计齿面间的摩擦力，蜗轮作用于蜗杆齿面上的法向力 $\boldsymbol{F}_n$，在节点 C 处可分解为三个互相垂直的分力：圆周力 $\boldsymbol{F}_{t1}$、径向力

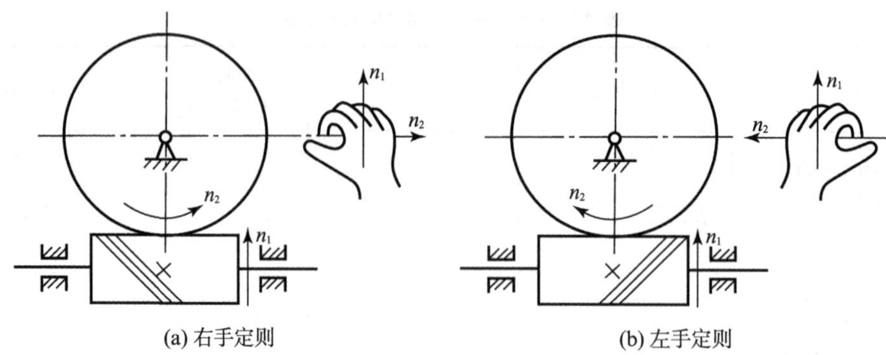

图 2-3-6 蜗轮旋转方向的判定

$\boldsymbol{F}_{r1}$、轴向力 $\boldsymbol{F}_{a1}$。由图 2-3-7 可知蜗轮上的圆周力 $\boldsymbol{F}_{t2}$ 等于蜗杆上的轴向力 $\boldsymbol{F}_{a1}$，蜗轮上的径向力 $\boldsymbol{F}_{r2}$ 等于蜗杆上的径向力 $\boldsymbol{F}_{r1}$，蜗轮上的轴向力 $\boldsymbol{F}_{a2}$ 等于蜗杆上的圆周力 $\boldsymbol{F}_{t1}$。这些对应的力的大小相等、方向相反。

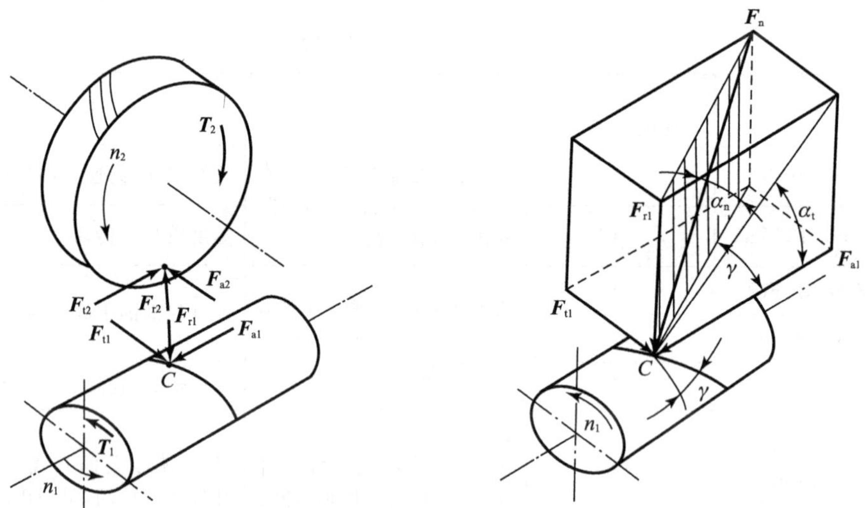

图 2-3-7 蜗杆传动的受力分析图

各力间的关系为

$$\left.\begin{aligned}F_{a2}&=\frac{2T_1}{d_1}\approx-F_{t1}\\F_{t2}&=\frac{2T_2}{d_2}\approx-F_{a1}\\F_{r2}&=F_{t2}\tan\alpha\approx-F_{r1}\\F_n&=\frac{F_{a1}}{\cos\gamma\cos\alpha_n}=\frac{F_{t2}}{\cos\gamma\cos\alpha_n}=\frac{2T_2}{d_2\cos\gamma\cos\alpha_n}\end{aligned}\right\}\qquad(2-3-6)$$

式中 T_2——蜗轮转矩，N·m；

$$T_2=T_1\cdot\eta\cdot i=9\ 550\frac{P_1}{n_1}\cdot\eta\cdot i\qquad(2-3-7)$$

T_1——蜗杆转矩，N·m；

P_1——蜗杆输入功率，kW；

η——传动效率，蜗杆传动的功率损失包括三个方面：蜗杆和蜗轮的啮合损失（啮合效率 η_1）、油浴润滑时蜗杆或蜗轮的搅油损失（搅油效率 η_2，一般为 0.95～0.99）、轴承摩擦损失（轴承效率 η_3，一般为 0.98～0.99），普通圆柱蜗杆传动效率可以估算为：当 $z_1=1$ 时 $\eta=0.7$（不自锁）或 $\eta=0.4$（自锁）；当 $z_1=2$ 时 $\eta=0.8$；当 $z_1=4$ 时 $\eta=0.9$；当 $z_1=6$ 时 $\eta=0.95$；

a_t——蜗轮端面压力角，$a_t=a=20^\circ$；

a_n——蜗轮法向压力角，$\tan a_n=\tan a\cos\gamma$（$\gamma$ 为蜗杆导程角）。

当蜗杆为主动运动时各力的方向为：蜗杆上圆周力 $\boldsymbol{F}_{t1}$ 的方向与蜗杆的转向相反；蜗轮上的圆周力 $\boldsymbol{F}_{t2}$ 的方向与蜗轮的转向相同；蜗杆和蜗轮上径向力 $\boldsymbol{F}_{r1}$、$\boldsymbol{F}_{r2}$ 的方向，分别指向各自的轴心；蜗杆轴向力 $\boldsymbol{F}_{a1}$ 的方向与蜗杆的螺旋线旋向和旋转方向有关，可用“主动轮左（右）手法则”判断，即蜗杆螺旋线旋向为右（左）旋时用右（左）手，并以四指弯曲方向表示蜗杆旋转方向，则拇指所指方向为轴向力 $\boldsymbol{F}_{a1}$ 的方向。

2. 蜗轮齿面接触疲劳强度计算

蜗轮齿面接触疲劳强度计算公式和斜齿轮圆柱齿轮相似，当青铜蜗轮和钢制蜗杆配合使用时，蜗轮齿面接触疲劳强度校核公式为

$$\sigma_H=\frac{15\,000}{d_2}\sqrt{\frac{KT_2}{d_1}}\leqslant[\sigma_H] \tag{2-3-8}$$

以 $d_2=mz_2$ 代入式（2-3-8）可得设计公式为

$$m^2d_1\geqslant\left(\frac{15\,000}{z_2[\sigma_H]}\right)^2KT_2 \tag{2-3-9}$$

式中　σ_H——蜗轮齿面接触应力；

K——载荷系数，一般取 $K=1\sim1.4$，当载荷平稳，蜗轮圆周速度 $v_2\leqslant3$ m/s，7 级以上精度时，取小值，否则取大值；

$[\sigma_H]$——蜗轮的许用接触应力，MPa，见表 2-3-7。

表 2-3-7　蜗轮材料的许用接触应力　（单位：MPa）

锡青铜蜗轮$[\sigma_H]$				
蜗轮材料	铸造方法	适用的滑动速度 $v_s/(\text{m}\cdot\text{s}^{-1})$	蜗杆齿面硬度≤350 HBW	蜗杆齿面硬度>45 HRC
ZCuSn10Pb1	砂型	≤12	180	200
	金属型	≤25	200	220
ZCuSn5Pb5Zn5	砂型	≤10	110	125
	金属型	≤12	135	150

(续表)

铝青铜、黄铜及铸铁蜗轮$[\sigma_H]$								
蜗轮材料	蜗杆材料	适用的滑动速度 $v_s/(m \cdot s^{-1})$						
		0.5	1	2	3	4	6	8
ZCuAl10Fe3	淬火钢	245	225	210	180	160	115	90
ZCuZn38Mn2Pb2	淬火钢	210	200	180	150	130	95	75
HT150、HT200	渗碳钢	130	115	90	—	—	—	—
HT150	调质钢	110	90	70	—	—	—	—

3. 蜗轮轮齿弯曲疲劳强度计算

由于材料和齿形的原因,蜗杆齿的弯曲疲劳强度要比蜗轮轮齿的弯曲疲劳强度高得多,所以通常只需计算蜗轮轮齿的弯曲疲劳强度。计算方法与斜齿圆柱齿轮传动相似,但由于蜗轮齿形复杂,准确地确定危险截面的弯曲应力比较困难。通常把蜗轮当成斜齿轮处理,并且考虑蜗轮齿形的特点和磨损情况加以修正。在进行蜗杆传动的强度计算时,还需进行传动效率和热平衡计算。

蜗轮简化成斜齿轮后,得到蜗轮轮齿弯曲疲劳强度的校核公式为

$$\sigma_F = \frac{600KT_2Y_{FS}}{d_1d_2m} \leqslant [\sigma_F] \tag{2-3-10}$$

以 $d_2=mz_2$ 代入式(2-3-10)可得设计公式为

$$m^2d_1 \geqslant \frac{600KT_2Y_{FS}}{z_2[\sigma_F]} \tag{2-3-11}$$

式中 σ_F——蜗轮齿根弯曲应力,MPa;

Y_{FS}——复合齿形系数,依当量齿数 $z_v(z_v=z_2/\cos^3\gamma)$,见表 2-3-8;

$[\sigma_F]$——蜗轮材料的许用弯曲应力,MPa,见表 2-3-9。

表 2-3-8 复合齿形系数 Y_{FS}

z_v	17	18	19	20	21	22	23	24	25	26	27	28	29
Y_{FS}	4.51	4.45	4.39	4.34	4.31	4.27	4.24	4.19	4.16	4.15	4.11	4.105	4.1
z_v	30	35	40	45	50	60	70	80	90	100	150	200	∞
Y_{FS}	4.095	4.043	4.01	3.95	3.944	3.94	3.92	3.93	3.916	3.902	3.916	3.954	4.06

表 2-3-9　蜗轮材料的许用弯曲应力　　（单位：MPa）

材料	铸造方法	σ_b/MPa	σ_s/MPa	蜗杆硬度<45 HRC		蜗杆硬度≥45 HRC	
				单向受载	双向受载	单向受载	双向受载
ZCuSn10Pb1	砂模 金属模	200 250	140 150	51 58	32 40	64 73	40 50
ZCuSn5Pb5Zn5	砂模 金属模	180 200	90 90	37 39	29 32	46 49	36 40
ZCuAl9Fe4Ni4Mn2	砂模 金属模	400 500	200 200	82 90	64 80	103 113	80 100
ZCuAl10Fe3	金属模	500	200	90	80	113	100
HT150	砂模	150	—	38	24	48	30
HT200	砂模	200	—	48	30	60	38

五、圆柱蜗杆和蜗轮的结构

1. 蜗杆的结构

蜗杆因直径不大，常与轴做成一体，称为蜗杆轴，并有车制和铣制之分，如图 2-3-8 所示，其中图 2-3-8a 所示为车制蜗杆，图 2-3-8b 所示为铣制蜗杆。只有当蜗杆齿根圆直径 $d_{f1}/d \geqslant 1.7$（d 为轴颈直径）时才能采用蜗杆齿圈套装在轴上的结构，但结构和工艺较复杂。

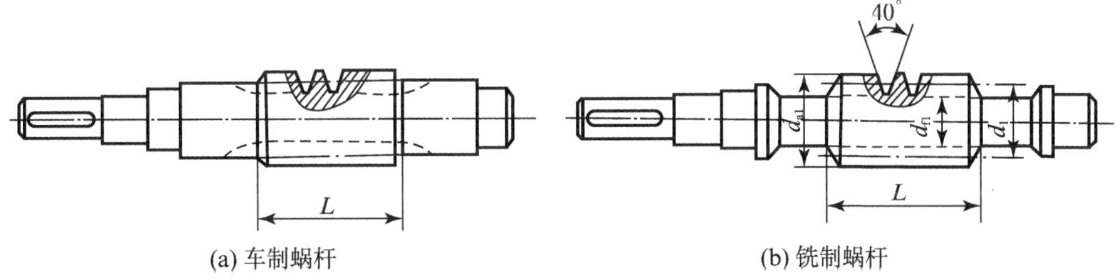

图 2-3-8　蜗杆的结构形式

2. 蜗轮的结构

蜗轮有多种结构形式，如图 2-3-9 所示。除铸铁蜗轮或 d_{e2}<100 mm 的青铜蜗轮制成整体式（图 2-3-9a）之外，直径大的蜗轮，为了节约贵重的有色金属和提高轮芯的强度，常采用组合式结构，即齿圈用有色金属制造，而轮芯用钢或铸铁制成。齿圈与轮芯之间可以利用过盈配合连接，如图 2-3-9b 所示。但为了可靠起见，要沿接合面圆周装上 4～8 个螺钉，并使螺孔中心线向较硬的轮芯材料偏移 2～3 mm，以利于钻孔操作。蜗轮尺寸较大或者在磨损后需要更换齿圈的场合，可以采用铰制孔用螺栓连接的方式，如图 2-3-9c 所

示。对于批量生产的蜗轮，为提高生产率，常采用在铸铁轮芯上浇铸青铜齿圈的办法，如图 2－3－9d 所示。

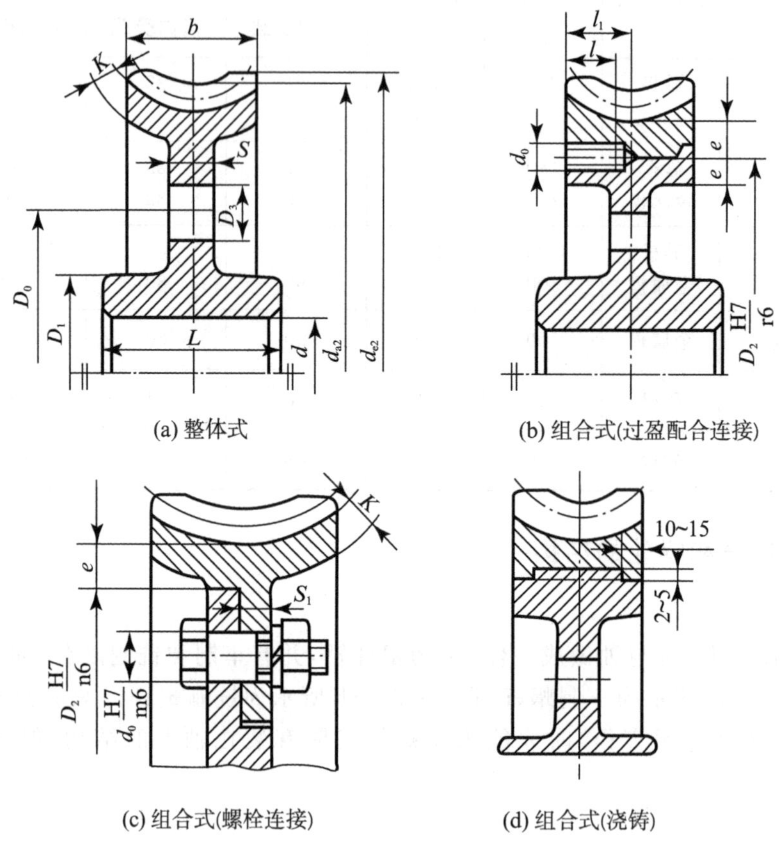

(a) 整体式　(b) 组合式(过盈配合连接)

(c) 组合式(螺栓连接)　(d) 组合式(浇铸)

图 2－3－9　蜗轮的结构形式

六、蜗杆传动的润滑★

蜗杆传动一般以润滑油作为润滑剂，采用油浴润滑或喷油润滑方式。蜗杆传动的润滑油黏度及润滑方式，见表 2－3－10。

表 2－3－10　蜗杆传动的润滑油黏度及润滑方式

<table>
<tr><td>滑动速度/(m/s)</td><td>＜1</td><td>＜2.5</td><td>＜5</td><td>＞5～10</td><td>＞10～15</td><td>＞15～25</td><td>＞25</td></tr>
<tr><td>工作条件</td><td>重载</td><td>重载</td><td>中载</td><td>不限</td><td>不限</td><td>不限</td><td>不限</td></tr>
<tr><td>黏度/(mm²/s)</td><td>900</td><td>500</td><td>350</td><td>220</td><td>150</td><td>100</td><td>80</td></tr>
<tr><td rowspan="2">润滑方法</td><td rowspan="2" colspan="3">油浴润滑</td><td rowspan="2">喷油润滑或油浴润滑</td><td colspan="3">喷油润滑，喷油压力/MPa</td></tr>
<tr><td>0.07</td><td>0.2</td><td>0.3</td></tr>
</table>

在闭式蜗杆传动中，蜗杆和蜗轮用于啮合的功率损失大，摩擦发热严重，如果散热条件不好，会使传动装置及润滑油的温度不断升高，促使润滑条件恶化，最终导致胶合等齿面损伤失效。

单位时间内发热量与散热量达到平衡时，箱体的温度就不再升高。一般应当控制箱体的平衡温度 t 在 75～85℃之间，如果超过这个限度，就必须采取下列一些措施：

① 增大散热面积，在箱体结构上铸出或焊上散热片；

② 增大表面传热系数，在蜗杆轴端装设风扇，加速空气流通，如图 2-3-10 所示；

③ 利用循环水冷却，在箱体内装设冷却水管，用循环水冷却，如图 2-3-11 所示；

④ 利用压力喷油冷却，将高温润滑油抽到箱体外，经过冷却后，再喷射到传动的啮合部位冷却，如图 2-3-12 所示。

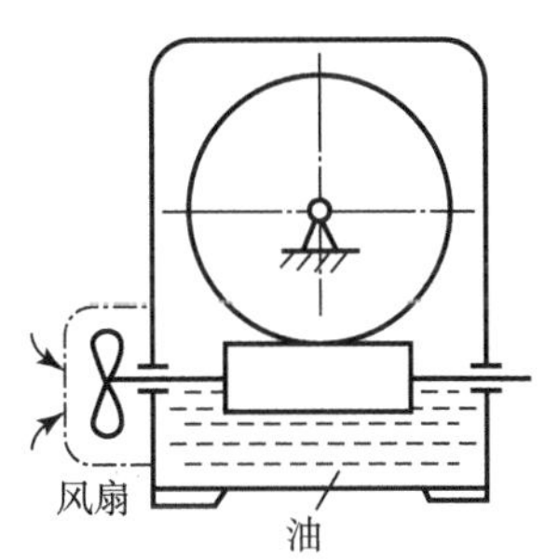

图 2-3-10　风扇冷却

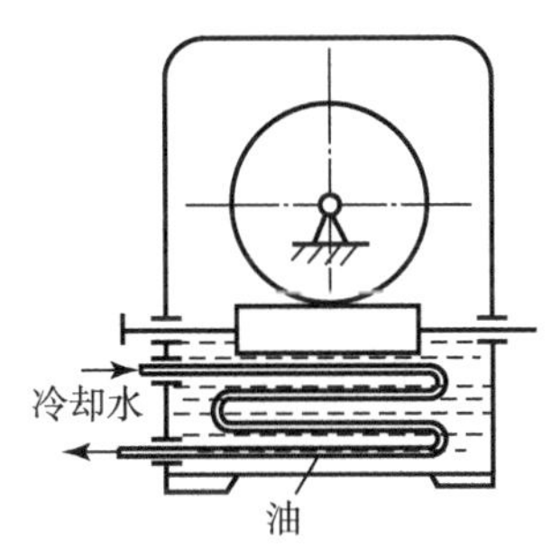

图 2-3-11　冷却水管冷却

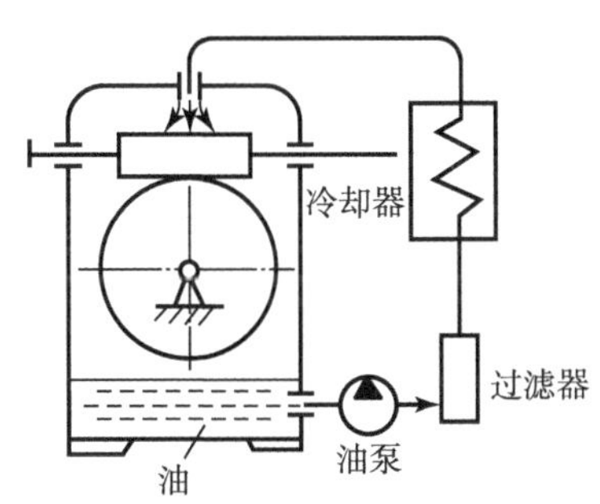

图 2-3-12　压力喷油冷却

【任务分析】

本任务中，搅拌机外形尺寸较小，而且工作机搅拌叶转速较低，要把电动机的高转速在小范围内迅速变为低转速，一般采用大传动比的蜗杆传动机构。蜗杆输入转速较高且连续工作，根据使用情况，选用蜗杆传动形式为普通圆柱蜗杆传动，确定蜗杆与蜗轮常用材料分别为 40Cr 与铸造锡青铜 ZCuSn10Pb1；一般选用蜗杆的头数 $z_1=2$，由传动比 i 确定蜗轮的齿数；根据给定的工作参数计算蜗杆传动的模数 m；再根据强度计算准则对蜗轮轮齿进行强度计算与校核；最后根据蜗杆传动参数计算关系式计算主要尺寸，选用合适的蜗杆、蜗轮结构，并绘制其零件设计图。

【任务实施】

根据任务描述要求，本任务中的蜗杆传动的设计步骤如下。

(1) 选择蜗轮、蜗杆材料和热处理方法

考虑蜗杆转速较高且连续工作，蜗轮材料选用铸造锡青铜 ZCuSn10Pb1(金属模铸造)；蜗杆材料选用 40Cr，齿面淬火，齿面硬度大于 45 HRC～50 HRC。

(2) 选定蜗杆头数和蜗轮齿数

参照表 2-3-3，蜗杆传动比 $i=20$，一般取蜗杆头数 $z_1=2$，则蜗轮齿数 $z_2=iz_1=20\times2=40$。

(3) 确定模数和蜗杆分度圆直径

① 按蜗轮齿面接触疲劳强度计算模数和蜗杆分度圆直径。

确定许用接触应力。由表 2-3-7 查得$[\sigma_H]=220$ MPa。

确定载荷系数。由工作载荷平稳均匀,无冲击,取小值 $K=1.0$。

计算 m^2d_1。

首先计算蜗轮转矩 T_2,由普通圆柱蜗杆传动效率可以估算为:当 $z_1=2$ 时 $\eta=0.8$,则

$$T_2 = T_1\eta i = 9\,550\frac{P_1}{n_1}\eta i = 9\,550\times\frac{7.5}{1\,450}\times 20\times 0.8\ \text{N}\cdot\text{m} = 790.34\ \text{N}\cdot\text{m}$$

再计算 m^2d_1,按式(2-3-9)计算 m^2d_1 如下

$$m^2d_1 \geqslant \left(\frac{15\,000}{z_2[\sigma_H]}\right)^2 KT_2 = \left(\frac{15\,000}{40\times 220}\right)^2 \times 1.0\times 790.34\ \text{mm}^3 = 2\,296\ \text{mm}^3$$

由表 2-3-2 查得 m 与 d_1 的匹配值为 $m=6.3$ mm,$d_1=63$ mm。

② 验算蜗轮轮齿的弯曲疲劳强度。

确定蜗轮轮齿许用弯曲应力。由表 2-3-9 查得蜗轮轮齿许用弯曲应力$[\sigma_F]=73$ MPa。

确定复合齿形系数 Y_{FS}。由式(2-3-3)可知,$\gamma=\arctan\left(\frac{z_1m}{d_1}\right)=\arctan\left(\frac{2\times 6.3}{63}\right)=11.31°$。

由 $z_v=\frac{z_2}{\cos^3\gamma}=\frac{40}{\cos^3 11.31°}=42.42$,查表 2-3-8 得 $Y_{FS}=3.98$。

验算蜗轮轮齿弯曲强度。

由式(2-3-10)可知

$$\sigma_F = \frac{600KT_2Y_{FS}}{d_1d_2m} = \frac{600\times 1.0\times 790.34\times 3.98}{63\times 6.3\times 40\times 6.3} = 18.9\ \text{MPa} \leqslant [\sigma_F] = 73\ \text{MPa}$$

因此,蜗轮弯曲强度足够。

(4) 计算蜗轮、蜗杆主要尺寸

① 中心距计算。

$$a = \frac{1}{2}(d_1+d_2) = \frac{1}{2}(63+6.3\times 40)\text{mm} = 157.5\ \text{mm}$$

注:为了便于组织生产,减少箱体尺寸规格,有利于标准化,可取 $a=160$ mm。

② 蜗杆尺寸。

分度圆直径:$d_1=63$ mm。

齿顶圆直径:$d_{a1}=d_1+2m=(63+2\times 6.3)\text{mm}=75.6$ mm。

齿根圆直径:$d_{f1}=d_1-2h_f=d_1-2.4m=(63-2.4\times 6.3)\text{mm}=47.88$ mm。

蜗杆螺纹长度:$b_1=(11+0.06z_2)m=(11+40\times 0.06)\times 6.3$ mm$=84.42$ mm,圆整为 85 mm。

蜗杆轴向齿距:$p_{x1}=\pi m=6.3\pi$ mm$=19.792$ mm。

螺杆导程:$p_z=z_1p_{x1}=2\times 19.792$ mm$=39.584$ mm。

③ 蜗轮尺寸。

分度圆直径：$d_2 = mz_2 = 6.3\times40$ mm $=252$ mm。

咽喉母圆直径：$d_{a2} = d_2 + 2h_a = m(z_2+2) = (252+2\times6.3)$ mm $=264.6$ mm。

外圆直径：$d_{e2} = d_{a2} + 1.5m = (264.6+1.5\times6.3)$ mm $=274.1$ mm。

齿根圆直径：$d_{f2} = d_2 - 2h_f = m(z_2-2.4) = (252-2.4\times6.3)$ mm $=236.88$ mm。

齿宽：$b_2 < 0.75d_{a1} = 0.75\times75.6$ mm $=56.7$ mm ≈55 mm。

(5) 绘制蜗杆与蜗轮零件设计图

蜗杆与蜗轮零件图如图 2-3-13～图 2-3-14 所示，其中蜗杆轴的详细结构设计后面会介绍。

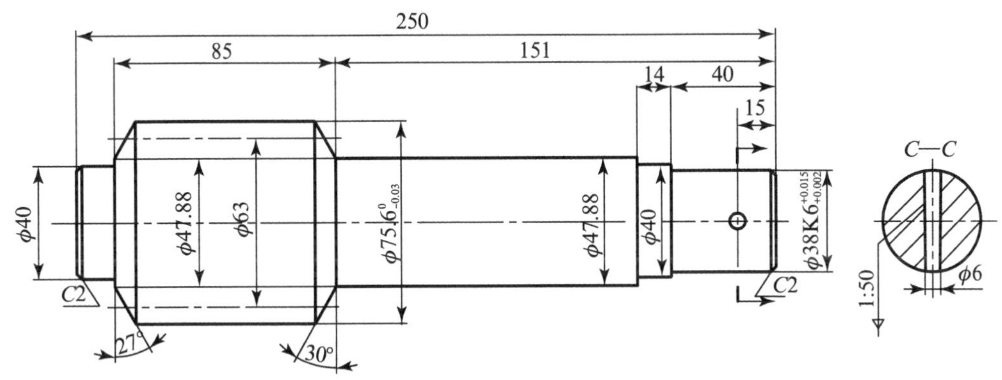

蜗杆类型	ZA		蜗杆导程角	γ	11°31′
轴向模数	m_x	6.3	蜗杆导程	p_z	39.584
蜗杆头数	z_1	2	蜗杆螺纹长度	b_1	85
压力角	α	20°	轴向齿距极限偏差	f_{px}	±0.014
齿顶高系数	h_a^*	1	齿槽径向跳动公差	F_r	0.018
径向间隙系数	c^*	0.2	齿厚上偏差	E_{ss1}	-0.068
分度圆直径	d_1	63	齿厚公差	T_{s1}	0.056
轴向齿距	p_{x1}	19.792	中心距极限偏差	f_a	±0.050
螺旋线旋向	右旋		精度等级	7 GB/T 10089—2018	

图 2-3-13　车制蜗杆零件图

【任务总结】

本任务分析了蜗杆传动的类型、特性和应用情况，介绍了蜗杆传动的失效形式及设计准则，分析了蜗杆传动的设计方法和设计步骤。通过本任务的学习，学生能掌握蜗杆、蜗轮的设计选用知识和技能，通过蜗杆、蜗轮设计过程中的思考，培养学生的创新思维能力。

(1) 蜗杆传动用于传递空间两交错轴之间的运动和动力。ZA(阿基米德)蜗杆最为基本，标准推荐采用 ZI(渐开线)蜗杆和 ZK(锥面包络)蜗杆。蜗杆传动传动比大、传动平稳、可以自锁、效率较低。蜗杆传动的正确啮合条件是：$m_{a1}=m_{t2}=m$，$\alpha_{a1}=\alpha_{t2}=\alpha$，$\gamma=\beta$，且两角旋向相同。蜗杆传动的失效形式有轮齿折断、齿面点蚀、齿面胶合、齿面磨损等。蜗杆的材料主要采用碳素结

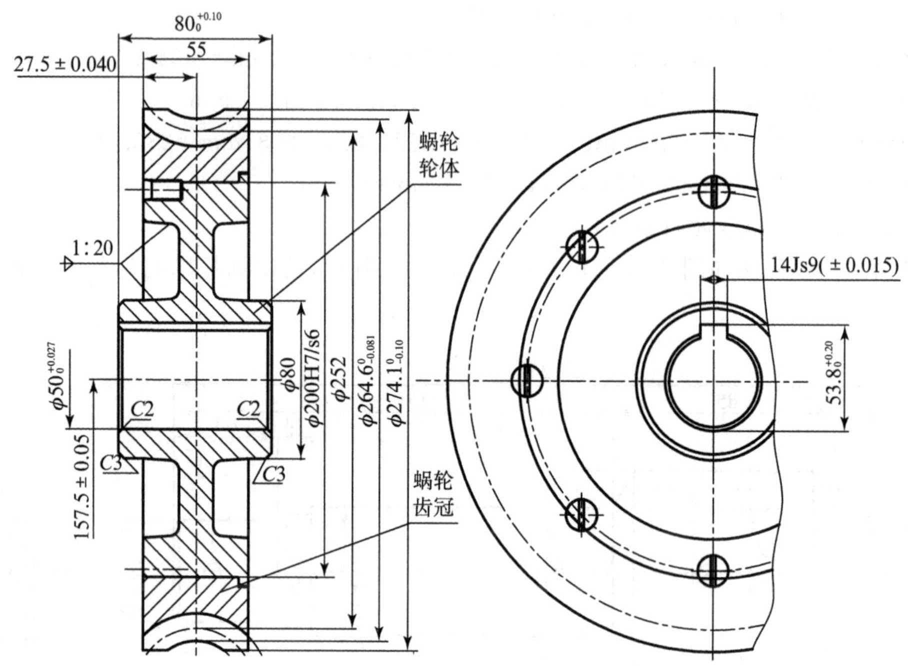

蜗杆类型	ZA		轮齿倾斜角	β	11°31′
端面模数	m_1	6.3	蜗轮齿距极限偏差	f_{pt}	±0.02
蜗轮齿数	z_2	40	蜗轮齿圈径向跳动公差	F_r	0.056
压力角	α	20°	齿厚公差	T_{B2}	0.120
齿顶高系数	h_a^*	1	轮齿倾斜方向	右旋	
径向间隙系数	c^*	0.2	精度等级	7 GB/T 10089—2018	
分度圆直径	d_2	252			

图 2-3-14 轮箍式蜗轮零件图

构钢或合金钢，并进行适当的热处理，蜗轮齿圈的材料主要采用青铜。由于蜗杆传动的效率低、发热量大，必须保证良好的润滑，并进行热平衡计算。

(2) 设计时应注意下列问题。

① 圆柱蜗杆在给定平面上的基本齿廓和渐开线圆柱齿轮的基本齿廓基本相同，只是顶隙 c 有所差异：渐开线圆柱齿轮基本齿廓中，$c=0.25m$；圆柱蜗杆的基本齿廓中，一般，$c=0.2m$。

② 蜗杆传动的传动比等于蜗轮、蜗杆的齿数比，而不等于其直径比。

③ 在一般情况下，可以利用蜗杆自锁固定某些零件的位置，但是对一些自锁失效会产生严重事故的情况，如起重机、电梯等装置，不能只靠蜗杆传动的自锁功能把重物停止在空中，要采用一些更可靠的止动方式，如棘轮等。

④ 蜗轮的失效形式与其材料有关。当蜗轮材料为铸锡青铜($\sigma_b<300$ MPa)时，因其具有良好的抗胶合能力，故主要失效形式是蜗轮齿面的接触疲劳点蚀，蜗轮的许用应力与应力循环次数有关；当蜗轮材料为铸铝青铜或铸铁($\sigma_b>300$ MPa)时，因其具有良好的抗点蚀能力，故主要失效形式是蜗轮齿面的胶合失效，由于胶合失效的强度计算还不完善，故采用接触疲劳强度进行条件

性的计算，胶合不同于疲劳失效，因而$[\sigma_H]$与应力循环次数无关，而与相对滑动速度有关。在强度计算时应该注意这一点。

【知识拓展】

蜗杆传动的热平衡计算★

由于蜗杆传动效率较低，发热量大，润滑油温升增加，润滑油黏度下降，润滑状态恶劣，易导致齿面胶合失效，所以对连续运转的蜗杆传动须作热平衡计算。

蜗杆传动中，转化为热量的功率为

$$P_S = 1\,000P_1(1-\eta) \tag{2-3-12}$$

式中，P_S 为蜗杆传动损耗的功率，W；P_1 为蜗杆传动输入功率，kW。

从箱体外壁散发的热量所相当的功率为

$$P_c = K_S A(t_1 - t_0) \tag{2-3-13}$$

热平衡条件是：在允许的润滑油工作温升范围内，箱体外表面散发热量的相当功率应大于或等于传动损耗的功率，即

$$P_c \geqslant P_S \tag{2-3-14}$$

$$K_S A(t_1 - t_0) \geqslant 1\,000P_1(1-\eta)$$

$$t_1 \geqslant \frac{1\,000P_1(1-\eta)}{K_S A} + t_0 \tag{2-3-15}$$

式中　K_S——箱体表面散热系数，一般取 K_S=8.5～17.5 W/(m² · ℃)，通风条件良好(如箱体周围空气循环好，外壳上无灰尘、杂物)时取大值，可取 14～17.5 W/(m² · ℃)，否则取小值；

A——箱体散热面积，m²，散热面积是指箱体内表面被润滑油浸到(或飞溅到)、而外表面又能被自然循环的空气所冷却的面积，箱体凸缘、散热片等的散热面积按表面积的 0.5 倍计算；

t_0——周围空气的温度，通常取 t_0=20℃；

t_1——热平衡时的工作温度，℃，一般 t_1 应小于 60～75℃，最高不超过80℃。

【思考与练习】

1. 与齿轮传动相比，蜗杆传动有何优点？什么情况下宜采用蜗杆传动？为什么传递大功率时很少采用蜗杆传动？

2. 为什么将蜗杆分度圆直径 d_1 规定为蜗杆传动中的标准参数？如何选用 d_1？

3. 阿基米德蜗杆在中间平面内的啮合相当于哪种齿轮啮合？

4. 蜗杆传动常见的失效形式有哪些？其强度计算的准则是什么？

5. 已知一圆柱蜗杆传动用 m=5 mm、蜗杆分度圆直径 d_1=50 mm、蜗杆头数 z_1=2，传动比 i=5，试计算该蜗杆传动的主要几何尺寸。

6. 阿基米德蜗杆传动，已知 $m=8\ \mathrm{mm}$、$z_1=1$、$\gamma=5°42'38''$、$\alpha=20°$、$h_a^*=1$、$c^*=0.2$、$z_2=80$，试求该蜗杆传动的 d_1、d_{a1}、d_{f1}、b_1、d_2、d_{a2}、d_{f2}、b_2、a。

任务4　车床变速器齿轮系的分析与计算

【任务描述】

机床变速箱是用来改变机床主运动速度(如主轴转速、工作台每分钟往复行程数等)的机构。它可以单独地装在箱体内构成机床的一个部件，也可以与其他机构共同装在一个箱体内，例如与主轴部件装在一起时就称为主轴变速箱。齿轮变速器的变速原理是通过轴上的滑移齿轮在轴上的位置变化来和不同的齿轮进行啮合，通过不同啮合路线中的齿轮齿数的变化来达到变速的目的。

某车床齿轮变速器示意图如图2-4-1所示，运动由电动机轴输入，由带轮轴输出。已知：各齿轮齿数分别为 $z_1=18$、$z_2=20$、$z_3=22$、$z_4=21$、$z_5=20$、$z_6=26$、$z_7=30$、$z_a=20$、$z_b=19$、$z_c=18$、$z_d=18$、$z_e=22$，电动机轴(Ⅰ轴)输入的转速为 $n_1=446.7\ \mathrm{r/min}$，求带轮轴(Ⅳ轴)的输出转速有几种，各为多少？

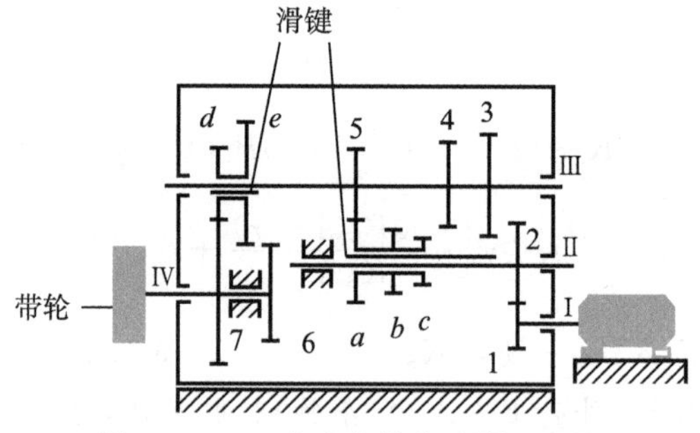

图2-4-1　车床齿轮变速器示意图

【任务目标】

【知识】

◎ 齿轮系的类型。

◎ 定轴齿轮系传动比的计算。

◎ 周转齿轮系传动比的计算。

◎ 组合齿轮系传动比的计算。

◎ 齿轮系的应用。

【技能】

◎ 了解齿轮系的类型。

◎ 掌握定轴齿轮系、周转齿轮系以及组合齿轮系传动比的计算方法。

◎ 掌握齿轮系的应用范围。

【素质】

◎ 培养学生民族自豪、文化自信以及集体主义精神。

【知识准备】

前面已学习了一对齿轮啮合传动的(包括蜗杆、蜗轮)设计知识,但是在实际机械中,为了满足各种机械的多方面工作需要,常需要采用一系列互相啮合的齿轮组成的传动系统。工程上把一系列齿轮(含蜗杆、蜗轮)所组成的传动装置称为齿轮系(简称轮系),如图 2-4-2 所示。一对齿轮组成的啮合传动为最简单的齿轮系。

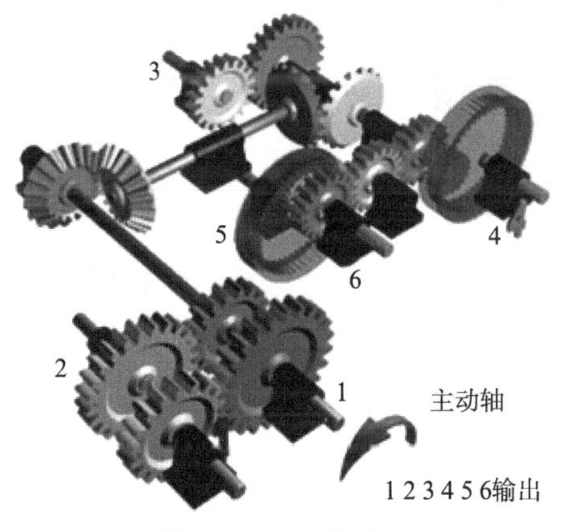

图 2-4-2　齿轮系

一、齿轮系的分类

根据齿轮系在运动过程中各齿轮几何轴线在空间的相对位置是否变动,齿轮系可分为定轴齿轮系、周转齿轮系和组合齿轮系三大类。

1. 定轴齿轮系

传动过程中,所有齿轮的几何轴线相对于机架的位置都是固定的齿轮系,称为定轴齿轮系,如图 2-4-3 所示。定轴齿轮系又可分为平面定轴齿轮系和空间定轴齿轮系。在定轴齿轮系中,如果各轴线相互平行,则称为平面定轴齿轮系,如图 2-4-3a 所示。如果各轴线不都是相互平行的,则称为空间定轴齿轮系,如图 2-4-3b 所示。

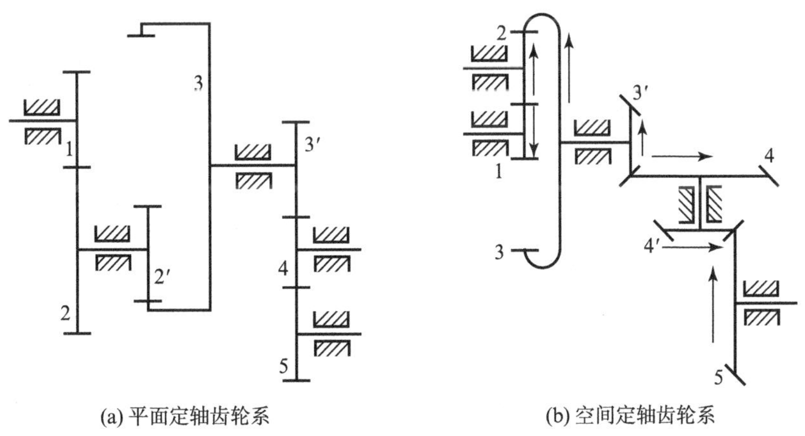

图 2-4-3　定轴齿轮系

2. 周转齿轮系

传动过程中，至少有一个齿轮的几何轴线绕另一齿轮的几何轴线作运动的齿轮系称为周转齿轮系，如图 2-4-4 所示。

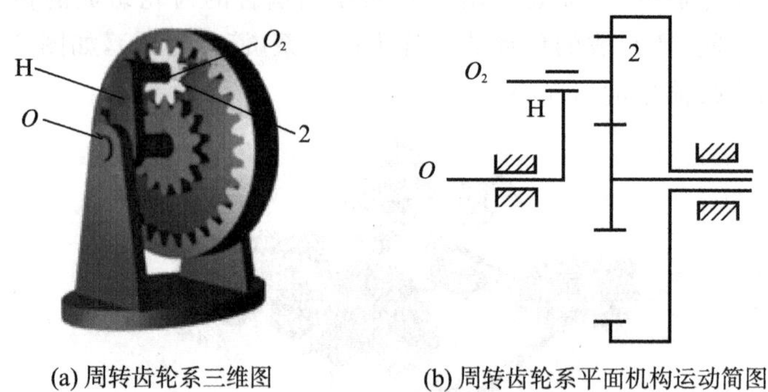

(a) 周转齿轮系三维图　(b) 周转齿轮系平面机构运动简图

图 2-4-4　周转齿轮系

如图 2-4-4 所示的周转齿轮系中，齿轮 2 除绕自身的轴线 O_2 转动（自转）外，还同时随行星架 H 绕固定的几何轴线 O 转动（公转），因此称为周转齿轮系。周转齿轮系按自由度数目可分为行星齿轮系和差动齿轮系。

(1) 行星齿轮系

若有一个中心齿轮固定不动，则齿轮系的自由度为 1，这种周转齿轮系称为行星齿轮系，如图 2-4-5 所示。

(2) 差动齿轮系

若有两个中心齿轮都能转动，则齿轮系的自由度为 2，这种周转齿轮系称为差动齿轮系，如图 2-4-6 所示。

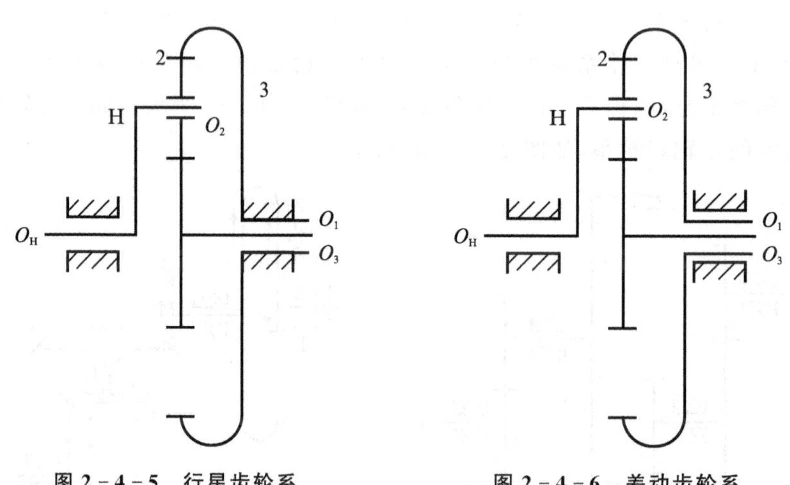

图 2-4-5　行星齿轮系　**图 2-4-6　差动齿轮系**

3. 组合齿轮系

在各种机械中，所用的齿轮系常常既含有定轴齿轮系，又含有周转齿轮系，或者由多个单一周转齿轮系组成，这类传动装置称为组合齿轮系，如图 2-4-7 所示。

(a) 组合齿轮系三维图

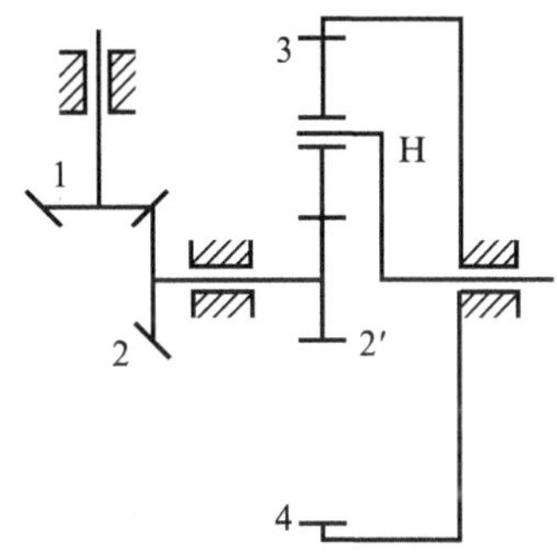

(b) 组合齿轮系平面机构运行简图

图 2-4-7　组合齿轮系

二、定轴齿轮系传动比的计算

齿轮系中，首末两轮的角速度(或转速)之比，称为齿轮系的传动比。因为角速度和转速都是矢量，所以在计算齿轮系的传动比时，不仅要计算传动比数值的大小，而且要确定首末轮的转向关系，这样才能完全表达首末轮的转速之间的关系。

1. 一对齿轮传动比的计算

一对外啮合齿轮如图 2-4-8a 所示，首轮 1 为主动轮，齿轮 2 为末轮，两齿轮轴线相互平行，负号表示齿轮 1 和齿轮 2 的转向相反。同时也可画箭头表示两齿轮的转向。箭头指向为齿轮可见侧的圆周速度方向。传动比为

$$i_{12}=\frac{n_1}{n_2}=-\frac{z_2}{z_1}$$

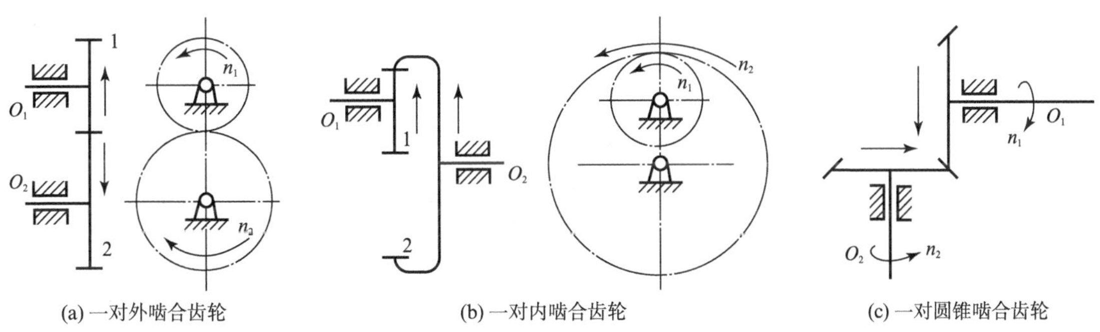

(a) 一对外啮合齿轮　(b) 一对内啮合齿轮　(c) 一对圆锥啮合齿轮

图 2-4-8　一对齿轮的啮合传动比

一对内啮合齿轮如图 2-4-8b 所示，首轮 1 为主动轮，齿轮 2 为末轮，两齿轮轴线相互平行，正号表示齿轮 1 和齿轮 2 的转向相同。同时也可画箭头表示两齿轮的转向。传动比为

$$i_{12}=\frac{n_1}{n_2}=+\frac{z_2}{z_1}$$

一对圆锥啮合齿轮如图 2-4-8c 所示，首轮 1 为主动轮，齿轮 2 为末轮，两齿轮轴线不平行，因此它们的转向无所谓相同或相反，只能用画箭头的方法来表示它们的转向关系，箭头同时指向或同时背离节点。传动比为

$$i_{12}=\frac{n_1}{n_2}=\frac{z_2}{z_1}$$

由以上传动比的计算可知：轴线相互平行的两齿轮的转向关系可以用"+""-"号或箭头表示。"+"(可省略)表示首末轮的转向相同，传动比 i 就取正；"-"表示首末轮的转向相反，传动比 i 就取负。轴线不平行的两个齿轮的转向没有相同或相反的关系，不能用"+"或"-"来表示它们的转向关系，只能在齿轮传动简图上画箭头，用箭头表示齿轮转向，并规定箭头指向为齿轮可见侧的圆周速度方向。标注同向箭头的齿轮转向相同，标注反向箭头的齿轮转向相反。

2. 一对蜗杆、蜗轮传动比的计算

右旋蜗杆传动如图 2-4-9a 所示，蜗杆为主动轮，蜗轮为从动轮，蜗杆、蜗轮的轴线既不相交又不平行，它们的转向无所谓相同或相反，用画箭头的方法来表示它们的转向关系。因蜗杆为右旋，故用右手定则，四指指向蜗杆的转向，大拇指的指向与蜗轮上的啮合点的运动方向相反，即蜗轮逆时针转动。

左旋蜗杆传动如图 2-4-9b 所示。因蜗杆为左旋，故用左手定则，四指指向蜗杆的转向，大拇指的指向与蜗轮上的啮合点的运动方向相反，即蜗轮顺时针转动。蜗杆传动的传动比为

$$i_{12}=\frac{n_1}{n_2}=\frac{z_2}{z_1}$$

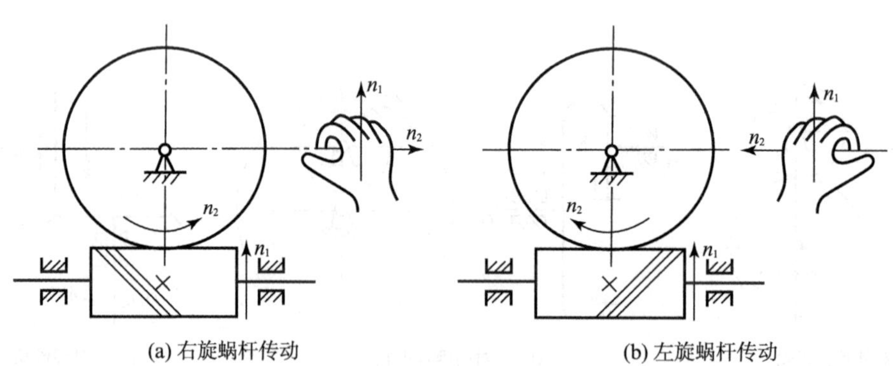

图 2-4-9 一对蜗杆、蜗轮的啮合传动比

3. 平面定轴齿轮系传动比的计算

如图 2-4-10 所示，平面定轴齿轮系中首轮 1 为主动轮，转向如图 2-4-10 所示，齿轮 5 为末轮。已知各齿轮的齿数分别为 z_1、z_2、$z_{2'}$、z_3、$z_{3'}$、z_4、z_5，转速分别为 n_1、n_2、$n_{2'}$、n_3、$n_{3'}$、n_4、n_5，其中 $n_{2'}=n_2$、$n_{3'}=n_3$。求传动比 i_{15}。

主动轮 1 到从动轮 5 之间的传动，是通过一对对齿轮依次啮合来实现的。为此，应首先计算各对齿轮的传动比为

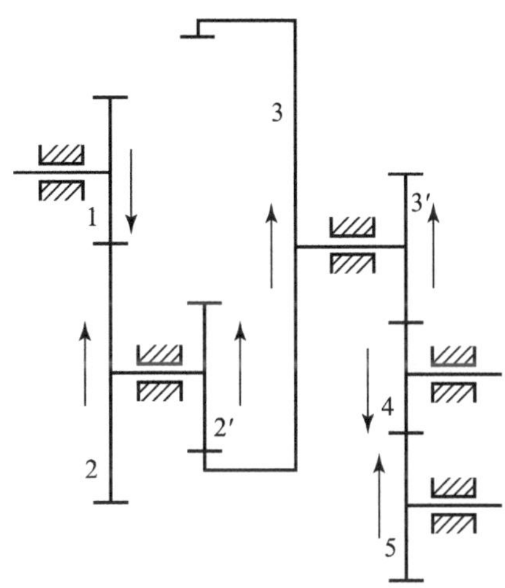

图 2-4-10 平面定轴齿轮系的传动比

$$i_{45}=\frac{n_4}{n_5}=-\frac{z_5}{z_4};i_{3'4}=\frac{n_{3'}}{n_4}=-\frac{z_4}{z_{3'}};i_{2'3}=\frac{n_{2'}}{n_3}=+\frac{z_3}{z_{2'}};i_{12}=\frac{n_1}{n_2}=-\frac{z_2}{z_1}$$

将上面四个传动比相乘，可得

$$i_{12}i_{2'3}i_{3'4}i_{45}=\frac{n_1}{n_2}\times\frac{n_{2'}}{n_3}\times\frac{n_{3'}}{n_4}\times\frac{n_4}{n_5}=(-1)^3\frac{z_2z_3z_4z_5}{z_1z_{2'}z_{3'}z_4} \qquad (2-4-1)$$

因为 $n_{2'}=n_2$、$n_{3'}=n_3$，所以式(2-4-1)分子分母中，$n_{2'}$ 和 n_2、$n_{3'}$ 和 n_3、n_4 和 n_4 可约去，则式(2-4-1)可列为

$$i_{15}=\frac{n_1}{n_5}=i_{12}i_{2'3}i_{3'4}i_{45}=(-1)^3\frac{z_2z_3z_4z_5}{z_1z_{2'}z_{3'}z_4} \qquad (2-4-2)$$

式(2-4-2)表明，该平面定轴齿轮系的传动比在数值上等于组成该齿轮系的各对啮合齿轮传动比的乘积，也等于首末轮之间啮合齿轮中，所有从动轮齿数的连乘积与所有主动轮齿数的连乘积之比。首末轮的转向相同还是相反，取决于齿轮外啮合的次数。图 2-4-10 所示的平面定轴齿轮系中，从轮 1 到轮 5，外啮合次数为 3 次，转向经过 3 次改变，因此该平面定轴齿轮系传动比符号为 $(-1)^3=-1$，为负号，即末轮 5 和首轮 1 转向相反。

齿轮系传动比的正负号也可以在齿轮传动简图上根据内啮合(转向相同)、外啮合(转向相反)，依次画箭头来确定。如图 2-4-10 所示，齿轮 5 和齿轮 1 的箭头方向相反，表示其转向相反，所以传动比 i_{15} 为负。

如图 2-4-10 所示的平面定轴齿轮系中，齿轮 4 在传动过程中，既是从动轮，又是主动轮，因此齿轮 4 的齿数不影响该齿轮系传动比的大小，仅起到改变从动轮的转向和增大传动距离的作用，故称为惰轮(或过桥轮)。

上述结论可以推广到一般平面定轴齿轮系传动比的计算。设齿轮 1 与齿轮 K 分别为平面定轴齿轮系的首轮和末轮，则此首末轮的传动比计算公式为

$$i_{1K}=\frac{\omega_1}{\omega_K}=\frac{n_1}{n_K}=(-1)^m\frac{\text{从 1 轮到 }K\text{ 轮之间啮合齿轮中所有从动轮齿数的连乘积}}{\text{从 1 轮到 }K\text{ 轮之间啮合齿轮中所有主动轮齿数的连乘积}} \tag{2-4-3}$$

式中，m 为齿轮系中齿轮外啮合的次数。若 m 为偶数，则$(-1)^m$ 为正，表示首末两轮的转向相同；若 m 为奇数，则$(-1)^m$ 为负，表示首末两轮的转向相反。

4. 空间定轴齿轮系传动比的计算

空间定轴齿轮系传动的大小可用式(2-4-4)来计算。空间定轴齿轮系轴线不都是相互平行的，部分齿轮之间不存在转动方向相同或相反的关系，其转向不能再由$(-1)^m$ 决定，各齿轮的转向必须在齿轮系传动简图上用画箭头的方法来确定。

$$i_{1K}=\frac{\omega_1}{\omega_K}=\frac{n_1}{n_K}=\frac{\text{从 1 轮到 }K\text{ 轮之间啮合齿轮中所有从动轮齿数的连乘积}}{\text{从 1 轮到 }K\text{ 轮之间啮合齿轮中所有主动轮齿数的连乘积}} \tag{2-4-4}$$

例 2-4-1 在图 2-4-11 所示的齿轮系中，已知各齿轮的齿数：$z_1=20$、$z_2=36$、$z_{2'}=18$、$z_3=40$、$z_{3'}=20$、$z_4=18$、$z_5=30$、$z_{5'}=15$、$z_6=30$、$z_{6'}=20$、$z_7=30$、头数 $z_{7'}=2$(左旋)、$z_8=40$，齿轮 1 为主动轮，$n_1=2\ 880$ r/min，其转向如图所示，试求传动比 i_{15}、i_{17}、i_{18}，以及蜗轮转速 n_8 的大小和方向。

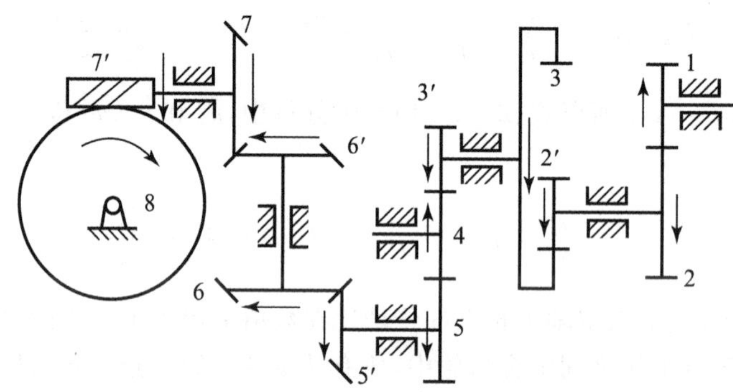

图 2-4-11 定轴齿轮系传动比的计算

解：(1) 求 i_{15}：齿轮 1 至齿轮 5 各齿轮的轴线都平行，属于平面定轴齿轮系，可由式(2-4-3)来确定 i_{15} 的大小及齿轮 5 转向。

$$i_{15}=\frac{n_1}{n_5}=(-1)^m\frac{z_2z_3z_4z_5}{z_1z_{2'}z_{3'}z_4}=(-1)^3\frac{36\times40\times18\times30}{20\times18\times20\times18}=-6$$

负号表示齿轮 5 与齿轮 1 的转向相反。齿轮 5 的转向也可用箭头法来标注，如图 2-4-11 所示。

(2) 求 i_{17}：齿轮 1 至齿轮 7 各齿轮的轴线不都是相互平行的(包含了圆柱齿轮、锥齿轮)，属于空间定轴齿轮系，可由式(2-4-4)计算 i_{17} 的大小，齿轮 7 的转向用画箭头的方法确定。

$$i_{17}=\frac{n_1}{n_7}=\frac{z_2z_3z_4z_5z_6z_7}{z_1z_{2'}z_{3'}z_4z_{5'}z_{6'}}=\frac{36\times40\times18\times30\times30\times30}{20\times18\times20\times18\times15\times20}=18$$

齿轮 7 转向的确定：从齿轮 2 开始，依次用箭头画出各齿轮的转向，最后确定齿轮 7 的转向与齿轮 1 的转向相反，如图 2－4－11 所示。

(3) 求 i_{18}：齿轮 1 至齿轮 8 各齿轮的轴线不都是相互平行的(包含了圆柱齿轮、锥齿轮、蜗杆蜗轮传动)，属于空间定轴齿轮系，可由式(2－4－4)计算 i_{18} 的大小，齿轮 8 的转向用画箭头的方法确定。

$$i_{18}=\frac{n_1}{n_8}=\frac{z_2z_3z_4z_5z_6z_7z_8}{z_1z_{2'}z_{3'}z_4z_{5'}z_{6'}z_{7'}}=\frac{36\times40\times18\times30\times30\times30\times40}{20\times18\times20\times18\times15\times20\times2}=360$$

齿轮 1 到齿轮 7 的方向已知，最后根据蜗杆为左旋，用左手定则确定出蜗轮的转向为顺时针，如图 2－4－11 所示。

(4) 求 n_8：由第(3)步可知，$i_{18}=\frac{n_1}{n_8}=360$，则 $n_8=\frac{n_1}{360}=\frac{2\,880}{360}=8\ \text{r/min}$。

三、周转齿轮系传动比的计算

如图 2－4－12 所示，周转齿轮系由行星轮 2、中心轮 1 和 3、行星架 H 及机架组成。

齿轮 1、3 和构件 H 均绕固定的相互重合的几何轴线 O_1(称为主轴线)转动，齿轮 2 空套在构件 H 上，与齿轮 1、3 相啮合。齿轮 2 运转时，除绕自身几何轴线 O_2 转动(自转)外，同时又随构件 H 绕轴线 O_1 转动(公转)，就像行星的运动一样，称为行星轮；与行星轮相啮合且几何轴线固定不动的齿轮 1、3 称为中心轮(又称太阳轮)。构件 H 用来支撑行星轮，称为行星架。

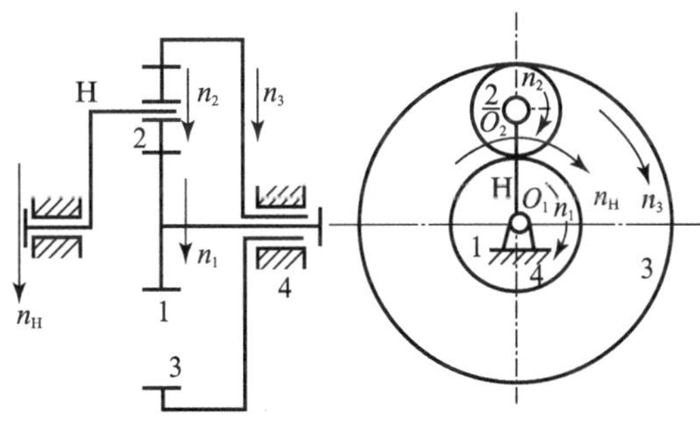

图 2－4－12　周转齿轮系

在周转齿轮系中，由于行星轮的运动是既有自转又有公转的复杂运动，因此不能直接用定轴齿轮系传动比的计算公式来求周转齿轮系的传动比。根据相对运动原理，若给整个周转齿轮系加上一个与行星架的转速 n_H 大小相等、方向相反的公共转速，则行星架 H 就变为“静止”的机架，而各构件间的相对运动关系并不变化。于是，所有的齿轮几何轴线的位置都固定不动，周转齿轮系就转化成了一个假想的定轴齿轮系。这一假想的定轴齿轮系称为原齿轮系的转化齿轮系，如图 2－4－13 所示，此转化齿轮系的传动比就可以按定轴齿轮系传动比的计算方法进行计算了。上述方法称为转化机构法。转化齿轮系中，各构件的转速见表 2－4－1，表中 n_1^H、n_2^H、n_3^H、n_4^H、n_H^H 右上角标 H，表示构件 1、2、3、4 及 H 相对于行星架的相对转速。

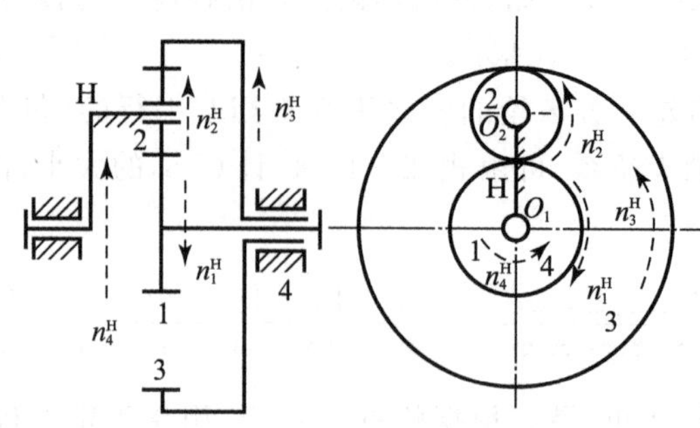

图 2-4-13 转化齿轮系

表 2-4-1 周转、转化齿轮系各构件转速

构件	周转齿轮系中的转速	转化齿轮系中的转速
中心轮 1	n_1	$n_1^H=n_1-n_H$
行星轮 2	n_2	$n_2^H=n_2-n_H$
中心轮 3	n_3	$n_3^H=n_3-n_H$
行星架 H	n_H	$n_H^H=n_H-n_H=0$
机架 4	$n_4=0$	$n_4^H=-n_H$

由于周转齿轮系的转化齿轮系是一定轴齿轮系，因此，根据传动比的定义，转化齿轮系中齿轮 1 对齿轮 3 的传动比 i_{13}^H 为

$$i_{13}^H=\frac{n_1^H}{n_3^H}=\frac{n_1-n_H}{n_3-n_H}=(-1)^1\frac{z_2z_3}{z_1z_2}=-\frac{z_3}{z_1} \qquad (2-4-5)$$

推广到一般情况，若齿轮 1、齿轮 K 为周转齿轮系的转化齿轮系中的首末两轮(线与主轴线平行或重合)，则转化齿轮系传动比计算公式为：

$$i_{1K}^H=\frac{n_1-n_H}{n_K-n_H}=\pm\frac{\text{从 1 轮到 }K\text{ 轮之间啮合齿轮中所有从动轮齿数的连乘积}}{\text{从 1 轮到 }K\text{ 轮之间啮合齿轮中所有主动轮齿数的连乘积}} \qquad (2-4-6)$$

运用式(2-4-6)时须注意下列问题：

① 本式只适用于转化齿轮系的首末轮的回转轴线平行(或重合)的周转齿轮系。

② 齿数比前一定有“+”或“-”号。可将行星架 H 视为静止，然后按定轴齿轮系判别主从动轮转向关系的方法确定其正负号。

③ n_1、n_K、n_H 是代数量，代入公式时必须带正负号。假定某一转动方向为正，与其转向相同为“+”，与其转向相反为“-”(推导时假定三者同向)。注意 i_{1K}^H 与 i_{1K} 的区别。

④ 待求构件的实际转向，由计算结果的正负号确定。

例 2-4-2　如图 2-4-14 所示，已知齿数 $z_1=30$、$z_2=20$、$z_{2'}=z_3=25$、$n_1=100$ r/min、$n_3=200$ r/min，分别求当 n_1 与 n_3 方向相同及 n_1 与 n_3 方向相反时，n_H 的大小及方向。

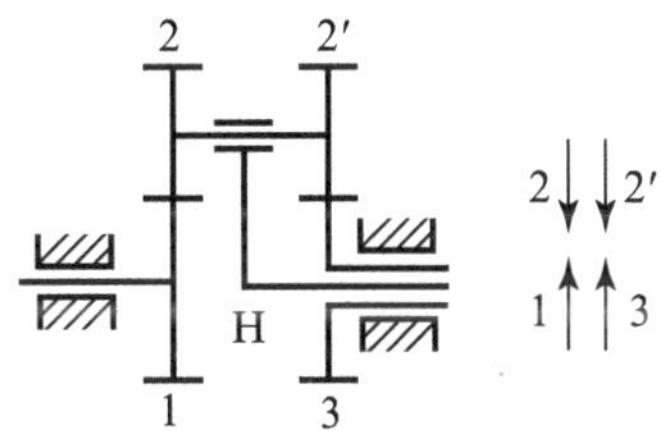

图 2-4-14　双联行星轮型周转齿轮系

解：这是一个双联行星轮型周转齿轮系，其转化齿轮系的传动比为

$$i_{13}^{H}=\frac{n_1-n_H}{n_3-n_H}=(-1)^2\frac{z_2z_3}{z_1z_{2'}}=\frac{z_2z_3}{z_1z_{2'}} \qquad (2-4-7)$$

（1）若 n_1 与 n_3 同向，$n_1=100$ r/min，$n_3=200$ r/min 代入(2-4-7)式，可得

$$i_{13}^{H}=\frac{100-n_H}{200-n_H}=\frac{20\times25}{30\times25}$$

求得，$n_H=-100$ r/min。n_H 为负，说明行星架 H 与齿轮 1、3 的转向相反。

（2）若 n_1 与 n_3 反向，即用 $n_1=100$ r/min，$n_3=-200$ r/min 代入(2-4-7)式，可得

$$i_{13}^{H}=\frac{100-n_H}{-200-n_H}=\frac{20\times25}{30\times25}$$

求得，$n_H=700$ r/min。n_H 为正，说明行星架 H 与齿轮 1 的转向相同、与齿轮 3 的转向相反。所求转速的方向，须由计算结果的正负号来决定，绝不能在图形中直观判断。

四、组合齿轮系传动比的计算★

计算组合齿轮系传动比时，不能将整个齿轮系单纯地按定轴齿轮系或周转齿轮系来计算，而应将组合齿轮系中的周转齿轮系和定轴齿轮系区分开来，然后分别列出计算这些齿轮系传动比的方程式，最后求解。

分析组合齿轮系的关键是先找出周转齿轮系。方法是：先找出行星轮和行星架，再找出与行星轮相啮合的中心轮。由行星轮、行星架、中心轮就组成为一个基本周转齿轮系，找出周转齿轮系后，剩下的便是定轴齿轮系。

计算组合齿轮系传动比的步骤如下：

① 正确区分组合齿轮系中的周转齿轮系部分和定轴齿轮系部分。

② 分别列出周转齿轮系和定轴齿轮系的传动比计算公式，并代入已知数据。

③ 根据各部分齿轮系之间的运动关系联立方程式，最后求出组合齿轮系的传动比。

例 2-4-3　如图 2-4-15 所示，已知，$z_1=30$，$z_2=20$，$z_{2'}=30$，$z_3=25$，$z_4=100$，$n_1=100$ r/min，求 n_H？

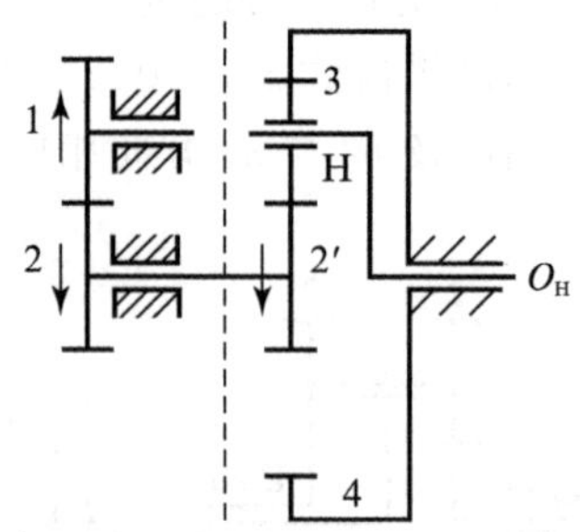

图 2-4-15 组合齿轮系传动简图

解：(1) 区分齿轮系：齿轮 1、2 组成一个定轴齿轮系，齿轮 2′、3、4 和 H 组成周转齿轮系。

(2) 分列方程

① 定轴齿轮系中齿轮 1 对齿轮 2 的传动比为

$$i_{12}=\frac{n_1}{n_2}=-\frac{z_2}{z_1} \tag{2-4-8}$$

② 周转齿轮系的传动比为

$$i_{2'4}^{H}=\frac{n_{2'}-n_H}{n_4-n_H}=-\frac{z_3z_4}{z_{2'}z_3} \tag{2-4-9}$$

(3) 联立求解

由式(2-4-8)得

$$n_2=-\frac{z_1}{z_2}n_1 \tag{2-4-10}$$

因为 $n_2=n_{2'}'$，$n_4=0$(齿轮 4 固定不动)，所以将式(2-4-10)代入(2-4-9)后，可化解得

$$i_{1H}=\frac{n_1}{n_H}=-\left(1+\frac{z_4}{z_{2'}}\right)\frac{z_2}{z_1}=-\left(1+\frac{100}{30}\right)\times\frac{20}{30}$$

即 $n_H=-\frac{9}{26}\times n_1=-\frac{9}{26}\times 100\approx-34.6$ r/min (与 n_1 方向相反)。

五、齿轮系的应用

在实际机械传动中，齿轮系得到了广泛应用，下面介绍齿轮系的各种应用。

(1) 实现相距较远的两轴之间的传动

当两轴间的距离 a 较大时，若仅用一对齿轮来传动，则齿轮尺寸过大，既占空间，又浪费材料，且制造、安装都不方便。若用齿轮系传动，就可克服上述缺点，如图 2-4-16 所示。

(2) 获得大的传动比

利用多对齿轮组成的齿轮系可以获得较大的传动比。只要适当选择齿轮系中各对齿轮的齿数，即可获得所要求的传动比。在周转齿轮系中，用较少的齿轮即可获得很大的传动比。如图 2-4-17 所示的大传动比行星齿轮系，该行星齿轮系中 $i_{1H}=10\,000$。

(3) 实现换向传动

在主轴转向不变的情况下，利用惰轮可以改变从动轮的转向。

车床上走刀丝杠的三星轮换向机构如图 3-4-18a 所示。搬动手柄，可实现如

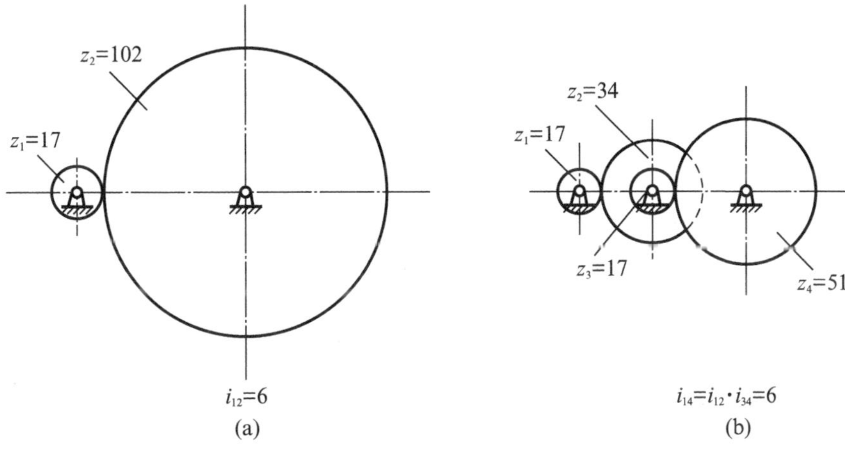

图 2-4-16　齿轮传动方案比较

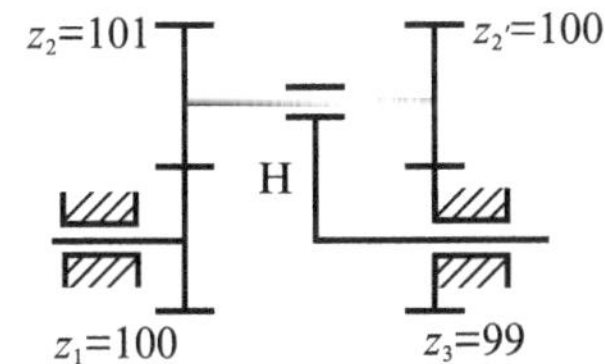

图 2-4-17　大传动比行星齿轮系

图 2-4-18b、c 所示的两种传动方案。由于两方案仅相差一次外啮合，故从动轮 4 相对于主动轮 1 有两种输出转向。

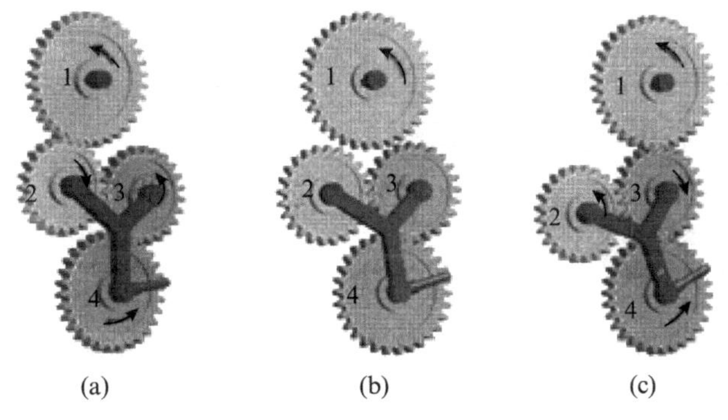

图 2-4-18　三星轮换向机构

（4）实现变速传动

当主轴转速不变时，利用齿轮系可使从动轴获得多种工作转速。汽车变速箱如图 2-4-19 所示，运动从轴Ⅰ传入，从轴Ⅲ输出。当两半离合器 x、y 接合时，Ⅰ轴直接驱动从动轴Ⅲ，汽车高速前进；当两半离合器 x、y 脱开后，滑移齿轮 4 与齿轮 3 啮合时，汽车中速前进；滑移齿轮 6 与齿轮 5 啮合时，汽车低速前进；滑移齿轮 6 与齿轮 8 啮合时，汽车后退，可使输出轴获得四个档次的转速。一般机床、起重机等设备上都需要这种变速传动机构。

(5) 实现运动的合成和分解

利用差动齿轮系可以把两个独立运动合成为一个运动，或者将一个运动按确定的关系分解为两个运动。锥齿轮差动齿轮系如图 2-4-20 所示，设齿轮 1、齿轮 3 为原动件，行星架 H 为从动件，若 $z_1=z_3$，则

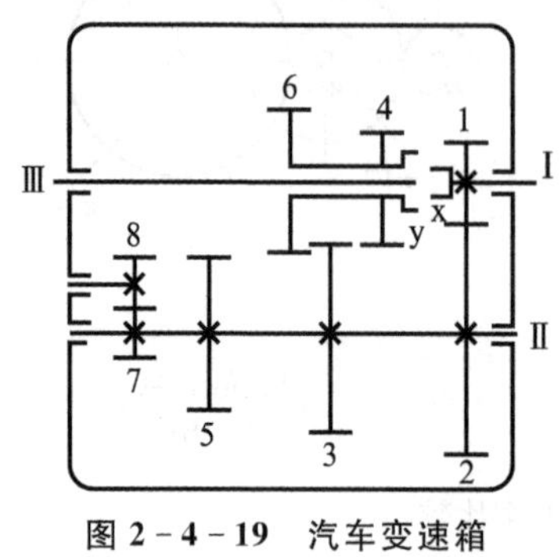

图 2-4-19 汽车变速箱

1、2、3、5、7、8—固连齿轮；4、6—滑移齿轮

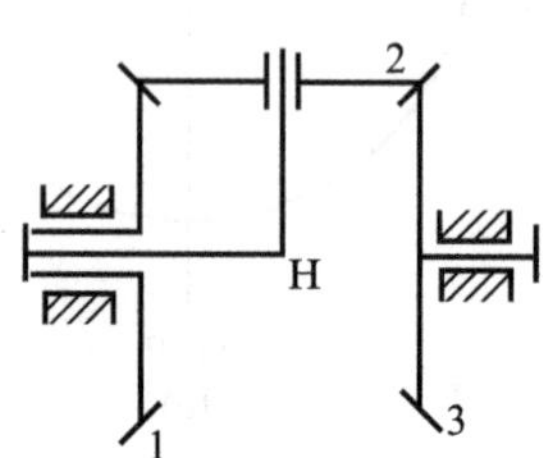

图 2-4-20 锥齿轮差动齿轮系

$$i_{13}^{H}=\frac{n_1-n_H}{n_3-n_H}=-\frac{z_3}{z_1}=-1$$

$$n_H=\frac{n_1+n_3}{2} \tag{2-4-11}$$

式(2-4-11)表明，两原动件的转速合成为从动件的转速。可见该锥齿轮差动齿轮系能作为加(减)机构，广泛用于滚齿机、计算机构、补偿机构。

汽车后桥差速器如图 2-4-21 所示，该齿轮系将汽车发动机驱动的原动件 5 的转速分解为按一定关系变化的左右轮转速 n_1 及 n_3。

(a) 汽车后桥差速器实物图

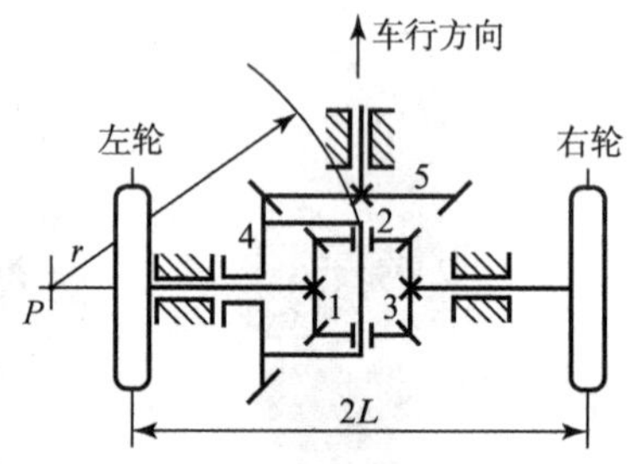

(b) 汽车后桥差速器机构运动简图

图 2-4-21 汽车后桥差速器

图中构件 1、2、3、4 组成差动齿轮系，设 $z_1=z_3$，则

$$i_{13}^{4}=\frac{n_1-n_4}{n_3-n_4}=-\frac{z_3}{z_1}=-1$$

故

$$n_4=\frac{n_1+n_3}{2} \tag{2-4-12}$$

当汽车直线行驶时，$n_1=n_3=n_4$。

当汽车绕 P 点转弯时，由于弯道半径不等，右轮比左轮滚过的弧线长，所以要求右轮比左轮转得快，两车轮转速与两车轮到弯道中心 P 的距离成正比。即

$$\frac{n_1}{n_3}=\frac{r-L}{r+L} \tag{2-4-13}$$

联立式(2-4-12)、式(2-4-13)得

$$n_1=\frac{r-L}{r}n_4;\ n_3=\frac{r+L}{r}n_4 \tag{2-4-14}$$

式(2-4-14)说明，该差动齿轮系可将输入的转速 n_4 分解为左、右两车轮的转速 n_1、n_3。

【任务分析】

齿轮变速器与齿轮减速器尽管都是通过齿轮系输出运动与动力，但它们有所不同。齿轮减速器是把电动机主轴输入的高速低扭矩变为工作机输入轴的低速高扭矩，是一种速度变化；而当齿轮变速器主轴转速不变时，利用齿轮系可使从动轴获得多种工作转速。本任务首先要分析变速器提供多少条传动路线，各传动路线齿轮的传递过程是怎样的，再利用定轴轮系传动比计算方法算出带轮轴的各种输出转速。本任务可以让学生了解生产中齿轮变速器的变速原理和工作特点，根据工作要求正确计算实际生产中变速器齿轮系的传动比，培养学生解决实际问题的能力。

【任务实施】

齿轮系传动比的计算方法及计算步骤如下。

(1) 变速器通过滑移齿轮 a、b、c 和 d、e 与不同齿轮啮合，可以得到 6 条传动路线：

第一条：1→2→a→5→d→7(如图 2-4-22a 所示)；

第二条：1→2→b→4→d→7(如图 2-4-22b 所示)；

第三条：1→2→c→3→d→7(如图 2-4-22c 所示)；

第四条：1→2→c→3→e→6(如图 2-4-22d 所示)；

第五条：1→2→b→4→e→6(同上，省略)；

第六条：1→2→a→5→e→6(同上，省略)。

(2) 计算传动比

与上述 6 条传动路线相对应的传动比分别为

第一条：$i_{17}=(-1)^3\dfrac{z_2z_5z_7}{z_1z_az_d}=-\dfrac{20\times20\times30}{18\times20\times18}=-1.85$

第二条：$i_{17}=(-1)^3\dfrac{z_2z_4z_7}{z_1z_bz_d}=-\dfrac{20\times21\times30}{18\times19\times18}=-2.05$

第三条：$i_{17}=(-1)^3\dfrac{z_2z_3z_7}{z_1z_cz_d}=-\dfrac{20\times22\times30}{18\times18\times18}=-2.26$

第四条：$i_{16}=(-1)^3\dfrac{z_2z_3z_6}{z_1z_cz_e}=-\dfrac{20\times22\times26}{18\times18\times22}=-1.60$

第五条：$i_{16}=(-1)^3\dfrac{z_2z_4z_6}{z_1z_bz_e}=-\dfrac{20\times21\times26}{18\times19\times22}=-1.45$

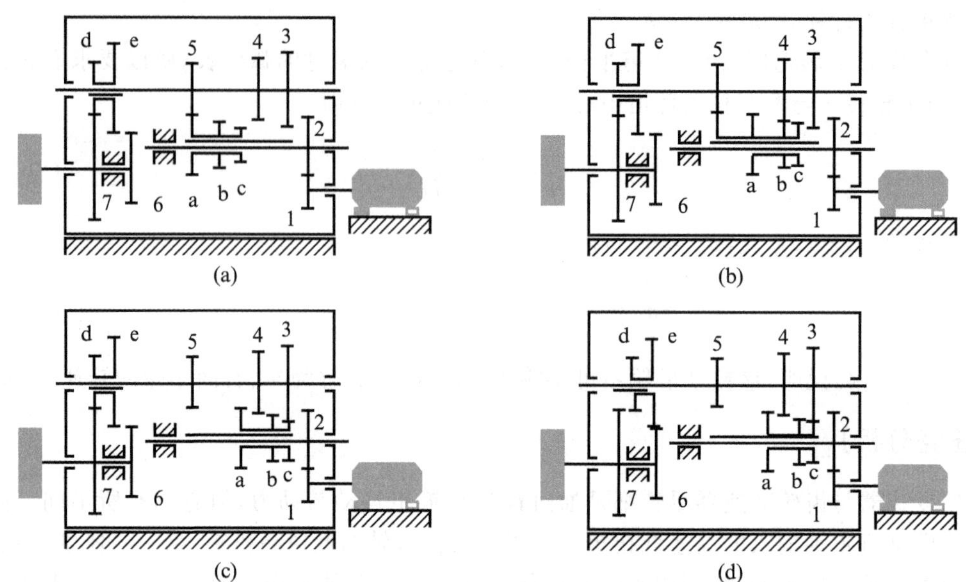

图 2-4-22 变速器传动路线

第六条：$i_{16}=(-1)^3\dfrac{z_2z_5z_6}{z_1z_az_e}=-\dfrac{20\times20\times26}{18\times20\times22}=-1.31$

(3) 计算带轮轴的转速(六挡转速)

对应每一传动路线，带轮轴的转速分别为

第一条：$n_{\mathrm{IV}}=-\dfrac{n_1}{i_{17}}=-\dfrac{446.7}{1.85}\ \mathrm{r/min}=-241.5\ \mathrm{r/min}$

第二条：$n_{\mathrm{IV}}=-\dfrac{n_1}{i_{17}}=-\dfrac{446.7}{2.05}\ \mathrm{r/min}=-217.9\ \mathrm{r/min}$

第三条：$n_{\mathrm{IV}}=-\dfrac{n_1}{i_{17}}=-\dfrac{446.7}{2.26}\ \mathrm{r/min}=-197.6\ \mathrm{r/min}$

第四条：$n_{\mathrm{IV}}=-\dfrac{n_1}{i_{16}}=-\dfrac{446.7}{1.60}\ \mathrm{r/min}=-279.2\ \mathrm{r/min}$

第五条：$n_{\mathrm{IV}}=-\dfrac{n_1}{i_{16}}=-\dfrac{446.7}{1.45}\ \mathrm{r/min}=-308.1\ \mathrm{r/min}$

第六条：$n_{\mathrm{IV}}=-\dfrac{n_1}{i_{16}}=-\dfrac{446.7}{1.31}\ \mathrm{r/min}=-341.0\ \mathrm{r/min}$

带轮轴转速前的负号表示带轮轴的转向与电动机轴的转向相反。

【任务总结】

本任务分析了齿轮系的类型、应用，齿轮系传动比的计算方法。学生在实际分析中能掌握计算齿轮系传动比的知识和技能，通过对齿轮系传动比计算过程的思考和实践，培养学生的解决实际问题的能力。

(1) 齿轮系的基本类型：定轴齿轮系、周转齿轮系和组合齿轮系。

(2) 定轴齿轮系传动比的计算：

① 平面定轴齿轮系传动比的计算

$$i_{1K}=\frac{n_1}{n_K}=(-1)^m\frac{\text{从 1 轮到 }K\text{ 轮之间啮合齿轮中所有从动轮齿数的连乘积}}{\text{从 1 轮到 }K\text{ 轮之间啮合齿轮中所有主动轮齿数的连乘积}}$$

② 非平面定轴齿轮系传动比的计算：上面的公式去掉$(-1)^m$，只计算传动比的大小，末轮转向在图中画箭头表示。

(3) 周转齿轮系传动比的计算：转化齿轮系的传动比

$$i_{1K}^{H}=\frac{n_1-n_H}{n_K-n_H}=\pm\frac{\text{从 1 轮到 }K\text{ 轮之间啮合齿轮中所有从动轮齿数的连乘积}}{\text{从 1 轮到 }K\text{ 轮之间啮合齿轮中所有主动轮齿数的连乘积}}$$

(4) 组合齿轮系传动比的计算：① 区分基本定轴齿轮系和周转齿轮系；② 分别列出定轴齿轮系和周转齿轮系的传动比计算公式，联立求解。

(5) 齿轮系的应用：① 实现相距较远的两轴之间的传动；② 获取大的传动比；③ 实现换向和变速传动；④ 实现运动的合成和分解。

【知识拓展】

齿轮减速器简介★

齿轮减速器是原动机与工作机之间独立的闭式齿轮传动装置，用来降低转速并相应增大转矩。此外，在某些场合，也有用作增速的装置。减速器大部分已标准化，一般根据工作机的需要进行选择。

1. 减速器的类型和特点

减速器的种类很多，常用的有圆柱齿轮减速器、圆锥齿轮减速器、蜗杆减速器等，按齿轮的级数还可分为单级、两级和多级齿轮减速器。单级圆柱齿轮减速器的较大传动比一般为 8～10。减速器的特点是效率高、寿命长、使用维护方便，因而应用十分广泛。

常用减速器的类型如图 2－4－23 所示。

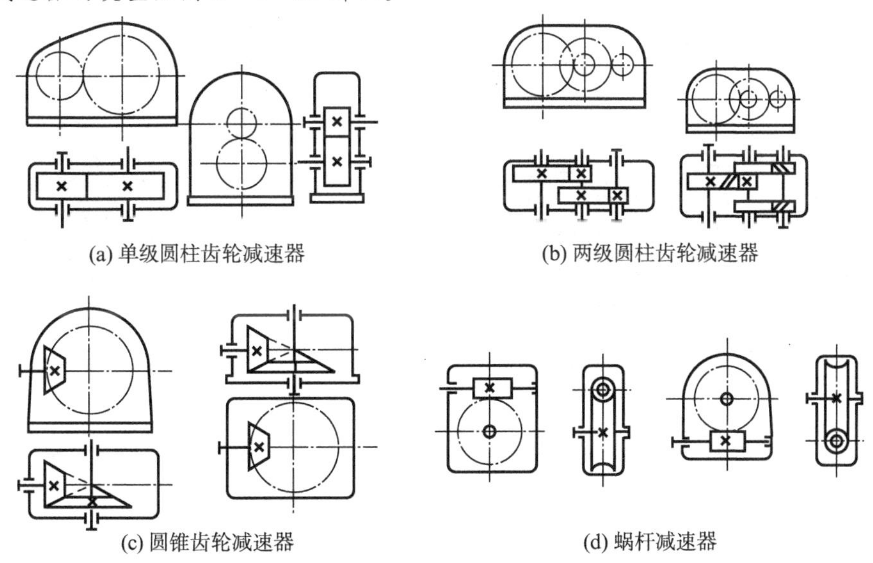

(a) 单级圆柱齿轮减速器　(b) 两级圆柱齿轮减速器　(c) 圆锥齿轮减速器　(d) 蜗杆减速器

图 2－4－23　常用减速器的类型

(1) 单级圆柱齿轮减速器

单级圆柱齿轮减速器结构简单,价格低,为了避免外廓尺寸过大,传动比一般取 5～8。

(2) 两级圆柱齿轮减速器

两级圆柱齿轮减速器应用广泛,传动比一般取 6～50。其运动简图有展开式、分流式和同轴式等。

(3) 圆锥齿轮减速器

圆锥齿轮减速器常用于需要输入轴与输出轴成 90°配置的传动中。因大尺寸的圆锥齿轮较难精确制造,所以圆锥齿轮减速器的高速级总是采用圆锥齿轮传动以减小其尺寸,提高制造精度。圆锥齿轮减速器的特点是效率高、寿命长、维护简便,因而应用极为广泛。

(4) 蜗杆减速器

蜗杆减速器的特点是在外廓尺寸不大的情况下,可获得大的传动比,工作平稳,噪声较小,但效率较低。

2. 减速器的结构

图 2-4-24 所示为单级圆柱齿轮减速器,它主要由箱体、轴承、轴、齿轮(或蜗杆蜗轮)和附件等组成。箱体应有足够的强度和刚度,为保证箱体的刚度和散热,常在箱体外壁上制有加强筋。

减速器的箱体为剖分式结构,由箱盖和箱座组成,剖分线通过齿轮轴线平面。部分剖面上铣出导油沟,将飞溅到箱盖上的润滑油沿内壁流入油沟,引入轴承室润滑轴承。为方便减速器的制造、装配及使用,还在减速器上设置一系列附件,如视孔盖、通气器、油标尺或油面指示器、启盖螺钉、吊耳、定位销等。

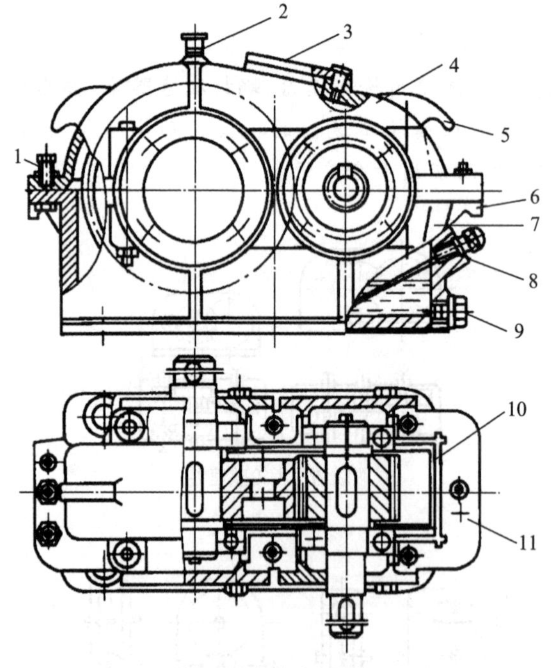

(a) 单级圆柱齿轮减速器装配图

(b) 单级圆柱齿轮减速器立体图

图 2-4-24 单级圆柱齿轮减速器

1—启盖螺钉;2—通气器;3—视孔盖;4—箱盖;5—吊耳;6—吊钩;7—箱座;
8—油标尺;9—油塞;10—集油沟;11—定位销

【思考与练习】

1. 定轴齿轮系与周转齿轮系的主要区别是什么？

2. 齿轮系有哪些功能？

3. 如图 2-4-25 所示的齿轮系中，各齿轮齿数：$z_1=19$、$z_2=40$、$z_{2'}=15$、$z_3=60$、$z_{3'}=18$、$z_4=18$，蜗杆头数 $z_5=1$，左旋，蜗轮齿数 $z_6=40$，$z_7=20$，齿轮 7 的模数 $m=3$ mm，$n_1=100$ r/min，试求(1) i_{13}；(2) i_{16}；(3) 齿条 8 的速度 v_8 和移动方向。

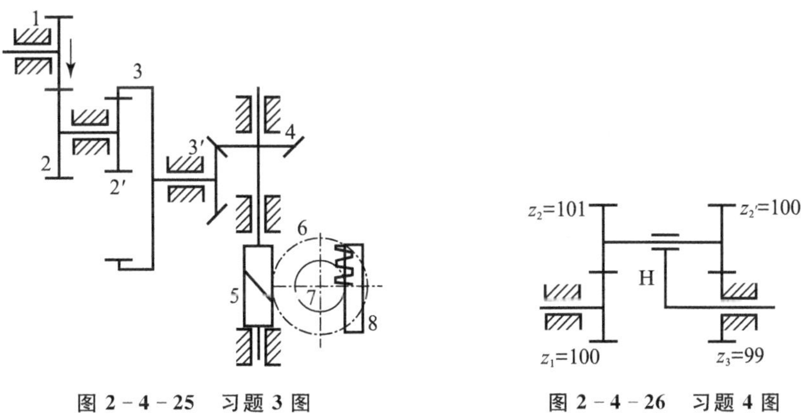

图 2-4-25　习题 3 图　　图 2-4-26　习题 4 图

4. 如图 2-4-26 所示齿轮系中，各齿轮齿数 $z_1=100$、$z_2=101$、$z_{2'}=100$、$z_3=99$，试求 i_{H1}。

项目三　常用机械连接的设计与选用

任务 1　输送机齿轮减速器输出端联轴器的选用

【任务描述】

联轴器的作用是连接两根不同装置上的轴，传递运动和转矩。如图 2－1－1 所示带式输送机的减速器 3 输出轴是通过联轴器 4 与工作机滚筒 5 的输入轴相连接的。

已知减速器输出功率 $P_2=4.63$ kW，输出轴的转速 $n_2=88.3$ r/min，减速器输出轴直径 $d_2=50$ mm，轴头长度 $L_2=110$ mm；工作机滚筒外伸轴直径 $d_3=42$ mm，轴头长度 $L_3=84$ mm。载荷平稳，工作中无相对位移。试计算并选择减速器输出轴与工作机滚筒间联轴器的类型，确定型号并标记。

若电动机与齿轮减速器安装位置较为紧凑，两根轴间不采用带传动而采用联轴器连接。已知电动机为 Y132S1－2 型，额定功率 $P_d=5.5$ kW，满载转速 $n_1=2\ 900$ r/min，电动机传动效率 $\eta=0.96$，电动机轴伸直径 $d_d=38$ mm，轴头长度 $E=80$ mm；减速器输入轴直径 $d_1=32$ mm，轴头长度 $L_1=80$ mm。载荷平稳，工作中有相对位移。试选择其联轴器的类型，确定型号并标记。

【任务目标】

【知识点】

◎ 联轴器的类型、特点及其应用。

◎ 联轴器轴孔型式、轴孔键槽型式及标记方法。

◎ 联轴器的选用方法。

【技能点】

◎ 了解常用联轴器的特点及应用场合。

◎ 掌握联轴器选用的基本步骤和方法。

◎ 能够根据确定的联轴器类型及参数，查阅相关机械设计手册或联轴器标准手册确定联轴器的型号，并能进行有关尺寸的设计以及正确标记联轴器。

【素质】

◎ 帮助学生树立标准意识、法规意识及安全意识。

【知识准备】

联轴器（也称联轴节）和离合器是机器传动中的重要部件，其作用是连接两根不同机器上的轴，传递运动和转矩。但联轴器是固定连接装置，在机器工作时，联轴器保持两轴的接合状态，机器停车后才能将两轴接合或分离；而离合器随时都能使两轴接合或分离。本任务主要介绍联轴器的选用。

由于制造和安装存在误差，以及工作受载时基础、机架和其他部件的弹性变形、温度变化、机座下沉等原因，联轴器所连接的两轴线不可避免地要产生相对偏移。被连两轴可能出现的相对偏移有轴向偏移(图 3-1-1a)、径向偏移(图 3-1-1b)和角向偏移(图 3-1-1c)，以及三种偏移同时出现的综合偏移(图 3-1-1d)。两轴相对偏移的出现，将在轴、轴承和联轴器上产生附加载荷，甚至出现剧烈振动。因此，联轴器应具有一定范围的补偿两轴偏移的能力，以消除或降低被连两轴相对偏移产生的附加载荷，改善传动性能，延长机器寿命。

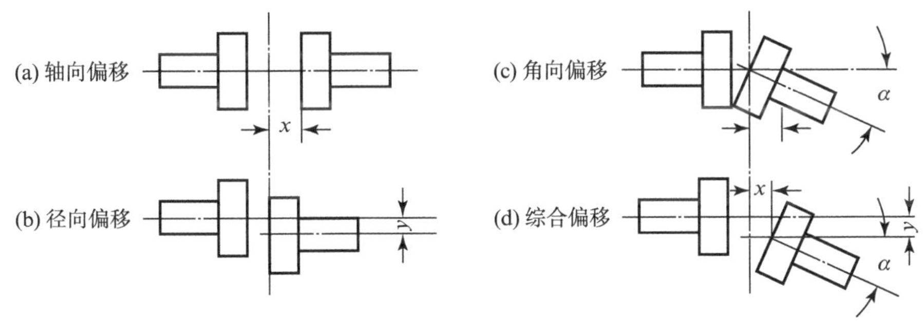

图 3-1-1 轴线偏移形式

一、联轴器的分类

GB/T 12458—2017 中将联轴器分为刚性联轴器、挠性联轴器及安全联轴器三大类，下面主要介绍几种常用的联轴器。

1. 刚性联轴器

刚性联轴器结构简单、制造容易、质量轻、传动精度高、承载能力大、价格便宜，但不具有补偿两轴相对偏移的能力和缓冲吸振性能，只有在载荷平稳或只有轻微冲击、转速稳定、轴和轴承支承刚度大、两轴对中良好并能保证被连两轴轴线相对偏移极小的情况下(一般要求相对径向偏移不超过 0.002~0.05 mm，相对角向偏移不超过 1″)，可以选用刚性联轴器。常用的刚性联轴器有凸缘联轴器、套筒联轴器，其中凸缘联轴器应用最多。

(1) 凸缘联轴器

凸缘联轴器(GB/T 5843—2003)主要有三种结构形式，即普通凸缘联轴器(GY 型)、对中榫凸缘联轴器(GYS 型)及对中环凸缘联轴器(GYH 型)，如图 3-1-2 所示。凸缘联轴器由两个带有凸缘的半联轴器分别用键与两轴连接，然后用螺栓组将两个半联轴器连接成一体，以实现两轴连接。凸缘上各螺栓可全部或一半采用铰制孔用螺栓或普通螺栓，一般情况下，GY 型或

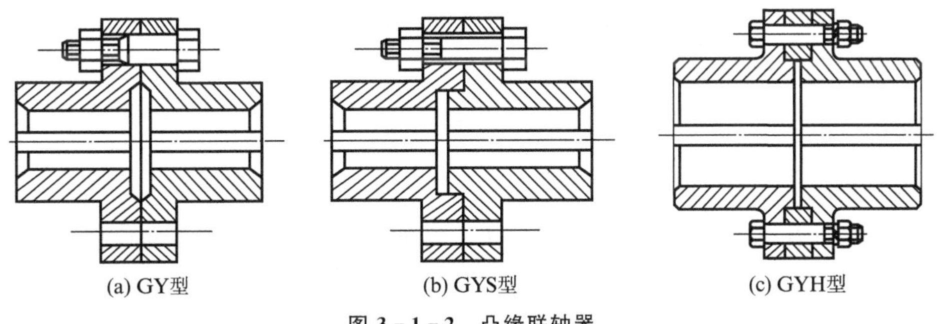

图 3-1-2 凸缘联轴器

GYH 型联轴器是借助铰制孔螺栓连接来保证两个半联轴器的同轴度，螺栓杆与螺栓孔间为过渡配合，靠螺栓杆与螺孔间的挤压与剪切来传递转矩，此型可提高传递转矩的能力及减少螺栓预紧力；GYS 型联轴器的两个半联轴器采用普通螺栓连接，并通过一个半联轴器的凸台与另一个半联轴器的凹槽相配合来保证两个半联轴器的同轴度，靠接合面的摩擦力来传递转矩，此型加工方便，但装拆需轴向移动。根据所需转矩，此种形式也可用铰制孔螺栓连接，或部分用铰制孔螺栓连接。设计时可对螺栓进行抗剪或抗压强度分析。

凸缘联轴器结构简单、制造容易、成本较低、工作可靠、刚性好、传递转矩大。但无补偿所连两轴相对偏移的功能，不能缓冲减振。当两轴对中精度较低时，将在轴和轴承中产生较大的附加载荷。适用于转速低、无冲击、轴的刚性大、对中性较好的场合。为了运行安全，凸缘联轴器可做成带防护边的，如图 3-1-3 所示。

(2) 套筒联轴器

套筒联轴器如图 3-1-4 所示，是用一个整体套筒以圆锥销、平键或半圆键、花键或过盈配合将两轴连接的联轴器。当采用键或花键连接时，应采用锥端紧定螺钉作轴向固定；当轴的直径 $d>60$ mm 时，宜用内六角锥端紧定螺钉作轴向固定；当采用圆锥销连接时，不需采用紧定螺钉。紧定螺钉和圆锥销的长度应与套筒的外径相同。为了保证连接具有一定的对中精度和便于套筒的拆装，套筒与轴通常可采用 H7/k6 配合。轴的直径一般小于 100 mm，采用半圆键连接时，轴径小于 35 mm。套筒联轴器所能传递的转矩为：采用花键连接时不超过 1 000 N · m，采用平键连接时不超过 5 600 N · m，采用圆锥销连接时不超过 4 000 N · m，采用半圆锥连接时不超过 450 N · m。套筒的材料通常为 35 钢或 45 钢，尺寸大时也可采用铸铁制造。采用花键连接时，常需经调质处理至 240 HBW 以上。

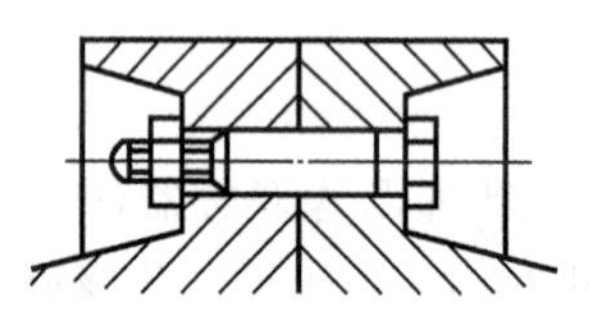

图 3-1-3 凸缘联轴器(带防护边)

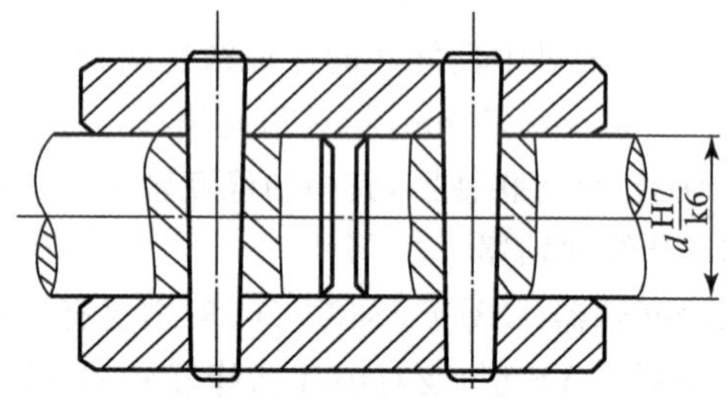

图 3-1-4 套筒联轴器

套筒联轴器具有结构简单、制造方便、径向尺寸小、成本低等优点，但装拆时需沿轴向移动较大距离，会带来不方便，且只能连接两轴直径相同的圆柱形轴伸，无补偿所连两轴相对偏移的功能，要求两轴精确对中。套筒联轴器通常适宜用在工作平稳、无冲击载荷的场合中，最高工作转速一般不超过 250 r/min，中小功率的传动，也可用于起动频繁和速度常变化的传动。

2. 挠性联轴器

挠性联轴器具有补偿两轴相对偏移的能力。当被连两轴的同轴度不易保证及载荷和转速有变化时，应选用挠性联轴器。挠性联轴器又分为无弹性元件的挠性联轴器和有弹性元件的挠性联轴器。前者依靠零件之间的相对运动自由度来自动补偿两轴的误差；后者依靠弹性元件的变形来补偿两轴的位置误差，且具有不同程度的减振、缓冲作用，能改善传动系统的工作性能。

（1）无弹性元件的挠性联轴器

无弹性元件的挠性联轴器的典型产品是齿式联轴器、十字滑块联轴器及万向联轴器。这种联轴器承载能力大，但不具有缓冲减震性能，在高速、转速不稳定或经常正、反转时，有冲击噪声。适用于低速、重载、转速平稳的场合。

① 齿式联轴器

齿式联轴器是由两个具有外齿圈的半联轴器1、4和两个具有内齿圈的外壳2、3及连接螺栓5所组成，如图3-1-5所示。两个带外齿圈的半联轴器分别与主、从动轴相连。为了补偿两轴的相对偏移，在相啮合的齿间留有较大的齿侧间隙，并将外齿圈的齿顶制成弧面，齿面制成鼓形。所用齿轮的齿廓曲线为渐开线，啮合角为20°，齿数一般为30～80。材料一般用45钢或ZG310～570。齿式联轴器有较好的补偿两轴综合偏移的能力，能传递较大的转矩，由于有较多齿同时工作，承载能力较大。缺点是：质量较大，结构较复杂，工艺复杂，造价较高，齿轮啮合处需润滑、密封，精度低时噪声大。适用于低速、重载、起动频繁和经常正反运转的场合，在重型机器、起重设备及冶金机械中应用较广。

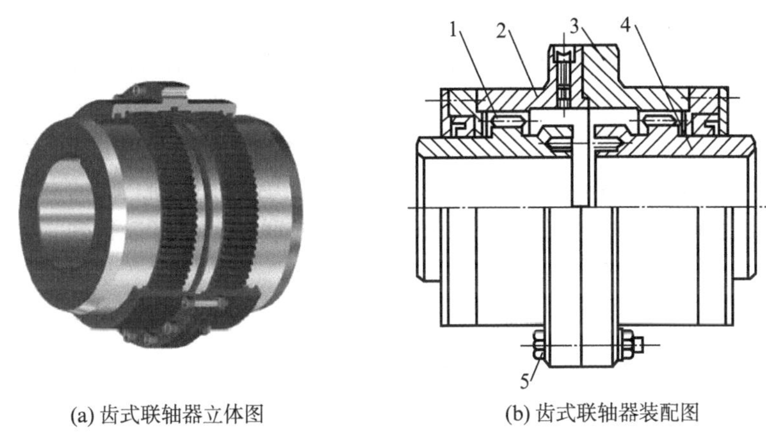

(a) 齿式联轴器立体图　　(b) 齿式联轴器装配图

图3-1-5　齿式联轴器

1、4—半联轴器；2、3—外壳；5—螺栓

② 十字滑块联轴器

十字滑块联轴器由两个在端面上开有凹槽的半联轴器1、3，和一个两面带有凸牙的中间滑块2所组成，如图3-1-6所示。凹凸牙可在凹槽中滑动，可补偿安装及运转时两轴间的径向偏移和角偏移，转动时滑块有较大的离心惯性力。这种联轴器零件的材料可用45钢，工作表面须进行热处理，以提高其硬度；要求较低时也可用Q275钢，不进行热处理。滑块联轴器的径向尺寸较小，转动惯量小，不能减振、缓冲，主要用于轴线间相对径向位移较小、传递转矩不大、载荷变化较小、无冲击、低速（转速 $n<250$ r/min）传动的两轴连接。它不如齿式联轴器可靠，因此使用较少，但其结构简单、加工方便。

(a) 滑块联轴器立体图

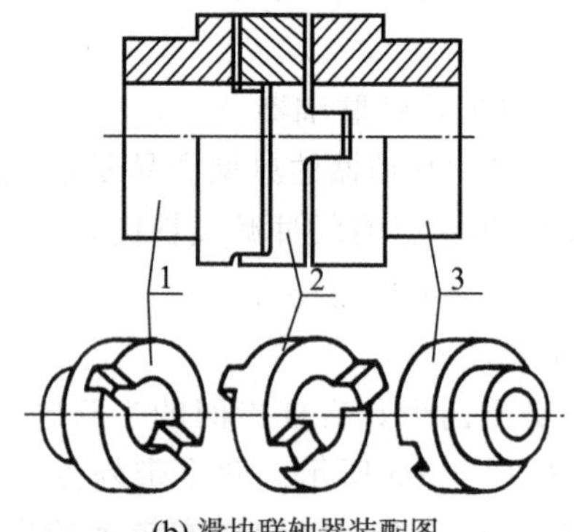

(b) 滑块联轴器装配图

图 3-1-6 滑块联轴器

1、3—半联轴器；2—中间滑块

③ 万向联轴器

万向联轴器如图 3-1-7 所示，由两个分别固定的主动轴与从动轴上的叉形接头 1、2 和一个中间十字形连接件 3 等组成。叉形接头和十字形连接件通过销轴铰接。这种联轴器可以允许两轴间有较大的夹角（夹角 α 最大可达 35°～45°），结构紧凑，维护方便，在机器运转时，夹角发生改变仍可正常传动，但夹角过大时，传动效率会显著降低。这种联轴器的缺点是：当主动轴角速度 ω_1 为常数时，从动轴的角速度 ω_2 并不是常数，而是在一定范围内（$\omega_1\cos\alpha \leqslant \omega_2 \leqslant \omega_1/\cos\alpha$）变化，在传动中将产生附加动载荷。为了改善这种情况，常将十字轴式万向联轴器成对使用，如图 3-1-7b 所示的双万向联轴器，但应注意安装时必须保证轴与中间轴之间的夹角 $\beta_1=\beta_2$，并且中间轴的两端的叉形接头应在同一平面内，只有这种双万向联轴器才可以得到 $\omega_2=\omega_1$。它在控制机构、汽车、拖拉机、轧钢机及金属切削机床中广泛使用。

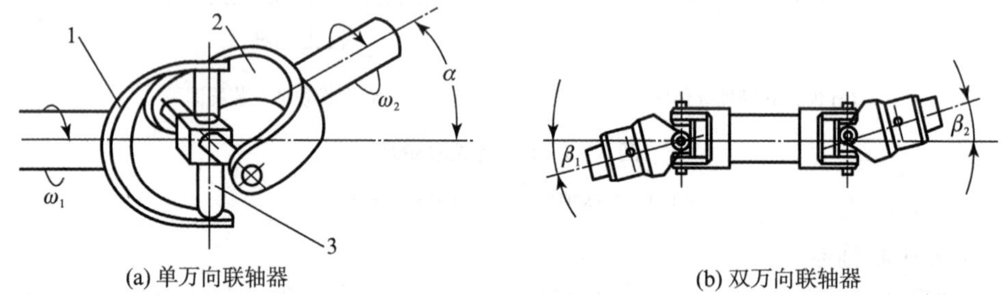

(a) 单万向联轴器　　(b) 双万向联轴器

图 3-1-7 万向联轴器

1、2—叉形接头；3—十字形连接件

(2) 有弹性元件的挠性联轴器

有弹性元件的挠性联轴器是靠弹性元件的弹性变形及阻尼作用来补偿轴线偏移、缓冲吸振的联轴器。有弹性元件的挠性联轴器又包括含金属弹性元件和含非金属弹性元件两种。

如图 3-1-8 所示，蛇形弹簧联轴器是含金属弹性元件挠性联轴器，补偿偏移能力强，适用于大功率的机械传动，如冲击式的碎煤机、矿山重型机械、减速机等。它由两个带外齿圈的半联轴器 1、3 和置于其齿间的蛇形板簧组 2 组成。每个齿圈上有 50～100 个齿，齿间的一组弹簧为 1～3 片。蛇形弹簧片轴向嵌入两半联轴器的齿槽内，簧片所接触的齿面为弧形，接触面的大小随传递转矩的大小而变化，能承受更大的载荷变动量，经测定其短时超载能力为额定转矩的 2～3 倍，传动效率达 99.5%，运行安全可靠。蛇簧用外壳 4、5 罩住。蛇形弹簧联轴器具有齿式联轴器承载能力大、弹性联轴器挠性好（补偿偏移性能）的综合优点，工作时需润滑，高温工况选用最为合适。

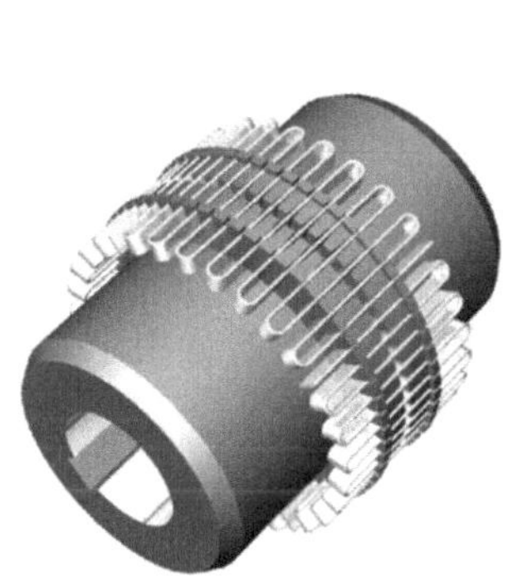

(a) 蛇形弹簧联轴器立体图

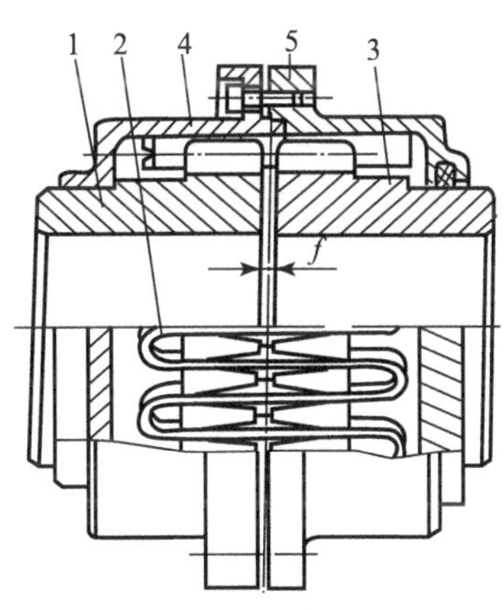

(b) 蛇形弹簧联轴器装配图

图 3－1－8　蛇形弹簧联轴器

1、3—带外齿圈的半联轴器；2—蛇形板簧组；4、5—外壳

含非金属弹性元件的挠性联轴器在转速不平稳时有很好的缓冲减振性能。但由于非金属（橡胶、尼龙等）弹性元件强度低、寿命短、承载能力小、不耐高温和低温，故适用于轻载和常温的场合。常用的主要有弹性套柱销联轴器和弹性柱销联轴器。

① 弹性套柱销联轴器

弹性套柱销联轴器（LT 型）（GB/T 4323—2017）的结构与凸缘联轴器相似，如图 3－1－9 所示，只是用带有非金属（如橡胶等）弹性套 3 的柱销 2 取代连接螺栓，它靠弹性套的弹性变形来缓

(a) 弹性套柱销联轴器立体图

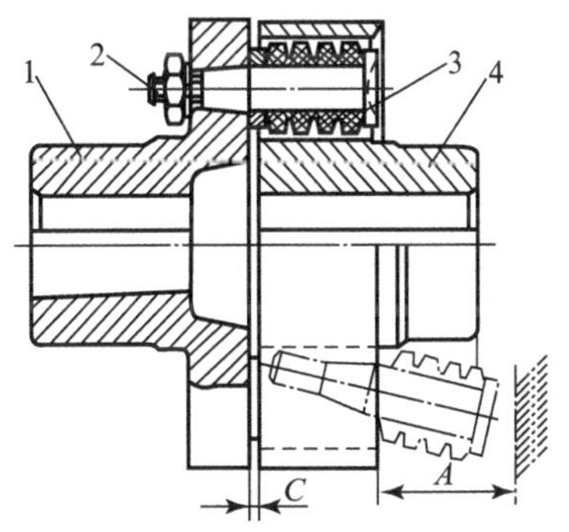

(b) 弹性套柱销联轴器装配图

图 3－1－9　弹性套柱销联轴器

1、4—半联轴器；2—柱销；3—弹性套

冲减振和补偿两轴的相对偏移。安装这种联轴器时,应在两个半联轴器 1、4 之间留出一定间隙,以便给两个半联轴器留出足够的相对偏移量。弹性套柱销联轴器的结构简单,安装容易,更换损件弹性套时不需轴向移动两个半联轴器,但由于弹性套与销孔间隙不宜过大,因而缓冲减振能力不高。一般用于安装机座刚性好,对中精度较高,冲击载荷不大,对减振要求不高的轴系传动,不适用于高速和低速重载工况场合。

② 弹性柱销联轴器

弹性柱销联轴器(LX 型)(GB/T 5014—2017)是用尼龙材料制成的若干柱销 2 置于两个半联轴器 1、3 的凸缘孔中以实现两者连接和传递转矩,如图 3-1-10 所示。因尼龙柱销与半联轴器上的孔是间隙配合,且尼龙有一定弹性,所以联轴器有一定的补偿所连两轴相对偏移和缓冲减振能力,但补偿量和减振能力都不大。为了提高联轴器的补偿量,可将柱销半段制成鼓形,为了防止柱销脱落,柱销两端均有盖板限制其轴向移动。弹性柱销联轴器结构简单,更换尼龙柱销方便,不需移动两个半联轴器,尼龙柱销有较好的耐磨性和自润滑性,不需施加润滑剂,维护简易,但尼龙柱销热导率低,易受温度影响,尺寸不稳定。弹性柱销联轴器适用于有少量轴向窜动、起动较频繁、有正反转的轴系传动,不适用于工作可靠性要求高的部位,不适用于高速、重载及有强烈冲击、振动的轴系传动。

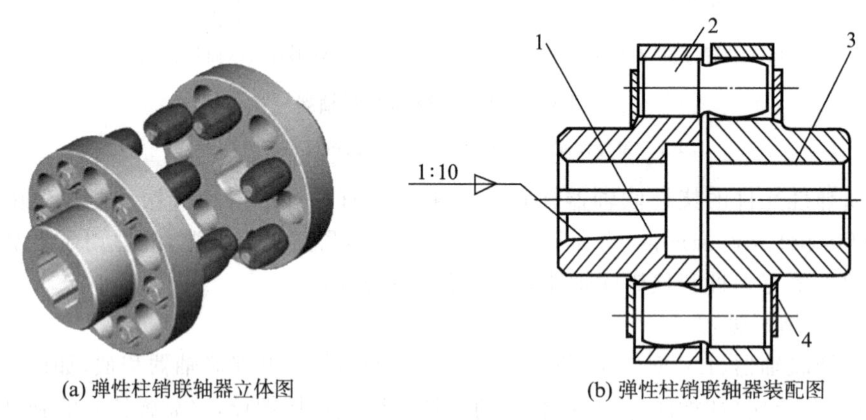

(a) 弹性柱销联轴器立体图　　(b) 弹性柱销联轴器装配图

图 3-1-10　弹性柱销联轴器

1、3—半联轴器;2—柱销;4—盖板

3. 安全联轴器

安全联轴器在结构上存在一个保险环节(如销钉可动连接等),这种保险环节只能承受某一限定载荷。当实际载荷超过事先限定的载荷时,安全联轴器保险环节就会发生变化(如折断、脱开或打滑),自动截断运动和动力的传递,从而保护机器中的重要零件不致损坏,起到安全保护作用。安全联轴器包括销钉式、摩擦式、磁粉式、离心式、液压式等安全联轴器。

销钉剪断式安全联轴器(AB 型)如图 3-1-11 所示,它的结构类似凸缘联轴器,只是用特定的销钉代替连接螺栓。当载荷超过限定位时,销钉被剪断,转矩的传递被截止。为了销钉剪断时不损坏机器的其他部分,常在每个销钉外套上两个硬质的剪切钢套。这种安全联轴器结构简单,但在更换销钉时必须停机,也不能补偿两轴的相对偏移。所以,这种安全联轴器不宜用于经常发生过载而需频繁更换销钉的场合,也不宜用于被连两轴对中不易保证的场合。

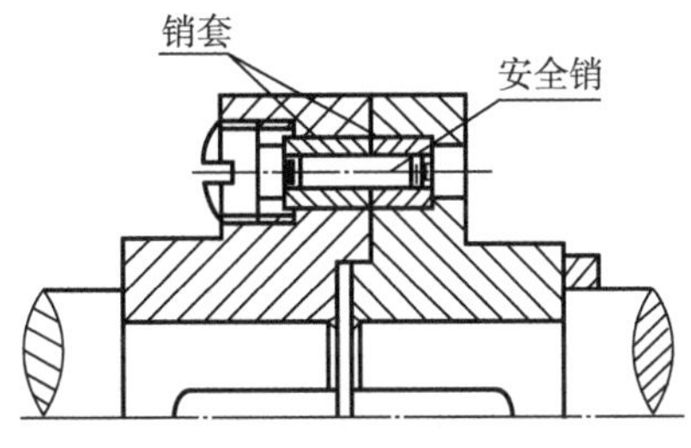

图 3-1-11　销钉剪断式安全联轴器

二、联轴器轴孔型式、轴孔键槽型式及标记方法*

联轴器的轴孔主要型式及代号(GB/T 3852—2017),见表 3-1-1。

表 3-1-1　联轴器的轴孔主要型式及代号

	长圆柱形轴孔(Y 型)	有沉孔的短圆柱形轴孔(J 型)	无沉孔的短圆柱形轴孔(J_1 型)	有沉孔的圆锥形轴孔(Z 型)
轴孔	d, L	d, R, d_1, L, L_1	d, L	d, 1∶10, d_1, L, L_1
键槽	A型 b, t	B型 b, t, 120°		C型 b, t_2

Y 型、J 型、J_1 型适用于圆柱形轴孔,推荐使用 J 型和 J_1 型,Y 型限用于长圆柱形轴伸电机端;Z 型、Z_1 型适用于圆锥形轴孔。相关尺寸的设计可以参考 GB/T 3852—2017《联轴器轴孔和联结型式与尺寸》执行。

联轴器的轴孔键槽主要型式及代号见表 3-1-1、表 3-1-2。

表 3-1-2　联轴器的轴孔键槽主要型式及代号

轴孔型式	键槽主要型式	代号
圆柱形轴孔	平键单键槽	A
	120°布置平键双键槽	B
	180°布置平键双键槽	B_1
圆锥形轴孔	平键单键槽	C

注:各种键槽的尺寸可参考 GB/T 3852—2017《联轴器轴孔和联结型式与尺寸》。平键键槽的尺寸也可参考 GB/T 1096—2003,其中槽宽 b 的极限偏差取 JS9。

联轴器的标记方法如图 3-1-12 所示。

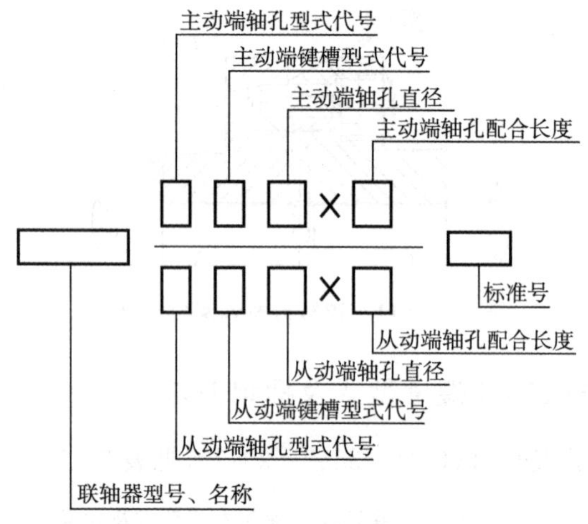

图 3-1-12　联轴器的标记方法

Y 型孔、A 型键槽的代号在标记中可省略不注；联轴器两端轴孔和键槽的型式与尺寸相同时，只标记一端另一端省略不注，标记示例如下。

例 3-1-1　HL2 弹性柱销联轴器

主动端：J_1 型轴孔、B 型键槽、$d=20$ mm、$L=38$ mm

从动端：J 型轴孔、B_1 型键槽、$d=22$ mm、$L=38$ mm

标记为：HL2 联轴器$\dfrac{J_1B20\times38}{JB_1 22\times38}$ GB/T 5014—2017

例 3-1-2　HL5 弹性柱销联轴器

主动端：J 型轴孔、B_1 型键槽、$d=70$ mm、$L=107$ mm

从动端：J 型轴孔、B_1 型键槽、$d=70$ mm、$L=107$ mm

标记为：HL5 联轴器 $JB_1 70\times107$ GB/T 5014—2017

三、联轴器的选用方法

常用的联轴器已标准化，一般情况下只需根据有关标准和产品样本选择，无需自行设计。通常先是根据工作要求选择合适类型，然后按照轴的直径、转矩和转速等参数，查有关标准确定其型号和结构尺寸。

1. 联轴器类型的选择

选择联轴器的类型时，应综合考虑机器的工作情况，根据传递的转矩的大小及对缓冲减振功能的要求、工作转速的高低和被连接两部件的安装精度，再参考各种类型联轴器的特性、制造、安装、维护和成本进行选择。

当载荷平稳、被连接的两轴安装时能严格对中、工作中无相对位移时，可选用刚性联轴器；如果由于制造和装配的误差，轴受载和热膨胀变形使两轴轴线的相对位置精度较差，应选用有位移补偿能力的挠性联轴器；载荷平稳时可选用无弹性元件挠性联轴器，对于冲击和振动较大、载荷变化较大、频繁起动和换向的场合应选用具有缓冲吸振能力的弹性元件挠性联轴器；在高温、低温及存在油、酸、碱等介质的条件下应避免选用橡胶元件的弹性联轴器；对大功率的重载传动，可选用齿式联轴器；在满足使用性能的前提下，应使用拆装方便、维护简单、成本低的联轴器。

联轴器一般用于减速器的输入与输出端，用来连接电动机或工作机。在选用电动机轴与减速器高速轴之间连接用的联轴器时，由于轴的转速较高，为减小起动载荷、缓和冲击，应选用具有较小转动惯量和具有弹性的联轴器，如弹性套柱销联轴器等。在选用减速器输出轴与工作机之间连接用的联轴器时，因轴的转速较低，传递转矩较大，且减速器与工作机常不在同一机座上，要求有较大的轴线偏移补偿，因此常选用承载能力较高的刚性可移动式联轴器，如鼓形齿式联轴器、滑块联轴器等。若工作机有振动冲击，为了缓和冲击，以免振动影响减速器内传动件的正常工作，则可选用弹性联轴器，如弹性柱销联轴器等。

2. 联轴器的计算转矩

传动系统中动力机的功率应大于工作机所需功率。根据动力机的功率和转速可计算得到与动力机相连接的高速端的理论转矩 T（或名义转矩）。

$$T = 9\,550\,\frac{P}{n} \tag{3-1-1}$$

式中，T 为联轴器的理论转矩，N·m；P 为联轴器传递的功率，kW；n 为联轴器的转速，r/min。

根据工作情况系数 K，可计算联轴器的计算转矩 T_c。

$$T_c = KT \tag{3-1-2}$$

式中，K 为工作情况系数，考虑机器起动时的动载荷和使用中可能出现的过载现象，见表 3-1-3；T_c 为联轴器的计算转矩，N·m。

表 3-1-3　工作情况系数 K

工作机		原动机		
载荷分类及类别代号	典型机械	电动机、汽轮机	双缸内燃机	单缸内燃机
转矩变化很小(Ⅰ)	发电机、小型通风机、小型水泵	1.3	1.8	2.2
转矩变化小(Ⅱ)	透平压缩机、木工机床、输送机	1.5	2.0	2.4
转矩变化中等(Ⅲ)	搅拌机、增压泵、有飞轮压缩机、冲床	1.7	2.2	2.6
转矩变化和冲击载荷中等(Ⅳ)	织布机、水泥搅拌机、拖拉机	1.9	2.4	2.8
转矩变化和冲击载荷大(Ⅴ)	造纸机、挖掘机、起重机、碎石机	2.3	2.8	3.2

3. 选择联轴器型号

(1) 初选联轴器型号

根据计算转矩 T_c，从标准系列中可选定相近似的公称转矩 T_n，选型时应满足 $T_n \geqslant T_c$。初步选定联轴器型号（规格），从标准中可查得联轴器的许用转速$[n]$和最大径向尺寸 D、轴向尺寸 L_0，并满足联轴器转速 $n \leqslant [n]$。

(2) 根据轴径调整型号

初步选定的联轴器连接尺寸，即轴孔直径 d 和轴孔长度 L，应符合主、从动端轴径的要求，否则还要根据轴径 d 调整联轴器的规格。主、从动端轴径不相同是普遍现象，当转矩、转速相同，主、从动端轴径不相同时，应按大轴径选择联轴器型号。新设计的传动系统中，应选择符合表 3-1-1 中规定的主要轴孔型式，推荐采用 J_1 型轴孔，以提高通用性和互换性，轴孔长度按联轴器产品标准的规定选取。

4. 选择连接型式

联轴器连接型式的选择取决于主、从动端与轴的连接型式，一般采用键连接，为统一键连接型式及代号，需参见表 3-1-2 中的主要键槽型式，用得较多的是 A 型键。为了保证轴和键的强度，在选定联轴器型号（规格）后，必要时对轴和键强度做校核验算，以便最后确定联轴器的型号。

【任务分析】

本任务中，通过对带式输送机传动装置中减速器输出轴的轴端联轴器的设计与选用，使学生了解联轴器的基本类型及应用场合，掌握常用联轴器类型、型号选用及基本结构尺寸确定的一般方法。首先根据工作载荷的大小和性质、转速高低、两轴相对偏移的大小及形式、装卸维护和经济性等方面的综合因素，选择联轴器的类型；再根据已知工作参数确定计算转矩，然后从标准系列中选定相近似的公称转矩，查阅相关机械设计手册或联轴器标准手册初步确定联轴器的型号、连接型式及相关尺寸。

【任务实施】

根据任务描述，减速器输出轴与工作机滚筒间联轴器的选用步骤如下。

1. 两轴间使用带传动

（1）类型选择

带式输送机载荷平稳，减速器输出轴为低速轴（转速 $n_2=88.3$ r/min），轴的刚性较大，传递转矩也较大，工作中无相对位移，所以选择刚性联轴器。本任务可选用凸缘联轴器，凸缘联轴器制造简单，成本低，维护方便。若两轴位移较大，可选用挠性联轴器，如弹性柱销联轴器。

（2）型号选择

见表 3-1-3，查得联轴器的工作情况系数 $K=1.5$，由式（3-1-1）和式（3-1-2）可知联轴器计算转矩为

$$T_c = KT = K \times 9\,550\,\frac{P}{n}$$

已知输出功率 $P_2=4.63$ kW，输出轴的转速 $n_2=88.3$ r/min，则

$$T_c = KT = K \times 9\,550\,\frac{P}{n} = 1.5 \times 9\,550 \times \frac{4.63}{88.3}\ \mathrm{N \cdot m} = 751\ \mathrm{N \cdot m}$$

查阅相关机械设计手册，选用 GYS6 型凸缘联轴器，见表 3-1-4。$[T_n]$（公称转矩）$=900\ \mathrm{N \cdot m} > T_c$，$d=50$ mm，$L=112$ mm，符合要求（减速器输出轴直径 $d_2=50$ mm，轴头长度 $L_2=110$ mm；卷筒外伸轴直径 $d_3=42$ mm，轴头长度 $L_3=84$ mm）。

（3）校核最大转速 $n<[n]$

$n=88.3$ r/min$<[n]$（许用转速）$=6\,800$ r/min，满足要求。见表 3-1-1、表 3-1-2，主动端选 Y 型轴孔、A 型键槽；从动端选 J 型轴孔、A 型键槽。

（4）标记表示

$$\text{GYS6 联轴器}\,\frac{50\times 110}{\text{J}42\times 84}\ \text{GB/T 5843—2017。}$$

表 3-1-4 凸缘联轴器主要技术参数和尺寸(摘自 GB/T 5843—2017) (单位：mm)

型号	公称转矩 T_n/(N·m)	许用转速 $[n]$/(r/min)	轴孔直径 d_1、d_2	轴孔长度 L		D	D_1	b	b_1	S	转动惯量 I/(kg·m^2)	质量 m/kg
				Y 型	J_1 型							
GY4 GYS4 GYH4	224	9 000	25	62	44	105	55	32	48	6	0.003	3.15
			28									
			30	82	60							
			32									
			35									
GY5 GYS5 GYH5	400	8 000	30	82	60	120	68	36	52	8	0.007	5.43
			32									
			35									
			38									
			40	112	84							
			42									
GY6 GYS6 GYH6	900	6 800	38	82	60	140	80	40	56	8	0.015	7.59
			40	112	84							
			42									
			45									
			48									
			50									

2. 两轴间使用联轴器连接

若电动机与齿轮减速器安装位置较为紧凑，两根轴间不采用带传动而采用联轴器连接，该联轴器的选用如下。

(1) 类型选择

带式输送机载荷平稳，工作中有相对位移，且为高速轴，所以选择含非金属弹性元件的挠性联轴器。本任务选用弹性柱销联轴器(GB/T 5014—2017)。

(2) 型号选择

见表 3-1-3，查得联轴器的工作情况系数 $K=1.5$，由式(3-1-1)和式(3-1-2)，算得联轴器计算转矩为

$$T_c = KT = K \times 9\,550\,\frac{P}{n}$$

已知电动机输入功率 $P=5.5$ kW，转速 $n=2\,900$ r/min，电动机传动效率 $\eta=0.96$，则

$$T_c = KT = K \times 9\,550\,\frac{P}{n} = 1.5 \times 9\,550 \times \frac{5.5 \times 0.96}{2\,900} = 26.1\ \mathrm{N \cdot m}$$

由机械设计手册选 LX1 型弹性柱销联轴器，见表 3-1-5。$[T_n]=250\ \mathrm{N\cdot m} > T_c$，但轴孔直径及轴头长度不符要求(电动机输出轴直径 $d_d=38$ mm，轴头长度 $E=80$ mm；减速器输入轴直径 $d_1=32$ mm，轴头长度 $L_1=80$ mm)。

表 3-1-5 弹性柱销联轴器主要技术参数和尺寸(摘自 GB/T 5014—2017) (单位:mm)

型号	公称转矩 T_n/(N·m)	许用转速[n]/(r/min)	轴孔直径 d_1、d_2、d_Z	轴孔长度 Y型	轴孔长度 J、J_1、Z型		D	D_1	b	S	转动惯量 I/(kg·m²)	质量 m/kg
				L	L	L_1						
LX1	250	8 500	12	32	27	—	90	40	20	2.5	0.002	2
			14									
			16	42	30	42						
			18									
			19									
			20	52	38	52						
			22									
			24									
LX2	560	6 300	20	52	38	52	120	55	28	2.5	0.009	5
			22									
			24									
			25	62	44	62						
			28									
			30	82	60	82						
			32									
			35									
LX3	1 250	4 750	30	82	60	82	160	75	36	2.5	0.026	8
			32									
			35									
			38									
			40	112	84	112						
			42									
			45									
			48									
LX4	2 500	3 870	40	112	84	112	195	100	45	3	0.109	22
			42									
			45									
			48									
			50									
			55									
			56									
			60	142	107	142						
			63									

重选 LX3 型弹性柱销联轴器。$[T_n]=1\ 250\ \mathrm{N \cdot m}$，$d=38$ mm，$L=82$ mm，符合要求。$L=82$ mm 时，轴孔直径有 4 种规格：30 mm、32 mm、35 mm 及 38 mm，符合联轴器两端连接轴的尺寸要求。如果减速器输入轴直径大于 38 mm 或小于 30 mm，由于电动机及联轴器均为标准件，不能更改，只有减速器为非标准件，只需相应调整减速器输入轴轴径及轴头长度即可。

(3) 校核最大转速 $n<[n]$

$n=2\ 900$ r/min$<[n]$(许用转速)$=4\ 750$ r/min，满足要求。参照表 3－1－1、表 3－1－2，主动端选 J_1 型轴孔、B 型键槽；从动端选 J 型轴孔 B_1 型键槽。

(4) 标记方法

$$\text{LX3 联轴器}\frac{J_1B38\times82}{JB_132\times82}\ \text{GB/T 5014—2017。}$$

【任务总结】

本任务分析了联轴器的类型、特点和应用，联轴器的选择和计算方法。通过本任务的学习，学生能够具有分析和选用常用联轴器的能力，通过对联轴器设计选用过程的思考，培养学生分析问题、解决问题的能力及创新思维能力。

(1) 联轴器的类型和应用。联轴器一般分为刚性联轴器、挠性联轴器及安全联轴器三大类。常用的刚性联轴器有凸缘联轴器和套筒联轴器，只有在载荷平稳或只有轻微冲击、转速稳定、轴和轴承支承刚度大、两轴对中良好并能保证被连两轴轴线相对偏移极小的情况下，可以选用刚性联轴器；挠性联轴器分为无弹性元件的挠性联轴器和有弹性元件的挠性联轴器，当被连两轴的同轴度不易保证及载荷和转速有变化时，应选用挠性联轴器；安全联轴器有销钉式、摩擦式、磁粉式、离心式、液压式等。

(2) 联轴器的选择。① 选择类型；② 确定联轴器的计算转矩；③ 选择联轴器的型号，所选型号联轴器必须同时满足：$T_c\leqslant T_n$、$n\leqslant[n]$；④ 根据轴径调整型号；⑤ 选择连接型式。

【知识拓展】

离合器★

联轴器基本上是一种固定连接，在机器运转时是不能随意脱开的(安全联轴器只是在过载时脱开，起动安全联轴器只是在起动、制动阶段和过载时脱开)，在机器停止运转后才能连接或分离两轴；而离合器在机器运转过程中可随时将两轴接合或分离，以满足机器起动、停止、变速、换向等方面的要求，这是离合器与联轴器的根本区别。

1. 离合器的要求

离合器应具备以下基本要求：

① 离合迅速，平稳无冲击，分离彻底，动作准确可靠。

② 接合元件耐磨性好，使用寿命长，散热条件好。

③ 惯性小，工作安全。

④ 操纵调整方便。

2. 离合器的类型及特点

离合器按离合方法分类如下：

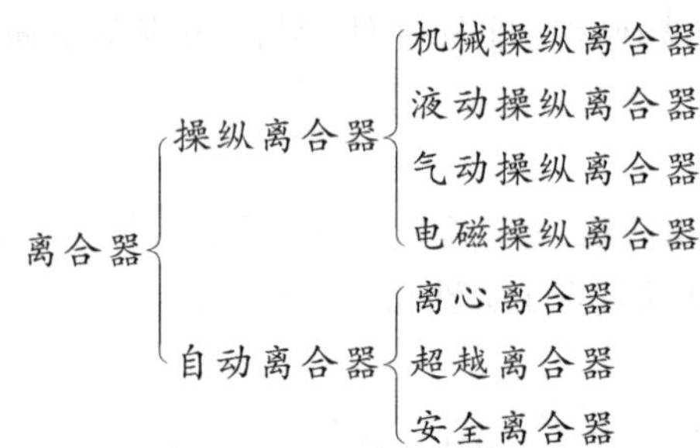

下面介绍几种常用离合器。

(1) 操纵离合器

离合器的接合与分离由外界操纵的称为操纵离合器。

① 操纵式牙嵌离合器

牙嵌离合器的结构如图 3-1-13 所示。主要由端面带齿的两个半离合器 1、2 组成，通过啮合的齿来传递转矩。其中半离合器 1 固装在主动轴上，而半离合器 2 利用导向平键安装在从动轴上，它可沿轴线移动。工作时利用操纵杆（图中未画出）带动滑环 3，使半离合器 2 作轴向移动，实现离合器的接合或分离。

牙嵌离合器沿圆柱面上的展开齿形有三角形、梯形、矩形和锯齿形（如图 3-1-14 所示）。三角形齿接合和分离容易，但齿的强度较弱，多用于传递小转矩的低速离合器。梯形和锯齿形强度较高，接合和分离也较容易，多用于传递大转矩的场合，但锯齿形齿只能单向工作，反转时工作面将受较大的轴向分力，会迫使离合器自行分离。矩形齿制造容易，但在齿与槽对准时方能接合，因而接合困难，而且接合以后，齿与齿接触的工作面间无轴向分力作用，所以分离也较困难，故应用较少。

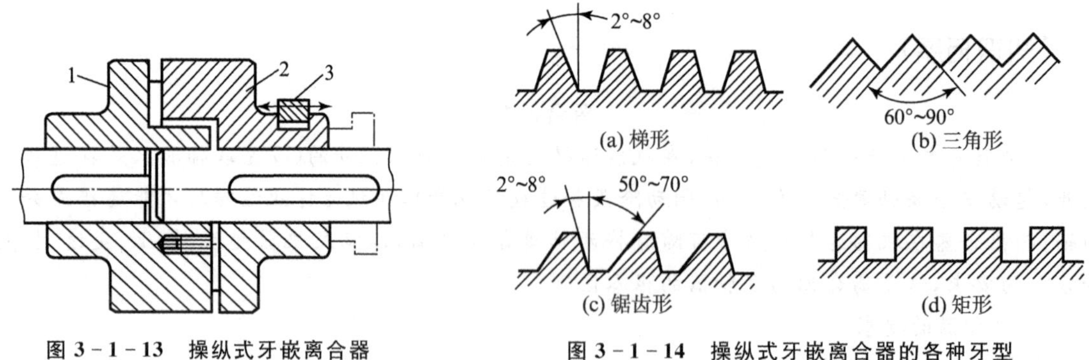

图 3-1-13 操纵式牙嵌离合器

1、2—半离合器；3—滑环

图 3-1-14 操纵式牙嵌离合器的各种牙型

牙嵌离合器结构简单，外廓尺寸小，接合后两半离合器没有相对滑动，但只能在停止状态或两轴转速差很小时才能接合，否则齿与齿会发生很大的冲击，影响齿的寿命。

② 摩擦离合器

摩擦离合器的主动摩擦盘转动时，由主、从动盘的接触面之间产生的摩擦力矩来传递转矩。它所具有的特点是：能在不停车或两轴具有任何大小转矩的情况下进行接合；能调节从动轴的加速时间，减少接合时的冲击和振动，实现平稳的接合；过载时，摩擦面间将发生打滑，可以避免其他零件的损坏。

摩擦离合器分单片式和多片式两种。单片式摩擦离合器如图 3－1－15 所示，该离合器由两个半离合器 1、3 组成，通过其接触面间的摩擦力来传递转矩。半离合器 1 安装在主动轴上，半离合器 3 利用导向平键(或花键)安装在从动轴上，通过操纵杆和滑环 4 可以在从动轴上滑移。为了增大摩擦系数，在其中一个半离合器上固定摩擦盘 2(用摩擦系数较大且耐磨性好的材料制成)。利用操纵机构(图中未画出)将摩擦盘 2 向左推动并施加轴向压力 $\boldsymbol{F}_A$，使两个半离合器压紧产生摩擦力以传递扭矩；将摩擦盘 2 向右推动即可使离合器脱开。单盘摩擦离合器结构简单、散热性好，但传递的转矩较小。当传递很大转矩时，则需较大的摩擦盘直径，除了包装机械、纺织机械等轻型机械外，很少使用。当传递较大转矩时，可采用多片式摩擦离合器。

多片式摩擦离合器工作原理如图 3－1－16 所示，有两组摩擦片，其中外摩擦片组 4 利用外圆上的花键与毂轮 2 相连(毂轮 2 与轴 1 相固连)，内摩擦片组 5 利用内圆上的花键与内套筒 8 相连(套筒 8 与轴 9 相固连)。当滑环 7 作轴向移动时，将拨动曲臂压杆 6，使压板 3 压紧或松开内、外摩擦片组，从而使离合器接合或分离。中间的螺母是用来调节内、外摩擦片组间隙大小的。

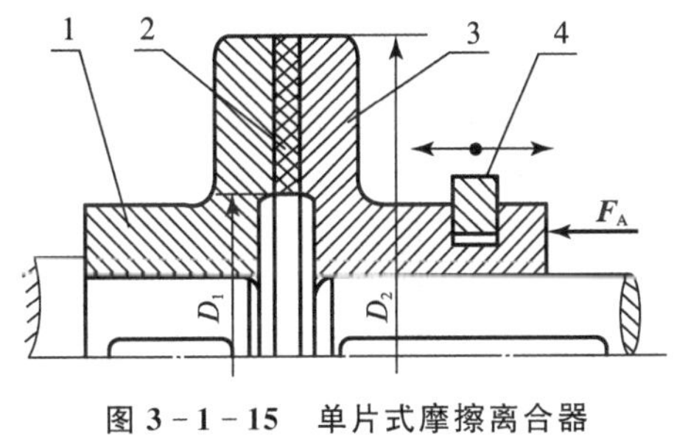

图 3－1－15 单片式摩擦离合器

1、3—半离合器；2—摩擦盘；4—操纵杆和滑环

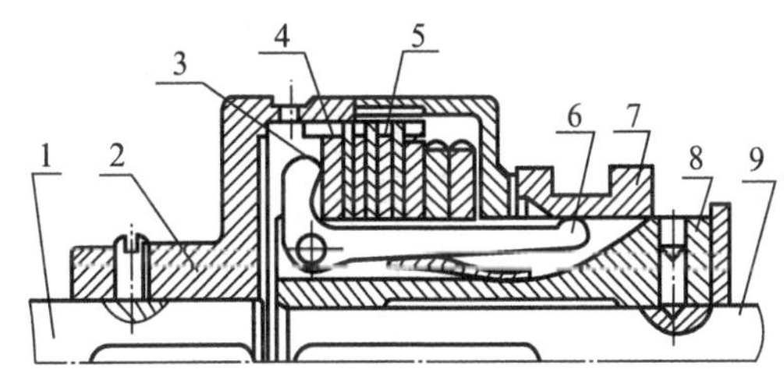

图 3－1－16 多片式摩擦离合器

1、9—轴；2—毂轮；3—压板；4—外摩擦片组；5—内摩擦片组；6—曲臂压杆；7—滑环；8—内套筒

外摩擦片和内摩擦片的结构如图 3－1－17 所示。若将内摩擦片改为图中右边的碟形，使其具有一定的弹性，那么离合器分离时摩擦片能自行弹开，接合时也较平稳。

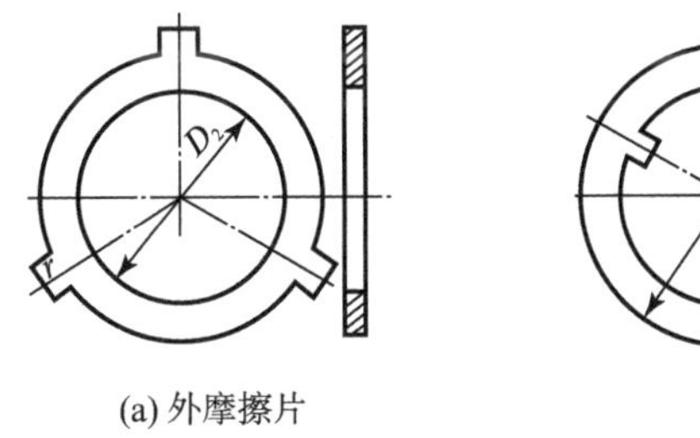

(a) 外摩擦片

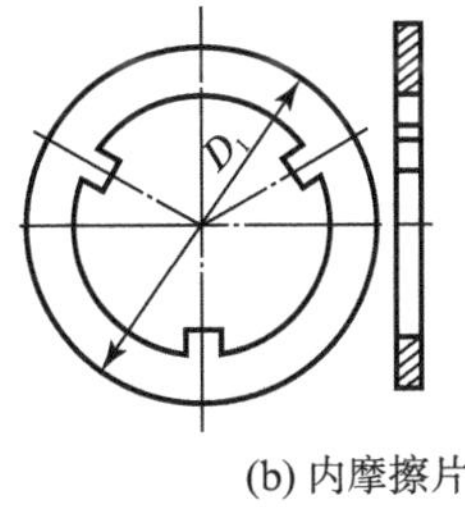

(b) 内摩擦片

图 3－1－17 摩擦片结构

和牙嵌离合器相比，摩擦离合器的优点是：两轴可在有较大转速差的情况下接合和分离；改变摩擦面间的压力，就能调节从动轴的起动加速时间；接合时的冲击振动很小；过载时将打滑，可保护其他零件不受损坏。缺点是：在接合和分离过程中，摩擦片面的相对滑动会造成发热和磨损，需及时更换摩擦片。摩擦离合器适用于经常起动、制动或经常改变转速和转动方向的场合。

(2) 自动离合器

自动离合器是一种能根据机器运转参数（如转矩、转速或转向）的变化而自动完成接合和分离动作的离合器，常用的自动离合器有安全离合器、离心离合器和定向离合器（也称超越离合器）三种。下面主要介绍安全离合器和定向离合器。

① 安全离合器

安全离合器在所传递的转矩超过一定数值时自动分离。它有许多种类型，如图 3-1-18 所示的为摩擦式安全离合器。它的基本构造与一般摩擦离合器基本相同，只是没有操纵机构。利用调整螺钉 1 来调节调整弹簧 2 对内、外摩擦片组 3、4 的压紧力，从而控制离合器所能传递的极限转矩。当载荷超过极限转矩时，内、外摩擦片接触面间会打滑，以此来限制离合器所传递的最大转矩。

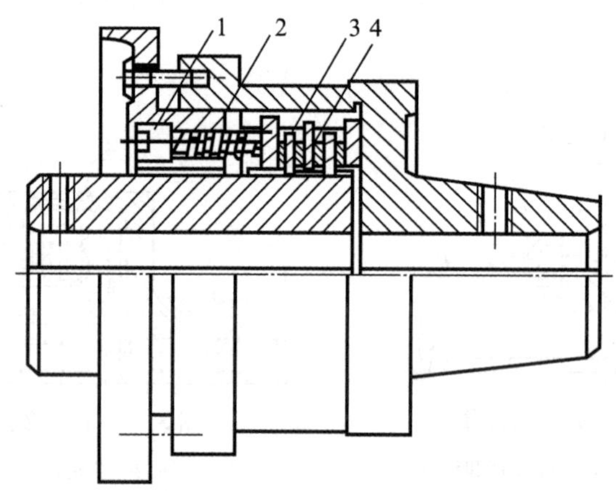

图 3-1-18 摩擦式安全离合器

1—调整螺钉；2—调整弹簧；3、4—摩擦片组

牙嵌式安全离合器如图 3-1-19 所示，它的基本构造与牙嵌式离合器相同，只是牙面的倾角 α 较大，工作时啮合牙面间能产生较大的轴向力。这种离合器没有操纵机构，而用一弹簧压紧机构使两半离合器接合。当转矩超过一定值时，将超过弹簧压紧力和有关的摩擦阻力，半离合器 1 就会向左滑移，使离合器分离；当转矩减小时，离合器又会自动接合。

② 定向离合器

定向离合器只能按一个转向传递转矩，反向时能自动分离。其中应用较为广泛的是滚柱式定向离合器，如图 3-1-20 所示。它主要由星轮 1、外圈 2、弹簧顶杆 4 和滚柱 3 组成。弹簧的作用是将滚柱压向星轮的楔形槽内，使滚柱与星轮、外圈相接触。星轮和外圈均可作为

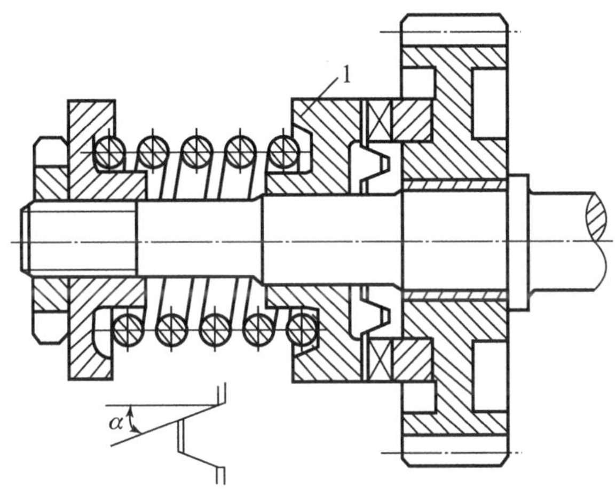

图 3-1-19　牙嵌式安全离合器

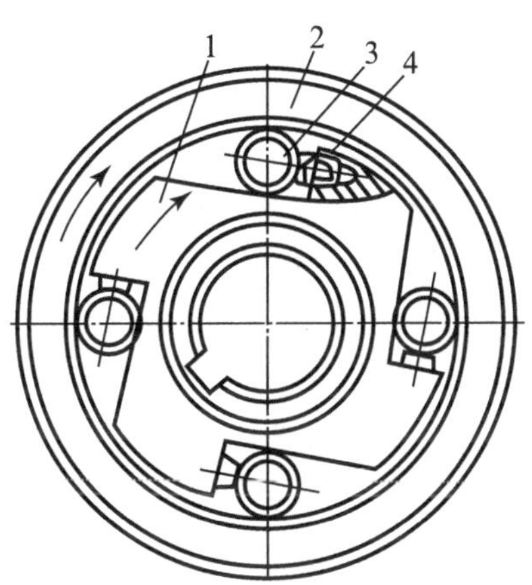

图 3-1-20　超越离合器

1—星轮；2—外圈；3—滚柱；4—弹簧顶杆

主动轮。当星轮为主动件并按图中方向旋转时，滚柱受摩擦力的作用被楔紧在槽内，因而带动外圈一起转动，这时离合器处于接合状态。当星轮反转时，滚柱受摩擦力的作用，被推到槽中较宽的部分，不再楔紧在槽内，这时离合器处于分离状态。定向离合器常用于汽车、拖拉机和机床等设备中。

3. 离合器的选用方法

离合器大多已标准化，可从有关样本或机械设计手册中选择。选择离合器时，首先应根据机器的工作特点和使用条件，按各种离合器的性能特点确定离合器的类型。然后根据计算转矩和转速，从机械设计手册中查找型号，必要时，可对其薄弱环节进行承载能力校核。

【思考与练习】

1. 联轴器连接的两轴轴线偏移是如何产生的?

2. 凸缘联轴器三种对中方法的特点是什么?

3. 无弹性元件的挠性联轴器为什么要有良好的润滑条件?

4. 含非金属弹性元件和含金属弹性元件的挠性联轴器在性能上有什么区别?

5. 为使主动轴的角速度 ω_1 等于从动轴角速度 ω_2,双万向联轴器应满足哪些条件?

6. J 型和 Z 型轴孔的联轴器用于什么情况?

7. 解释下列联轴器的标记:

(1) GY5 联轴器 45×84 GB/T 5843—2017;

(2) LT4 联轴器 $\dfrac{\mathrm{J_1B20\times52}}{\mathrm{JB_1 22\times38}}$ GB/T 4323—2017;

(3) LX5 联轴器 J70×107 GB/T 5014—2017。

8. 一种带式输送机选用电动机型号为 Y160L-4,额定功率 $P_m=15$ kW,满载转速 $n=1\,460$ r/min,电动机轴径 $d=42$ mm。试选择电动机与减速器输入轴的联轴器。

9. 泵与电动机之间用弹性套柱销联轴器连接。已知电动机型号为 Y112M-4,功率 $P=4$ kW,转速 $n=1\,440$ r/min,电动机轴外伸端直径 $d_1=28$ mm,长度 $L_1=60$ mm;泵的轴端直径 $d_2=25$ mm,长度 $L_2=40$ mm。试确定联轴器型号,并写出其标记。

10. 试选择电动机和减速器之间的联轴器及其型号。已知电动机轴直径 $d_c=55$ mm,电动机轴头长度 $E_c=110$ mm;额定功率 $P=18.5$ kW,转速 $n=970$ r/min。减速器输入轴直径 $d=42$ mm,输入轴长度 $E=80$ mm。载荷变化并有中等冲击,空载起动。

11. 用于轻型起重机的蜗杆减速器如图 3-1-21 所示。已知减速器的传动效率 $\eta=0.8$,传动比 $i=25$;减速器输入轴端直径 $d_1=35$ mm,通过联轴器与 Y160L-6 型电动机相连;输出轴端直径 $d_2=95$ mm,通过联轴器与直径 $d_3=95$ mm 的卷筒轴相连。试选择输入轴和输出轴端的联轴器。(查手册知,Y160L-6 型电动机额定功率 $P=11$ kW,转速为 $n=970$ r/min,轴径 $d=42$ mm,轴伸长度 $L=110$ mm)。

12. 刚性联轴器与挠性联轴器的区别是什么?

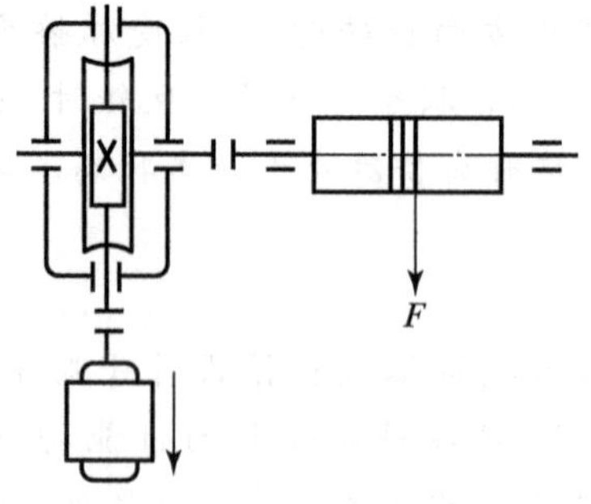

图 3-1-21 习题 11 图

任务 2　输送机齿轮减速器输出端凸缘联轴器螺栓组的选用

【任务描述】

凸缘联轴器的两个半联轴器是靠一组螺栓连接起来的，并靠螺栓传递转矩与轴向力。图 2-1-1 中的齿轮减速器输出轴轴端凸缘联轴器如图 3-2-1 所示，由两个半联轴器分别将减速器输出轴与工作机滚筒输入轴相连，并用螺栓组连接为一体。

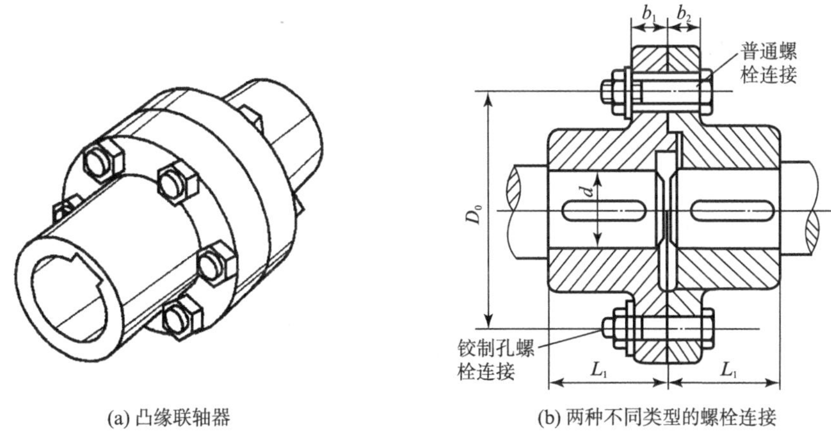

(a) 凸缘联轴器　　(b) 两种不同类型的螺栓连接

图 3-2-1　齿轮减速器输出轴轴端凸缘联轴器螺栓连接

已知，联轴器材料选用 35 钢，传递的转矩 $T_c=750\ \mathrm{N\cdot m}$（静载荷），4 个螺栓均匀分布于 $D_0=120\ \mathrm{mm}$ 的圆周上，螺栓性能等级初选为 4.8 级。

(1) 若采用铰制孔用螺栓连接，已知 $b_1=20\ \mathrm{mm}$，$b_2=20\ \mathrm{mm}$，试确定螺栓的规格。

(2) 若改用普通螺栓连接，安装时不控制预紧力，两半联轴器间摩擦系数 $f=0.15$，连接的安全系数 $K_s=1.2$，试确定螺栓的规格。

【任务目标】

【知识】

◎ 螺纹的主要参数及常用螺纹的基本类型。

◎ 常用标准螺纹连接件的种类、特点与用途。

◎ 螺纹连接的主要类型、用途及螺纹尺寸的计算与选用。

◎ 螺纹连接的预紧与防松及其控制方法。

◎ 螺栓组的结构设计。

◎ 螺纹连接件的性能等级及材料选用。

◎ 螺栓连接的主要失效形式及在不同载荷作用下的强度计算与校核。

【技能】

◎ 了解常用螺纹的基本类型，能在不同使用场合正确选用常用标准连接件。

◎ 掌握螺纹连接的主要类型与用法，特别是螺栓连接的应用、结构与尺寸之间的关系，能够查阅相关机械设计手册计算所用螺栓的长度,确定螺栓所用规格。

◎ 了解螺纹连接的预紧与防松及其控制方法。

◎ 在设计中能够合理分布螺栓组的结构,达到优化设计的目的。

◎ 掌握螺栓、螺母的性能等级,并能根据性能等级计算相应许用应力。

◎ 掌握螺栓连接的几种不同连接方式在不同载荷作用下的强度计算与校核方法。

【素质】

◎ 培养学生爱国主义精神,培养一丝不苟、精益求精的工匠精神。

【知识准备】

由于制造、装配、维修及运输等原因,机械都是由许多零部件按确定的方式连接而成的。所谓连接,就是指连接件与被连接件的组合结构。

连接的类型很多,按照组成连接的零件在工作中相对位置是否变化,连接可分为动连接和静连接。各种运动副构成动连接,弹性零件作为连接件时也构成动连接。轴毂间的键连接、花键连接和销连接,用于紧固的螺纹连接等,属于可拆的静连接;焊接、铆接和胶接等,属于不可拆的静连接。过盈配合连接,根据过盈的大小,可分为不可拆和可拆的静连接。联轴器与离合器是用于轴间连接的部件,根据工作原理的不同,可分为动连接或静连接。

本任务主要讨论机械装置中常用的螺纹连接。

一、螺纹

用带螺纹的零件构成的连接称为螺纹连接。螺纹连接的特点是结构简单、装卸方便、互换性好、成本低廉、工作可靠和形式灵活多样,可反复拆开而不必破坏任何零件,因而应用广泛。可以说,迄今为止很难找到一台没有螺纹连接、螺纹紧固件的机械,螺纹紧固件已成为必不可少的机械零件。

1. 螺纹的主要参数

在圆柱内、外表面上分别沿螺旋线切制出特定形状的沟槽,即形成内、外螺纹,共同组成螺旋副使用,如图 3-2-2 所示。按螺纹的线数(也称头数),可分为单线螺纹和多线螺纹。其中沿一条螺旋线形成的为单线螺纹,如图 3-2-2 所示,其自锁性好,常用于连接;沿两条或两条以上等距螺旋线形成的为多线螺纹,如图 3-2-3 所示,其效率较高,常用于传动。按螺旋线方向分为右旋螺纹和左旋螺纹两种。右旋螺纹较常用,只有在特殊场合,才采用左旋螺纹,如煤气罐等危险设备中使用的螺纹。

螺纹的主要参数有:

大径 d——螺纹的最大直径,也作公称直径。

小径 d_1——即螺纹的最小直径,在强度计算中常作为危险剖面的计算直径。

中径 d_2——轴向平面内螺纹的牙厚等于槽宽处的一个假想的圆柱体的直径,用以确定螺纹几何参数和配合性质的直径,近似取 $d_2=(d+d_1)/2$。

螺距 P——螺纹相邻两牙在中径上对应两点的轴向距离。

导程 P_h——同一螺旋线上的相邻两牙在中径线上对应两点间的轴向距离。对于单线螺纹,$P_h=P$;对于线数为 n 的多线螺纹,$P_h=nP$。

升角 λ——中径 d_2 的圆柱上,螺旋线的切线与垂直于螺纹轴线的平面的夹角。

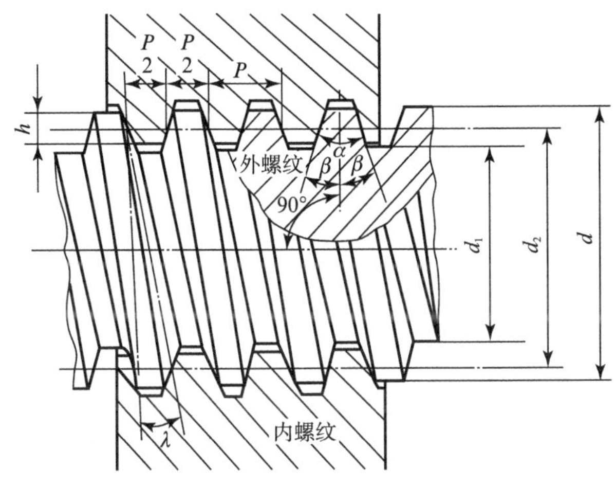

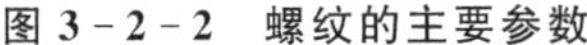
图 3-2-2　螺纹的主要参数

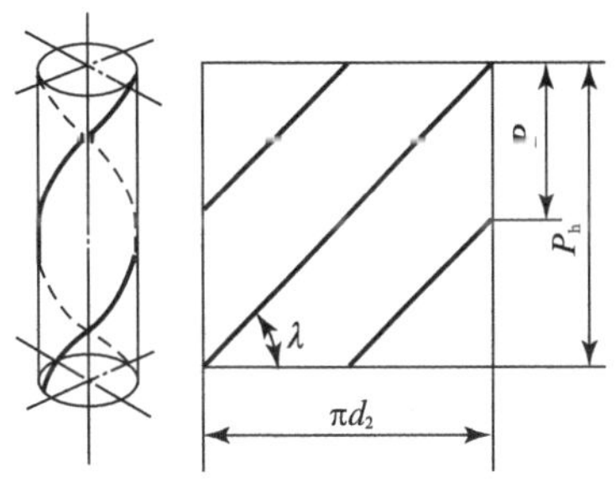

图 3-2-3　螺纹的升角与导程、螺距间的关系

牙型角 α——螺纹轴向截面内牙型两侧边的夹角。

牙侧角 β——螺纹牙型的侧边与螺纹轴线的垂直平面的夹角。

由图 3-2-3 可知，螺纹的升角与导程、螺距间的关系为

$$\tan\lambda = \frac{P_h}{\pi d_2} = \frac{nP}{\pi d_2}$$

2. 机械中常用的螺纹

螺纹种类很多，按照牙型的不同，常用螺纹可分为普通螺纹、矩形螺纹、梯形螺纹及锯齿形螺纹等，如图 3-2-4 所示。除矩形螺纹外，均已标准化。

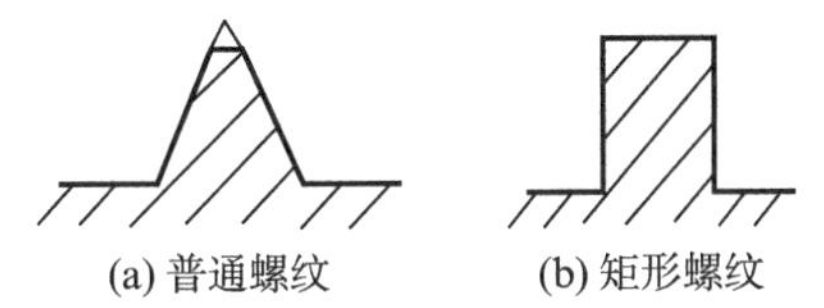

(c) 梯形螺纹

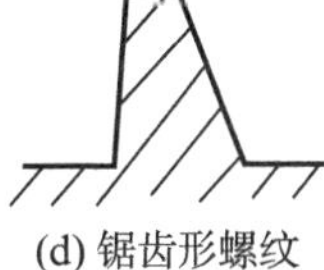

图 3-2-4　螺纹的牙型

(1) 普通螺纹

如图 3-2-4a 所示，普通螺纹为米制三角形螺纹（标准代号 GB/T 192—2003），牙型角 $\alpha=60°$，当量摩擦系数大，自锁性能好。同一公称直径 d 按螺距大小分为粗牙和细牙，其中螺距最大的为粗牙，其余称为细牙。粗牙螺纹的螺距大，螺纹牙强度高，应用广泛，常用于一般连接；公称直径相同时，细牙螺纹的螺距小，因而内径较大，抗拉强度高，螺纹升角和导程较小，自锁性强。但牙型细小易滑扣，多用于细小零件、薄壁管件、切制粗牙对强度影响较大的零件，也用于微调机构的调整螺纹及受冲击、振动和变载荷的连接。

(2) 矩形螺纹

如图 3-2-4b 所示，矩形螺纹牙型为正方形 $\alpha=0°$，其传动效率高，但牙根强度弱，螺旋副磨损后的间隙难以修复和补偿，使传动精度降低，因此逐渐为梯形螺纹所代替。

(3) 梯形螺纹

如图 3-2-4c 所示，梯形螺纹牙型为等腰梯形，标准代号 GB/T 5796.1—2022，牙型角 $\alpha=30^{\circ}$，其传动效率略低于矩形螺纹，但牙根强度高，加工工艺好，形成的螺纹副对中性较好，有较高的传动效率，主要用于传动螺纹。

(4) 锯齿形螺纹

如图 3-2-4d 所示，锯齿形螺纹牙型为不等腰梯形，牙型角 $\alpha=33^{\circ}$，标准代号 GB/T 13576.1—2008，工作强度和传动效率均高于梯形螺纹，螺纹副大径处无间隙，对中性好，两牙侧角分别为 $\beta_1=3^{\circ}$ 和 $\beta_2=30^{\circ}$，适合单向受力的传动。

二、标准螺纹连接件

常用的螺纹连接件有螺栓、双头螺柱、螺钉、紧定螺钉、螺母、垫圈等，这些零件的结构和尺寸都已标准化，设计与选用时可根据标准选用。螺纹连接件的结构特点和使用情况见表 3-2-1。

表 3-2-1 螺纹连接件的结构特点和使用情况

类型	图例	结构特点及使用情况
螺栓	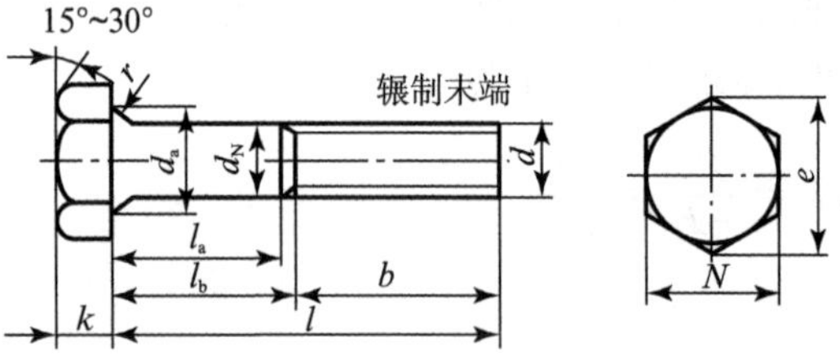 15°~30°　r　辗制末端　d_a　d_N　d　l_a　l_b　b　k　l　e　N	种类很多，应用最广，分为 A、B、C 三级，通用机械制造中多用 C 级。螺栓由杆部和头部组成，杆部制有全螺纹或半螺纹，螺纹可用粗牙或细牙(A、B 级)。为了满足工程上的不同需要，螺栓的头部有各种形状，常见的有六角头、内六角头、方头等，其中以六角头应用最为广泛
双头螺柱	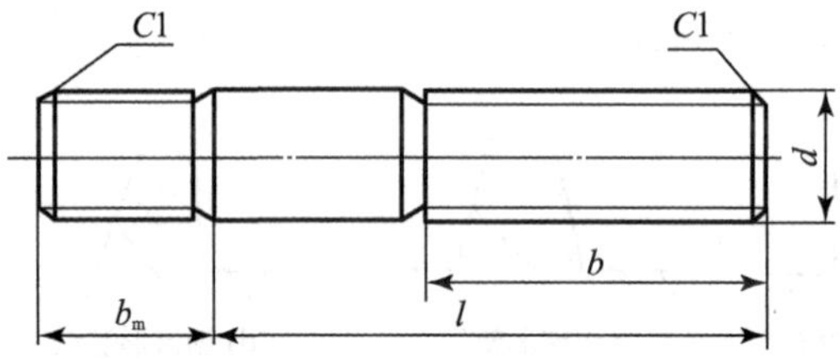 C1　C1　d　b　b_m　l	双头螺柱的两端都制有螺纹，两端的螺纹可以相同或不同。螺柱可带退刀槽或制成全螺纹，螺柱的一端常用于旋入铸铁或有色金属的螺孔中，旋入后即不拆卸，另一端用来安装螺母以固定其他零件
螺钉	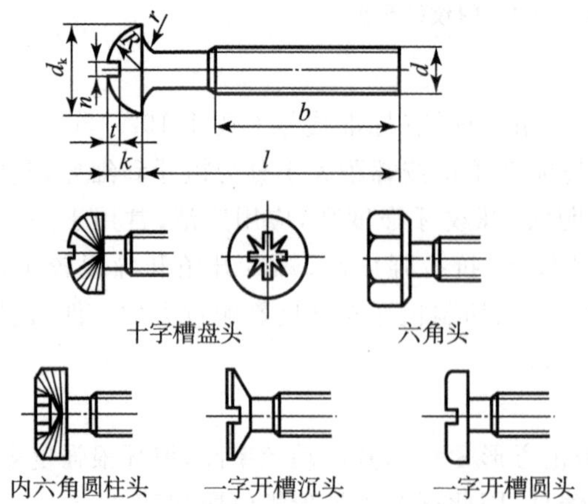 r　R　d_k　n　t　k　d　b　l 十字槽盘头　六角头 内六角圆柱头　一字开槽沉头　一字开槽圆头	螺钉与螺栓一样由杆部和头部组成，杆部制有全螺纹或半螺纹，螺钉头部形状有六角头、圆柱头、扁圆头、盘头和沉头等，头部旋具槽有一字槽、十字槽和内六角孔等形状。十字槽螺钉头部强度高，对中性好，易于实现自动化装配；内六角孔螺钉能承受较大的扳手力矩，连接强度高，可代替六角头螺栓，用于要求结构紧凑的场合

（续表）

类型	图　　例	结构特点及使用情况
紧定螺钉		紧定螺钉的末端形状，常用的有锥端、平端和圆柱端。锥端适用于被顶紧零件的表面硬度较低或不经常拆卸的场合；平端接触面积大，不伤零件表面，常用于顶紧硬度较大的平面或经常拆卸的场合；圆柱端常用于压入轴上的零件位置
螺母		螺母是和螺栓相配套的标准件，是带有内螺纹的连接件，其外形为六角形的螺母最为常用，厚度分为厚、标准和扁三种，其中标准的应用最广。六角螺母的制造精度和螺栓相同，分为A、B、C三级，分别与相同级别的螺栓配用
垫圈	平垫圈　　斜垫圈	垫圈是螺纹连接中不可缺少的零件，常放置在螺母和被连接件之间，起保护支承面或防松作用。垫圈种类很多，其中应用最多、最常见的有平垫圈和弹簧垫圈两种。平垫圈的目的主要是为了增大支承面，在拧紧螺母时防止被连接件光洁的加工表面受损伤。平垫圈按加工精度分为A级和C级两种。用于同一螺纹直径的垫圈又分为特大、大、普通和小四种规格，特大垫圈主要在铁木结构上使用。斜垫圈用于倾斜的支承面。弹簧垫圈主要用于防止螺母和其他紧固件的自动松脱，所以凡是有振动的地方又未采取其他防松措施时，原则上都应该加装弹簧垫圈

三、螺纹连接的主要类型

1. 螺栓连接

螺栓连接又分为普通螺栓连接和铰制孔用螺栓连接。

(1) 普通螺栓连接

将螺栓穿过被连接件的通孔，拧紧螺母即可完成连接。螺栓与孔之间留有间隙，螺栓连接工作前必须进行有效的预紧，这种连接用于被连接件厚度不太大并开有通孔，通孔和螺栓杆之间留有间隙的场合。由于被连接件的孔为光孔，无需切制内螺纹，通孔的加工精度要求较低，结构简单，拆装方便，且可经常拆装，应用范围较广。无论该连接承受的是轴向力还是横向力，该连接中的螺栓只受拉力，所以普通螺栓又称为受拉螺栓，如图 3-2-5a 所示。

在螺栓及连接螺母的设计与选用中，一般依照下列尺寸关系进行计算。

螺母高 $m\approx 0.8d$；被连接件通孔直径 $d_0\approx 1.1d$；螺纹余留长度 l_1：静载荷时 $l_1\geqslant(0.3\sim0.5)d$，变载荷时 $l_1\geqslant 0.75d$，冲击、弯曲载荷时 $l_1\geqslant d$；螺纹伸出长度 $l_2\approx(0.2\sim0.3)d$；螺栓轴线到被连接件边缘距离 $e=d+(3\sim6)$mm。

(2) 铰制孔用螺栓连接

铰制孔用螺栓连接也称配合螺栓连接，如图 3-2-5b 所示。与普通螺栓连接的不同，铰制孔用螺栓（受剪螺栓）连接的被连接件上为铰制孔，螺栓杆和通孔之间采用基孔制过渡配合，螺栓兼有定位销的作用，可对被连接件进行准确的定位，主要用于传递横向载荷。这种连接对孔的加工精度要求较高，需精确铰制，一般用于需要精确定位或需承受较大横向载荷的特定场合。

在螺栓及连接螺母的设计与选用中，一般依照下列尺寸关系进行计算。

螺母高 $m\approx(0.35\sim0.6)d$；被连接件通孔直径 $d_0=d_s$；螺纹余留长度 $l_1\approx 0$；螺纹伸出长度 $l_2\approx(0.2\sim0.3)d$；螺栓轴线到被连接件边缘距离 $e=d+(3\sim6)$mm。

2. 双头螺柱连接

如图 3-2-5c 所示，双头螺柱连接将螺栓一端旋入被连接件的螺纹孔中，另一端穿过另一被连接件的通孔后，再与螺母配合来完成连接。其特点是两被连接件中，有一个被连接件上需切制螺纹孔，另一被连接件上切制通孔。它适合于结构上不能采用螺栓连接，而一个被连接件很厚，不宜制成通孔，或一端无足够的安装操作空间又需要经常拆卸的场合。

在螺柱的设计与选用中，一般依照下列尺寸关系进行计算。

螺母高 $m\approx 0.8d$；被连接件通孔直径 $d_0\approx 1.1d$；螺纹余留长度 l_1：静载荷时 $l_1\geqslant(0.3\sim0.5)d$，变载荷时 $l_1\geqslant 0.75d$，冲击、弯曲载荷时 $l_1\geqslant d$；螺纹伸出长度 $l_2\approx(0.2\sim0.3)d$；旋入被连接件中的长度 l_3，若被连接件材料为钢 $l_3\approx d$，为铸铁则 $l_3=(1.25\sim1.5)d$，为铝合金则 $l_3=(1.5\sim2.5)d$；螺纹孔的深度 $l_4=l_3+(2\sim2.5)P$（P 为螺纹螺距）；钻孔深度 $l_5=l_3+(3\sim3.5)P$；螺柱轴线到被连接件边缘距离 $e=d+(3\sim6)$mm。

3. 螺钉连接

如图 3-2-5d 所示，螺钉连接的特点与双头螺柱相似，只是不需要螺母。螺钉直接穿过一个被连接件的通孔，旋入另一个被连接件的螺纹孔中，外观较整齐美观。但当要经常拆卸时，易使螺纹孔磨损，导致被连接件报废。适用场合与双头螺柱相似，但不适宜经常拆卸。

在螺钉的设计与选用中，一般依照下列尺寸关系进行计算。

被连接件通孔直径 $d_0\approx 1.1\,\mathrm{d}$；螺纹余留长度 l_1：静载荷时 $l_1\geqslant(0.3\sim0.5)\mathrm{d}$，变载荷时 $l_1\geqslant 0.75d$，冲击、弯曲载荷时 $l_1\geqslant d$；旋入被连接件中的长度 l_3，若被连接件材料为钢 $l_3\approx d$，为铸铁则 $l_3=(1.25\sim1.5)d$，为铝合金则 $l_3=(1.5\sim2.5)d$；螺纹孔的深度 $l_4=l_3+(2\sim2.5)P$（P 为螺纹螺距）；钻孔深度 $l_5=l_3+(3\sim3.5)P$；螺钉轴线到被连接件边缘距离 $e=d+(3\sim6)$mm。

4. 紧定螺钉连接

如图 3-2-5e 所示，紧定螺钉连接是利用紧定螺钉的螺纹部分旋入一个被连接件的螺纹孔中，以尾端顶在另外一个被连接件的表面上或凹坑中来固定两个被连接件之间的位置。紧定螺钉的直径 $d\approx(0.2\sim0.3)d_{轴}$。这种连接的特点是可以传递较小的轴向或周向载荷。

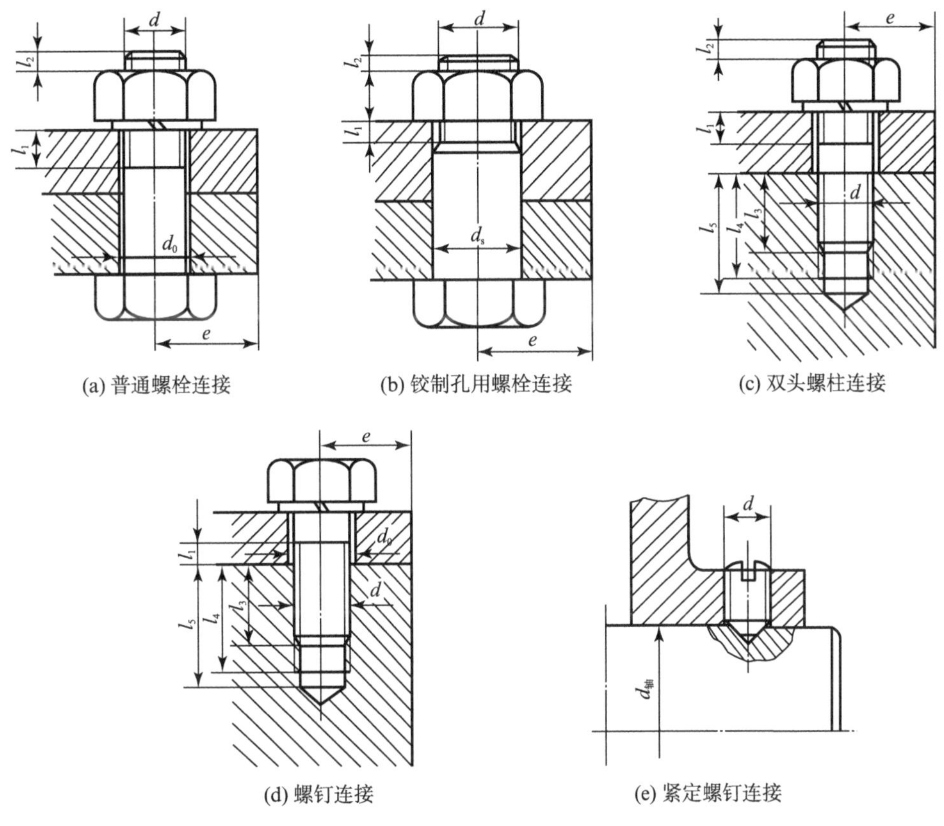

(a) 普通螺栓连接 (b) 铰制孔用螺栓连接 (c) 双头螺柱连接

(d) 螺钉连接 (e) 紧定螺钉连接

图 3-2-5 螺纹连接的主要类型

5. 其他螺纹连接

除上述几种基本类型外，还有几种特殊结构的螺栓连接，应用也较广泛，如 T 形螺栓连接(图 3-2-6a)；起吊设备或大型零件上用的吊环螺钉连接(图 3-2-6b)及固定机械或设备的地脚螺栓连接(图 3-2-6c)等。

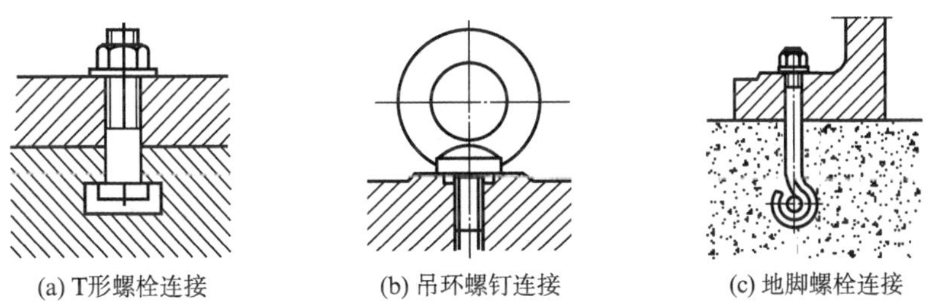
(a) T形螺栓连接 (b) 吊环螺钉连接 (c) 地脚螺栓连接

图 3-2-6 螺纹连接的其他类型

四、螺纹连接的预紧和防松

1. 螺纹连接的预紧

绝大多数螺纹连接在装配时都需要拧紧(松螺栓连接除外)，称为预紧。预紧可夹紧被连接件，使连接在承受工作载荷之前，连接接合面预先产生压紧力，这个力即为预紧力，它能防止被连接件分离、相对滑移或接合面开缝。适当选用较大的预紧力可以提高连接的可靠性、紧密性。但过大的预紧力会导致结构尺寸增大，成本增加，也会在装配或偶然过载时拉断连接件。因此，既要保证连接所需要的预紧力，又不能使连接件过载。通常规定，拧紧后螺纹连接件的预紧应力不得超过其材料屈服点 σ_s 的 80%。预紧力的大小应根据载荷性质、连接刚度等具体工作条件经设计计算来确定。

扳动螺母拧紧连接时，拧紧力矩 T 要克服螺纹副间的摩擦阻力矩 T_1 和螺母环形端面与被连接件（或垫片）支承面间的摩擦力矩 T_2，即 $T=T_1+T_2$，如图 3-2-7 所示。由于拧紧力矩 T 的作用，使螺栓和被连接件之间产生了预紧力 F_0，实践表明，对 M10～M68 的粗牙普通螺纹，无润滑时有下列近似公式：

$$T \approx 0.2F_0 d \tag{3-2-1}$$

式中，T 为拧紧力矩，N·mm；F_0 为预紧力，N；d 为螺纹连接件的公称直径，mm。对于一定公称直径的螺栓，当已知预紧力 F_0 时，可按公式(3-2-1)确定拧紧力矩。

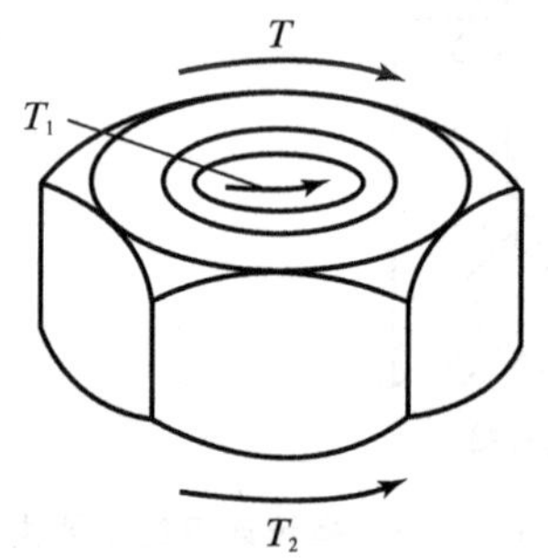

图 3-2-7 螺旋副的拧紧力矩

控制预紧力的方法很多，如借助指针式测力矩扳手或定力矩扳手通过拧紧力矩控制预紧力，如图 3-2-8 所示。但准确性较差，且不适合大型螺栓连接；通过控制拧紧圈数或螺母转角控制预紧力，精度略高于前者但仍不能高精度控制预紧力；通过测量预紧前后螺栓的伸长量或测量应变控制预紧力，适合精确控制预紧力的连接或大型螺栓连接；另外也可以借助液力来拉伸螺栓或将螺栓加热使其伸长到要求的变形量后，再拧上螺母来控制预紧力。

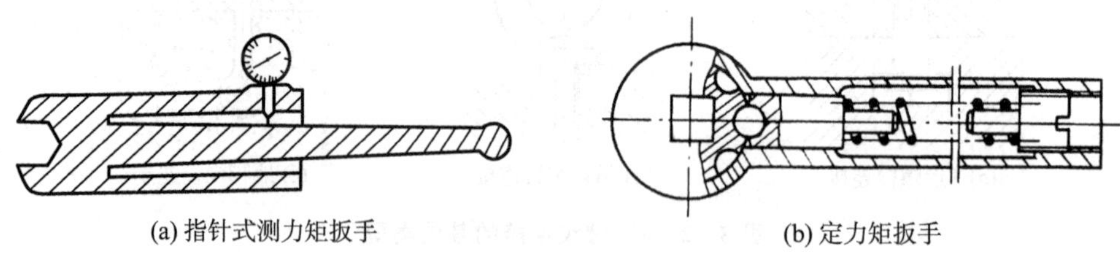

(a) 指针式测力矩扳手　　(b) 定力矩扳手

图 3-2-8 控制预紧力的方法

重要的连接常采用控制预紧力的方法，一般连接是靠经验和感觉来控制预紧力的，使得螺栓实际承受的预紧力与设计值出入较大。因此，对于不控制预紧力的螺栓连接，设计时应选取较大的安全系数。另一方面也要注意，由于摩擦系数不稳定和加在扳手上的力有时难以准确控制，也可能使螺栓拧得过紧，甚至拧断。因此，对于重要的连接，通常不宜选用小于 M12～M16 的螺栓。

2. 螺纹连接的防松

在静载荷作用下连接螺纹常为单线，靠螺纹副的自锁能力、螺母与螺栓头部支承面的摩擦力，可有效防止连接松脱。但在冲击、振动及变载荷作用下或当高温、温度变化较大时，连接中的预紧力和摩擦力会逐渐减小或瞬时消失，导致连接松脱、失效。螺纹连接一旦出现失效，轻则会影响机器的正常运转，重则会造成机毁人亡。因此，对于上述情况下的螺纹连接，特别是机器内部不易检查的螺纹连接，必须采用有效的、合理的防松措施。

防松的目的在于防止螺纹副间的相对运动。就工作原理不同，防松方法可分为以下三种基本类型。

（1）摩擦防松

摩擦防松是指使螺纹副中存在不随外载荷变化的摩擦力，以摩擦力矩防止螺纹副的相对转动。产生摩擦力的压力可由螺纹副轴向或横向压紧而产生，如图 3－2－9 所示。对顶螺母防松效果较好，金属锁紧螺母次之，弹簧垫圈效果较差。这种结构简单、使用方便，但效果较差，常用于不重要的连接。

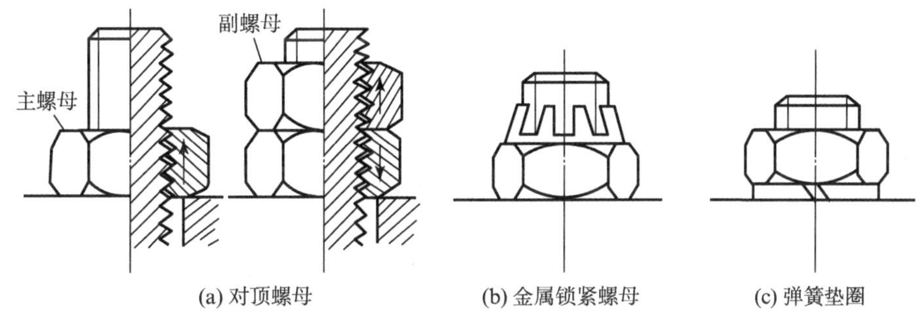

(a) 对顶螺母　(b) 金属锁紧螺母　(c) 弹簧垫圈

图 3－2－9　摩擦防松

（2）机械防松

机械防松是指利用便于更换的附加防松零件，防止螺纹副的相对转动，如图 3－2－10 所示。开口销与槽形螺母适用于冲击、振动较大的高速运动部件；串联金属丝适用于螺钉组连接，防松可靠，但拆装不便。机械防松结构简单、使用方便、防松可靠，但结构较复杂，适用于机械内部运动构件的连接，以及防松要求较高的场合。

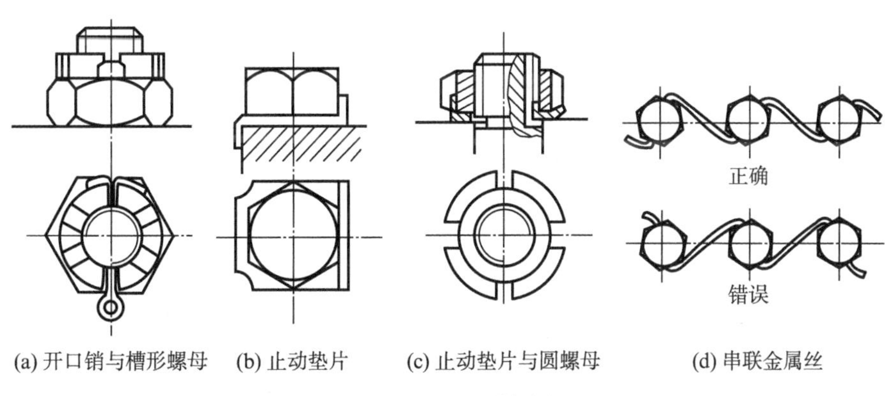

(a) 开口销与槽形螺母　(b) 止动垫片　(c) 止动垫片与圆螺母　(d) 串联金属丝

图 3－2－10　机械防松

(3) 永久防松

永久防松是指在螺旋副拧紧后，用端铆、冲点、焊接或胶接等方法，破坏螺纹副的运动关系，使其转化为非运动副，如图 3-2-11 所示。这种方法工作可靠，但拆卸后连接件不能重复使用。

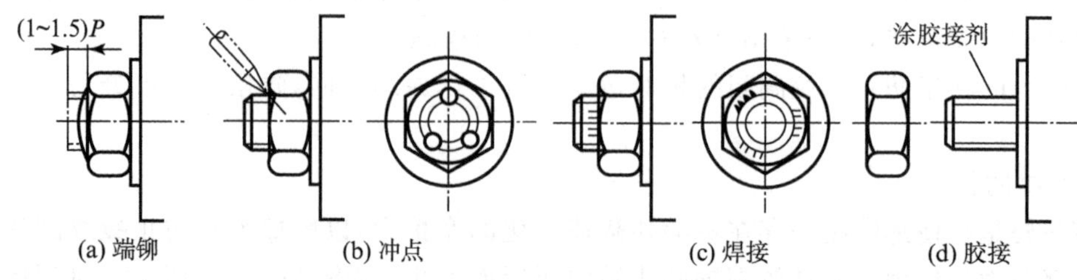

图 3-2-11　永久防松

五、螺栓组连接的结构设计

机械设备中螺栓连接大多是成组使用的。螺栓组连接结构设计的目的在于，根据载荷情况确定连接接合面的几何形状和螺栓组布置形式，使各螺栓受力均匀，避免螺栓产生附加载荷，便于加工和装配。设计时应遵循下列原则：

① 螺栓组在连接接合面上按单轴或双轴对称布置，如图 3-2-12 所示，使连接面受力比较均匀。

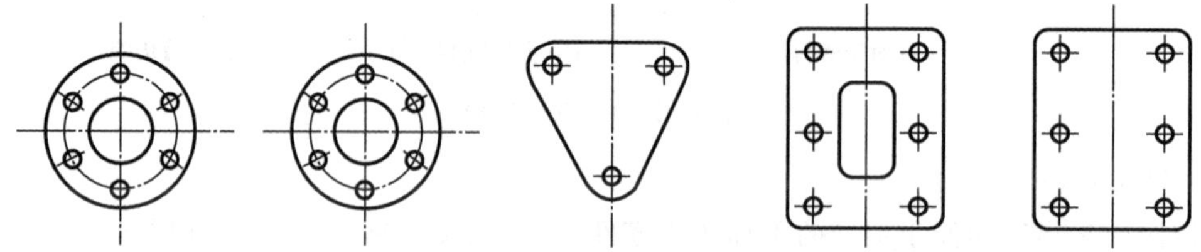

图 3-2-12　螺栓在连接面上的布置方式

② 对承受弯矩或扭矩的螺栓组连接，应尽量将螺栓布置在靠近接合面的边缘，远离回转中心或对称轴线，以减小螺栓受力，如图 3-2-13 所示。

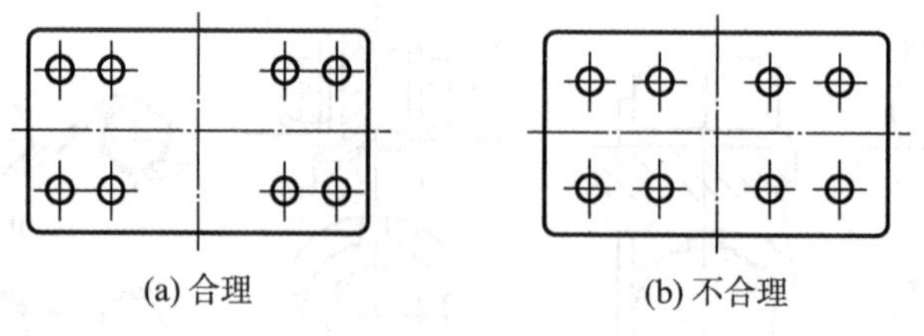

图 3-2-13　螺栓分布排列设计

③ 对受横向载荷的螺栓组连接，为了减小预紧力，可采用卸载装置(图 3-2-14)，或采用铰制孔用螺栓。当采用铰制孔用螺栓组连接承受横向载荷时，由于被连接件为弹性体，在载荷作用方向上，其两端的螺栓所受载荷大于中间的螺栓，因此沿载荷方向布置的螺栓数目每列不宜超过 8 个。

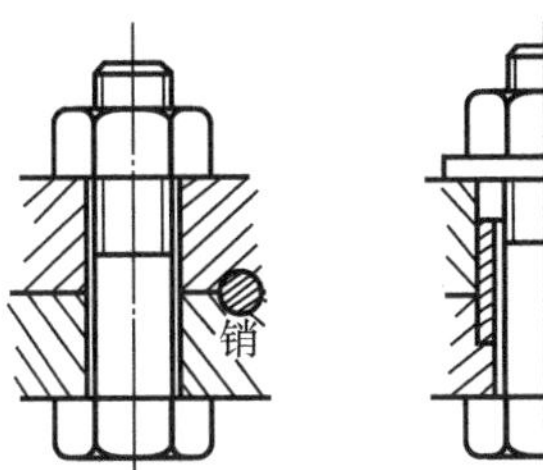

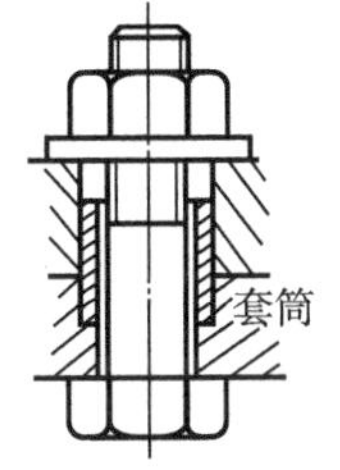

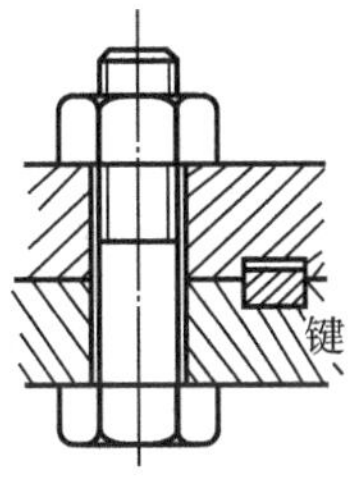

图 3-2-14　受横向载荷的螺栓连接的卸载装置

④ 螺栓组中的螺栓数目，可按经验或类比方法初步确定，通常分布在同一圆周上的螺栓数应取 3、4、6、8、12 等易于分度的数目，便于钻孔；沿外力作用方向不要成排地布置 8 个以上的螺栓，以免受载过于不均匀。

⑤ 布置螺栓安装位置时，螺栓中心线与机体壁之间的最小距离，应根据扳手活动所需空间尺寸确定，如图 3-2-15 所示。扳手活动空间尺寸可查阅相关机械设计手册。

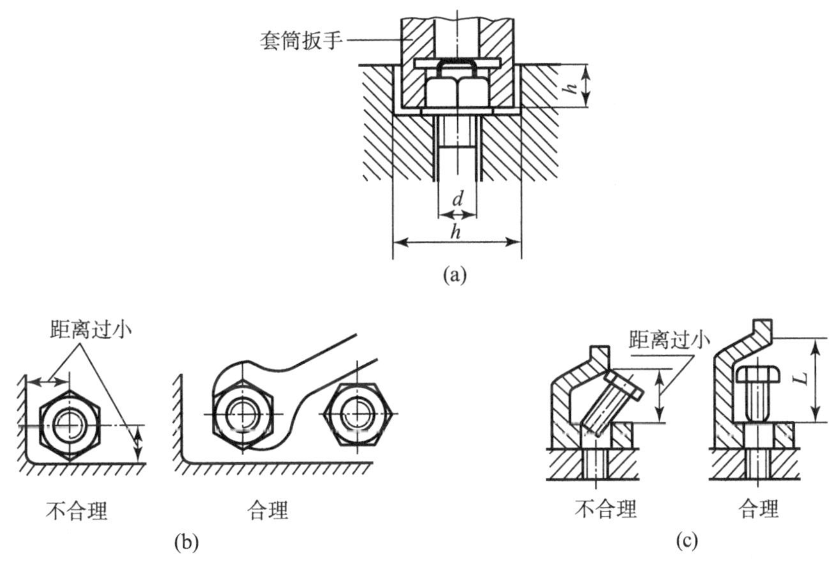

图 3-2-15　扳手空间尺寸

六、螺纹连接件的材料

1. 螺纹连接件材料的选用

国家标准中对螺纹连接标准件材料的使用无硬性规定，只有推荐材料，但规定了必须达到的性能等级，见表 3-2-2。对于螺栓，推荐常用材料为 Q215、Q235、10、35 和 45 钢，重要和特殊用途可采用 30CrMnSi、40Cr 等力学性能较高的合金钢。应注意：材料相同、制造工艺不同，可使螺栓、螺母的力学性能有较大的差异，因此国家标准将螺纹紧固件按力学性能分为 10 个等级，使用时最好根据要求选择合适的性能等级，而不必深究是什么材料。

螺栓、螺钉、螺柱的性能等级由两部分数字组成，用小数点分开。前面的数字表示公称抗拉强度 σ_b(MPa)大小的 1%；后面的数字表示屈服强度 σ_s 与公称抗拉强度 σ_b 的比值的 10 倍。如

表 3-2-2 螺纹连接的性能等级及推荐材料(摘自 GB/T 3098.1—2010 和 GB/T 3098.2—2015)

螺栓、螺钉、螺柱	性能等级	3.6	4.6	4.8	5.6	5.8	6.8	8.8	9.8	10.6	12.9
	推荐材料	Q215 10	Q235 15	Q235 15	25 35	Q235 35	45	45	35 45	40Cr 15MnVB	30CrMnSi 15MnVB
	抗拉强度 σ_b/MPa	300	400		500		600	800	900	1 000	1 200
	屈服强度 σ_s/MPa	180	240	320	300	400	480	640	720	600	1 080
相配螺母	性能等级	4($d>$M16) 5($d\leqslant$M16)			5	5	6	8 或 9	9	10	12
	推荐材料	Q215 10	Q215 10	Q215 10	Q215 10	Q215 10	Q235 15	35	35	40Cr 15MnVB	30CrMnSi 15MnVB

5.8 级螺栓表示 $\sigma_b=500$ MPa，$\sigma_s=400$ MPa。螺母的性能等级只用整数表示，为公称抗拉强度(MPa)大小的 1%。

若所设计的螺纹连接不属于标准系列，可按表 3-2-3 确定其力学性能。

表 3-2-3 螺纹紧固件材料的力学性能

钢号	Q215	Q235	35	45	40Cr
强度极限 σ_b/MPa	340～420	410～470	540	650	750～1 000
屈服极限 σ_s/MPa	220	240	320	360	650～900

2. 安全系数与许用应力

螺纹连接的安全系数及许用应力见表 3-2-4 与表 3-2-5。

表 3-2-4 螺纹连接的安全系数 *S*(不控制预紧力时)

材料	静载荷		变载荷	
	M6～M16	M16～M30	M6～M16	M16～M30
碳素钢	4～3	3～2	10～6.5	6.5
合金钢	5～4	4～2.5	7.6～5	5

选用时应注意下列问题。

在选用螺纹连接前还不知道螺栓的直径，因此无法查取安全系数 S，故采用试算法。可根据工作经验和载荷大小，先假设螺栓的直径的范围，再查取安全系数 S，确定许用应力，然后计算出螺栓的直径；假如螺栓的直径在假设范围内，则所选螺栓合适；若螺栓的直径不在假设范围内，则必须重新假设螺栓的直径的范围，再进行选择。

表 3-2-5　螺纹连接的许用应力

<table>
<tr><td colspan="2">受载情况</td><td>许用应力</td></tr>
<tr><td colspan="2">受轴向载荷、横向载荷</td><td>$[\sigma_s]=\sigma_s/S$
控制预紧力时 $S=1.2\sim1.5$；不控制预紧力时 S 查表 3-2-4</td></tr>
<tr><td rowspan="2">铰制孔用螺栓
受横向载荷</td><td>静载荷</td><td>切应力 $[\tau]=0.4\sigma_s$；
挤压应力 $[\sigma_p]=(0.8\sim1)\sigma_s$（被连接件为钢）
挤压应力 $[\sigma_p]=0.8\sigma_b$（被连接件为铸铁）</td></tr>
<tr><td>变载荷</td><td>切应力 $[\tau]=(0.2\sim0.25)\sigma_s$；
挤压应力 $[\sigma_p]=(0.5\sim0.65)\sigma_s$（被连接件为钢）
挤压应力 $[\sigma_p]=0.5\sigma_b$（被连接件为铸铁）</td></tr>
</table>

七、螺栓连接的强度计算★

螺栓连接的结构设计完成后，对于重要的螺栓连接都应进行强度计算。针对不同零件的不同失效形式，应分别拟定不同的计算方法，失效形式是计算的依据和出发点。

螺栓的主要失效形式有下列三种情况。

① 受拉螺栓的螺栓杆发生疲劳断裂。

② 受剪螺栓的螺栓杆和孔壁间发生压溃或被剪断。

③ 经常装拆时会因磨损而发生滑扣现象。

螺栓连接如采用标准螺纹连接件，那么螺栓、螺母、垫片等各部分的结构尺寸均按等强度原则及使用经验确定，并考虑制造装配等设计要求，不需要每项都进行强度计算。普通螺栓强度计算只需确定或校核螺栓危险截面直径 d_1（螺纹最小直径）的强度；而铰制孔用螺栓只需确定或校核螺栓杆光杆部分的截面直径 d_s 的强度。其他结构尺寸均可根据公称直径 d 直接从螺纹连接件标准中选定。

按螺栓个数的多少，螺栓连接可分为单个螺栓连接和螺栓组连接。单个螺栓连接的计算较为简单，是设计的基础；螺栓组连接在工程中常用，可通过受力分析找出受力最大的螺栓，并求出力的大小，然后按单个螺栓进行计算。

螺栓的连接形式、载荷性质不同，螺栓的强度条件就不同，为此螺栓连接可分为松连接和紧连接，其中紧连接应用较多。紧连接按外力的方向可分为受横向和受轴向载荷作用，受横向载荷作用按连接的结构又可分为普通螺栓连接和铰制孔用螺栓连接。

1. 松螺栓连接强度计算

松螺栓连接装配时，螺母不需要拧紧。在承受工作载荷前螺纹不受预紧力，工作时螺纹只受轴向工作拉力 F 的作用。这种连接应用范围有限，例如起重吊钩（图 3-2-16a）、拉杆装置（图 3-2-16b）、定滑轮头部（图 3-2-16c）为松螺栓连接的典型实例。

一般机械用的松连接螺栓，其螺纹部分抗拉强度条件为

$$\sigma=\frac{F}{\frac{\pi d_1^2}{4}}\leqslant[\sigma] \tag{3-2-2}$$

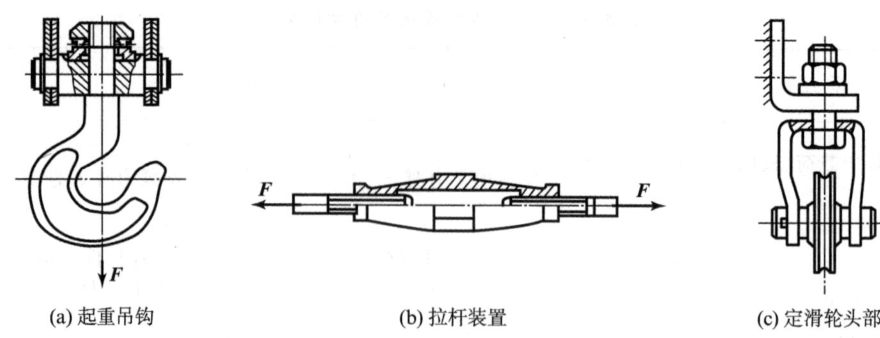

(a) 起重吊钩　(b) 拉杆装置　(c) 定滑轮头部

图 3-2-16 松螺栓连接实例

设计公式为

$$d_1 \geqslant \sqrt{\frac{4F}{\pi[\sigma]}} \tag{3-2-3}$$

式中，$[\sigma]$为松螺栓连接的许用拉应力，MPa；$[\sigma]=\sigma_s/S$，σ_s 为螺栓材料的屈服强度，MPa，见表3-2-2；S 为安全系数，一般取 $S=1.2\sim1.7$；F 为工作拉力，N；d_1 为螺纹小径，mm，见表 3-2-6。

表 3-2-6 粗牙螺纹基本尺寸（摘自 GB/T 196—2003）　（单位：mm）

公称直径 D、d	中径 D_2 或 d_2	小径 D_1 或 d_1	公称直径 D、d	中径 D_2 或 d_2	小径 D_1 或 d_1
8	7.188	6.647	24	22.051	20.752
10	9.026	8.376	30	27.727	26.211
12	10.863	10.106	36	33.402	31.670
16	14.701	13.835	42	39.077	37.129
20	18.376	17.294	48	44.752	44.587

由式(3-2-3)可求得满足强度条件的螺纹小径 d_1，根据表 3-2-6 选出适用的标准件。

2. 受横向载荷作用的紧螺栓连接强度计算

横向载荷是指载荷 F 作用线所在的平面垂直于螺栓的轴线。受横向载荷时可以采用普通螺栓连接，也可以采用铰制孔用螺栓连接。

(1) 普通紧螺栓连接

由于螺栓杆与通孔之间有间隙，横向载荷由被连接件接合面之间的摩擦力来传递，螺纹连接件除受预紧力 F_0 作用引起的拉应力 σ 外，还受到螺纹副摩擦力矩 T 引起的扭转剪应力 τ，如图 3-2-17 所示。因而，危险截面上既有拉应力 σ，又有扭转剪应力 τ。

在计算时，可只按拉伸强度来计算，为了简化计算，可将螺栓所受的轴向拉力增大 30%，以考虑扭转剪应力的影响，即 $F=1.3F_0$。

强度条件为

$$\sigma = \frac{1.3F_0}{\frac{\pi d_1^2}{4}} \leqslant [\sigma] \tag{3-2-4}$$

设计公式为

$$d_1 \geqslant \sqrt{\frac{5.2F_0}{\pi[\sigma]}} \tag{3-2-5}$$

由式(3-2-5)可知,要求出 d_1,必须先求出预紧力 F_0。

螺栓预紧后,由预紧力 F_0 在接合面产生的摩擦力应大于或等于横向外载荷,这样才不至于使两被连接件滑动,导致连接失效。

于是有

$$fF_0zm \geqslant K_sF_\Sigma \text{ 或 } F_0 \geqslant \frac{K_sF_\Sigma}{fzm} \tag{3-2-6}$$

式中,f 为接合面的摩擦系数,对于干燥的钢铁件表面,一般取 $f=0.1\sim0.16$;m 为接合面数目,图 3-2-17 中 $m=1$;z 为螺栓个数;K_s 为安全系数或可靠性系数,取 $K_s=1.1\sim1.3$;F_0 为螺栓所受轴向预紧力,N;F_Σ 为螺栓连接所受横向工作载荷,N。

(2) 铰制孔用螺栓连接的强度计算

如图 3-2-18 所示,铰制孔用螺栓连接的失效形式,一般为螺栓杆被剪断、螺栓杆或孔壁被压溃。因此,铰制孔用螺栓连接应分别按挤压强度和剪切强度计算。

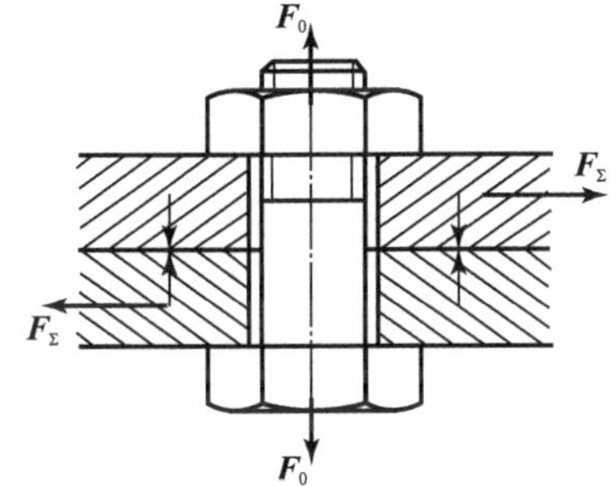

图 3-2-17　普通螺栓连接

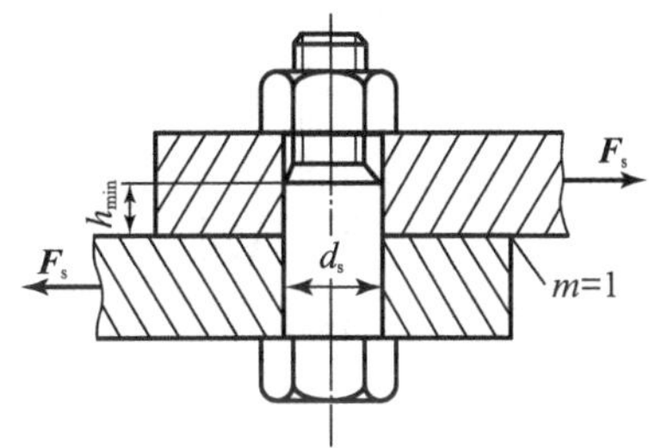

图 3-2-18　铰制孔用螺栓连接

螺栓杆与孔壁的剪切强度条件为

$$\tau=\frac{4F_s}{\pi d_s^2}\leqslant[\tau] \tag{3-2-7}$$

设计公式为

$$d_s \geqslant \sqrt{\frac{4F_s}{\pi[\tau]}} \tag{3-2-8}$$

螺栓与孔壁接触表面的挤压强度条件为

$$\sigma_p=\frac{F_s}{d_sh_{\min}}\leqslant[\sigma_p] \tag{3-2-9}$$

设计公式为

$$d_s \geqslant \frac{F_s}{h_{\min}[\sigma_p]} \tag{3-2-10}$$

式中，F_s 为单个铰制孔用螺栓所受的横向载荷，N；d_s 为铰制孔用螺栓剪切面直径，即螺栓中无螺纹部分杆径，mm；h_{min} 为螺栓杆与孔壁挤压面的最小高度，mm，可以通过查阅螺栓相应标准(如 GB/T 27—1988)确定螺栓长度 l 及无螺纹部分长度 l_3 后，再计算得到；[τ]为螺栓许用应力，MPa，见表 3-2-2 及表 3-2-5；[σ_p]为螺栓或被连接件的许用挤压拉应力，MPa，见表 3-2-2 及表 3-2-5。

3. 受轴向载荷作用的紧螺栓连接强度计算

这种螺栓连接常见于对紧密性要求较高的压力容器，如气缸、油缸中的法兰连接。工作载荷作用前(图 3-2-19a)，螺栓只受预紧力 F'，接合面受压力 F'；工作时(图 3-2-19b)，在轴向工作载荷 F(此处由压强 p 转化为压力 F)作用下，因螺栓与被连接件两者弹性变形的相互制约，接合面有分离趋势，该处压力由 F'减为 F''，称为残余预紧力，因此螺栓所受总拉力 F_Q 并不等于预紧力 F'和轴向载荷 F 之和，而是

$$F_Q = F' + CF;F_Q = F'' + F \tag{3-2-11}$$

式中，F_Q 为总拉力，N；F 为轴向工作载荷，N；F'为预紧力，N；F''为残余预紧力，N；C 为螺栓的相对刚度，它和螺栓与被连接件之间的垫片材料有关，见表 3-2-7。

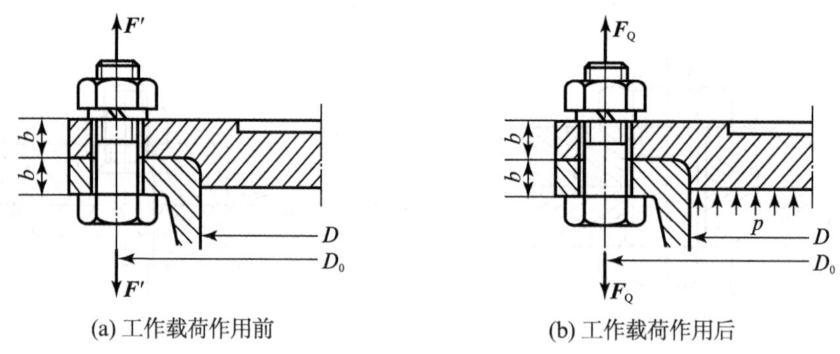

图 3-2-19 受轴向工作载荷的普通螺栓连接

表 3-2-7 螺栓的相对刚度

垫片类型	金属垫片或无垫片	皮革垫片	铜皮石棉垫片	橡胶垫片
C	0.2～0.3	0.7	0.8	0.9

为了保证连接的紧密性，防止受载后接合面间产生缝隙而导致失效，应使残余预紧力 $F''\geqslant 0$。残余预紧力 F''的推荐值见表 3-2-8。

表 3-2-8 残余预紧力 F''的推荐值

连接性质		残余预紧力 F''
一般连接	工作载荷稳定	$F''=(0.2\sim0.6)F$
	工作载荷不稳定	$F''=(0.6\sim1.0)F$
有紧密性要求的连接		$F''=(1.5\sim1.8)F$

在计算螺栓的强度之前，应先根据螺栓受载情况，求出单个螺栓的工作载荷 F，再根据连接的工作要求，选定预紧力 F'，根据式(3-2-11)便可求出螺栓承受的总拉力 F_Q。考虑到螺栓工作时，可能需要补充拧紧，在螺纹部分会产生扭转剪应力，所以将总拉力 F_Q 增大 30%作为计算载荷。

强度条件为

$$\sigma_e = \frac{1.3F_Q}{\frac{\pi d_1^2}{4}} \leqslant [\sigma] \tag{3-2-12}$$

设计公式为

$$d_1 \geqslant \sqrt{\frac{5.2F_Q}{\pi[\sigma]}} \tag{3-2-13}$$

压力容器中的螺栓连接，除满足上式外，还要有适当的螺栓间距 t_0。t_0 太大会影响连接的紧密性，通常 $3d \leqslant t_0 \leqslant 7d$($d$ 为螺栓的公称直径)。

【任务分析】

本任务中，要求对减速器输出轴端联轴器用螺栓组在两种不同连接方式下进行不同螺栓规格的确定。

铰制孔用螺栓连接的失效形式，一般为螺栓杆被剪断、螺栓杆或孔壁被压溃，故应当进行剪切强度和挤压强度计算；进行螺栓规格的选用时，先按剪切强度条件求螺栓的直径，再校核挤压强度，然后根据各配合组件的厚度确定螺栓的长度。

对于普通螺栓连接，它的失效形式一般为螺栓杆螺纹部分的塑性变形或断裂，故应当进行拉伸强度计算；利用强度计算公式及螺栓预紧力计算公式确定螺栓的直径，然后根据各配合组件的厚度确定螺栓的长度。

【任务实施】

1. 使用铰制孔用螺栓连接

这种连接靠剪切和挤压传力，属于受剪螺栓连接。对于 4.8 级螺栓，查表 3-2-3，材料屈服强度 $\sigma_s = 320$ MPa；联轴器材料 35，查标准《优质碳素结构钢》(GB/T 699—2015)得到材料屈服强度 $\sigma_s = 315$ MPa。

根据任务描述，当使用铰制孔用螺栓连接时，螺栓的选用步骤如下。

(1) 求单个螺栓所受的横向力

单个螺栓所受的横向力为

$$F_s = \frac{T_c}{z \times \frac{D_0}{2}} = \frac{750 \times 10^3}{4 \times \frac{120}{2}}\text{N} = 3\ 125\ \text{N}$$

(2) 按剪切强度条件求螺栓的直径

由表 3-2-5 可知，静载荷情况下，螺栓的许用切应力 $[\tau] = 0.4\sigma_s = 0.4 \times 320$ MPa $=$ 128 MPa，螺栓光杆部分直径为

$$d_s \geqslant \sqrt{\frac{4F_s}{\pi[\tau]}} = \sqrt{\frac{4\times 3\,125}{\pi\times 128}}\text{ mm} = 5.58\text{ mm}$$

查机械设计手册或 GB/T 27—2013，选用 M6 铰制孔用螺栓，$d_s=7$ mm。

(3) 校核挤压强度

由表 3-2-5 可知，钢的挤压应力$[\sigma_p]=(0.8\sim1)\sigma_s$，则螺杆的许用挤压应力$[\sigma_{p1}]=(0.8\sim1)\sigma_s=320\times(0.8\sim1)$ MPa$=256\sim320$ MPa；联轴器螺栓孔表面挤压应力$[\sigma_{p1}]=(0.8\sim1)\sigma_s=315\times(0.8\sim1)$ MPa$=252\sim315$ MPa。以联轴器螺栓孔表面为计算对象，查机械设计手册或GB/T 27—2013，得 $h_{min}=l_3-b_2=(38-20)$ mm$=18$ mm[其中 $l=50$ mm，参考步骤(4)确定的规格]。

$$\sigma_p = \frac{F_s}{d_s h_{min}} = \frac{3\,125}{7\times 18}\text{MPa} = 24.8\text{ MPa} < [\sigma_{p2}]$$

故选用 M6 铰制孔用螺栓，可满足使用要求。

(4) 确定螺栓的规格

可选用 GB/T 27—2013 中六角头铰制孔用 A 级螺栓 M6，用 GB/T 41—2016 螺母 M6 及 GB/T 97.1—2002 垫圈 6 与之相配合使用，查对应标准得到，螺母高 $m=6.4$ mm，垫圈厚 $h=1.6$ mm，则螺栓长度 $L=b_1+b_2+m+h+(0.2\sim0.3)d=[20+20+6.4+1.6+(0.2\sim0.3)\times6]mm=49.2\sim49.8$ mm，取 $L=50$ mm，即所用螺栓规格为：螺栓 GB/T 27—2013 M6×50。

2. 使用普通螺栓连接

这种连接靠摩擦力传递横向载荷，螺栓只受预紧力作用。

根据任务描述，当使用普通螺栓连接时，螺栓的选用步骤如下。

(1) 求单个螺栓的预紧力

单个螺栓的预紧力为

$$F_0 = \frac{K_s F}{fzi} = \frac{1.2\times 3\,125}{0.15\times1\times1}\text{N} = 2.5\times10^4\text{ N}$$

(2) 求螺栓的直径

由表 3-2-5 可知，不控制预紧力时许用应力与螺栓直径有关，故需用试算法确定螺栓直径。初选 M24 螺栓，查表 3-2-6 可知 $d_1=20.752$ mm，查表 3-2-4，按线性插值求得安全系数 $S=2.43$。

螺栓许用应力$[\sigma_s]=\sigma_s/S=320/2.43=132$ MPa

螺栓小径 $d_1\geqslant\sqrt{\dfrac{5.2F_0}{\pi[\sigma]}}=\sqrt{\dfrac{5.2\times2.5\times10^4}{\pi\times132}}$ mm$=17.71$ mm

与初选值接近，M20 螺栓小径太小，M22 螺栓不常用，故取 M24 的螺栓。如果计算结果与初选值相差较多，则应重选螺栓进行计算。这种方法称为试算法，工程设计中经常采用。

由计算结果可知，采用普通螺栓连接所需螺栓的直径要比采用铰制孔用螺栓连接的螺栓直径大得多。若采用相同的螺栓直径，则普通螺栓连接所需螺栓的个数要比铰制孔用螺栓连接所需螺栓的个数多。

(3) 确定螺栓的规格

可选用 GB/T 5780—2016 中六角头 C 级普通螺栓 M24，用 GB/T 41—2016 螺母 M24 及

GB/T 97.1—2002 垫圈 24 与之相配合使用，查对应标准得到，螺母高 $m=22.3$ mm，垫圈厚 $h=4$ mm，则螺栓长度 $L=b_1+b_2+m+h+(0.2\sim0.3)d=[20+20+22.3+4+(0.2\sim0.3)\times24]$ mm $=71.1\sim73.5$ mm，取 $L=80$ mm，即所用螺栓规格为：螺栓 GB/T 27—2013 M24×80。

【任务总结】

本任务分析了螺纹连接的类型、特点和应用；螺纹的主要参数、螺纹连接的强度计算、螺栓组连接的结构设计。通过本任务的学习，学生能够分析和选用常用的螺纹连接件，通过在螺栓设计、选用过程中的思考，培养学生分析问题、解决问题的能力及创新思维能力。

(1) 螺纹的类型和应用。螺纹的类型有三角形螺纹、矩形螺纹、梯形螺纹、锯齿形螺纹；三角螺纹用于连接，矩形螺纹、梯形螺纹、锯齿形螺纹用于传动。

(2) 螺纹的主要参数：大径、小径、中径、螺距、螺纹线数、导程、升角、牙型角。

(3) 螺纹连接的基本类型。螺栓连接、双头螺柱连接、螺钉连接、紧定螺钉连接。

(4) 螺栓连接的强度计算。

① 松螺栓连接：$\sigma=\dfrac{F}{A}=\dfrac{F}{\dfrac{\pi d_1^2}{4}}=\dfrac{4F}{\pi d_1^2}\leqslant[\sigma]$

② 紧螺栓连接。

仅受预紧力的紧螺栓连接：$\sigma=\dfrac{1.3F_0}{\dfrac{\pi d_1^2}{4}}=\dfrac{5.2F_0}{\pi d_1^2}\leqslant[\sigma]$

受预紧力和工作拉力的紧螺栓连接：$\sigma_c=\dfrac{1.3F_Q}{\dfrac{\pi d_1^2}{4}}=\dfrac{5.2F_Q}{\pi d_1^2}\leqslant[\sigma]$

③ 受剪螺栓连接：$\tau=\dfrac{4F_s}{\pi d_s^2}\leqslant[\tau]$

$$\sigma_p=\frac{F_s}{d_s h_{min}}\leqslant[\sigma_p]$$

(5) 螺栓组连接的结构设计。

① 螺栓组的布置应尽可能对称，以使结合面受力比较均匀；② 普通螺栓连接受到较大的横向载荷时，可用套筒、键、销等减载装置；③ 为了安装方便，同一组螺栓一般均采用同样的材料和尺寸；④ 螺栓布置要有合理的距离；⑤ 避免螺栓承受附加弯曲应力。

【知识拓展】

拉伸、压缩、剪切与挤压

一、拉伸与压缩

螺栓连接时螺栓主要失效形式有：受拉螺栓杆发生疲劳断裂；受剪螺栓杆和孔壁间可能发生压溃或被剪断，下面主要介绍拉(压)杆件的强度计算。

(1) 极限应力

在应力作用下，构件的变形和破坏与材料的力学性能有关。力学性能是指材料在外力作用下表现出来的变形和破坏的特性。如当应力到达抗拉强度 σ_b(或抗压强度 σ_c)时,会引起构件的断裂破坏;对于塑性材料,当正应力达到材料的屈服点 σ_s 时,构件将产生显著的塑性变形。构件的断裂显然会使之丧失工作能力,而过大的变形也会影响构件的正常工作,因此,断裂是构件失效的一种形式,出现显著的塑性变形也是构件失效的一种形式,这些失效形式都是强度不足造成的。

金属材料在拉伸和压缩时的力学性能通常由拉伸试验测定。根据拉伸和压缩过程中试样承受的应力 σ 和产生的应变 ε(变形量 Δl 除以试件原长 l 等于应变 ε)之间的关系,可以绘制出该金属的 $\sigma-\varepsilon$ 曲线,如图 3-2-20 所示。

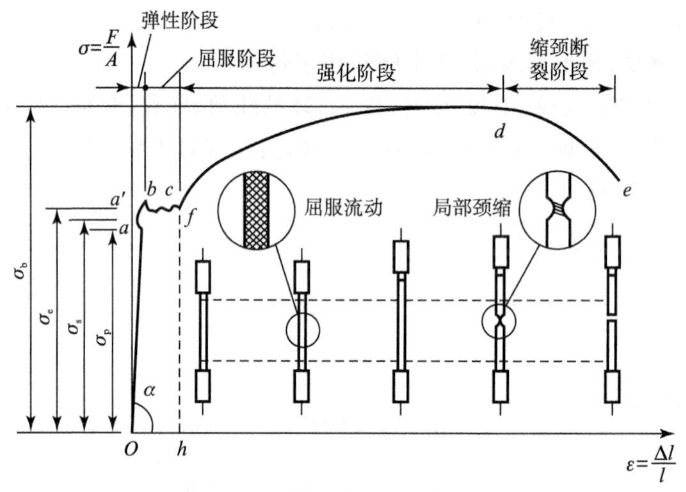

图 3-2-20 低碳钢的拉伸试验曲线

通过对低碳钢(一般为 15、20 钢)的 $\sigma-\varepsilon$ 曲线分析,可知试样在整个拉伸过程中经历了大致四个阶段:弹性阶段、屈服阶段、强化阶段和缩颈断裂阶段。

① 弹性阶段。图中 Oa 段是直线,这说明该段内应力和应变成正比关系,即 $\sigma=E\varepsilon$。直线 Oa 的斜率 $\tan\alpha=E$ 是材料的弹性模量。直线部分最高点 a 所对应的应力值记作 σ_p,称为材料的比例极限。曲线超过 a 点,图中 aa' 段已不再是直线,说明应力与应变的正比关系已不存在。但在 aa' 段内卸载,变形也随之消失,说明 aa' 段发生的也是弹性变形,故 Oa' 段称为弹性阶段。a' 点所对应的应力值记作 σ_e,称为材料的弹性极限。由于弹性极限与比例极限非常接近,实际工程中通常对二者不作严格区分,近似地用比例极限代替弹性极限。

② 屈服阶段。曲线超过 a' 点后,出现了一段锯齿形曲线,说明这一阶段应力变化不大,应变却急剧地增加,材料暂时失去了抵抗变形的能力。这种应力变化不大而变形显著增加的现象称为材料的屈服或流动,bc 段称为屈服阶段,屈服阶段曲线最低点所对应的应力值 σ_s 称为材料的屈服点。若试件表面经过抛光处理,可以看到试件表面出现了与轴线大约成45°的条纹线,称为滑移线,如图 3-2-20 所示的屈服流动。一般认为,这是材料内部晶格沿最大切应力方向相互错动滑移的结果。这种错动滑移是造成塑性变形的根本原因,在屈服阶段卸载,将出现不能消失的塑性变形。一般不允许构件发生塑性变形,并把塑性变形作为塑性材料失效的标志,所以屈服点 σ_s 是塑性材料强度的一个重要指标。

③ 强化阶段。经过屈服阶段后,曲线从 c 点开始逐渐上升,说明要使应变增加,必须增加应

力。材料又恢复了抵抗变形的能力，这种现象称为强化，cd 段称为强化阶段。曲线最高点所对应的应力值，记作 σ_b，称为材料的抗拉强度。它是衡量材料强度的另一个重要指标。

④ 缩颈断裂阶段。曲线到达 d 点，即应力达到了抗拉强度后，在试件上比较薄弱的某一局部(材质不均匀或有缺陷处)，变形显著增加，横截面处发生急剧的局部收缩，出现缩颈现象，如图3-2-20所示的局部颈缩。由于缩颈处的横截面面积迅速变小，所需拉力也相应降低，de 段曲线呈下降的形状，试件很快被拉断，所以 de 段称为缩颈断裂阶段。

上述比例极限 σ_p、屈服极限 σ_s、强度极限 σ_b 分别是材料处于弹性比例变形时和塑性变形时、断裂前能承受的最大应力，称为极限应力。不同材料的极限应力值可从有关手册中查得。

(2) 许用应力

由于工程构件的受载难以精确估计，以及构件材质的均匀程度、计算方法的近似性等诸多因素，为确保构件安全，应使其有适当的强度储备，特别是因失效将带来严重后果的构件，更应具有较大的强度储备。因此，工程中一般把极限应力除以大于1的系数 n 作为工作应力的最大允许值，称为许用应力，用$[\sigma]$表示，即

塑性材料为

$$[\sigma]=\frac{\sigma_s}{n_s} \qquad (3-2-14)$$

脆性材料为

$$[\sigma]=\frac{\sigma_b}{n_b} \qquad (3-2-15)$$

式中，n_s、n_b 为与屈服点或抗拉强度相对应的安全系数。

安全系数的选取是一个比较复杂的工程问题，如果安全系数取得过小，许用应力就会偏大，设计出的构件截面尺寸将偏小，虽能节省材料，但其安全可靠性会降低；如果安全系数取得过大，许用应力就会偏小，设计出的构件截面尺寸将偏大，虽构件能偏于安全，但需多用材料而造成浪费。因此，安全系数的选取是否恰当，关系到构件的安全性和经济性。一般在静载作用下，塑性材料的安全系数取 $n_s=1.5\sim2.5$，其中，轧件和锻件的安全系数取 $n_s=1.5\sim2.2$，铸件取 $n_s=1.6\sim2.5$；脆性材料的安全系数取 $n_b=2.0\sim3.5$。对不同的构件选取安全系数，可查阅相关设计手册。

(3) 拉(压)杆的强度条件

为了保证拉(压)杆安全可靠地工作，必须使杆内的最大工作应力不超过材料的拉(压)许用应力。轴向拉伸与压缩时的强度条件是

$$\sigma_{max}=\frac{F_N}{A}\leqslant[\sigma] \qquad (3-2-16)$$

式中，F_N、A 分别表示危险截面上的轴向力及横截面面积。

根据强度条件可以解决下列强度计算问题。

① 校核强度。若已知杆件的尺寸、所受的载荷及材料的许用应力，验算杆件是否满足强度条件。

② 设计截面尺寸。若已知杆件承受的载荷及材料的许用应力，由强度条件可确定杆件的安全横截面面积 A，即 $A\geqslant\frac{F_N}{[\sigma]}$。并可根据题意进一步设计截面的有关尺寸。

③ 确定许可载荷。若已知杆件的横截面尺寸及材料的许用应力，由强度条件可确定杆件所能承受的最大轴力，即 $F_{\mathrm{Nmax}} \leqslant A[\sigma]$，然后由轴向力 F_{Nmax} 再确定结构的许用载荷。

二、剪切与挤压

工程上常用的连接件，如螺栓、键、铆钉和销等，都是剪切与挤压的工程实例，如图 3-2-21、图 3-2-22 所示。当构件工作时，此类连接件的两侧面上都作用有大小相等、方向相反、作用线平行且相距很近的一对外力，在两外力作用线之间的截面则会发生相对错动，这种变形形式就称为剪切变形，产生相对错动的截面称为剪切面。

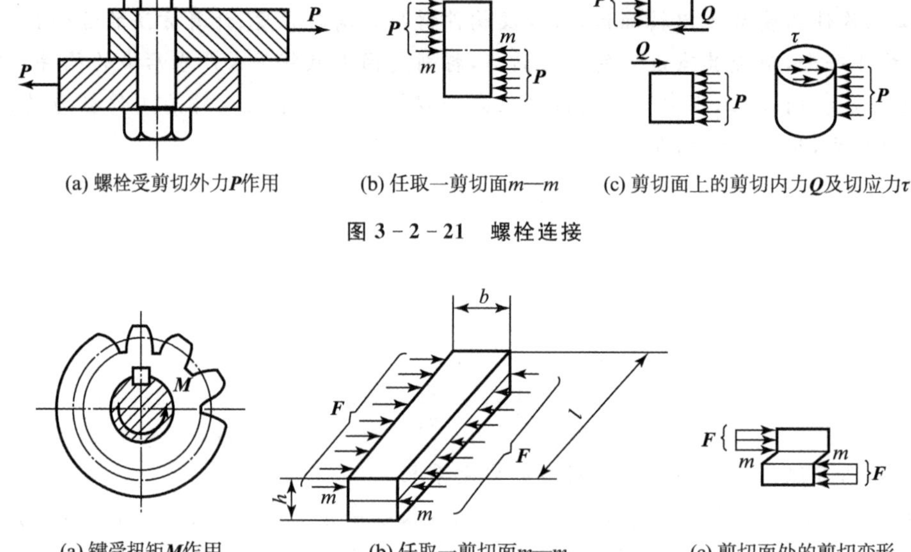

(a) 螺栓受剪切外力**P**作用　(b) 任取一剪切面*m*—*m*　(c) 剪切面上的剪切内力**Q**及切应力τ

图 3-2-21　螺栓连接

(a) 键受扭矩**M**作用　(b) 任取一剪切面*m*—*m*　(c) 剪切面处的剪切变形

图 3-2-22　键连接

由此可见，剪切的受力与变形特点是：两外力沿构件两侧作用，大小相等、方向相反、作用线平行且相距很近，夹在两外力作用线之间的剪切面发生了相对错动。

连接件发生剪切变形的同时，连接件与被连接件的接触面相互作用而压紧。挤压力过大时，在接触面的局部范围内将发生塑性变形或压溃的现象，从而导致构件挤压破坏，这种现象称为挤压变形。构件受压的接触面称为挤压面。挤压与压缩是两个完全不同的概念，挤压变形发生在两构件相互接触的表面，而压缩则发生在整个构件上。

（1）剪切内力和切应力

螺栓连接如图 3-2-21 所示，取螺栓为研究对象，画其受力图，$\boldsymbol{P}$ 为剪切外力（图 3-2-21a）。假想地将螺栓沿其剪切面 m—m 截开（图 3-2-21b），分为上、下两部分。任取一部分为研究对象（图 3-2-21c），为了保持平衡，在剪切面内必然有与外力 $\boldsymbol{P}$ 大小相等、方向相反的内力存在，这个内力称为剪力，用 $\boldsymbol{Q}$ 表示，它是剪切面上分布内力的合力。其值大小可以由平衡方程求得：$Q=P$。

剪切面上内力分布的集度称为切应力，用 τ 表示（图 3-2-21c），单位为 MPa。由于切应力在剪切面上的分布比较复杂，工程上通常采用实用计算，即假定剪切面上的切应力是均匀分布的，于是有

$$\tau = \frac{Q}{A} \tag{3-2-17}$$

式中，Q 为剪切面上的剪力，N；A 为剪切面的面积，mm^2。

为了保证连接件安全可靠地工作，要求切应力 τ 不得超过连接件材料的许用切应力$[\tau]$，则相应的抗剪强度条件为

$$\tau - \frac{Q}{A} \leqslant [\tau] \tag{3-2-18}$$

式中，$[\tau]$为许用切应力（$[\tau]=\tau_b/n_\tau$，τ_b 为材料的抗剪强度，n_τ 为与剪切变形相对应的安全系数），MPa。常用材料的许用应力可从相关机械设计手册中查得。

剪切实用计算中的许用切应力$[\tau]$与许用拉应力$[\sigma]$之间有一定关系。一般对于塑性性能较好的钢材有：$[\tau]=(0.75\sim0.8)[\sigma]$；对于脆性材料有：$[\tau]=(0.8\sim1.0)[\sigma]$。

（2）挤压力和挤压应力

如图 3-2-22 所示，键与键槽相互接触并产生挤压的侧面称为挤压面。挤压面上的作用力称为挤压力，用 F 表示。挤压面上由挤压力引起的应力称为挤压应力，用 σ_p 表示。由于挤压应力在挤压面上的分布也是比较复杂的，所以工程上同样常采用实用计算，即假定挤压应力在挤压面上也是均匀分布的。挤压应力为

$$\sigma_p = \frac{F}{A} \tag{3-2-19}$$

式中，F 为挤压面上的挤压力，N；A 为挤压面计算面积，mm^2。

为了保证连接不至因挤压而失效，相应的抗挤压强度条件为

$$\sigma_p = \frac{F}{A} \leqslant [\sigma_p] \tag{3-2-20}$$

式中，$[\sigma_p]$为许用挤压应力，MPa。

在抗挤压强度的计算中，A 要根据接触面的具体情况而定。若接触面为平面，则挤压面积为有效接触面面积，如图 3-2-23a 所示的键，挤压面积 $A=hl/2$。若接触面是圆柱形曲面，如螺栓、销、铆钉等圆柱形连接件（图 3-2-23b、c），挤压计算面积按半圆柱侧面的挤压投影面积计算，即 $A=dl$。由于挤压应力实际上并不是均匀分布的，而最大挤压应力出现在半圆柱形侧面的中间部分，所以采用半圆柱形侧面的正投影面积作为挤压计算面积，所得的应力与接触面的实际最大挤压应力大致相近。

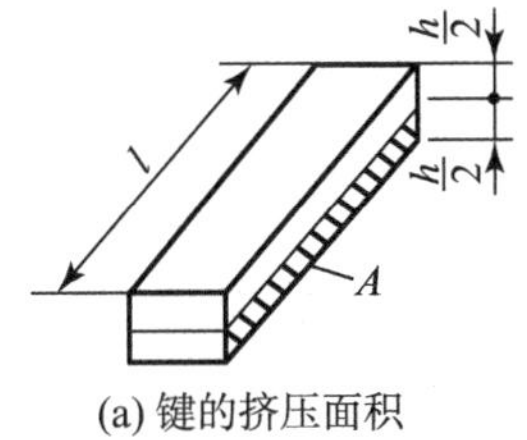

(a) 键的挤压面积

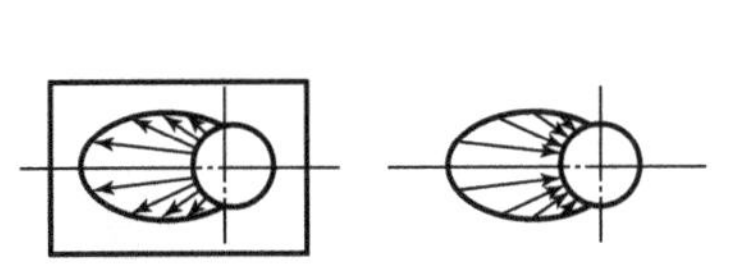

(b) 圆柱形曲面的挤压面

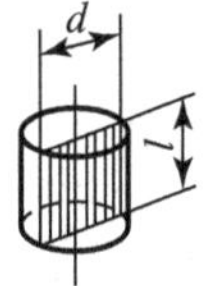

(c) 圆柱形曲面的计算挤压面积

图 3-2-23　挤压力和挤压应力

许用挤压应力$[\sigma_p]$的数值可由实验获得。常用材料的$[\sigma_p]$可在相关手册中查得，对于金属材料，许用拉应力$[\sigma]$与许用挤压应力$[\sigma_p]$之间有如下关系：

塑性材料，$[\sigma_p]=(1.7\sim2.0)[\sigma]$；脆性材料，$[\sigma_p]=(0.9\sim1.5)[\sigma]$。

注意：如果两个相互挤压的构件材料不同，则应对材料抗挤压强度较小的构件进行计算。

应用剪切强度条件和挤压强度条件可以解决三方面的实际应用问题，分别为：① 校核强度；② 设计截面；③ 确定许用载荷。

【思考与练习】

1. 常用螺纹的种类有哪些？各用于哪些场合？
2. 螺纹的主要参数有哪些？
3. 连接螺纹常采用何种螺纹？传动螺纹常采用哪种螺纹？为什么？
4. 螺纹的失效形式有哪些？失效主要发生在什么部位？
5. 在受轴向拉力的紧螺栓连接的强度计算中，为什么要将螺栓所受的载荷增加30%？
6. 螺纹连接为什么要防松？按防松原理可分为几类？各有什么特点？
7. 拉杆螺纹连接如图3-2-24所示，已知拉杆所受载荷$F=30$ kN，载荷稳定，拉杆材料为Q235，拉杆螺栓性能等级为4.6级。试计算此拉杆螺栓的直径。

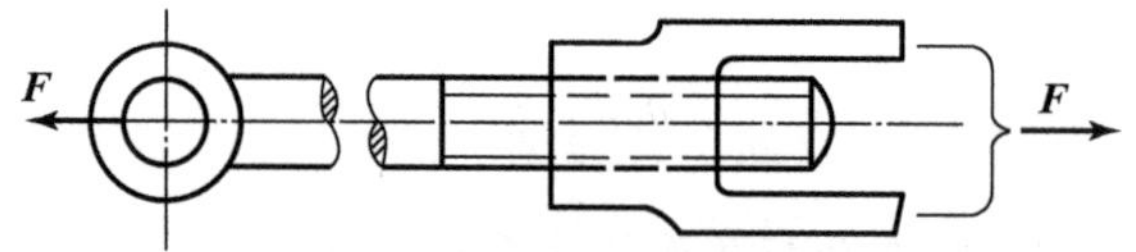

图3-2-24　拉杆螺纹连接

8. 如图3-2-25所示，起重吊钩要吊起重力$F=10\ 000$ N的工作载荷，吊钩螺杆材料为45钢，试确定吊钩螺杆的螺纹直径。
9. 一受横向载荷作用的普通紧螺栓组连接(被连接件为钢件)如图3-2-26所示，4个普通螺栓传递载荷$F=2$ kN，连接接合面摩擦系数$f=0.15$，安全系数$K_s=1.2$。试(1) 设计此连接；(2) 最小螺栓间距为多少？

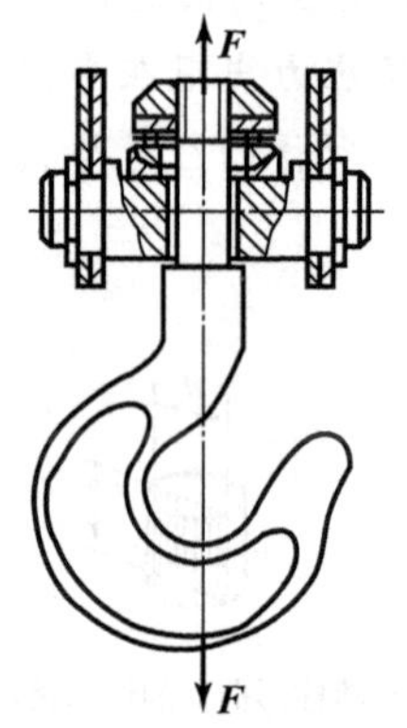

图3-2-25　起重吊钩

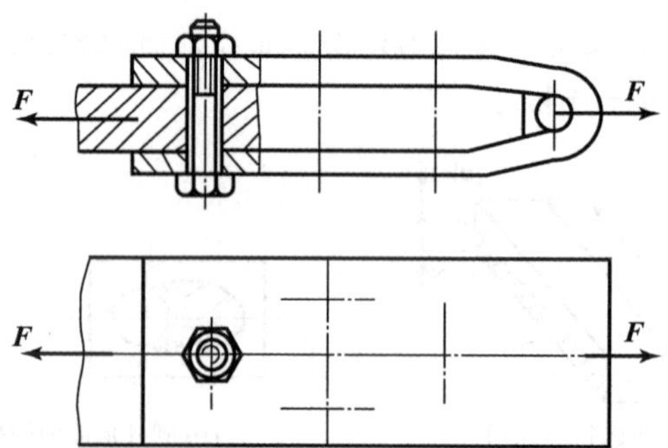

图3-2-26　受横向载荷作用的普通紧螺栓组联

10. 由 2 个 M20 的螺栓组成的连接如图 3-2-27 所示，螺栓的性能等级为 5.8 级，安装时不控制预紧力，被连接件接合面的摩擦系数 $f=0.1$，安全系数 $K_s=1.2$。试计算该连接许可传递的静载荷 F_s。

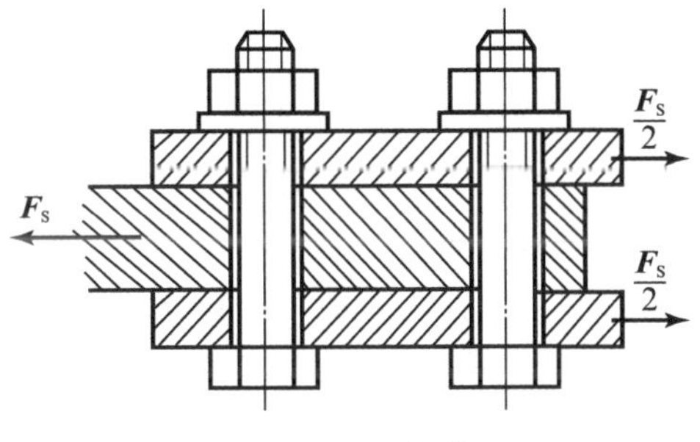

图 3-2-27　螺栓组

11. 一钢制液压缸如图 3-2-28 所示，已知油压 $p=4$ MPa，液压缸内径 $D=160$ mm，在 $D_0=200$ mm 的圆周上用 8 个均匀分布的螺栓将缸盖与缸体固连，螺栓材料为 35 钢，性能等级为 4.8 级，安装时用定力矩扳手拧紧连接。试计算所需螺栓的直径。

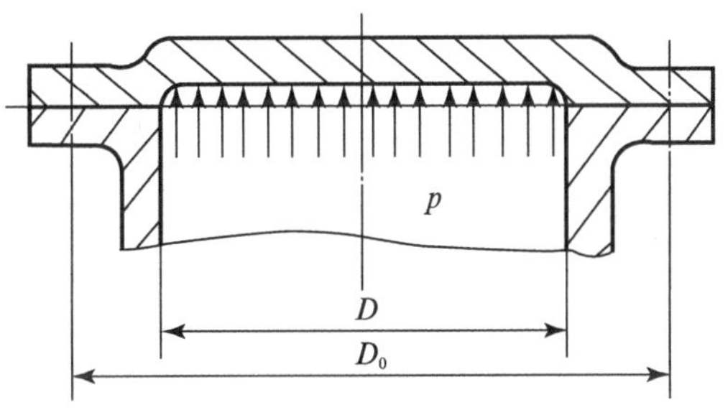

图 3-2-28　钢制液压缸

12. 钢制凸缘式联轴器如图 3-2-29 所示，用 6 个普通螺栓连接(图 3-2-29a)，螺栓分布圆直径 $D=115$ mm，传递转矩 $T=400$ N·m，如螺栓性能等级为 4.6，接合面的摩擦系数为 $f=0.15$。(1) 试确定螺栓的公称直径；(2) 如采用铰制孔用螺栓连接(图 3-2-29b)，螺栓直径会有什么变化？

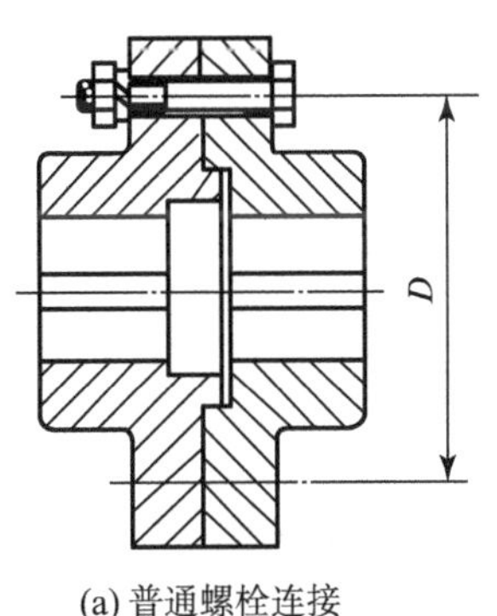

(a) 普通螺栓连接

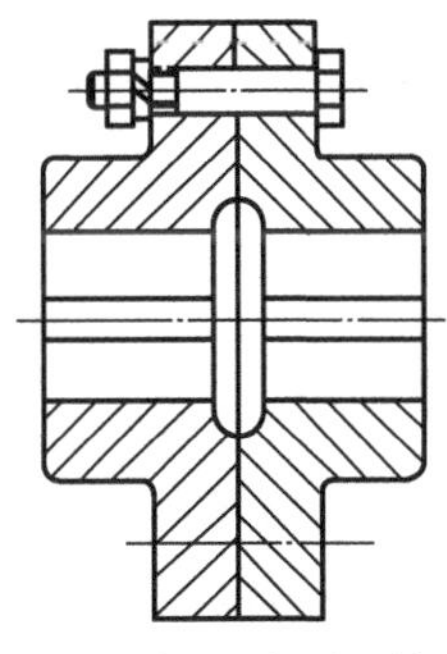

(b) 铰制孔用螺栓连接

图 3-2-29　钢制凸缘式联轴器

任务3 输送机齿轮减速器键连接的选用

【任务描述】

键连接是一种常用的连接方式，常用于轮毂与轴的连接。输送机齿轮减速器传动装置(图2-2-1)的电动机轴伸与小带轮、齿轮减速器输入轴与大带轮都是通过平键连接在一起的，起周向固定零件的作用，以传递旋转运动与转矩。

该连接为静连接，载荷有轻微冲击。各连接轴与轮毂相关参数见表3-3-1，试设计各键连接，选择键的类型和尺寸，并校核连接强度。

表3-3-1 键连接参数

序号	轴、轮毂	材料	直径 d/mm	轮毂宽 B/mm	传递转矩 T/(N·m)
1	电动机轴伸	45	38	70	26.1
	小带轮	HT150			
2	齿轮减速器输入轴	45	32	50	33.4
	大带轮	HT150			

【任务目标】

【知识】

◎ 键连接的类型、特点和应用。

◎ 平键的选用方法及键连接的强度计算。

【技能】

◎ 了解键连接的常用类型、特点和应用范围，能够根据轴与轮毂的使用环境合理选择相应类型的键。

◎ 掌握平键的选用和尺寸的确定方法，并能进行强度校核。

◎ 熟练运用(查选)平键设计与选用时所需的有关国家标准及行业标准。

【素质】

◎ 培养学生脚踏实地、诚实守信的品质。

【知识准备】

一、键连接的类型

键是一种标准件，如图3-3-1所示，常用于轴和轴上零件(如齿轮、带轮、链轮、蜗轮、凸轮、联轴器等)的连接，起周向固定零件的作用，以传递旋转运动与转矩。有些还能实现轴向固定或轴向滑动的导向。键可分为平键、半圆键、楔键和花键等。

根据键连接在工作前是否存在预紧力，可分为松连接和紧连接。

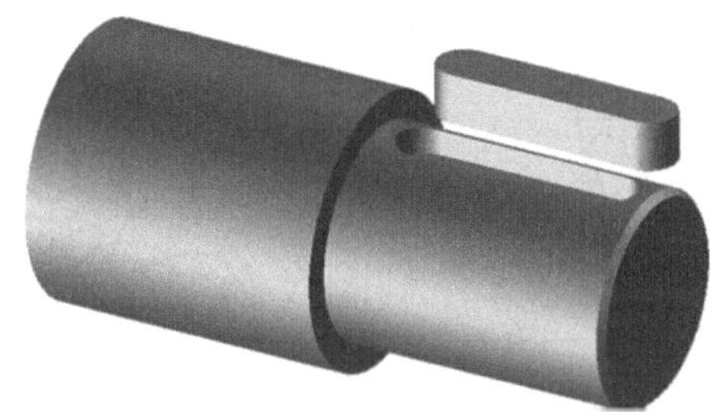

图 3-3-1 键

1. 松连接

松连接是由平键或半圆键与轴和轮毂组成的。

(1) 平键连接

键的上表面与轮毂的键槽底留有间隙,键的上、下表面为非工作面,工作前没有顶紧力,工作时靠键与键槽两侧的互相挤压来传递转矩,因而键的两个侧面是工作面。这种键具备结构简单、拆卸方便、对中性好、轴与轮毂的同心度较高等优点,常用于同心度要求较高和转速较大的场合,是键连接中应用最广泛的一种。其缺点是不能承受轴向力,不能实现轮毂的轴向固定,若使用必须有轴向固定装置,如套筒、轴肩、轴环、轴端挡圈等。

根据用途不同,平键分为普通平键、导向平键和滑键等。

普通平键(GB/T 1096—2003)截面为矩形,按键端形状分为圆头(A 型)、方头(B 型)和单圆头(C 型)三种,如图 3-3-2 所示。轴上的键槽可用立铣刀或盘铣刀加工,如图 3-3-3 所示;轮毂上的键槽可用插削或拉削方式加工。A 型键用于立铣刀加工的轴槽(图 3-3-2a),在槽中轴向固定较好,但槽在轴上引起的应力较集中;B 型键用于盘铣刀加工的轴槽,轴的应力较分散,但不利于键的固定,尺寸大的键要用紧定螺钉压紧在槽中,以防松动,如图 3-3-2b 所示;C 型键常用于轴端连接,如图 3-3-2c 所示。普通平键属于静连接,应用最为广泛,它适用于高精度、速度较高或承受变载、冲击的场合,如在轴上固定齿轮、带轮、链轮、凸轮等回转零件。

导向平键(GB/T 1097—2003)和滑键用于传动零件在工作时需要做轴向移动的场合,如变

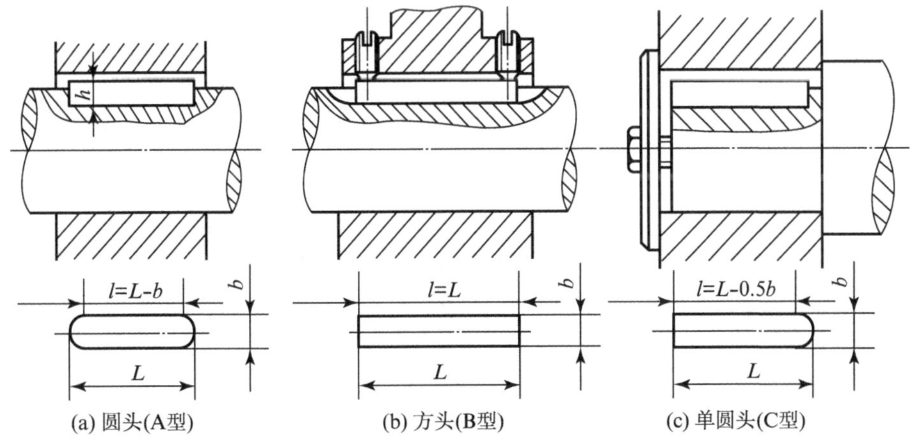

图 3-3-2 普通平键连接

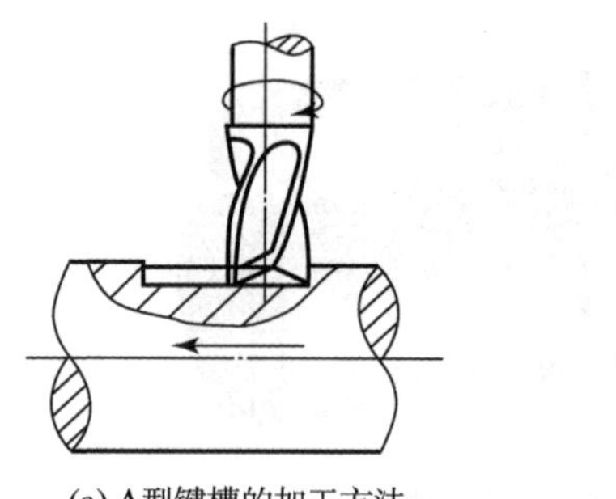

(a) A型键槽的加工方法

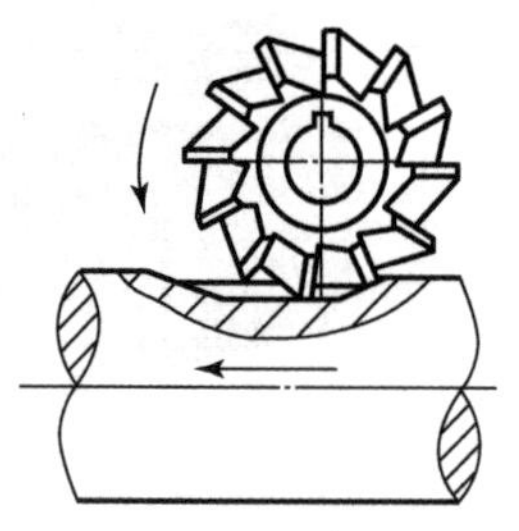

(b) B型键槽的加工方法

图 3-3-3 键槽的加工方法

速箱中的变速滑移齿轮。导向平键是一种较长的平键，用螺钉固定在轴上的键槽中，为了便于拆卸，在键的中部制有起键螺钉孔，轴上的传动件则可沿键作短距离轴向滑动，如图 3-3-4 所示。导向平键有圆头导向平键（A 型）和平头导向平键（B 型）两种。

当轴上传动件要求滑移的距离较大时，因所需导向平键的长度过大，制造困难，故宜采用滑键，如图 3-3-5 所示。滑键的特点是键固定在轮毂上，而轴上键槽较长，工作时轮毂与滑键一起在轴槽上滑动。由于键较短，所以宜用于滑动距离较大的场合。

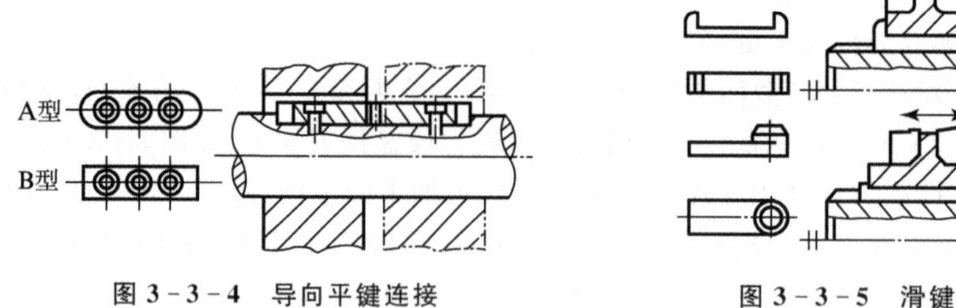

图 3-3-4 导向平键连接

图 3-3-5 滑键连接

（2）半圆键连接

半圆键（GB/T 1099.1—2003）呈半圆形，如图 3-3-6 所示，工作面仍是键的两个侧面。键用精拔型钢或圆钢切制或冲压后磨削而成。轴上键槽的半圆是用半径与键半径相同的盘形铣刀铣出，所以键可在轴上相应的半圆形键槽中摆动，以适应在装配时轮毂中键槽的斜度。这种键连接的优点是工艺性较好、装配方便，尤其通用于锥形轴端面与轮毂的连接配合（图 3-3-6b）。缺点是轴上键槽较深，对轴的强度削弱较大，故一般只适合轻载连接的场合。

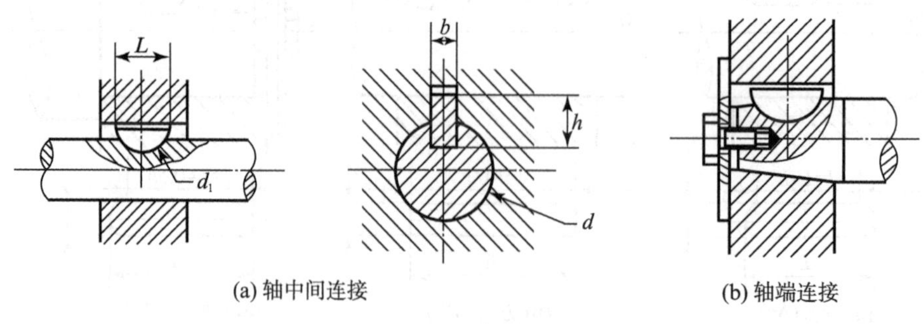

(a) 轴中间连接

(b) 轴端连接

图 3-3-6 半圆键连接

2. 紧连接

紧连接由楔键与轴和轮毂组成。楔键的上表面和轮毂槽的底面都有 1∶100 的斜度。装配时将键楔紧在轮毂槽和轴槽之间,键的上下表面受挤压构成紧连接,即在工作前连接中就有预紧力作用,工作时靠预紧力产生的摩擦力来传递转矩,键的上下表面是工作面。楔键连接还能承受单向的轴向力,可对轮毂起到单方向的轴向固定作用,由于预紧力的作用,使轴与传动件产生偏心和偏斜,对中性较差,因此主要用于传动件定心精度要求不高和低速轻载的场合。

楔键分普通楔键(GB/T 1564—2003)(图 3-3-7a、b)和钩头楔键(GB/T 1565—2003)(图 3-3-7c)。普通楔键有圆头(A 型)、方头(B 型)和半圆头(C 型)三种。圆头楔键在装配时,先将键放入轴槽中,然后打紧轮毂。方头楔键和钩头楔键则先将传动件与轴装配好,再将键放入键槽中并打紧。钩头楔键只用于轴端连接,如在中间用,键槽应比键长两倍才能装入。

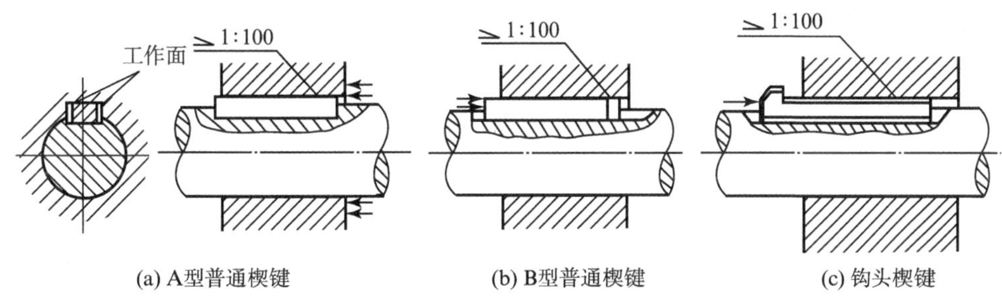

图 3-3-7 楔键连接

二、平键连接的强度计算

对于构成静连接的普通平键连接,轴回转传递转矩时,键槽和键的两侧面受挤压应力,同时键的纵向剖面 $a-a$ 也受切应力,如图 3-3-8 所示。实践证明,平键静连接的主要失效形式是键、轴和轮毂中强度较弱零件的工作面被压溃,键被切断的情况较少见。因此,通常只按工作面上的挤压应力进行强度校核。由于键、轴、轮毂三者的材料往往不同,计算强度时一定要按三者中最弱材料的强度进行校核。

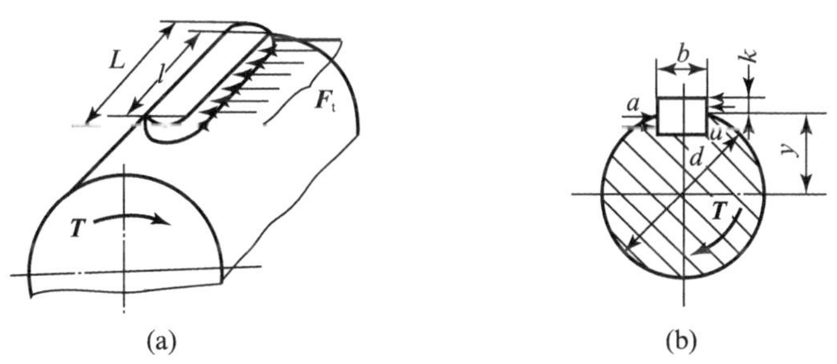

图 3-3-8 平键受力分析

对于构成动连接的导向平键和滑键连接,主要失效形式是键和轮毂中硬度较低的工作面的过度磨损,因此通常只作耐磨性计算,即验算压强。

假定载荷在键的工作面上均匀分布,则根据挤压强度计算,普通平键静连接的挤压强度条件为

$$\sigma_p = \frac{F_t}{A} = \frac{\frac{T}{\frac{d}{2}}}{\frac{h}{2}l} = \frac{4T}{dhl} \leqslant [\sigma_p] \tag{3-3-1}$$

导向平键连接和滑键动连接的耐磨性计算条件为

$$p = \frac{4T}{dhl} \leqslant [p] \tag{3-3-2}$$

式中，F_t 为圆周力(N)；A 为挤压面积(mm^2)；T 为键传递的转矩(N·mm)；h 为键的高度(mm)，$h/2$ 为键与轮毂的近似接触高度；l 为键的工作长度(mm)，即键与轮毂的接触长度，对于 l 值的计算：A 型普通平键 $l=L-b$，B 型普通平键 $l=L$，C 型普通平键 $l=L-b/2$，其中 L 为键的公称长度(mm)，b 为键的宽度(mm)；d 为轴的直径(mm)；$[\sigma_p]$为键、轴、轮毂三者中最弱材料的许用挤压应力(MPa)，一般为轮毂，见表 3-3-2；$[p]$为键、轴、轮毂三者中最弱材料的许用压强(MPa)，见表 3-3-2。

表 3-3-2 键连接的许用挤压应力$[\sigma_p]$和压强$[p]$

连接性质	键、轴或轮毂连接中较弱零件的材料	载荷性质		
		静载荷	轻微冲击	冲击载荷
静连接用$[\sigma_p]$/MPa	钢	120～150	100～120	60～90
	铸铁	70～80	50～60	30～45
动连接用$[p]$/MPa	钢	50	40	30

当强度不够时，可采用下列方法进行修改。

① 在允许的情况下可适当增加键的工作长度，考虑载荷沿键长分布不均，故键长不应超过(1.6～1.8)d；

② 增加键的数目，如可以采用双键，两键最好沿周向相隔180°布置，如图 3-3-9 所示。考虑载荷在两键上分布不均，因此在强度校核时，只按 1.5 个键计算；

③ 改用花键连接；

④ 可与过盈连接配合使用。

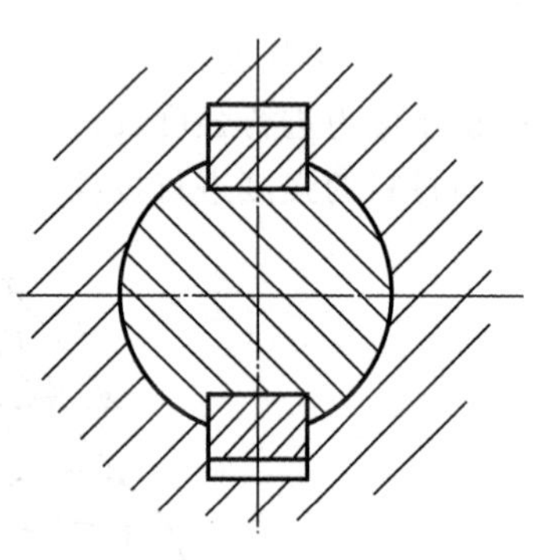

图 3-3-9 双键连接

三、平键连接的选用

1. 平键的标记

键的标记格式为：国标代号　名称　规格尺寸($b \times h \times L$)

普通平键标记示例如下。

“GB/T 1096—2003 键 B16×10×100”表示键宽 $d_2=16$ mm，键高 $h=10$ mm，键长 $L=100$ mm的普通 B 型平键(对于 A 型键可表示为“GB/T 1096—2003 键 16×10×100”)。

旧标准中的标记方法为“键 $b \times L$ GB/T 1096—2003”，其中：A 型不标型式，b 为键宽，L 为键的长度。

2. 平键的材料

为保证键连接的工作强度，键的材料要有一定的强度，一般键的材料选用抗拉强度 $\sigma_b>600$ MPa的中碳钢，常用45钢。当轮毂用非金属材料时，键可用20钢或Q235钢。

3. 平键的选用方法

平键是标准件，平键的选用一般包括类型选择和尺寸选择两个方面。

① 首先应根据键连接的设计要求，如连接性质（静连接或动连接）、载荷性质、需要传递转矩的大小、转速的高低、安装空间大小、轮毂在轴上的位置、轴与轮毂的结构、对中性要求等选择键的类型。

② 再根据轴的直径 d，从标准（如普通型平键GB/T 1095—2003）中选出键的截面尺寸键宽和键高 $b\times h$ 值。

③ 键长 L 的选择不能过短或过长，过短则强度不够，传动不平稳；键过长，安装困难且易偏载。通常键长 L 可取为 $(1.6\sim1.8)d$，或参照轴上零件的轮毂宽度 B 从标准中选取。对于普通平键，一般 L 比 B 短5～10 mm，并符合国家标准规定的长度系列，见表3-3-3。当轴与连接件轮毂的配合长度 l 与轴径 d 之比小于1，或轴上连接件在很大交变载荷或较大冲击载荷下工作时，必须进行强度校核。导向平键的长度应由轮毂的长度及其滑移距离而定，一般应适当大于轮毂的长度与其滑移距离之和。

表3-3-3　普通平键、导向平键的主要尺寸（摘自GB/T 1095—2003）

轴的直径 d/mm	6～8	>8～10	>10～12	>12～17	>17～22	>22～30	>30～38
（键宽 b/mm）×（键高 h/mm）	2×2	3×3	4×4	5×5	6×6	8×7	10×8
轴的直径 d/mm	>38～44	>44～50	>50～58	>58～65	>65～75	>75～85	…
（键宽 b/mm）×（键高 h/mm）	12×8	14×9	16×10	18×11	20×12	22×14	…
键的长度系列 L/mm	6、8、10、12、14、16、18、20、22、25、28、32、36、40、45、50、56、63、70、80、90、100、110、125、140、160、180、200、220、250、280、320、360、400、…						

【任务分析】

本任务中，输送机齿轮减速器传动装置中各轴与轮毂之间是通过平键进行连接的。首先根据工作条件，选择适当的平键连接类型；按照轴的公称直径 d，从标准中选择平键的部面尺寸 $b\times h$；根据轮毂长度 L_1 选择键长 L，对于静连接取 $L=L_1-(5\sim10)$mm，并应符合标准长度系列；此任务中各平键连接的主要失效形式是压溃（静连接），故按照挤压应力 σ_p 进行条件性的强度校核。若符合要求，按标准进行标记；若强度不够，需重新选择。

【任务实施】

根据任务描述，连接轴与轮毂间键的选用步骤如下。

(1) 选择键连接的类型

图 2-2-1 中 2 对轴与轮毂的连接,均属于静连接,故选用普通平键;由于小带轮、大带轮用于轴端,一般选用 C 型普通平键连接,有时也可以选用 A 型平键连接。

(2) 初选键的尺寸

根据轴与轮毂孔直径 d,由表 3-3-3 查得键的截面尺寸分别如下。

序号 1($d=38$ mm):$b\times h=10$ mm$\times 8$ mm,根据轮毂宽取键长 $L=B-(5\sim 10)$ mm$=70$ mm$-(5\sim10)$mm$=(60\sim65)$mm,查表 3-3-3 中键的长度系列,取 $L=63$ mm。键的材料为 45,电动机轴材料为钢,小带轮为铸铁,载荷有轻微冲击;小带轮与电动机轴构成静连接。查表 3-3-2 得,$[\sigma_p]=50\sim60$ MPa。

序号 2($d=32$ mm):$b\times h=10$ mm$\times 8$ mm,根据轮毂宽取键长 $L=B-(5\sim 10)$ mm$=50$ mm$-(5\sim10)$mm$=(40\sim45)$mm,查表 3-3-3 中键的长度系列,取 $L=40$ mm 或 45 mm。键的材料为 45,输入轴材料为钢,小带轮为铸铁,载荷有轻微冲击;大带轮与输入轴构成静连接。查表 3-3-2 得,$[\sigma_p]=50\sim60$ MPa。

(3) 校核键的强度

序号 1:键的工作长度为 $l=L-0.5b=(63-5)$mm$=58$ mm,由挤压强度公式

$$\sigma_p=\frac{4T}{dhl}=\frac{4\times26.1\times10^3}{38\times8\times58}\text{ MPa}=5.92\text{ MPa}\leqslant[\sigma_p]$$

符合强度条件,故选用 GB/T 1096—2003 键 C10×8×63。

序号 2:键的工作长度为 $l=L-0.5b=(40-5)$mm$=35$ mm,由挤压强度公式

$$\sigma_p=\frac{4T}{dhl}=\frac{4\times33.4\times10^3}{32\times8\times35}\text{ MPa}=14.9\text{ MPa}\leqslant[\sigma_p]$$

符合强度条件,故选用 GB/T 1096—2003 键 C10×8×40 或 GB/T 1096—2003 键 C10×8×45。

【任务总结】

本任务分析了键连接的类型、特点和应用;平键连接的尺寸选择和强度校核。通过本任务的学习,学生能够分析和选用常用键连接件,通过在平键设计选用过程中的思考,培养学生分析问题、解决问题的能力及创新思维能力。

(1) 键连接类型和应用。

① 平键连接分为普通平键、导向平键和滑键,普通平键可分为 A 型(圆头)、B 型(方头)、C 型(半圆头)三类;② 导向平键和滑键用于动连接;③ 半圆键连接用于轻载荷和锥形轴端的连接;④ 楔键连接用于定心精度要求不高、载荷平稳、速度较低的场合;⑤ 花键连接适用于载荷较大、定心精度要求较高和尺寸较大的连接。

(2) 平键连接选用步骤:

① 键的类型选择;② 键的尺寸选择;③ 键的强度校核。

平键连接强度条件如下

静连接:$\sigma_p=\dfrac{4T}{dhl}\leqslant[\sigma_p]$

动连接：$p=\frac{4T}{dhl}\leqslant[p]$

【知识拓展】

花键连接与销连接

一、花键连接★

当轴、毂间的连接强度不够时，可采用花键连接。花键连接是由与轴做成一体的花键和具有相应凹槽的毂孔组成的，如图 3－3－10 所示。与平键连接比较，花键连接的优点有：齿和轴为一体而且齿槽较浅，因此轴的削弱程度较轻；轴上零件与轴的对中性好；齿数多，总接触面积大，承载能力强；键齿均布，压力分布较均匀。因此，花键连接能传递较大的转矩，广泛用于轴毂动连接，能更好地导引轴上的零件沿轴向移动。其缺点是需要用专门的设备和刀具加工花键，成本较高。

图 3－3－10　花键

花键连接按其齿形不同，可分为矩形花键连接（图 3－3－11a）和渐开线花键连接（图 3－3－11b）等。矩形花键制造方便，应用最为广泛；渐开线花键工艺性好（可用制造轮齿的方法加工），可获得较高的精度，它的齿根较厚，因而强度较高，应用日益广泛。

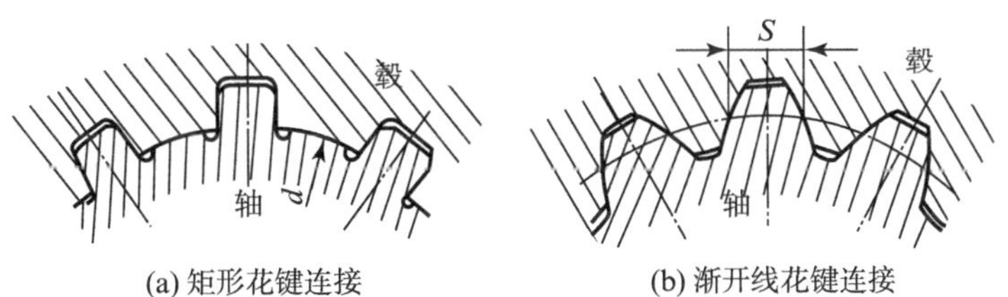

(a) 矩形花键连接　　(b) 渐开线花键连接

图 3－3－11　花键连接

花键的尺寸也是按轴径由标准选定的，其工作情况与平键相似，花键的工作侧面受到挤压，根部受到剪切力及弯曲力。由于切应力和弯曲应力较小，因此一般只计算挤压强度和耐磨性。

花键连接零件多用强度极限不低于 600 MPa 的钢制造，在载荷作用下频繁移动的花键齿，应经热处理获得足够的硬度以抗磨损。

二、销连接

销连接主要用来固定零件间的相互位置，构成可拆连接，也可用于轴与轮毂或其他零件的连接，以传递较小的载荷，有时还用作安全装置的过载剪断元件，如图 3－3－12 所示。

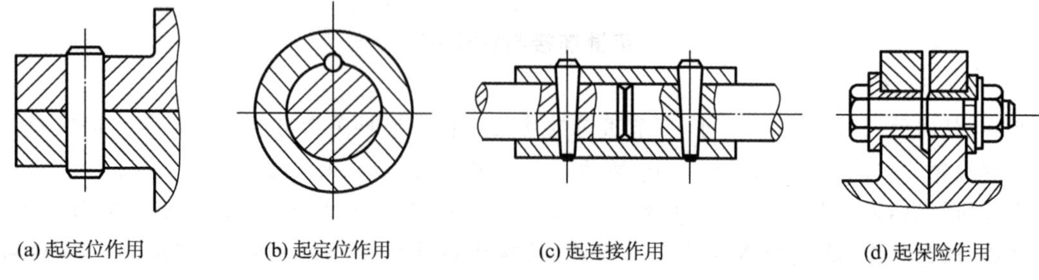

图 3－3－12 销连接

（1）按用途分类

销的种类很多，按照用途一般可分为定位销、连接销和安全销三种。

① 定位销。如图 3－3－13 所示，定位销主要用于零件间的位置定位，常用作组合加工和装配时的主要辅助零件。定位销一般不承受载荷或只承受很小的载荷，其直径按结构确定，数目不少于 2 个，且分布在紧固螺栓（螺钉）的对称方向上。销在连接件内的长度约为销直径的 1～2 倍。

② 连接销。如图 3－3－14 所示，连接销主要用于零件间的连接或锁定，可传递较小的载荷，其直径亦按结构及经验确定，必要时校核其挤压和剪切强度。

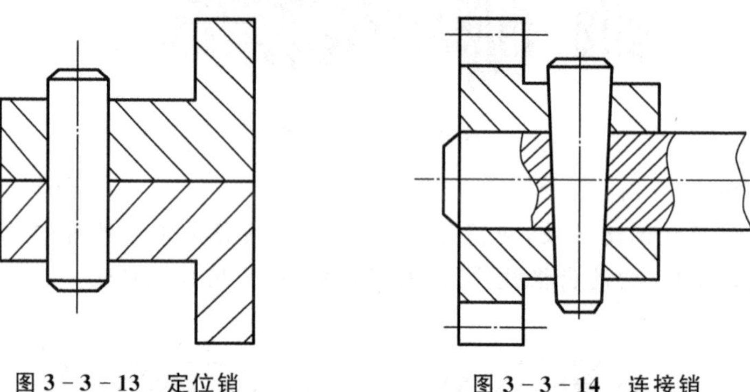

图 3－3－13 定位销　　图 3－3－14 连接销

③ 安全销。如图 3－3－15 所示，安全销主要用作安全保护装置中的过载剪断元件。其直径应按销的剪切强度计算，当过载 20％～30％时即被剪断。设计时还应考虑销剪断后不致飞出，且易于更换。

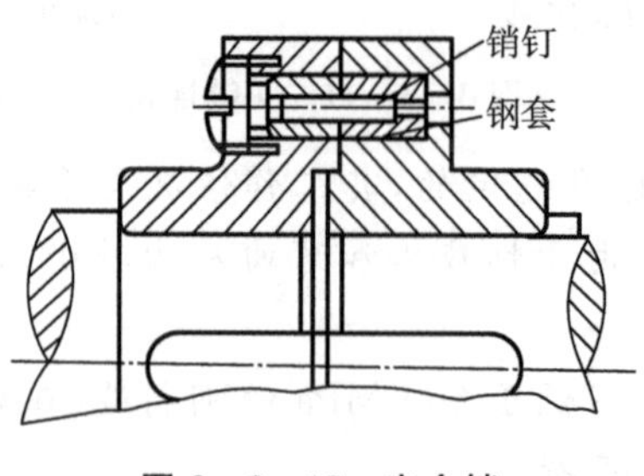

图 3－3－15 安全销

(2) 按形状分类

销按形状大致分为圆柱销、圆锥销和异形销 3 类。

① 圆柱销。如图 3-3-16a 所示，参考 GB/T 119.1—2000 和 GB/T 119.2—2000，圆柱销主要用于定位，也可作连接销和安全销之用。圆柱销靠过盈与销孔配合，销孔需要铰制，为保证定位精度和连接的紧固性，不宜经常装拆，只能传递较小的载荷。圆柱销一般不带螺纹，也有带外螺纹（参考 GB/T 878—2000 螺纹圆柱销）及内螺纹（参考 GB/T 120—2000 内螺纹圆柱销）（图 3-3-16b）的，带螺纹销拆卸方便，常用于盲孔连接。

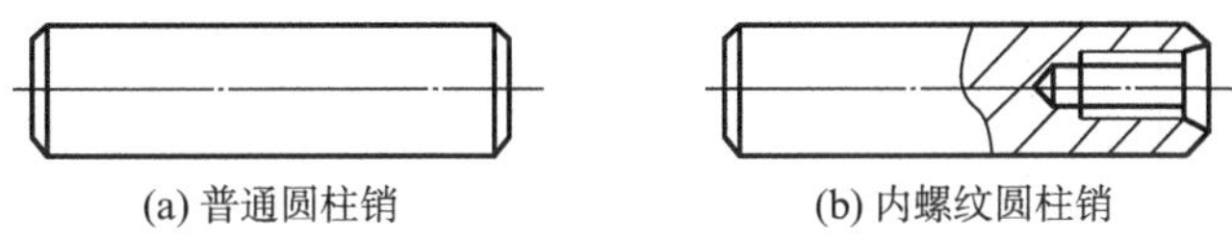

(a) 普通圆柱销　(b) 内螺纹圆柱销

图 3-3-16　圆柱销

② 圆锥销。如图 3-3-17a 所示，参考 GB/T 117—2000，圆锥销主要用于定位，也可以固定零件作为连接销，多用于经常拆卸的场合。圆锥销具有 1∶50 的锥度，小端直径为标准值，定位精度比圆柱销高。受横向力时能自锁，锥孔需要铰制。圆锥销一般不带螺纹，也有带外螺纹（参考 GB/T 881—2000 螺尾锥销）及内螺纹（参考 GB/T 118—2000 内螺纹圆锥销）（图 3-3-17b）的，带螺纹销拆卸方便，常用于盲孔连接。

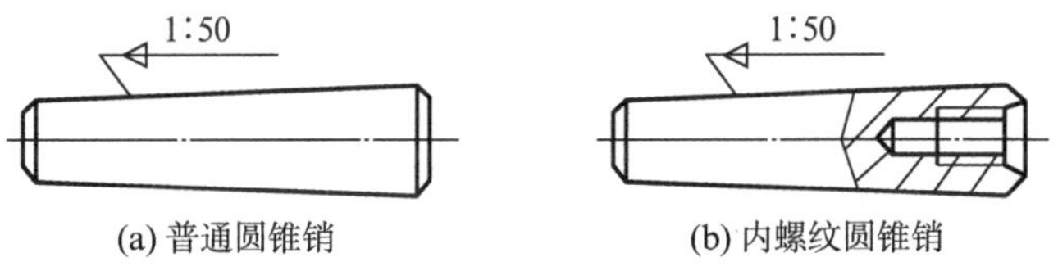

(a) 普通圆锥销　(b) 内螺纹圆锥销

图 3-3-17　圆锥销

③ 异形销。异形销的种类很多，常用的有开口销（GB/T 91—2000），如图 3-3-18 所示。开口销工作可靠、拆卸方便，常用于与槽形螺母合用，锁定螺纹连接件，如图 3-3-18b 所示。

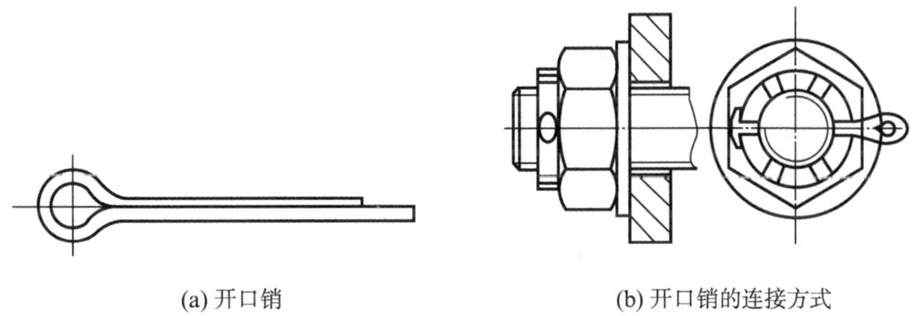

(a) 开口销　(b) 开口销的连接方式

图 3-3-18　开口销

(3) 销的表示方法

销有规定的表示方法，常用 [名称] [国标代号] [规格尺寸] 来表示。例如，“销 GB/T 119.1—2000 A8×30”表示公称直径 $d=8$ mm、长度 $L=30$ mm、材料为 35 钢、热处理硬度为 (28～38)HRC、表面氧化处理的 A 形圆柱销。

(4) 销的强度计算

销的强度计算方法见表 3-3-4。

表 3-3-4 销的强度计算方法

销的类型	受力简图	计算内容	计算公式	说明
圆柱销	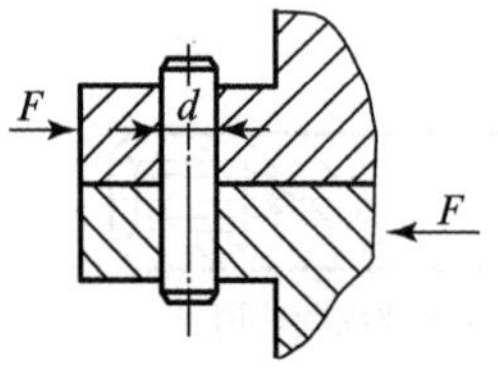 F d F	销的剪切	$\tau=\frac{4F}{\pi d^2 m}\leqslant[\tau]$	F 为横向力,N;d 为销的直径,m;m 为销数;$[\tau]$为销的许用剪应力,MPa,对于销的常用材料取 $[\tau]=80$ MPa
	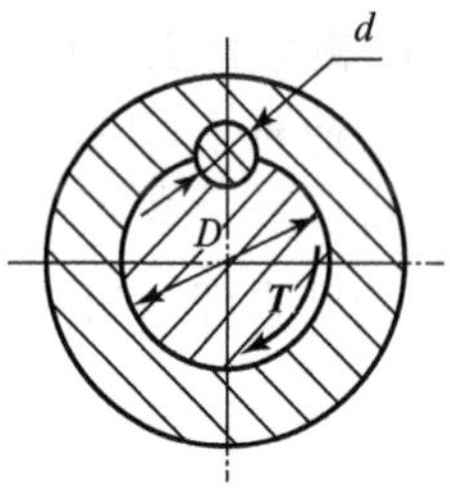 d D T	销或被连接零件的挤压	$\sigma_p=\frac{2T}{Ddl}\leqslant[\sigma_p]$	T 为转矩,N·m;L 为销的长度,m;$L=(1\sim1.5)D$;$[\sigma_p]$为销连接的许用挤压应力,MPa
		销的剪切	$\tau=\frac{2T}{\pi d^2 D}\leqslant[\tau]$	
圆锥销	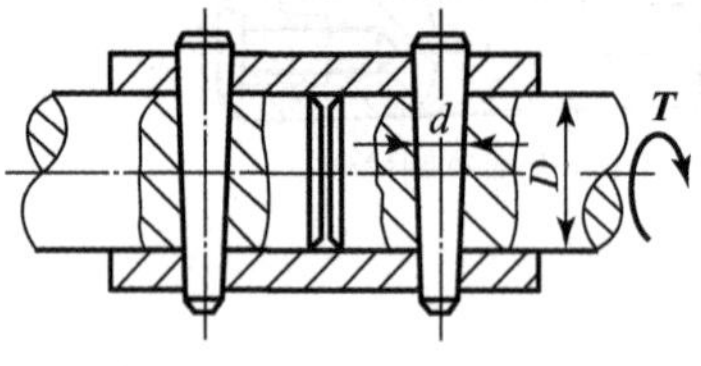 d D T	销的剪切	$\tau=\frac{4T}{\pi d^2 D}\leqslant[\tau]$	D 为连接轴的直径;d 为圆锥销的平均直径,mm;$d=(0.2\sim0.3)D$
安全销	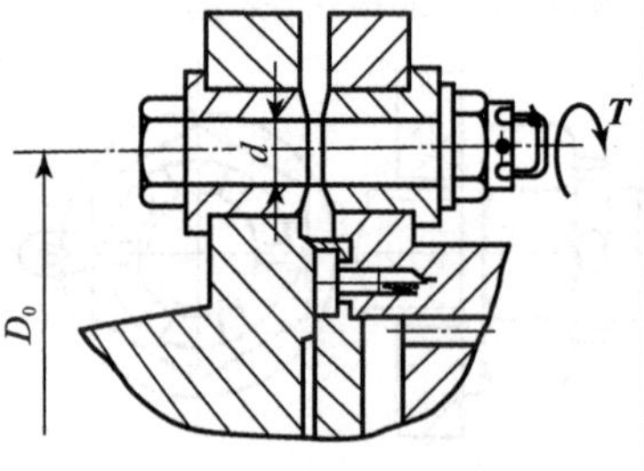 d T D_0	销的直径	$d=1.6\sqrt{\frac{T}{D_0 m\tau_b}}$	D_0 为安全销中心圆的直径,m;τ_b 为剪切强度极限,MPa,$\tau_b=(0.6\sim0.7)\sigma_b$;$\sigma_b$ 为拉伸强度极限,MPa

【思考与练习】

1. 键连接有哪些类型？它们是怎样工作的？
2. 圆头、平头和单圆头普通平键分别用于什么场合？各自的键槽是怎样加工的？
3. 试画出普通平键、半圆键和楔键的剖面示意图,并比较指出各自的工作面。
4. 装配楔键时都是将楔键打入吗？试述几种楔键的装配方法。
5. 花键连接的优缺点是什么？

6. 如图 3-3-19 所示的双联滑移齿轮与轴之间可采用哪些连接？各有哪些优缺点？

7. 如图 3-3-20 所示的平带轮与轴可采用哪几种键连接？试选择其参数 b、h、L。

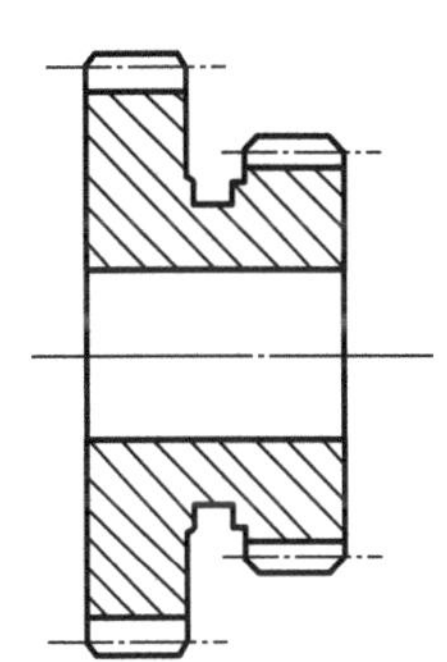

图 3-3-19　双联滑移齿轮

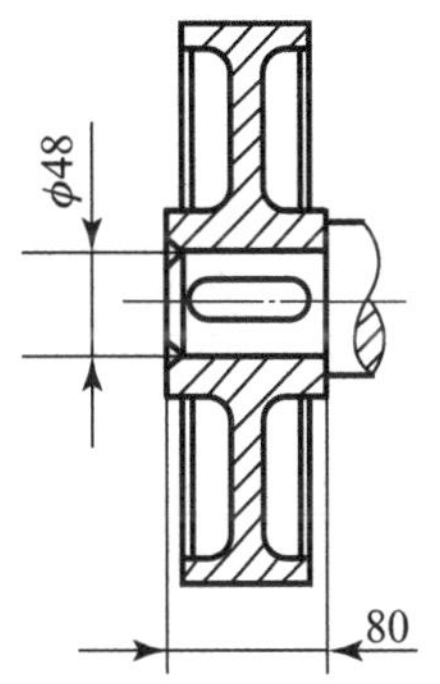

图 3-3-20　平带轮

8. 普通平键按构造可分为几种？各有什么优缺点？若公称长度为 L，键宽为 b，则在强度计算中，键的工作长度 l 与 L 之间是什么关系？

9. 单盘式摩擦离合器如图 3-3-21 所示，左盘与轴相连，右盘可轴向移动，左、右两盘与轴可采用哪几种键连接？若工作时载荷有轻微振动，试选择键连接的尺寸。

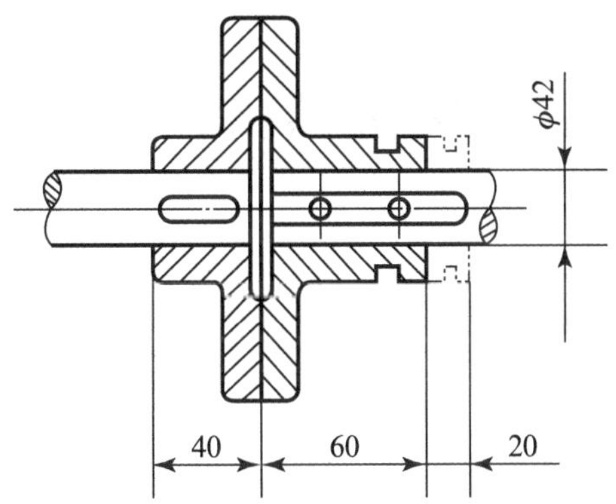

图 3-3-21　单盘式摩擦离合器

10. 如图 3-3-22 所示，减速器的低速轴与凸缘联轴器及圆柱齿轮之间分别采用键连接，已知轴传递的转矩 $T=10^6$ N·mm，齿轮材料为 45 钢，联轴器材料为 HT200，工作时有轻微冲击，试选择键的类型和尺寸，并校核连接强度。

11. 如图 3-3-23 所示，轴头安装钢制直齿圆柱齿轮，工作时有轻微冲击，试确定键的尺寸及传递的最大转矩。

12. 精压机主机传动系统中大带轮与减速器高速轴采用的是键连接，该轴所受的转矩 $T=1.19\times10^5$ N·mm，有轻微冲击载荷。轴段直径 $d_1=35$ mm，轴长 $l_1=48$ mm，轴和键的材料均为 45 钢，带轮材料为铸铁。试选择键的类型和尺寸，并校核连接强度。

13. 销有哪些类型？销连接有哪些用途？试举例说明。

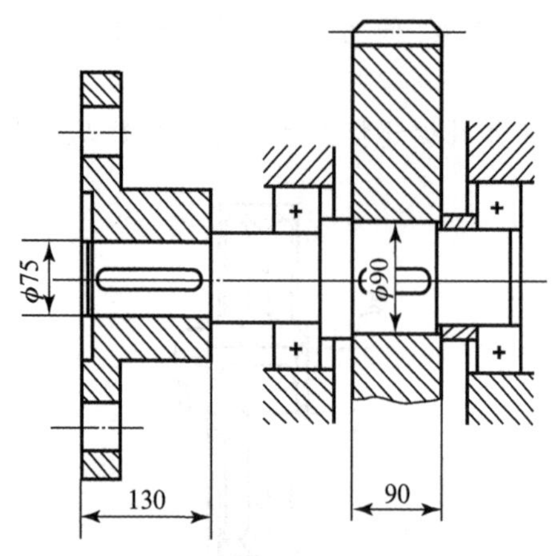

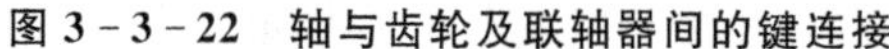

图 3-3-22　轴与齿轮及联轴器间的键连接

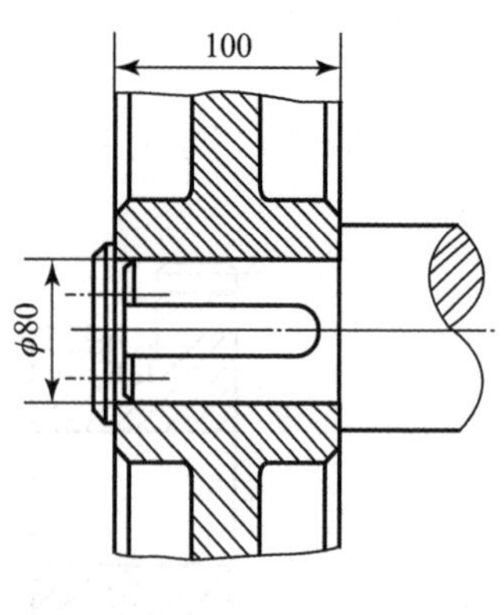

图 3-3-23　直齿圆柱齿轮

14. 一套筒联轴器用圆锥销与轴连接，已知轴的直径 $d=32$ mm，套筒外径 $D_0=50$ mm；圆锥销的材料为 35 钢，许用切应力$[\tau]=80$ MPa，传递的扭矩 $T=70$ N·m，载荷平稳。试确定该圆锥销的直径 d。

15. 单剪切安全离合器主轴传递的最大扭矩 $T_{max}=580$ N·m，销直径 $d=6$ mm，材料 35 钢，抗拉强度 $\sigma_b=520$ MPa，剪切强度 $\tau_b=0.6\sigma_b$；销中心所在圆直径 $D=100$ mm；按过载 30%时销被剪断，起保护作用。试问此销能否起到过载保护作用？

任务 4　绕线机凸轮机构回复弹簧的设计★

【任务描述】

弹簧是一种弹性元件，受载后产生变形，卸载后一般立即恢复原有形状和尺寸。如图 1-3-1所示的绕线机中回复弹簧 4 的主要作用是：当摆杆 2 匀速往复摆动时，使摆杆尖顶 B 始终与凸轮轮廓保持接触(称为力锁合)。

已知该回复弹簧为拉伸弹簧，拉簧最大工作负荷 $F=350$ N，工作行程 $h=20$ mm±1.5 mm。有初拉力，用途一般，每天工作 8 小时。根据拉簧安装空间要求，弹簧外径不大于 25 mm，拉簧两端均采用圆钩环。试设计此回复弹簧，并绘制零件设计图。

【任务目标】

【知识】

◎ 弹簧的类型、结构特点及应用。

◎ 金属弹簧的常用材料及选用方法。

◎ 圆柱螺旋弹簧的结构和几何尺寸。

◎ 圆柱螺旋压缩(拉伸)弹簧的特性线。

◎ 圆柱螺旋压缩(拉伸)弹簧的强度、刚度及稳定性计算。

◎ 圆柱螺旋弹簧的设计方法和步骤。

【技能】

◎ 能够根据工作条件，正确选用金属弹簧的材料。

◎ 掌握圆柱螺旋压缩（拉伸）弹簧几何尺寸的计算方法。

◎ 掌握圆柱螺旋压缩（拉伸）弹簧特性线的绘制方法。

◎ 能够根据弹簧工作情况，采用试算法设计弹簧，并进行强度、刚度及稳定性校核。

◎ 掌握圆柱螺旋压缩（拉伸）弹簧设计的一般方法与步骤。

◎ 了解弹簧相关的国家标准，能熟练运用（查选）弹簧设计时所需的各类图表。

【素质】

◎ 培养学生成本意识，在设计过程中注意资源节约、绿色环保。

【知识准备】

一、弹簧的种类和功能

受载后产生变形，卸载后一般立即恢复原有形状和尺寸的零件，称为弹性零件。机械中各类弹簧（金属弹簧、橡胶弹簧、空气弹簧、液体弹簧），仪表中形状各异的簧片、膜片、波纹管等都属于弹性零件。如图 3-4-1 所示，零件 1 和 2 主要是依靠装在它们之间的弹性零件 3（板簧）实现连接的。这种依靠弹性零件实现被连接件在有限相对运动时仍保持固定联系的动连接，称为弹性连接。弹簧是机械中广泛使用的一种弹性零件，弹簧在受载时能产生弹性变形，把机械功或动能转变为变形能；而在卸载后弹簧的变形能消失并恢复原状，将变形能转化为机械能或动能。

弹簧的主要功能有：

① 减振和缓冲，如各种缓冲器、车辆的减振弹簧等，如图 3-4-1 所示；

② 控制运动，如制动器、离合器和内燃机中的阀门控制弹簧等，如图 3-4-2 所示；

③ 储存及释放能量，如钟表发条及定位控制机构中的弹簧等，如图 3-4-3 所示；

④ 测量力或力矩，如弹簧秤和测力器等，如图 3-4-4 所示。

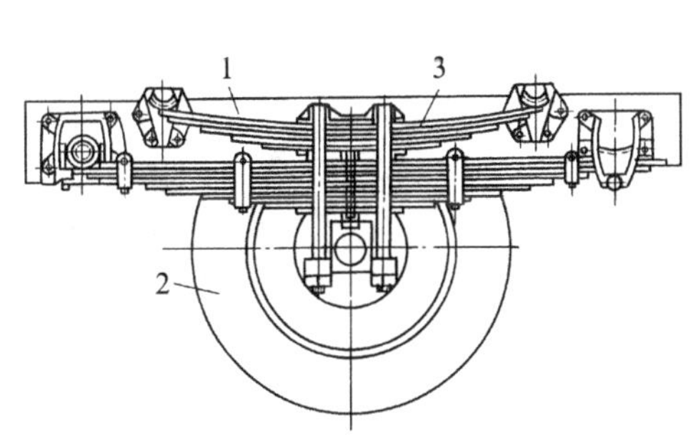

图 3-4-1　车辆上的减振弹簧

1—车厢；2—车轮；3—板簧

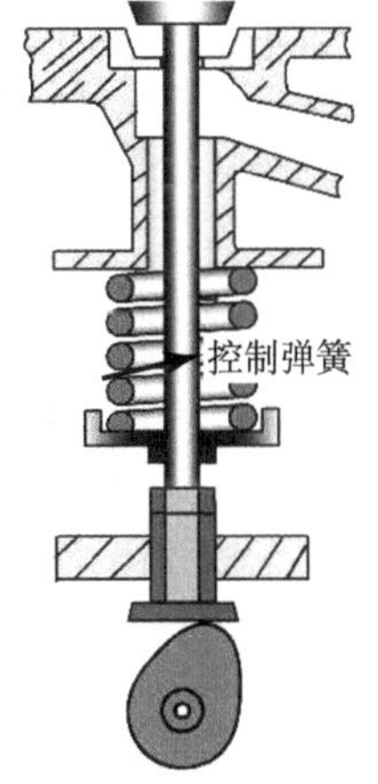

图 3-4-2　内燃机中的阀门控制弹簧

图 3-4-3 机械钟表工作原理图

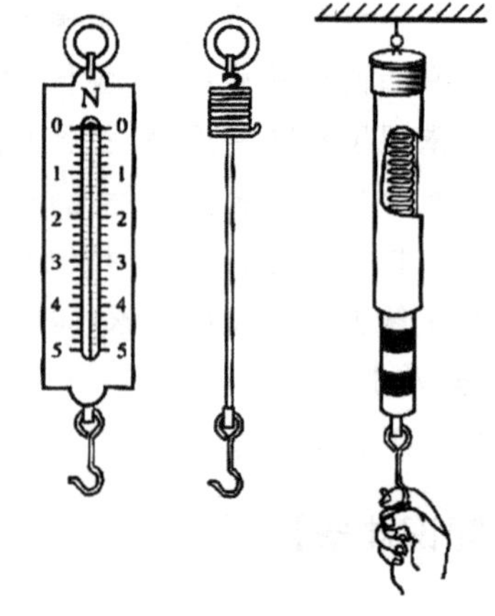

图 3-4-4 弹簧秤及测力器

按弹簧的受力性质不同，弹簧主要分为拉伸弹簧、压缩弹簧、扭转弹簧和弯曲弹簧等；按弹簧的形状不同，又可分为螺旋弹簧、环形弹簧、蝶形弹簧等。常用金属弹簧的基本类型见表3-4-1。

表 3-4-1 常用金属弹簧的基本类型

形状	拉伸	压缩		扭转	弯曲
螺旋形	圆柱螺旋拉伸弹簧	圆柱螺旋压缩弹簧	圆锥螺旋压缩弹簧	圆柱螺旋扭转弹簧	—
其他	—	环形弹簧	碟形弹簧	蜗卷形盘簧	板簧

二、弹簧的材料与制造

1. 弹簧材料及其选用方法

弹簧通常在变载荷作用下工作，为了使弹簧能够可靠地工作，对弹簧材料的主要要求有：具有较高的弹性极限、疲劳极限、冲击韧性和塑性；在热处理性能方面具有良好的淬透性、不易脱碳、便于卷绕。

弹簧常用的材料有以下几种。

① 碳素弹簧钢丝。它价格便宜，材料来源方便，是优选材料，缺点是弹性极限较低、淬透性较差，适合于一般用途的小尺寸螺旋弹簧和板簧。其常用牌号有 55～80 钢、40 Mn～70 Mn。根据应力的不同，分 B(低应力弹簧)、C(中应力弹簧)、D(高应力弹簧)级三种碳素弹簧钢丝，以及油淬-回火碳素弹簧钢丝(分 A、B 两类，详见 GB/T 18983—2017)。

② 合金碳素钢丝。在弹簧钢中加入锰、硅、铬、钒等合金元素，提高了钢的淬透性和回火稳定性，适用于受变载荷和冲击载荷下的弹簧。如 60Si2MnA、65Si2MnWA 等硅锰钢，用于普通机械的较大弹簧；50CrVA 等铬钒钢，耐疲劳、抗冲击，适用于变载荷的弹簧。

③ 不锈钢和铜合金材料。对于要求防腐蚀、防磁性和导电的弹簧，采用不锈耐酸钢(如 1Cr18Ni9、0Cr18Ni10 等不锈钢丝)、耐热合金钢、锡青铜线(QSn4－3)、硅青铜线(QSi3－1)和铍青铜线(QBe2)等。

④ 非金属材料。橡胶和纤维增强塑料等。

选择弹簧材料时应根据弹簧的功用、载荷的性质、载荷大小及其循环特性、工作温度、周围介质以及重要程度，来选择不同类型的弹簧材料。几种弹簧材料的力学性能见表 3－4－2，抗拉强度 σ_b 极限值详见 GB/T 1222—2016。

2. 螺旋弹簧的制造

螺旋弹簧的制造工艺包括卷制、拉钩制作(拉伸簧)或端面加工(压缩弹簧)、热处理、工艺试验等过程，特别重要的弹簧还要进行强化处理。

卷制又分冷卷和热卷两种，当弹簧丝直径 $d \leqslant 6 \sim 8$ mm 时，直接使用预先热处理后的弹簧丝在常温下卷制，称为冷卷。经冷卷后，一般需要进行低温回火，以消除卷制时所产生的内应力。对于直径较大的弹簧丝，要在 800～1 000℃ 的温度下卷制，称为热卷。热卷后，必须进行淬火和中温回火处理。冷卷和热卷的螺旋压缩与拉伸弹簧分别用代号 Y、L 和 RY、RL 表示，其中 Y 表示压缩，L 表示拉伸，R 表示热卷。

为使载荷作用线与弹簧轴线趋于重合，大多数压缩弹簧两端各有 3/4～7/4 圈并紧磨平，称为支承圈，如图 3－4－5 所示；而拉伸弹簧两端则制成钩环，以便安装和加载，如图 3－4－6 所示。

对重要弹簧应进行工艺试验，以检查材料缺陷和热处理效果，兼有稳定弹性极限和确定永久变形的作用。

为提高承载能力，可对压缩弹簧进行强压处理。用超过弹簧弹性极限的载荷，将弹簧压缩 2～3 次或 6～48 h，使弹簧丝表面产生残余应力，从而提高弹簧的静载强度。为了提高弹簧的疲劳强度，可采用喷丸处理，使弹簧表面产生有益的残余应力。

表 3-4-2　几种钢丝弹簧材料的力学性能

<table>
<tr><th rowspan="2">牌号</th><th colspan="3">压缩弹簧许用切应力
[τ]/MPa</th><th colspan="2">许用弯曲应力
[σ_b]/MPa</th><th rowspan="2">推荐硬度范围
/HRC</th><th rowspan="2">推荐使用温度
/℃</th><th rowspan="2">特性及用途</th></tr>
<tr><th>Ⅰ类</th><th>Ⅱ类</th><th>Ⅲ类</th><th>Ⅱ类</th><th>Ⅲ类</th></tr>
<tr><td>碳素弹簧钢丝</td><td>(0.3～0.38)σ_b</td><td>(0.3～0.45)σ_b</td><td>0.5σ_b</td><td>(0.6～0.68)σ_b</td><td>0.8σ_b</td><td rowspan="3">—</td><td rowspan="3">−40～120</td><td rowspan="3">强度高，性能好，适用于做小弹簧，如安全阀弹簧，或要求不高的大弹簧</td></tr>
<tr><td>油淬一回火碳素弹簧钢丝</td><td>(0.35～0.4)σ_b</td><td>(0.4～0.47)σ_b</td><td>0.55σ_b</td><td>(0.6～0.68)σ_b</td><td>0.8σ_b</td></tr>
<tr><td>65Mn</td><td>340</td><td>455</td><td>570</td><td>570</td><td>710</td></tr>
<tr><td>60Si2Mn
60Si2MnA</td><td rowspan="2">445</td><td rowspan="2">590</td><td rowspan="2">740</td><td rowspan="2">740</td><td rowspan="2">925</td><td>40～45</td><td>−40～200</td><td>弹性好，回火稳定性好，易脱碳，用于受大载荷弹簧</td></tr>
<tr><td>50CrVA</td><td>45～50</td><td>−40～210</td><td>用作截面大高应力的弹簧，亦用于变载荷高温工作的弹簧</td></tr>
<tr><td>55Si2MnWA
60Si2CrVA</td><td>560</td><td>745</td><td>931</td><td>931</td><td>1 167</td><td>47～52</td><td>−40～250</td><td>强度高，耐高温，耐冲击，弹性好</td></tr>
<tr><td>30W4Cr2VA</td><td>442</td><td>588</td><td>735</td><td>735</td><td>920</td><td>43～47</td><td>−40～350</td><td>高温时强度高，淬透性好</td></tr>
</table>

注：
1. 按应力循环次数 N 不同，弹簧分为三类：Ⅰ类 $N>10^6$；Ⅱ类 $N=10^3\sim10^5$；Ⅲ类 $N<10^3$。
2. 拉伸弹簧的许用切应力为压缩弹簧的 80%。表中材料的切变模量 $G=79\times10^3$ MPa，弹性模量 $E=206\times10^3$ MPa。
3. 不锈钢丝、青铜丝查相关机械设计手册。

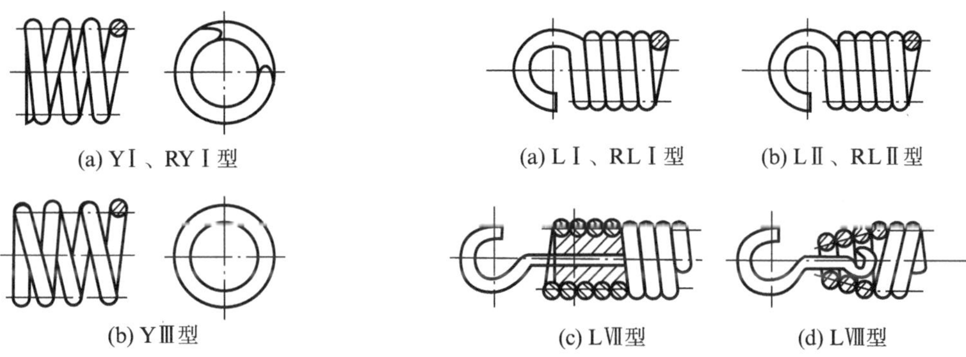

(a) YⅠ、RYⅠ型　(b) YⅢ型

图 3-4-5　压缩弹簧常用的端部结构

(a) LⅠ、RLⅠ型　(b) LⅡ、RLⅡ型　(c) LⅦ型　(d) LⅧ型

图 3-4-6　拉伸弹簧常用的端部结构

三、圆柱螺旋弹簧的几何尺寸

圆柱螺旋压缩(拉伸)弹簧的主要几何尺寸有：弹簧钢丝直径 d、弹簧中径 D、弹簧内径 D_1、弹簧外径 D_2、节距 t、螺旋角 α、自由高度 H_0、有效圈数 n、总圈数 n_1 和螺旋的旋向(常用右旋)等，如图 3-4-7 所示。圆柱螺旋压缩(拉伸)弹簧的几何尺寸计算公式见表 3-4-3。

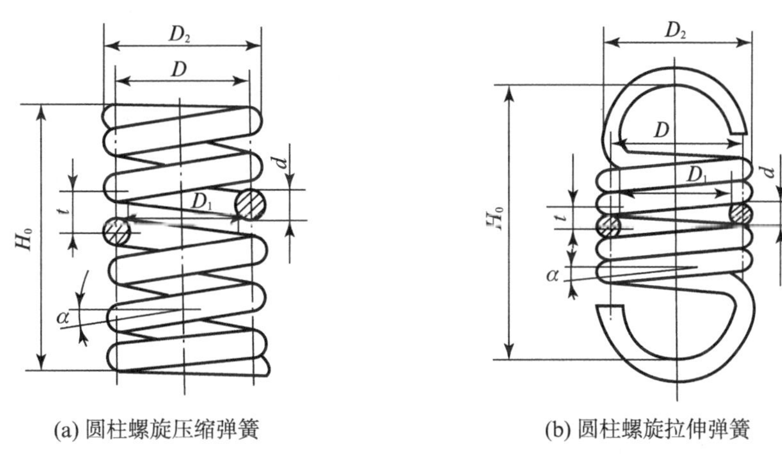

(a) 圆柱螺旋压缩弹簧　(b) 圆柱螺旋拉伸弹簧

图 3-4-7　圆柱螺旋压缩(拉伸)弹簧

四、圆柱螺旋弹簧的特性线*

工作中要求弹簧受载与变形间有一定的关系，并保持相对的稳定。表示弹簧受载与变形关系的曲线称为弹簧的特性线。特性线是弹簧的类型选择、试验及检验的重要依据，应绘在弹簧零件的设计图上。普通等节距的圆柱螺旋压缩(拉伸)弹簧的变形与载荷成正比，特性线为直线。

表 3-4-3 圆柱螺旋压缩(拉伸)弹簧的几何尺寸计算公式

<table>
<tr><th>名称及代号</th><th>压缩弹簧</th><th colspan="2">拉伸弹簧</th></tr>
<tr><td>弹簧钢丝直径(d)</td><td colspan="3">由强度计算决定</td></tr>
<tr><td>弹簧中径(D)</td><td colspan="3">$D=Cd$;C 为旋绕比</td></tr>
<tr><td>弹簧内径(D_1)</td><td colspan="3">$D_1=D-d$</td></tr>
<tr><td>弹簧外径(D_2)</td><td colspan="3">$D_2=D+d$</td></tr>
<tr><td>有效圈数(n)</td><td colspan="3">由刚度计算决定</td></tr>
<tr><td>支承圈数(n_2)</td><td>$n_2=1.5\sim3.5$</td><td colspan="2">$n_2=0$</td></tr>
<tr><td>总圈数(n_1)</td><td>$n_1=n+n_2$</td><td colspan="2">$n_1=n$</td></tr>
<tr><td>节距(t)</td><td>$t=d+\frac{\lambda_2}{n}+\delta_1$</td><td colspan="2">$t=d+\delta$</td></tr>
<tr><td>螺旋角(α)</td><td colspan="3">$\alpha=\arctan\frac{t}{\pi D^2}$ 压缩弹簧推荐值为 5°～9°</td></tr>
<tr><td rowspan="2">自由高度(H_0)</td><td rowspan="2">$H_0=nt+(n_2-0.5)d$</td><td>LⅠ型</td><td>$H_0=(n+1)d+D_1$</td></tr>
<tr><td>LⅡ型</td><td>$H_0=(n+1)d+2D_1$</td></tr>
<tr><td>簧丝展开长度(L)</td><td>$L=\frac{\pi Dn_1}{\cos\alpha}$</td><td colspan="2">$L\approx\pi Dn+$钩环展开长度</td></tr>
</table>

注：λ_2 为最大变形量;δ_1 为余隙,δ 是最大工作载荷作用时各有效圈之间应保留的间隙,$\delta=t-d$ 为间距,$\delta=0$ 对密圈拉簧。

1. 圆柱螺旋压缩弹簧的特性线

如图 3-4-8 所示,H_0 为弹簧未受载时的自由高度,F_1 为最小工作载荷,它是为了使弹簧能可靠地安装在工作位置上所预加的初始载荷。在 F_1 作用下,弹簧从自由高度 H_0 被压缩至 H_1,此时弹簧的压缩变形量为 λ_1,$H_1=H_0-\lambda_1$。F_2 为最大工作载荷,在它的作用下,弹簧的高度被压至 H_2,此时弹簧的压缩变形量为 λ_2,$H_2=H_0-\lambda_2$。λ_2 与 λ_1 之差即为弹簧的工作行程 h,$h=\lambda_2-\lambda_1=H_1-H_2$。图 3-4-8 中阴影面积为在加载中所增储的变形能。$F_{\lim}$为弹簧的极限载荷,在该力的作用下,弹簧丝内的应力达到了材料的弹性极限,弹簧的极限高度为 $H_{\lim}$,相应地极限变形量为 $\lambda_{\lim}$,$H_{\lim}=H_0-\lambda_{\lim}$。$F_1$ 与 F_2 的关系为：$F_1=(0.1\sim0.2)F_2$。

2. 圆柱螺旋拉伸弹簧的特性线

如图 3-4-9 所示,按照制造方法的不同,螺旋拉伸弹簧分为“无预应力”和“有预应力”两种。拉伸弹簧冷卷绕制后若不进行热处理,弹簧丝内存在与工作应力相反方向的残余切应力,称为预应力。热卷拉伸弹簧或冷卷后进行热处理的拉伸弹簧无预应力。无预应力的拉伸弹簧,其特性线和压缩弹簧的特性线相同,如图 3-4-9a 所示。有预应力的拉伸弹簧的特性线,如图 3-4-9b 所示,图中增加了一段假想的变形量 x,相应的初拉力 F_0 是使弹簧开始变形时所需的初拉力,即当工作载荷大于 F_0 时,弹簧才开始伸长。

为了获得稳定的弹簧特性,通常使 $F_2\leqslant0.8F_{\lim}$,$F_1\geqslant0.2F_{\lim}$。对于有预应力的拉伸弹簧,$F_{\min}>F_0$;弹簧的最大载荷应小于极限载荷。弹簧的工作变形量一般取在$(0.2\sim0.8)\lambda_{\lim}$范围内,以便保持弹簧的特性线。

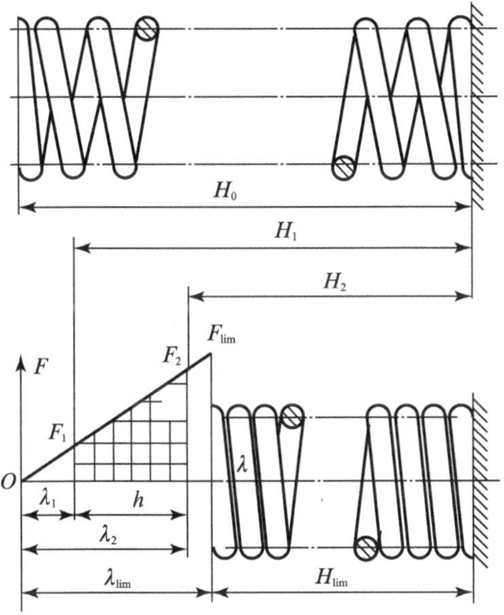

图 3-4-8　圆柱螺旋压缩弹簧的特性线

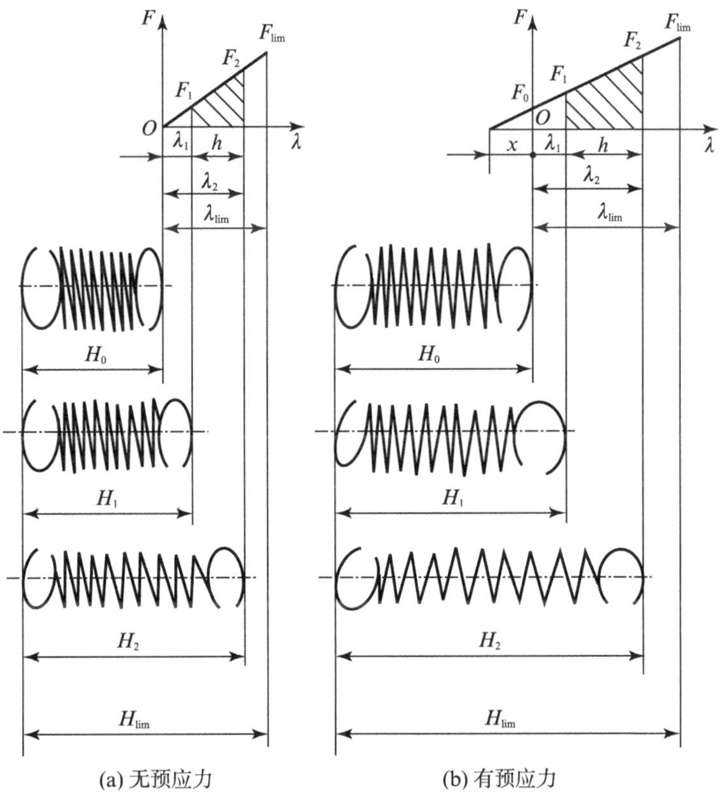

(a) 无预应力　(b) 有预应力

图 3-4-9　圆柱螺旋拉伸弹簧的特性线

为使圆柱螺旋压缩(拉伸)弹簧按特性线工作,常需调整其最小工作载荷 F_1,或最小变形量 λ_1,或安装高度 H_1。几种典型的圆柱螺旋压缩(拉伸)弹簧的调整结构如图 3-4-10 所示。

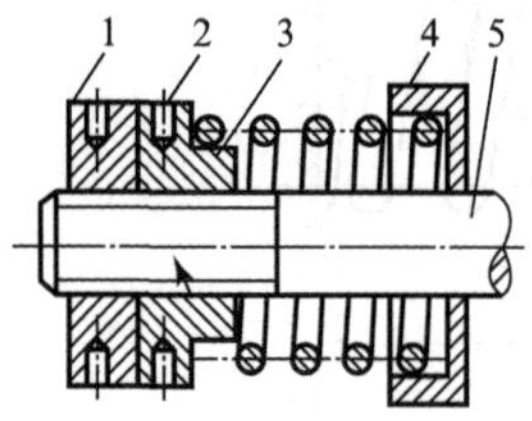

(a) 把扳手插入孔2中转动,将弹簧座3移至要求位置,用锁紧螺母1锁紧。弹簧两端固定在弹簧座3、4上,5为导杆

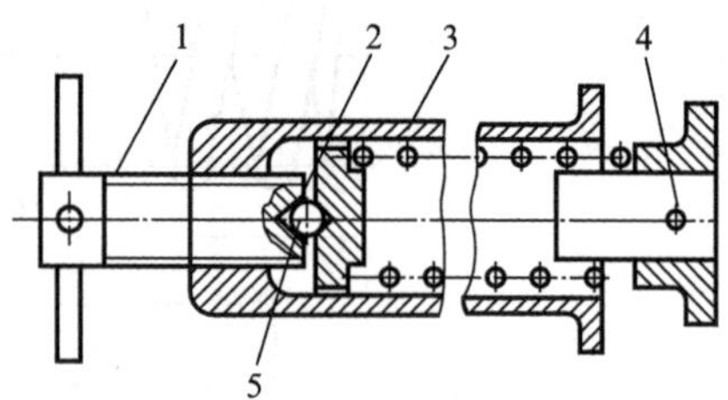

(b) 利用螺杆1进行调整。凹口2处相当于回转支承,3为导套,4为销钉,5为淬火钢球,弹簧右端固定

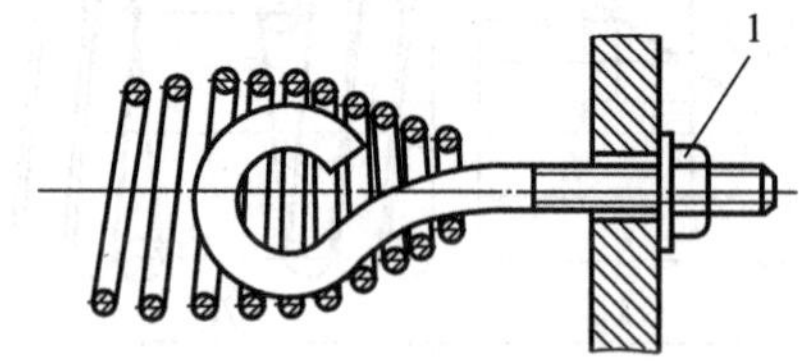

(c) 弹簧端部为圆锥状,调整时转动螺母1,直至要求长度

图 3-4-10 圆柱螺旋压缩(拉伸)弹簧的调整结构

五、圆柱螺旋弹簧的计算*

1. 弹簧的强度计算

圆柱螺旋弹簧受压或受拉时,弹簧丝的受力情况完全相同。下面对承受轴向载荷的圆柱螺旋压缩弹簧进行分析,如图 3-4-11 所示。

圆柱螺旋压缩弹簧受轴向力 F 作用,由力的平衡条件可知,在通过弹簧轴线的簧丝截面(视为圆形)上,有剪应力 F_Q 和扭矩 T 的作用,分别产生切应力 τ_Q 和 τ_T,如图 3-4-11b、c 所示,截面内侧点的切应力 τ' 最大,如图 3-4-11d 所示。考虑螺旋角 α 和簧丝曲率的影响,实际簧丝截面上的切应力及强度条件为

$$\tau_{max} = K\tau' = K\frac{8FC}{\pi d^2} \leqslant [\tau] \qquad (3-4-1)$$

式中

C——旋绕比(又称弹簧指数),$C=D/d$,它是反应弹簧特性的重要参数。C 值的范围为 4~12,常用值为 4~8。弹簧材料、直径相同时,C 值小,说明弹簧圈的中径也小,其刚度大,但弹簧的曲率也大,卷绕成型困难,并且工作时,弹簧产生的应力大;C 值大时,则情况与上述相反。C 值太大时,弹簧易发生颤动。C 值的选取见表 3-4-4。

K——曲度系数,对圆截面弹簧丝可按下式计算

$$K = \frac{4C-1}{4C-4} + \frac{0.615}{C} \qquad (3-4-2)$$

$[\tau]$——弹簧材料的许用切应力,MPa,对于碳素弹簧钢丝,可参见表 3-4-2。

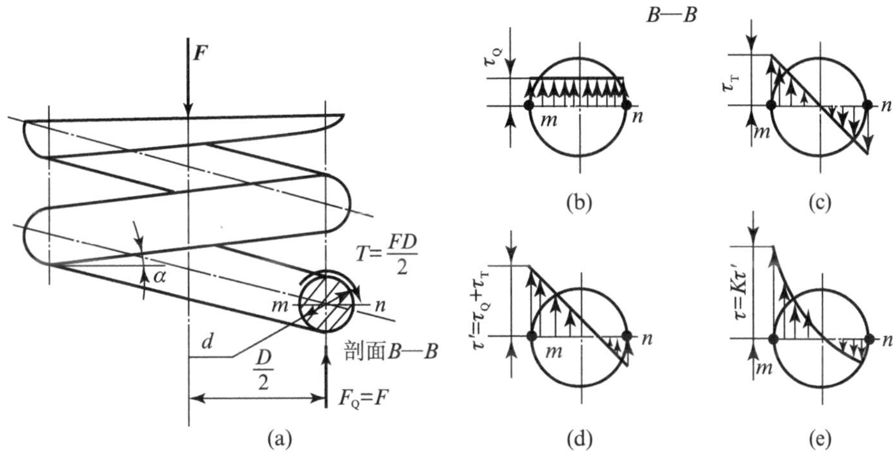

图 3-4-11　圆柱螺旋压缩弹簧的受力分析

表 3-4-4　圆柱螺旋弹簧有关参数选用范围

<table>
<tr><td colspan="2">项目</td><td colspan="12">参　数　选　取</td></tr>
<tr><td colspan="2" rowspan="2">旋绕比 C</td><td>d/mm</td><td colspan="2">0.1～0.4</td><td colspan="2">0.5～1</td><td colspan="2">1.1～2.2</td><td colspan="2">2.5～6</td><td colspan="2">7～16</td><td>≥18</td></tr>
<tr><td>C</td><td colspan="2">7～14</td><td colspan="2">5～12</td><td colspan="2">5～10</td><td colspan="2">4～9</td><td colspan="2">4～8</td><td>4～6</td></tr>
<tr><td colspan="2" rowspan="4">曲度系数 K</td><td>C</td><td>4</td><td>4.2</td><td>4.3</td><td>4.4</td><td>4.5</td><td>4.6</td><td>4.7</td><td>4.9</td><td>5</td><td>5.2</td><td>5.4</td></tr>
<tr><td>K</td><td>1.40</td><td>1.38</td><td>1.37</td><td>1.36</td><td>1.35</td><td>1.34</td><td>1.33</td><td>1.32</td><td>1.31</td><td>1.30</td><td>1.28</td></tr>
<tr><td>C</td><td>5.6</td><td>5.8</td><td>6</td><td>6.2</td><td>6.4</td><td>6.7</td><td>7</td><td>7.4</td><td>7.6</td><td>8</td><td>8.6</td></tr>
<tr><td>K</td><td>1.27</td><td>1.26</td><td>1.25</td><td>1.24</td><td>1.23</td><td>1.22</td><td>1.21</td><td>1.20</td><td>1.19</td><td>1.18</td><td>1.17</td></tr>
<tr><td rowspan="6">尺寸参数</td><td rowspan="2">材料直径 d/mm</td><td colspan="6">第一系列(优先选用)</td><td colspan="6">第二系列</td></tr>
<tr><td colspan="6">0.5,0.6,0.8,1,1.2,1.8,2,2.5,3,3.5,4,4.5,5,6,8,10,12,16,20,25,30</td><td colspan="6">0.7,0.8,1.4,1.8,2.2,2.8,3.2,3.8,4.2,5.5,7,8,14,18,22,28,32,38,42,55,65</td></tr>
<tr><td>弹簧中径 D/mm</td><td colspan="6">4,4.5,5,6,7,8,9,10,12,16,20,25,30,35,40,45,50,55,60,70,80,90</td><td colspan="6">4.2,4.8,5.5,6.5,7.5,8.5,9.5,14,18,22,28,32,38,42,48,52,58,65,75,85,95</td></tr>
<tr><td rowspan="2">有效圈数 n</td><td colspan="6">压缩弹簧</td><td colspan="6">拉伸弹簧</td></tr>
<tr><td colspan="6">2,2.25,2.5,2.75,3,3.25,3.5,3.75,4,4.25,4.5,4.75,5,5.5,6,6.5,7,7.5,8,8.5,9,9.5,10,10.5,11.5,12.5,13.5,14.5,15,16,18,20,22,25,28,30</td><td colspan="6">2,3,4,5,6,7,8,9,10,11,12,13,14,15,16,17,18,19,20,22,25,28,30,35,40,45,50,55,60,65,70,80,90,100
(尾数还可为 0.25,0.5,0.75)</td></tr>
<tr><td>自由高度 H_0/mm</td><td colspan="12">4,5,6,7,8,9,10,11,12,13,14,15,16,17,18,19,20,22,24,26,28,30,32,35,38,40,42,45,48,50,52,55,58,60,65,70,75,80,85,90,95,100,105,110,115,120,130,140,150,160,170,180,190,200,220,240,260,280,300</td></tr>
</table>

注：表中 d、D、H_0 系列值未全部植入，详见相关机械设计手册。

将最大工作载荷 F_2 代入公式(3-4-1),整理得到弹簧丝直径 d 的设计公式为

$$d \geqslant \sqrt{\frac{8KF_2C}{\pi[\tau]}} = 1.6\sqrt{\frac{KF_2C}{[\tau]}} \tag{3-4-3}$$

应用式(3-4-3)计算时,旋绕比 C、许用切应力 $[\tau]$ 均与直径 d 有关,所以需要试算才能算出弹簧丝直径 d。算出的 d 值,最后还应圆整为标准中规定的系列值,见表 3-4-4。

2. 弹簧的刚度计算

圆柱螺旋压缩(拉伸)弹簧受载后的轴向变形量 λ 可根据材料力学公式求得

$$\lambda = \frac{8FD^3n}{Gd^4} = \frac{8FC^3n}{Gd} \tag{3-4-4}$$

式中,G 为弹簧材料的切变模量,MPa;n 为弹簧的有效圈数。

如以 F_2 代替 F,则得最大轴向变形量如下。

① 压缩弹簧和无初应力的弹簧为

$$\lambda_2 = \frac{8F_2C^3n}{Gd} \tag{3-4-5}$$

② 有初应力的拉伸弹簧为

$$\lambda_2 = \frac{8(F_2 - F_0)C^3n}{Gd} \tag{3-4-6}$$

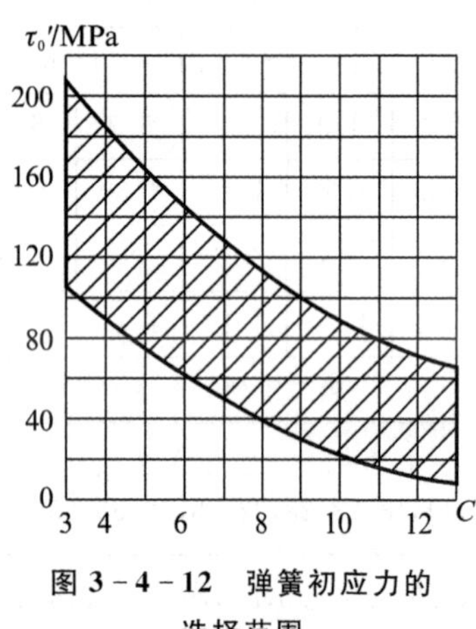

图 3-4-12 弹簧初应力的选择范围

有初应力的拉伸弹簧选取初拉力时,推荐初应力 τ_0' 值在图 3-4-12 所示的阴影区内选取。

初拉力的计算公式如下

$$F_0 = \frac{\pi d^3 \tau_0'}{8D} \tag{3-4-7}$$

设计时,弹簧的有效圈数 n 是根据变形量 λ_2 决定的,由式(3-4-5)、式(3-4-6)可得

① 压缩弹簧和无预应力拉伸弹簧为

$$n = \frac{Gd\lambda_2}{8F_2C^3} \tag{3-4-8}$$

② 有预应力拉伸弹簧为

$$n = \frac{Gd\lambda_2}{8(F_2 - F_0)C^3} \tag{3-4-9}$$

为了防止因载荷偏心而引起过大的附加力及保证弹簧具有稳定的性能;要求有效圈数 $n \geqslant 2$。否则,应重新选择弹簧旋绕比 C,并计算 d 和 n。对于压缩(拉伸)弹簧,当 $n > 15(20)$ 时,取 n 为整数;当 $n \leqslant 15(20)$ 时,取 n 为整数或 0.5 的倍数。

弹簧的刚度 k 是弹簧产生单位轴向变形时所需的载荷,弹簧刚度是表征弹簧性能的主要参数之一。由式(3-4-4)可得弹簧刚度的计算式,即

$$k=\frac{F}{\lambda}=\frac{Gd}{8C^3n} \tag{3-4-10}$$

从式(3-4-10)可知，弹簧刚度 k 即是特性线的斜率，当其他条件相同时，弹簧刚度越大，单位变形所需要的力就越大，则弹簧的弹力也越大。影响弹簧刚度的因素很多，其中弹簧指数 C 对刚度的影响最大，C 值越小的弹簧，刚度越大；反之则越小。另外，弹簧刚度 k 还和 G、d、n 等有关。设计过程中，调整弹簧刚度时，应当综合考虑这些因素的影响。

3. 弹簧的稳定性计算

当作用在压缩弹簧的载荷过大，而高径比 $b=H_0/D$ 超过下列范围时，弹簧就会产生较大的侧向弯曲而失去稳定，如图 3-4-13a 所示。

一般规定，弹簧两端固定时，取 $b<5.3$；一端固定，另一端自由时，取 $b<3.7$；两端自由时，应取 $b<2.6$。当弹簧的高径比大于上述数值时，要进行稳定性验算。若稳定性不足，又不便修改设计参数时，可设置导杆或导套以增加稳定性，如图 3-4-13b、c 所示。图 3-4-13 中的 c 值为弹簧与导杆或导套的间隙，其值可查相关机械设计手册。

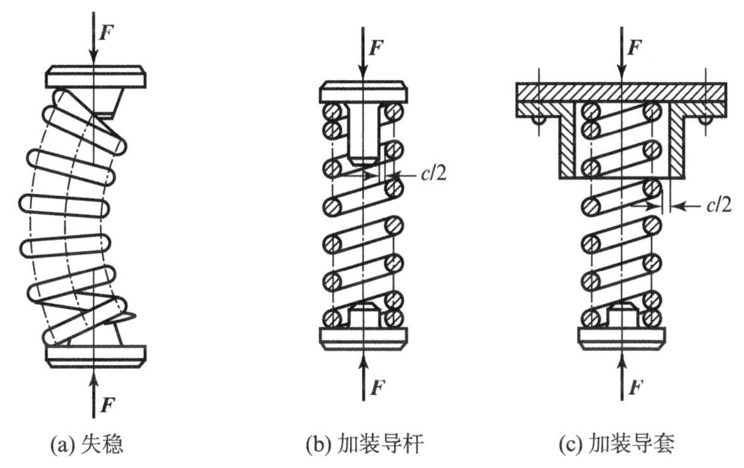

图 3-4-13　圆柱螺旋压缩弹簧失稳及对策

六、圆柱螺旋弹簧的设计★

圆柱螺旋弹簧的设计方法与步骤如下(参考 GB/T 23935—2009 圆柱螺旋弹簧设计计算)：

① 选择弹簧钢丝材料，确定许用应力。对于碳素弹簧钢丝，根据弹簧的使用要求，从表 3-4-2 中选取材料，查得许用切应力 $[\tau]$。因为 σ_b 与 d 有关，要先假设材料直径 d，查 GB/T 4357—2022，得 σ_b。

② 初选弹簧指数 C 值，从表 3-4-4 中选取。

③ 求弹簧丝直径 d，按式(3-4-3)计算出 d 值。d 如果在所假设的范围内，则圆整为符合直径系列值，见表 3-4-4；如果 d 不在所假设的范围内，要重新改选 C 值。

④ 求符合中径系列的 D 值，见表 3-4-4：$D=Cd$。

⑤ 求弹簧有效圈数 n 和总圈数 n_1：拉伸弹簧的有效圈数 n 和总圈数 n_1 按表 3-4-3 中的

计算式计算。

⑥ 求弹簧的几何尺寸：利用表 3-4-3 中的计算式进行计算。

⑦ 校核弹簧的稳定性。

⑧ 绘制弹簧零件设计图。

根据设计的具体要求，上述步骤可进行适当的调整。

在实际工作中，常常用到金属拉伸弹簧和金属压缩弹簧，因此要求掌握这两种弹簧的设计与选用。

【任务分析】

本任务中的回复弹簧工作状况一般，无冲击载荷。因此设计时主要根据拉簧的最大工作负荷 350 N、工作行程 $h=20\ \text{mm}\pm1.5\ \text{mm}$ 及安装空间要求选择弹簧材料；根据强度要求设计弹簧材料直径，计算弹簧负荷、变形量及结构尺寸等；最后绘制弹簧设计图。

【任务实施】*

本任务中弹簧为金属拉伸弹簧。

(1) 弹簧材料的选用和直径的确定

① 材料。

根据工作条件选取碳素弹簧钢丝 C 级为弹簧材料。

② 材料直径。

由式(3-4-3)得

$$d\geqslant1.6\sqrt{\frac{KF_2C}{[\tau]}}$$

式中，许用切应力$[\tau]$与材料的抗拉强度 σ_b 有关，而 σ_b 又与材料的直径有关，故需用试算法。

初选材料直径 $d=3$ mm，且根据弹簧外径要求取 $D_2=25$ mm，则弹簧中径 $D=D_2-d=(25-3)\text{mm}=22\ \text{mm}$。

查表 3-4-4 取 $D=20$ mm，则弹簧旋绕比 C 为：$C=\dfrac{D}{d}=\dfrac{20}{3}=6.67$。

查表 3-4-4(或由式(3-4-2)计算)，取 $K=1.22$。

根据 GB/T 4357—2022，碳素弹簧钢丝 C 级 $d=3$ mm 时，抗拉强度 $\sigma_b=1\ 570$ MPa。弹簧每天工作 8 小时，其负荷可取为Ⅱ类负荷。则其许用切应力$[\tau]=0.4\times1\ 570\times0.8\ \text{MPa}=502.4\ \text{MPa}$，材料的切变模量 G 为 79×10^3 MPa。故弹簧所需直径为

$$d_j\geqslant1.6\sqrt{\frac{KF_2C}{[\tau]}}=1.6\sqrt{\frac{1.22\times350\times6.67}{502.4}}\ \text{mm}=3.8\ \text{mm}。$$

因 $d_j>d$，故初选直径不能满足强度要求。

重设 $d=4$ mm，则旋绕比为

$$C=\frac{D}{d}=\frac{20}{4}=5$$

查表 3-4-4,得 $K=1.31$。

查 GB/T 4357—2022,碳素弹簧钢丝 C 级 $d=4$ mm 时,抗拉强度 $\sigma_b=1\,520$ MPa,其许用切应力$[\tau]=0.4\times1\,520\times0.8$ MPa$=486.4$ MPa。

所需弹簧直径为

$$d_j\geqslant1.6\sqrt{\frac{KFC}{[\tau]}}=1.6\sqrt{\frac{1.31\times350\times5}{486.4}}\text{mm}=3.47\text{ mm}。$$

因 $d>d_j$,故 $d=4$ mm 的弹簧丝可用。

弹簧外径 $D_2=D+d=(20+4)$mm$=24$ mm,因外径 $D_2<25$ mm,故满足要求。

弹簧内径 $D_1=D-d=(20-4)$mm$=16$ mm。

(2) 弹簧的初拉力及负荷的计算

① 初拉力。

如图 3-4-12 所示,当 $C=5$ 时,初应力 $\tau_0'=70\sim170$ MPa,取 $\tau_0'=100$ MPa,则初拉力由式(3-4-7)计算得

$$F_0=\frac{\pi d^3\tau_0'}{8D}=\frac{3.14\times4^3\times100}{8\times20}\text{N}=125.6\text{ N},取为\ 125\text{ N}$$

② 试验负荷。

弹簧允许的最大切应力 $\tau_{\lim}=[\tau]=486.4$ MPa,故其最大试验负荷为

$$F_{\text{smax}}=\frac{\pi d^3\tau_{\lim}}{8\times D}=\frac{3.14\times4^3\times486.4}{8\times20}\text{N}=610.9\text{ N}$$

为满足弹簧特性要求需使 $\lambda_2\leqslant0.8\lambda_s$,即

$$\frac{F_2-F_0}{k}\leqslant0.8\times\frac{F_s-F_0}{k}$$

$$F_s\geqslant\frac{F_2-F_0}{0.8}+F_0=\left(\frac{350-125}{0.8}+125\right)\text{N}=406.3\text{ N}$$

取实际试验负荷 410 N。

③ 安装负荷。

为满足弹簧特性要求,需使 $\lambda_1\geqslant0.2\lambda_s$,即

$$\frac{F_1-F_0}{k}\geqslant0.2\,\frac{F_s-F_0}{k}$$

故

$$F_1\geqslant0.2\times(F_s-F_0)+F_0=0.2\times(410-125)\text{N}+125\text{ N}=182\text{ N}$$

取 $F_1=182$ N。

(3) 弹簧的刚度及变形计算

① 弹簧所需刚度。

$$k = \frac{F - F_1}{h} = \frac{350 - 182}{20} \text{ N/mm} = 8.4 \text{ N/mm}$$

弹簧所需圈数为

$$n = \frac{Gd}{8C^3 k} = \frac{79 \times 10^3 \times 4}{8 \times 5^3 \times 8.4} = 37.6$$

查表 3-4-4,取 $n=35$。

弹簧实际刚度为

$$k = \frac{Gd}{8C^3 n} = \frac{79 \times 10^3 \times 4}{8 \times 5^3 \times 35} \text{ N/mm} = 9.0 \text{ N/mm}$$

与所需刚度基本相符。

② 变形计算。

安装负荷下的变形量为

$$\lambda_1 = \frac{F_1 - F_0}{k} = \frac{182 - 125}{9} \text{ mm} = 6.3 \text{ mm}$$

最大工作负荷下的变形量为

$$\lambda_2 = \frac{F_2 - F_0}{k} = \frac{350 - 125}{9} \text{ mm} = 25 \text{ mm}$$

工作行程为

$$h = \lambda_2 - \lambda_1 = (25 - 6.3) \text{mm} = 18.7 \text{ mm}$$

满足工作行程 $h=20 \text{ mm} \pm 1.5 \text{ mm}$ 的要求。

试验负荷下的变形量为

$$\lambda_s = \frac{F_s - F_0}{k} = \frac{410 - 125}{9} \text{mm} = 31.7 \text{ mm}$$

(4) 弹簧结构尺寸计算

自由长度:$H_0=(n+1)d+2D_1=(35+1)\times 4 \text{ mm}+2\times 16 \text{ mm}=176 \text{ mm}$

安装长度:$H_1=H_0+\lambda_1=(176+6.3)\text{mm}=182.3 \text{ mm}$

工作长度:$H_2=H_0+\lambda_2=(176+25)\text{mm}=201 \text{ mm}$

试验长度:$H_s=H_0+\lambda_s=(176+31.7)\text{mm}=207.7 \text{ mm}$

节距:$t\approx d=4 \text{ mm}$

弹簧材料的展开长度:$L\approx\pi Dn+2\pi D=(3.14\times 20\times 35+2\times 3.14\times 20)\text{mm}=2\,324 \text{ mm}$

(5) 绘制弹簧设计图

绘制弹簧设计图,如图 3-4-14 所示。

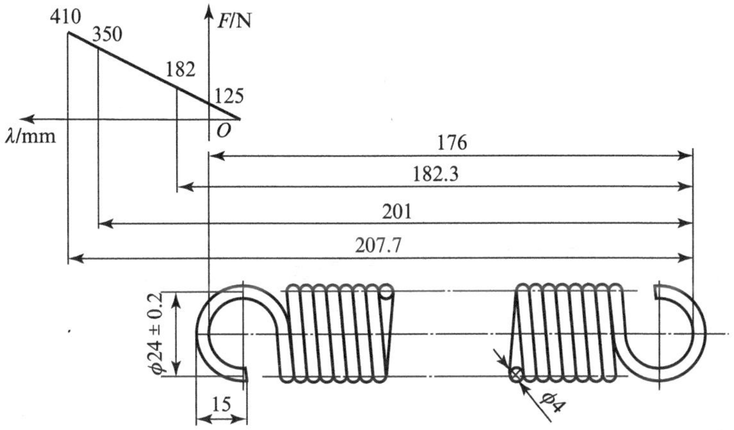

图 3-4-14　圆柱螺旋拉伸弹簧设计图

【任务总结】

本任务介绍了弹簧的类型、特点和应用；弹簧材料的选择和强度及刚度的计算方法。通过本任务的学习，学生能够具有分析和选用压缩及拉伸弹簧的能力，通过在弹簧设计与选用过程中的思考，培养学生分析问题、解决问题的能力及创新思维能力。

弹簧属于弹性连接，弹性连接是依靠弹性零件实现被连接件在有限相对运动时仍保持固定联系的动连接，具有缓冲吸振、控制运动、储能输能、测量载荷等功用。弹簧是重要的弹性零件，其所受载荷与其变形的关系曲线，称为弹簧的特性线，是弹簧的类型选择、试验及检验的重要依据。对压缩、拉伸弹簧，应当进行强度、刚度计算并进行稳定性校核。

【思考与练习】

1. 普通自行车上手刹、鞍座支架等处的弹簧各属于什么类型？它们的功用是什么？

2. 常用弹簧材料的特点是什么？各用于什么场合？

3. 弹簧的冷卷和热卷有什么区别？各用于什么场合？弹簧的强压处理有什么作用？喷丸处理有什么作用？

4. 弹簧的特性线有什么用处？圆柱螺旋压缩弹簧和拉伸弹簧的特性线有何异同？

5. 圆柱螺旋弹簧的主要尺寸有哪些？

6. 什么是弹簧的旋绕比 C？它的大小对弹簧的性能有何影响？如何选择？

7. 圆柱螺旋拉伸弹簧的材料为碳素弹簧钢丝 C 级，弹簧丝直径 $d=10$ mm，弹簧中径 $D=45$ mm，载荷按脉动循环变化，作用次数 10^5。求弹簧允许的最大载荷。

8. 试计算一圆柱螺旋压缩弹簧的主要参数。已知 $F_1=120$ N，$F_2=410$ N，载荷按脉动循环变化，作用次数少于 10^3。$\lambda_1=10$ mm，$\lambda_2=18$ mm，弹簧外径不得大于 40 mm，弹簧一端固定，一端回转。

项目四　传动系统典型零部件的设计与选用

任务1　输送机齿轮减速器滚动轴承的选用

【任务描述】

轴承，是用来支承轴并减小轴与固定支承件间的摩擦而设置的中间部件。输送机齿轮减速器（图 2-2-1）中各轴均是由一对滚动轴承支承的，根据齿轮的受力情况，输出轴支承初选型号为 7212C 的一对角接触球轴承。根据工程力学知识及已知条件，输出轴为外伸梁力学模型，一对轴承相当于固定铰链支座与活动铰链支座组合，由其受力分析结果可知，轴承载荷为：$F_{r1}=1\ 460.6$ N，$F_{r2}=2\ 803.05$ N，$F_{A}=1\ 080$ N，转速 $n=88.3$ r/min，运转载荷平稳，工作温度<120℃，轴承预期寿命 $L'_{h10}=40\ 000$ h（滚动轴承的寿命一般与减速器的寿命或减速器的检修期大致相符，为 2～3 年），试问所选轴承的型号是否适用？若不适用请重新选用。

【任务目标】

【知识】

◎ 常用滚动轴承的类型、结构特点及应用。

◎ 滚动轴承代号的含义。

◎ 常用滚动轴承型号的选用原则。

◎ 滚动轴承失效形式及设计准则。

◎ 滚动轴承载荷计算与强度校核。

◎ 滚动轴承的组合设计。

◎ 滚动轴承的安装、拆卸、密封与润滑。

【技能】

◎ 掌握常用滚动轴承的结构特点、适用场合。

◎ 熟悉滚动轴承代号的含义，并能正确标注。

◎ 根据滚动轴承的工况及滚动轴承选用原则，利用基本额定载荷计算公式及轴承寿命计算公式选择轴承型号，或对轴承寿命进行计算，并判断是否适用。

◎ 掌握滚动轴承的安装与拆卸方法，密封与润滑形式。

◎ 熟悉轴承有关国家标准及行业标准，熟练运用（查选）轴承计算时所需的各类图表。

【素质】

◎ 树立标准现代法规意识，培养爱国主义情怀。

【知识准备】

轴承是机械中用来支承轴或轴上回转零件的重要部件，其功用有：① 支承轴及轴上部件，并保证轴的回转精度；② 减小转动时与固定支承之间的摩擦和磨损。

根据工作时摩擦性质的不同，轴承可分为滑动轴承和滚动轴承两大类。滑动轴承和滚动轴承的工作原理分别如图 4－1－1a 所示。本任务主要介绍滚动轴承及其选用方法。

以滚动摩擦为主的轴承称为滚动轴承，它主要依靠元件间的滚动接触来支承转动零件。滚动轴承是现代机器中广泛应用的精密机械部件，由专业轴承厂成批生产并已标准化。

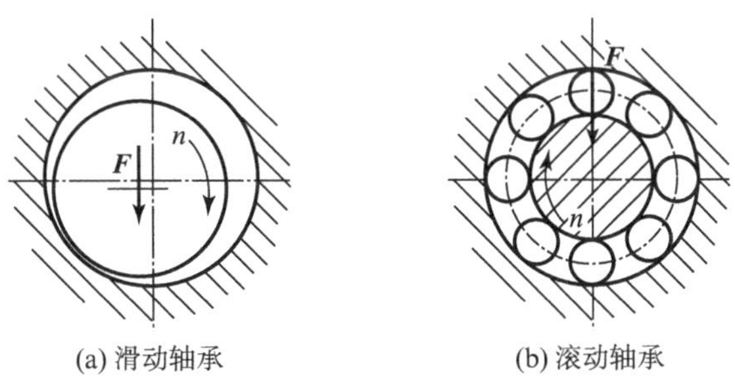

图 4－1－1　轴承的工作原理图

一、滚动轴承

1. 滚动轴承的基本结构

滚动轴承的结构如图 4－1－2 所示，它由内圈、外圈、滚动体和保持架等部分组成。内圈常与轴一起回转，外圈装在轴承座中起支承作用。也有外圈回转、内圈固定或内、外圈都回转的。

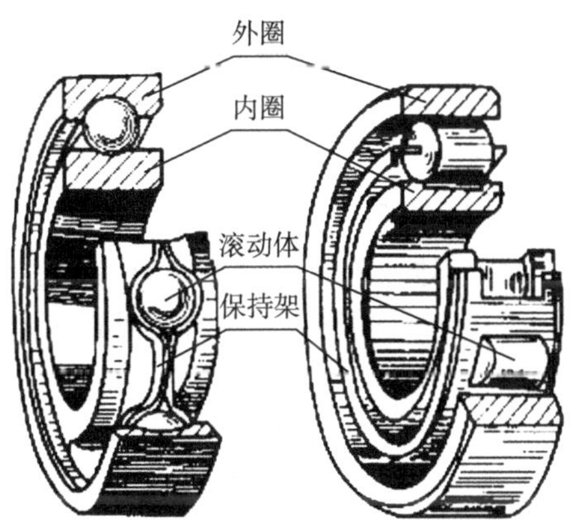

图 4－1－2　滚动轴承的结构

常用的滚动体有滚球、圆柱滚子、圆锥滚子、鼓形滚子、螺旋滚子、长圆柱滚子、滚针等，如图 4－1－3 所示。当内、外圈作相对回转时，滚动体沿着内、外圈上的滚道滚动，可限制滚动体的轴向位移，能使轴承承受一定的轴向负荷。保持架的作用是使滚动体等距分布，避免滚动体相互接触，改善轴承内部的载荷分配。在特殊情况下，有时也可以无内圈或无外圈，无保持架，滚动体直接沿着轴或轴承座上的滚道运动。

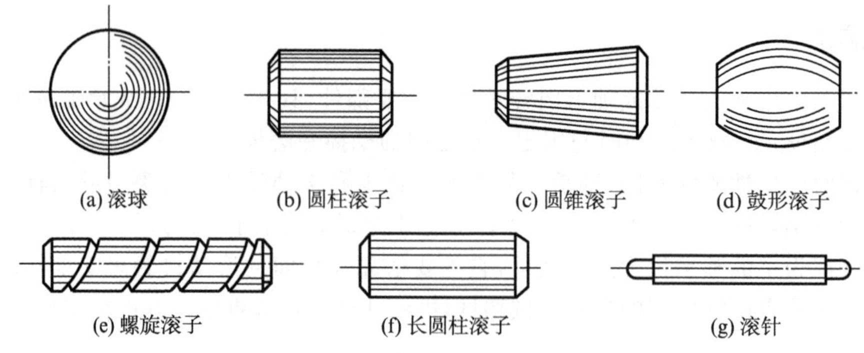

图 4-1-3　滚动轴承常用滚动体的形状

2. 滚动轴承的类型和特点

滚动轴承按滚动体的形状,可分为球轴承和滚子轴承两种类型。球轴承的滚动体与内、外圈滚道为点接触,负荷能力低、耐冲击性能差,但摩擦阻力小,极限转速高,价格低廉。滚子轴承的滚动体与套圈滚道为线接触,负荷能力高、耐冲击性能强,但摩擦阻力大,价格高。

按滚动体的列数,轴承可以分为单列、双列及多列。

按工作时能否自动调心,轴承可以分为刚性轴承和调心轴承,调心轴承的外圈滚道为球面,允许有较大的倾斜角存在,即具有自动调整轴心线位置的能力,可以补偿因加工、安装误差和轴变形等造成的角偏差,如图 4-1-4 所示。

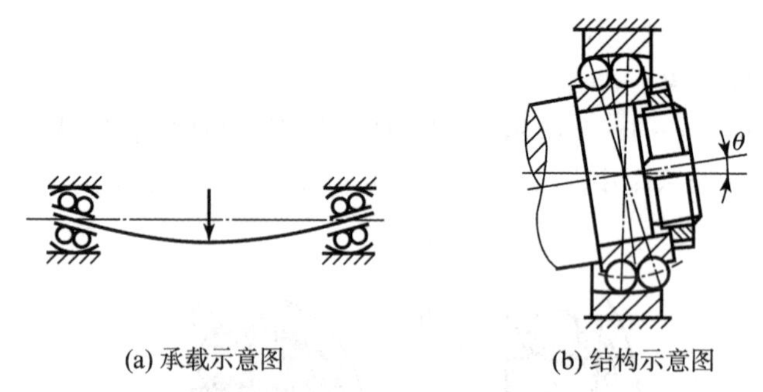

图 4-1-4　调心滚动轴承示意图

按所能承受负荷的方向或接触角不同,可以把轴承分为向心轴承、推力轴承和向心推力轴承,如图 4-1-5 所示。向心轴承主要承受径向载荷,其中有几种还可承受不大的轴向载荷;推力轴承

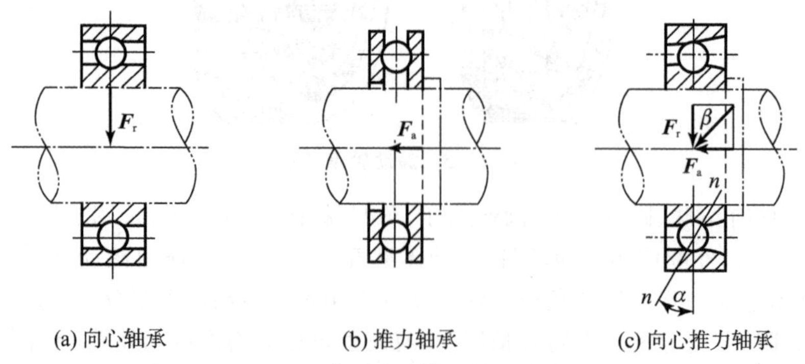

图 4-1-5　不同类型滚动轴承的承载情况示意图

只承受轴向载荷；向心推力轴承能同时承受径向和轴向载荷。滚动轴承的滚动体与外圈滚道接触点(线)处法线 $n—n$ 与轴承径向平面(端面)之间的夹角 α，称为公称接触角。公称接触角越大，轴承受轴向载荷的能力越大。它是滚动轴承的一个主要参数，滚动轴承的分类和受力分析都与其有关。各类球轴承的公称接触角见表 4-1-1。

表 4-1-1　各类球轴承的公称接触角

轴承类型	向心轴承		推力轴承	
	径向接触	向心角接触	推力角接触	轴向接触
公称接触角 α	$\alpha=0^\circ$	$0^\circ<\alpha\leqslant45^\circ$	$45^\circ<\alpha<90^\circ$	$\alpha=90^\circ$
图例		α	α	α

在实际应用中，滚动轴承的结构型式很多，作为标准的滚动轴承，国家标准分为 13 类。最常用的滚动轴承有 8 类，如图 4-1-6 所示。

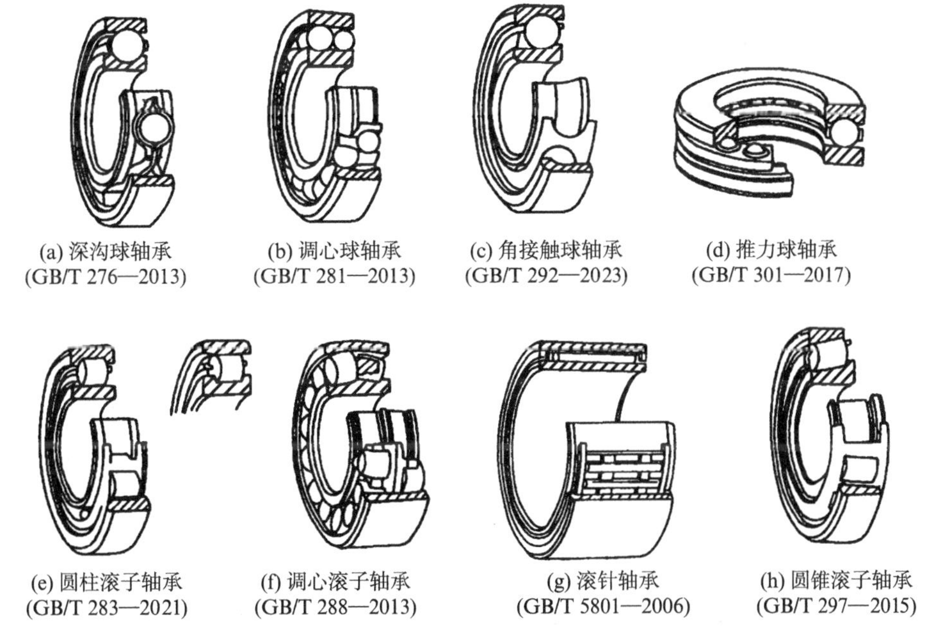

(a) 深沟球轴承 (GB/T 276—2013)　(b) 调心球轴承 (GB/T 281—2013)　(c) 角接触球轴承 (GB/T 292—2023)　(d) 推力球轴承 (GB/T 301—2017)

(e) 圆柱滚子轴承 (GB/T 283—2021)　(f) 调心滚子轴承 (GB/T 288—2013)　(g) 滚针轴承 (GB/T 5801—2006)　(h) 圆锥滚子轴承 (GB/T 297—2015)

图 4-1-6　常见滚动轴承类型

常用滚动轴承的类型、主要性能及特性见表 4-1-2。

表 4-1-2 常用滚动轴承的类型、主要性能及特性(摘自 GB/T 272—2017)

轴承名称及类型、结构代号	结构简图、承载方向	尺寸系列代号	组合代号	特性
调心球轴承 10000 [1000 型]	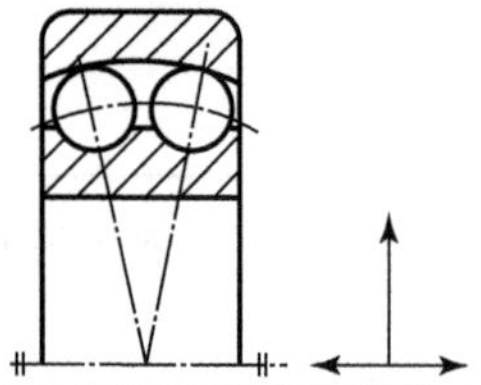	(0)2 22 (0)3 23	12 122 13 123	主要承受径向载荷,也可同时承受少量的双向的轴向载荷,外圈滚道为球面,具有自动调心性能。内外圈轴线相对偏斜允许 2°～3°,适用于多支点轴、弯曲刚度小的轴以及难于精确对中的支承
调心滚子轴承 20000 [3000 型]	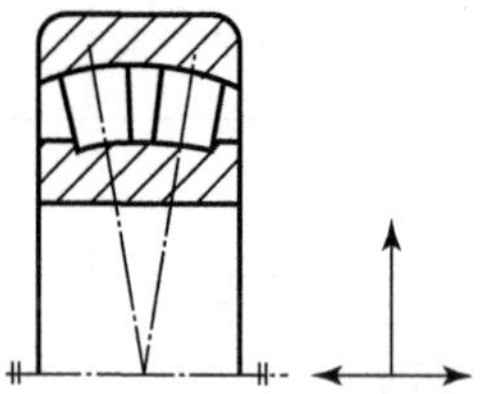	13 22 23 30 31 32 40 41	213 222 223 230 231 232 240 241	主要用于承受径向载荷,其径向承载能力比调心球轴承大,也能承受少量的双向轴向载荷。外圈滚道为球面,具有调心性能,内外圈轴线相对偏斜允许 0.5°～2°,适用于多支点轴、弯曲刚度小的轴以及难于精确对中的支承
推力调心滚子轴承 29000 [39000 型]	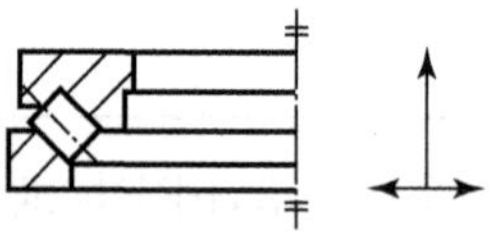	92 93 94	292 293 294	可以承受很大的轴向载荷和一定的径向载荷。滚子为鼓形,外圈滚道为球面,能自动调心,允许轴线偏斜 2°～3°,转速可比推力球轴承高,常用于水轮机轴和起重机转盘等
圆锥滚子轴承 30000 [7000 型]	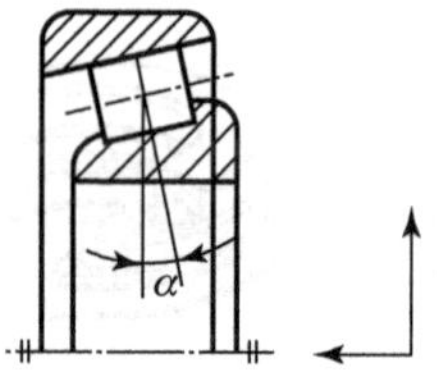	02 03 13 20 22 23 29 30 31 32	302 303 313 320 322 323 329 330 331 332	能承受较大的径向载荷和单向的轴向载荷,极限转速较低。 内外圈可分离,故轴承游隙可在安装时调整。通常成对使用,对称安装。 适用于转速不太高、轴的刚性较好场合
推力球轴承 50000 [8000 型]　单向 51000	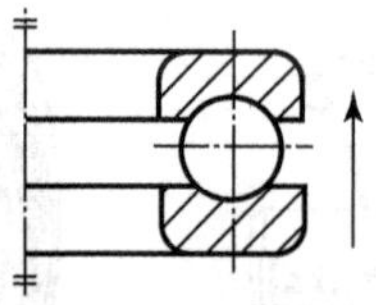	11 12 13 14	511 512 513 514	推力球轴承的套圈与滚动体多半是可分离的。单向推力球轴承只能受单向轴向载荷,两个圈的内孔不一样大,内孔较小的是紧圈,装在轴上,内孔较大的是松圈,与轴有一定间隙,安放在机座上
推力球轴承 50000 [8000 型]　双向 52000	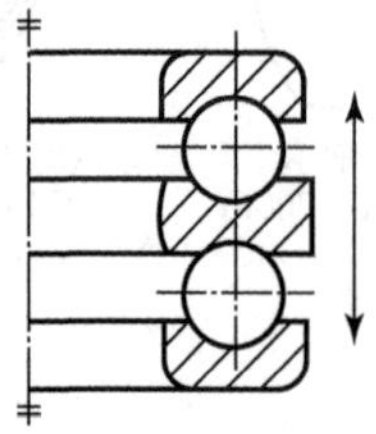	22 23 24	522 523 524	双向推力轴承可以承受双向轴向载荷,中间圈为紧圈,与轴配合,另两个圈为松圈。 在高速运转时,由于离心力大,球与保持架因摩擦而发热严重,寿命较低。 常用于轴向载荷大、转速不高处

（续表）

<table>
<tr><th colspan="2">轴承名称及类型、结构代号</th><th>结构简图、承载方向</th><th>尺寸系列代号</th><th>组合代号</th><th>特　性</th></tr>
<tr><td colspan="2">深沟球轴承
6000
[0000 型]</td><td></td><td>17
37
18
19
(0)0
(1)0
(0)2
(0)3
(0)4</td><td>617
637
618
619
160
60
62
63
64</td><td>主要承受径向载荷，也可同时承受少量双向轴向载荷，工作时内外圈轴线允许偏斜 8′～6′，摩擦阻力小，极限转速高，结构简单，价格便宜，应用最广泛。但承受冲击载荷能力较差，适用于高速场合。在高速时，可用来代替推力球轴承</td></tr>
<tr><td colspan="2">角接触球轴承
70000C
[36000，α＝15°]
70000AC
[46000，α＝25°]
70000B
[66000，α＝40°]</td><td>α</td><td>19
(1)0
(0)2
(0)3
(0)4</td><td>719
70
72
73
74</td><td>能同时承受径向载荷与单向的轴向载荷，公称接触角 α 有 15°、25°、40°三种。α 越大，轴向承载能力也越大。通常成对使用，对称安装。其极限转速较高。适用于转速较高、同时承受径向和轴向载荷的场合</td></tr>
<tr><td rowspan="2">圆柱滚子轴承
[2000 型]</td><td>外圈无挡边圆柱滚子轴承
N0000</td><td></td><td>10
(0)2
22
(0)3
23
(0)4</td><td>N10
N2
N22
N3
N23
N4</td><td rowspan="2">只能承受径向载荷，不能承受轴向载荷。承载能力比同尺寸的球轴承大，尤其是承受冲击载荷能力大，极限转速高。
对轴的偏斜敏感，允许外圈与内圈的偏斜度较小(2′～4′)，故只能用于刚性较大的轴上，并要求支承座孔很好地对中。
双列圆柱滚子轴承比单列轴承承载能力更高</td></tr>
<tr><td>双列圆柱滚子轴承
NN0000</td><td></td><td>30</td><td>NN30</td></tr>
<tr><td colspan="2">滚针轴承
NA0000
[4000 型]</td><td></td><td>48
49
69</td><td>NA48
NA49
NA69</td><td>这类轴承采用数量较多的滚针作滚动体，一般没有保持架。径向结构紧凑且径向承载能力很大，价格低廉。缺点是不能承受轴向载荷，滚针间有摩擦，旋转精度及极限转速低，工作时不允许内、外圈轴线有偏斜。常用于转速较低而径向尺寸受限制的场合</td></tr>
</table>

注："[　]"内数字是旧标准 GB/T 272—1988 的轴承类型代号；"(　)"内数字表示在尺寸组合代号中省略。

3. 滚动轴承的代号

滚动轴承的类型很多，每种类型又有不同的结构、尺寸、精度和技术要求，为了便于组织生产、设计和选用，GB/T 272—1993 规定了滚动轴承代号的结构及表示方法。滚动轴承代号由前置代号、基本代号和后置代号构成，用字母和数字等表示。滚动轴承的代号构成见表 4－1－3。

表 4－1－3　滚动轴承的代号构成

<table>
<tr><th>前置代号</th><th colspan="5">基本代号</th><th colspan="8">后置代号</th></tr>
<tr><td rowspan="3">轴承部件代号</td><td>五</td><td>四</td><td>三</td><td>二</td><td>一</td><td rowspan="3">内部结构代号</td><td rowspan="3">密封与防尘结构代号</td><td rowspan="3">保持架及其材料代号</td><td rowspan="3">特殊轴承材料代号</td><td rowspan="3">密封与防尘结构代号</td><td rowspan="3">公差等级代号</td><td rowspan="3">游隙代号</td><td rowspan="3">其他代号</td></tr>
<tr><td rowspan="2">类型代号</td><td colspan="2">尺寸系列代号</td><td></td><td></td></tr>
<tr><td>宽度系列代号</td><td>直径系列代号</td><td colspan="2">内径代号</td></tr>
</table>

(1) 前置代号

前置代号是说明成套轴承部件特点的补充代号，用字母表示。如用 L 表示分离轴承的可分离内圈或外圈，用 K 表示轴承的滚动体与保持架组件，等等，例如 LNu207、K8107。

(2) 基本代号

轴承的基本代号表示轴承的基本类型、结构和尺寸。除滚针轴承外，基本代号由轴承类型代号、尺寸系列代号及内径代号构成，一般用五位数字或数字和英文字母表示。

① 滚动轴承的类型代号：右起第五位，由数字和字母表示，常用轴承代号为 1、2、3、5、6、7、N、NA 八类，见表 4－1－2。

② 轴承的尺寸系列代号：尺寸系列代号由宽(高)度系列代号(基本代号右起第四位数字)和直径系列代号(右起第三位数字)组合而成。

宽(高)度系列是指结构、内径和直径系列相同的轴承在宽度方面的变化系列，如图 4－1－7 所示。

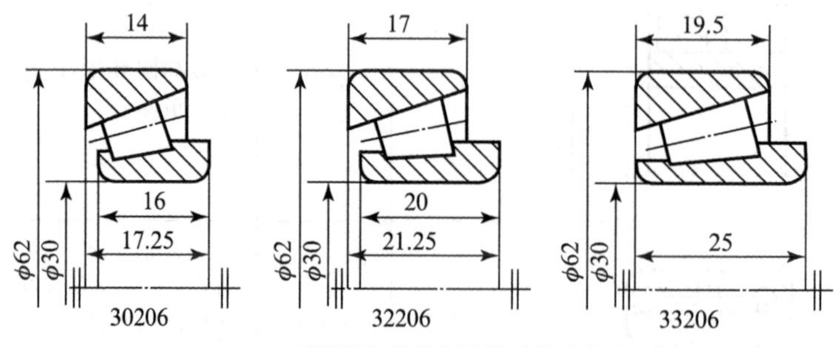

(a) 不同宽度系列的轴承比较示意图

(b) 不同宽度系列的轴承比较实物图

图 4－1－7　滚动轴承宽度系列

对于向心轴承分为8(特窄)、0(窄)、1(正常)、2(宽)、3(特宽)等系列;对于推力轴承,则为高度系列,指轴承高度的变化,分为7(特低)、9(低)、1(正常)。当宽度系列代号为0时,多数轴承代号中可不标出,例如6205是6(0)205的省略,但对圆锥滚子轴承不可省略。当组合中的直径系列代号是0而宽度系列代号是1时,此宽度系列代号在轴承中不标出。例如6008是6(1)008的省略。

直径系列是指结构和内径相同的轴承在外径和宽度方面的变化系列,如图4-1-8所示。分为7(超特轻)、8和9(超轻)、0(窄)和1(特轻)、2(轻)、3(中)、4(重)等系列,外径和承载能力依次增大。

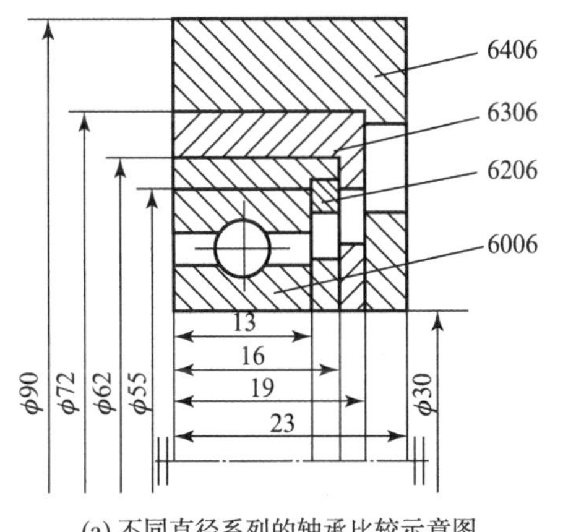

(a) 不同直径系列的轴承比较示意图

(b) 不同直径系列的轴承比较实物图

图4-1-8 滚动轴承直径系列

③ 滚动轴承的内径代号(基本代号右起第一、二位数字)是用两位数字来表示轴承的内径。内径代号×5=内径,如:08表示轴承内径 $d=5\times08$ mm $=40$ mm。滚动轴承内径代号见表4-1-4。

表4-1-4 滚动轴承内径代号

内径代号	查手册	00	01	02	03	04~96	/22、/28、/32	查手册
轴承内径/mm	<10	10	12	15	17	代号×5	22、28、32	>500

(3) 后置代号

后置代号表示轴承的结构、密封和防尘圈形状、公差、材料等有特殊要求的补充代号,用字母和数字表示。后置代号的内容很多,例如,跟着基本代号后的内部结构代号C、AC和B分别表示角接触球轴承接触角 α 为15°、25°、40°;/P2、/P4、/P5、/P6(P6X)和P0分别表示轴承的公差等级由高级到低级(6X级仅适用于圆锥滚子轴承,0级为普通级,在轴承代号中不标出)。对于轴承游隙符合标准规定的1组、2组、0组、3组、4组、5组的轴承,其游隙代号分别为/C1、/C2、—、/C3、/C4、/C5,径向游隙依次由小到大。0组是基本游隙组,可不标出。详细情况可查阅GB/T 272—2017。

二、滚动轴承型号的选择

选择滚动轴承时先选择类型,再选择尺寸。滚动轴承类型的选择是轴承设计的三项任务之一。轴承类型选择是否合理，直接影响轴承及机器的正常工作和使用寿命。轴承类型的正确选择是在了解各类轴承特点的基础上，综合考虑轴承的具体工作条件和使用要求进行的。

1. 滚动轴承的类型选择

选择滚动轴承类型时主要考虑如下基本方面。

（1）轴承所承受的载荷大小、方向

轴承所承受载荷的大小、方向和性质是选择轴承类型的主要依据。

① 轻载和中等载荷时应选用球轴承；重载或有冲击载荷时，应选用滚子轴承。

② 轴承受纯径向载荷时，可选用深沟球轴承、圆柱滚子轴承或滚针轴承。受纯轴向载荷时，可选推力球轴承。

③ 轴承同时承受径向和轴向载荷时，应根据径向载荷 F_r 和轴向载荷 F_a 来考虑：当 F_a 远小于 F_r 时，选用深沟球轴承；当 F_a 小于 F_r 时，可选用接触角不大的角接触球轴承或圆锥滚子轴承；当 F_a 大于 F_r 时，可选用接触角较大的角接触球轴承或圆锥滚子轴承；若 F_a 远大于 F_r 时，可选用接触角较大的角接触轴承或圆锥滚子轴承和推力轴承一起使用的支承结构。

（2）轴承的转速

转速较高或要求旋转精度较高时，宜选用球轴承。内径相同时，外径越小，离心力越小，故在高速时宜选取超轻、特轻系列的轴承。推力轴承的极限转速都很低，高速运转时，摩擦发热严重，若轴向载荷不太大，可采用向心轴承和推力轴承一起使用的轴承结构。

（3）轴承的调心性能

当由于制造和安装误差等因素致使轴的中心线与轴承座中心线不重合而有角度误差时，或由于轴受力弯曲造成轴承内外圈轴线发生偏斜时，宜选用调心球轴承或调心滚子轴承。

（4）轴承的刚性

滚子轴承的刚性较好，而球轴承刚性较差。在轴承座不是剖分结构而必须沿轴向装拆轴承以及需要频繁装拆轴承的机械中，应优先选用外圈可分离轴承（如 3 类、N 类等）；当轴承在长轴上安装时，为便于装拆可选用内圈为圆锥孔的轴承（后置代号第 2 项为 K）。

（5）经济性

在满足使用要求的情况下，还必须考虑轴承的经济性。深沟球轴承价格最低，滚子轴承相对价格高；轴承精度愈高，则价格越高。对大多数机械而言，0 级公差的轴承足以满足要求，故应尽量选用普通级（0 级公差）的球轴承。但对于旋转精度有严格要求的机床主轴、精密机械、仪表以及高速旋转的轴，应选用高精度的轴承。

（6）选择滚动轴承类型时要注意的问题

选择轴承类型时，除了考虑前述的原则外，还应当注意以下三个问题。

① 圆锥滚子轴承（30000 型）和角接触球轴承（70000 型）应成对使用。这两类轴承成对使用的目的是抵消轴承的部分内部轴向力。但它们可以布置在轴的同一个支点上，也可以布置在轴的两个支点上。

② 自动调心轴承（10000 型、20000 型）要成对使用。即在轴的一个支点采用自动调心轴承时，在成对使用调心轴承轴的另一个支点上也采用自动调心轴承，否则轴承就不能起调心作用。

③ 对于多支点的细长轴，各支点都应采用自动调心轴承。这主要是因为轴的各支点上的轴承孔与轴的同轴度不易保证，轴容易被卡住。

2. 滚动轴承尺寸的选择

尺寸系列包括直径系列和宽(高)度系列。选择轴承的尺寸系列时,主要考虑轴承受载大小。此外,也要考虑结构的要求。

就直径系列而言,载荷很小时,一般可以选择超轻或特轻系列;载荷很大时,可考虑选择重系列;一般情况下,可先选用轻系列或中系列,待校核后再根据具体情况进行调整。

对于宽度系列,一般情况下可选用窄系列,若结构上有特殊要求时,可根据具体情况选用其他系列。

轴承内径大小的确定是在轴的结构设计中完成的。

三、滚动轴承的受力分析和失效形式★

确定滚动轴承尺寸的基本理论和方法,是通过对轴承在实际使用中的破坏形式进行总结而建立起来的。所以研究滚动轴承的受力情况和失效形式,是滚动轴承选用的基础。

1. 滚动轴承元件的受力分析

如图 4-1-9 所示,向心球轴承在纯径向载荷 $\boldsymbol{F}_R$ 作用下,由于各接触点上产生弹性变形,使轴承内圈沿 $\boldsymbol{F}_R$ 方向下沉一距离 δ。显然,上半圈滚动体不受载荷,下半圈滚动体各接触点所承受载荷是不同的,处于 $\boldsymbol{F}_R$ 作用线最下方的滚动体受载最大($\boldsymbol{F}$),而与之邻近的各滚动体受载逐渐减小。轴承工作时,由于轴承承载区内各位置滚动体承受的载荷大小是不同的,滚动体与内、外圈的接触位置不断变化,因而各滚动体与外圈之间的接触应力也是不同的。实验证明,滚动轴承各元件受载后所产生的应力都是脉动循环变化的接触应力。因此大多数滚动轴承在工作时所受到的应力是交变应力。

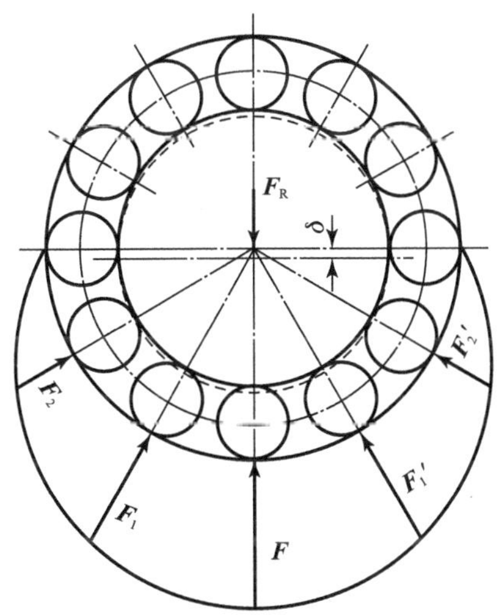

图 4-1-9 滚动轴承载荷分布

2. 滚动轴承失效的主要形式及计算准则

(1) 滚动轴承失效的主要形式

① 疲劳点蚀。当轴承以 $n>10$ r/min 的转速运转时,在载荷作用下,经过长时间周期性脉动

循环接触应力的作用，就会在内、外圈滚道表面上或滚动体表面上产生疲劳点蚀(微小金属剥落现象)。轴承出现疲劳点蚀后，将引起噪声和振动，丧失运转精度，润滑膜被破坏，从而使轴承不能正常工作。一般在安装、润滑和密封良好的情况下，疲劳点蚀是滚动轴承的主要失效形式。

② 塑性变形。对于转速很低 $n<10$ r/min 或作间歇摇摆的轴承，通常不会发生疲劳点蚀。但在很大的静载荷或冲击载荷作用下，会使轴承的滚动体和滚道接触处的局部应力超过材料的屈服极限，使轴承元件表面出现塑性变形(凹坑)，导致轴承丧失工作能力。

③ 磨损。润滑不良或杂物及灰尘的侵入都会引起轴承早期磨损，从而使轴承丧失回转精度、噪声增大、温度升高，最终导致轴承失效。

此外，设计、安装、使用中某些非正常的因素，都有可能导致轴承的破裂及保持架损坏及回火、腐蚀等现象的发生，使轴承失效。

(2) 滚动轴承失效的计算准则

在选择滚动轴承类型后，为确定其尺寸和型号，需要针对轴承的主要失效形式进行计算。其计算准则为：

① 对于一般转速的轴承，即 $n>10$ r/min 的轴承。如果轴承的制造、安装、密封、使用等情况均良好，轴承的主要失效形式为疲劳点蚀，应以疲劳强度计算为依据进行轴承寿命计算。

② 对于高速轴承，除疲劳点蚀外，其工作表面的过热也是重要的失效形式，因此除进行寿命计算外，还应校验其极限转速。

③ 对于低速轴承($n<10$ r/min)或作间歇摇摆的轴承，可近似地认为轴承各元件是在静应力作用下工作的，其失效形式为塑性变形，应进行轴承的静强度计算。

四、滚动轴承的寿命、载荷及计算方法★

1. 轴承的寿命与基本额定寿命

在安装、润滑和维护正常的情况下，绝大多数滚动轴承均因疲劳点蚀而失效。滚动轴承的寿命，是指轴承中任一滚动体或内外圈滚道上出现疲劳点蚀前所经历的总转数，或在一定的转速下所经历的工作小时数。

在实际生产中，同型号、同批次的轴承即使是在相同的工作条件下，由于轴承材料组织的不均匀和制造工艺过程的差异，其寿命也不尽相同，而且差距甚至达 20～40 倍，因此很难预测单个轴承的确切寿命。轴承的寿命不能以同一批试验轴承中最大寿命或者最短寿命作为计算的依据，因为前者过于不安全，提前破坏的可能性接近 100%。而后者又过于保守，使几乎 100%的轴承都可以超过标准寿命继续工作。在工程实际中，一般使用基本寿命来描述轴承的寿命，即通过对一批(同一型号、同一工作条件)轴承的疲劳试验，得出轴承疲劳损坏的百分数(破坏率)与总转数 L(寿命)之间的关系曲线，如图 4-1-10 所示。由图 4-1-10 可知，轴承的寿命总是与一定破坏率(或可靠性)相关的，随着轴承运转次数的增加，轴承疲劳破坏的百分数也在增加。工程上把一批同型号的滚动轴承在相同工作条件下运转，其中 10%的轴承发生疲劳损坏(点蚀)时能够达到寿命称为轴承的基本额定寿命，用 L_{10} 表示(可简写为 L)，单位为10^6 r(即百万转)(或用一定转速下所能运转的总工作小时数 L_{h10} 表示)。这就是说，一批轴承即使达到基本额定寿命，破坏率为 10%，而剩下的 90%的轴承都可以达到或超过这一寿命，即可靠性为 90%。在计算轴承的寿命时，必须先根据机器的类型、使用条件及可靠性的要求，确定一个恰当的预期计算寿命(即设计机器时所要求的轴承寿命，因为这个寿命是根据轴承的基本额定动载荷计算出来的，故称为预期计算寿命）。预期计算寿命可以查有关手册。

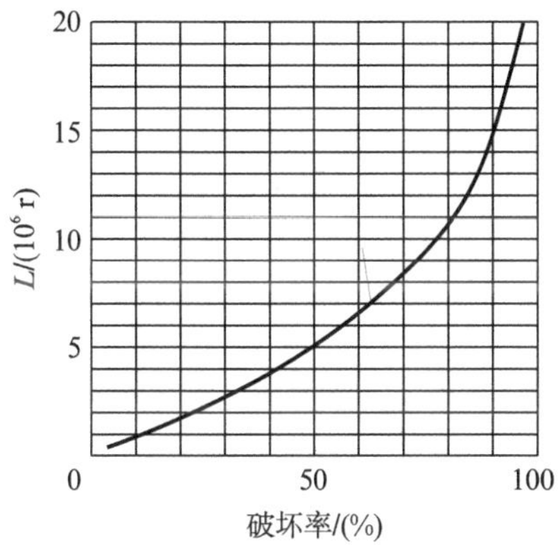

图 4-1-10　滚动轴承寿命和破坏率的关系曲线

2. 额定载荷

轴承的寿命与其所受载荷的大小有关，作用载荷越大，引起的接触应力也就越大，轴承的寿命就越短。轴承的基本额定寿命恰好为 10^6 转（$L_{10}=1$）时，所能承受的载荷值称为轴承的基本额定动载荷，用 C 代表。它表征不同型号轴承在一定的运转条件下的承载能力。C 值越大，表明轴承的承载能力越强。各种轴承的 C 值可参考相关机械设计手册或滚动轴承样本。对于向心轴承，C 是指径向载荷，并称为径向基本定动载荷，用 C_r 表示；对于推力轴承，C 指的是纯轴向载荷并称为轴向基本额定动载荷，用 C_a 表示；对于角接触球轴承或圆锥滚子轴承，C 指的是使套圈间只产生纯径向位移的载荷的径向分量。

使轴承受载最大的滚动体与内、外圈滚道接触中心处引起的接触应力达到一定值（如对调心球轴承为 4 600 MPa、向心滚子轴承为 4 000 MPa 等）的载荷，称为该轴承的基本额定静载荷，用 C_0 表示，各种轴承的 C_0 值中可查相关机械设计手册或滚动轴承样本。轴承的基本额定静载荷是静强度的界限，C_0 值大，表明轴承受静载荷的能力强。

3. 当量动载荷与当量静载荷

基本额定动载荷 C 是在特定的运转条件下确定的，如向心轴承只承受径向载荷。而多数轴承工作时同时受到径向和轴向的复合载荷作用，计算轴承寿命时为了能与基本额定动载荷在相同条件下比较，必须将实际载荷换算成与确定基本额定动载荷时的运转条件一致的等效载荷，称为当量动载荷，用 P 表示。在当量动载荷作用下的轴承寿命与实际载荷作用下的轴承寿命相同。同理，当轴承实际上同时受到径向和轴向的复合载荷作用时，应当换算成一个等效载荷进行计算。在等效载荷作用下，受载最大的滚动体与内、外圈滚道接触中心处引起的接触应力与实际载荷作用的接触应力相同，称此等效载荷为当量静载荷，用 P_0 表示。

4. 寿命计算

计算滚动轴承寿命的目的，是防止轴承在预期的工作时间内产生疲劳点蚀破坏。根据轴承的工作条件选择轴承类型，依据轴承的寿命要求，选择轴承的型号及尺寸（参考 GB/T 6391—2010）。

实验表明，滚动轴承的当量动载荷与基本额定寿命 L_{10} 之间的关系如图 4-1-11 所示，这一关系曲线称为滚动轴承疲劳寿命曲线。

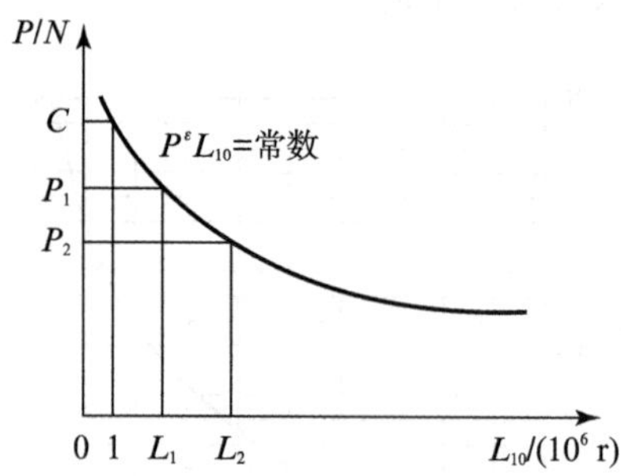

图 4-1-11 滚动轴承疲劳寿命曲线

其数学表达式为

$$L_{10}=\left(\frac{C}{P}\right)^{\varepsilon}10^{6}\,\mathrm{r} \tag{4-1-1}$$

实际计算时，习惯以小时 h 为单位表示轴承寿命，则上式可写为

$$L_{\mathrm{h}}=\frac{10^{6}}{60n}\left(\frac{C}{P}\right)^{\varepsilon}=\frac{16\,667}{n}\left(\frac{C}{P}\right)^{\varepsilon} \tag{4-1-2}$$

考虑到轴承在高于 100℃温度的条件下工作时，基本额定动载荷有所降低，故引进温度系数 f_t，对 C 值进行修正；轴承工作中的冲击和振动会使轴承的寿命降低，为此引进载荷系数 f_P。故

$$L_{\mathrm{h}}=\frac{10^{6}}{60n}\left(\frac{f_tC}{f_PP}\right)^{\varepsilon}=\frac{16\,667}{n}\left(\frac{f_tC}{f_PP}\right)^{\varepsilon} \tag{4-1-3}$$

式中 L_{h}——轴承基本额定寿命，h；

ε——轴承寿命指数，对于球轴承 $\varepsilon=3$，对于滚子轴承 $\varepsilon=10/3$；

P——当量动载荷，N；对于向心轴承，为径向当量动载荷 P_{r}；对于推力轴承，为当量动载荷 P_{a}；

C——基本额定动载荷，N；对于向心轴承，为径向基本额定动载荷 C_{r}；对于推力轴承，为轴向基本额定动载荷 C_{a}；

n——轴承转速，r/min；

f_t——温度系数，f_t 值见表 4-1-5；

f_P——载荷系数，f_P 值见表 4-1-6。

式(4-1-3)用于计算轴承寿命，即已知轴承型号、载荷等其他条件时，验算其寿命是否满足要求，从而判定该轴承是否适用。

表 4-1-5 温度系数 f_t

工作温度/℃	<120	125	150	175	200	225	250
f_t	1.00	0.95	0.90	0.85	0.80	0.75	0.70

表 4-1-6 载荷系数 f_P

载荷性质	无冲击或轻微冲击	中等冲击	强烈冲击
举例	电机、汽轮机、通风机、水泵	车辆、机床、起重机、冶金设备、内燃机、减速器	破碎机、轧钢机、石油钻机、振动筛
f_P	1.0~1.2	1.2~1.8	1.8~3.0

若已知载荷情况，选定预期寿命 L'_{10h}，则可根据下式选择轴承的型号。

$$C' = \frac{f_P P}{f_t}\left(\frac{60n}{10^6}L'_h\right)^{1/\varepsilon} \tag{4-1-4}$$

根据式(4-1-4)计算得到的 C'值，从相关机械设计手册或滚动轴承标准中选择轴承，使所选轴承的 $C \geqslant C'$。

各类机器中轴承预期寿命 L'_h的推荐值见表 4-1-7。

表 4-1-7 轴承预期寿命 L'_{h10}的推荐值

使 用 条 件	L'_{h10}/h
不经常使用的仪表、设备	1 000~5 000
短期或间歇使用的一般机械；中断使用不致引起严重后果的机械，如农业机械	4 000~8 000
间歇使用的机械及中断使用引起严重后果的机械，如流水作业线自动传送装置	8 000~14 000
一般机械(每天工作 8 小时)，如固定电机、机床	14 000~30 000
24 小时连续工作的一般机械，如矿山升降机	50 000~100 000
24 小时连续工作的重要机械及中断使用会引起严重后果的机械，如给排水装置	100 000~200 000

5. 当量动载荷计算

由轴承寿命计算公式可知，计算寿命的关键是求出当量动载荷 P。对于既受径向载荷又受轴向载荷的轴承，当量动载荷为

$$P = XF_r + YF_a \tag{4-1-5}$$

对于只受径向载荷的轴承(如圆柱滚子轴承、滚针轴承)，当量动载荷为

$$P = F_r \tag{4-1-6}$$

对于只受轴向载荷的轴承(如推力轴承)，当量动载荷为

$$P = F_a \tag{4-1-7}$$

式中，P 为当量动载荷，N；F_r 为径向载荷，N；F_a 为轴向载荷，N；X、Y 分别为径向动载荷系数和轴向动载荷系数。

单列轴承由判断系数 e(又称轴向载荷影响系数)而定,见表 4-1-8。当 $F_a/F_r>e$ 时,表示轴向载荷对轴承的寿命影响较大,计算当量动载荷 P 时必须考虑 F_a 的影响;当 $F_a/F_r\leqslant e$ 时,表示轴向载荷对轴承寿命的影响可忽略不计,则计算当量动载荷可忽略 F_a 的作用。而 e 值又随相对轴向载荷 F_a/C_{0r} 而定。C_{0r} 是轴承的径向额定静载荷,要根据轴承的型号在相关机械设计手册或滚动轴承产品样本中查找。

因此,在按照寿命选取轴承型号时,应当初选轴承型号,查得 C_{0r}、e 值,得到 X、Y,进行寿命计算,然后将计算结果与初选的型号比较,判断是否合适。

表 4-1-8 单列向心轴承的动载荷系数 X、Y

<table>
<tr><th colspan="2">轴承形式</th><th rowspan="2">相对轴向载荷 F_a/C_{0r}</th><th rowspan="2">判断系数 e</th><th colspan="2">$F_a/F_r\leqslant e$</th><th colspan="2">$F_a/F_r>e$</th></tr>
<tr><th>名称</th><th>代号</th><th>X</th><th>Y</th><th>X</th><th>Y</th></tr>
<tr><td>圆锥滚子轴承</td><td>30000</td><td>—</td><td>1.5tanα</td><td>1</td><td>0</td><td>0.4</td><td>0.4cotα</td></tr>
<tr><td rowspan="9">深沟球轴承</td><td rowspan="9">60000</td><td>0.014</td><td>0.19</td><td rowspan="9">1</td><td rowspan="9">0</td><td rowspan="9">0.56</td><td>2.30</td></tr>
<tr><td>0.028</td><td>0.22</td><td>1.99</td></tr>
<tr><td>0.056</td><td>0.26</td><td>1.71</td></tr>
<tr><td>0.084</td><td>0.28</td><td>1.55</td></tr>
<tr><td>0.11</td><td>0.30</td><td>1.45</td></tr>
<tr><td>0.17</td><td>0.34</td><td>1.31</td></tr>
<tr><td>0.28</td><td>0.38</td><td>1.50</td></tr>
<tr><td>0.42</td><td>0.42</td><td>1.04</td></tr>
<tr><td>0.56</td><td>0.44</td><td>1.00</td></tr>
<tr><td rowspan="11">角接触球轴承</td><td rowspan="9">70000C
$\alpha=15°$</td><td>0.015</td><td>0.38</td><td rowspan="9">1</td><td rowspan="9">0</td><td rowspan="9">0.44</td><td>1.47</td></tr>
<tr><td>0.029</td><td>0.40</td><td>1.40</td></tr>
<tr><td>0.058</td><td>0.43</td><td>1.30</td></tr>
<tr><td>0.087</td><td>0.46</td><td>1.23</td></tr>
<tr><td>0.12</td><td>0.47</td><td>1.19</td></tr>
<tr><td>0.17</td><td>0.50</td><td>1.12</td></tr>
<tr><td>0.29</td><td>0.55</td><td>1.02</td></tr>
<tr><td>0.44</td><td>0.56</td><td>1.00</td></tr>
<tr><td>0.58</td><td>0.56</td><td>1.00</td></tr>
<tr><td>70000AC
$\alpha=25°$</td><td>—</td><td>0.68</td><td>1</td><td>0</td><td>0.41</td><td>0.87</td></tr>
<tr><td>70000B
$\alpha=40°$</td><td>—</td><td>1.14</td><td>1</td><td>0</td><td>0.35</td><td>0.57</td></tr>
</table>

6．圆锥滚子轴承和角接触球轴承的轴向载荷计算

(1) 支承反力的作用点

圆锥滚子轴承(30000 型)和角接触球轴承(70000 型)由于结构上存在着公称接触角 α，当承受径向载荷 $\boldsymbol{F}_r$ 时，受载不是在轴承宽度中间的径向平面内，而是作用在接触点的 $\boldsymbol{F}_0$ 方向，并与轴承中心线交于 K 点，如图 4-1-12 所示。K 点就是支承反力的作用点，它与轴承外圈宽端面边的距离为 a(a 可在相关机械设计手册或对应国家标准中查出)，为了简化计算，通常以轴承宽度中点作为支承反力的作用点。

(2) 内部轴向力 $\boldsymbol{F}_s$

如图 4-1-12 所示，向心角接触球轴承受到径向载荷 $\boldsymbol{F}_r$ 作用后，轴承中每一滚动体除产生径向反力 $F_i\cos\alpha$($i=0$、1、2、3、…)外，同时还产生轴向反力 $F_i\sin\alpha$($i=0$、1、2、3、…)，各个滚动体轴向反力总和 $\sum F_i\sin\alpha$ 即为轴承内部轴向力，用 $\boldsymbol{F}_s$ 表示，其近似计算公式见表 4-1-9，其方向总是由外圈宽边端面指向窄边端面。

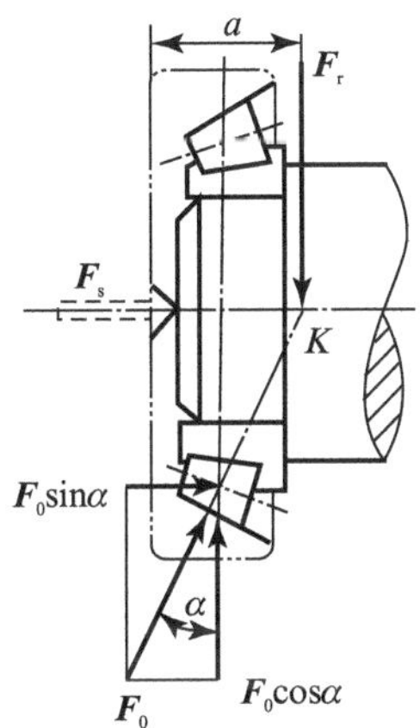

图 4-1-12　向心角接触球轴承受力分析

表 4-1-9　角接触球轴承内部轴向力 F_s 的近似计算公式

轴承类型	角接触球轴承			圆锥滚子轴承(30000 型)
	7000C 型 $\alpha=15^\circ$	7000AC 型 $\alpha=25^\circ$	7000B 型 $\alpha=40^\circ$	
F_s	eF_r	$0.68F_r$	$1.14F_r$	$F_r/(2Y)$

注：Y 对应于 $F_a/F_r>e$ 时的 Y 值。

(3) 角接触球轴承轴向载荷 $\boldsymbol{F}_a$

综上所述，角接触轴承工作时，既受外部轴向力 $\boldsymbol{F}_A$ 的作用，又受内部轴向力 $\boldsymbol{F}_s$ 的影响。为了使轴承的内部轴向力互相抵消，以免轴产生轴向窜动，圆锥滚子轴承角接触球轴承(主要为 30000 型和 70000 型轴承)通常成对使用。成对布置的方式有两种：一是两外圈的窄边端面对窄边端面，称为正装或面对面，使得支承的跨距缩短，如图 4-1-13a 所示；二是两外圈的宽边端面对宽边端面，称为反装或背靠背，使得支承的跨距增大，如图 4-1-13b 所示。

现以正装式的角接触轴承(图 4-1-13a)为例，分析和计算两轴承实际轴向载荷 $\boldsymbol{F}_{a1}$ 和 $\boldsymbol{F}_{a2}$。

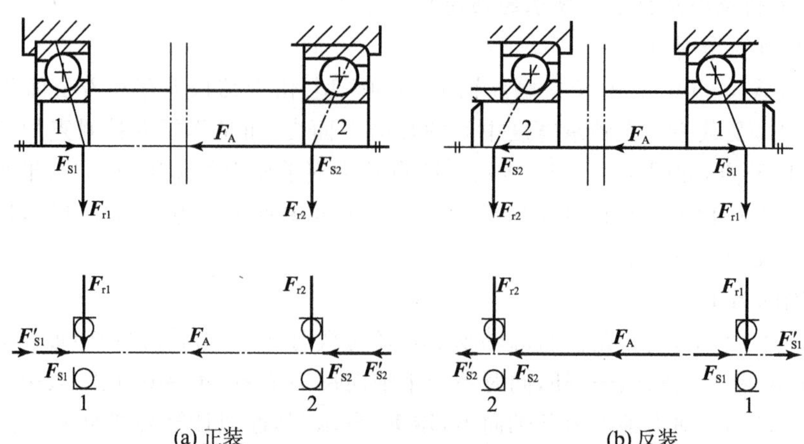

图 4-1-13 角接触轴承的载荷计算

设轴上承受的径向外载荷 $\boldsymbol{F}_r$ 和轴向外载荷 $\boldsymbol{F}_A$ 已知，两轴承分别承受的径向反力 $\boldsymbol{F}_{r1}$、$\boldsymbol{F}_{r2}$ 及内部轴向力 $\boldsymbol{F}_{S1}$、$\boldsymbol{F}_{S2}$ 方向如图 4-1-13 所示。

① $F_{S2}+F_A>F_{S1}$ 时

轴有向左移动的趋势，此时轴承 1 被“压紧”，轴承 2 被“放松”。由于轴承座或其他结构使左端轴承 1 的外圈受到轴向约束，故轴承 1 有来自左端的向右的轴向约束反力 $\boldsymbol{F}'_{S1}$，以阻止轴向左移动。根据受力平衡方程：$F'_{S1}=(F_{S2}+F_A)-F_{S1}$，因此轴承 1 承受的总轴向力 $F_{a1}=F_{S1}+F'_{S1}$，轴承 2 则只受到自身的内部轴向力 F_{S2} 即

轴承 1(压紧端)：$F_{a1}=F_{S1}+F'_{S1}=F_{S1}+[(F_{S2}+F_A)-F_{S1}]=F_{S2}+F_A$

轴承 2(放松端)：$F_{a2}=F_{S2}$

② 当 $F_{S2}+F_A<F_{S1}$ 时

同理可得

轴承 1(放松端)：$F_{a1}=F_{S1}$

轴承 2(压紧端)：$F_{a2}=F_{S2}+F'_{S2}=F_{S2}+[F_{S1}-(F_{S2}+F_A)]=F_{S1}-F_A$

由此可得出计算两支承点轴向载荷的步骤如下：

① 根据轴承类型和安装方式，计算内部轴向力 F_{S1} 和 F_{S2}，并画出方向。

② 根据承载状况判断轴承的“压紧”端及“放松”端。

③ “压紧”端轴向载荷等于除去“压紧”端本身的内部轴向力外，所有轴向力的代数和。

④ “放松”端的轴向载荷等于“放松”端本身的内部轴向力。

此方法同样适合于角接触轴承反装的场合及圆锥滚子轴承。

7. 滚动轴承静强度的计算及极限转速的校核

(1) 滚动轴承的静强度计算

计算滚动轴承静强度的目的是为了防止滚动轴承在静载荷与冲击载荷作用下产生过大的塑性变形。对于那些在工作载荷下基本不旋转的轴承(如起重机吊钩上用的推力轴承)，或者缓慢(间歇)摆动或以极低的转速($n<10$ r/min)运转的滚动轴承，其主要失效形式是塑性变形，设计时必须进行静强度计算。另外，对于短期严重过载、转速较高的轴承，或承受强大冲击载荷的轴

承，除进行寿命计算外，还应进行静强度计算。

滚动轴承的静强度计算公式为

$$C_0 \geqslant S_0 P_0 \tag{4-1-8}$$

式中　C_0——轴承的基本额定静载荷，可查找相关机械设计手册或轴承标准，N；

S_0——轴承的静强度安全系数，见表 4-1-10；

P_0——轴承的当量静载荷，N。

表 4-1-10　静强度安全系数 S_0

旋转情况	载荷条件	S_0	使用条件	S_0
连续旋转的轴承	普通载荷	1～2	高精度旋转场合	1.5～2.5
	冲击载荷	2～3	振动冲击场合	1.2～2.5
不常旋转及作摆动运动的轴承	普通载荷	0.5	普通旋转精度场合	1.0～1.2
	冲击及不均匀载荷	1～1.5	允许有变形量场合	0.3～1.0

轴承在工作时，如果同时受到径向载荷和轴向载荷作用，当量静载荷计算公式为

$$P_0 = X_0 F_r + Y_0 F_a \tag{4-1-9}$$

式中　F_r、F_a——轴承受到的径向力和轴向力，N；

X_0、Y_0——轴承的径向静载荷系数和轴向静载荷系数，见表 4-1-11。

表 4-1-11　单列向心轴承静载荷系数 X_0、Y_0

轴承类型		X_0	Y_0
深沟球轴承 60000		0.6	0.5
角接触球轴承	70000C	0.5	0.46
	70000AC	0.5	0.38
	70000B	0.5	0.26
圆锥滚子轴承	30000	0.5	0.4cotα

对于向心轴承，若由式(4-1-9)计算出 $P_0 < F_r$，则应取 $P_0 = F_r$。

轴承在当量静载荷作用下，在受力最大处的滚动体与内、外圈滚道引起的永久变形的总和与实际载荷 F_r 和 F_a 联合作用下引起的永久变形的总和相等。

(2) 滚动轴承的极限转速校核

滚动轴承的转速过高，会引起轴承温升过高而使润滑失效和轴承零件退火，会引起过度磨损而使轴承间隙过大、旋转精度降低，导致保持架强度不够及单位时间内载荷变化频率过高而使轴承零件过早疲劳破坏。因此，对于高速运转的轴承，要校核其极限转速，确保

$$n \leqslant n_{\min} \tag{4-1-10}$$

式中，n 为轴承工作转速，r/min；n_{min} 为轴承的极限转速，r/min，可查找相关机械设计手册。

直接用式(4-1-10)进行校核的条件如下：

① 当量动载荷 $P \leqslant 0.1C$。

② 润滑及冷却条件正常。

③ 向心轴承只承受径向力，推力轴承只承受轴向力。

④ 轴承的公差等级为 0 级。

若不满足上述条件，应当修正轴承的极限转速 n_{min} 后进行校核，具体方法参见相关机械设计手册。

五、滚动轴承的组合结构

轴承安装在机械上，与轴、轴承座(或箱体)、密封件等组成一个有机的整体，称为轴承组合。为保证轴承在机器中正常运转，除合理选择轴承类型、型号外，还应正确、合理地进行轴承的组合设计，即处理好轴承与其相关零部件之间的关系。以轴承组合为主体的配套设计包括：轴承组合的轴向、周心固定，轴承组合的调整，轴承与其他零件的配合、装拆，润滑和密封等设计。

1. 组合支承部位的刚性和同轴度

轴和安装轴承的轴承座或箱体以及其他受力零件，必须有足够的刚性，否则过量的变形将阻滞滚动体的滚动而使轴承提前损坏。轴承座及箱体的孔壁均应有足够的厚度，轴承座悬臂应尽可能缩短(图 4-1-14)，并利用加强肋来增强支承部位的刚性(图 4-1-15)。如果轴承座(外壳)是用轻合金或非金属制成的，安装轴承处应采用钢或铸铁制的套杯，如图 4-1-16 所示。

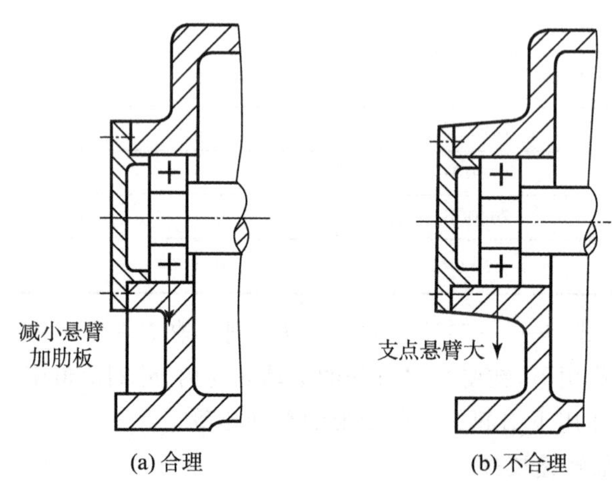

图 4-1-14 壁板上的轴承座设计

对于一根轴上的两个轴承座孔，必须尽可能地保持同轴(同心)，以免轴承内、外圈之间产生过大的偏斜，缩短轴承的寿命。为此最好采用一体结构的箱体，并把安装轴承的两孔一次镗出。如在一根轴上装有不同尺寸的轴承时，箱体上轴承座孔仍应一次镗出，并利用套杯来安装尺寸较小的轴承(图 4-1-16)。

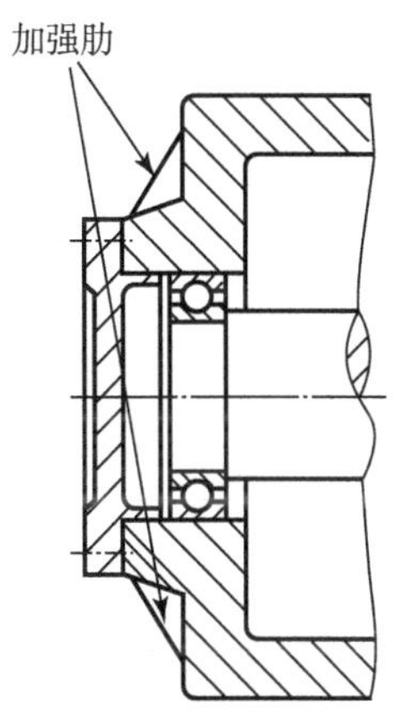

图 4-1-15　用加强肋增强刚性

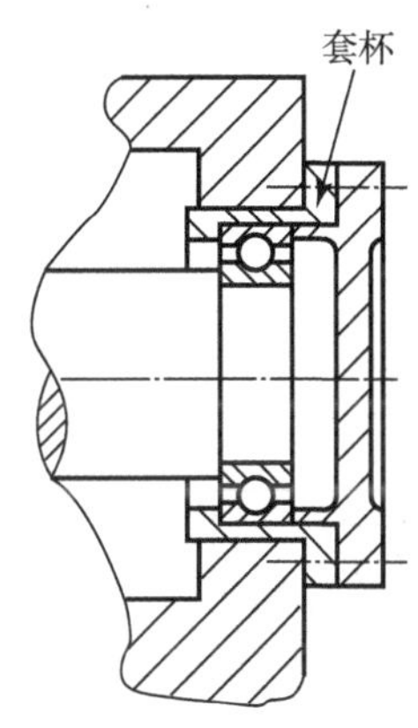

图 4-1-16　使用钢套杯的轴承座孔

2. 滚动轴承组合的轴向固定

在机器中，轴及轴上零件(轴系)的工作位置通常是由轴承来确定的。为了保证轴系工作时有确定的轴向位置，防止轴向窜动，轴系设计中应考虑轴的固定。另一方面，还须确保工作时的温升使轴承受热变形时不会卡住轴承的滚动体而影响工作，并允许轴受热伸长时有游动的可能性。因此工程中，轴的固定有下列三种类型。

(1) 两端固定式支承结构

如图 4-1-17 所示，轴的两个支点中每个支点都能限制轴的单向移动，两个支点合起来便可限制轴的双向移动，这种支承结构型式也称为双支点单向固定结构。考虑到轴受热伸长，对于单列向心深沟球轴承(60000 型)，在轴承端盖与外圈端面之间应留出热补偿间隙 $c=0.2\sim0.4$ mm，如图 4-1-17a 所示；对于角接触球轴承(70000 型)，如图 4-1-17b 所示，不是在外圈端面与轴承盖之间留有间隙 c，而是在装配时调整内圈与外圈的轴向相对位置。

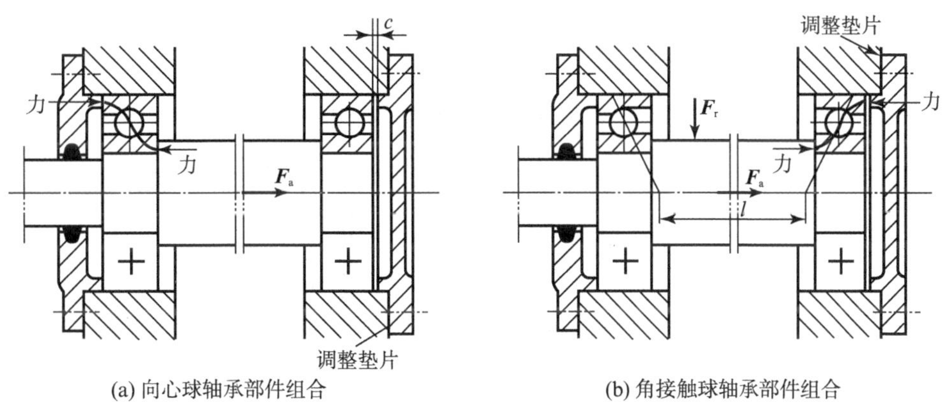

图 4-1-17　两端固定式支承结构

(2) 固定-游动式支承结构

如图 4-1-18 所示，轴的两个支点只有一个支点(左侧)限制轴的双向移动，另一支点则可作轴向移动，这种支承结构型式称为单支点双向固定支承结构，也称为固定-游动式支承结构。

可作轴向移动的支承结构型式称为游动支承，游动支承不能承受轴向载荷。固定-游动式支承结构适用于温度较高(轴工作温升 $\Delta t>70$℃)或轴的跨度较大(支承跨距 $L>350$ mm)的场合。选用向心球轴承为游动支承时，因其游隙不大，应在轴承外圈与端盖间留适当间隙，如图 4－1－18a 所示。选用内圈或外圈无挡边的短圆柱滚子轴承或滚针轴承作游动支承时，因轴承内部有游隙，故不需另外留间隙，对于这类轴承的内外圈要双向固定，如图 4－1－18b 所示，以免内外圈同时移动，造成过大的错位。向心角接触轴承或推力轴承都不能用作游动支承。

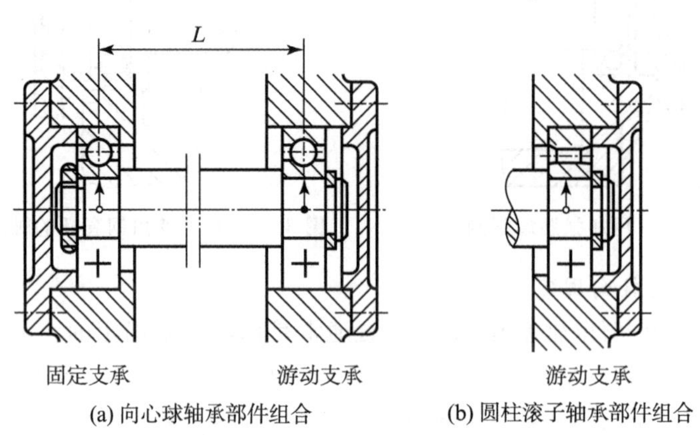

图 4－1－18　固定-游动式支承结构

(3) 两端游动式支承结构

在某些特殊情况下，轴的两端支承都需要游动，这种支承结构型式称为两端游动式支承结构。如图 4－1－19 所示，高速人字齿轮转动中的主动轴的支承中，为了自动补偿齿轮两侧螺旋角的制造误差，使人字齿轮轮齿受力相对均匀，两端支承都采用圆柱滚子支承。但是，与其相啮合的大齿轮轴则必须采用两端固定式支承结构型式，以便两根轴都得到轴向定位。

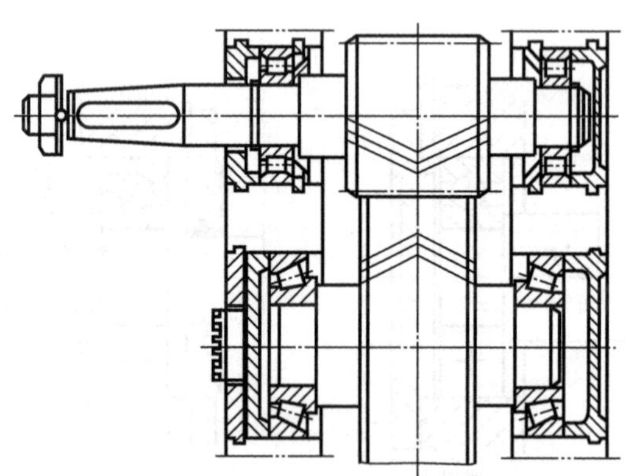

图 4－1－19　两端游动式支承结构

3. 滚动轴承组合的调整

滚动轴承组合的调整包括轴承间隙的调整和轴的轴向位置的调整。轴承间隙的大小将影响轴承的运转精度、平稳性和使用寿命。为了补偿热变形，对于圆锥滚子轴承和角接触球轴承要保证有合适的内部间隙，必须进行轴承间隙的调整。而轴上回转零件都有确定的工作位置，为了保证轴上回转零件准确的工作位置，也必须对轴系的轴向位置进行调整。有些传动件，如带轮、圆柱齿轮等，对轴向位置要求不高，一般不需要严格的调整。但对于锥齿轮，为了正确啮合，要求两个节锥顶点重合，必须使轴承部件组合结构能在水平和垂直两个方向上调整，如图 4－1－20a 所示。对于蜗杆蜗轮传动，为了正确啮合，要求蜗轮主平面通过蜗杆轴线，因此必须使蜗轮轴上的轴承部件组合结构能作如图 4－1－20b 所示方向的调整。

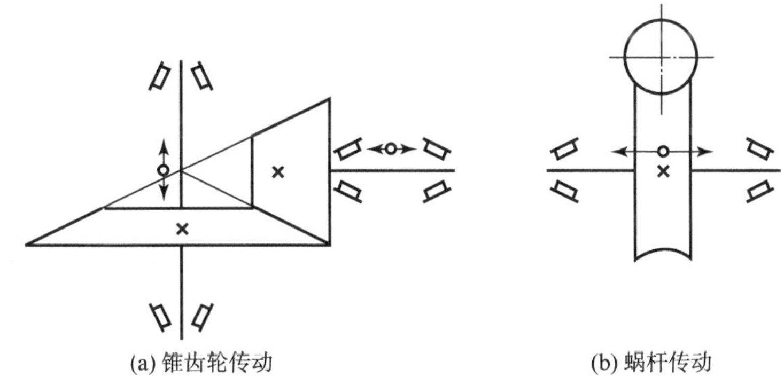

图 4－1－20　机构装配时轴系位置的调整

（1）轴承游隙的调整

轴承在装配时，一般要留有适当的游隙，以保证轴承的正常运转。调整轴承游隙的方法主要有以下几种。

① 调整垫片法。增减轴承端盖与箱体之间的垫片厚度，可以调整轴承的内部游隙，如图 4－1－21所示。一般调整垫片组中，厚度为 0.5 mm 的 1 片，0.5 mm 的 4 片，0.1 mm 的 4 片，其材料一般为 08F。

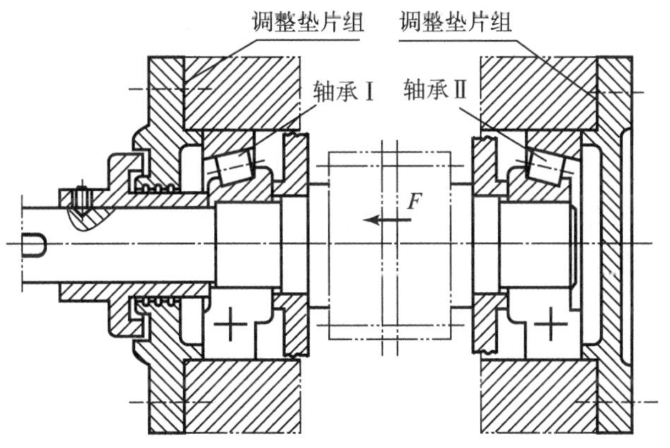

图 4－1－21　利用调整垫片法调整轴承游隙

② 调节螺钉法。如图 4－1－22a 所示的结构是用螺纹件 1 旋转，通过自位垫圈 2 移动外圈位置来调整游隙的，调整后需用锁紧片 3 锁紧；如图 4－1－22b 所示的结构是用螺钉 1 通过轴承外圈压盖 3 移动外圈位置进行调整的。调整以后，用螺母 2 锁紧防松。两种方法原理一样。

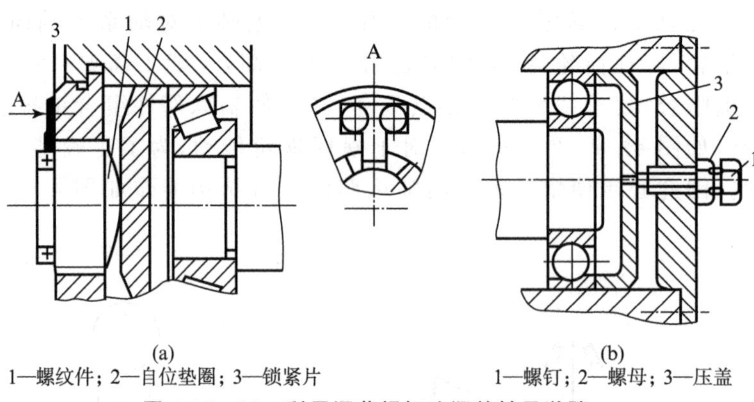

1—螺纹件；2—自位垫圈；3—锁紧片　　1—螺钉；2—螺母；3—压盖

图 4-1-22　利用调节螺钉法调整轴承游隙

③ 调整环法。如图 4-1-23 所示的结构是在轴承端盖与轴承之间设置不同厚度的调整环来调整游隙的，这种方法适用于使用嵌入式轴承端盖的场合。

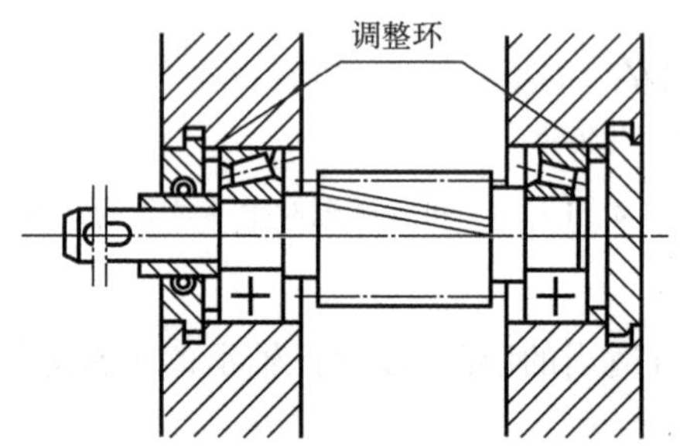

图 4-1-23　利用调整环法调整轴承游隙

(2) 轴系的轴向位置的调整

带轮、圆柱齿轮等回转零件对轴向位置要求不高，不存在调整轴系轴向位置的问题。对于蜗轮轴或大锥齿轮轴(图 4-1-20)，可以利用调整左右两组垫片的厚度来调整轴系的轴向位置，如图 4-1-21 所示。如果将左边轴承端盖处的垫片抽调到右边，则整个轴系将向右边移动；反之，则轴系的轴向位置可向左边移动。

在锥齿轮转动中，常将小锥齿轮的轴承布置在一个套杯中，用增减套杯与座机之间的调整垫片 1 来调整轴系位置，也就是调整小锥齿轮的轴向位置，而轴承端盖与套杯之间的调整垫片 2，则用来调整轴承的游隙，如图 4-1-24 所示。

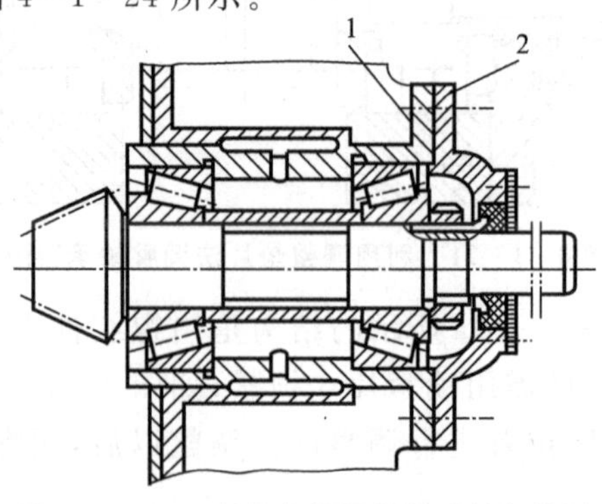

图 4-1-24　利用套杯调整轴系轴向位置

六、滚动轴承的轴向固定和装拆

机器中轴的位置是由轴承来固定的。为了使轴在工作中有准确的工作位置，防止轴向窜动，就应当使轴承在轴向有可靠固定。在设计轴承组合时，还应避免因装拆而损坏轴承和其他零件。

1. 滚动轴承的轴向固定

轴承内圈常用的几种轴向固定方法，如图 4-1-25 所示。

① 利用轴用弹性挡圈嵌入轴的凹槽内，如图 4-1-25a 所示，主要用于轴向载荷不大及转速不高的场合；

② 利用轴端挡圈锁紧，如图 4-1-25b 所示，可在高速下承受中等轴向力；

③ 利用圆螺母及止动垫圈锁紧，如图 4-1-25c 所示，主要用于轴承转速高、承受较大轴向力的场合；

④ 利用开口圆锥紧定套、止动垫圈和圆螺母锁紧，如图 4-1-25d 所示，用于光轴上、轴向力不大而且转速不高的球面轴承。

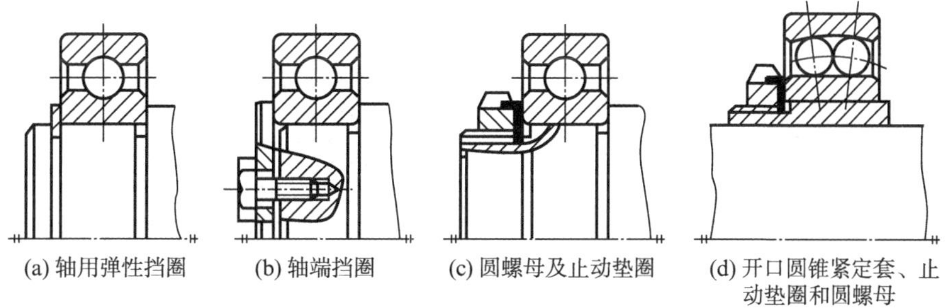

图 4-1-25　滚动轴承内圈的轴向固定

如图 4-1-26 所示，轴承外圈常用的轴向固定方法有四种。

① 利用嵌入轴承座孔内的孔用弹性挡圈固定，如图 4-1-26a，用于轴向力不大且需减小轴承组合尺寸的场合；

② 利用止动环嵌入轴承外圈止动槽内固定，如图 4-1-26b，用于轴承座孔不便做凸肩且外壳为剖分式结构时；

③ 利用轴承盖固定，如图 4-1-26c，用于转速高、轴向力大的各类向心、推力和角接触球（或滚子）轴承；

④ 利用螺纹环固定，如图 4-1-26d，用于轴承转速高、轴向载荷大，而不便使用轴承盖固定的场合。

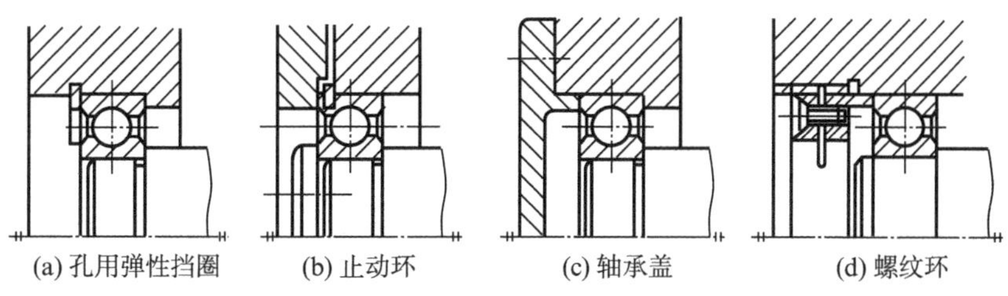

图 4-1-26　滚动轴承外圈的轴向固定

2. 滚动轴承的装拆

如果安装和拆卸滚动轴承的方法不当，就会损坏轴承。

对内、外圈不可分离的轴承，通常是先安装配合较紧的套圈。小轴承可用小铜锤轻轻均匀敲击套圈装入，安装尺寸大的轴承或批量大的轴承则应该用压力机，禁止用重锤直接打击轴承。

对于尺寸较大而配合较紧的轴承，安装阻力很大，须把孔加热或让轴件冷却，形成适当的间隙后再进行装配。轴承可放入 80～90℃的油中加热或将轴颈部分用冰冷却。

安装轴承时，应把力加在要装配的套圈上，不能在装一个套圈时加力于另一个套圈上，否则易使滚动体受损伤。如图 4-1-27a 所示，借环状工具将力作用于内圈，把内圈装配到轴上。

对于同时要把内、外圈分别装在轴颈和座孔上时，须用类似图 4-1-27b 所示的安装工具同时打入内、外圈，以免内外圈沿轴向运动不一致而损伤滚动体。

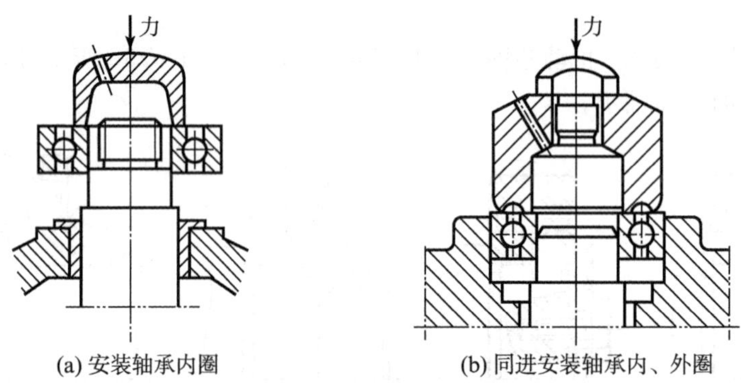

(a) 安装轴承内圈　　(b) 同进安装轴承内、外圈

图 4-1-27　滚动轴承的安装

拆除轴承时加力原则与安装时相同。加力于内圈以拆卸轴承的专用工具如图 4-1-28b 所示。轴肩高度通常不大于内圈高度的 3/4，过高不便于轴承拆卸；否则，必须在轴上制出沟槽以形成拆卸用的空间，如图 4-1-28a 所示。

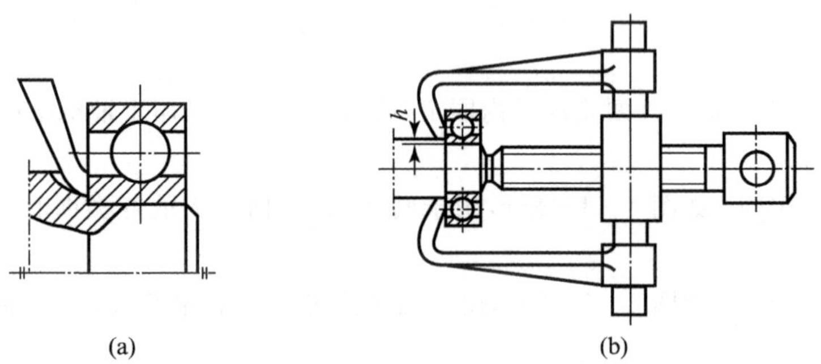

(a)　　(b)

图 4-1-28　滚动轴承的拆卸

七、滚动轴承的润滑与密封*

1. 滚动轴承的润滑

滚动轴承润滑的目的在于减小运动表面之间的摩擦和磨损，防止工作表面锈蚀，减小工作时的振动、噪声以及冷却轴承，降低工作温度。常使用的润滑剂有润滑油、润滑脂和固体润滑剂等。润滑方式和润滑剂的选择，可根据表征滚动轴承转速大小的速度因素 $d_m n$ 来选择。d_m 为轴承平

均直径，mm；n 为轴的转速，r/min。各种润滑方式下轴承允许的速度因素 $d_m n$ 值见表 4－1－12。

表 4－1－12　各种润滑方式下轴承允许的速度因素 $d_m n$ 值　（单位：10^4 mm · r/min）

轴承类型	脂润滑	油润滑			
		油浴润滑	滴油润滑	循环油润滑	油雾润滑
深沟球轴承	16	25	40	60	＞60
调心球轴承	16	25	40		
角接触球轴承	16	25	40	60	＞60
圆柱滚子轴承	12	25	40	60	
圆锥滚子轴承	10	16	23	30	
调心滚子轴承	8	12		25	
推力球轴承	4	6	12	15	

润滑油的特点是摩擦阻力小、散热效果好等。油润滑适用于 $d_m n$ 值较高或具备润滑油源装置的场合。

润滑脂的特点是不易流失，便于密封和维护。润滑脂填充量一般为轴承空隙的 1/3～1/2。

2. 滚动轴承的密封

密封滚动轴承的目的主要是防止轴承润滑剂流失，同时也防止外部灰尘、水、腐蚀性介质及其他杂质侵入轴承。滚动轴承的密封方法很多，结构上的变化也很大，总的来讲，要在转动件（轴）和静止件（机架或箱体）之间，设置能起到密封作用的密封结构。按工作情况来分，滚动轴承的密封形式可分为接触式、非接触式以及组合式三类。

① 接触式密封。接触式密封是在轴承盖内装入毛毡圈，或皮碗直接与轴接触来达到密封的目的。由于油封直接与轴接触，工作时摩擦、磨损严重，只使用于低速。

② 非接触式密封。这类密封，多利用狭小间隙或者曲折的间隙（通常称为迷宫）来密封。由于油封不直接与轴接触，避免了摩擦、磨损，故可适用于高速场合。

③ 组合式密封。接触式密封与非接触密封组合在一起使用，可发挥两者的优点，提高密封效果。

密封的方法与润滑剂种类、工作环境、温度、密封表面的圆周速度有关，滚动轴承常用的密封形式见表 4－1－13。

表 4－1－13　滚动轴承常用的密封形式

密封类型		图　例	说　明	适 用 场 合
接触式密封	毡圈密封	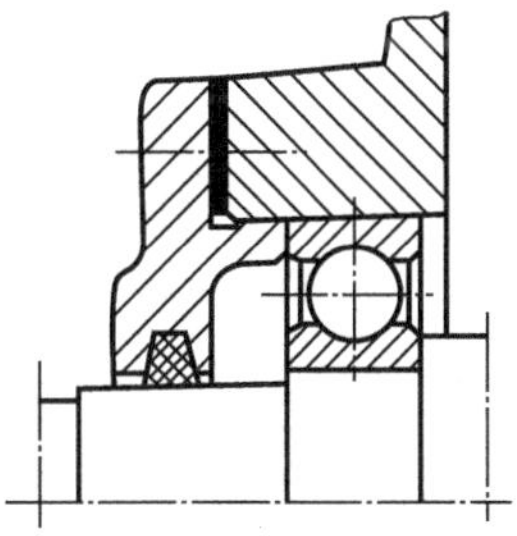	矩形截面的羊毛毡圈被安放在梯形槽内，毡圈对轴产生一定的压力，与轴表面摩擦以实现密封	脂润滑。要求环境清洁，轴颈圆周速度不大于 4～5 m/s，抛光轴可达 7～8 m/s，工作温度不超过 90℃

（续表）

<table>
<tr><th colspan="2">密封类型</th><th>图　例</th><th>说　明</th><th>适 用 场 合</th></tr>
<tr><td rowspan="2">接触式密封</td><td>密封圈密封</td><td>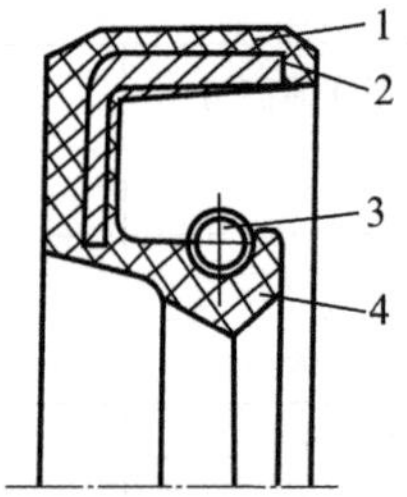
</td><td>一般由橡胶 1、毡圈密封金属骨架 2 和弹簧圈 3 三部分组成，依靠唇部 4 自身的弹性和环形圆柱螺旋弹簧的压力压紧在轴上实现密封</td><td>脂或油润滑。用于接触轴段线速度 $v<15$ m/s 的油润滑的密封</td></tr>
<tr><td>机械密封</td><td>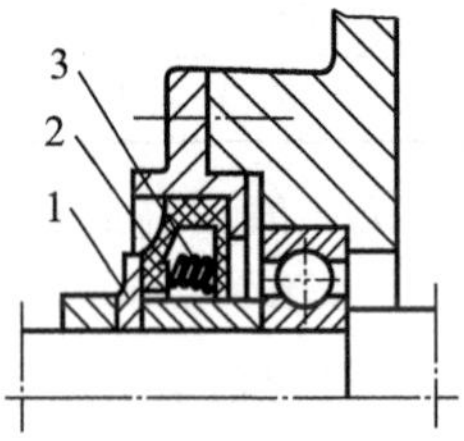
</td><td>动环 1 固定在轴上，随轴转动；静环 2 固定于轴承盖内。动环与静环的端面在液体压力和弹簧压力下互相贴合，构成良好密封，故又称为端面密封</td><td>用于高速、高压、高低温或腐蚀性介质工作条件下的转轴密封</td></tr>
<tr><td rowspan="2">非接触式密封</td><td>间隙密封</td><td>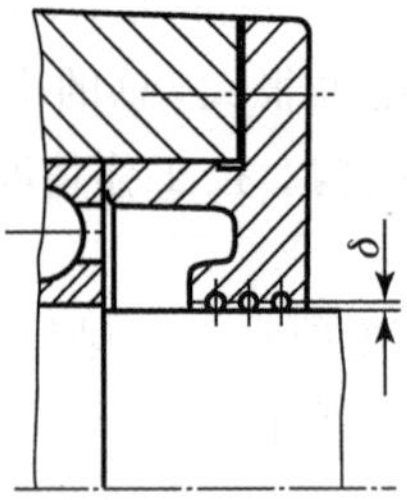
</td><td>依靠轴与轴承端盖之间的细小环形间隙密封，间隙越小、越长，密封效果越好，间隙取为 0.1～0.3 mm；开有油沟时效果更好，沟槽宽 3～4 mm，深 4～5 mm</td><td>脂润滑或低速油润滑。环境干燥清洁</td></tr>
<tr><td>迷宫密封</td><td>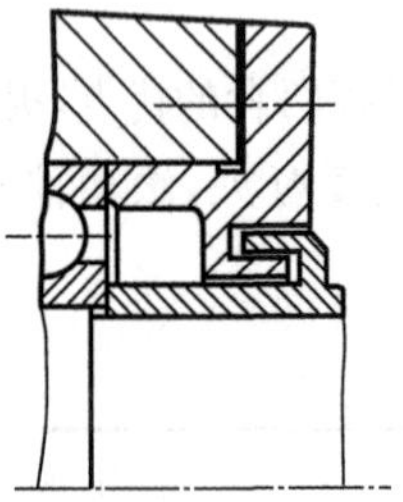</td><td>将回转件与静止件之间的间隙制成迷宫形式，在间隙中充填润滑脂或润滑油以增强密封效果。分为径向和轴向两种，径向曲路的径向间隙为 0.1～0.2 mm；轴向曲路因考虑到轴的长度，间隙取大些，为 1.5～2 mm</td><td>脂润滑或油润滑，工作温度低于密封用脂的滴点，密封效果可靠</td></tr>
<tr><td colspan="2">组合密封</td><td>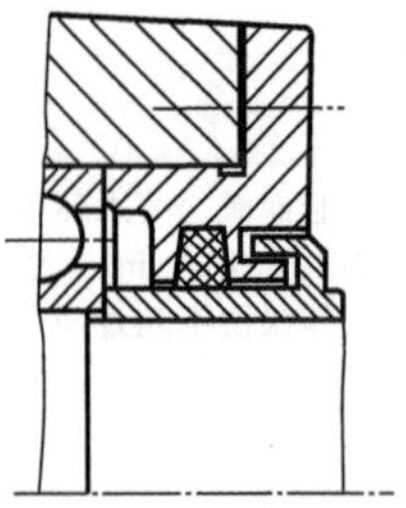</td><td>迷宫与毛毡组合密封，挡油环与皮碗组合密封，密封效果好</td><td>适用于脂润滑或油润滑，接触处圆周速度：迷宫毛毡组合密封，≤7 m/s；挡油环皮碗组合密封，>7 m/s</td></tr>
</table>

【任务分析】

本任务中，已知轴承的型号、工作状况、具体受载情况及轴承的预期寿命为 40 000 小时，判断该轴承是否合用。对于一般转速的轴承，即 $n>10$ r/min 的轴承，如果轴承的制造、安装、密封、使用等情况均良好时，轴承的主要失效形式为疲劳点蚀，应以疲劳强度为依据进行轴承寿命计算，故本任务需用寿命计算公式计算轴承的使用寿命。在运用此公式计算轴承寿命前，需要求轴承的当量动载荷。当量动载荷的计算比较复杂，须认真进行验算。计算出轴承寿命 L_h 后再与预期寿命 L'_h 进行比较，若 $L_h \geqslant L'_h$，则选用的轴承适用，能满足工作要求；若 $L_h < L'_h$，则表示轴承不能满足工作要求，须重新选择轴承型号。滚动轴承的选用与轴的结构设计是并行的，注意各尺寸的关联。一般机械设计中，设计人员需要熟悉轴承国家标准及产品样本，根据工作条件，通过机械设计手册、滚动轴承国家标准及滚动轴承产品样本等正确选择滚动轴承的型号，确定轴承的尺寸及轴承的组合设计，这也是滚动轴承支承设计中的三项任务。

【任务实施】

本任务中已知轴承工作状况及轴承型号，应用下列公式校核。

$$L_h = \frac{10^6}{60n}\left(\frac{f_t C}{f_P P}\right)^{\varepsilon} = \frac{16\ 667}{n}\left(\frac{f_t C}{f_P P}\right)^{\varepsilon}$$

(1) 查机械设计手册或 GB/T 292—2023，可知 7212C 轴承基本额定动载荷 $C_r = 61\ 000$ N，基本额定静载荷 $C_{0r} = 48\ 500$ N。

(2) 计算判断系数 e：$\dfrac{F_a}{C_{0r}} = \dfrac{1\ 080}{48\ 500} = 0.022$，查表 4-1-8 用插入法得 $e = 0.39$。

(3) 计算轴承 1 和轴承 2 的内部轴向力 F_{S1} 和 F_{S2}，如图 4-1-29 所示。

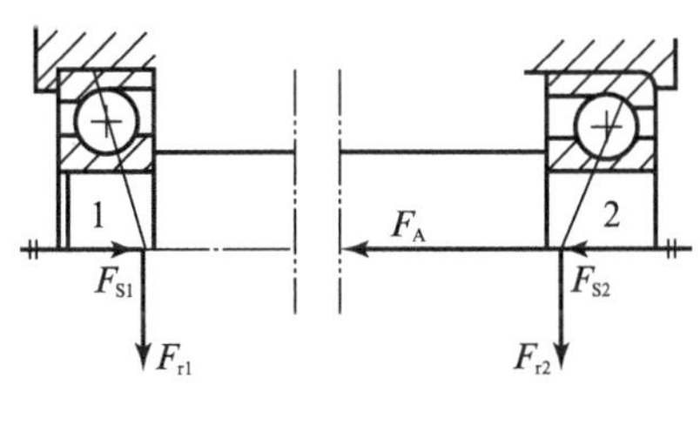

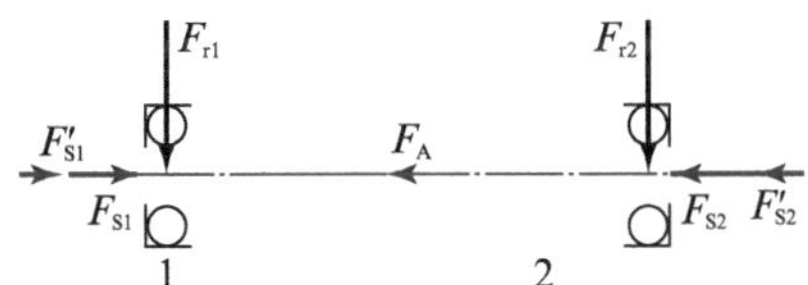

图 4-1-29　角接触轴承载荷示意图

由表 4-1-8 查得轴承内部轴向力为

$$F_{S1} = eF_{r1} = 0.39 \times 1\ 460.6\ \text{N} = 569.6\ \text{N}$$
$$F_{S2} = eF_{r2} = 0.39 \times 2\ 803.05\ \text{N} = 1\ 093.19\ \text{N}$$

因为，$F_A+F_{S2}=(1\,080+1\,093.19)\text{N}=2\,173.19\text{ N}>F_{S1}=569.6\text{ N}$。

所以，轴承 1 为“压紧”端：$F_{a1}=F_A+F_{S2}=(1\,080+1\,093.19)\text{N}=2\,173.2\text{ N}$；轴承 2 为“放松”端：$F_{a2}=F_{S2}=1\,093.19\text{ N}$。

(4) 计算轴承 1、2 的当量动载荷。

$$F_{a1}/F_{r1}=2\,173.2/1\,460.6=1.49>e$$
$$F_{a2}/F_{r2}=1\,093.19/2\,803.05=0.39=e$$

查表 4-1-8 用插入法算得

$$X_1=0.44, Y_1=1.44; X_2=1, Y_2=0;$$

故当量动载荷为

$$P_1=X_1F_{r1}+Y_1F_{a1}=(0.44\times1\,460.6+1.44\times2\,173.2)\text{N}=3\,772.1\text{ N}$$
$$P_2=X_2F_{r2}+Y_2F_{a2}=(1\times2\,803.05+0\times1\,093.19)\text{N}=2\,803.05\text{ N}$$

(5) 计算轴承寿命：因轴的结构需求，两端选择同型号轴承，所以当量动载荷大的轴承寿命短。现 $P_1>P_2$，故只需计算轴承 1 的寿命。

工作温度<120℃，查表 4-1-5 取 $f_t=1$；载荷平稳，查表 4-1-6 取 $f_P=1.2$；球轴承 $\varepsilon=3$，所以，轴承 1 的寿命为

$$L_h=\frac{16\,667}{n}\left(\frac{f_tC}{f_PP}\right)^{\varepsilon}=\frac{16\,667}{88.3}\times\left(\frac{1\times48\,500}{1.2\times3\,772.1}\right)^3=232\,182>L'_h$$

满足此轴承使用寿命要求，故轴承型号合适。

如果算得的寿命不能满足规定的要求(寿命太短或过长)，一般先考虑选用另一种宽度系列或直径系列的轴承，其次再考虑改变轴承类型。如 7212C 不能满足，可试选 7312C，保证内圈直径不变；若球轴承不能满足要求，可考虑试选圆锥滚子轴承。

【任务总结】

本任务介绍了轴承的常见类型、代号、特性和应用，分析了滚动轴承的选用和寿命计算方法，滚动轴承的组合设计和轴承的润滑密封方法。通过本任务的学习，学生能够掌握有关滚动轴承的基本知识和选用方法及维护技能，通过在滚动轴承选择过程中的思考，培养学生对滚动轴承的整体分析能力和维护能力。

(1) 滚动轴承的基本类型和特性。

(2) 滚动轴承的选择。包括类型选择、精度选择和型号(尺寸)选择。

① 类型选择：应考虑以下几方面因素：承受载荷的大小、方向和性质，转速与工作环境，调心性能要求，经济性和其他特殊要求等。

② 精度选择：相同型号的轴承，精度越高，价格就越高。一般机械传动中的轴承应选用普通级(0 级)精度。

③ 型号(尺寸)选择：根据轴颈直径，初步选择轴承的型号，进行轴承的寿命计算或静强度计算。

(3) 滚动轴承的寿命计算。

① 基本额定寿命 L_h 的计算公式为

$$L_h = \frac{10^6}{60n}\left(\frac{f_t C}{f_P P}\right)^{\varepsilon} = \frac{16\ 667}{n}\left(\frac{f_t C}{f_P P}\right)^{\varepsilon}$$

此式可以用于校核轴承的寿命。

② 轴承的基本额定动载荷的计算公式为

$$C' = \frac{f_P P}{f_t}\left(\frac{60n}{10^6}L_h'\right)^{1/\varepsilon}$$

此式可以用于选择轴承的型号，选择轴承型号时，应使待选轴承的 C 大于或等于计算值 C'。

(4) 滚动轴承的组合设计。要综合考虑轴承的固定、装拆、配合、调整、润滑与密封等问题。

① 滚动轴承的轴向固定。

② 轴系的轴向固定：两端单向固定式，一端双向固定、一端游动式，两端游动式。

③ 轴承组合的调整、轴承游隙的调整、轴承的预紧、轴系位置的调整。

④ 轴承的装拆。

(5) 滚动轴承的润滑和密封。

轴承润滑的作用是减少摩擦和磨损、散热、防蚀和吸振，延长轴承使用寿命。

轴承密封的目的是防止水分、灰尘和其他杂质进入轴承，并阻止润滑剂流失。滚动轴承的密封分为接触式密封、非接触式密封和组合式密封等。

【思考与练习】

1. 典型的滚动轴承由哪些元件组成？各元件的作用是什么？

2. 滚动轴承的常用类型有哪些？在选择滚动轴承类型时应主要考虑哪些因素？

3. 为什么圆锥滚子轴承和角接触球轴承一般要成对使用？其安装方式有哪两种？

4. 说明滚动轴承的代号的含义：30218/P5、6404、7208AC、32307。

5. 试述滚动轴承的失效形式及设计准则。

6. 轴的支承结构最常用的有哪几种？各适用于什么场合？

7. 轴承常用的密封形式有哪些？如何选用？

8. 某水泵轴的转速 n=2 900 r/min，轴颈直径 d=35 mm，两轴承上的径向力 $F_{r1}=F_{r2}=$ 1 810 N，轴向载荷由轴承 2 承受，F_{A2}=740 N，载荷有轻微冲击，正常工作温度低于 100℃，若选用 6307 轴承，轴承工作寿命 L_h 为多少？

9. 一水泵选用深沟球轴承，已知轴径 d=40 mm，转速 n=2 900 r/min，轴承所受径向载荷 F_r=2 600 N，轴向载荷 F_a=560 N，要求使用寿命 L_h=5 000 h，试选用轴承型号(至少选三种)。

任务 2　输送机齿轮减速器输出轴的设计

【任务描述】

轴是支承转动零件并与之一起回转以传递运动、扭矩或弯矩的机械零件。如图 2-2-1 所示为输送机齿轮减速器二级齿轮传动装置，齿轮是通过轴支承并传递运动和转矩。轴有输入轴、中间轴与输出轴，均为转轴。其中输出轴为低速高扭矩转轴，如图 4-2-1 所示，轴中通过平键连接大齿轮，两端由一对滚动轴承支承，轴输出端通过联轴器与工作机输入轴相连。

已知，输出轴传递功率 $P=4.63\ \mathrm{kW}$，转速 $n=88.3\ \mathrm{r/min}$；输出轴上大齿轮的分度圆直径 $d_1=250\ \mathrm{mm}$，齿轮轮毂宽 $b_1=55\ \mathrm{mm}$；联轴器与输出轴连接部位的毂宽 $b_2=112\ \mathrm{mm}$；输出轴上的轴承采用 7212C 角接触球轴承，运转载荷平稳。试对此输出轴进行结构设计及强度计算，并绘制轴的设计图。

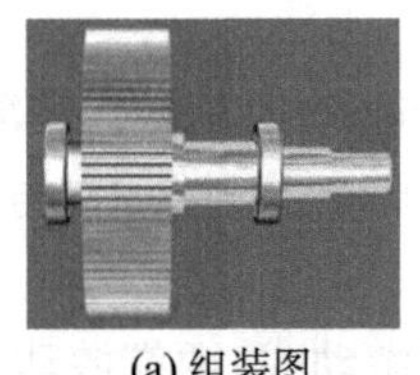
(a) 组装图

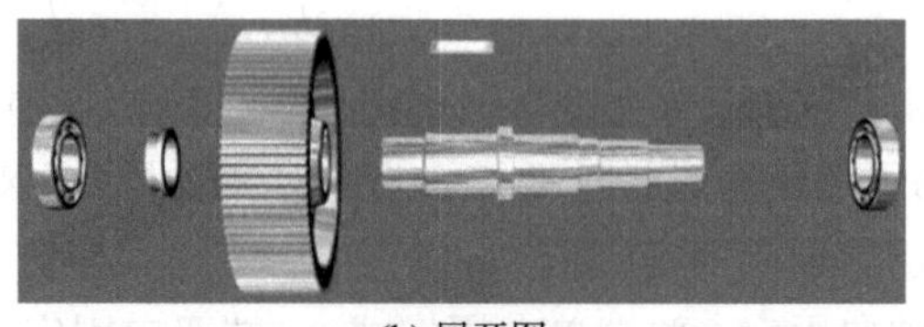
(b) 展开图

图 4-2-1 输送机齿轮减速器输出轴简图

【任务目标】

【知识】

◎ 轴的类型、结构特点及应用范围。

◎ 轴的常用材料及选用。

◎ 轴的结构设计。

◎ 轴的失效形式及设计准则。

◎ 转轴的强度和刚度计算。

◎ 转轴的设计方法与步骤。

【技能】

◎ 了解各类轴的类型、结构特点及应用范围，能够正确选用轴的材料。

◎ 会灵活处理轴结构设计中的主要问题及工艺问题。

◎ 能够根据轴的工况，依照轴设计的一般步骤，确定轴的结构形式，对轴进行结构设计及主要尺寸设计，并对轴进行强度校核。

◎ 了解轴设计的有关国家标准及行业标准，熟练运用(查选)轴设计时所需的各类图表。

【素质】

◎ 培养一丝不苟、精益求精的工匠精神，提升专业认同感，培养科学精神。

【知识准备】

一、轴的组成及分类

轴是机器中的主要支承零件之一。一切作回转运动的传动零件，如齿轮、蜗轮、带轮、链轮、联轴器等，都必须安装在轴上才能传递运动和动力。如图 4-2-2 所示，某一减速器输出轴被装在两端的角接触球轴承上，圆锥滚子轴承又支承在箱体上。轴承由轴承盖、轴肩、套筒作轴向定位。轴支承着从动齿轮和联轴器，并用轴肩、轴环、套筒、轴端挡圈确定它们在轴上的轴向工作位置。齿轮和联轴器，分别用平键在轴上作周向固定以传递运动和动力。

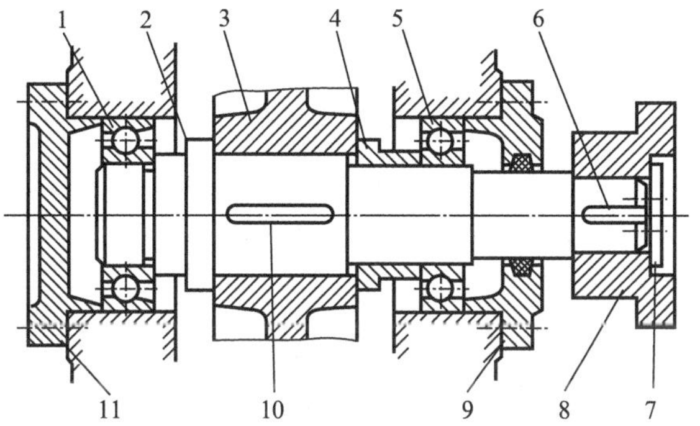

图 4-2-2　减速器输出轴

1—滚动轴承；2—轴肩；3—大齿轮；4—套筒；5—滚动轴承；6、10—键槽；7—轴端挡圈；8—联轴器；9、11—轴承盖

1. 轴的组成

圆柱齿轮减速器输出轴的结构如图 4-2-3 所示。轴通常由轴头、轴颈、轴肩、轴环、轴身及不装任何零件的轴段等部分组成。轴上与轴承配合的轴段称为轴颈。轴与回转零件（包括联轴器）的轮毂配合的轴段称为轴头。相邻两轴段之间用作轴向固定零件的侧面（台阶部分）称为轴肩。长度较小而直径同时大于相邻两轴段的轴段称为轴环。轴环通常是为轴向固定零件和其他特殊要求而设计的。连接轴头与轴颈的非配合过渡轴段称为轴身。

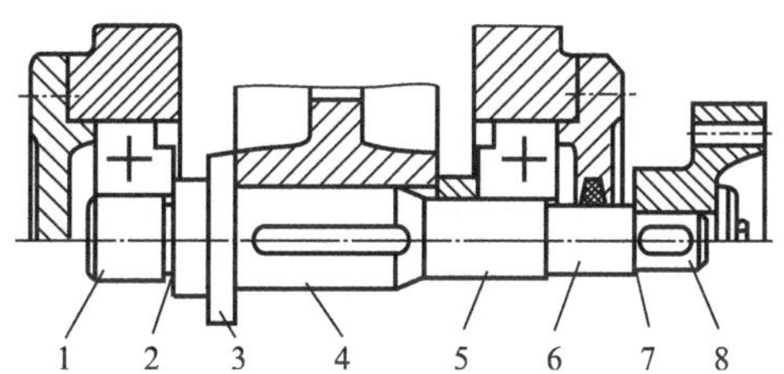

图 4-2-3　圆柱齿轮减速器输出轴的结构

1、5—轴颈；2、7—轴肩；3—轴环；4、8—轴头；6—轴身

2. 轴的分类

根据轴的承载情况，可分为心轴、传动轴和转轴三种类型。

① 心轴。心轴是只承受弯矩而不传递转矩的轴，心轴又可分为转动心轴（如铁路车辆轮对上的车轴，如图 4-2-4a 所示）和固定心轴（如自行车前轴，如图 4-2-4b 所示）。

② 传动轴。传动轴是只传递转矩而不承受弯矩或承受很小弯矩的轴，如汽车的传动轴，如图 4-2-5 所示。

③ 转轴。转轴同时传递转矩和承受弯矩，如减速器中的输出轴，如图 4-2-2 所示。机器中大多数轴都属于转轴。

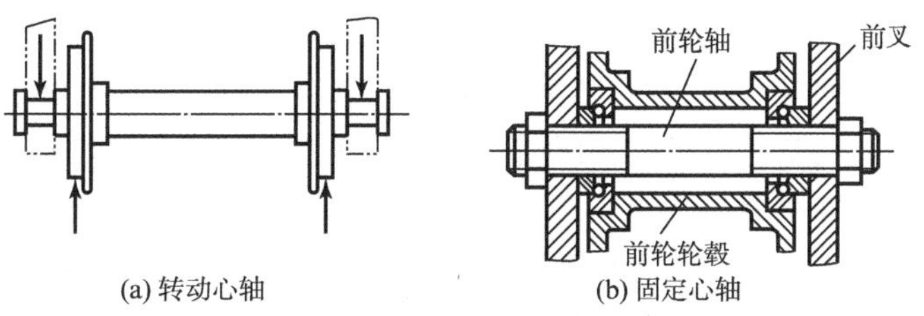

(a) 转动心轴　　(b) 固定心轴

图 4-2-4　心轴

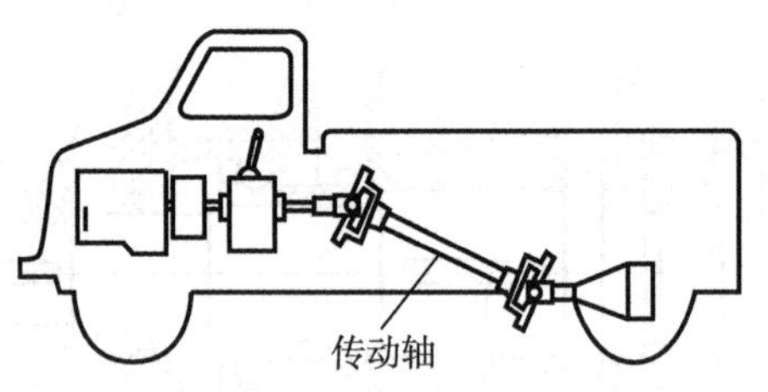

图 4-2-5 汽车传动轴

按轴线几何形状,可分为直轴(图 4-2-6)、曲轴(图 4-2-7)和挠性轴(图 4-2-8)三种类型。

直轴又可分为阶梯轴和光轴,前者便于零件装配定位,故应用很广,而后者很少应用;曲轴多用在往复式机械中,如各类发动机;挠性轴具有良好的挠性,在软轴砂轮机、软轴电动工具及某些控制仪器的传动装置中常用到。

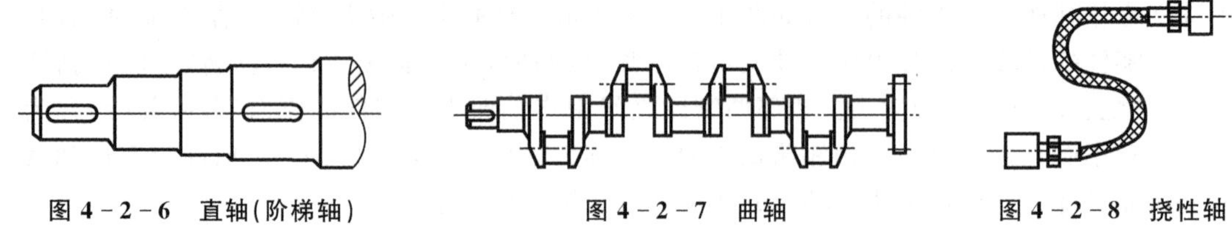

图 4-2-6 直轴(阶梯轴)　　图 4-2-7 曲轴　　图 4-2-8 挠性轴

二、轴的常用材料

由于轴工作时的应力多为重复性的交变应力,所以轴的主要失效形式为疲劳破坏,因此工程上对轴的材料的基本要求是:具有一定的抗疲劳强度,且对应力集中敏感性小;轴工作时与滑动轴承等其他零件发生相对运动的表面应具有足够的耐磨性;同时还应考虑加工工艺性和经济性等因素。因此,选择轴的材料,应考虑轴的强度、刚度及耐磨性要求、热处理工艺方法、轴材料加工工艺、材料来源、材料价格等因素。

轴的常用材料有优质中碳钢、合金钢、球墨铸铁及高强度铸铁等,见表 4-2-1。

1. 优质中碳钢

常用的有 35、45、50 钢,其中 45 钢用得最多。对于受力不大或不重要的轴,可用 Q235、Q275 普通碳素钢。碳素钢比合金钢价格低廉,对应力集中敏感性小,可进行热处理改变其综合性能,且加工工艺好,故应用最广。

2. 合金钢

合金钢的力学性能和淬火性能比碳素钢要好,但对应力集中比较敏感,且价格较贵,多用于对强度和耐磨性能要求高的场合。40Cr 经调质处理后,综合力学性能很好,是轴最常用的合金钢,如机床主轴。20Cr、20CrMnTi 等低碳合金钢,经渗碳淬火后可提高耐磨性能;20Cr2MoV、38CrMoAl 等合金钢,有良好的高温力学性能,常用于高温、高速及重载的场合。合金钢在常温下的弹性模量和碳素钢差不多,故当其他条件相同时,用合金钢代替碳素钢并不能提高轴的刚度。

3. 球墨铸铁及高强度铸铁

球墨铸铁及高强度铸铁具有优良的工艺性,不需要锻压设备,吸振性好,对应力集中敏感性低,适宜于制造复杂形状的轴,可用来制作内燃机中的曲轴、凸轮轴等。

表 4-2-1　轴的常用材料

材料	牌号	热处理	毛坯直径/mm	硬度/HBW	力学性能/MPa 抗拉强度极限 σ_b	抗拉屈服极限 σ_s	弯曲疲劳极限 σ_{-1}	剪切疲劳极限 τ_{-1}	许用弯曲应力/MPa $[\sigma_{+1b}]$	$[\sigma_{0b}]$	$[\sigma_{-1b}]$	用途
普通碳素钢	Q235	热轧或锻后空冷	≤100		400～420	250	170	105	125	70	40	用于不重要或载荷不大的轴
			>100～250		375～390	215	170	105	125	70	40	
优质碳素钢	45	正火	≤100	170～217	590	295	255	140	195	95	55	应用最广泛
		回火	>100～300	162～217	570	285	245	135	195	95	55	
		调质	≤200	217～255	640	355	275	155	215	100	60	
合金钢	40Cr	调质	≤100	241～286	735	540	355	200	245	120	70	用于载荷较大而无很大冲击的重要轴
			>100～300	241～286	685	490	335	185				
	35SiMn	调质	≤100	229～286	785	510	355	205	245	120	70	性能接近于40Cr，用于中小型轴
			>100～300	219～269	735	440	335	185				
	40MnB	调质	≤200	241～286	735	490	345	195	245	120	70	性能接近于40Cr，用于重要的轴
	40CrNi	调质	≤100	270～300	900	735	430	260	285	130	75	低温性能好，用于很重要的轴
			>100～300	240～270	785	570	370	210				
	38SiMnMo	调质	≤100	229～286	735	590	365	210	275	120	70	性能接近于40Cr，用于重载荷的轴
			>100～300	217～269	685	685	345	195				
	20Cr	渗碳淬火回火	≤60	渗碳 56～62HRC	640	390	305	160	215	100	60	用于强度和韧性要求均较高的轴
	20CrMnTi		15	渗碳 56～62HRC	1 080	835	480	300	365	165	100	用于要求高的耐腐蚀性、高强度，且热处理变形小的轴
	38CrMoAlA	调质	≤60	293～321	930	785	440	280	275	125	75	
			>60～100	277～302	835	685	410	270				
			>100～160	241～277	785	590	370	220				
球墨铸铁	QT400-15			156～197	400	300	145	125	100			用于曲轴、凸轮轴、水轮机主轴
	QT600-3			197～269	600	420	215	185	150			

注：
1. 表中所列疲劳极限 σ_{-1} 的计算公式为：碳素钢 $\sigma_{-1}\approx0.43\sigma_b$；合金钢 $\sigma_{-1}\approx0.2(\sigma_b+\sigma_s)+100$；不锈钢 $\sigma_{-1}\approx0.27(\sigma_b+\sigma_s)$；$\tau_{-1}\approx0.156(\sigma_b+\sigma_s)$；球墨铸铁 $\sigma_{-1}\approx0.36\sigma_b$，$\tau_{-1}\approx0.31\sigma_b$。
2. 当选用其他钢号时，许用弯曲应力 $[\sigma_{+1b}]$、$[\sigma_{0b}]$、$[\sigma_{-1b}]$ 的值可根据相应的 σ_b 选取。
3. 剪切屈服极限 $\tau_s\approx(0.55\sim0.62)\sigma_s$。
4. 等效系数 ψ：对于碳素钢，$\psi_\sigma=0.1\sim0.2$，$\psi_\tau=0.05\sim0.1$；对于合金钢，$\psi_\sigma=0.2\sim0.3$，$\psi_\tau=0.1\sim0.15$。

三、轴的结构设计

轴的结构设计，就是根据工作条件确定轴的结构外形和全部尺寸。由于影响轴结构的因素很多，且其结构没有固定的形式，所以轴的结构设计具有较大的灵活性和多样性。

轴的结构必须满足下列要求：

① 轴上零件有准确的工作位置，定位可靠；

② 轴段直径须符合标准直径系列；

③ 受力合理，有利于提高轴的强度和刚度；

④ 有良好的加工工艺性能和装配、调整工艺性能。

轴的结构设计中要解决的主要问题有：轴上零件的布置、轴上各轴段尺寸的确定、轴上零件的轴向固定、轴上零件的周向固定、轴的结构工艺性、轴的强度和刚度等。

1. 轴上零件的布置

合理地布置轴上的零件，能改善轴的结构和装配工艺性，有时甚至能改善轴的受力情况，提高轴的强度。因此，拟定轴上零件的布置方案是进行轴的结构设计的前提。所谓布置方案，就是考虑合理安排动力传递路线和预定出轴上主要零件的装配方向、顺序和相互关系。因为轴上零件的装配方案不同，将会有不同的轴的结构形状，因此在拟定装配方案时，一般应先考虑几个方案，进行分析、比较与选择。现以齿轮减速器中输出轴的两种布置方案为例进行对比分析。如图 4-2-9a 所示布置方案一的装配方法是：齿轮、套筒、左端轴承、轴承端盖、半联轴器依次从轴的左端安装，右端只安装滚动轴承及其轴承端盖；如图 4-2-9b 所示布置方案二的装配方法是：左端套筒、轴承、轴承端盖、联轴器依次从轴的左端安装，而齿轮、右端套筒、轴承、轴承端盖依次从轴的右端安装。相比之下可知，方案二较方案一多了一个用于轴向定位的长套筒，使机器的连接增多，质量增大，所以图 4-2-9a 所示的方案一较为合理。

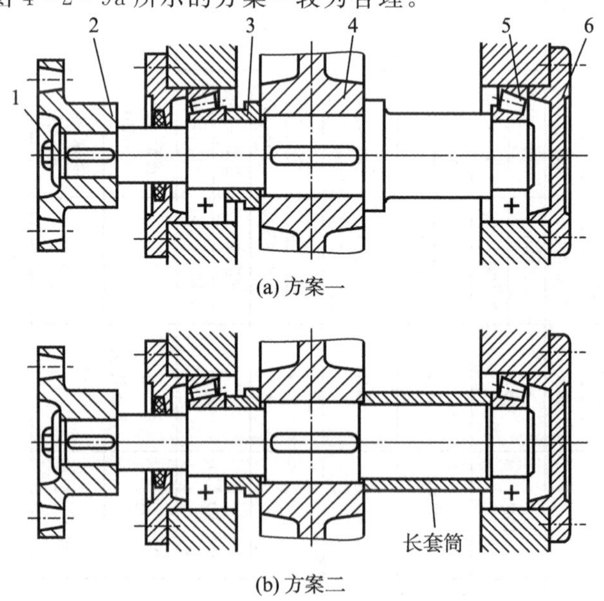

图 4-2-9 轴上零件布置

1—轴端挡圈；2—半联轴器；3—套筒；4—齿轮；5—滚动轴承；6—轴承端盖

2. 轴上各轴段尺寸的确定

轴结构尺寸的确定包括径向尺寸和轴向尺寸两部分。各轴段径向尺寸的变化和确定主要取决于轴上零件的安装、定位、受力状况以及轴的加工精度要求等。而各轴段的长度则根据轴上零件的位置、配合长度、轴承组合结构以及箱体的有关尺寸来确定。

确定在轴上零件的布置方案后，可初步估算轴所需的最小直径 d_{min}（通常是轴端段），进而初步确定阶梯轴各段的直径、长度和配合类型，估算出轴的最小直径，按轴上零件的布置方案和定位要求，从轴端段起依次确定各轴段的直径。为了便于轴上零件的装配定位，常将轴设计成阶梯轴。在确定各轴段的直径时，应考虑轴肩的尺寸要求及与轴上零件、密封件的尺寸匹配。对用于固定轴上零件或传递轴向力的定位轴肩，直径变化值要大些。但轴肩的尺寸大小有标准规定，不能任意选取。齿轮、带轮、链轮、联轴器等的定位轴肩配合处圆角半径及倒角见表 4-2-2；滚动轴承内圈的定位轴肩直径参见滚动轴承标准中相关表格中的安装尺寸。仅仅为了轴上零件装拆方便或区别不同的加工表面时，轴段直径变化值应较小，一般直径差取 1～3 mm 即可，甚至采用同一公称直径而取不同的尺寸偏差值，如图 4-2-10 所示。需要注意的是，在确定装有滚动轴承、毡圈密封、橡胶密封等标准件的轴段直径时，除了满足轴肩大小的要求外，其轴径应根据标准件查取相应的标准值，如要装配滚动轴承的轴径应取滚动轴承内圈的标准轴径，需要装配密封圈的轴径应根据所采用的密封圈查取标准直径。

表 4-2-2　定位轴肩配合处圆角半径及倒角

轴直径 d/mm	3～6	>6～10	>10～18	>18～30	>30～50	>50～80	>80～120	>120～180
r 及 c/mm	0.4	0.5(c=0.6)	1	1.5	2	2.5	3	4
R 及 c_1/mm	0.5	1	1.5	2	2.5	3	4	5
轴直径 d/mm	>180～260	>260～360	>360～500	>500～630	>630～800	>800～1 000	>1 000～1 250	>1 250～1 600
r 及 c/mm	5	6	8	10	12	16	20	25
R 及 c_1/mm	6	8	10	12	16	20	25	32

注：本表摘自 GB/T 6403.4—2008，与滚动轴承配合处的圆角半径参见滚动轴承相关标准。

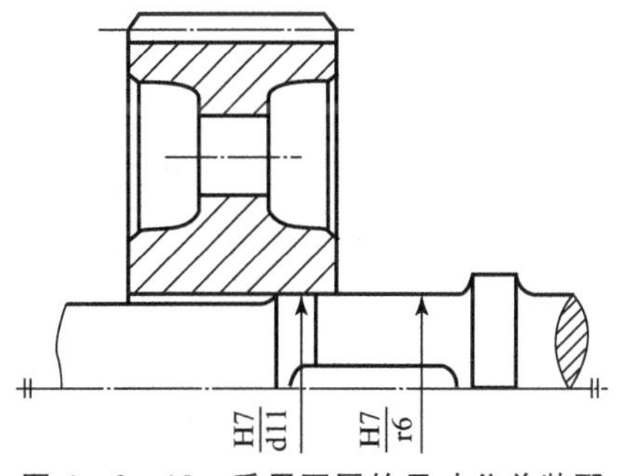

图 4-2-10　采用不同的尺寸公差装配

轴上零件的各轴段长度，由其上安装的零件宽度及其他结构要求确定。确定这些轴段长度时，必须注意轴肩的位置，因为它将影响零件的安装和轴向固定的可靠性。当轴肩起固定零件和承受轴向力的作用时，轴的端面变化位置应与零件端面平齐。当用轴套和挡油环等零件来传递轴向力和固定其他零件的轴向位置时，轴端面应与轴套或轮毂端面间留有一定的距离（$\Delta l=2\sim3$ mm），以保证定位可靠。当轴的外伸段安装有联轴器、带轮、链轮等零件时，为保证定位，轴端面也应较轮毂端面缩进 Δl 的距离。当用平键连接传动件时，键应比配合长度稍短 5～10 mm，并圆整为标准值，且使轴上的键槽靠近传动件装入一侧，距离轴段一侧 2～5 mm，以便于装配时轮毂上的键槽与轴上的键对准。为减小轴的弯矩，提高轴的强度和刚度，支承零件（如轴承）的位置应尽量靠近传动件。轴的外伸长度取决于轴承盖结构和轴伸端安装的零件。

外伸轴的长度取决于外伸段上安装的外接零件（如联轴器、带轮、齿轮等）以及轴承端盖的结构尺寸，如图 4-2-11a 所示。

当采用弹性套柱销联轴器时，外伸轴段必须留有装拆弹性套柱销的必要装配尺寸 A，尺寸 A 要大于轴承端盖连接螺钉的长度，此时轴的外伸尺寸 L 应根据 A 来确定，如图 4-2-11b 所示，A 则由联轴器的型号决定，具体大小参考 GB/T 4323—2017 弹性套柱销联轴器。

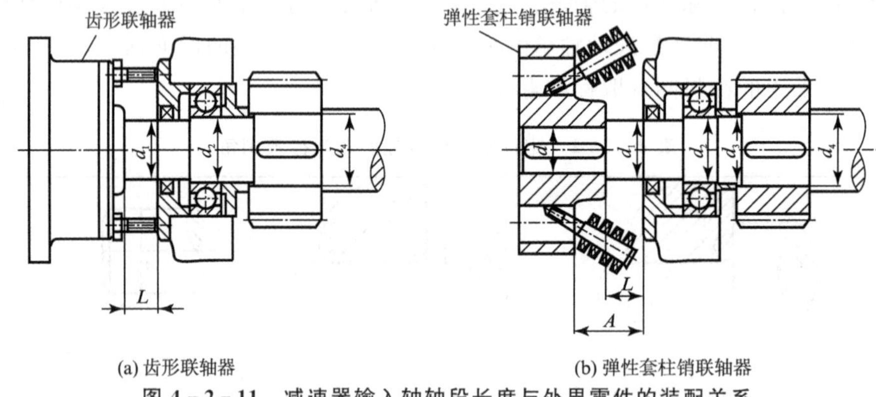

(a) 齿形联轴器　　(b) 弹性套柱销联轴器

图 4-2-11　减速器输入轴轴段长度与外界零件的装配关系

当采用不同的轴承端盖结构时，箱体宽度不同，轴的外伸长度也不一样。如采用凸缘式轴承盖时，如图 4-2-12a 所示，轴的外伸长度必须考虑拆卸轴承端盖螺钉所需的长度 L，L 参考轴承端盖螺钉尺寸，以便在不拆外接零件（如联轴器）的情况下，拆卸轴承盖螺钉，打开减速器箱盖；当外接零件的轮毂不影响螺钉的装拆（图 4-2-12b），或采用嵌入式轴承端盖时，箱体外旋零件至轴承盖外端面或轴承螺钉头顶面距离 L 一般不小于 15～20 mm，如图 4-2-12c 所示。

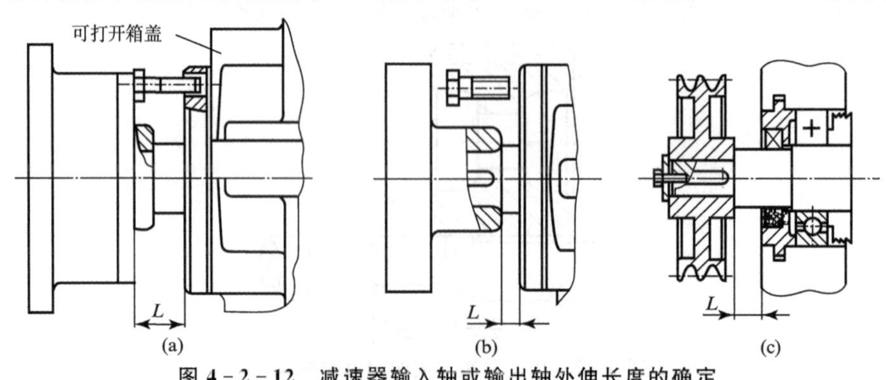

(a)　　(b)　　(c)

图 4-2-12　减速器输入轴或输出轴外伸长度的确定

3. 轴上零件的轴向固定

为了防止轴上零件受力时发生沿轴向的相对运动，轴上零件除了有特殊的配合要求（如游动或空转）外，一般都要求定位准确、可靠。轴上零件的轴向定位和固定方法见表 4-2-3。

表 4-2-3 轴上零件的轴向定位和固定方法

轴向固定方法及示意图		特点及应用	设计注意事项
圆螺母	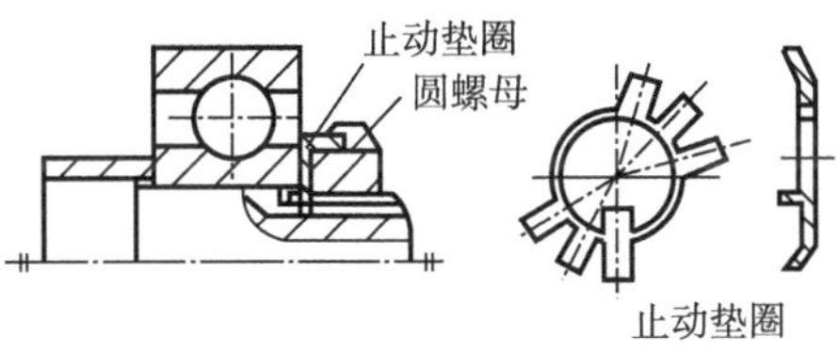	固定可靠，可承受较大的轴向力。能实现轴上零件的间隙调整。常用于轴上两零件间距较大处，亦可用于轴端	为减小螺纹对轴的强度的削弱，常用细牙螺纹。为防松，需加止动垫圈或用双螺母（圆螺母参照 GB/T 812—1988）
弹性挡圈	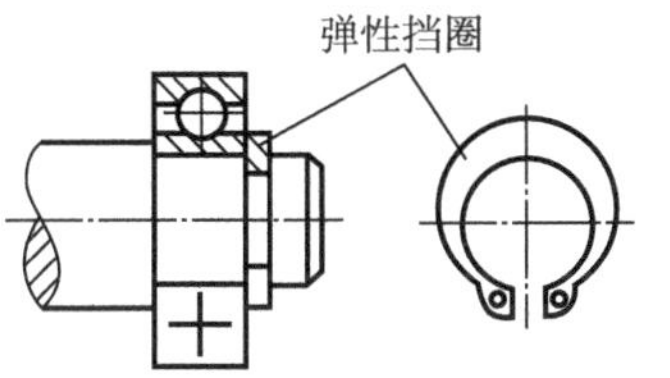	结构简单、紧凑，装拆方便，受力较小，轴上切槽将引起应力集中	弹性挡圈及轴上切槽尺寸查阅 GB/T 894—2017
紧定螺钉与锁紧挡圈	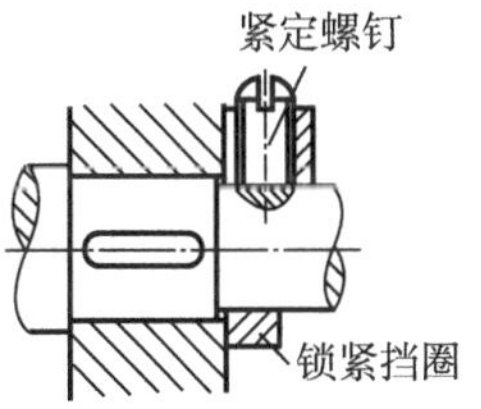	结构简单，但受力小，不宜用于高速场合	紧定螺钉参照 GB/T 71—2018、锁紧挡圈参照 GB/T 884—1986
轴肩与轴环	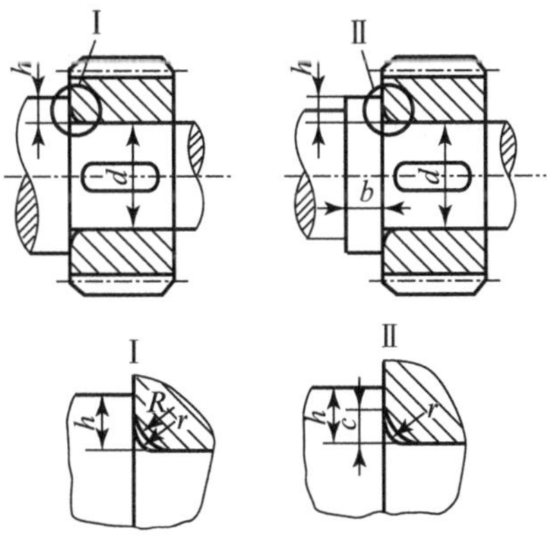	简单可靠，不需附加零件，能承受较大的轴向力。广泛用于各种轴上零件的固定。该方法会使轴径增大，阶梯处易形成应力集中	为保证零件与定位面完全贴靠，轴上过渡圆角半径 r 应小于零件半径 R 或倒角，即 $r<c<h$，$r<R<h$。一般取定位轴肩（轴环）高度 $h=(2\sim3)c$ 或 $h=(2\sim3)R$。轴环的宽度 $b\approx1.4h$，$h=(0.07\sim0.1)d$；R、c 和 r 值参见表 4-2-2

（续表）

轴向固定方法及示意图		特点及应用	设计注意事项
轴端挡圈	挡圈	工作可靠，能承受较大的轴向力，应用广泛	只用于轴端。应采用止动垫片等防松（轴端挡圈参见 GB/T 891—1986 及 GB/T 892—1986）
套筒	套筒	简单可靠，简化了轴的结构且不削弱轴的强度。常用于轴上两个近距离零件间的相对固定。不宜用于高速轴	套筒内径与轴一般为动配合，套筒结构、尺寸可视需要灵活设计，但一般套筒壁厚大于 3 mm
圆锥面	圆锥面	装拆方便，可兼作周向固定。宜用于高速、冲击及对中性要求高的场合	只用于轴端。常与轴端挡圈联合使用，实现零件的轴向、周向固定

4. 轴上零件的周向固定

轴上零件的周向固定，是为了防止轴在工作过程中，零件与轴之间产生相对转动。常用的周向固定方式有键连接、花健连接、成型连接、弹性环连接、销连接、过盈配合连接等，如图 4-2-13 所示。

键连接和销连接前面任务中已经讲过，在此不作阐述。过盈配合连接是利用轴和零件的轮毂孔之间的配合过盈量来连接，能同时实现周向和轴向固定，结构简单，对中性好，对轴的强度削弱小，但装拆不便。成型连接是利用非圆柱面与相同的轮毂孔配合，对中性好，工作可靠，制造困难，应用少。

在减速器中齿轮与轴，常同时采用普通平健连接与过渡配合或普通平健与过盈配合作为周向固定，这样可传递更大的转矩。同样，当传递的轴向力和扭矩都较小时，也可采用紧定螺钉连接或销连接，这两种连接同时作为轴向固定与周向固定。

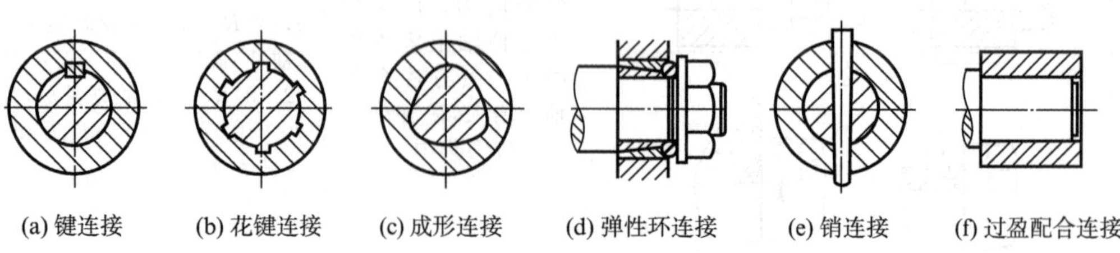

(a) 键连接　(b) 花键连接　(c) 成形连接　(d) 弹性环连接　(e) 销连接　(f) 过盈配合连接

图 4-2-13　常用的周向固定方式

5. 轴的结构工艺性

轴的结构工艺性主要体现在轴的加工工艺性和轴上零件装配工艺性两个方面，并且要求生产率高，成本低。轴的结构越简单，工艺性就越好。因此在满足使用要求的前提下，轴的结构形状应尽量简化。一般来说，轴的结构工艺性应满足下列要求：

① 大多数轴都设计成中间大两头小的阶梯轴，但轴的阶梯数应尽可能少，以提高加工效率，节约原材料。

② 阶梯轴定位轴肩处的过渡圆角半径须符合表 4-2-2 及表 4-2-3 中规定的要求，非定位轴肩过渡圆角半径见表 4-2-4。

表 4-2-4 非定位轴肩过渡圆角半径

	$(D-d)$/mm	2	5	8	10	15	20	25
	r/mm	1	2	3	4	5	8	10
	$(D-d)$/mm	30	40	55	70	100	140	180
	r/mm	12	16	20	25	30	40	50

注：本表摘自 GB/T 6403.4—2008。尺寸$(D-d)$是表中数值中间值时，一般 r 取较小值。例如 $D-d=90$ mm，则按70 mm 取 $r=25$ mm。

③ 使用套筒、压板或螺母等轴向固定零件时，该轴段长度 l 应比轮毂宽度 B 短 2～3 mm。

④ 轴上不同轴段的键槽应沿着同一母线布置，如图 4-2-14 所示，键槽宽度尽量一致，以减少工件和刀具的装夹次数，保证键槽的加工精度。

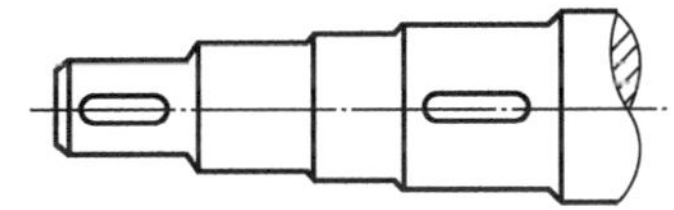

图 4-2-14 键槽布置在同一母线上

⑤ 为了便于轴上零件的装配及不划伤零件和手，轴端应加工出 45°(或 30°或 60°)倒角，如图 4-2-15 所示。如零件与轴为过盈配合，应在该轴段的配合段的前部加工出锥度为 10°～15°的导向圆锥面，如图 4-2-16 所示。

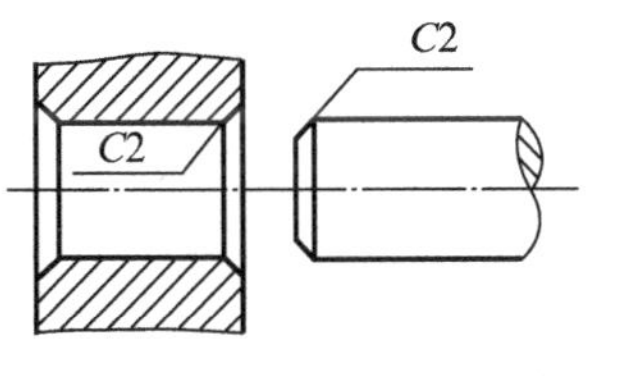

图 4-2-15 倒角

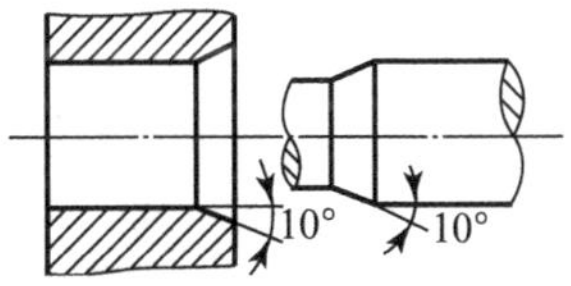

图 4-2-16 导向圆锥面

⑥ 如轴段需磨削加工时，须设置砂轮越程槽(GB/T 6403.5—2008)，如图 4-2-17a 所示。切制螺纹时须设置螺纹退刀槽(GB/T 3—1997)，如图 4-2-17b 所示。

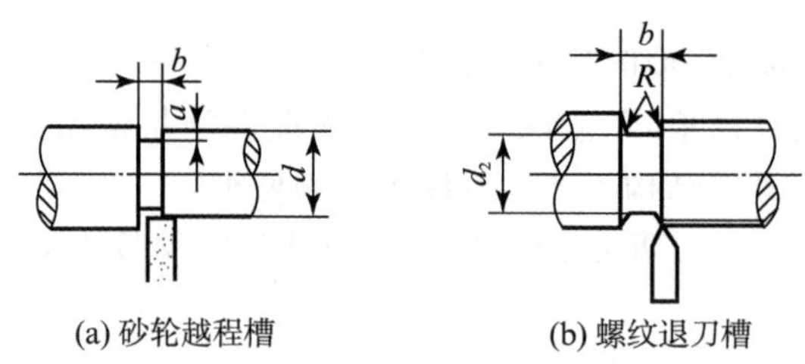

图 4-2-17 砂轮越程槽及螺纹退刀槽

⑦ 如轴的各段同轴度要求较高，应在轴的两端开设中心孔(GB/T 145—2001)。

6. 轴的强度和刚度

轴和轴上零件的结构、工艺以及轴上零件的安装布置等对轴的强度有很大影响，所以应进行充分考虑，以便提高轴的承载能力，减小轴的尺寸和机器的重量，降低制造成本。通常可采取以下几个方面的措施以提高轴的强度和刚度。

① 改变轴上零件的布置，合理安排动力传递路线，可减少轴所受的载荷。

当转矩由一个传动件输入，再由几个传动件输出时，为了减小轴上的转矩，应将输入件放在中间，而不要置于一端。如图 4-2-18 所示，输入转矩为 $T_1=T_2+T_3+T_4$，当轴上各轮的布置方式如图 4-2-18a 所示时，轴所受的最大转矩为 $T_2+T_3+T_4$，若布置方式改为如图 4-2-18b 所示，最大转矩仅为 T_3+T_4。

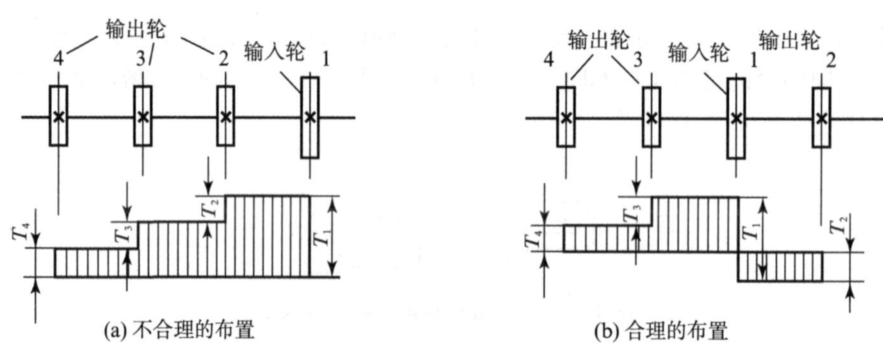

图 4-2-18 轴上零件的不同布置

如图 4-2-19 所示，起重卷筒的两种布置方案中，如图 4-2-19a、c 所示的方案是大齿轮将转矩通过轴传到卷筒，因而卷筒轴既受弯矩又受扭矩；而如图 4-2-19b、d 所示的方案是大齿轮和卷筒做成一体，转矩经大齿轮直接传给卷筒，卷筒轴只受弯矩而不受扭矩。在同样的载荷作用下，图 4-2-19b 中轴的直径要比图 4-2-19a 中轴的直径小。

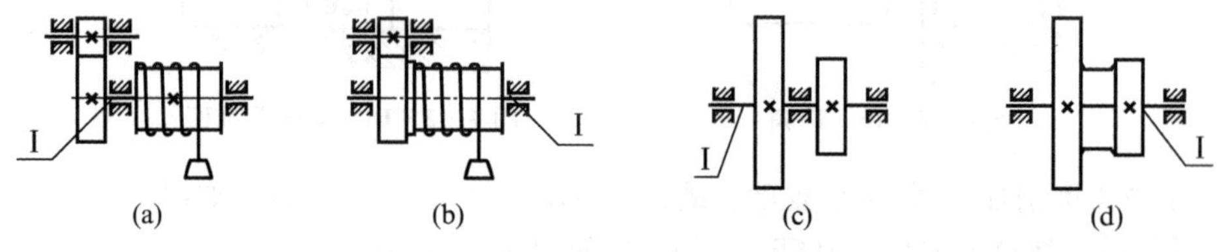

图 4-2-19 起重卷筒的两种布置

② 改进轴上零件结构，减轻轴的载荷。

合理改进轴上零件的结构，可以改变轴上的载荷分布或改善其应力特征，以减小轴的载荷。如图 4-2-20b 所示的卷筒轮毂很长，轴承受的弯矩大。如将卷筒的结构改为如图 4-2-20a所示的结构，则可减小轴所承受的弯矩，从而提高轴的强度和刚度，也便于轴及卷筒的加工。

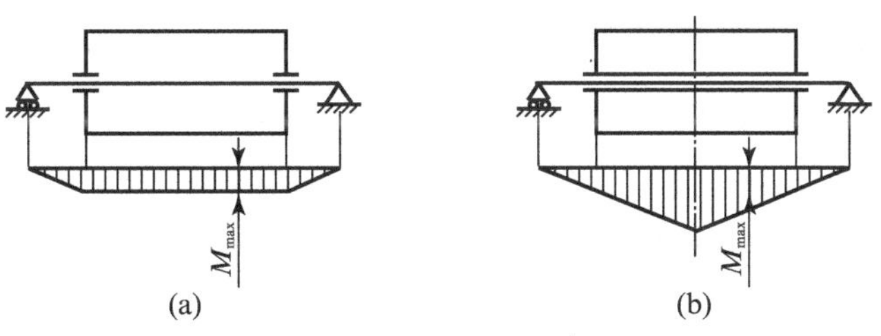

图 4-2-20　卷筒轮毂结构

③ 改变零件的结构形状以消除或减小应力集中。

轴通常是在交变应力条件下工作的，轴肩的过渡截面、轮毂与轴的配合、键槽及有小孔的截面各处，都会产生应力集中，发生疲劳破坏，如图 4-2-21 所示。为了减小应力集中，阶梯轴的相邻截面变化不要太大，轴肩过度圆角半径不要太小。如果结构不宜增大圆角半径，可采用凹切圆角、过渡肩环、减载槽等结构，如图 4-2-22 所示。

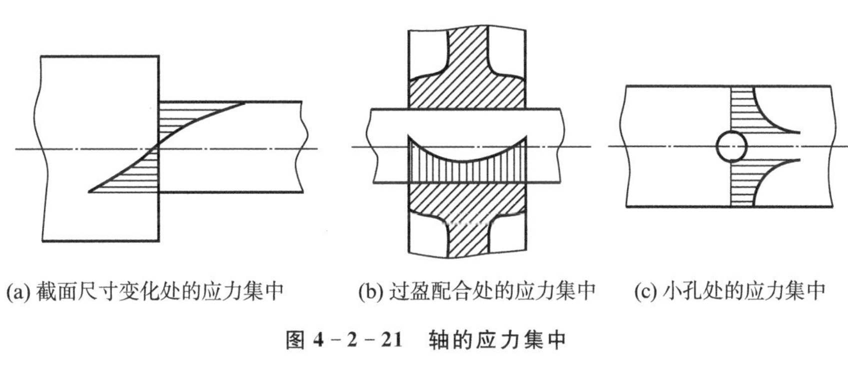

图 4-2-21　轴的应力集中

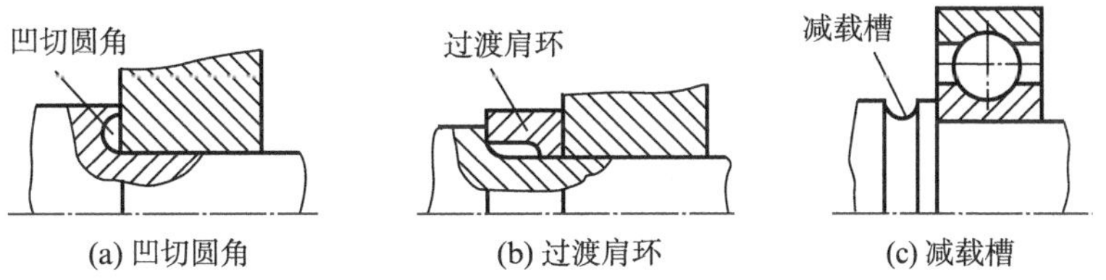

图 4-2-22　减小应力集中的措施

④ 改进轴的表面质量以提高轴的疲劳强度。

轴的表面越粗糙，疲劳强度也越低。因此，应合理减小轴的表面及圆角处的粗糙度值。采用对应力集中敏感的高强度材料做轴时，尤其应注意表面质量。

对轴的表面进行强化处理，可提高轴的疲劳强度。其主要方法有表面高频淬火、表面渗碳、碳氮共渗、渗氮、碾压、喷丸等。此外，必须减少材料的内部缺陷，对重要的轴要进行探伤检验。

⑤ 在满足机器零件相互位置尺寸要求的前提下，为了提高轴的刚度，轴在支承间的跨度应尽量小；悬臂布置的工作件的悬臂尺寸尽量缩短。

⑥ 轴的重量受到限制时，可采用空心轴。

四、轴设计的基本方法与步骤

轴设计的总体思路为：在轴系零部件的具体结构未确定之前，轴上力的作用点和支承点间的跨距无法精确确定，弯矩分布及大小也不能确定。因此，在轴的设计中，轴的强度计算和轴系零件结构设计必须交错进行，边画图、边计算、边修改，即“三边”方法。

轴设计基本步骤如下：

（1）根据机械方案的整体布局，制定轴上零件的布置和装配方案。

（2）选择轴的材料及热处理工艺。

（3）初步估算轴的直径。

最小直径的估算有两种方法。

方法一：按扭转强度初步估算轴的最小直径。

对于既传递转矩又承受弯矩的转轴，按扭转强度估算轴的最小直径时，须把轴的许用扭转切应力$[\tau]$适当降低，以补偿弯矩对轴的影响。其设计公式为

$$d \geqslant \sqrt[3]{\frac{9.55 \times 10^6}{0.2[\tau]}} \sqrt[3]{\frac{P}{n}} = C\sqrt[3]{\frac{P}{n}} \tag{4-2-1}$$

式中 P——轴传递的功率，kW；

n——轴的转速，r/min；

$[\tau]$——轴的许用扭转切应力，MPa，见表 4-2-5；

C——由轴的材料和载荷情况确定的常数，见表 4-2-5。

表 4-2-5 常用材料的$[\tau]$值和 C 值

轴的材料	Q235A，20	35	45	40Cr，35SiMn，42SiMn
$[\tau]$/MPa	15～20	20～30	30～40	40～52
C	160～135	135～118	118～107	107～98

注：当作用在轴上的弯矩比传递的转矩小或只传递转矩时，C 取较小值，否则取较大值。

方法二：对一般减速器中高速级输入轴，可按 $d_{min}=(0.8\sim1.2)D$ 估算（D 为电动机轴径）；各级低速轴的最小直径可按同级齿轮中心距 a 估算，$d_{min}=(0.3\sim0.4)a$。

由式(4-2-1)计算出的直径需要圆整为标准直径，并与相配合的零件（联轴器、带轮等）的孔径相一致，作为轴的最小直径。考虑到轴上开有键槽会削弱轴的强度，可将轴径适当增大。轴上开有一个键槽时，轴径可增大 3%左右；轴的同一截面开有两个键槽时，轴径可增大 7%左右，见表 4-2-6。标准直径 d 系列见表 4-2-7。

表 4-2-6　轴上有键槽时，轴径计算加大率

轴的直径 d/mm	<30	30～100	>100
有一个键槽时的增大值/%	7	5	3
有两个相隔 180°键槽时的增大值/%	15	10	7

表 4-2-7　标准直径 d 系列(摘自 GB/T 2822—2005)　　(单位：mm)

10	12	14	16	18	20	22	24	25	26	28
30	32	34	36	38	40	42	45	50	53	56
60	63	67	71	75	80	85	90	95	100	125

(4) 进行轴系零部件的结构设计及尺寸设计。

轴的结构设计是在初定轴的最小直径的基础上进行的，主要取决于轴上所装零件的尺寸、轴承的布置和轴承的密封种类。根据轴的结构设计原则，齿轮减速器的轴多做成阶梯轴。轴肩可用于轴上零件的定位并传递轴向力，在设计阶梯轴时要求台阶数量最少，以减少刀具调整次数，使之具有良好的加工工艺性。具体包括以下几项内容：

① 拟订轴上零件装配方案。为了便于安装和拆卸，转轴一般都制成中间大、两头小的阶梯轴。

② 确定轴上零件的位置和固定方式。为了避免轴上零件与轴的相对转动，以便高效地传递运动和转矩，轴上零件必须周向固定。同时零件在轴上应有准确的轴向位置，为了防止轴上零件的轴向移动，必须轴向定位。

③ 确定各轴段的直径。除了采用上述方法初定轴的最小直径外，当两相邻轴段直径的变化形成轴肩以便固定轴上零件或承受轴向力时，其直径变化要大些。当两相邻轴段直径的变化仅仅是为了轴上零件装拆方便或区别加工表面时，其直径变化应较小，甚至采用同一公称直径和不同的偏差值来实现，在这种情况下，相邻轴径差取 1～3 mm 即可。当轴上装有滚动轴承、毡圈密封、橡胶密封等标准件时，轴径应取相应的标准值(根据标准件查手册确定)。

④ 确定各轴段的长度。轴上装有轴上零件时，轴上零件对应的轴的长度由轴上零件宽度及其他结构要求确定。当轴上零件需要用套筒等零件轴向固定时，该段的长度应小于其轮毂宽度 1～3 mm，以保证不致由于加工误差而造成轴上零件固定不可靠。轴上装有平键时，键的长度应略小于轴上零件(齿轮、蜗轮、带轮、链轮、联轴器等)对应的轴段长度，一般平键长度比该段轴的长度小 5～10 mm，放在该段轴的中间，并圆整为标准值。对于减速器输入轴或输出轴，轴伸出箱体外的轴伸长度、与密封装置相接触的轴段长度，需要在轴承、轴承座孔宽度以及轴承端盖、轴伸出段上所装零件的位置确定之后确定。

⑤ 结构细节设计，确定其余尺寸，如键槽、倒角、圆角、退刀槽、砂轮越程槽等。

(5) 进行轴的强度计算。

① 弯扭合成强度条件。

由于一般转轴的 σ_b 为对称循环应力，而 τ 的循环特性往往与 σ_b 不同，考虑两者循环特性不同的影响，引入折合系数 α，对于比较重要的钢制轴，其强度条件为

$$\sigma_e = \frac{M_e}{W} = \frac{1}{0.1d^3}\sqrt{M^2 + (\alpha T^2)} \leqslant [\sigma_{-1b}] \quad (4-2-2)$$

式中 σ_e——轴危险截面上的当量应力，MPa；

M_e——当量弯矩，按下式计算

$$M_e = \sqrt{M^2 + (\alpha T)^2} \quad (4-2-3)$$

W——轴的危险截面的抗弯截面系数，实心轴为 $W \approx 0.1d^3$；

α——根据转矩性质而定的折合系数，对于不变的转矩，$\alpha=[\sigma_{-1b}]/[\sigma_{+1b}]\approx 0.3$；当转矩脉动变化时，$\alpha=[\sigma_{-1b}]/[\sigma_{+1b}]\approx 0.6$；对于频繁正反转的轴，$\alpha=1$；若转矩的变化规律不清楚，一般按脉动变化处理。其中，$[\sigma_{-1b}]$，$[\sigma_{0b}]$，$[\sigma_{+1b}]$分别为对称循环、脉动循环、静应力状态下的许用弯曲应力，见表 4-2-1。

② 按弯扭合成强度计算轴径的一般步骤。

将外载荷分解到水平面和垂直面内，求水平面支承反力 F_H 和垂直面支承反力 F_V。

作垂直面弯矩 M_V 和水平面弯矩 M_H 图。

作合成弯矩 M 图，计算公式为

$$M = \sqrt{M_H^2 + M_V^2}。 \quad (4-2-4)$$

作转矩 T 图。

弯扭合成，作当量弯矩 M_e 图，计算公式为

$$M_e = \sqrt{M^2 + (\alpha T)^2} \quad (4-2-5)$$

危险截面轴径计算公式为

$$d \geqslant \sqrt[3]{\frac{M_e}{0.1[\sigma_{-1b}]}}\text{（无键槽的实心轴）} \quad (4-2-6)$$

(6) 根据计算结果修改设计。

(7) 绘制轴的设计图。

(8) 设计时应注意的问题。

① 轴的结构设计中涉及轴上安装的零件，在设计时要综合考虑零件的标准和安装空间要求。

② 因为轴在机器中不是孤立存在的，轴的结构设计还要轴承、齿轮、联轴器等轴上安装件的安装尺寸才能完成。

③ 轴的结构设计不要拘泥于固定的模式和尺寸，应从工作实际出发。

【任务分析】

本任务中，带式输送机用的减速器为一般机械。输出轴上中间部位只安装一个大齿轮，两端通过两角接触球轴承安装在箱体上，最小直径处安装半联轴器，结构较简单。结构设计上主要考虑齿轮、轴承、联轴器的轴向与周向固定及两键槽的加工工艺性等。由于输出轴上载荷不大，该轴的失效形式主要是轴在扭矩和弯矩作用下的疲劳破坏，因此主要是强度计算，其强度须满足弯

曲和扭转组合作用的要求。减速器传递的功率不大，对轴所选用的材料无特殊要求，一般选用轴常用材料45中碳钢。设计与联轴器连接部位轴段的长度时，如采用弹性套柱销联轴器，须考虑联轴器柱销的拆装。

【任务实施】

根据任务描述，轴的设计步骤如下。

(1) 本任务中选用展开式两级圆柱齿轮减速器。齿轮减速器传动简图如图2-2-1所示。

根据齿轮减速器的传动简图中输出轴的结构功能，确定输出轴上零件的布置方案图，如图4-2-23所示。

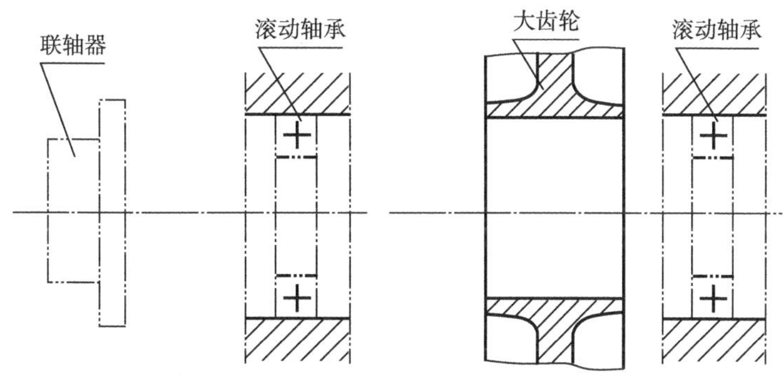

图4-2-23　减速器输出轴上零件的布置方案图

(2) 该轴无特殊要求，选用45钢，调质处理，查表4-2-1，抗拉强度极限$\sigma_b=640$ MPa，许用弯曲应力$[\sigma_{-1b}]=60$ MPa。

(3) 计算基本直径d_{min}。

查表4-2-5取C=115

$$d \geqslant C\sqrt[3]{\frac{P}{n}} = 115 \times \sqrt[3]{\frac{4.63}{88.3}}\,\mathrm{mm} = 43.04\ \mathrm{mm}$$

由于左轴端安装联轴器处有一键槽，故轴的直径需加大5%，则

$$d \geqslant 43.04 \times 1.05\ \mathrm{mm} = 45.19\ \mathrm{mm}$$

查表4-2-7，取该轴的基本轴径$d_{min}=50$ mm。

(4) 轴的结构设计。各零件装配方案及固定方式，见表4-2-8。

表4-2-8　各零件装配方案及固定方式

零件	装配方案	轴向固定		周向固定
		左	右	
齿轮	从右装入	轴环	套筒	键
右轴承	从右装入	套筒	轴承盖	过盈

（续表）

零件	装配方案	轴向固定		周向固定
		左	右	
左轴承	从左装入	轴承盖	轴肩	过盈
联轴器	从左装入		轴肩	键

（5）绘制轴的结构简图。输出轴的结构简图如图 4-2-24 所示。

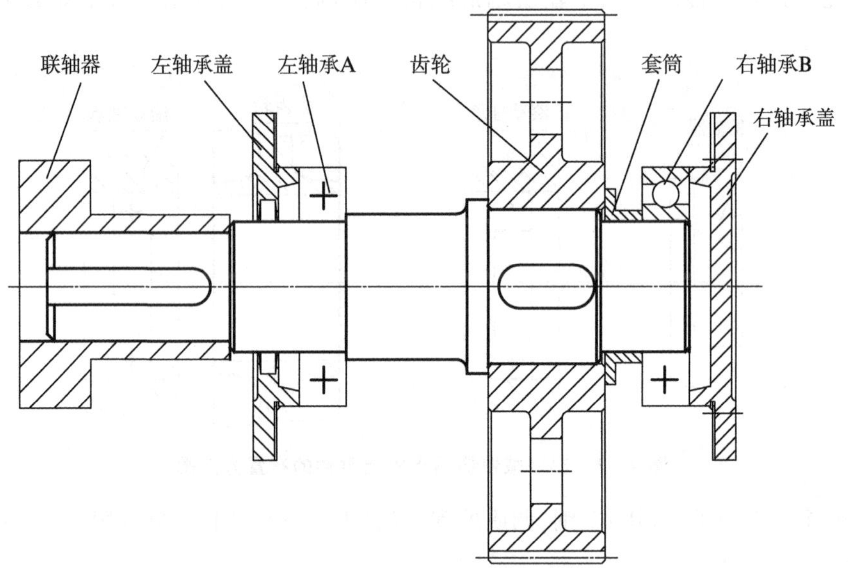

图 4-2-24 输出轴结构简图

（6）确定各轴段尺寸。

① 确定各轴段的直径，如图 4-2-25 所示。

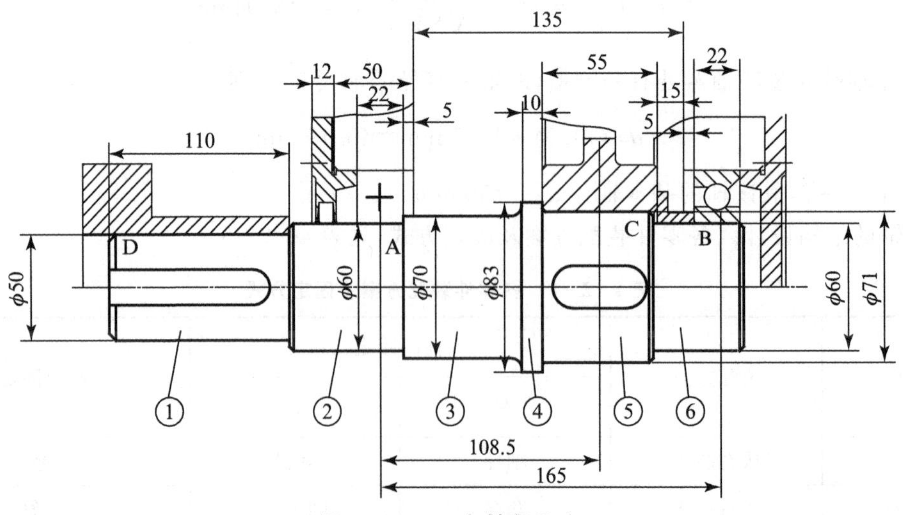

图 4-2-25 各轴段尺寸

①段：$d_1=50$ mm，依据最小直径估算法得到的计算值。

②段：$d_2=60$ mm，与轴承配合，根据 7212C 角接触球轴承标准内径选取。

③段：$d_3=70$ mm，查角接触球轴承标准(GB/T 292—2007)，$d_{amin}=69$ mm，且轴肩高度不能超过轴承内圈高度，取 $d_3=70$ mm。

④段：$d_4=83$ mm，轴环高 $h=(0.07\sim0.1)d_5$，$h=0.08\times71$ mm$=5.68$ mm，取 $h=6$ mm，故 $d_4=(71+2\times6)$mm$=83$ mm。

⑤段：$d_5=71$ mm，轴肩高度 $h=(2\sim3)c$，查表 4-2-2，$c=2.5$，取 $h=2\times2.5$ mm$=5$ mm。故 $d_5=(60+2\times5)$mm$=70$ mm，安装齿轮处的尺寸尽量圆整为标准值，查表 4-2-7，确定 $d_5=71$ mm。

⑥段：$d_6=60$ mm，与轴承配合，根据 7212C 角接触球轴承标准内径选取。

② 确定轴上各轴段的长度。

对于轴长，取决于轴上零件的宽度及它们的相对位置。选用 7212C 轴承，其宽度为 22 mm；考虑到箱体的铸造误差及装配时须留有必要的间隙，齿轮端面与箱壁间的距离取 $a=15$ mm；滚动轴承与箱内壁的距离 $s=5$ mm；轴承处箱体凸缘宽度，应按箱盖与箱座连接螺栓尺寸及结构要求确定，暂取其宽度：宽度=(轴承宽)+$(0.08\sim0.1)a$+(10～20)mm，取 50 mm；轴承盖厚度取 12 mm；若考虑到装拆弹性套柱销，左轴承盖与联轴器间距离取为 40 mm；根据两齿轮的宽度、两齿轮之间的距离 10 mm 及安装间隙要求，取减速箱内壁距离为 135 mm。

①段：$l_1=110$ mm，联轴器轮毂宽 112 mm，l_1 要小于轮毂 2～3 mm。

②段：$l_2=97$ mm，l_2=(轴外露长 40 mm)+(轴承端盖厚 12 mm)+(箱体 50 mm)-(轴承与箱内壁距离 5 mm)。

③段：$l_3=60$ mm，l_3=(减速箱内壁距离 135 mm)-(齿轮端面与箱壁间的距离 15 mm)-(齿轮宽度 55 mm)-(轴环宽 10 mm)+(轴承与箱内壁的距离 5 mm)。

④段：$l_4=10$ mm，l_4 即轴环宽，轴环宽 $b\approx1.4h=1.4\times6$ mm$=8.4$ mm，取 $b=10$ mm。

⑤段：$l_5=53$ mm，小于齿轮轮毂宽 2～3 mm。

⑥段：$l_6=46$ mm，l_6=(齿轮端面与箱壁间的距离 15 mm)+(轴承与箱内壁的距离5 mm)+(轴承宽 22 mm)+(2×外伸 2 mm)。

③ 计算总轴长

$$l=l_1+l_2+l_3+l_4+l_5+l_6=376\text{ mm}$$

④ 计算轴承间距

$$l_{AB}=(22/2+60+10+53+15+5+22/2)\text{mm}=165\text{ mm}$$

⑤ 计算大齿轮距左轴承距离

$$l_{AC}=(55/2+10+60+22/2)\text{mm}=108.5\text{ mm}$$

⑥ 计算大齿轮距右轴承距离

$$l_{CB}=(165-108.5)\text{mm}=56.5\text{ mm}$$

各段直径、长度确定后，即轴的结构及尺寸设计完成。但是能否适用，还需要校核危险截面强度，最后做结论。校核强度时主要依据设计的结构尺寸，按弯扭组合强度进行校核。

说明：轴结构及尺寸的设计必须结合轴上安装的零部件(齿轮、轴承、轴承端盖、轴承端盖锁紧螺栓、挡油环、密封圈、联轴器、带轮、套筒等)及减速器箱体结构综合考虑。其中，若采用脂润滑就要设置挡油环，采用油润滑就不用设置挡油环；减速器箱体结构各部分的经验尺寸的选用与计算参照相关机械设计手册执行。

（7）校核轴的强度。

① 输出轴受力分析如图 4-2-26a 所示。

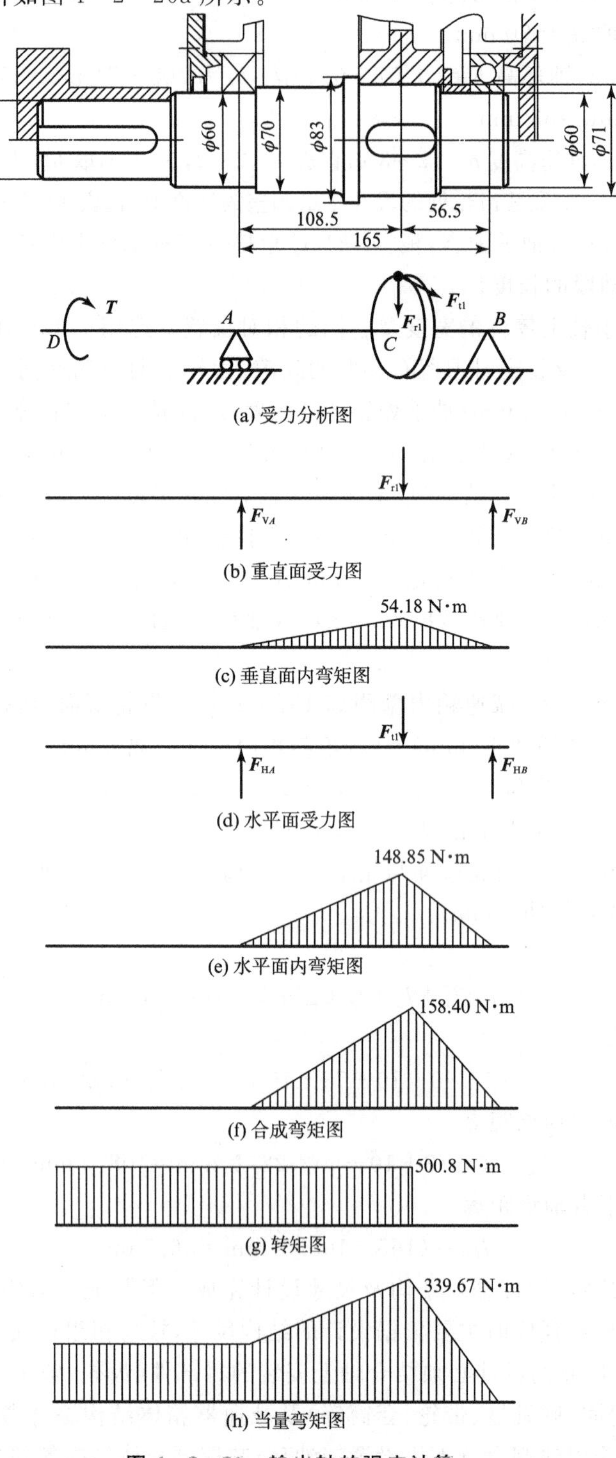

图 4-2-26　输出轴的强度计算

输出轴上的转矩 T 为

$$T = 9\,550 \times \frac{P}{n} = 9\,550 \times \frac{4.63}{88.3}\ \mathrm{N \cdot m} = 500.8\ \mathrm{N \cdot m}$$

② 齿轮受力的计算如下。

圆周力 F_{t1} 为

$$F_{t1} = \frac{2T}{d_1} = \frac{2 \times 500.8 \times 10^3}{250}\mathrm{N} = 4\,006.4\ \mathrm{N}\text{（}d_1\text{ 为输出轴上大齿轮的分度圆直径）}$$

径向力 F_{r1} 为

$$F_{r1} = F_{t1}\tan\alpha = 4\,006.4\ \mathrm{N} \times \tan 20^\circ = 1\,458.2\ \mathrm{N}$$

③ 计算作用于轴上的支座反力，如图 4 - 2 - 26b、图 4 - 2 - 26d 所示。

垂直平面内的支座反力 F_{VA}、F_{VB} 为

由 $F_{VA} \times 165 = F_{r1} \times 56.5$，得 $F_{VA} = 499.32\ \mathrm{N}$，$F_{VB} = F_{r1} - F_{VA} = (1458.2 - 499.32)\mathrm{N} = 958.88\ \mathrm{N}$。

水平平面内的支座反力 F_{HA}、F_{HB} 为

由 $F_{HA} \times 165 = F_{t1} \times 56.5$，得 $F_{HA} = 1\,371.89\ \mathrm{N}$；$F_{HB} = F_{t1} - F_{HA} = (4\,006.4 - 1\,371.89)\mathrm{N} = 2\,634.51\ \mathrm{N}$。

计算轴的弯矩，并绘弯矩图，如图 4 - 2 - 26c、e 所示。

垂直平面内 C 截面弯矩 M_{VC} 为

$$M_{VC} = F_{VB} \times l_{CB} = 958.88 \times 56.5 \times 10^{-3}\ \mathrm{N \cdot m} = 54.18\ \mathrm{N \cdot m}\text{。}$$

水平平面内 C 截面弯矩 M_{HC} 为：

$$M_{HC} = F_{HB} \times l_{CB} = 2\,634.51 \times 56.5 \times 10^{-3}\ \mathrm{N \cdot m} = 148.85\ \mathrm{N \cdot m}\text{。}$$

④ 计算合成弯矩 M_C，如图 4 - 2 - 26f 所示。

$$M_C = \sqrt{M_{VC}^2 + M_{HC}^2} = \sqrt{54.18^2 + 148.85^2}\ \mathrm{N \cdot m} = 158.40\ \mathrm{N \cdot m}\text{。}$$

⑤ 根据计算的扭矩 T，绘制扭矩图，如图 4 - 2 - 26g 所示。

⑥ 计算当量弯矩 M_{Ce}，并绘当量弯矩图，如图 4 - 2 - 26h 所示。

$$M_{Ce} = \sqrt{M_C^2 + (\alpha T)^2} = \sqrt{158.40^2 + (0.6 \times 500.8)^2}\ \mathrm{N \cdot m} = 339.67\ \mathrm{N \cdot m}$$

因减速器单向运转，故可认为转矩为脉动循环，折合系数取 $\alpha = 0.6$。

⑦ 确定危险截面及校核强度。

由图 4 - 2 - 26h 当量弯矩图看出，截面 C 受当量弯矩最大，且轴上还有键槽，故截面 C 可能是危险截面，应对其进行校核。该截面的弯曲截面系数 W_C 的计算公式见表 4 - 2 - 9。

$$W_C = \frac{\pi d^3}{32} - \frac{bt\,(d-t)^2}{2d} = \frac{\pi \times 71^3}{32}\ \mathrm{mm^3} - \frac{20 \times 7.5 \times (71 - 7.5)^2}{2 \times 71}\ \mathrm{mm^3} = 30\,860.6\ \mathrm{mm^3}$$

弯扭组合强度校核

$$\sigma=\frac{M_{Ce}}{W_C}=\frac{339.67\times10^3}{30\,860.6}\text{MPa}=11.01\text{ MPa}$$

查表 4-2-1,许用弯曲应力$[\sigma_{-1b}]=60$ MPa ,满足 $\sigma\leqslant[\sigma_{-1b}]$的强度要求,故此危险截面有足够强度。

截面 D 处虽只受转矩,但其直径最小,且有键槽,所以该截面亦可能为危险截面,应对其进行校核。该截面的抗弯截面系数 W_D 的计算公式见表 4-2-9。

$$W_D=\frac{\pi d^3}{32}-\frac{bt\,(d-t)^2}{2d}=\frac{\pi\times50^3}{32}\text{mm}^3-\frac{14\times5.5\times(71-5.5)^2}{2\times50}\text{mm}^3=8\,968.3\text{ mm}^3$$

$$M_{De}=\sqrt{M_D^2+(\alpha T)^2}=\sqrt{(\alpha T)^2}=\alpha T=0.6\times500.8\text{ N}\cdot\text{m}=300.48\text{ N}\cdot\text{m}$$

$$\sigma=\frac{M_{De}}{W_D}=\frac{300.48\times10^3}{8\,968.3}\text{MPa}=33.51\text{ MPa}<[\sigma_{-1b}]=60\text{ MPa}$$

所以其强度也足够。

(8) 结论:该轴强度足够,能满足工作要求,不需要修改参数。

(9) 绘制轴的工作简图,如图 4-2-27 所示。

表 4-2-9 轴的抗弯、抗扭截面系数计算公式

截面	W	W_T	截面	W	W_T
	$\frac{\pi d^3}{32}\approx0.1d^3$	$\frac{\pi d^3}{16}\approx0.2d^3$		$\frac{\pi d^3}{32}-\frac{bt(d-t)^2}{d}$	$\frac{\pi d^3}{16}-\frac{bt(d-t)^2}{d}$
	$\frac{\pi d^3}{32}(1-\beta^4)\approx$ $0.1d^3(1-\beta^4)$ $\beta=\frac{d_1}{d}$	$\frac{\pi d^3}{16}(1-\beta^4)\approx$ $0.2d^3(1-\beta^4)$ $\beta=\frac{d_1}{d}$		$\frac{\pi d^3}{32}\left(1-1.54\frac{d_1}{d}\right)$	$\frac{\pi d^3}{16}\left(1-\frac{d_1}{d}\right)$
	$\frac{\pi d^3}{32}-\frac{bt(d-t)^2}{2d}$	$\frac{\pi d^3}{32}-\frac{bt(d-t)^2}{d}$		$[\pi d^4+(D-d)(D+d)^2zb]/32D$ z:花键齿数	$[\pi d^4+(D-d)(D+d)^2zb]/16D$ z:花键齿数

注:近似计算时,单、双键槽一般可忽略,花键轴截面可视为直径等于平均直径的圆截面。

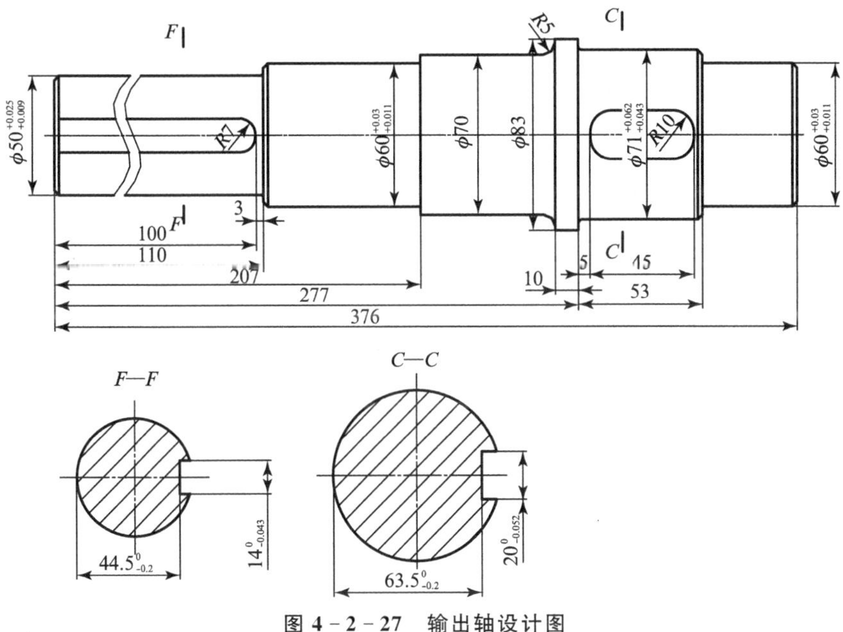

图 4－2－27　输出轴设计图

【任务总结】

本任务分析了轴的常见类型和应用，讨论了轴的材料选用和轴的结构设计，分析了转轴的强度计算问题。学生可在真实的设计工作中掌握轴的设计知识和技能，通过在轴设计过程中的思考，培养学生的创新思维能力。

（1）轴的分类：心轴、传动轴和转轴。心轴是只承受弯矩而不传递转矩的轴；传动轴是只传递转矩而不承受弯矩或承受很小弯矩的轴；转轴同时传递转矩和承受弯矩。

（2）转轴的强度计算。危险截面处的当量应力不超过材料的许用应力。

（3）轴的设计步骤。① 选择轴的材料及热处理工艺，确定许用应力；② 按扭转强度估算轴的最小直径；③ 轴的结构设计，具体包括以下几项内容：拟订轴上零件的装配方案，确定轴上零件的位置和固定方式，确定各轴段的直径，确定各轴段的长度，结构细节设计；④ 按弯扭组合校核轴的强度；⑤ 绘制轴的设计图。

（4）轴的结构设计。① 确定轴上零件的装配方案；② 确定轴上零件的周向固定和轴向定位方式；③ 轴的结构工艺性佳，体现在轴上阶梯数尽可能少，以减少应力集中；轴上各段的键槽、圆角半径、倒角、中心孔等尺寸尽可能统一，便于加工和检验；轴上需磨削的轴段应设计出砂轮越程槽，需车制螺纹的轴段应留有螺纹退刀槽；轴上有多处键槽时，应使各键槽位于轴的同一母线上；为便于零件的装配，轴端应有倒角；④ 应采取必要的措施提高轴疲劳强度。

【知识拓展】

扭转与弯曲

1. 传动轴的工作情况分析

在工程实际中，经常会看到一些发生扭转变形的杆件，例如，传动轴以传递转矩为主，工作时横截面上承受转矩，如图 4－2－28 所示。将传动轴的 AB 段的受力进行简化，可以得到扭转变形的力学模型，如图 4－2－29 所示。

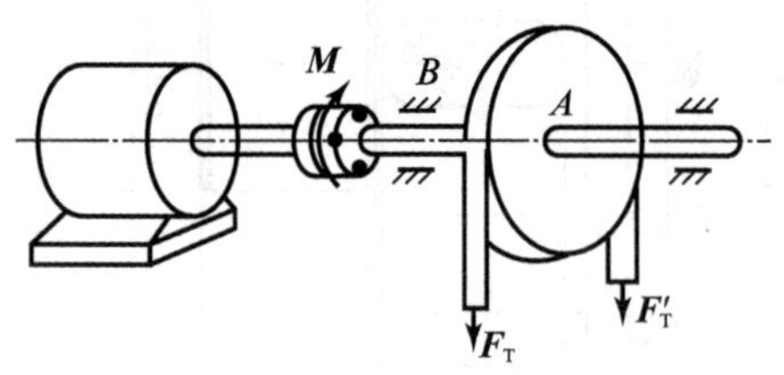

图 4－2－28 传动轴

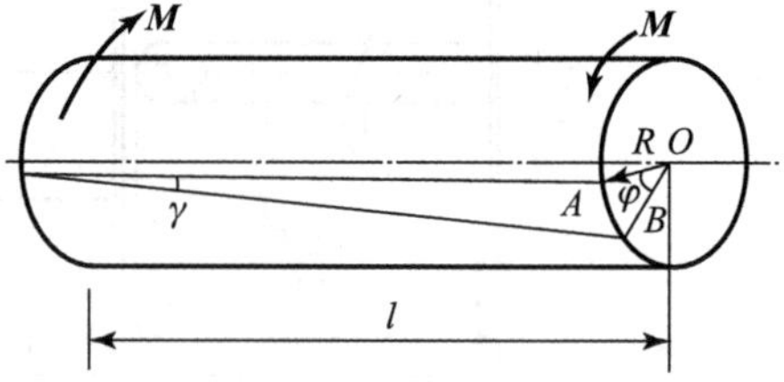

图 4－2－29 扭转变形的力学模型

扭转变形的受力特点是：轴的两端受到一对大小相等、转向相反、作用面垂直于杆轴线的外力偶矩作用。其变形特点是：两外力偶矩作用面之间的各横截面都绕轴线产生相对转动。如图 4－2－29 所示，左、右两端横截面绕轴线相对转动的角位移称为扭转角，以符号 φ 表示。

（1）扭矩与扭矩图

若已知轴上作用的外力偶矩，则可用截面法求圆轴扭转时横截面上的内力。如图 4－2－30a 所示，在圆轴任意截面 m—m 处，将轴截为两段。取左段为研究对象（图 4－2－30b），因左端有外力偶作用，为保持该段平衡，在 m—m 截面上必有一个内力偶 T 与之平衡，该内力偶的力偶矩称为扭矩。由平衡方程

$$\sum M_x(F)=0, T-M=0$$

求解得：

$$T=M$$

同理，也可以取截面右段为研究对象，此时求得的扭矩与取左段为研究对象所求得的扭矩大小相等，但转向相反（图 4－2－30b）。

为了使所取截面左段或右段求得的同一截面上的扭矩相一致，通常用右手法则规定扭矩的正负：以右手手心对着轴线，四指沿扭矩的方向弯曲，大拇指的方向离开截面时，扭矩为正；反之为负，如图 4－2－30c 所示。

当轴上作用有多个外力偶时，须以外力偶所在的截面将轴分成数段，逐段求出其扭矩。为了形象地表示扭矩沿轴线的变化情况，可仿照轴力图绘制扭矩图，其画法为：取平行于轴线的横坐标 x 表示各截面的位置，以垂直于轴线的纵坐标表示相应截面上的扭矩 T，正扭转画在 x 轴上方，负扭转画在 x 轴下方。

例 4－2－1 传动轴如图 4－2－31a 所示，主动轮 A 输入功率 $P_A=50$ kW，从动轮 B、C 的输出功率分别为 $P_B=30$ kW、$P_C=20$ kW，轴的转速为 $n=300$ r/min。（1）画出轴的扭矩图，并求轴的最大扭矩 $T_{\max}$；（2）若将 A 轮置于齿轮 B、C 中间，则两种布置形式哪一种较为合理？

解： ① 计算外力偶矩

$$M_A=9\,550\frac{P_A}{n}=9\,550\times\frac{50}{300}=1\,592\ \text{N}\cdot\text{m}$$

$$M_B=9\,550\frac{P_B}{n}=9\,550\times\frac{30}{300}=955\ \text{N}\cdot\text{m}$$

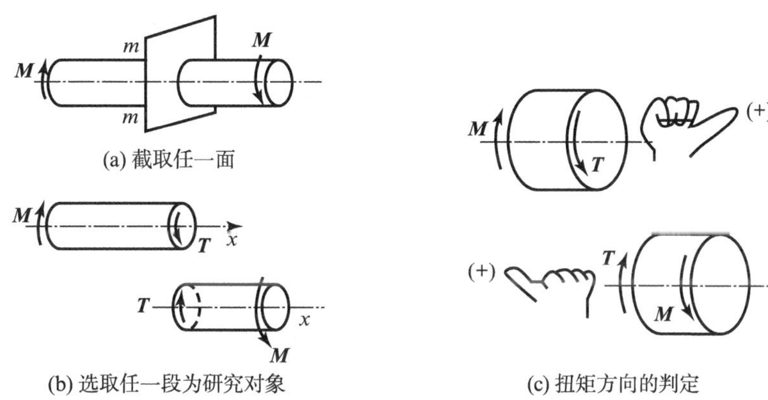

图 4-2-30　圆轴的扭转

$$M_C = 9\ 550\ \frac{P_C}{n} = 9\ 550 \times \frac{20}{300} = 637\ \text{N} \cdot \text{m}$$

② 计算扭矩

将轴分为 AB、BC 两段，逐段计算扭矩。由截面法得

$$T_1 = -M_A = -1\ 592\ \text{N} \cdot \text{m}$$

$$T_2 = -M_A + M_B = (-1\ 592 + 955) = -637\ \text{N} \cdot \text{m}$$

③ 画扭矩图

根据以上计算结果，以适当比例画扭矩图，如图 4-2-31b 所示。由图 4-2-31b 可以看出，在外力偶作用面处，扭矩值发生突变，其突变值等于该外力偶矩的大小，最大扭矩在 AB 段内，其绝对值为 $|T_{max}| = 1\ 592\ \text{N} \cdot \text{m}$。

④ 计算最大扭矩值

若将 A 轮置于齿轮 B、C 的中间，轴的扭矩图则如图 4-2-30c 所示，其最大扭矩 $T_{max} = 955\ \text{N} \cdot \text{m}$，可见，传动轮系上各轮布置位置不同，轴的最大扭矩值就不同。显然，从力学角度考虑，后者的布置较为合理。

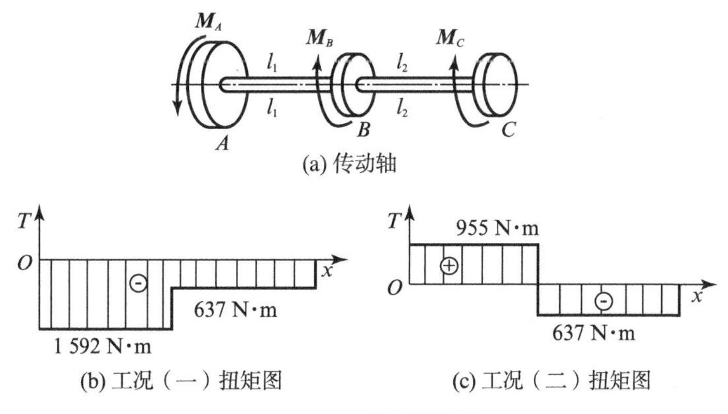

图 4-2-31　传动轴扭矩图

(2) 传动轴截面上的应力

为了研究圆轴扭转时横截面上的应力分布情况,可进行扭转实验。首先在圆轴表面上画若干垂直于轴线的圆周线和平行于轴线的纵向线(图 4-2-32a),然后在两端施加一对转向相反、大小相等的外力偶使其产生扭转变形,如图 4-2-32b 所示。

① 各圆周线均绕轴线旋转了一微小角度,而圆周线的形状、大小及间距均无变化。

② 各纵向线都倾斜了同一个微小角度 γ,原来轴表面上的小矩形都歪斜成平行四边形。

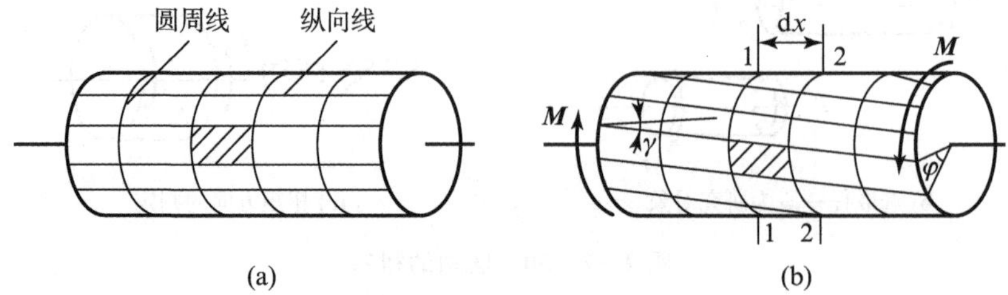

图 4-2-32 圆轴的扭转

可以认为:圆轴扭转变形后,没有发生纵向变形,所以横截面上没有正应力。由于相邻截面相对地转过一个角度,即各横截面之间发生了绕轴线的相对错动,因而横截面上有切应力,且与半径垂直。

切应力计算公式可由几何关系、力学知识等导出。圆轴扭转时横截面上的切应力如图 4-2-33 所示。

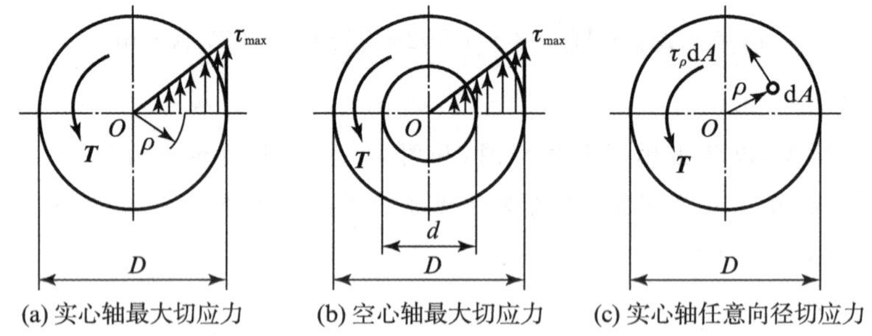

(a) 实心轴最大切应力　(b) 空心轴最大切应力　(c) 实心轴任意向径切应力

图 4-2-33 圆轴扭转时横截面上的切应力

任意点处的切应力计算公式为

$$\tau_\rho = \frac{T\rho}{I_P} \tag{4-2-7}$$

式中,τ_ρ 为横截面上任意点的切应力,MPa;T 为横截面上的扭矩,N·m;ρ 为截面任意点到圆心的距离,mm;I_P 为截面的极惯性矩,mm^4,与截面的形状和尺寸有关。

显然,截面上各点切应力的大小与该点到圆心的距离成正比,并沿半径方向呈线性分布,轴圆周边缘的切应力最大,切应力分布规律如图 4-2-33 所示。当 $\rho=0$ 时,$\tau=0$;当 $\rho=\frac{D}{2}$时,切应力最大,$\tau_{max}=\frac{TD}{2I_P}$。令 $W_P=\frac{I_P}{D/2}$,则

$$\tau_{max} = \frac{T}{W_P} \tag{4-2-8}$$

式中,W_P 为抗扭截面系数,mm^3。

必须指出，式(4－2－8)只适用于圆轴截面，并且其横截面上的τ_{max}不超过材料的剪切比例极限。

极惯性矩I_P和抗扭截面系数W_P的大小与截面的形状和尺寸有关。工程上常用的实心圆轴与空心圆轴的极惯性矩和抗扭截面系数按下式计算。

实心圆轴为

$$I_P=\frac{\pi D^4}{32}\approx 0.1D^4 \tag{4-2-9}$$

$$W_P=\frac{I_P}{D/2}=\frac{\pi D^3}{16}\approx 0.2D^3 \tag{4-2-10}$$

式中，D为轴径，mm。

空心圆轴为

$$I_P=\frac{\pi}{32}(D^4-d^4)=\frac{\pi D^4}{32}(1-a^4)\approx 0.1D^4(1-a^4) \tag{4-2-11}$$

$$W_P=\frac{I_P}{D/2}=\frac{\pi D^3}{16}(1-a^4)\approx 0.2D^3(1-a^4) \tag{4-2-12}$$

式中，D为空心轴的外径，mm；d为内径，mm；$a=d/D$。

(3) 传动轴扭转时的强度计算

由式(4－2－8)可知，等直圆轴的最大切应力发生在最大扭矩所在截面的外周边各点处。为了使圆轴能正常工作，必须使其最大工作切应力不超过材料的许用切应力，因此，等直圆轴扭转时的抗扭强度条件为

$$\tau_{max}=\frac{T_{max}}{W_P}\leqslant[\tau] \tag{4-2-13}$$

式中，$[\tau]$为材料的许用切应力，可在相关机械设计手册中查得。应用此式可以解决传动轴强度校核、截面设计与确定许可载荷三方面的应用问题。

对于阶梯轴，由于W_P各段不同，τ_{max}不一定发生在$|T_{max}|$所在的截面上，必须综合考虑W_P和T两个因素来确定。

(4) 传动轴的刚度计算

圆轴扭转变形时，任意两横截面产生的相对角位移，称为扭转角，扭转角过大，轴将产生过大的扭转变形，影响机器的精度和使用寿命。由圆轴扭转变形(图4－2－32)可以看出，两横截面相距越远，它的扭转角φ就越大。因此，扭转角的大小与轴的长度L和转矩T成正比，并计入比例常数G，得圆轴两端相对扭转角为

$$\varphi=\frac{TL}{GI_P} \tag{4-2-14}$$

式中，φ为扭转角，rad；G为材料的切变模量，GPa。

由式(4－2－14)看出，当转矩T和轴的长度L一定时，G越大，扭转角φ越小。GI_P反映了圆轴抵抗扭转变形的能力，称为轴的抗扭刚度。

机械中通常限制轴的单位长度扭转角θ，使θ不超过许用值$[\theta]$，即

$$\theta=\frac{\varphi}{L}=\frac{T}{GI_{\mathrm{P}}}\leqslant[\theta] \tag{4-2-15}$$

式中，θ 为单位长度扭转角，rad/m。此式称为圆轴扭转时的刚度条件。

实际应用中，常用单位度/米(°/m)来衡量$[\theta]$，由于 1 rad=180°/π，故刚度条件可写成如下公式

$$\theta_{\max}=\frac{T}{GI_{\mathrm{P}}}\cdot\frac{180^{\circ}}{\pi}\leqslant[\theta] \tag{4-2-16}$$

式中，$[\theta]$的取值，可查阅有关手册，或按下列范围选取。精度要求不高的传动轴：$[\theta]=1^{\circ}\sim4^{\circ}$/m；一般传动轴：$[\theta]=0.5^{\circ}\sim1^{\circ}$/m；精密机器的轴：$[\theta]=0.25^{\circ}\sim0.5^{\circ}$/m。

2. 心轴的工作情况分析

实际工程中，心轴的弯曲变形是一种常见的变形，如火车轮轴(图 4-2-34a)、齿轮轴(图 4-2-35a)等。作用在轴上的外力垂直于轴的轴线，使轴发生了弯曲，这种变形称为弯曲变形。工程中把主要发生弯曲变形的杆件通常称为梁，轴线为直线的梁称为直梁，所以可把心轴当一个直梁来处理。

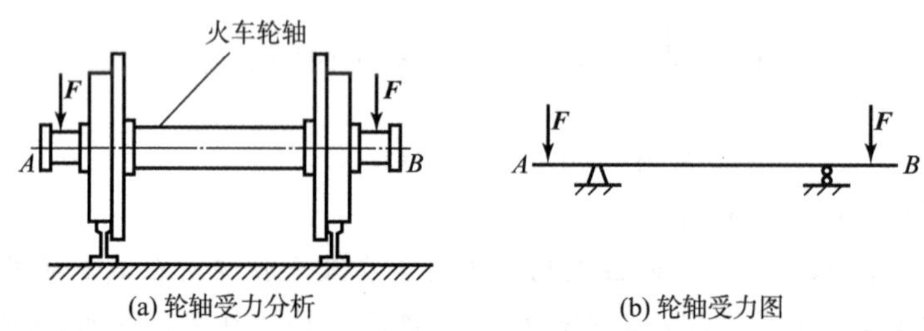

(a) 轮轴受力分析　　(b) 轮轴受力图

图 4-2-34　火车轮轴

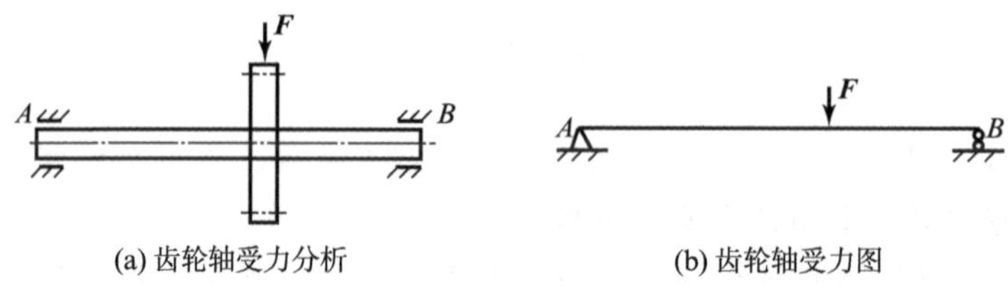

(a) 齿轮轴受力分析　　(b) 齿轮轴受力图

图 4-2-35　齿轮轴

(1) 梁的力学模型与基本形式

① 梁的简化。

由上述平面弯曲的概念可知，载荷都作用在梁的纵向对称平面内时，梁的轴线将弯成一条平面曲线。因此，无论梁的外形尺寸如何复杂，都可用梁的轴线来代替梁以使问题得到简化。如图 4-2-34b、图 4-2-35b 所示，分别用梁的轴线 AB 代替梁以简化梁。

② 载荷的简化。

作用于梁上的外力，包括载荷和支座的约束力，都可以简化为三种类型：集中力、集中力偶和均布载荷。

集中力：当力的作用范围远远小于梁的长度时，可将力简化为作用于一点的集中力，如火车车厢对轮轴的作用力及啮合齿轮对轴上齿轮的作用等，都可以简化为集中力，如图 4-2-34b、图 4-2-35b 所示。

集中力偶矩：通过微小梁段作用在梁的纵向对称平面内的外力偶矩，用 M 表示。

均布载荷：沿梁的全长或部分长度连续分布的横向力，如均匀分布则称为均布载荷，通常用载荷集度 q 表示，其单位为 N/m。

③ 支座的简化。

按支座对梁的不同约束特性和静力学中对约束简化的力学模型，静定梁的约束支座可分别简化为固定铰支座、活动铰支座和固定端支座。

④ 静定梁的基本形式。

通过对梁、载荷和支座进行简化，就可以得到梁的力学模型。根据梁所受不同的支座约束，梁平面弯曲时的基本力学模型可分为三种基本形式：简支梁、外伸梁和悬臂梁。

简支梁：梁的两端分别为固定铰支座和活动铰支座，如图 4－2－35b 所示。

外伸梁：具有一端或两端外伸部分的简支梁，如图 4－2－34b 所示。

悬臂梁：梁的一端为固定端约束，另一端为自由端，如图 4－2－36 所示的车刀，刀架限制了车刀的随意移动和转动，故可简化为固定端，车刀则简化为悬臂梁。

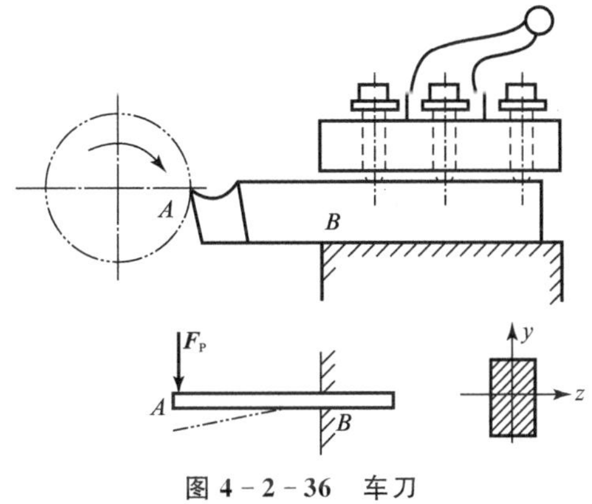

图 4－2－36　车刀

(2) 梁的内力(剪力、弯矩)

当作用在梁上的全部外力(包括载荷和支座约束力)确定后，运用截面法可求出梁的任一横截面上的内力，如图 4－2－37 所示。

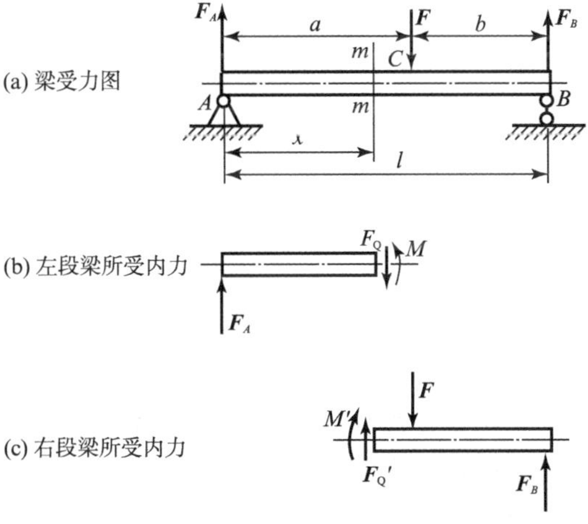

图 4－2－37　梁截面上的内力

① 用截面法求梁的内力。

如图 4－2－37a 所示，设 AB 轴的跨度为 l，在 C 点处作用一集中力 $\boldsymbol{F}$，由静力平衡方程可求出支座反力为

$$F_A=\frac{Fb}{l},F_B=\frac{Fa}{l}$$

为了求出梁的任意横截面 m—m 上的内力，可在 m—m 处将梁截开，取左段梁为研究对象，如图 4－2－37b 所示。由于整个梁在外力作用下是平衡的，所以梁的各段也必平衡。要使左段梁处于平衡，那么横截面上必定有一个作用线与外力 $\boldsymbol{F}_A$ 平行的内力 $\boldsymbol{F}_Q$ 和一个在梁的纵向对称平面内的内力偶矩 $\boldsymbol{M}$，由平衡方程求解如下。

$$\sum F_y=0,F_A-F_Q=0,F_Q=F_A$$

$$\sum M_m(F)=0,M-F_Ax=0,M=F_Ax=\frac{Fb}{l}x$$

通过上面的分析可知，梁 AB 段发生弯曲变形时，横截面上的内力由两部分组成：作用线平行于横截面的内力 $\boldsymbol{F}_Q$ 和位于纵向对称面内的力偶矩 $\boldsymbol{M}$，它们分别称为剪力和弯矩。

同理，如取右段梁为研究对象(图 4－2－37c)，也可以求得截面 m—m 上的剪力 $\boldsymbol{F}'_Q$ 和弯矩 $\boldsymbol{M}'$，但它与取左段梁的分析结果是等值、反向的。

工程上，对于一般的轴(轴的跨度 l 与横截面直径 d 之比小于 5 的短轴除外)，弯矩起着主要作用，而剪力则是次要因素，在强度计算中可以忽略。下面仅讨论有关弯矩的一些问题。

② 剪力 $\boldsymbol{F}_Q$ 和弯矩 $\boldsymbol{M}$ 的正负号规定。

为了使同一截面上左段梁或右段梁所得到的剪力与弯矩符号一致，对剪力和弯矩的正负号规定如图 4－2－38 所示。

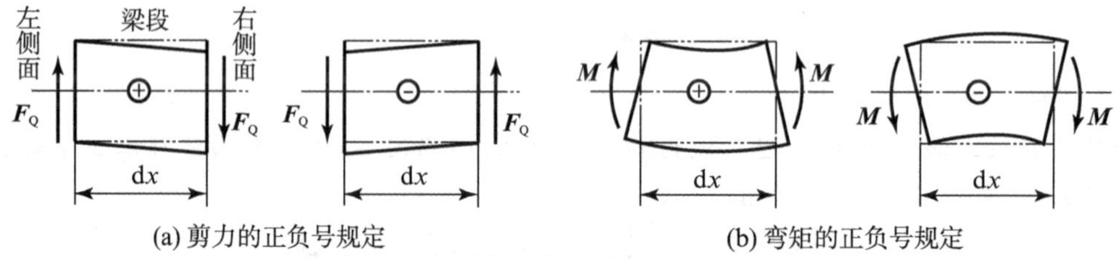

图 4－2－38　梁的剪力和弯矩的符号规定

剪力的正负规定：某梁段上左侧截面向上或右侧截面向下的剪力为正，反之为负，如图 4－2－38a 所示。

弯矩的正负规定：某梁段上左侧截面顺时针转向或右侧截面逆时针转向的弯矩为正，反之为负，如图 4－2－38b 所示。

在具体计算时，弯矩的大小和正负号有以下规律。

若取梁的左段为研究对象，横截面上弯矩的大小等于此截面左段梁上所有外力（包括力偶）对截面形心力矩的代数和，此合力矩为顺时针时，截面上的弯矩为正，反之为负；若取梁的右段为研究对象，横截面上弯矩的大小等于此截面右段梁上所有外力（包括力偶）对截面形心力矩的代数和，此合力矩为逆时针时，截面上的弯矩为正，反之为负。

③ 剪力图和弯矩图。

在一般情况下，梁截面上的剪力和弯矩是随横截面位置的变化而连续变化的，若取梁的轴线为 x 轴，即以坐标 x 表示横截面的位置，则剪力和弯矩可表示为截面坐标 x 的单值连续函数，即

$$F_Q = F_Q(x)$$
$$M = M(x)$$

上述两式分别称为剪力方程和弯矩方程。为了能够直观地表明梁各截面上剪力和弯矩的大小及正负，通常把剪力方程和弯矩方程用图表示，称为剪力图和弯矩图。

剪力图和弯矩图的基本作法是：先求出梁支座的约束力，沿轴线取截面坐标 x，再建立剪力方程和弯矩方程，然后应用函数作图法画出 $F_Q(x)$、$M(x)$ 的函数图。

例 4-2-2　如图 4-2-39a 所示，简支梁 AB 在 C 点处作用集中力 F，试画出此梁的剪力、弯矩图。

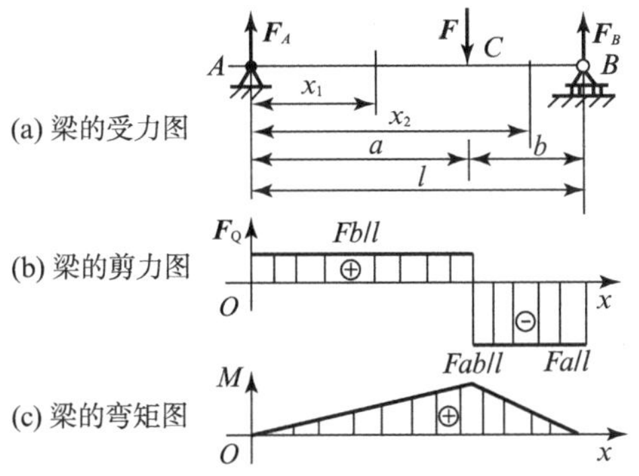

图 4-2-39　受集中力作用的梁

解：① 画受力图求支座约束力。由平衡方程求得：$F_A = Fb/l$；$F_B = Fa/l$。

② 建立剪力、弯矩方程。由于集中力作用点两侧临近截面上剪力有突变，所以剪力方程在 C 点就不连续，因此要把梁 AB 分为 AC、CB 两段来考虑。

在 AC 段（$0<x_1<a$）内取与梁左端 A 相距为 x_1 的任意截面（图 4-2-39a），该截面左段梁上只有向上的外力 $\boldsymbol{F}_A$，因此 x_1 截面上的剪力和弯矩分别为：

$$F_Q(x_1) = F_A = \frac{Fb}{l}(0 < x_1 < a)$$

$$M(x_1) = F_A x_1 = \frac{Fb}{l}x_1(0 \leqslant x_1 \leqslant a)$$

同理，在 CB 段（$a<x_1<l$）取与 A 点相距为 x_2 的任意截面（图 4-2-39a），该截面上有向上的外力 $\boldsymbol{F}_B$ 和 C 点向下的外力 $\boldsymbol{F}$，因此 x_2 截面上的剪力和弯矩分别为：

$$F_Q(x_2) = F_A - F = -\frac{Fa}{l}\ (a < x_2 < l)$$

$$M(x_2) = F_A x_2 - F(x_2 - a) = \frac{Fb}{l}x_2 - F(x_2 - a)\ (a \leqslant x_2 \leqslant l)$$

③ 画剪力图、弯矩图

由函数作图法可知，AC 段剪力为常量，弯矩图是斜直线；CB 段剪力也为常量，弯矩图也是

斜直线，如图 4－2－39b、c 所示。

从剪力图和弯矩图可知，当 $a>b$ 时，$|F_{Qmax}|=Fa/l$，在 C 截面有最大弯矩值 $|F_{max}|=Fab/l$；当 $a=l/2$，即集中力作用在梁的中点时，梁的中点处有最大弯矩值。

从上述内容可知，若从梁的左端向右端作图，剪力、弯矩随外力具有以下变化规律。

● 剪力、弯矩方程在全梁上一般不是截面坐标 x 的连续函数，而是分段定义的函数。载荷变化处(集中力、集中力偶作用处，均布载荷的始末端)为方程 $F_Q(x)$、$M(x)$ 的不连续点，需分段建立方程。

● 无载荷作用的梁段上，剪力图为水平线，弯矩图为斜直线。

● 在集中力作用处，剪力图有突变，突变的幅值等于集中力的大小，方向与集中力同向；弯矩图则在该处发生转折。

● 在集中力偶作用处，剪力图无变化；弯矩图有突变，突变的幅值等于集中力偶矩的值，突变的方向为：集中力偶顺时针转向，弯矩正向突变，反之则负向突变。

● 在均布载荷作用下的梁段上，剪力图为斜直线，弯矩图为二次曲线，曲线的凹向与均布载荷同向，通常在剪力等于零的截面处曲线有极值。

尽管根据剪力、弯矩方程能够画出剪力图、弯矩图，但是应用剪力、弯矩随外力的变化规律来绘制剪力图、弯矩图会更简捷。

④ 梁弯曲时横截面上的正应力。

平面弯曲梁横截面上的两种内力会引起两种不同的应力：剪力 F 引起弯曲切应力 τ，弯矩 M 引起弯曲正应力 σ。如前所述，对于一般轴，弯曲正应力 σ 是影响其弯曲强度的主要因素，故这里只讨论弯曲正应力。

a. 纯弯曲与横力弯曲

外伸梁如图 4－2－40a 所示，其剪力图、弯矩图如图 4－2－40b、c 所示，在 AC、DB 段内各横截面上有弯矩 $\boldsymbol{M}$ 和剪力 $\boldsymbol{F}_Q$ 同时存在，故梁在这些段内发生弯曲变形的同时还会发生剪切变形，这种变形称为剪切弯曲，也称为横力弯曲。其 CD 段内各横截面上，只有弯矩 $\boldsymbol{M}$ 而无剪力 $\boldsymbol{F}_Q$，梁的这种弯曲称为纯弯曲。

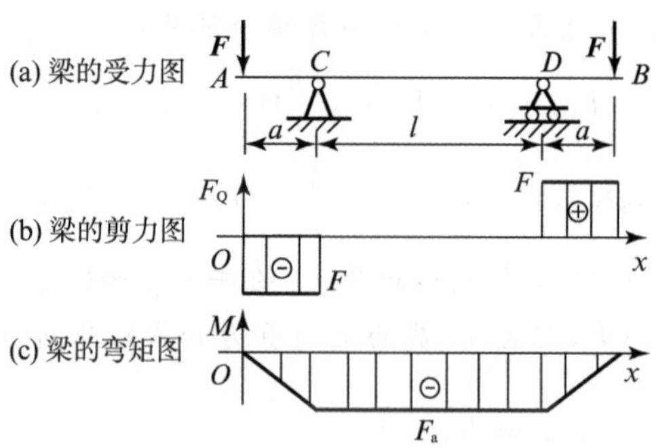

图 4－2－40 梁的纯弯曲内力

b. 梁纯弯曲时横截面上的正应力

如图 4－2－41a 所示，取一矩形截面梁，弯曲前在其表面上画两条横向线 $m—m$ 和 $n—n$，再画两条纵向线 $a—a$ 和 $b—b$，然后在其两端作用外力偶矩 $\boldsymbol{M}$，梁将发生平面纯弯曲变形，如

图 4－2－41b所示，此时可以观察到如下变形现象。

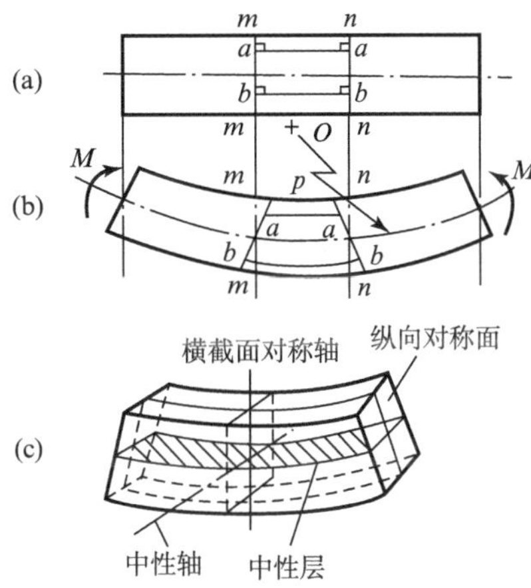

图 4－2－41　梁的纯弯曲和横向弯曲

- 横向线 m—m 和 n—n 仍为直线且与纵向线正交，但绕某点相对转动了一个微小角度。
- 纵向线 a—a 和 b—b 弯成了曲线，且 a—a 线缩短，而 b—b 线伸长。

由于无法观察梁内部材料的变化，因此假设横截面在变形过程中始终保持为平面，这就是梁纯弯曲时的平面假设。可以设想梁由无数条纵向纤维组成，纵向纤维间无相互的挤压作用，只处于单向受拉或受压状态。

如图 4－2－41b 所示，可以看出，梁纯弯曲时，从凸边纤维伸长连续变化到凹边纤维缩短，其间必有一层纤维既不伸长也不缩短，这一纵向纤维层称为中性层，如图 4－2－41c 所示。中性层与横截面的交线称为中性轴。梁弯曲时，横截面绕中性轴转动了一个角度。

由上述分析可知，在只有纯弯曲时矩形截面梁的应力分布有如下特点。

(a) 中性轴上的线应变为零，所以其正应力亦为零。

(b) 距中性轴距离相等的各点，其线应变相等。根据胡克定律，它们的正应力也必相等。

(c) 在图 4－2－41b 所示的受力情况下，中性轴上部各点正应力为压应力(即负值)，中性轴下部各点正应力为拉应力(即正值)。

(d) 横截面上的正应力沿 y 轴呈线性分布，即，$\sigma=ky$(k 为待定常数)，如图 4－2－42 所示。最大正应力(绝对值)在离中性轴最远的上、下边缘处。

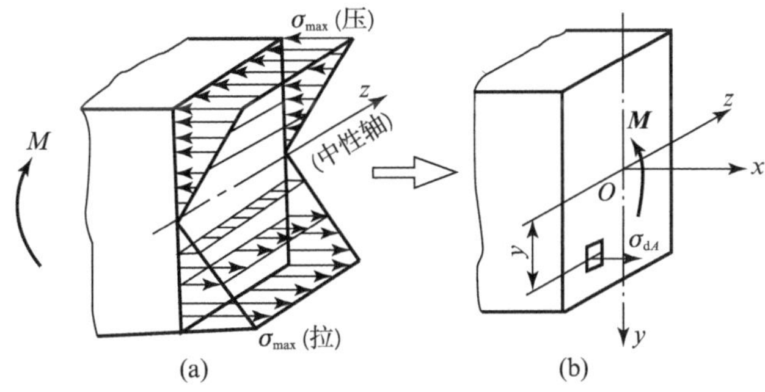

图 4－2－42　正应力分布图

c. 弯曲正应力的计算

当梁横截面上的弯矩为 M 时，该截面距中性轴 z 为 y 的点的正应力 σ 计算公式为

$$\sigma=\frac{My}{I_z} \tag{4-2-17}$$

式中，σ 为横截面上任意点处的正应力，MPa；M 为横截面上的弯矩，N·m；I_z 为横截面对中性轴 z 的惯性矩，mm^4；y 为横截面上该点到中性轴的距离，mm。

为计算梁横截面上的最大正应力，可定义抗弯截面系数 $W_z=\frac{I_z}{y_{max}}$，则式(4-2-17)可写为

$$\sigma_{max}=\frac{M}{W_z} \tag{4-2-18}$$

式中，W_z 为抗弯截面系数，mm^3；I_z、W_z 是仅与截面几何尺寸有关的量，常用型钢的 I_z、W_z 可在有关设计手册中查得；梁常见横截面的 I_z、W_z 计算公式见表 4-2-10。

表 4-2-10 常见截面的惯性矩 I_z 及抗弯截面系数 W_z 计算公式

截面图形	轴惯性矩 I_z	抗弯截面模量 W_z
y, z, O, h, b	$I_z=\frac{bh^3}{12}$ $I_y=\frac{hb^3}{12}$	$W_z=\frac{bh^2}{6}$ $W_y=\frac{hb^2}{6}$
y, z, O, h, h_1, b_1, b	$I_z=\frac{bh^3-b_1h_1^3}{12}$ $I_y=\frac{hb^3-h_1b_1^3}{12}$	$W_z=\frac{bh^3-b_1h_1^3}{6h}$ $W_y=\frac{hb^3-h_1b_1^3}{6b}$
y, z, O, D	$I_z=I_y=\frac{\pi D^4}{64}\approx 0.05D^4$	$W_z=W_y=\frac{\pi D^3}{32}\approx 0.1D^3$
y, z, O, D, d	$I_z=I_y=\frac{\pi D^4}{64}(1-a^4)$ $\approx 0.05D^4(1-a^4)$ 式中：$a=\frac{d}{D}$	$W_z=W_y=\frac{\pi D^3}{32}(1-a^4)$ $\approx 0.1D^3(1-a^4)$ 式中：$a=\frac{d}{D}$

(3) 梁的弯曲强度计算

由式(4-2-18)可知,梁弯曲时横截面上的最大正应力出现在离中性轴最远的上、下边缘处。对于等截面梁,全梁的最大正应力 $\sigma_{\max}$ 一定出现在最大弯矩所在的截面上、下边缘处。这个最大弯矩 $M_{\max}$ 所在的截面通常称为危险截面,其上、下边缘称为危险点。要使梁具有足够的抗弯强度,必须使梁危险截面上危险点处的工作应力不超过材料的许用应力[σ],即梁弯曲时的正应力条件为

$$\sigma_{\max}=\frac{M_{\max}}{W_z}\leqslant[\sigma] \tag{4-2-19}$$

应用弯曲正应力强度条件,可以解决弯曲正应力强度计算的三类问题,即强度校核、设计截面尺寸和确定许可载荷。

3. 转轴的工作情况分析

转轴同时承受弯矩和扭矩,产生弯曲和扭转组合变形。下面以电动机轴为例,讨论转轴弯曲和扭转组合变形时的受力情况。

电动机轴的外伸端装有带轮,转矩由电动机输入,由带传动输出,如图 4-2-43 所示。

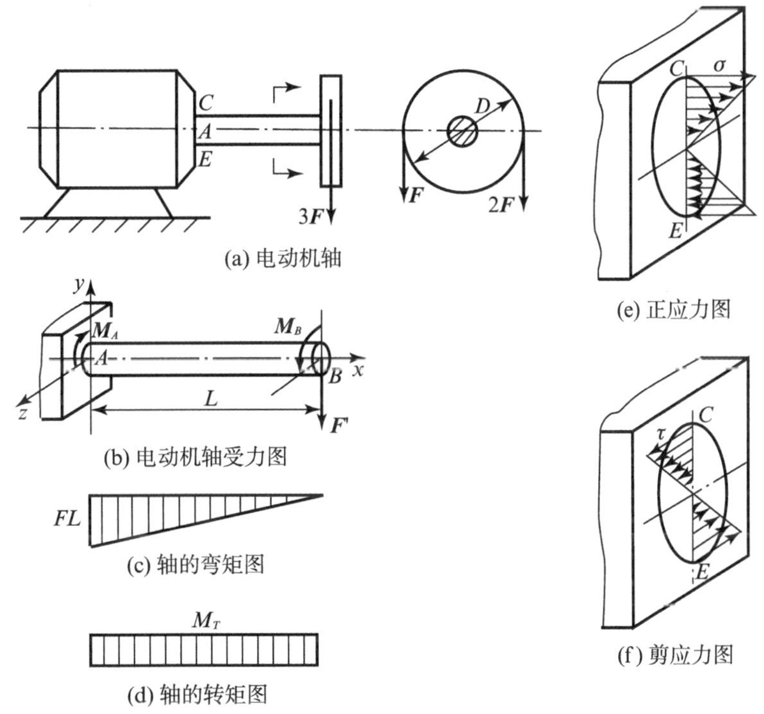

图 4-2-43　弯曲和扭转组合变形的转轴

(1) 外力分析

设带轮受到带的拉力为 F 和 $2F$,带轮直径为 D。按力平移定理,将力平移到轴心,得一合力 $F'=3F$ 和附加力偶 M_T,$M_T=FD/2$。

垂直于轴线的力 F' 使轴产生弯曲,附加力偶 M_T 使轴产生扭转,电动机轴则产生弯曲和扭转的组合变形。弯矩图和转矩图分别如图 4-2-43c、d 所示。

(2) 内力及危险截面分析

由弯矩图和转矩图可知，固定端为危险截面。危险截面上的弯矩和转矩分别为

弯矩：$M=F'l$

转矩：$T=FD/2$

【思考与练习】

1. 按承载情况，轴可分为哪几类？举例说明。
2. 轴的常用材料有几种？能否靠采用高强度合金钢来提高轴的刚度？
3. 轴的结构设计有哪些基本要求？
4. 轴的哪些直径应符合逻辑标准或尺寸标准？哪些直径可随结构而定？
5. 轴上零件的轴向定位和固定有哪些方法？轴上零件的周向固定有哪些方法？各有何特点？
6. 有一单级直齿圆柱齿轮减速器，如图 4-2-44 所示。已知主动轮齿数 $z_1=18$，从动轮齿数 $z_2=82$，模数 $m=5$ mm，齿宽 $b=80$ mm，传递功率 $P=15.8$ kW，主动轮转速 $n_1=980$ r/min。采用特轻系列深沟球轴承(60000)，试设计从动轴的结构和尺寸。

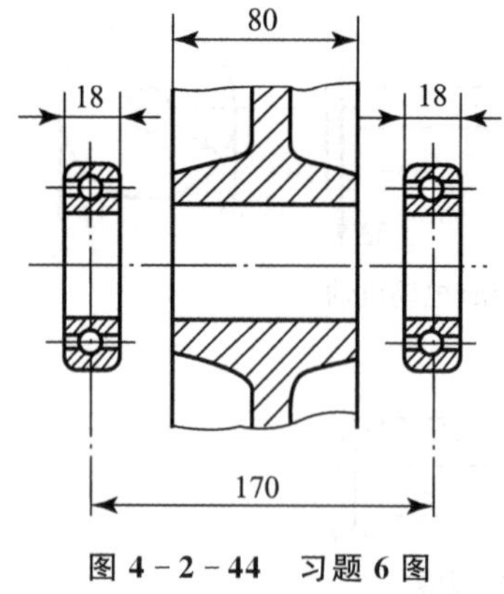

图 4-2-44　习题 6 图

7. 指出如图 4-2-45 所示轴系结构中的错误，轴承用润滑脂润滑，倒角和圆角忽略不计。(示例：① 齿轮轴向未固定。)

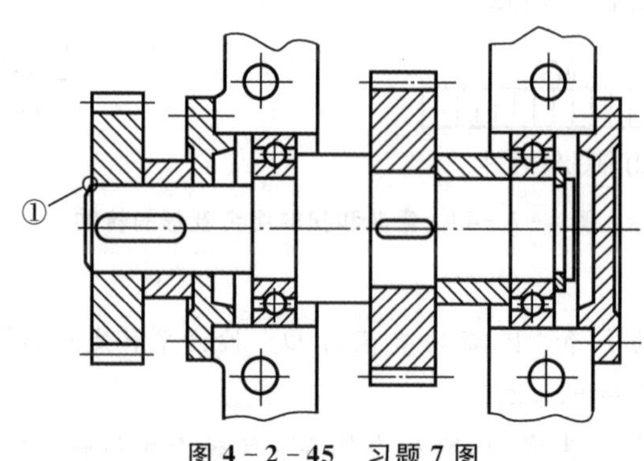

图 4-2-45　习题 7 图

参 考 文 献

[1] 程畅.典型零部件的设计与选用[M].北京：高等教育出版社,2011.
[2] 蒋新萍,程畅.机械设计基础[M].北京：科学出版社,2012.
[3] 李敏.机械设计与应用[M].北京：机械工业出版社,2010.
[4] 王鑫铝,闫瑞涛,王瑞清.机械设计基础[M].武汉：华中科技大学出版社,2012.
[5] 胡家秀.机械设计基础[M].北京：机械工业出版社,2008.
[6] 栾学钢,韩芸芳.机械设计基础[M].4版.北京：高等教育出版社,2019.
[7] 陈霖,甘露萍.机械设计基础[M].北京：人民邮电出版社,2008.
[8] 成大先.机械设计手册[M].北京：化学工业出版社,2009.
[9] 杨黎明,杨志勤.机械零部件选用与设计[M].北京：国防工业出版社,2007.
[10] 封立耀,肖尧先.机械设计基础实例教程[M].北京：北京航空航天大学出版社,2007.
[11] 李威,王小群.机械设计基础[M].北京：机械工业出版社,2003.
[12] 李秀珍,曲玉峰.机械设计基础(少学时)[M].北京：机械工业出版社,1999.
[13] 毛友新.机械设计基础[M].武汉：华中科技大学出版社,2004.
[14] 曾宗福.机械设计基础[M].北京：化学工业出版社,2007.
[15] 骆素君.机械设计课程设计实例与禁忌[M].北京：化学工业出版社,2009.
[16] 彭文生,李志明,黄华梁.机械设计[M].北京：高等教育出版社,2002.
[17] 邵刚.机械设计基础[M].北京：电子工业出版社,2009.
[18] 林宗良.机械设计基础[M].北京：人民邮电出版社,2009.
[19] 邹培海,银金光.机械设计基础[M].北京：清华大学出版社,2009.
[20] 王军.机械设计基础[M].北京：科学出版社,2007.
[21] 于惠力,潘承怡,向敬忠,等.机械零部件设计禁忌[M].北京：机械工业出版社,2008.